미래를
내다보는
지혜와
교육

21세기의 도덕 교육

미래를
내다보는
지혜와
교육

Moral Education in the 21st Century

더글러스 W. 야첵·마크 E. 조나스·
케빈 H. 게리 공동편집
노희정 옮김

연암서가

옮긴이 **노희정**

전남대학교 교육학과를 졸업하고 한국교원대학교 대학원에서 철학교육을 전공하여 박사 학위를 받았다. 현재는 광주교대 윤리교육과 교수로 재직하고 있다. 일본 아이치교대 초빙연구자와 미국 캘리포니아대(UCR) 김영옥재미동포연구소 방문교수를 지냈다. 한국연구재단 인문학단 전문위원, 민주평통 자문위원, 한국환경철학회장과 한국초등도덕교육학회장을 역임했다. 저서로 『도덕교과교육학』(2013), 『인권·환경·평화를 위한 도덕교육』(2013), 『미래를 위한 환경철학』(공저, 2023) 등이 있고, 옮긴 책으로는 『사고하는 방법』(R. Fisher), 『지금은 인성교육이다』(A. L. Lockwood), 『창의성: 과학과 윤리의 융합』(M. W. Martin) 등이 있고, 주요 논문으로는 「생태학적 자아의 정립과 생태학적 감수성 증진을 위한 교육」, 「기후변화 시대의 환경미학」 등이 있다. 현재 인류세, 기후변화, 도덕교육의 이론과 실제에 관심을 가지고 연구하고 있다.

미래를 내다보는
지혜와 교육

2025년 2월 20일 초판 1쇄 인쇄
2025년 2월 25일 초판 1쇄 발행

편집인 | 더글러스 W. 야첵·마크 E. 조나스·케빈 H. 게리
옮긴이 | 노희정
펴낸이 | 권오상
펴낸곳 | 연암서가

등 록 | 2007년 10월 8일(제396-2007-00107호)
주 소 | 경기도 고양시 일산서구 호수로 896, 402-1101
전 화 | 031-907-3010
팩 스 | 031-912-3012
이메일 | yeonamseoga@naver.com
ISBN 979-11-6087-137-1 93190

값 30,000원

감사의 말씀

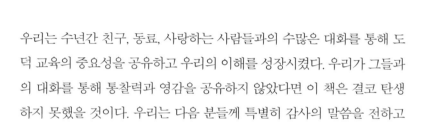

우리는 수년간 친구, 동료, 사랑하는 사람들과의 수많은 대화를 통해 도덕 교육의 중요성을 공유하고 우리의 이해를 성장시켰다. 우리가 그들과의 대화를 통해 통찰력과 영감을 공유하지 않았다면 이 책은 결코 탄생하지 못했을 것이다. 우리는 다음 분들께 특별히 감사의 말씀을 전하고 싶다. 하지만 이 목록에 빠진 분들도 많다. 죄송스럽게 생각한다.

엘리자베스 앨런, 헬비그 아렌츠, 제임스 아서, 댄 바넷, 애덤 베이어, 제러미 블럼, 제이크 브린, 드류 챔버스, 휴 클리어리 CSC, 버질 콜, 마이클 콘포티, 필 쿡, 맷 크로아스먼, 랜달 커런, 요한 달벡, 오렐리앙 다우디, 론 및 크리스탈 도나휴, 요하네스 드레럽, 수잔 에스트 존 판투조, 폴 파버, 매슈 패럴리 등에게 깊이 감사드린다. 셰론 프레이저-버지스, 헤더 게리, 메건 게리, 제이슨 게르크, 돈 깁스 OSB, 필립 그로스, 마크 하나피, 데이비드 핸슨, 톰 해리슨, 스콧 호일랜드, 누신 호세이니-에크하르트, 탈 및 아그네스 하워드, 카일룸 이자즈, 네이트 아이즈만, 글렌 조나스, 네이선 조나스, 써니 조나스, 라이언 켐프, 토드 케네디, 스콧 카이저, 모튼 팀

머만 코스가드, 크리스티안 크리스티안손, 메건 라버티, 알렉스 로니, 릭 마추가, 브렛 마틴, 벳시 마스케, 케일럽 마스켈, 브라이언 매카시, 패티 맥도넬, 폴 맥클라우드, 디니 메트로-롤랜드, 카일러 멀하우저, 톰 닐리스, 알벤 니먼, 크레이그 파슨스, 러스 파슨스, 크레이그 펠신, 스콧 피터슨, 다리오 데 라 로사, 존 로스, 리사 샌더스, 바우터 샌더스, 앤디 사퍼스타인, 바브 슈바르첸드루버, 랜드 터커, 셀리아 바스케스, 에디스 월터, 라인하르트 월터, 브라이언 워닉, 데이비드 베버, 안나 야첵, 더글러스 A. 야첵, 웬디 야첵, 팀 영 및 미구엘 줄라이카 이 무기카.

이분들 외에도 우리는 수년에 걸쳐 연례 컨퍼런스에서 도덕 교육에 대한 우리의 사고를 발전시킬 수 있도록 허락해 주신 영국 주빌리 인간성·미덕연구소에 감사를 표하고 싶다. 또한 수잔 레들버거와 독일 자원봉사 단체에게도 감사를 드린다.

 또한 이 책의 원고를 준비하는 데 부지런히 도움을 주신 연구 조교 아이젠버그에게도 감사의 말을 전하고 싶다.

차례

제3부 현대의 도덕적 딜레마

1장
21세기 도덕 교육이 왜 중요한가?

더글러스 W. 야첵(Douglas W. Yacek)·마크 E. 죠나스(Mark E. Jonas)
·케빈 H.게리(Kevin H. Gary)

도덕 교육은 교사와 학생 간의 교실 상호 작용에서는 피할 수 없다. 교사들이 교육과정, 교수법, 훈육 방법, 학생과의 관계 등 교육 실천에서 내리는 모든 결정은 도덕적, 문화적 환경에 달려 있다(Bowles & Gintis, 1976; Jackson, 1968; Purpel & Ryan, 1976; Strike, 2005). 수업 시간에 토론할 만한 가치가 있는 아이디어, 사상가, 예술가 또는 과학자에 대해서 교사가 가지고 있는 관념은 역사와 정치적 자기 이해의 영향을 깊게 받는다. 이러한 아이디어를 어떻게 제시해야 하는지, 얼마나 많은 학생들이 참여해야 적절한지, 어디서 이루어져야 하는지, 어떤 교육 목적을 추구해야 하는지에 대해 교사가 가지고 있는 개념은 사회에서 형성된 교육의 본질과 목표에 대한 지배적인 견해에 의해 형성되었을 것이다. 교사가 교실에서 그릇된 행동에 대응하는 방식, 교사가 벌칙을 정하고 처벌, 보상하는 방식, 교사가 부적절한 행동으로 간주하는 사항 등은 정의, 올바른 행동 및 인간 번영에 대한 자신의 문화적 관점에 따라 달라진다. 그리고 교사가 학생과 함께 형성하는 친밀감이나 거리두기, 자신이 참여하는 공통 활동의 종류, 교실 환경의 일반적인 분위기는 성인기와 아동기, 돌봄과 전문성, 공동체와 관료제에 대한 공유 개념에 따라 결정될 것이다.

교육의 공간은 학교 주변의 문화에서 획득한 도덕적 가치로 가득 차 있을 뿐만 아니라, 교실에서 교사는 개인적인 관점, 세계관, 선호도를 의사 결정과 행동에 적용한다. 교사에게는 좋아하는 작가가 있고 이론이 있다. 교사는 자료를 발표할 때 특정 방법을 선호한다. 그에게는 거슬리는 것이 있고 개인적인 훈육 방식이 있다. 그리고 자신만의 독특한 방식으로 학생들과 소통한다. 이러한 개인적 교육 차원은 특정 가치, 즉 자신이 조성한 학습 환경에서 가능한 교육적 경험을 제공하여 학생들에게 가치를 전수한다.

따라서 도덕적으로 중립적이고 "편향되지 않은" 교육을 제공하기 위해 가치의 영향력을 무력화시킬 수 있다고 믿는 이론가와 실천가는 심각한 실수를 범하는 것이다. 그들은 교육 환경의 가치 지향적 성격을 오해할 뿐만 아니라, 도덕적 교화가 편견이 없는 것처럼 가장할 때 위험한 도덕적 교화에 빠질 수 있다(Counts, 1969). 우리가 교화를 좋아하든 싫어하든, 우리는 우리가 항상 도덕 교육에 참여하고 있는 우리 자신과 학생들에게 정직해야 한다. 그래서 우리는 우리가 도덕적으로 교육해야 하는지를 선택하는 것이 아니라(Gutmann, 1999, p. 53f.), 어떤 형식, 방법, 목표가 도덕 교육에 대한 가장 현명한 접근 방식인지를 선택해야 한다.

그러나 도덕 교육의 중요성은 이러한 예비적 관찰을 넘어서는 것이다. 현대의 교실에는 도덕적, 문화적, 개인적 가치가 스며들어 있을 뿐만 아니라, 현대 생활에는 특정 도전에 맞게 청소년을 적절히 준비시키도록 촉구하는 도덕적 해이로 가득하다. 21세기의 젊은이들은 빠르게 변화하는 현대 노동 문화에 직면하고 있다(Bauman, 2013; Sennett, 1998). 그들은 소셜 미디어에서 사이버 폭력, 트롤링, 공개적 수치심, 허위 정보를 접하고 있다(Lazer et al 2018; Slonje, Smith, & Frisén, 2013). 그들은 학교를 비롯한 민간 및 공공장소에서 광고, 마케팅 전략, 소비주의의 유혹에 노출되고 있다(Brighouse, 2005; Miles, 1998 Norris, 2011). 그리고 인터넷에 편재하는 포르노 자료를 접하는 사람들이 많아지고 있다(Ogas & Gaddam, 2011 Regnerus, Gordon & Price, 2016). 이러한 과제들은 학생들을 전례 없는 불안정한 도덕적 상황으로 몰아넣을 것이다.

물론 21세기는 사회생활의 지속적 특징에서 비롯되는 여러 도덕적 난점과 딜레마를 안고 있다. 이전 세대와 마찬가지로 오늘날의 젊은이들도 자신들의 윤리적 가치, 삶의 선택 또는 종교적 신념이 부모의 신념과 충돌하는 상황에 직면해 있다. 그들은 경쟁하는 직업 경로나 인생에서 성공으로 간주하는 것에 대한 서로 다른 개념 사이에서 갈등을 겪을 수 있다. 그들은 사회 정의와 같은 바람직한 목적을 달성하기 위해 불법적인 수단을 사용하는 것이 정당화될 수 있는지 고려할 필요가 있다. 또한 그들은 서로 다른 종교적 세계관이나 정치적 관점을 인식하고 존중하는 과제에 직면할 수도 있다. 그러한 딜레마는 복잡하고 연결된 세상에서 피할 수 없는 사회적 행동의 부산물이며, 오늘날 우리가 접하는 사회적 복잡성과 연결성의 증가로 악화하고 있다.

도덕 교육의 주요 목표 중 하나는 학생들이 이러한 복잡하고 까다로운 이슈를 성공적이고 만족스럽게 해결할 수 있도록 준비시키는 것이다. 도덕 교육은 학생들이 어려운 윤리적 상황에서 의지할 수 있는 성향을 개발할 수 있게 해주기 때문에 중요하다. 이러한 성향에 따라 학생들은 올바른 결정을 내리고, 다른 사람들에 대해 올바르게 행하고, 도덕적 복잡성이 있는 조건에서 자신의 삶을 영위할 가치 있는 방법을 선택한다. 이러한 개인적 명확성을 제공함으로써 도덕 교육은 학생들의 번영 능력에 결정적으로 공헌한다.

우리가 생각하기에 학교와 교육 연구 커뮤니티는 젊은이들에 대한 노년층의 지원 기회를 거의 제공하지 못한다. 이런 불행한 경향이 이 책 발간의 출발점이다. 이 책은 현대 세계의 젊은이들이 직면한 독특하고 지속적인 도덕적 해이에 대한 도덕 교육적 처방을 논의하는 공동의, 철학적 성찰의 공간을 제공하고자 편찬한 것이다. 이 책은 여러 장에서 이러한 이슈를 다양한 형식으로 다룬다. 이 책은 교사, 행정가, 교육 연구자들에게 오늘날 학생들이 이러한 이슈 해결 방법을 이해할 수 있도록 구체적 출처를 제공하고 있다.

그리고 이 책은 지난 20년 동안 새롭고 설득력 있는 도덕 교육의 접근법을 산출한 윤리 및 도덕 심리학의 몇 가지 중요한 발전을 소개하고 개요를 설명한다. 예컨대, 신아리스토텔레스주의, 신회의주의, 신칸트주의, 돌봄 기반 윤리학에 대한 논의는 도덕 교육의 목적과 방법을 깊이 재인식하는 토대를 제공하고 있다. 이들 각각은 이 책에서 중요한 위치를 차지한다. 더구나 민주적 정의와 인정 이론에 대한 역량 접근 방식에 기초한 새로운 도덕 교육적 관점은 도덕 교육에서 사회 정의 문제를 다루는 방법에 대한 핵심적 통찰력을 제공한다. 이러한 21세기 철학 발전에 초점을 맞춘 이 책은 현대 도덕 교육 분야에서 최근의 성장과 활력을 보여주며, 새롭게 개척되는 흥미로운 주제들을 강조하고 있다.

이 책은 세 가지 주요 주제로 구성된다. 1부는 현대 도덕 교육의 역사적 통찰을 다루고, 2부는 도덕에 대한 새로운 접근, 3부는 현대 도덕적 딜레마에 대한 대응을 다룬다. 1부에서는 역사적 자료를 토대로 도덕 교육을 탐구한 장이다. 가령 플라톤, 아리스토텔레스의 덕 윤리, 고대 이후의 회의론, 칸트의 의무론, 니체의 진정성 윤리와 같은 자료들을 통해 역사적 통찰을 시도하고 있다. 이 부분에서는 현대의 도덕 교육자들이 이 이론가들의 핵심 아이디어를 차용하고 수정하고, 그들의 아이디어를 구현하고 적용하고 있는 몇 가지 주요한 주제들의 개요를 제공한다. 2부에서는 지난 20년 동안 발전한 도덕 교육의 접근 방식들을 고찰한다. 이는 신실용주의적 접근 방식, 돌봄 및 역량 기반 접근 방식, 인정 이론에서 유래한 접근 방식, 도덕 교육의 비판적 이론 등이다. 3부에서는 현대 세계의 젊은이들에게 가해지는 특별한 도덕적 압력을 직접적으로 다룬다. 이 부분의 장에서는 학생들이 도덕 교육의 이러한 압력을 성공적으로 이해하고 이를 다루기 위해 어떻게 준비해야 하는지를 다룬다.

저자는 이 책이 현대 도덕 교육 분야에서 다양한 사고 전통에 대한 폭넓은 관점을 제공하며, 이와 같은 이슈에 관심이 있고 도덕 교육의 임무 수행을 위한 영감을 찾고 있는 교육 연구자, 이론가, 실무자들에게 지속적인 도움일 될 수 있기를 바란다. 도덕 교육은 정의의 가치와 아동의 행복을 위해 헌신하고자 하는 사회의 지속적인 관심 분야이다. 이 관심 분야는 시대마다 정확한 성격과 초점이 다르지만 도덕 교육의 의미와 목적, 목표에 대한 논쟁은 고대부터 현대에 이르기까지 계속되었으며, 현재 이 분야는 그 범위와 관심이 눈에 띄게 확대되고 있다. 따라서 우리는 도덕 교육의 목적과 방법에 관한 질문이 오늘날 대단히 중요하다고 믿는다. 비록 이 책이 교육자와 학생이 직면한 모든 도덕적 이슈를 다룰 수는 없지만, 우리는 학생들의 도덕적 요구를 어떻게 충족시킬 수 있는지에 대한 의도적이고 헌신적인 성찰의 필요성에 대한 인식을 제고할 수 있기를 희망한다.

참고문헌

Bauman, Z.(2013). Liquid modernity. New York, NY: John Wiley & Sons.

Bowles, S. & Gintis, H.(1976). *Schooling in capitalist America: Educational reform and the contradictions of economic life.* New York, NY: Basic.

Brighouse, H.(2005). Channel One, the anti-commercial principle, and the discontinuous ethos. *Educational Policy*, 19(3), 528-549.

Counts, G.(1969). *Are the schools building a new social order?* New York, NY: Amo Press.

Gutmann, A.(1999). *Democratic education.* Princeton, NJ: Princeton University Press.

Jackson, P. W.(1968). *Life in classroom.* New York, NY: Holt, Rinehart and Winston.

Lazer, D., Baum, M., Benkler, Y., Berinsky, A., Greenhill, K., Menczer, F.,...... Zittrain, J.(2018). The science of fake news: Addressing fake news requires a multidisciplinary effort. *Science*, 359(8), 1094-1096.

Miles, S.(1998). *Consumerism as a way of life.* Thousand Oaks CA: Sage.

Norris, T.(2011). *Consuming schools: Commercialism and the end of politics.* Toronto, Canada: University of Toronto Press.

Ogas, O. & Gaddam, S.(2011). *A billion wicked thoughts: What the internet tells us about sexual relationships.* New York, NY: Plume.

Purpel, D. & Ryan, K.(1976). It comes with the territory: The inevitability of moral education in the schools. In D. Purpel & K. Ryan (Eds.), *Moral education... It comes with the territory.* Berkeley, CA: McCutchan.

Regnerus, M., Gordon, D. & Price, J.(2016). Documenting pornography use in America: A comparative analysis of methodological approaches. *The Journal of Sex Research*, 53(7), 873-881.

Sennett, R.(1998). *The corrosion of character: The personal consequences of work in the new capitalism.* New York, NY: W. W. Norton.

Slonje, R., Smith, P. K. & Frisén, A.(2013). *The nature of cyberbullying, and strategies for prevention*. Computers in Human Behavior, 29(1), 26-32.

Strike, K. A.(2005). Trust, traditions, and pluralism: Human flourishing and liberal polity. In D. Carr & J. Steutel(Eds.). *Virtue ethics and moral education* (pp. 224-237). London: Routledge.

1부

현대 도덕 교육의
역사적 통찰

Moral Education in the 21st Century

2장
도덕 교육에 대한
플라톤의 공헌

메이슨 마샬(Mason Marshall)

2.1 서론

교육에 대한 플라톤의 관심은 일시적인 것을 넘어선 것이었다. 한 교육 철학자가 주장했듯이 플라톤의 "교육에 대한 참여는 그의 삶의 중심이다."(Mintz, 2018, p. v). 그리고 그의 대화편에서 교육은 "자주 … 중심 주제"가 된다(p. 15). 그의 『국가』에서는 교육이 "하나의 위대한 것", 아니 오히려 "충분한" 것(423e2-3)이라고까지 말한다.[1] 이는 교육이 이상적인 도시에 적합한 통치자를 양성하는 데 가장 중요한 수단임을 의미한다(423d-427a).

---

[1] 여기에서 플라톤의 저작에 대한 모든 언급은 옥스퍼드 고전 문헌의 최신판을 기준으로 한다. 모든 번역은 쿠퍼의 것을 기반으로 한다(Cooper, 1997).

더구나 플라톤의 대화편에 묘사된 다양한 종류의 교육은 유일한 목적은 아닐지라도, 사람의 덕, 즉 지적 덕과 도덕적 덕을 함양하는 것이다.

그러므로 플라톤이 도덕 교육 이론에 크게 공헌한 것은 놀랍지 않다. 본 장에서는 몇 가지 이유를 언급하겠다. 그 이유의 범위가 얼마나 넓은지 이해하기 위해 먼저(2.2절에서) 설득력 있게 제시할 수 있는 열 가지 다양한 이유를 제공하겠다. 이 중에는 다른 학자가 제시한 것도 있다 (Marshall, 2021). 이어서(2.3절에서) 내가 선호하는 이유를 간단히 제시하겠다. 나는 그 과정에서 플라톤에 접근하는, 새롭고도 비정통적인 방식을 서술하고자 한다.

2.2 열 가지 다양한 이유

나는 내가 선호하는 것은 아니지만 강력하다고 생각하는 열 가지 이유부터 시작한다.

1. 플라톤의 『국가』는 교육이 사람들의 영혼을 재지시하면서, 특히 이성적 요소의 방향 전환을 통해, 더 중요하게는 기본적 부분을 재작업하면서 어떻게 사람을 유덕하게 만들 수 있는지 정교하고 광범위하게 논의한다. 교육이 엄격한 지적 대상인 것이 아니라 학생의 전체적인 자아에 영향을 미쳐야 한다고 여기는 사람에게, 그 논의는 한 평론가의 표현대로 '교육에 대한 훌륭한 원형'으로 작용한다 (Reeve, 2010, p. 227). 확실히 이 논의는 그 자체로는 부적절하다. 사실, 우리가 액면 그대로 받아들인다면 이 중 많은 부분은 끔찍하기까지 하므로 대폭 점검되어야 한다. 그러나 이는 매우 영향력이 큰 고전

적인 논의이므로 훌륭한 시금석이자 출발점이다.

2. 플라톤의 대화편은 독자를 지적, 도덕적으로 더 탁월하게 만드는 놀라운 능력을 지니고 있다. 플라톤은 많은 독자들에게 돈, 권력, 쾌락보다도 덕을 추구하도록 영감을 준다. 그리고 그가 의도한 것이든 아니든 그는 그 일에 매우 성공했기 때문에, 우리는 그의 대화편을 연구하여 다른 저작들도 명확히 하는 방법을 배움으로써 덕을 도출할 수 있다.[2]

3. 플라톤은 독자들에게 많은 영향을 미치지만, 사람들을 도덕적으로 키울 가능성에 대해서는 매우 비관적인 태도를 보인다. 그는 사람들 대다수가 철인 통치 아래 살면 악에서 구원받을 수 있지만 그렇지 않으면 쓸모없는 인간이 된다고 생각한다. 그들은 단순히 성찰하거나 자기를 인식할 능력이 없다. 예를 들어 그들은 소크라테스가 나누는 일종의 대화를 통해 자신들을 바꿀 수 없다. 학자들 사이에서 흔히 볼 수 있는 해석은 다음과 같다(특히 Scott, 1999 참조). 그것은 옳은지 그른지와는 무관하게 최소한 개연성이 있고 직관적이다. 그리고 플라톤에서 기인하는 그러한 비관주의는 아마도 모든 사람이 잘 알고 있고, 어떤 시점에서는 불쾌하지만 받아들이게 되는 것이다. 모든 사람은 그런 종류의 비관주의가 정당한지 검토해야 하며[3], 그에 합당한 동기를 부여하고 진지하게 고려하는 가장 좋은 방법으로는

---

2 내 생각에는 이에 대한 증거를 제공하는 많은 논평자 중에서 퓨터가 최고다(Futter, 2015).

3 캘런과 아레나는 덜 분명한 이유 중 하나를 강조한다(Callan &Arena, 2009, p. 118). 그들은 "신념의 근거에 대한 이해 없이 참된 신념을 굳건히 고수하는 시민 대중을 위한 교육"에 대한 『국가』의 논증을 언급하면서 다음과 같이 적절하게 언급하고 있다. "이 논증은 우리의 평등주의적 감수성을 모욕한다. 그럼에도 플라톤이 정치적 교화를 받은 사람들이 그들의 교화가 제공하는 것보다 더 큰 이해를 성취할 수 없다고 한 것은 옳았지만, 그 교화가 그들에게 주는 더 큰 이해의 가치를 부정한다고 말할 수는 없다."

소크라테스가 그의 대화 상대자를 개선하고자 할 때 직면하게 될 저항에 관한 연구가 있다.

4. 교육철학 분야에서 플라톤 평론가로 유명한 나카자와(Nakazawa, 2021)가 최근 지적했듯이, 신화는 오늘날 교육, 특히 도덕 교육 형성에 큰 역할을 한다. 교사가 사용하는 신화는 학생들에게 큰 영향을 미친다. 신화가 어떤 영향을 미치는지 탐구하면, 우리는 교육을 더 잘 이해하고 향상할 수 있다. 적어도 신화가 학생에게 영향을 미치는지를 탐구하는 것만으로도 가치가 있다. 그리고 플라톤을 연구하는 것은 이를 이해하도록 돕는다. 왜냐하면 그의 대화편에서 신화를 사용하는 것은 그 대화 속에 등장하는 인물이 교육받는 방식과 플라톤의 독자가 교육받는 방식에서 필수적이기 때문이다.

5. 교육철학 분야에서 플라톤을 연구하고 있는 학자 두 명(Jonas & Nakazawa, 2020)은 아리스토텔레스처럼 플라톤이 우리의 인격을 형성하는 데 습관이 얼마나 중요한지 인식하고 있으며 형편없이 양육된 사람들도 유덕하게 되기 위해 스스로 재습관화할 수 있는 방식을 밝히고 있다는 점에서는 아리스토텔레스를 능가한다고 주장한다. 즉, 플라톤은 올바른 종류의 대화를 통해 덕이 무엇인지에 대한 부분적인 지식을 제공하는 덕과 재습관화의 긴 과정을 수행하도록 동기를 부여하는 덕을 대충 터득할 수 있다고 주장한다. 그리고 그가 보기에 그들은 적합한 교사와의 대화를 유지하고 자신에게 덕의 모델이 되는 사람들을 모방함으로써 그 과정을 성공적으로 완료할 수 있다. 플라톤이 이러한 견해를 소유하는지는 이 두 학자가 제시하는 이유와 내가 추가할 또 다른 이유로 중요하다. 물론 플라톤은 분명 예리하고 통찰력이 있으며 철학사에서 중요한 위치를 차지하고 있다. 그가 어떤 견해를 갖고 있든, 그것을 진지하게 받아들이고 면밀히 검

토하는 것이 합리적이다.

6. 도덕 교육에 관해 이론을 세우는 각 철학자를 포함한 모든 사람은 자신이 아직 알지 못하는 것에 대해서만 교육이 필요하다고 생각하는 경향이 있다. 달리 말하면, 자신이 모르는 것만 배워야 한다고 생각하는 경향이 있다. 따라서 도덕 교육은 학생들이 아직 착하지 않거나 자신이 착하다는 사실을 모른다는 인식에서부터 시작되어야 한다는 것이 자연스러운 생각이다. (아마도 그럴 만한 이유가 있어서) 사람들은 그 생각에 저항하는데, 부분적으로는 거의 모든 사람이 자신이 도덕적으로 정직하다고 생각하고 자신이 그러하다는 것을 알고 있기 때문이다. 그러나 소크라테스는 좋음에 대한 탐구에는 좋음에 대한 우리의 파악이 향상될 수 있다는 전제만이 필요하다고 가르친다. 이는 중요한 교훈이며 반복적으로 다시 배워야 할 교훈이다. 왜냐하면, 우리는 심리적으로 그것을 부정하거나 적어도 잊어버리는 경향이 있기 때문이다.

7. 물론 소크라테스는 교사라는 사실을 부인하지만(『소크라테스의 변론』 19e-20a), 많은 플라톤의 독자들에게 그는 한 명의 교사처럼 보이며 실제로는 모범적인 교사다. 반면에 교육자로서 소피스트들은 단지 부패한 것처럼 보인다. (나는 역사적 인물인 소피스트들이 아닌 플라톤의 가상적 소피스트를 언급하고 있다.) 그러나 『대화편』의 지속적인 이슈는 무엇이 소크라테스를 그들과 구별하느냐는 것이며, 그 질문에 대답하기가 매우 어려운 것으로 밝혀진다. 소크라테스는 그들과 많은 특성을 공유하는 것처럼 보일 수 있다. 예를 들어, 일반적인 문구에서[4] 그는 종종 약한 논의를 더 강하게 보이게 만드는 것처럼 보인다. 게다가 소

---

4 이런 종류의 언어는 아리스토파네스, 『구름』, 882-885, 893-894에 나타난다. 아리스토텔레스, 『수사학』 1402323; Cicero, Brutus 30; 플라톤, 『소크라테스의 변론』, 19b5-CI.

피스트가 무엇인지 정확히 말하기가 매우 어렵다는 것이다. 소크라 테스가 모범적인 교육자라고 생각하는 독자들에게는 대화편에서 그의 행동을 연구하고, 무엇이 소크라테스와 소피스트의 다른 점인 지 탐구하는 것은 유익하다. 이를 통해 이상적인 교육이 무엇인지, 그러한 교육이 피해야 할 함정이 무엇인지 명확히 알 수 있다. 그리 고 이 질문은 도덕 교육에 관심이 있는 철학자들에게 더욱 시급한 문제이다. 왜냐하면, 소크라테스가 말했듯, 모든 종류의 교육 중에 서도 도덕 교육이 학생들에게 "가장 소중한" 것인 그들의 영혼에 가 장 큰 영향을 미칠 수 있기 때문이다(『프로타고라스』 31421).

8. 예를 들어, 우정을 쌓을 때 우리는 우리가 어떤 친구를 만날지 선택 하고 그 결과로 친구들은 대부분 우리와 비슷하므로 우리에게 크게 세상을 형성한다. 그러나 우리는 성적으로 원하는 사람에 대해 훨씬 덜 통제할 수 있으며, 그들이 우리에게 매력을 느끼게 하려면 그들 이 무엇을 중요하게 생각하는지, 그들이 우리를 어떻게 보는지를 고 려하여 중요한 부분에서 우리 자신을 그들에게 맞춰야 한다. 결과적 으로 필리아(philia: 친구 사이의 사랑)보다 에로스(eros: 대략 에로틱한 욕망을 의미 함)가 우리를 불안하게 하고 우선순위를 바꿀 수 있다. 에로스는 모 든 인간이 자연스럽게 지향하는 이기주의를 방해하는 힘을 가지고 있다. 그래서 종종 소크라테스가 대화 상대자로 하여금 성적으로 그 에게 매력을 느끼게 만드는 것은 그의 공로다. 왜냐하면 일단 그렇 게 되면 그들은 자신의 영혼을 아름답게 만들려고 노력함으로써 그 에게 자신을 형성할 것이기 때문이다. 그리고 한 철학자가 지적했 듯이, 여기에는 현대의 교사인 우리에게 주는 교훈이 있다. 즉, "우 리가 학생들과 일시적이고 직업 중심적인 목표를 추구하는 대신에" 어떻게든 학생들을 우리에게 끌어들여야 한다는 것이다(McPherran,

2013, p. 18). 우리는 삶의 방식을 매력적으로 만들어 그들에게 변화에 대한 진정한 자극을 제공한다.

9. 플라톤의 『국가』에서 소크라테스는 많은 사람들이 서사 예술, 또는 그 일부를 공유함으로써 영혼의 낮은 부분을 선호하게 된다는 점에서 서사 예술이 왜곡하고 있다고 주장한다. 이러한 주장은 현대 독자들에게 기괴하지는 않더라도 터무니없는 것처럼 보인다. 그리고 바로 그 이유로 우리는 그것들을 검토하는 것이 좋다. 철학 역사가들이 많이 강조했듯이, 우리에게 낯선 아이디어를 고려하는 것은 다른 곳으로 여행하는 것과 마찬가지로 중요하다. 익숙한 것을 낯설게 보이게 만들고 낯선 것을 익숙하게 보이게 함으로써 우리의 시야를 넓히고 새로운 관점을 제공할 수 있다(특히 Williams, 2006, p. 259 참조). 이제 어떤 비평가가 말했듯이 다음과 같이 이의를 제기할 수 있다. 우리가 이미 이러한 아이디어에 열려 있지 않으면 그런 아이디어를 접하더라도 우리의 시야가 넓어지지 않을 것이다. 만약 우리가 그러한 아이디어를 무시하는 경향이 있다면 그것이 우리가 할 전부이다(Cottingham, 2005, p. 36 참조). 그러나 예술에 대한 소크라테스의 주장은 최근 다른 학자가 주장한 것처럼 우리가 예상하는 것보다 무시하기가 더 어렵다.[5] 한편, 그가 지적한 것처럼 현대 과학은 소크라테스가 제안한 중추적인 사실을 확인한다. 이 사실은 비극을 반복적으로 보는 것과 같이 특정 감정을 계속해서 끌어내는 것은 어떤 사람이 다른 사람보다 더 쉽게 그 감정을 느끼도록 조건화한다는 것이다. 다른 한편으로는, 심리 치료사들은 최근 몇 년 동안 가상현실을 사용

---

5 그 충실한 논의는 그레슬라인에 나타나 있다(Grethlein, 2020). 최근의 축약된 버전은 그레슬라인의 저작에 있다(Grethlein, 2021, pp. 101-104, 379-282).

하여 정신 장애를 평가하고 치료하는 데 성공했으며, 이는 가상현실의 이면에 예술에 대한 소크라테스 논평을 기반으로 하는 동일한 가정, 즉 우리가 실제가 아니라 순전히 허구적 재현이라는 것을 알고 있는 경험에 의해서도 영향을 받는다는 가정 때문에 중요하다.

10. 학생들을 더 좋은 사람으로 만드는 것, 아니면 단순히 더 나아지도록 준비시키는 것 중 어떤 교육을 해야 하는지에 대해 오랫동안 의견 차이가 있었다. 그들을 더 좋은 사람으로 만드는 교육은, 예를 들자면 올바른 일에 가치를 두게 하여 올바르게 행동하도록 동기를 부여할 것이다. 그들을 그저 준비시키는 교육은, 단순히 기술과 지식을 제공하고 무엇을 가치 있게 여기고 추구할지 스스로 결정하도록 내버려두는 것이다. 교육은 엄격하게 준비되어야 한다고 주장하는 일부 사상가들은 교사가 호기심과 지각력과 같은 지적 덕을 함양하기 때문에 교육이 완전히 가치중립적인 것은 아니라는 점을 인정했다. 그러나 교육이 가치중립적이라는 관념은 지적인 덕이 도덕적 덕으로부터 독립적이기에 학생을 탐구자로 만드는 과정에서도 교육은 도덕 발달에서 중립을 유지한다는 것이다. 이와 대조적으로, 플라톤에게는 탐구자가 되려는 계획이 진정한 도덕적 노력이기 때문에 교육은 결코 도덕적으로 중립적일 수 없는 것처럼 보일 수 있다. 이것이 플라톤의 신념이라면 오늘날 그는 소수에 속한다. 틀림없이, 아리스토텔레스, 밀, 듀이와 같은 학자들은 교육이 학생들을 더 좋은 사람으로 만든다고 생각한다. 그리고 지적인 덕이 도덕적 덕의 하위 집합이라고 주장하는 현대 철학자들이 있다.[6] 그러나

---

6 관련 현대 저작에 관한 토론과 인용을 위해서, 그리고 논쟁에서 타협적 입장을 옹호하기 위해서 Baehr(2011)의 부록을 참조할 것.

대체로 오늘날 지배적인 견해는 교육이 도덕적으로 중립적이며 단순히 학생들을 준비시킨다는 것이다. 그러한 견해에 반대하는 사람들에게 플라톤은 유용한 자료다. 플라톤의 모범은 그들에게 영감을 줄 수 있으며, 그의 대화편에 등장하는 논의는 그들이 소수 견해에 대한 자신의 논의를 강화하는 데 도움이 될 수 있다.[7] **다수**의 견해를 받아들이는 사람들에게 플라톤은 **특히** 가치가 있을 수 있다. 낯선 아이디어를 받아들이는 데 도움이 될 뿐만 아니라 대화편에 엄청난 반대를 불러일으킬 수 있는 논의가 있기에, 특히 우리의 논의에 간과한 약점이 있는 경우에는 우리 모두 반대에 직면할 수 있다.

2.3 비정통적 이유

지금까지 내가 고찰한 이유는 서로 공통점이 있다. 그 이유는 모두 플라톤을 끌어들이는 방법이 그를 올바르게 해석하고자 시도하는 것이라고 가정할 때, 가령 그가 전달하고자 한 바와 그의 글이 의도한 바를 올바르게 파악하고자 할 때 떠오른다. 하지만 그러한 시도를 하지 않고도 그를 참여시키는 것이 가능하며, 다른 글(Marshall, 2021)에서 나는 그렇게 하는 것이 정당하고 생산적일 수 있다고 주장했다. 여기서는 그것이 왜 정당한 것인지 설명하려고 하지 않고, 그것이 생산적일 수 있는 이유의 일부를 요약하고자 한다. 나는 철학자, 플라톤 연구자, 교사, 학생의 공동 프로젝트, 플라톤의 대화편에 나오는 소크라테스를 중심으로 한 프로젝트를 설명하고자 한다.

---

7 대화편의 관련 논의에 대한 토의를 위해서는 특히 Ebrey(2017)를 참조할 것.

2.3.1 프로트렙틱(protreptic) 연구

이 프로젝트의 목적은 고대 그리스 단어(προτρέπειν, "전환" 또는 "개조")에서 파생된 용어를 빌려 '프로트렙틱(protreptic)'[8]에 대한 통찰력을 얻는 것이다. 제가 영감을 받아서 이 용어를 사용하게 된 것은 고대 그리스와 로마의 철학자들이 실행한 프로트렙틱, 즉 철학적 삶의 방식으로 다른 사람들을 바꾸려는 시도를 의미하는 것이다. 나는 프로트렙틱이 고대에도 그랬던 것처럼 비합리적인 설득 수단까지 포함하여 다양한 수단을 포함한다고 가정하겠다. 그러나 많은 고대 철학자들이 사람들을 스토아주의나 에피쿠로스주의와 같은 특정 철학으로 이끌려고 하지만, 내가 제안하는 프로젝트를 수행한 사람들은 단순히 특정 종류의 탐구를 촉진하는 방법을 탐구할 것이다.

나는 가장 기본적인 종류의 탐구, 즉 자기성찰(self-examination)이라고 부를 수 있는 것을 염두에 두고 있다. 자기성찰에 참여한다는 것은 어떻게 하면 잘 살 수 있을지 고민하는 것이며, 어떻게 목적을 달성할 수 있을지뿐만 아니라 최선의 목적이 무엇인지 탐구하는 것이다. 또한 자기성찰은 무엇보다도 진실을 원하는 것―그것이 당신이 선호하는 것과 다를지라도 그것을 원하는 것이다.―따라서 특정 인격 특성을 형성하거나 적어도 이러한 특성을 어느 정도 공유하는 것이다. 이러한 특성 중 첫 번째 특성

---

8 [역자 주] 여기서 말하는 프로트렙틱(protreptic)은 야첵의 변혁적 경험(transformative experience)과 유사하다. 그의 변혁은 인권, 사회정의, 평등과 같은 가치에 부합하는 정책, 행동 및 변화의 실행보다는 개인적 경험의 변화에 초점이 있다. 이런 개인적 변혁의 경험은 어떤 자기 이해에서 더 나은 자기 이해로 ①순간적이고 ②되돌릴 수 없을 정도로 진행되며, ③예전 경험과는 불연속적일 뿐 아니라 ④의도적이고 신속하게 진행된다. 학생들은 이러한 변혁적 경험을 통해 근본적, 도덕적 삶의 변화를 경험한다(Yacek(2020), "Should education be transformative?", Journal of Moral Education, 49(2), 257-274 참조).

을 갖는다는 것은 말하자면, 매혹적인 이미지에 눈이 멀어지기보다는 눈 앞에 있는 증거의 강도에 집중하는 것이다. 두 번째 특성을 갖는다는 것은 증거를 올바르게 평가하기 위해 주의를 기울이는 것이다. 세 번째 특성을 갖는 것은 만일 당신이 믿는 것과 상충하는 어떤 것을 발견하면 당신의 믿음이 바뀔 수 있다는 의미에서 증거에 반응하는 것이다. 네 번째 특성을 갖는 것은 적어도 그 이슈에 관한 당신의 입장이 당신의 생활방식에 많은 영향을 미칠 때, 당신 앞에 있는 이슈와 관련된 모든 두드러진 증거를 찾는 것이다. 이런 방식으로 철저하게 수행하는 방법은 당신이 아직 보지 못한 증거를 다른 사람들이 제공할 수 있는 경우에 그들과 논쟁하는 것이다. 이러한 종류의 철저함은 또한 정의와 좋음이 무엇인지, 플라톤적 형상이나 신이 존재하는지와 같은 고전적인 철학적 질문에 대한 성찰을 포함한다. 왜냐하면 그러한 질문에 대한 답은 어떻게 살아야 하는지에 대한 일상적인 질문을 포함한 다른 질문에 대한 답에도 영향을 미치기 때문이다.

내가 제안한 프로젝트를 맡은 사람들은 플라톤 대화편의 소크라테스가 무엇을 하고 있는지 검토함으로써 프로트렙틱에 대해 배울 것이다. 우리는 대화자와 함께하는 그의 전략을 탐구하고, 그가 그의 전략을 어떻게 개선할 수 있는지 탐구할 것이다. 그 과정에서 우리는 다음과 같은 특정 가정을 채택할 것이다:

- 다른 사람들과 상호작용하는 소크라테스의 목표는 그들을 더 좋은 사람으로 양성하는 것이다.
- 소크라테스는 다른 사람들을 자기성찰로 이끌어 더 좋은 사람으로 만드는 것을 목표로 한다.
- 그것은 그가 다른 사람들을 개선하고자 의도하는 유일한 방법이다.

예를 들어, 그는 그들이 믿는 것을 바꾸는 데 최소한, 적어도 관심이 있다. 만약 그가 그들에게 형상이 있다고 믿는 것과 같은 특정한 신념을 심어주려고 시도한다면, 그것은 단지 이러한 신념을 갖는 것이 그들 스스로 성찰할 가능성을 더 높인다고 그가 생각하기 때문이다.

우리는 이러한 가정이 진실이라서가 아니라(그렇지 않을 수도 있음) 편리해서 채택한다. 우리는 플라톤을 정확하게 해석하려고 하기보다는, 단순히 그를 프로트렙틱 이론을—사람들을 자기성찰로 이끄는 최선의 방법에 대한 이론을, 또는 그들을 자기성찰로 이끄는 전략이 가장 효과적이고 정당한 전략인지에 대한 이론을—만드는 도구로 사용할 것이다. 그리고 우리는 그에 따라 우리의 가정을 선택할 것이다. 그 가정들이 우리 연구의 결과를 형성하는 방식이기 때문에, 위에서 명명된 가정들은 프로트렙틱을 학습하는 데 가장 유용하게 사용될 것이다.[9]

그리고 프로트렙틱에 대해 배우는 것은 가치가 있다. 다른 이유 중에서 학생들의 내재적 학습 동기를 높이는 것이 중요하기에, 프로트렙틱은 교사에게 유용한 통찰을 제공한다. 더욱이, 부지런하고 잘 생각해야 할 사람은 학생뿐이 아니다. 민주주의 사회에 사는 모든 사람도 마찬가지다. 부분적으로는 그들이 다른 모든 사람에게 영향을 미치기 때문이다. 그런 점에서 진지하게 생각하는 것은 설령 그것이 우리의 시야를 높이고 편견에 대응하는 방법이기 때문일지라도 민주주의 사회의 사람들뿐만 아니라 일반적인 인류에게도 가치가 있다. 그것이 우리에게 지식을 제공하는지와는 무관하게 우리는 그것에 따라 책임 있는 결정을 내릴 수 있

---

9 이 항목과 이 하위 절의 나머지 여러 부분에 대한 자세한 내용은 마샬을 참조할 것(Marshall, 2021).

다. 그리고 책임감 있게 결정을 내리는 것, 문제를 신랄하게 분석하는 것, 양심이 우리에게 말하는 것을 성찰하는 것, 그리고 다른 사람들과 진지하게 선의로 토론하는 것은 중요하다.

더구나 프로트렙틱은 지적 덕의 함양을 위해서만이 아니라 도덕적 덕의 함양을 위해서도 중요하다. 그렇기에 프로트렙틱 연구는 철학자들의 도덕 교육에 관한 담론에 공헌한 바가 크다. 주된 이유는 우리가 진실을 덜 원하고 그에 따라 덜 행동할수록 우리가 얼마나 잘 사는지에 영향을 미치는 거짓 신념을 포함하여 거짓 신념으로 끝날 위험이 더 커진다는 것이다. 다음 세 가지를 포함하여 그렇게 할 수 있는 다양한 종류의 잘못된 믿음이 존재한다:

- 무엇이 가장 좋고 가장 중요한지에 대한 거짓 신념(예를 들어, 쾌락 또는 자기 개선, 합법성 또는 동정심, 검소 또는 지속 가능한 실천 중에서 어느 것이 더 중요한지)
- 다른 사람들과의 상호 작용에서 발생한 일에 대한 거짓 신념(예를 들어, 그들이 어떤 잘못을 했는지, 아니면 우리가 어떤 잘못을 했는지)
- 우리 자신에 대한 과대평가

우리 자신을 과대평가할 때, 우리는 우리가 얼마나 많이 알고 있는지 잘못 판단할 수 있으며, 우리의 믿음이 실제로는 거짓이거나 적어도 매우 의심스러운데도 분명히 사실이라고 생각할 수 있다.[10] 이때는 진지하게 반성하고 숙련된 다른 사람들과 대화하는 데 시간을 보내는 것이 해독제 역할을 한다. 이 일을 충분히 수행한 사람들은 가끔 가식적으로 행

---

10 알스트롬-비즈는 관련 연구에 대해 논의하고 있다(Ahlstrom-Vij, 2013, pp. 26-27). 그리고 발렌타인을 참조할 것(Ballantyne, 2019).

동하더라도 자만하지 않는다. 그들은 자신들이 성공적인 논의를 했다고 생각할 때조차 이전에 너무 자주 놀랐기 때문에 다음 반대 의견을 들을 때까지 항상 기다린다. 그들은 자신의 견해에 반하는 말이 얼마나 많은 지, 자신을 방어하기가 얼마나 어려운지 확고히 깨닫게 된다. 이런저런 점에서 그들은 지적 겸손을 개발한다. 우리의 지적 겸손과 오만이 우리 의 행동에 영향을 미친다. 예를 들어, 이는 우리가 자비롭고, 공감적이며, 이타적으로 행동하는 데 영향을 끼치기 때문에 매우 중요하다.[11]

2.3.2 두 가지 접근 방식

내 프로젝트 수행에 플라톤을 참여시키는 이유는 그의 대화가 프로트렙 틱에 대한 이론화를 위한 이상적인 자료이기 때문이다. 우리가 어떤 프 로트렙틱 전략이 합리적이고 가장 효과적인지 평가하려면 먼저 한 사람 이 다른 사람이나 집단을 프로트렙틱한 다양한 가상 시나리오를 분석하 는 것이 우리의 임무이다. 상상 시나리오는 관련된 사람들의 종류와 그 들의 상황이 어떠했는지에 대한 세부 정보가 풍부해야 한다. 상황의 세 부 사항에 따라 무엇이 도덕적으로 허용되고, 그 상황에서 무엇이 가장 효과적인지 결정할 수 있기 때문이다. 예를 들어, 친구의 자동차 열쇠를 돌려주는 것이 옳은지의 여부는 그 사람이 얼마나 술에 취했는지에 따라 달라질 수 있다: 친구가 술에 취하지 않았다면 열쇠를 돌려주는 것이 도 덕적으로 요구될 수 있지만, 그녀가 자신이나 다른 사람에게 잠재적으로 위협이 될 수 있는 경우에는 그렇지 않을 수도 있다. 이와 같이, 누군가를

---

11 특히 크룸레이 만쿠소를 참조할 것(Krumrei-Mancuso, 2017). 특히 민주주의에서 심의("특 정 결과를 선호하거나 특정 사실을 믿는 이유의 교환"; p. 593)가 도덕적 좋음인 공감적 이해를 촉진한다고 생각하는 이유에 대해서는 한노를 참조할 것(Hannon, 2020).

반박하는 것이 그녀를 프로트렙틱하는 효과적인 방법이 될지는 당신과 그 사람의 관계가 정확히 어떤 종류인지, 그녀의 현재 감정 상태가 무엇인지, 그리고 기타 다양한 요인에 따라 달라질 수 있다. 따라서 도덕적인 질문과 무엇이 프로트렙틱을 효과적으로 만드는지에 대한 질문은 종종 세부 사항에 의존한다.

시나리오의 세부 사항을 전달하는 한 가지 방법은 간단히 나열하는 것이다. 특정 시나리오를 설명하는 것을 예시로 들어보자면, 두 명의 낯선 사람이 공공장소에서 만나며 이야기는 시작된다. 어떤 한 여자가 한 남자를 프로트렙틱하고 있다. 그 여자는 조용하고 내성적이지만 크고 위엄 있는 목소리를 가지고 있다. 그 남자는 감정적으로 불안정하다. 그러나 여러 측면에서 세부 정보 목록이 얼마나 도움이 될지 한계가 있다. 한 가지 문제는 긴 목록조차도 충분하지 않을 수 있다는 것이다. 중요한 세부 사항 중 일부가 항상 생략될 수 있다. 이런저런 이유를 고려하면, 시나리오는 아마도 문학이나 영화에서 발견되는 것과 같은 종류의 내러티브에서 나올 것이다. 왜냐하면 그러한 종류의 내러티브는 단순한 설명보다 상황의 세부 사항을 더 효율적으로 드러내기 때문이다. 물론 누군가가 다른 사람을 프로트렙틱하는 이야기가 특히 도움이 될 것이다. 따라서 소크라테스가 등장하는 플라톤의 대화편들은 시나리오의 이상적인 자료이다. 왜냐하면 그는 거의 다른 어떤 문학적 인물보다도 그럴듯하게 프로트렙틱을 실천하는 것으로 해석될 수 있기 때문이다.

우리가 프로트렙틱에 대한 윤리적 질문에 답할 때, 대화편들이 도움을 줄 수 있는 방법은 사례 연구로 조사할 프로트렙틱 시나리오를 제공하는 것이다. 나는 그것이 매우 명백하다고 생각한다. 그러나 나는 우리가 어떤 프로트렙틱 전략의 효과성에 대해 답할 때, 플라톤이 어떻게 도움을 줄 수 있는지 간략하게 설명할 필요가 있다. 이러한 질문을 해결하기 위해 우리가 채택할 접근 방식은 두 가지이다.

첫 번째 접근 방식은 소크라테스가 대화 상대자와 상호작용하는 방식을 자세히 연구하고 그가 대화 상대에게 왜 그렇게 반응하는지 알아내려고 노력하는 것이다. 이러한 접근 방식을 채택하여 우리는 그가 궁극적으로 대화 상대자들을 자기성찰로 이끌겠다는 뜻을 드러냈다고 가정하지만, 그 목표를 달성하기 위해서 왜 다른 활동보다는 자신이 하는 활동을 구체적으로 하는지 묻는다. 그 질문을 함으로써 우리는 다른 방법으로는 고려하지 않았을 소크라테스 전략을 식별할 수 있다. 이것이 이 접근 방식을 채택하는 요점이 될 것이다: 소크라테스의 전략이 실제로 무엇인지 말하는 것이 아니라 그가 가질 수 있는 광범위한 전략을 생각하는 것이다. 일단 소크라테스의 전략을 생각해 보면 두 번째 접근 방식을 채택하여 각각을 평가할 수 있을 것이다.

두 번째 접근 방식을 채택하면서 우리는 소크라테스가 사용할 수 있는 전략을 그려보고 그 전략이 얼마나 유망한지, 즉 얼마나 효과적일 수 있는지 평가할 것이다. 예를 들어, 어떤 특별한 경우에 소크라테스가 누군가에게 자신이 무지하다는 것을 설득해 자기를 성찰하게 하려 한다고 상상한다면, 우리는 소크라테스가 처한 상황과 그의 대화 상대자가 누구인지 고려하여 그러한 상황에서 그 전술이 얼마나 효과적일 수 있는지부터 탐구할 것이다. 다음으로, 소크라테스가 그들의 무지를 설득하고자 하는 방식이 그들을 반박하고 권고하는 것이라고 가정한다면, 우리는 그러한 의도가 얼마나 효과적인지 등을 탐구할 것이다.

우리가 그러한 질문에 답하는 방식은 첫째, 가능한 한 상식을 따르는 것이다. 많은 경우, 우리 앞에는 매우 간단하고, 어떤 전략을 선호하는지 결론내릴 내용이 많을 수 있다. 예를 들어, 많은 검토 없이도 플라톤의 메논(Meno)이 고집스럽다거나 에우튀프론(Euthyphro)이 속았다고 말하는 것이 적절하고 안전할 수 있다. 물론 어느 순간에 우리는 상식적으로 답변하기 매우 어려운 질문에 직면하게 될 것이다. 하지만 그때 우리가 할 수 있는 일은 가설을 자세히 상상하는 것이다. 예를 들어, 에우튀프론과 함께할 때 소크라테스처럼 거칠게 대하는 것보다 부드럽게 대할 때 더 발전할 수 있을지 묻는다면, 우리는 소크라테스가 에우튀프론을 부드럽게 대할 때 무엇을 하고 말할지 구체적으로 상상하고, 에우튀프론이 보일 가장 가능성 있는 반응을 추정하면서 그 답을 찾을 것이다. 두 번째 접근 방식을 수행할 때, 우리는 우리가 고려한 전략들이 소크라테스가 자신이 처한 상황에서 사용할 수 있는 가장 유망한 것인지, 그렇지 않다면 최선의 대안이 무엇인지 결정하는 것을 목표로 한다. 중요한 것은 그 텍스트 속에서 가장 현명한 전략이 무엇인지가 아니다. 소크라테스와 그의 대화 상대자가 고대 아테네의 실제 사람들이었다면 가장 현명한 전략이 무엇인지 생각하는 것이 중요한 것이다.

2.3.3 크리톤의 예

자연스레, 내가 플라톤을 연구하는 방식에 대한 주요 검증은 그것이 얼마나 좋은 결과를 내느냐 하는 것이므로 어떤 종류의 해석이 만들어지는지 이해하는 데 도움이 될 수 있다. 다른 저작에서는, 방금 설명한 두 가지 접근 방식을 채택할 때 얻을 수 있는 결과의 예를 제공했다. 나는 충분한 해석 과정을 거치지 않은 채 여러 플라톤 대화편의 잠정적 해석을 옹호했다. 본 장의 나머지 부분에서는 방금 말한 것 중 하나의 일부인 플라톤의 『크리톤』에 관해 요약하고자 한다.

『크리톤』은 소크라테스가 유명한 유죄 판결을 받은 후 감옥에 있는 동안 나누는 대화를 묘사하고 있다. 소크라테스는 오랫동안 함께한 친구이자 같은 출신인 크리톤과 이야기를 나눈다. 크리톤은 아들들에게 물려줄 부를 축적하는 사업가이다. 『크리톤』에서, 그는 감옥에 있는 소크라테스를 이른 아침 방문하여 소크라테스와 한동안 둘만의 대화를 나눴다. 크리톤은 소크라테스에게 처형을 피해 탈옥할 것을 설득하려 하고, 이에 대해 소크라테스는 탈옥하지 않겠다고 주장한다. 그는 주장을 제시할 때, 그것을 아테네 법이 할 수 있는 연설의 일부로 제시한다. 소크라테스가 주장을 마치자, 크리톤은 어떻게 답할지 몰라 당황하며 아무 말도 하지 못한다.

우리가 크리톤이 등장하는 세 가지 대화편(『크리톤』, 『에우티데모스』, 『파이돈』)을 함께 검토하면, 크리톤이 자기성찰에 대한 큰 열정을 표현했음에도 불구하고 자기성찰에 투자하지 않았으며, 또한 그는 만약 소크라테스가 처형당하면 그를 잃지 않을까 걱정할 만큼 충분히 소크라테스에, 우정에 관심이 있었다는 것은 분명하다. 이것은 크리톤과의 대화 속에서 소크라테스가 펼친 전략이 무엇인지에 대한 나의 결론으로 이어진다. 내 생각에는 소크라테스가 크리톤에게 잔소리하며, 화나게 하고, 좌절시키기 위해 법을 들먹이며 연설하고 있다는 것을 명확하게 표현한 것으로 보인다. 물론 소크라테스는 마치 자신의 목적이 크리톤에게 탈옥하기보다는 가만히 있어야 할 필요성을 설득하는 것인 것처럼 **행동**한다. 그러나 사실 소크라테스는 이렇게 저렇게 크리톤을 설득한 것이 아니다. 소크라테스는 크리톤이 자기를 성찰하도록 설득할 의도조차 없다. 소크라테스는 정당화 논증이 크리톤에게는 실패할 것이라고 당연시한다: 크리톤이 자기성찰에 투자하지 않는 한, 그는 논증을 진지하게 받아들이지 않는다. 그래서 그에게 논쟁을 가치 있게 여기도록 하는 논거 제공은 효과적이지 않을 것이다. 소크라테스는 크리톤에게 자신을 성찰하도록 **설득**하는 대신에 크리톤을 후회에 깊이 빠뜨리려고 한다. 소크라테스는 크리톤이 법에 대한 연설에 무방비 상태가 되리라 예측한다. -그는 이에 대해 아무런 대답도 하지 않을 것이다. 그리고 이것은 소크라테스가 사라진 후에 그를 잡아먹을 것이다: 크리톤은 자신이 그것을 어떻게 반박해야 했을지를 생각하고 또 생각할 것이다. 소크라테스의 희망은 결국 크리톤이 자기를 성찰하게 되는 것이다. 그는 논쟁의 힘에 주의를 기울이고 아마도 정의가 무엇인지와 같은 추상적인 이슈까지 다루게 될 것이다.

내가 상상한 이 전략에 대해 뭐라고 말할 것인가? 그것은 소크라테스가 사용할 수 있는 최선의 전략인가? 내 생각에, 이 전략은 많은 장점이 있으며 개선 방법도 있다. 확실히, 그것에 찬성하는 부분 중 하나는 정당화 논증에 대해 실제로 크리톤이 감동받지 못했을 수도 있다는 것이다. 왜냐하면 크리톤은 이미 자기성찰의 중요성을 믿고 있었지만, 사리사욕을 이유로 자기성찰을 단순히 무시할 수도 있었기 때문이다. 그러나 그가 그렇게 할 가능성은 없었다. 내가 다른 저작에서 논의한 것처럼, 기본적으로 그는 자기성찰의 중요성을 실제로 확신하지 못했을 가능성이 훨씬 더 높다. 이 경우에는 소크라테스의 전략이 효과가 없을 것이다.

나는 크리톤이 자기성찰을 믿지 않는다고 가정할 때, 믿지 않는다는 의미를 재빨리 명확히 해야 한다. 실제로 그가 자기성찰을 믿지 않는다면, 그는 그것이 무엇인지, 또는 그것이 왜 중요한지 이해하지 못했을 가능성이 높다. 이것을 설명하는 가장 좋은 방법은 종교와 관련된 비교를 하는 것이다. 이는 프로트렙틱의 목적이 특정 종류의 개종을 유발하는 것이기 때문에 적절하다. 자기성찰에 대한 크리톤의 태도는 오늘날 기독교 사회의 많은 사람들이 하나님에 대해 갖는 태도와 유사하다. 데넷(D. Dennett)은 여기서 말하는 태도를 특징화하는 데 도움이 되는 몇 가지 의견을 제시한다.

나는 크리톤이 자기성찰을 믿지 않는다고 가정할 때, 믿지 않는다는 의미를 재빨리 명확히 해야 한다. 실제로 그가 자기성찰을 믿지 않는다면, 그는 그것이 무엇인지, 또는 그것이 왜 중요한지 이해하지 못했을 가능성이 높다. 이것을 설명하는 가장 좋은 방법은 종교와 관련된 비교를 하는 것이다. 이는 프로트렙틱의 목적이 특정 종류의 개종을 유발하는 것이기 때문에 적절하다. 자기성찰에 대한 크리톤의 태도는 오늘날 기독교 사회의 많은 사람들이 하나님에 대해 갖는 태도와 유사하다. 데넷은 여기서 말하는 태도를 특징화하는 데 도움이 되는 몇 가지 의견을 제시한다:

> 하나님을 믿는 사람들이 많다. 하나님에 대한 믿음을 믿는 사람들이 많다. 무엇이 다른가? 하나님을 믿는 사람은 하나님이 계신 것을 확신하고 기뻐한다. 왜냐하면 하나님을 만물 중에 가장 놀라운 분으로 여기기 때문이다. 더욱이 하나님에 대한 믿음을 믿는 사람들은 하나님에 대한 믿음이 존재한다는 것을 확신하며(누가 그것을 의심할 수 있겠습니까?), 그들은 이것이 좋은 상황이며 가능한 한 어디서나 강력히 격려하고 육성해야 하리라 생각한다: 하나님에 대한 믿음이 더 널리 퍼져있다면 좋을 텐데! 우리는 하나님을 믿어야 한다. 우리는 하나님을 믿으려 노력해야 한다. 우리 자신이 하나님을 믿지 않는다는 것을 알면, 우리는 불안하고, 미안하고, 성취감을 느끼지 못하며, 심지어 죄책감을 느껴야 한다. 그것은 잘못이지만, 그런 일은 일어나고 말았다.(Dennett, 2006, p. 221)

내가 방금 언급한 사람들은 믿음에 대해 믿는다고는 하지만 실제로는 하나님을 믿지 않는다. 그리고 당신이 물으면 그들은 그렇지 않다고 말할 수도 있지만 그것은 그저 그들의 바람이다. 우리는 이런 사람들을 열정뿐인 신도라고 부를 수 있다. 그들은 교회에 가끔은 가겠지만, 종교 문화와 일체감이 없다. 그들은 유신론을 좋아하지만, 그들의 핵심 종교는 그들의 사고방식의 형성에는 거의 또는 전혀 영향을 미치지 않는다. 가장 중요하게, 이것은 그들이 무신론자나 불가지론자이기 때문이라기보다는 돈 버는 것, 올바른 사회적 지위를 갖는 것 등과 같은 실제적 일 외에는 거의 생각하지 않기 때문이다. 그들의 비전은 일상적 삶의 범위를 거의 벗어나지 않는다. 결과적으로 그들은 종교적 명제의 진리 가치를 진정으로 평가하지도 못하고 심지어 이해하지도 못한다. 당신이 그러한 명제를 지지하거나 교회에 간다고 말하면 그들은 박수를 보낼 것이다. 그러나 그것은 일반적으로 좋은 사람이 되고 자신을 더 좋게 한다고 생각하기 때문이다. 그들은 그런 방식으로 종교인이 되는지 깊이 생각하지 않을 것이다: 그들은 올바른 식습관과 운동이 분명히 **신체적** 건강을 돌보는 방식인 것처럼 그것이 당연하다고 받아들일 것이다. 이와 같이, 당신이 그들에게 유신론에 대한 논쟁을 제시한다면 그들은 당신의 추론을 거의 받아들이지 않을 것이다. 그들은 당신이 그것이 사실임을 입증했는지 진정으로 고려하지 않고 그 논증의 결론에 대해 당신에게 경의를 표할 것이다. 종교 문제에 대한 논쟁은 그들이 사는 곳과 너무 동떨어져 있다.

아마도 크리톤은 열정뿐인 신도가 신에게 어떤 존재인지를 스스로 성찰해야 하므로 그런 사람일 가능성이 높다. 크리톤은 자기성찰 생각으로 가득 차 있고, 그것에 대한 그의 열정은 너무 깊을 뿐이다: 그는 단지 그것에 대한 믿음을 믿을 뿐이다. 비록 그는 아들을 위해 최고를 원하고 이론적으로 최고에는 도덕적 덕의 획득이 포함된다고 생각하지만, 마음속으로는 돈이 더 중요하다고 믿고 있으며, 더 이상 소크라테스와 함께 있지 않을 때 탐구에 대한 그의 헌신은 빠르게 사라졌다. 철학적 이슈에 대한 논쟁은 크리톤이 사는 곳과는 너무 동떨어져 있다. 그에게 있어서 모든 결정의 최종 심판자는 그저 상식이다.

그러한 관점에서, 소크라테스에 기인하는 전략보다 더 바람직하다고 생각하는 전략을 설명하고자 한다. 이 대안적 전략의 일부는 소크라테스가 크리톤에게 제공한 자기성찰의 중요성에 대한 논증이다. 물론 크리톤이 열정뿐인 신도와 유사하다면 그에게 논쟁거리를 제공하는 것은 그 자체로는 부적절할 것이다: 그는 논증의 결론에 경의를 표하고 추론을 무시할 것이므로 논증은 그를 설득하는 데 아무런 도움이 되지 않을 것이며 그는 설득되지 못한 채 남아 있을 것이다. 하지만 이것을 조정할 방법이 있을 것이다. 소크라테스는 종교 전도사가 열정뿐인 신도들에게 채택할 수 있는 것과 비슷한 전술을 채택할 수 있다. 열정뿐인 신도들의 문제는 유신론의 진리를 실제로 전혀 평가하지 않는다는 것이다. 그들에게 유신론이 참인지는 결코 그들에게 진정으로 중요하지 않다. 이것이 바로 유신론에 대한 논증이 그들을 동요시키지 않는 이유이다. 그들이 처음으로 질문을 하게 하려면, 유신론을 수용하는 누구든지 혼란스럽게 할 만큼 강력한 유신론에 대한 반대 의견을 제시할 수 있다. 물론, 그들이 당신의 목표가 유신론을 반박하는 것이라고 본다면, 그들은 귀를 닫고 당신이 말하는 것을 듣기를 거부할 것이다. 그러므로 당신은 처음부터 반대 의견을 제시한 후 그것에 대답할 것이며 결국에는 유신론이 참이라는 입증을 확신시켜야 한다. 그리고 당신이 그들에게 이것을 확신시킬 때, 그들이 반대 의견을 처음 들었을 때, 그들은 그것을 진지하게 받아들이지 않을 수 있다. 하지만 여기에도 해결책이 있다. 당신이 이의를 제기한 후 유신론을 옹호할 때, 당신은 명백히 빈약한 논증만을 제시하고, 그것이 완전히 확고하다고 확신하며 행동하며, 그것이 유신론이 가진 유일한 논증인 것처럼 말한다. 어쨌든, 이것은 전도사가 열정뿐인 신도들과 하나님에 대해 토론할 때 취할 수 있는 가장 유망한 방법이다. 소크라테스는 크리톤과 자기성찰에 대해 논의할 때 이와 유사하게 진행할 수 있었고,

소크라테스는 크리톤이 한동안 당황한 후에야 자기성찰에 대한 진지한 논증을 제시할 수 있었다.

2.4 결론

플라톤은 여러 이유로 도덕 교육에 대한 현대적 사고에 공헌했다. 나는 제일 먼저 좀 더 직접적인 이유, 즉 우리가 플라톤을 올바르게 해석할 때 등장하는 이유를 제시했다. 예를 들어, 플라톤은 우리가 비관주의에 대한 유혹에 맞서도록 자극하고 학생들에게 동기를 부여하는 방법을 알게 하는 데 중추적인 역할을 했다. 그와 같은 이유는 유의미하고 설득력이 있다. 그러나 플라톤을 올바르게 해석하는 작업을 수반하는 플라톤에 대한 접근 방식은 논의의 여지가 있다. 프로트렙틱에 대해 배우기 위해 우리는 플라톤의 대화편에 등장하는 소크라테스를 연구할 수 있다. 먼저 소크라테스가 다른 사람들과 상호작용하는 방식에 대한 세부 사항을 조사한 다음에 그가 사용할 수 있는 다양한 전략을 평가한다: 우리는 플라톤의 사상이나 그 텍스트의 의미를 분별하려고 노력하지 않고도 이 모든 것을 할 수 있다. 확실히, 플라톤의 상징성을 고려하면 플라톤을 이런 식으로 사용하는 것이 이상하게 보일 수 있다. 그러나 그는 단순히 역사의 한 단편이 아니기 때문에 가장 생산적인 방식으로 그에게 접근하는 편이 좋다: 그의 저술은 교육에 대한 통찰력을 제공하는 살아 있는 적절한 원천이다.

참고문헌

Ahlstrom-Vij, K.(2013). *Epistemic paternalism: A defense.* London: Palgrave.

Baehr, J.(2011). *The inquiring mind: On intellectual virtues and virtue epistemology.* New York, NY: Oxford University Press.

Ballantyne, N.(2019). *Knowing our limits.* New York, NY: Oxford University Press.

Callan, E. & Arena, D.(2009). Indoctrination. In H. Sieg (Ed.), *The Oxford Handbook of philosophy of education* (pp. 104-121). New York, NY: Oxford University Press.

Cooper, J. M.(Ed).(1997). *Plato: Complete works.* Indianapolis, IN: Hackett.

Cottingham, J.(2005). Why should analytic philosophers do history of philosophy? In T. Sorell & G. A. J. Rogers(Eds.), *Analytic Philosophy and History of Philosophy* (pp. 25-41). Oxford: Clarendon Press.

Dennett, D. C.(2006). *Breaking the spell: Religion as a natural phenomenon.* New York, NY: Viking.

Ebrey, D.(2017). Socrates on why we should inquire. *Ancient Philosophy*, 37(1), 1-17.

Futter, D. B.(2015). Variations in Philosophical Genre: The Platonic Dialogue. *Metaphilosophy*, 46(2), 246-262.

Grethlein, J.(2020). Plato in therapy: A cognitive reassessment of the Republic's idea of mimesis. *Journal of Aesthetics and Art Criticism*, 78(2), 157-169.

_____ (2021). *The ancient aesthetics of deception: The ethics of enchantment from Gorgias to Heliodorus.* Cambridge: Cambridge University Press.

Hannon, M.(2020). Empathetic understanding and deliberative democracy. *Philosophy and Phenomenological Research*, 101(3), 591-611.

Jonas, M. E. & Nakazawa, Y.(2020). *A Platonic theory of moral education: Cultivating virtue in contemporary democratic classrooms.* New York, NY: Routledge.

Krumrei-Mancuso, E. J.(2017). Intellectual humility and prosocial values: Direct and mediated effects. *Journal of Positive Psychology*, 12(1), 13-28.

Marshall, M.(2021). *Reading Plato's dialogues to enhance learning and inquiry: Exploring Socrates' use of protreptic for student engagement.* New York, NY: Routledge.

_____(2022). Response to the review symposium on Reading Plato's dialogues to enhance learning and inquiry: Exploring Socrates' use of protreptic for student engagement, *Studies in Philosophy and Education*, 41: 711-717. https://doi.org/10.1007/811217-022-09848-2.

McPherran, M. L.(2013). Socrates, Plato, Erős and liberal education. *Oxford Review of Education*, 36 (2010): 527-541. (Reprinted in C. Brooke & E. Frazer (Eds.), Ideas of education: Philosophy and politics from Plato to Dewey (pp. 6-20). New York, NY: Routledge).

Mintz, A. 1.(2018). *Plato: Images, aims, and practices of education.* Cham, Switzerland: Springer.

Nakazawa, Y.(2021). Plato: Philosophy as education. In A. I. Mintz (Ed.), *A history of Western philosophy of education: Vol. 1.* In Antiquity (pp. 53-74). London: Bloomsbury.

Reeve, C. D. C.(2010). Blindness and reorientation: Education and the acquisition of knowledge in the Republic. In M. L. McPherran (Ed.), *Plato's "Republic": A Critical Guide* (pp. 209-28). New York, NY: Cambridge University Press.

Scott, D.(1999). Platonic pessimism and moral education. *Oxford Studies in Ancient Philosophy*, 17, 15-36.

Williams, B.(2006). Descartes and the historiography of philosophy. In J. Cottingham(Ed.), *Reason, will and sensation: Studies in Descartes's metaphysics* (pp. 19-27). Oxford: Clarendon Press. (Reprinted in The sense of the past: Essays in the history of philosophy (pp. 257-264). Princeton, NJ: Princeton University Press).

3장
신아리스토텔레스주의와
도덕 교육

마크 E. 조나스(Mark E. Jonas)

3.1 서론

21세기 도덕 교육 이론은 모두 교육 분야에서 활발히 논의하고 있는 신
아리스토텔레스 운동을 다룰 필요가 있다. 지난 20년간 아리스토텔레스
의 교육론 연구는 확산하였고, 그 이론을 현대 교실에서 수없이 재구성
하고 적용했다.[1] 이 연구는 도덕 교육의 이론과 실천에 통찰력을 제공했

---

[1] 지난 20년 동안 아리스토텔레스의 도덕 교육 이론에 관한 수십 권의 책, 단행본 속의 장,
논문이 있었기 때문에 아리스토텔레스 철학과 교육과의 관계를 홍보하는 출판물의 포괄
적인 목록을 제공하는 것은 거의 불가능하다. 빠르게 성장하는 학문 분야에 가장 많이 공
헌한 사람으로는 크리스티안손(2020a, 2020b, 2016, 2015, 2014a, 2014b, 2014c, 2007, 2006a,
2006b, 2005) 및 샌더스(Sanderse, 2020, 2019, 2016, 2015, 2013, 2012, 2011)가 있다. 하지만
아리스토텔레스와 교육에 관해 출판한 다른 사람들도 셀 수 없이 많다.

고, 인격 교육을 실행할 수 있는 교육 모델로 재구성하고자 하는 체계적인 시도를 촉발했다.[2] 신아리스토텔레스주의 맥락에서 젊은이들의 덕 함양과 우정의 역할은 마땅한 주목을 받지 못한 연구 분야 중 하나다.[3] 아리스토텔레스의 우정 이론은 지나치게 도식적이라 인간 사이에 존재하는 다양한 우정을 충분히 반영하고 있지 못하지만, "덕에 기초한 우정", "인격에 기초한 우정", "완전한 우정"에 대한 그의 분석은 통찰력이 있으며 도덕 교육에서 우정의 중요성에 대한 사고 틀을 제공하고 있다. 본 장에서 나는 아리스토텔레스의 이론과 인간의 도덕 형성과의 관계를 검토한다. 나는 아리스토텔레스의 이론이 우정 논의의 표준이어서가 아니라,[4] 학생들의 도덕적 성장을 지원하는 데 도움을 줄 수 있는 특정 유형의 우정을 강조하고 있으므로 그의 이론을 검토하고자 한다.[5]

나는 본 글에서 다음과 같이 주장할 것이다. 나는 먼저 아리스토텔레스가 인간 사이에서 발견된다고 믿는 우정의 종류를 간략히 설명하고,

---

[2] 영국 버밍엄 대학교의 '주빌리 인간성·미덕연구소(Jubilee Center for Character and Virtue)'가 이 일을 주도했다. 이 연구소는 영국과 해외의 인격 교육 개혁을 지원하는 엄청난 양의 연구와 자원을 개발했다: www.jubileecentre.ac.uk.

[3] 아리스토텔레스의 우정 이론의 교육적 의미는 충분히 탐구되지 않았지만, 본 장의 증명 단계에서 크리스티안손(2022)은 아리스토텔레스의 우정 이론을 철저하게 설명하는 『덕을 위한 우정(Friendship for Virtue)』이라는 책을 출판했다. 게다가 크리스티안손(2020b)과 호요스-발데스(2018)는 최근 예외이고, 브루어는 덜 최근의 예외이다(Brewer, 2005). 우정과 교육에 대한 신아리스토텔레스적 분석이 부족했을 뿐 아니라; 힐리(2011, 2017); 와기드(2008); 화이트(1990)를 제외하고 우정과 교육의 연관성을 논의하는 교육 이론가는 거의 없었다.

[4] 아리스토텔레스의 우정론은 복음으로 받아들여서는 안 된다. 나는 그것이 너무 도식적이라고 생각한다. 그것은 인간이 맺는 우정의 범위를 적절하게 포괄하지 못한다. 더욱이 그가 논의하는 우정(예를 들어 쾌락에 기초한 우정, 유용성에 기초한 우정)에 대해서도 그의 논의는 우리가 바라는 것만큼 미묘한 차이가 있거나 교묘하지 않다.

[5] 크리스티안손(2020b)이 말했듯이, 아리스토텔레스의 우정에 관한 "많은 이야기(reams)"와 아리스토텔레스의 인격 교육에 편승해 저술한 이론가가 있지만, "두 문헌을 하나로 묶으려는 시도는 거의 없었다(호요스-발데스가 2018년 논문에서 정확하게 지적했듯이)."(p. 350).

특히 "덕에 기초한 우정"에 주목하고자 한다. 다음으로, 나는 아리스토텔레스가 설명하는 덕과 번영하는 삶 사이의 필연적인 연관성을 살펴보고, 아리스토텔레스가 믿는 덕이 인간에게서 어떻게 개발되는지를 검토한다. 그런 다음 우정이 덕 형성 과정에 어떻게 공헌할 수 있는지 논의하고자 한다. 이를 위해 나는 소위 깨달음(epiphany)이 긍정적인 도덕적 효과, 즉 덕을 추구하지 않는 사람들의 도덕적 성장 과정을 가끔 촉진하는 변혁적인 도덕적 통찰력을 갖기 위해서는 우정이라는 전제 조건이 필요함을 논하고자 한다. 아리스토텔레스의 이론에는 깨달음의 개념이 없지만, 나는 우정이 깨달음과 양립할 수 있고 실제로 도덕 교육 이론과 실천에서 필요하다고 주장한다. 마지막으로, 아리스토텔레스의 우정 이론을 검토한 후, 그의 이론이 현대 교육 환경에 미치는 영향을 논의하고, 교육자가 학생이 올바른 유형의 친구를 사귀도록 도와줌으로써 학생들의 도덕적 성장에 어떻게 공헌할 수 있는지 그 사례를 제시하고자 한다.

3.2 아리스토텔레스의 세 가지 종류의 우정

아리스토텔레스는 『니코마코스 윤리학』 8권과 9권에서 세 가지 유형의 우정에 대해 논의한다. 내가 서론에서 주장한 것처럼, 그의 우정 이론은 개략적이고 모든 유형의 우정을 다루거나 세부 정보를 적절히 제공하지도 않는다. 하지만 도덕 교육에서 덕에 기초한 우정의 중요성을 논하기 위해서는 이론을 간략하게 개괄하는 것이 중요하다.

첫 번째 유형은 유용성에 기초한 우정이다. 두 명 이상의 사람이 일을 처리할 때 서로에게 유용하기 때문에 친구가 되는 것이다(1156a14-26). 동료들은 종종 유용성의 친구가 될 수 있다. 그들은 자신들의 직업에서 서로를 지지하고, 그 상호 지지를 통해 서로에 대해 일종의 애정을 가지게 되며, 정확한 순간에 서로에게 유용하지 않을 때도 서로 함께 있는 것을 즐기게 된다. 사람들은 대부분 동료, 이웃, 학습 파트너 등을 이러한 친구로 꼽을 수 있다. 이러한 우정은 오래 유지될 수 있지만 대부분 유용성이 있을 때만 유지된다. 사람들이 직장을 그만두거나 도시의 다른 지역으로 이사하면 자연스럽게 우정의 유용성이 줄어들고 일반적으로 그러한 우정도 사라진다. 물론 직장이나 거주지가 바뀌기 전에는 우정이 유용성을 넘어 무한정 지속될 수도 있지만, 그렇게 되면 우정이 더 이상 유용성이 아니라 다른 것으로 발전하였기 때문이다.

아리스토텔레스가 확인한 두 번째 유형은 쾌락에 기초한 우정이다 (1156631-115726). 이는 두 명 이상의 사람들이 어떤 활동에서 쾌락을 느끼고 그 활동에 정기적, 또는 반정기적으로 함께 참여할 때 생긴다. 쾌락에 기초한 우정에는 함께 영화나 스포츠를 즐기는 것, 함께 야외 활동이나 운동 활동에 참여하는 것 등이 있다. 이러한 우정은 유용성에 기초한 우정과 달리 특정 거주지에 뿌리를 두지 않기 때문에 더 오래 지속되는 경우가 많다. 물론, 그 친구들을 처음에 끌어당겼던 쾌락이 계속 공유되는 한 그 우정은 오래 지속된다. 유용성에 기초한 우정과 마찬가지로, 쾌락에 기초한 우정은 특정 활동에서 단순한 쾌락을 넘어 덕의 쾌락을 키우는 데 초점을 맞춘다면 다른 유형의 우정으로 바뀔 가능성이 있다. 유용성에 기초한 우정과 쾌락에 기초한 우정은 모두 인간의 삶에서 중요하며, 그것이 최고의 우정 형태는 아닐지라도 모든 인간이 인간의 번영을 경험하려면 이 두 유형의 우정도 필요하다.

아리스토텔레스가 확인한 세 번째이자 가장 중요한 유형의 우정은 덕, 즉 탁월성(arête)에 기초한 우정이다(115628-9). 이러한 "인격에 기초한 우정" 또는 "완전한 우정"은 두 사람이 더 나은 사람이 되고자 하는 공통의 소망을 공유하고 유덕한 삶을 살 때 발전한다. 아리스토텔레스에게는 이것이 진정한 번영으로 이어지는 삶이다. 두 명 이상의 사람들은 덕에 기초한 우정을 통해 유덕한 삶을 최고의 행복으로 인식하고 서로는 유사한 동일성을 보여준다. 이러한 상호 동일시는 매우 깊고 지속적인 유대를 형성한다. 왜냐하면 아리스토텔레스에 따르면, 영구적으로 덕을 추구하는 경향이 있는 특정 유형의 인격을 확립한 사람들이야말로 탁월성을 추구하기 때문이다. 유용성과 쾌락을 추구하는 우정에는 우정의 해체로 이어질 수 있는 쾌락 양식의 변화와 외부 환경의 변화가 존재한다. 탁월한 우정은 확고한 인격을 정립하므로 이러한 현상이 드물게 발생한다. 또한, 탁월한 우정은 친구들 사이에 변증법적인 상호작용을 일으켜 우정을 더욱 깊게 하고 서로 덕의 추구를 강화한다. 아리스토텔레스에 따르면, 덕에 기초한 우정은 친구들이 번영이라는 공통 비전을 공유하면서 유대감을 형성할 뿐만 아니라, 각 친구가 다른 친구로 하여금 그 비전을 계속 추구하도록 상호 영감을 주기 때문에 유대감을 형성하는 우정이다. 덕에 기초한 친구는 덕을 추구하는 또 다른 인격에 기초한 친구를 보면서 덕의 아름다움을 더욱 명확하게 보고 그것이 자기 삶에 바람직하다는 것을 인식한다. 따라서 그들은 이미 덕을 소망하고 있을지라도 친구들이 유덕하게 행하는 것을 지켜보면서 그 소망은 계속 발전한다. 그 반대의 경우도 마찬가지다. 이러한 상호 영감은 더 큰 유덕한 사랑을 하고 서로에 대해 더 큰 사랑을 한다. 사랑은 다른 유형의 우정과는 다른 방식으로 덕에 기초한 우정의 특징을 규정한다. 놀랄 것도 없이, 탁월성에 기초한 우정은 유용성과 쾌락에 기초한 우정보다 더 드물다.

 덕에 기초한 우정이 덕을 추구하는 각 친구를 지원하는 능력이라는 점에서 도구적일 뿐만이 아니라 그런 친구들이 서로에게 많은 정서적 헌신을 **느끼는** 깊은 정서적 친밀감의 원천이라는 점에 주목하는 것이 중요하다. 크리스티안손(Kristjánsson, 2020b)은 덕에 기초한 우정을 다음과 같이 설명하고 있다.

> (a) 공동 활동에서 함께 시간을 보내고, (b) 기쁨과 슬픔을 나누며, (c) 친구의 인격을 사랑하는 방식으로 친구를 그 자체로 사랑하고, (d) "그 친구는 또 다른 자신이기 때문에 그 친구와 연결이 된다"는 강한 의미의 영혼에 기초한 우정, 그리고 (e) 친구를 더욱 발전적 유형의 유용성에 기초한 우정처럼 고통스럽게 대체할 수 없는 것으로 설정할 정도로 우정을 본래적 가치가 있는 것으로 간주한다.(p.351)

덕에 기초한 우정은 서로가 덕을 추구하는 데 도움을 주고 "기쁨"과 "슬픔"을 공유하며, 서로 "사랑"하고, "영혼의 동반자"가 되며, 우정을 잃으면 깊은 고통을 겪게 하는 '대체 불가능한' 존재다.

아리스토텔레스의 세 가지 우정을 간략히 요약한다면, 덕에 기초한 우정이 도덕 교육의 핵심이라는 것이다. 덕에 기초한 우정은 우정에 참여하는 사람들의 윤리적 성장을 중심으로 하는 우정이다. 그러므로 교육자가 학생들이 덕에 기초한 우정을 발전시키도록 돕는다면, 그는 이미 학생들에게 도덕 교육을 하는 것이다. 일반적으로 문제는 도덕 교육에 관심이 있는 교육자가 학생들이 도덕적 이슈에 대해 **생각하고, 토의하며, 토론**하도록 돕는 데 관심이 있다는 것이다. 그리고 몇몇 최고의 도덕 교육자는 학생을 도덕적 활동에 적극 참여시킨다. 이러한 도덕 교육의 요소들은 모두 그 자체로 중요하다. 아리스토텔레스에 따르면, 도덕 교육의 이러한 요소들은 모두 그 자체로 중요하지만, 올바른 우정을 키우는 것처럼 계속 변화시키지는 못한다고 말한다. 내 생각에 아리스토텔레스가 옳다면, 도덕 교육자는 학생이 덕에 기초한 우정을 개발하고 유지하도록 돕기 위한 현실적인 계획을 수립하는 것이 중요하다.

3.3 행복 달성을 위한 덕의 역할 이해

본 장은 학생들이 도덕적 우정을 쌓고 유지하도록 돕는 주제를 다룬다. 그러나 나는 교사가 학생들의 우정을 지원하기 위해 어떻게 해야 하는지와 같은 어려운 이슈를 다루기 전에, 우리는 왜 아리스토텔레스가 인간의 번영에서 인격에 기초한 우정이 필수적이라고 생각하는지 그 이유를 좀 더 자세히 이해할 필요가 있다고 본다.

아리스토텔레스가 덕에 기초한 우정이 인간 번영에 중요하다고 생각하는 첫 번째 이유는 인간이 덕이 없다면 에우다이모니아(eudaimonia, 삶의 궁극적 행복과 만족)를 경험할 수 없다고 생각하기 때문이다. 아리스토텔레스는 모든 인간이 삶의 궁극적인 목표가 무엇인지에 대해 동의한다는 유명한 주장을 하였는데, 그 목표가 바로 **에우다이모니아**(1095317-18)이다. 그러나 아리스토텔레스는 행복이 목표라는 점에는 모든 사람이 동의하지만, 이 행복의 요소에 대해서는 상당한 의견 차이가 있다고 주장한다(1095219). 그는 지구상에 사는 인간을 특징짓는 네 가지 행복 개념으로 육체적 쾌락(1095616-22), 명예(1095b22-109625), 돈(109626-11), 덕(1098315-109925)을 제시한다.

아리스토텔레스는 이들 중 첫 번째인 육체적 쾌락이 가장 흔한 것이라고 주장한다. 그는 사람들이 대부분 음식, 음료, 섹스, 시각적 자극, 호화로운 휴식 등의 쾌락을 극대화하기 위해 하루를 보낸다고 주장한다. 물론 이러한 것들을 얻기 위해 그 자체로 즐겁지 않은 활동을 수행하는 사람들은 많다. 하지만 최종적으로 분석하면, 그들이 추구하는 이러한 활동은 올바른 상황에서의 쾌락 증진을 위한 필요악이다. 사람들이 필요악을 겪지 않고도 계속해서 육체적 쾌락을 경험할 수 있는 방법을 찾을 수 있다면 그들은 즉시 그렇게 할 것이다. 중요한 점은, 앞으로 살펴보겠지만, 이 사람들이 **육체적 쾌락**을 추구한다는 사실 자체는 그들이 행복에 대해 그릇된 개념을 갖고 있다는 것을 의미하지는 않는다. 아리스토텔레스에 따르면, 모든 행복에는 육체적 쾌락이 포함된다. 어떤 사람들이 육체적인 것에서만 **오로지** 쾌락을 느낀다면, 그들의 행복 개념은 문제가 있는 것이다. 그들은 다른 것, 심지어 **더** 즐거운 것에서는 쾌락을 누릴 수 없다. 궁극적으로 아리스토텔레스에 따르면, 육체적 쾌락이 동물이 행복을 향해 가는 길과 동일하므로 그것은 인간의 행복을 향한 최선의 길이 아니다(1095619-21). 그러므로 육체적 쾌락을 최고의 욕망으로 추구하는 인간은 동물적 행복을 누리지만 인간 특유의 행복은 누리지 못한다.

아리스토텔레스가 개괄적으로 설명한 두 번째 행복 개념은 명예나 명성이다. 이는 명예나 명성을 진정한 쾌락으로 보는 사람들이 주장한다. 육체적 쾌락을 추구하는 사람들과 마찬가지로 이 사람들도 쾌락을 최고의 선으로 추구하지만, 그것은 육체를 넘어서는 쾌락이다. 그것은 다른 사람들이 자신을 존중하거나 존경하게 만드는 쾌락이다. 그는 이 수용소에 있는 사람들이 폴리스 내에서의 평판에서 쾌락을 찾는다고 주장한다. 아리스토텔레스는 이것이 모든 동물이 공유하는 육체적 쾌락(1095622)보다 더 미묘하고 정교한 유형의 쾌락이라고 제시한다. 명성에서 얻는 쾌락은 오직 인간만이 경험할 수 있는 것이므로 인간에게 더 적합하다. 이는 명성에서 행복을 찾는 사람이 육체적 활동에서 쾌락을 느끼지 않는다는 것이 아니라, 선택권이 있다면 그것이 때때로 어떤 육체적 쾌락을 의미할지라도 명예의 쾌락을 먼저 추구할 것이라는 뜻이다. 아리스토텔레스는 명예의 쾌락이 인간 특유의 것이고 따라서 육체적 쾌락보다 우월하다고 생각하지만, 그것은 여전히 인간을 위한 가장 높은 유형의 행복을 구성하지는 않는다. 자신의 번영은 타인의 평판에 의존하기 때문이다. 타인에 대한 사람들의 의견은 정당하든 부당하든 매우 빠르게 변할 수 있으므로 아리스토텔레스는 평판을 행복으로 보는 사람은 누구나 잘못된 곳에서 행복을 추구하고 있다고 생각한다(1095b24-26).

아리스토텔레스가 생각하는 세 번째 행복 개념은 돈이다. 그는 돈이란 지금까지 설명한 다른 행복 중 하나로 수단이므로, 궁극적 행복이라고 단정하지 않는다. (1096a6-8). 육체적 쾌락을 최대한 증대하는 민주주의 사회에서 돈은 육체적 쾌락을 얻기 위한 수단일 뿐이다. 명예를 무엇보다 중시하는 금권 사회에서 돈은 단지 명성과 명예를 얻기 위한 수단일 뿐이다.

이러한 열등한 유형의 행복을 없애고, 아리스토텔레스는 마침내 진정한 **에우다이모니아**, 즉 진정한 행복에 이르는 길: 유덕한 삶을 사는 방법을 설명한다. 처음부터 여기서 작동하는 단어가 "살아 있음"이라고 말하는 것이 중요하다. 아리스토텔레스는 덕에 대한 지식을 갖는 것만으로는 번영을 이루지 못한다는 점을 매우 분명히 했다. 또한 우리는 유덕하게 행동해야 한다(1098b30-1099a5). 아리스토텔레스는 지식을 가지고 그 지식에 따라 행하는 사람이 최고 유형의 인간 삶을 살고 있다고 주장한다. 덕은 육체적 욕망과 달리 인간 고유의 것이며, 명예와 달리 타인의 평판에 의존하지 않는다. 그러나 그것 또한 그 자체로 쾌락을 주는 것이며, 쾌락을 **완전히** 잃을 수 없는, 숭고하고도 아름다운 유형의 쾌락이다.(1100a12-110127). 예를 들어, 부당한 고발로 교도소(더 이상 충분한 육체적 쾌락을 누릴 수 없는 곳)에 갇힌 사람은 육체적 쾌락을 빼앗길 수 있다. 이처럼 투옥된 사람은 좋은 평판을 잃고 욕을 먹으며 명예도 유사하게 빼앗길 수 있을지라도, 유덕한 사람이기 때문에 교도소에서도 여전히 유덕하게 행동할 수 있다. 그는 여전히 용기 있고, 관대하며, 정의롭고, 경건한 마음으로 교도소에 갇히는 것을 즐길 수 있다. 또한 덕이 그것을 원하는 사람들에게 부여하는 쾌락의 유형은 가장 숭고하고 순수한 유형의 쾌락이다. 그것은 인간의 궁극적 목적과 기능을 충족시키기 때문에 가장 숭고하다. 유덕한 행동은 **천성적으로**(by nature) 불순물이 섞이지 않고 그 자체로 즐거운 것이기 때문에 가장 순수하다. 반면 육체적 쾌락이나 명예는 우리가 그것을 잘못된 양까지 추구할 때 어느 정도는 도덕적으로 불편할 수 있다(1099a35-16). 덕을 잘못된 양으로 추구하는 것은 불가능하다. 왜냐하면 덕은 중용의 정의에 따르면 올바른 양의 덕이기 때문이다.

천성적으로 유덕한 행동이 인간 경험의 **최고선**(summum bonum)이라는 아리스토텔레스의 견해에 이의를 제기하는 사람도 있을 것이다. 하지만 이 책의 주제가 도덕 교육이라는 점을 고려하면, 이 견해에 공감하는 독자들 역시 많을 것이다. 덕은 학생들이 성취하도록 도울 수 있는 가장 중요하며, 이것이 또한 학생들을 행복하게 하는 아리스토텔레스의 주장이 맞는지는 의문의 여지가 있다. 나는 유덕한 행동이 쾌락의 가장 숭고하고 순수한 유형이건 아니건, 확실히 덕이란 우리 학생들이 추구하기를 바라는 것이며, 그들이 그것에서 쾌락을 느낀다면 그들이 더욱 그것을 추구하고 싶어 할 이유가 있다고 주장하고 싶다.

따라서 도덕 교육에 대한 아리스토텔레스의 기획은 학생들이 덕을 즐기며 번영을 향한 유일한 길로서 덕을 온 마음을 다해 추구하도록 돕는 것이다. 그러나 난점이 존재한다. 아리스토텔레스는 덕에서 쾌락을 얻는 것이 인간의 자연스러운 상태가 아니라고 주장한다. 젊은이들은 자기 생각대로 덕을 추구하지 않고 무엇보다도 육체적인 쾌락을 추구할 것이다. 육체적 쾌락을 추구하는 데 천성적으로(inherently) 악한 것은 없지만, 올바른 사람들과 함께 올바른 양과 올바른 방법으로 그것을 추구하는 습관을 실천하지 않으면 인간은 결코 자신의 쾌락을 올바르고 적절하게 조절하는 법을 배우지 못할 것이다. 그리고 천성적으로 활동의 과소나 과다에 빠지게 되면, 이는 악덕으로 이어진다. 결과적으로, 학생들이 유덕한 사람이 되려면, 그들을 그 덕으로 인도해야 한다. 앞으로 고찰하겠지만, 그들을 덕으로 인도하는 것은 반드시 그들이 덕에 대한 **지식**을 얻도록 돕는 것 이상이어야 한다. 도덕 교육은 단순한 지적 활동이 **아니다**. 이것이 바로 도덕적 가치에 대한 논의나 도덕적 사례 연구 조사에 기반을 둔 도덕 교육이 종종 학생들의 유의미한 도덕적 성장을 달성하지 못하는 이유이다. 토론과 사례 연구는 도덕적 문제와 실천적 삶의 중요성에 대한 인식을 제고할 수 있지만, 학생들이 도덕적인 활동에서 쾌락을 누리는 데 도움을 주지 못하며 상반된 욕구에 직면하여 부단히 도덕적으로 행동하는 데 필요한 인격적 성향을 형성하는 데도 도움을 주지 못한다. 우리는 단순한 지적 훈련만으로는 학생들의 덕을 함양하는 데 왜 충분하지 않은지 고찰하고, 덕 함양을 위한 우정의 중요성을 이해할 수 있도록 준비하려면 아리스토텔레스가 덕을 어떻게 개발해야 한다고 믿고 있는지 논의할 필요가 있다.

3.4 아리스토텔레스의 덕 개발을 위한 습관화의 필요성

3.3절에서 논의한 것처럼, 아리스토텔레스는 유덕한 사람들이 유덕하게 행동하는 데서 쾌락을 느낀다고 본다. 물론 이들 또한 육체적이고 지적인 쾌락을 느끼지만, 이러한 쾌락은 덕이 주는 쾌락만큼 크지 않기 때문에 덕을 행하는 사람들은 유혹에 빠지지 않고 계속 덕을 행하게 된다. 여기서 질문이 생긴다: 유덕한 사람들은 어떻게 덕을 통해 그러한 기쁨

을 누리는가? 아리스토텔레스는 덕이 우리 안에서 천성적으로 생긴다는 답은 명백히 거짓 답 중의 하나라고 주장한다(1103319-20). 그는 특정인들이 유덕한 행동에 대한 특정 성향이 있다고 허용하지만, 이러한 성향은 확고하고 안정적인 인격에서 생기지 않기 때문에 덕에 해당하지 않는다고 주장한다. 아리스토텔레스는 천성적으로 덕을 가지고 태어난 사람은 없다고 주장한 것이다. 인간으로서 우리는 (다른 동물과는 달리) 덕을 발전시킬 수 있는 역량을 가지고 있지만, 그 덕은 우리에게 잠재력으로 존재한다. 이는 모든 인간은 인간으로서 용기 있는 사람이 될 수 있는 능력이 있지만 교육 없이는 결코 용기 있는 사람이 될 수 없다는 것을 의미한다. 더나아가 그는 덕이 천성적으로 존재하지 않기 때문에 비록 그것이 일치하더라도 이성이나 합리적 사고를 통해서만 이해될 수 있는 것은 아니라고 주장한다. 합리적 사고로 이를 이해할 수 없는 이유는 천성적으로 이성에 맞서 싸우고 저항하는 내부의 비합리적 충동이 모든 인간 안에 있기 때문이다(NE 1102013-28). 이 힘은 도덕 교육 이전에 우리의 동기를 크게 좌우하는 타고난 육체적 쾌락에 대한 욕망이다. 천성적으로 우리 안에 존재하지 않는 덕과는 달리, 과도한 쾌락에 대한 욕구는 천성적으로 우리 안에 존재한다. 그래서 사람이 유덕한 사람이 되는 것에 대비하여 이미 처음부터 덕이 쌓여 있다. 아리스토텔레스는 모든 인간의 행동 동기가 쾌락과 고통의 결과라고 믿었기 때문에(NE 110469-11), 절제라는 덕이 없는 사람은 정의상(by definition) 덕을 채택하는 이성에 따라서는 획득할 수 없다. 왜냐하면 그들에게 절제의 덕은 기쁨을 가져다주지 않고 단지 고통만을 주기 때문이다.

아리스토텔레스에 따르면, 어떤 사람이 덕을 행하거나 획득하도록 설득하기 위해 이성을 사용할 수 없으므로 그들이 유덕하게 되는 유일한 길은 "[그들이] 마땅히 해야 할 것에서 기쁨을 느끼고 고통을 느끼는" 방식으로 양육되는 것이다(1104613-14). 우리 아이들이 올바른 쾌락과 고통을 갖도록 어떻게 키울 수 있는가? 아리스토텔레스의 대답은 분명히 그들과 함께 추론하는 것(효과가 없을 수 있음)이 아니라 오히려 그들이 무엇보다도 덕에서 기쁨을 누리도록 "습관화"하는 것이다. 아리스토텔레스에게 인간은 활동 노출을 통해 취향과 욕구를 발달시키는 존재이다. 대체로 특정 육체적 쾌락은 즉시 나타난다. 아이가 처음으로 달콤한 것을 맛보면, 그 즉시 무의식적으로 입술을 톡톡 치며 그 맛을 즐긴다. 쾌락을 창조하기 위해 어떤 노출을 거의 또는 전혀 필요로 하지 않은 유아와 어린이도 즐기는 쾌락이 많다. 그러나 성인이 경험하는 대부분의 쾌락은 성인이 오래 경험했기 때문에 즐거울 수 있다. 사람들이 어렸을 적에는 좋아하지 않았지만 어른이 되어서 좋아하는 것으로 기억하는 일반적인 쾌락에는 특정 채소, 커피, 미술, 술, 독서, 담배 등이 있다. 이러한 활동은 젊은 이들에게 즉각적으로 즐거운 느낌을 주지는 않지만, 결국 충분한 노출이 주어지면 이러한 쾌락은 종종 유아에게 설탕 한 숟가락보다 더 큰 즐거움을 안겨준다. 그러나 이는 논쟁 때문이 아니라 장기간 노출 때문일 뿐이다. 아리스토텔레스는 덕이 이러한 쾌락과 유사하다고 믿는다. 쾌락은 오랫동안 노출된 후에야 즐거운 것으로 경험된다. 사람들은 쾌락을 즐기도록 습관화되어야 하며, 습관화는 마치 채소를 먹이듯이 아이를 다스리는 권위자가 아이에게 계속해서 덕에 따라 행동하도록 강제할 때만 생긴다(110367-25). 덕을 누리기 위해 강제가 필요한 이유는 앞서 언급한 것처럼 사람이 처음에는 쾌락을 느끼지 못하기 때문에 유덕하게 행할 동기가 없기 때문이다. 누군가는 교육자로서 아이들이 쾌락을 느끼도록 충분히 자주, 그리고 충분한 시간 동안 유덕한 행동을 하도록 강요해야 한다.

따라서 습관은 쾌락을 주기 때문에 어릴 때부터 **올바른** 습관을 기르는 것이 중요하다(NE 11046 13-14). 아이들이 가능한 한 빨리 올바른 습관을 길러야 하는 이유는 다양하다. 첫째, 아이들은 매일 올바른 습관을 개발하지 못하면, 정의상 그릇된 습관에 대한 취향이 깊어진다. 아리스토텔레스에 따르면, 인간은 항상 쾌락을 추구하고 고통을 피하기 때문에 사람이 취하는 모든 행동은 그들에게 가장 큰 쾌락을 주는 것에 따라 결정된다. 인간은 유덕한 행위를 즐기며 태어나는 것이 아니기 때문에 천성적으로 덕을 추구하는 것을 회피하고 여타의 쾌락을 추구하게 된다. 문제는 그들이 이러한 쾌락을 추구할 때마다 우리가 참여하는 것들에서 쾌락을 느끼기 때문에 그들이 그러한 쾌락을 조금 더 선호하게 될 것이라고 아리스토텔레스는 설명하는 것이다. 따라서 우리는 매일 덕과 무관한 행동을 하게 되면, 이는 점차 해당 쾌락을 더 선호하게 될 것이다. 그리고 날마다 우리는 이 쾌락을 조금 더 원할수록, 누군가가 와서 운이 좋게도 우리에게 다르게 행동하도록 강요할지라도 그 반대 방향에 익숙해지는 데는 더 오랜 시간이 걸릴 것이다.

둘째, 우리는 덕과 무관한 습관과 그에 따르는 쾌락이 깊어지기 전에 가능한 한 빨리 덕에 익숙해져야 한다. 그리고 사람들은 욕망에 반하는 행동을 하도록 강요받는다면, 나이가 들수록 저항할 가능성이 더 크므로 빨리 덕에 익숙해져야 한다. 만일 학생들이 어른들의 주장에 무조건 순응해야 할 만큼 어릴지라도—말하자면, 10대—그들의 성장하는 주도성과 독립성은 습관화 과정을 전복시킬 수 있다. 우리 교육자는 계속 접시 위에 채소를 올려놓을 때, 우리가 그것을 먹고 있는 것처럼 보일 수 있지만 실제로는 나중에 버리려고 주머니에 넣을 수도 있다. 혹은 더 부정적으로 말하면, 우리는 교육자의 비판적 시선을 피하기 위해서만 그것을 먹을 수 있다. 각 사례의 상황이 얼마나 잘못되었거나 불공정하거나 불의한지 그 증거 서사는 추가로 더 제시할 수도 있다. 따라서 우리가 나이들수록 습관화가 이루어지지 않는다면, 습관화를 성공시키는 데 더 많은 어려움이 발생할 것이다.

셋째, 우리가 덕을 유지하려면 유덕한 활동에서 쾌락을 누려야 할 뿐만 아니라 아리스토텔레스가 확고하고 변하지 않는 "인격"이라고 말하는 것을 개발할 수 있을 만큼 자주 그 쾌락을 누리기 위해서는 가능한 한 빨리 덕에 익숙해져야 한다(110561). 아리스토텔레스는 무엇이 성격을 확고하고 불변하게 **만드는지** 정확하고 정교하게 설명하고 있지는 않지만 확고하고 변하지 않는 인격의 **특징**이 무엇인지 설명하고 있다. 즉, 사람들은 오랫동안 유덕한 행동을 하면서 쾌락을 경험하기 때문에 어느 것이나 일관성 있게 행동하도록 유도할 수 있다. 설령 덕과 다른 욕망이 유덕하게 행하는 쾌락보다 더 큰 쾌락을 약속할지라도, 그들은 그것이 더 즐거운 것처럼 보일지라도 그 욕망이 덕과 양립하지 않는다고 인식할 것이다. 그러므로 그 사람들은 덕의 길에서 벗어나지 않을 것이다. 그들의 인격이 확고하고 변하지 않는다는 것은 한 번뿐만 아니라 **모든** 경우에, 덕에 어긋나는 행동을 할 의지가 없다는 것을 의미한다. 이 확고하고 변하지 않는 인격을 개발하기 위해서는 수년간의 습관화가 이루어져야 하므로 학생들을 어려서부터 올바르게 양육할 필요가 있다.

아리스토텔레스가 유아기부터 시작하는 습관화 과정을 중요하게 여긴다는 점을 고려할 때 다음과 같은 문제가 생긴다. 학생들에게 어릴 때부터 올바른 습관을 길러주지 않으면 어떻게 되는가? 아리스토텔레스의 대답은 분명하다. 그들은 결코 덕을 획득하지 못할 것이다. 습관화 과정은 **올바른** 정서와 인격 성향을 형성하는 데 수년이 걸리고 올바른 습관화를 성취하지 못한 어린이는 **그릇된** 정서와 인격 성향을 개발하므로 이 어린이는 실제로 유덕한 사람이 될 가능성이 전혀 없다(1979b4-1980a5). 아리스토텔레스는 (법이 준수되고, 엄격하다면) 사회의 법을 부적절하게 습관화한 성인이 완전히 악해지는 것을 방지할 수 있다고 주장한다. 그는 법이 이미 올바른 정서와 인격을 갖춘 사람들의 진정한 덕을 정말로 증진한다는 것을 표현하는 것으로 보인다.

3.5 우정, 덕, 그리고 재습관화

학생들이 유덕한 삶을 살기 위해서는 적절한 습관화가 필요하다는 아리스토텔레스의 주장이 옳다면, 이는 도덕 교육자에게 불가능한 임무를 부여한 것이다. 그는 학생들로 하여금 도덕적 인간이 되도록 도와야 하지만 그들에게 필요한 습관화를 제공할 능력이 없다. 단지 덕에 대해 가르치거나 토론하게 하거나 덕에 관한 영화를 보여주는 것으로는 학생들을 변화시킬 수 없다. 새로운 습관화 과정이 필요하다. 하지만 교사는 학생들과 시간을 충분히 보내지 않고 일반적으로 학생의 신뢰도 충분히 받고 있지 못하며 학생들에 대한 영향력도 크지 않기 때문에 습관화 과정을 적절히 제공할 수 없다. 바로 여기서 우정이 필요하다. 친구들은 종종 서로 시간을 많이 보내고 신뢰하며, 그 시간과 신뢰 덕분에 그들은 서로 영향을 크게 미친다.

물론, 이 영향이 긍정적이냐 부정적이냐에 따라 차이가 난다. 아리스토텔레스가 말한 것처럼, "따라서 나쁜 사람들의 우정은 결국 악한 것(그들은 불안정함 때문에 나쁜 일을 추구하기 위해 뭉치고, 서로 닮아가면서 악해지기 때문이다)으로 나타난다. 반면에 선한 사람들의 우정은 선하며, 그들의 교제로 강화된다. 그리고 그들은 자신들의 활동 때문에 좋아지며 서로 향상시키며, 더 좋아질 것이다."(117267-13). 우리가 학생들이 덕을 추구하는 다른 학생들과 우정을 형성할 수 있도록 지원하면, 그들이 서로 습관화의 파트너가 될 수도 있다. 이러한 인격에 기초한 우정은 유덕한 삶을 살고자 하는 **열**

망을 계속 고취하며, 덕에 대한 이해와 **지식**을 키우는 측면에서 학생들의 덕을 함양하는 데 중요한 역할을 할 수 있다. 브루어(T. Brewer, 2005)는 덕을 추구하는 사람들 사이의 우정이 중요한 방식으로 유덕하게 살 수 있는 능력을 향상시킬 수 있다고 주장한다:

> 이러한 아리스토텔레스주의의 발전에 따르면, 우리는 바로 우정에 빠지고 우정을 완성하려고 노력함으로써 우리가 하는 만큼 좋게 또는 유덕하게 된다. 확실히, 우리가 훌륭한 행동에 대해 조금이라도 감사하는 마음을 갖지 않는다면 그러한 관계를 맺지 못한다. 그러나 우리가 이러한 보편적인 인간관계를 활성화하고 심화시킴에 따라 우리의 평가 전망은 점점 더 다른 사람들과 공유할 수 있는 표준에 가깝게 재구성된다. 이러한 공유 가능성의 표준은 우리의 도덕성 전체를 파악하지 못하고 매우 일반적인 유형의 부도덕성을 배제한다.(p.723)

아리스토텔레스에게 이러한 덕에 기초한 우정은 우연히 발생하는 것이 아니며 이미 덕을 추구하는 사람들 사이에서만 발생할 수 있다.

연이어 브루어는 이러한 우정이 친구들의 유덕한 삶에 어떤 도움과 지원을 특별히 제공하는지 설명하고 있다. 친구들이 스스로 유덕한 삶을 살고자 하고 다른 사람을 위해 그런 덕을 소망할지라도, 그릇된 지식과 욕망으로 스스로 덕으로부터 일탈하기 쉽다.

> 인간은 분노, 공포, 쾌락적 식욕, 부에 대한 욕망, 명예나 대중의 존경에 대한 욕망을 비롯하여 특정 정서, 감정, 또는 욕망에 사로잡힐 때 그 자체로 좋은 것에서 벗어나기 쉽다. 이러한 정서, 감정, 욕망은 부분적으로 좋음에 대한 주관적인 견해 ─ 어떤 목적이나 행동 과정이 좋은

것이라는 인상—에 의해 구성되며, 이러한 주관적인 견해는 진정으로 그리고 객관적으로 좋은 것에서 벗어날 수 있다. 우리가 인격이라는 덕을 가지려면, 우리의 특징적인 정서는 주관적 인식에 따른 외면상의 좋음이 진실하고 객관적으로 긍정할 수 있는 좋음이 되도록 구성해야 하고, 우리가 인식할 필요가 있는 객관적 좋음이 사실상 우리의 주관적 관심이 되도록 재구성해야 한다.(p.746)

덕에 기초한 우정이 제공하는 것은 덕을 추구하는 사람들이 좋음에 대한 주관적인 인식을 검증하여 객관적 좋음과 일치하는지 확인하도록 돕는 방법이다. 이는 공포, 분노 또는 육체적 욕망으로 인한 왜곡—덕을 추구하는 사람을 덕으로 향하지 못하게 덕으로부터 멀어지게 할 수 있는 왜곡—을 확인하는 역할을 한다. 왜냐하면 덕을 추구하는 사람이 순간적으로 공포, 분노, 육체적 쾌락이 올바른 행동 방침으로 권장되는 행동을 더 강력하게 원할 수 있기 때문이다. 친구들은 서로가 이러한 욕구를 극복하도록 도와줌으로써 올바른 인식을 가지도록 돕는다: "이러한 관계는 고립적, 실천적으로는 성찰할 수 없는 우리의 특징적 영향에 대해 일종의 외부적 메커니즘, 객관성을 추적하는 형성적이고 교정적인 메커니즘을 제공할 수 있다."(Brewer, 2005, p.749).

더욱이 친구는 역할 모델을 통해 객관적 덕을 들여다볼 수 있는 창이 될 수 있다. 이 경우 친구 한 명이 왜곡 그 자체로 고통을 당하지 않을 수도 있지만, 단순히 그 상황에서 어떻게 해야 할지 모르고 있을 수도 있다. 그러나 그들은 친구들이 하는 행동을 볼 때 갑자기 그 행동을 새로운 시각에서 보고 그것이 실제로 올바른 행동임을 알 수도 있다.

그러므로 우정은 불우한 양육 환경으로 인한 그릇된 욕망을 극복하는 데 도움이 되는 독특하고 강력한 유대감을 형성한다. 호요스-발데스가

주장하듯이:

> 우리는 친구뿐만 아니라 관계 자체로부터도 덕을 배운다. 인격에 기초한 우정은 단순한 역할 모델의 소유 경험이 우리에게 줄 수 없는 인간적 덕의 함양에 필요한 요소를 제공한다. 인격에 기초한 우정을 구성하는 특별한 유형의 나눔은… 흠모, 사랑, 부끄러움, 신뢰, 희망 외에도 덕의 함양 과정에서 여러 중요한 감정들을 불러일으킨다. 인격에 기초한 우정은 행동과 대화를 통한 상호 협력으로 친구의 덕을 함양한다.(p. 68)

호요스-발데스의 주장은 정확하다. 사실 우리가 멘토(만약 멘토가 있는 경우)와 함께 시간을 보낼 때보다 덕에 기초한 우정을 느끼며 함께 시간을 보낼 때, 덕에 대해 정서적으로 더 헌신하는 경우가 많다. 때로 멘토는 재습관화 과정에서 어떤 조치를 수행해야 하는지 우리에게 더 **효율적인** 접근 방식을 제공할 수 있지만, 친구는 효율성이 부족하더라도 욕망의 강도와 덕에 대한 헌신의 공유에 더 깊은 의미를 부여한다. 호요스-발데스(2018)는 "좋은 친구는 상호 지식과 감사를 특징으로 긴밀한 관계를 유지하므로 서로 성장할 수 있는 말과 행동을 하며, 다른 누구도 말하거나 할 수 없는 일을 할 수 있다."고 주장한다.(p. 76) 심리적인 이유가 무엇이든, 우리는 종종 인격 형성에서 멘토보다는 인격에 기초한 친구들에게서 더 큰 동지애를 느낀다. 어떤 이유로든 **우리** 자신과 세계의 덕이 전반적으로 향상되기를 더 크게 희망하는 잠재의식 수준에서 더 큰 **우리**의 감각이 발생한다.

우정이 양육이 부족한 학생들의 재습관화 조건을 조성하는 데 큰 도움을 주는 것처럼 보이지만 문제도 있다. 브루어와 호요스-발데스의 주장은 우정이 덕으로 이어지기 위해서는 우정이 시작될 때 친구들이 이미 덕을 추구하고 있어야 한다는 가정에 기초한다. 덕을 추구하는 데 익숙하지 않은 학생들 사이에 우정이 발달하면 서로의 도덕적 발달을 제대로 지원하지 못할 것이다. 실제로, 아리스토텔레스가 위에서 말했듯이 덕을 추구하는 친구는 덕의 성장으로 이어질 수 있지만, 덕을 추구하지 않는 친구는 악덕으로 이어질 수 있다. 이는 학생들이 탁월한 우정을 쌓으려면 먼저 스스로 덕을 원해야 한다는 것을 의미한다. 문제는 많은 학생들(아마도 대부분)이 헌신적으로 덕을 추구하는 사람이 아니라는 점이다. 그들은 종종 자신의 덕을 키우는 것보다 육체적인 쾌락이나 명성, 부를 추구하는 데 초점을 둔다: 그리고 이러한 쾌락을 추구하는 친구들과 상호 작용할 때 그릇된 방향으로 나아갈 우려가 있다. 따라서 도덕 교육자가 우정이 학생들의 도덕적 성장에 공헌하기를 원한다면 먼저 그들이 덕을 추구하는 사람이 되도록 도와야 한다는 것이다. 교사는 3.6절의 주제가 될 깨달음(epiphany)을 학생들에게 제공해야 한다는 것이다.

3.6 덕에 기초한 우정을 준비하기 위한 깨달음 조성

지난 몇 년 동안 교육이론가들은 도덕적 깨달음이 학생들의 덕 개발에 어떤 역할을 할 수 있는지에 관심이 있었다(Aldridge, 2013; Gary & Chambers, 2021; Kristjánsson, 2020a; Jonas, 2015, 2016, 2018; Jonas & Nakazawa, 2021; Yacek, 2020, 2021; Yacek & Gary, 2020; Yacek & Ijaz, 2020). 깨달음은 학생들에게 더 나은 사람이 되고자 하는 열망을 불러일으키는 도덕적 통찰이다. 크리스티안손(2020a)은 깨달음이란 "이전에 닫혀 있던 도덕적 좋음의 지평을 상상함으로써 사람들이 갑작스럽고 급진적인 방식으로 전반적인 도덕적 전망을 바꾸도록 동기를 부여할 만큼 강력한 인지 부조화를 조성하여 그들의 삶의 궤적을 허우적거리는 것으로부터 번영으로 바꾼다."고 주장한다 (p. 116). 깨달음을 얻은 학생들은 자신이 생각하고 행동하던 방식이 중요한 면에서 결함이 있다는 것을 깨닫고, 이를 토대로 자신을 개혁하고자 노력한다.[6] 크리스티안손(2020a), 조나스 및 나카자와(2021)와 같은 이론가들은 학생들이 어떤 특정일에 깨달음을 경험할 것이라는 보장이 없더라도―교사가 아무리 효과적으로 그들을 위한 조건을 준비하더라도―이러한 깨달음을 위한 조건을 조성하기 위해 교사는 교실에서 전략을 사용할 수 있다고 주장한다.

그러나 적절한 조건 아래서 깨달음을 얻는 것은 "삶의 궤적 전환"으로 이어질 수 있지만 자동으로 그렇게 되는 것은 아니라는 점에 유의하는 것이 중요하다. 앞에서 언급한 이론가들은 이러한 깨달음이 일어날 때 학생들은 지속적인 도덕적 성장의 잠재력이 있지만, 이는 즉각적, 체계적, 습관적 행동의 변화 뒤에 깨달음이 생길 때 가능하다고 주장한다 (Jonas & Nakazawa, 2021, chs. 6, 7). 학생들이 깨달음에 비추어 행동함으로써 깨달음에 의해 생성된 감정적 추진력을 활용할 수 있다면 그들의 동기 구조가 재구성되고 재정립될 수 있으며, 다르게 살고자 하는 새로운 욕구가 증가할 수 있다. 학생들은 이러한 욕구가 증가함에 따라 계속 그 욕구에 따라 행동하게 되고 깨달음을 정서적으로 재확인하며, 도덕적 상승은 시작될 수 있다. 아리스토텔레스 자신은 깨달음의 개념을 제시하지는 않지만, 인간에게는 그러한 도덕적 상승이 가능하다는 것을 인식했다.

---

6 깨달음이 과연 일어나는지, 아니면 이것이 교육이론가들의 단순한 희망 사항이 아닌지 물을 수도 있다. 대답은 그렇다. 그러한 일이 실제로 발생하며 실제로 매우 자주 발생한다는 것이다. 야덴과 뉴버그에 따르면(Yaden & Newberg, 2015), 2002년에 실시된 갤럽 여론 조사에 따르면 미국인의 41%가 "심오한 종교적 경험이나 삶의 방향을 바꾸는 각성"을 경험한 것으로 나타났다(p. 31).

나쁜 사람은 더 좋은 생활방식과 사고방식으로 변하면 아무리 미미하더라도 어느 정도 진보할 수 있다. 일단 그가 개선되면 아주 조금이라도 개선되면 완전히 또는 언제든지 변할 수 있다는 것은 분명하다. 속도는 매우 큰 진전을 이루었다: 왜냐하면 처음에는 그 개선이 아무리 작았더라도 사람은 점점 더 쉽게 덕으로 옮겨지기 때문이다. 그러므로 그가 과거보다 훨씬 더 크게 진보할 것은 당연하며, 이런 진보에 따라 그 시간의 부족함으로 방해를 받지 않으면, 그는 완전히 반대의 상태로 변하게 될 것이다.(『범주론』 13a22-33)

이 구절에서 아리스토텔레스는 인간이 **상향식** 나선형으로 성장할 수 있다고 믿었다는 것이 분명하다. 그러나 그는 "나쁜 사람"이 "더 좋은 방식, 삶, 생각으로 전환되기" 위해서는 무엇이 필요한지 설명하고 있지 않다. 실제로 아리스토텔레스는 그의 말 전체에서 유덕한 부모 밑에서 자라지 않고, 가장 어린 시절부터 유덕한 생활방식에 익숙하지 않은 사람은 누구나 중요한 성장을 이룰 수 없다는 깊은 비관론을 표현하고 있다. 그는 그들이 덕보다는 육체적인 쾌락이나 돈이나 명예에 대한 그릇된 욕망을 갖게 될 것이라고 주장한다. 그들이 이런 것들을 원하고 계속 탐닉하기 때문에 그에 대한 욕망은 더욱 강해질 뿐이다. 그리고 그들의 욕망이 강해짐에 따라 그들은 덕 이외의 것을 원하는 데 더욱 습관화되고 하향식 나선형이 시작된다. 이 하향식 나선형을 저지하려면 무언가가 나선형을 방해하고 다른 방향으로 움직이게 해야 한다. 도덕적 깨달음은 이러한 기능을 수행하기 위한 것이다. 학생이 도덕적 깨달음을 경험할 때, 그들에게는 짧지만, 근본적인 동기의 변화가 일어난다. 그들은 그 깨달음으로 다른 유형의 사람이 되고 싶어 한다.

문제는 이러한 깨달음이 영구적이지 않다는 것이다. 깨달음을 얻은 학생은 정의상(by definition) 덕으로 이끄는 동기 구조를 아직 갖추지 못한 학생이다. 이는 이미 올바른 동기를 가진 사람이 깨달음을 얻지 못하기 때문에 필연적으로 그렇다. 올바른 동기를 가진 사람은 유덕하게 살고자 하는 욕구가 이미 자리 잡고 있었을 것이다. 물론 막연하게 '좋은 사람이 되고 싶은' 학생의 막연한 욕망이 강하고 뚜렷한 깨달음을 얻을 때, 학생의 막연한 욕망은 자동으로 강한 욕망으로 변할 수 있다. 일단 깨달음이 즉시성(immediacy)을 잃으면 욕망은 항상 막연함으로 되돌아갈 것이다. 그럼에도, 깨달음의 기간에는 교사가 학생들을 새로운 사고와 삶의 방식으로 안내할 수 있는 기회의 창이 존재한다. 여기서 우정이 시작된다.

우정은 깨달음의 효과를 심화하고 확장하는 데 도움이 될 수 있으며, 여기서 친구들은 깨달음에 비추어 계속해서 다르게 살도록 서로 격려한다. 우정 속에 존재하는 신뢰와 선의로 인해, 각 친구는 상대방이 번영하는 것을 보고 싶어 할 것이며, 그 사람도 자신이 번영하기를 원한다는 것을 믿을 것이다. 이는 깨달음이 밝혀준 덕을 추구하려는 동기의 증가로 이어질 수 있다. 친구들은 서로 강한 유대감을 느끼고, 상대방이 덕을 추구하고 싶어 하는 모습을 보면서 우정은 일종의 자기 지속적 습관화 과정을 만든다. 부모나 선생님이 아이들에게 유덕한 행동을 강요하는 것이 아니라, 깨달음에 비추어 친구들이 자발적으로 유덕한 행동에 참여하고, 협력적으로 행동한다면 더 즐거울 것이다. 물론, 한 명 이상의 친구가 덕을 추구하려는 욕망이 없다면 정반대의 일이 종종 일어날 것이다. 여기서 깨달음을 얻지 못한 친구는 다른 친구들로부터 그가 깨닫지 못한 것 때문에 거부당하기보다는, 도덕과 무관한 욕망을 부추기기 때문에 다른 친구들은 실망할 것이다.

3.7 초보적 인격에 기초한 우정을 통한 덕의 함양

그러나 덕에 관해서 초보자인 두 명 이상의 친구 사이에서 재습관화 과정이 어떻게 진행될 수 있는지 의문이 생긴다. 교실에서 깨달음을 경험한 두 명의 친구가 있다고 가정해 보자. 두 사람 모두 최근 좀 더 정의로운 사람이 되고 싶은 마음이 깊어졌다. 그 이전에는 정의에 관심이 없었고 대부분의 삶을 돈과 육체적 쾌락을 추구하는 데 보냈다. 그러나 깨달음의 힘으로 인해 그들은 자신의 삶을 변화시키려는 의욕이 높아졌고, 깨달음에 대해 서로 토론하며 새로 발견한 덕을 추구하는 데 혼자가 아니라는 격려를 받았다. 그 학생들 중 한 명은 최근 자신도 정의를 추구하고 싶다고 주장한 또 다른 친구가 있다고 신나게 말했다. 그런 다음 두 친구는 깨달음을 경험한 학급의 교사에게 가서 다음 단계가 무엇인지 묻는다. 교사는 인격에 기초한 친구들과 그들이 재습관화 과정에서 맡을 수 있는 중심 역할에 관해 이야기한다. 그들은 교사의 조언을 받아들이고 다른 친구에게 다가가며 더욱 정의로워지는 과정에서 서로를 돕는 데 모두 동의한다. 이것은 좋은 일의 시작처럼 들린다. 아리스토텔레스는 세 학생 모두 유덕한 사람이 될 때, 서로 지원하기를 원하기 때문에 그들의 우정이 진정한 덕에 기초한 우정의 시작일 수 있다고 생각한 것 같다. 그들은 육체적인 쾌락이나 유용성을 극대화하기 위해 친구가 되는 것을 선택하지 않는다.

따라서 표면적으로 이것은 유망한 시작처럼 보인다. 그러나 아리스토텔레스는 효과적인 습관화를 위해서는 습관화되는 사람들이 **객관적으로** 유덕한 행동을 수행하도록 교육받아야 한다고 주장한다. 만약 그들이 올바른 행동을 한다면, 덕에 대한 **이해**와 덕을 행하려는 욕망이 조금씩 늘어나게 될 것이다. 그들의 이해와 욕망이 커질수록 그들은 새로운 상황에서 무엇이 옳은 것인지, 하고 싶은 일이 무엇인지 판단할 수 있을 것이다. 그들은 더 깊이 이해할 것이며 각각의 학생들은 다른 학생이 "확고하고 변하지 않는" 인격을 개발하도록 돕기 시작한다. 상향식 나선형으로 이어질 것이다. 그러나 어떤 상황에서 그릇된 행동을 하면 반대 현상이 발생한다. 특히 학생들이 초보자 상태에서 행하는 각각의 악한 행동을 좋은 행동이라고 생각한다면, 그들은 좋음에서 더욱 멀어지게 될 것이다. 그래서 그들은 무엇을 해야 할지 결정할 때 그릇된 결정을 내릴 것이다. 그들은 하향식 나선형으로 움직이기 시작할 것이다.

이로써 당면한 문제가 발생한다. 학생들은 초보자이고 깨달음을 통해 덕을 어렴풋이 경험했을 뿐이므로, 유덕한 행동을 수행할 때 서로를 격려하는 방법을 알 만큼 덕에 대한 충분한 지식이 있는지는 전혀 확실하지 않다. 우연히 그들은 서로가 잘못된 행동을 하도록 격려할 수도 있다. 슬프게도, 그들이 방금 경험한 강력한 깨달음에도, 아리스토텔레스는 이러한 개인들이 덕보다 악덕을 선호하는 습관이 있었으며, 이는 그들을 임의로 놔두면 자연스럽게 그릇되게 선택할 것임을 의미한다고 말한다. 우리가 살펴본 것처럼, 아리스토텔레스는 어릴 때부터 악덕을 키우면 사람의 이성과 욕구가 타락하게 되어 자연스럽게 악행을 즐기게 되며, 악행을 즐기게 되므로 반드시 옳은 행동을 하게 해야만 한다고 주장한다. 이 학생들의 취향과 이성이 모두 그릇된 방향으로 길들여진다는 사실은 그들이 서로에게 나쁜 충고를 하게 될 가능성이 높으며, 이는 그들을 덕에서 더욱 멀어지게 할 것임을 시사하고 있다.

이는 재습관화의 과정에서 인격에 기초한 우정이 중요함에도 이러한 종류의 우정이 학생들을 올바른 형태의 재습관화에서 멀어지게 할 수도 있음을 의미한다. 학생들이 성공적으로 인격에 기초한 우정을 쌓도록 돕는 것은 미묘하며 이제 막 재습관화의 과정을 시작한 학생에게는 양날의 검이 될 수 있다. 덕을 추구하는 친구는 깨달음을 경험한 사람의 덕에 대한 욕망과 그것이 요망하는 실천을 극적으로 증가시킬 수 있지만, 덕을 추구하지 않는 친구는 깨달음을 경험한 사람의 덕에 대한 욕망과 그것이 요망하는 실천을 똑같이 감소시킬 수 있다.

멘토링과 역할 모델링에 대한 아리스토텔레스의 개념에 따라서, 그리고 습관화 과정에 대한 멘토링과 역할 모델링의 중요성에 따라서, 아리스토텔레스는 멘토와 역할 모델이 유덕하고 그래서 좋은 지침이 절실히 필요한 개인에게 탁월한 지침을 제공할 것이라 가정한다. 가상의 학생으로 돌아가서, 이전 성장 과정에서 학생들은 부모, 교사, 친구 또는 문화가 그들을 잘 인도하지 않았기 때문에 덕에 대한 열망을 불러일으킬 수 있는 깨달음이 필요했다. 이러한 이전의 영향은 그들을 덕으로 이끌기보다는 덕에서 멀어지게 만들고 있었다. 깨달음을 얻은 학생들이 이제 덕을 추구하고 싶다면 이전 지침으로 돌아갈 수 없다는 것이 분명하다. 이 지침이 나쁜 영향을 미쳤다는 것이 입증되었기 때문이다. 그러면 그들은 누구에게 의지하는가? 당연히 첫 번째 반응은 교사에게 의지해야 한다는 것이다. 그런데 교사는 일반적으로 학생에게 재습관화에 필요한 지침을 제공할 시간과 공간이 없다. 교사는 추천하고 학생들이 교사보다 학생들과 더 많은 시간을 보낼 수 있는 지침을 발견할 수 있도록 격려할 수 있다. 하지만 이는 다소 제한적이다. 이것이 바로 우정이 필요한 지점이다. 교사가 재습관화를 위한 첫 번째 단계를 시작하기 위해 위의 방법을 사용하면, 특히 교사가 교실에서 덕을 추구하는 문화를 조성하는 데 도움을 준다면, 교실 밖에서는 우정의 씨앗이 심어졌을 것이다.

그러나 문제는 아리스토텔레스에 따르면 우정이 덕에서 멀어지지 않고 덕으로 이어지도록 하려면 친구 중 적어도 한 명에게는 덕에 대한 어느 정도의 **지식**이 있어야 한다는 것이다. 이것은 스승으로부터 영감을 받아 함께 덕을 추구하는 초보자들 사이에는 재습관화가 일어날 수 없다는 것을 의미하는가? 필자는 그것이 그런 뜻이 아니라고 주장한다. 아리스토텔레스가 덕을 지향하는 사람은 더 도덕적인 삶을 살도록 이끌어 주는 탁월한 우정을 가질 수 있다고 생각하든 안 하든, 필자는 그럴 수 있다고 주장한다. 특히 학생들이 자신의 삶을 본받을 수 있는 경험 많은 도덕적 역할 모델과 관계를 맺을 가능성이 없는 경우, 교사는 이런 유형의 우정을 장려해야 한다고 주장한다. 자신의 삶을 본받을 수 있는 도덕적 역할 모델을 경험했다. 이 상황에 대해 무엇을 해야 하는가? 교사는 학생들이 일반적으로 친구들 사이에서 진정으로 **객관적인** 덕을 효과적으로 장려하는 인격에 기초한 우정을 찾도록 지도할 수 있는가? 대답은 '그렇다.'이며, 이러한 상황을 초래하기 위해 교사가 할 수 있는 일이 몇 가지 있다.

교사가 가장 먼저 할 수 있는 일은 가장 분명한 일이다. 친구들이 멘토링과 롤 모델링에 관심이 있다고 가정할 때, 교사는 친구들이 특정 상황에서 가장 좋은 행동 방침이 무엇인지 숙고하면서 친구들에게 직접 조언할 수 있다. 인격에 기초한 우정의 특징 중 하나는 서로 최선의 행동 방침을 계속 **논의**한다는 것이다. 우정의 숙고적 요소는 우정의 인격 형성을 매우 강력하게 만드는 동료의식과 동지애를 형성하는 데 도움이 된다.

결국, 그러한 우정은 두 사람 모두에게 중요한 문제에 대한 대화로 표시될 것이다. 그리고 이러한 대화는 아마도 각자가 존재 및 행위의 더 다양한 대안적 방식을 이해하고 더 명확하고 객관적인 시각으로 이해하는 데 도움이 될 것이다. 그러한 친구들은 서로의 좋음에 대한 감각을 존중하기 때문에 각자는 자신의 기본적인 관심사를 말로 표현하려는 상대방의 시도를 신뢰하게 될 것이다. 사실상 그들은 아직 완성되지 않은 자신의 평가적 약속을 세계에 대한 본격적이고 확고한 입장에서 계속 이야기하는 작업 파트너가 될 것이다. 서로의 전망에 대한 신뢰로 인해 그들은 서로의 승인에 관심을 갖게 되고 그에 합당한 사람이 되기 위해 노력할 것이다.(Brewer, 2005, p. 735)

그럼에도, 친구들 사이의 토론과 숙고는 덕에 대한 이해가 아직 부족하므로 그릇될 수 있다. 바로 이때 교사는 토론을 중재하고 최선의 행동 방침을 제시할 수 있다. 이 경우 친구들 사이의 토론에서 대부분 덕에 대한 흥분으로 욕망과 힘이 분출될 수 있지만, 교사는 덕을 추구하는 친구들의 인식을 이차적으로 점검할 필요가 있다.

교사가 두 번째로 할 수 있는 일은 철학자, 역사적 인물, 문학적 인물 등 과거의 사람들(즉, 그들 자신이 유덕한 사람이거나 덕을 추구하는 사람들), 그리고 현대의 덕을 추구하는 사람에 대한 욕망을 격려하는 사람들과 친구 집단을 연결하는 것이다. 비록 시대를 초월하여 덕에 대한 추구가 동일하지는 않지만, 서로 다른 시대와 문화 간에 공유되는 특정 행동과 그것이 지지하는 덕이 존재한다는 것은 사실이다. 교사는 인격에 기초한 친구 집단이 이러한 목소리에 접근할 수 있도록 도울 수 있다. 교사나 다른 멘토가 주변에 없을 때는 친구들에게 지침을 제공한다. 한 명 이상의 친구에게 직접 말하거나 한 명 이상의 친구가 참석하는 교실에서 지침을 제공함으로써 이를 수행할 수 있다. 교사가 학생들에게 지혜 전통에 참여하는 과거의 목소리를 소개하면 그들은 간접적으로 새로운 역할 모델을 향해 인격에 기초한 우정을 지도받게 될 것이다. 인격에 기초한 우정을 지도하는 데 있어 교사의 지혜 전통을 활용하는 것은 도움이 된다.

아리스토텔레스가 덕에 대해 정교하게 설명할 때 어떤 종류의 행동이 좋고 훌륭한지에 대한 수용적 신념(received beliefs)에 잠정적으로 의존하는 것을 정당화하기 위해서. 그러한 신념은 다양한 상황에 있고 다양한 사회적 입장을 가진 여러 세대의 사람들에게 안정적인 긍정을 얻을 수 있었기 때문에 귀중한 출발점이 된다. 이를 고려할 때 그들은 공유 가능성뿐만 아니라 인간이 기본적 욕구 충족을 위해 필요한 것이 무엇인지, 그리고 사회화 과정에서 인간의 프로젝트와 쾌락이 어떻게 형성되어 다른 사람이 추구하는 것과 더불어 효과적으로 추구할 수 있는지 구체적 결과를 요약할 수 있다.(Brewer, 2005, pp. 749-750)

브루어가 말하는 "수용적 신념"은 현대 대중문화를 특징짓는 신념과 가치를 의미하지 않는다. 이는 시간의 검증을 견디지 못했거나 수천 년의 번영에 크게 공헌한 것으로 보이지 않는다. 브루어는 유덕하게 되는 방법에 대한 지혜 전통에서의 해답이 덕을 추구하는 사람들을 위한 완전한 지침이 되기에는 불충분하다고 생각한다. 그는 "이러한 신념은 기껏해야 덕의 실질적인 내용에 대한 대략적이고 잠정적인 설명을 제공할 수 있다"는 점을 명시적으로 인정하고 있다(Brewer, 2005, p. 750). 그럼에도 대략적인 그러한 설명은 객관적으로 유덕한 것에서 크게 벗어나는 것을 방지하는 데 도움이 된다. 교사는 이러한 학생들을 이런 목소리로 향하게할 수 있고, 그 목소리는 일종의 리트머스 시험지가 될 수 있다. 하지만 깨달음은 여전히 신선하다. 깨달음이 신선할 때 학생들은 저자의 덕을 보게 될 것이다. 학생들이 이러한 저자를 신뢰할 수 있다고 인정하면, 그들은 저자가 승인하는 방식으로 행동하기 위해 서로 책임을 질 수 있다. 그들 중 한 사람이 이전 생활방식으로 돌아가고 싶어 한다면, 다른 사람들은 이것이야말로 그 사람이 기대해야 할 일임을 상기시켜 줄 수 있다.

이처럼 중요한 점에서, 동일한 욕망에 다시 빠져들지 않은 친구들은 그들 중 누구도 가지고 있지 않은 역할 모델로서 행동해야 한다(이런 일이 일어나고 있다는 것을 알 수 있을 만큼 자주 보지 못하는 교사를 제외하고). 그들은 어떻게 도움을 줄 수 있는가? 그들이 할 수 있는 일은 친구에게 이전의 깨달음을 상기시키고, 또한 그녀가 이전 생활방식으로 돌아가려는 욕구를 극복할 의지의 힘을 찾을 수 있다면 그 대신에 깨달음과 지혜 전통의 목소리에 따라 행동한다는 것을 상기시키는 것이다. 그러면 그녀는 그러한 행동의 바람직함과 그것이 그녀가 이전에 경험했던 깨달음과의 연관성을 다시 한번 기억할 것이다. 즉, 그녀가 친구들과 그들이 듣는 목소리를 믿고 그들의 조언에 따라 행동할 수 있다면, 그녀는 유혹받고 있는 욕망을 버리고 깨달음의 욕망을 다시 찾을 수도 있다. 그녀가 이렇게 선택하기는 어려울 것이다. 그러나 친구에 대한 사랑과 신뢰는 다른 선택이 없다면 가질 수 없는 의지의 힘을 제공할 수 있다.

이와 같이, 우리는 인격에 기초한 친구들이 덕에 관해서는 단지 초보자일지라도 어떻게 역할 모델의 대리인 역할을 할 수 있는지 알 수 있다. 물론 이는 학생들이 본 장에서 언급하고 있는 유형의 저자들에게 접근할 수 있고, 가능한 경우 교사가 덕에 관한 지침도 제공할 수 있다는 것을 가정한다. 이것이 바로 교사가 재습관화의 과정을 지원하는 데 중요한 역할을 하는 부분이다. 그는 재습관화 과정을 지원하기 위해 어떤 조치를 수행해야 하는지 가능할 때마다 한 명 이상의 학생에게 직접 조언할 수 있을 뿐만 아니라 특정 상황에 대해 직접 조언할 수는 없지만 자신 외에 다른 출처를 찾도록 안내할 수도 있다. (책에서만 찾을 수 있으므로) 어떤 종류의 행동을 추구하고 어떤 종류의 행동을 피해야 하는지 일반적으로 조언할 수 있다. 이런 책들은 무엇을 해야 할지 완전히 적절하게 설명하지는 않지만, 일반적인 지침은 친구들이 잘못된 길에 있을 때를 알려주고 올바른 길에 있을 때 격려할 수 있다.

교사는 학생들이 덕에 기초한 우정을 형성하도록 돕는 역할을 한다. 교사가 학생들에게 탁월한 우정을 발전시키도록 명시적으로 격려하고 그것이 삶의 개혁에서 중요하다고 설명하는 것은 매우 중요하다. 필자가 보기에, 교사는 가능하다면 학생들이 어떤 행동을 수행해야 하는지 직접적으로 일대일로 조언할 뿐만 아니라, 덕의 인지적, 정서적, 의욕적 형성을 위한 행동의 중요성을 설명해야 한다. 그리고 그는 학생들에게 과거의 목소리를 제공할 뿐만 아니라 인격에 기초한 우정을 형성하는 방법에 대한 지침을 제공하고 우정이 형성되면 구체적인 행동에 대해 친구 집단에 조언해야 한다. 마지막으로, 교사는 학생들이 현대의 덕을 추구하는 공동체 내부의 지적, 도덕적 규율 전반에 걸친 과거의 목소리 중에서 자기 삶에 대해 말할 수 있는 추가적인 목소리를 찾도록 지도할 수 있고 지도해야 한다.

3.8 결론

우정은 모든 인간에게 아주 중요하며, 특히 젊은이들에게는 더욱 그렇다. 우정은 소속감과 안정감을 제공하며 학생들이 다양한 방법으로 성장하는 데 도움을 줄 수 있다. 그러나 우정이 격려하는 성장의 방향은 덕으로 향할 수도 있고 덕에서 멀어질 수도 있다. 교사는 우정이 학생들을 덕으로 이끄는 잠재력이 있다는 것을 인식할 필요가 있다. 학생들의 도덕적 성장에 관심이 있는 교사는 학생들의 우정을 마음의 최전선에 두는 것이 좋다. 또한 그는 덕을 추구하려는 학생들의 욕망을 자극하여 도덕적 깨달음을 위한 조건을 조성해야 한다. 학생들이 깨달음을 경험하고 도덕적인 우정을 쌓도록 돕는 것은 작은 일이 아니다. 의도적으로 이러한 일을 성취하기 위해 숙고하고 시도하는 교사는 그렇게 할 능력을 개발할 수 있으며, 학생들의 도덕적 인격은 유의미하게 향상할 수 있다.

참고문헌

Aldridge, D.(2013). Three epiphanic fragments; Education and the essay in memory. *Educational Philosophy and Theory*, 46(5), 512-526.

Brewer, T.(2005). Virtues we can share: Friendship and Aristotelian ethical theory. *Ethics*, 115(4), 721-758.

Gary, K. & Chambers, D.(2021), Cultivating moral epiphanies. *Educational Theory*, 71(93), 371-388.

Healy, M.(2011). Should we take the friendships of children seriously? *Journal of Moral Education*, 40(4), 441-456.

_____(2017). Should children have best friends? *Studies in Philosophy and Education*, 36(2), 183-195.

Hoyos-Valdés, D.(2018). The notion of character friendship and the cultivation of virtue. *The Journal of the Theory of Social Behavior*, 48(1), 66-82.

Jonas, M.(2015). Education for epiphany: The case of Plato's Lysis. *Educational Theory*, 65(1), 39-51.

_____(2016). Plato's anti-Kohlbergian program for moral education. *Journal of Philosophy of Education*, 50(2), 205-216.

_____(2018). Plato on dialogue as a method for cultivating the virtues. In T. Harrison & D. Walker(Eds.). *The theory and practice of virtue education*(pp. 85-97). London: Routledge.

Jonas, M. & Nakazawa, Y.(2011). *A Platonic theory of moral education: Cultivating virtue in contemporary democratic classrooms*. London: Routledge.

Kristjánsson, J. K.(2005). Can we teach justified anger? *Journal of Philosophy of Education*, 39(4), 671-689.

_____(2006a). Emulation and the use of role models in moral education. *Journal of Moral Education*, 35(1), 37-49.

_____(2006б). Habituated reason: Aristotle and the "paradox of moral education." *Theory and Research in Education*, 4(1), 101-122.

_____(2007). *Aristotle, emotions and education.* Aldershot: Ashgate.

_____(2014a). On the old saw that dialogue is a Socratic but not an Aristotelian method of moral education. *Educational Theory,* 64(4), 333-348.

_____(2014b). There is something about Aristotle: The pros and cons of Aristotelianism in contemporary moral education. *Journal of Philosophy of Education,* 48(1), 48-68.

_____(2014c). Undoing bad upbringing through contemplation: An Aristotelian reconstruction. *Journal of Moral Education,* 43(4), 468-483.

_____(2015). Aristotelian character education. London: *Routledge.*

_____(2016). *Aristotle, emotions and education character education.* London: Routledge.

_____(2020a). *Flourishing as the aim of education.* London: Routledge.

_____(2020b). Aristotelian character friendship as a "method" of moral education. *Studies in Philosophy and Education,* 39(4), 349-364.

_____(2022). *Friendship and virtue.* Oxford: Oxford University Press.

Sanderse, W.(2011). Review essay of Kristján Kristjánsson's "Justifying emotions: Pride and jealousy," "Justice and desert-based emotions," "Aristotle, emotions, and education" and "The self and its emotions". *Theory and Research in Education,* 9, 185-196.

_____(2012). *Character education: A neo-aristotelian approach to the philosophy, psychology and education of virtue.* Delft, Netherlands: Eburon.

_____(2013). The meaning of role modeling in moral and character education. *Journal of Moral Education,* 42(1), 28-42.

_____(2015). An Aristotelian model of moral development. *Journal of Philosophy of Education,* 49(3), 382-398.

_____(2016). Aristotelian action research: Its value for studying character education in schools. *Educational Action Research,* 24(4), 446-459.

_____(2019). Does neo-Aristotelian character education maintain the educational status quo? Lessons from the 19th-century Bildung tradition. *Ethics and Education,* 14(4), 399-414.

_____(2020). Does Aristotle believe that habituation is only for children? *Journal of Moral Education*, 49(1), 98-110.

Waghid, Y.(2008). Democratic citizenship, education and friendship revisited: In defense of democratic justice. *Studies in Philosophy and Education*, 27(2-3), 197-206.

White, P.(1990). Friendship and education. *Journal of Philosophy of Education*, 24 (1), 81-91.

Yacek, D.(2020). Should anger be encouraged in the classroom? Political education, close-mindedness and civic epiphany. *Educational Theory*, 69(4), 421-437.

_____(2021). *The transformative classroom: Philosophical foundations and practical applications*. London: Routledge.

Yacek, D. & Gary, K.(2020). Transformative experience and epiphany in education. *Theory and Research in Education*, 18(2), 217-237.

Yacek, D. & Ijaz, K.(2020). Education as transformation: Formalism, moralism and the substantivist alternative. *Journal of Philosophy of Education*, 54(1), 124-145.

Yaden, D. B. & Newberg, A. B.(2015). Road to Damascus moments: Calling experiences as prospective epiphanies. In D. B. Yaden, T. McCall, & J. H. Ellens (Eds.), *Being called: Secular, scientific and sacred perspectives*(pp. 27-44). Santa Barbara, CA: Praeger.

4장

신회의론과
도덕 교육

마시모 피글리우치(Massimo Pigliucci)

4.1 덕 윤리의 부활

나는 아이러니하게도 고대의 회의론이 현대의 도덕 교육 논쟁에 잠재적인 공헌을 할 수 있다고 논한다. **도덕** 교육의 온전한 개념을 회피하는 현대 교육자들이 많지만, 고대 교육자들이 다음 세대의 도덕성 강화가 교육 커리큘럼의 주요 목표라 생각한 사실 또한 아이러니다. 내가 신회의론(Neoskepticism)이라고 부르는 고대 회의론의 업데이트된 버전이 왜 현대 도덕 교육에 탁월한 접근 방식을 제공하는지 탐구하기 전에, 덕 윤리의 일반적인 부활—회의론이 그것 중의 한 가지 예—이 어떤 특성과 강점이 있는지 살펴보자. 덕 윤리(Anscombe, 1958; Becker, 1997; Foot, 1978; Hadot, 1995; MacIntyre, 1985)는 철학사에서, 심지어 지난 수십 년 동안 일반 대중 사이에서 부활하였다(Irvine, 2008; Pigliucci, 2017; Robertson, 2018; Sellaars, 2006; Wilson, 2019).

덕 윤리에 대해 가장 먼저 주목해야 할 점은 그것이 일종의 자연주의 윤리라는 점이다. 잠시 후에 설명하겠지만 이 점은 우리 논의와 관련이 깊다. 넓게 말하면, 메타윤리학 이론, 즉 윤리학의 기초 이론은 자연주의, 실재론, 반실재론이라는 세 가지 범주로 분류되며, 각 범주는 내부적으로 다양한 특징을 갖는다.

윤리적 실재론자(Boyd, 1988)는 인간의 마음이 어떻게든 접근할 수 있는 도덕성에 대한 보편적이고 정신-독립적 진리가 있다고 생각한다. 이 집단에 속하는 가장 유명한 초기 근대 철학자는 칸트(I. Kant)이다. 윤리적 실재론의 문제는 존재론적으로나 인식론적으로 문제가 있는 일종의 플라톤적 이데아(Idea) 영역에 호소한다는 것이다. 존재론적 관점에서 볼 때, 문제는 윤리적 진리가 어떤 의미에서 "존재"하는가이다. 인식론적으로 말하자면, 인간이 애초에 그러한 이데아의 영역에 어떻게 접근할 수 있는지는 명확하지 않다.

윤리적 반실재론(Joyce, 2001)은 정서주의(emotivism)와 상대주의를 포함한 다양한 버전으로 나타난다. 정서주의자는 우리가 "강간은 부도덕하다"와 같은 윤리적 판단을 내릴 때, 그것은 진실을 표현하는 것이 아니라고 주장한다. 왜냐하면 도덕적 진리와 같은 것은 없기 때문이다. 오히려 우리가 하는 일은 도덕적 가치가 있는 특정 상황에 대해 정서적인 반응을 표명하는 것이다. 물론 이러한 정서적 반응은 정당화될 수 있지만 일종의 도덕적 진리 개념의 관점에서는 정당화될 수 없다. 이와 대조적으로 도덕적 상대주의자(Benbaji & Fisch, 2004)는 도덕적 진리란 존재하지 않을 뿐만 아니라 도덕적 판단이 전적으로 지역 문화 규범의 결과라고 주장한다. 말하자면, 로마에 가는 것은 아테네에는 가지 않는다. 윤리적 반실재론의 이슈는 인간 사회와 행동을 규제할 때 윤리가 수행하는 규범적 역할에 대해 수용하지 않으며, "강간은 부도덕하다"고 진술할 때 그것은 우리가 정서적 반응의 표명(비록 우리 역시 그렇게 하고 있을지라도) 이상의 일을 하고 있고 그 진술이 우리가 우연히 속한 문화와 관계없이 타당하다고 강하게 인식하는 사람들이 많다는 것을 심각하게 수용하지 않는 것 같다.

그럼 어쩌자는 것인가? 세 번째 범주는 윤리적 자연주의(Foot, 2001)이며, 그 예로 덕 윤리가 있다. 우리는 도덕적 판단이 인간의 발명품(반실재론(ant-realism)과 유사)으로 인식될 뿐만 아니라 인간 조건에 관한 문제의 사실, 즉 도덕적 질문에 대해 허용 가능한 범위의 답으로 한정한다는 사실(실재론과 유사)에 의해 제한받는다는 점에서 윤리적 자연주의를 일종의 준실재론(quasi-realism)으로 생각할 수 있다.

예를 들어, 인간이 안전, 피난처, 교제, 섹스, 음식 등을 추구하는 강한 생물 문화적 성향을 지닌다는 데 동의한다면, 우리는 인간에게서 그러한 것들을 의도적으로 박탈하는 것은 도덕적으로 잘못된 것이라고 말할 수 있다. 여기서 "잘못"은 절대적인 진술이 아니라 함축된 가언명령의 결과이다: 인간 사회 집단의 환영받는 구성원이 되고 **싶다면** 도둑질, 사기, 폭력 행위 등에 가담해서는 안 된다.

그러므로 윤리적 자연주의는 "이다"와 "해야 한다"의 사이, 즉 사실(인간 본성에 관한)과 가치(인간 행동의 규제)를 연결하여 흄(D. Hume)의 『인성론(A Treatise of Human Nature)』 속에 표현된 그 유명한 수수께끼에 답하고 있다 (Hume, 1739).

지금까지 내가 만난 모든 도덕 체계에서 나는 항상 저자가 한동안 일반적인 추론방식으로 진행하며, 신의 존재를 확립하고, 인간사에 대해 관찰한다는 것을 말했다. 내가 갑자기 일반적인 명제의 결합 대신에 나는 '이다'와 '아니다'를 알고, 깜짝 놀랐을 때, 나는 해야 할 일, 또는 하지 말아야 할 일과 연결되지 않은 명제를 만나지 못한다. 이러한 변화는 미세하다. 그러나 그것은 마지막 결과이다. 왜냐하면, 이것은 어떤 새로운 관계나 확언을 표현해야 하거나 표현해서는 안 되기 때문에, 이를 필수적으로 관찰하고 설명해야 하는 것이다. 동시에 이 새로운 관계가 어떻게 그것과 완전히 다른 것들로부터 연역될 수 있는지 (전혀 상상할 수 없는) 그 이유를 제시해야 한다.(책 III권, I장, I절)

흄은 종종 존재/당위 사이의 틈을 메우는 것이 불가능하다고 주장하는 것으로 읽히지만, 그 자신은 윤리적 자연주의자였기 때문에(사실 고대 회의론자들을 선호했다), 그래서 그렇게 읽는 것은 의문의 여지가 있다. 흄이 확실히 주장한 것은 윤리에 관여하는 사람은 누구든지 틈이 **어떻게** 메워지는지에 대한 설명을 우리에게 제공해야 한다는 것이다(!). 윤리적 자연주의는 바로 그것을 수행하고, 동시에—스토아주의, 에피쿠로스주의, 회의론을 포함한—많은 헬레니즘 철학이 왜 우리가 "자연과 일치하여" 살아야한다고 주장했는지를 이해하고 있다(예: Diogenes Laertius, VII. 87-88 (2018)). 이는 우주의 본질과 특정 종인 호모 사피엔스의 본질로 인해 인간 행동에 부과되는 제약을 이해하고 존중하는 것을 의미한다.

덕 윤리는 또 다른 중요한 측면에서 칸트의 의무론이나 공리주의와 같은 현대의 도덕 철학 접근 방식과 다르다. 칸트(1785), 벤담(1780), 밀(1863)과 같은 18~19세기 철학자들과 그 현대 추종자들은 하향식, 보편적인 도덕 체계를 개발하고자 했다. 예를 들어, 칸트의 경우 "당신의 행위 준칙이 당신의 의지를 통해 보편적인 자연법칙이 되는 것처럼 행위하라"라는 형식의 정언명령은 특정 개인이나 상황과 무관하게 타당한 것으로 이해된다. 마찬가지로, 전체 인구의 행복을 극대화하고 고통을 최소화하려는 공리주의 계산법은 모든 사람에게 어디에나 적용된다.

이와 대조적으로, 덕 윤리는 지역적, 개인적 성격을 띤다. 덕 윤리 관점에서 볼 때 윤리적 질문에 대한 대답은 항상 "상황에 따라 다르다."이다. 이는 도덕적 상대주의 유형이 아니라 오히려 상황 윤리의 유형이다. 그 아이디어는 실재 세계가 칸트주의자와 공리주의자가 상상하는 일종의 단순한 일률적 해결책에 비해 너무 복잡하다는 것이다.

더욱이 덕 윤리의 주요 초점은 도덕 행위자의 인격 향상이다. 그래서 우리가 행동할 때마다 "이 행동이 나를 더 좋은 사람으로 만들 것인가, 아니면 더 나쁜 사람으로 만들 것인가?"라고 자문해야 한다. 전자라면 그렇게 하라. 후자라면 그렇게 하지 마라.

예를 들어, 지역 무료 급식소에서 자원봉사를 하기로 한 알렉산드라(Alexandra)의 결정을 생각해 보라. 이것은 윤리적인 일인가? 칸트주의자라면 아마도 그러한 행동이 정언명령에 부합한다는 근거로 긍정적으로 대답할 것이다. 우리는 모두 사람들이 서로 돕는 세상에 살고자 한다. 그렇죠? 공리주의자도 아마 긍정적인 대답을 할 것이다(이 경우에 공리주의자는 의무론자의 견해에 항상 동의하는 것은 아니기 때문이다). 이는 가난한 사람들과 노숙자들을 돕는 것이 전반적인 행복에 기여하고 전반적인 고통을 덜어줄 가능성이 높기 때문이다.

하지만 알렉산드라가 덕 윤리를 실천한다면, 알렉산드라는 자신이 왜 자원봉사를 하기로 결정했는지 자문해 보아야 한다. 그녀 행동의 주된 동기는 무엇인가? 다른 사람을 돕는 것이라면 모든 것이 좋은 것이다. 그러나 그녀가 이력서에 한 줄을 추가하고 더 나은 직업을 얻기 위해 그렇게 한다면, 전반적인 결과가 긍정적일 수 있다는 사실에도 불구하고 그녀의 행동은 도덕적이지 않다. 그러므로 덕 윤리를 실천하는 것은 델파이 신전(Delphic Oracle)의 유명한 명령: "Gnothi seauton"(너 자신을 알라)에 따라 자기성찰과 자기 인식을 권장한다.

애초에 덕 윤리의 재출현은 특히 『니코마코스 윤리학(Nicomachean Ethics)』 (2003)에 명시된 바와 같이, 아리스토텔레스의 접근 방식에 거의 전적으로 초점을 맞춘다. 그러나 최근에는 넓게 말해서 도덕철학에 대한 이러한 접근 방식에 속하는 여러 헬레니즘 철학에 대한 학문적, 대중적 관심이 성행하고 있다. 여기에는 주로 스토아주의(Pigliucci, 2017)와 에피쿠로스주의 (Wilson, 2019)가 포함되고, 냉소주의(Hard, 2012)와 회의론(Bett, 2010)도 포함된다(Sellars, 2018 참조).

대부분의 헬레니즘 학파는 인간의 삶을 살만한 가치가 있는 것으로 폭넓게 해석하는 **번영(eudaimonia)**과 같은 것이 존재한다고 주장했다. 사실, 이것이 바로 이 학파가 해결하기 위해 설정한 이슈다. 무엇이 삶을 의미 있게 만드는지에 대한 보편성의 질문은 세상과 그 안에서 우리의 위치를 이해하려는 인간의 욕구를 반영한다. 이는 물론 헬레니즘 전통 밖의 철학과 종교를 포함한 많은 고대 철학과 종교에서 유의미한 주요 이유이고, 오늘날도 여전히 유의미하다.

헬레니즘 시대(대략 알렉산더 대왕이 죽은 해인 기원전 323년부터 옥타비아누스가 악티움 해전에서 마크 안토니우스와 클레오파트라를 물리친 기원전 31년까지의 시대) 이래로, 세계에 대한 지식은 과학 덕분에 확실히 수천 년 전과 비교했을 때 말할 수 없을 정도로 여러 면에서 발전했다. 그러나 우리의 지혜는 그다지 발전하지 못했고, 우리의 필요(음식, 피난처, 재정적 수단), 욕망(안전, 우정, 사랑), 공포(명성 상실, 경제적 파멸, 죽음)는 넓게 말하면, 본질적으로 변하지 않았다. 물론 오늘날 사람들은 고대 로마의 4두 2륜 전차 대신에 현대의 고급 승용차 페라리 테스타로사를 타고 군침을 흘릴 수도 있지만 근본적인 이유는 동일하다. 그것은 지위와 자원을 과시해 다른 사람들에게 깊은 인상을 주기 위해서다(그리고 이성에게 더 쉽게 접근하기 위해서다).

앞서 언급했듯이 헬레니즘 철학자들은 우리가 자연에 따라 살아야 한다는 개념을 채택했다. 그러나 각 학파는 인간 본성의 다양한 측면에 초점을 맞춰 이 명령을 다르게 해석했다. "하지만 어느 것이 참인가?"라고 묻는 것은 논점을 놓치고 있다. 오히려 어떤 접근 방식이 실제 생활에 유용한지가 문제이며, 그 대답은 아마도 고대 그리스-로마인들이 생각하지 못했던 새로운 조합에서 그중 하나 이상이거나 심지어 전부일 수도 있다.

어떤 학파는 단 하나의 허용 가능한 답변을 제안했다. 예를 들어 견유학파(Cynics)와 스토아학파의 최고선은 덕이다. 다른 것은 없다. 이와 대조적으로 에피쿠로스학파의 경우 덕은 최고선을 얻는 도구이며, 그들은 이를 고통의 부재로 간주한다. 다른 전통에서 덕이 번영에 필요하다고 생각하는 아리스토텔레스처럼 여러 선을 인정한다. 여기에는 건강, 부, 외모 등과 같은 일부 외부 요소도 포함된다. 본 장의 나머지 부분에서는 그 이유가 곧 분명해지겠지만 회의론적 윤리철학과 그것이 도덕 교육에 미치는 영향에 초점을 맞추겠다.

4.2 왜 회의론인가?

헬레니즘 회의론은 주로 한 가지 측면: 지식에 대한 태도에서 그 시대의 여타 철학과 다르다. 실제로 여타 철학은 대부분 우리가 인생을 탐색하고, 우선순위를 설정하며, 윤리적 행동을 하는 데 도움이 되는 정합적 사고 "체계"를 형성하는 일을 하지만, 회의론은 사고체계보다는 반체계적 태도, 더 적절하게 표현하면, 철학적 태도를 형성하는 일을 한다. 나는 이것이 시몬 드 보부아르(Simone de Beauvoir)가 철학 체계를 "광기(lunacy)"로 규정한 유명한 병리적 현상(bug)이 아니라는 것을 보여주려고 한다.[1] 하지만 거기에 도달하기 전에 우리는 고대 역사에 대해 좀 더 배울 필요가 있고, 더 구체적으로 회의론의 두 가지 주요 변종인 피론주의와 학문적 회의론(일부 버전)을 구별할 필요가 있다. 본 장에서 내가 초점을 맞추는 것은 대부분 후자이다.

피론주의(Pyrrhonism)는 근대 이전 4세기에 엘리스의 피론(Pyrrho of Elis)에 의해 처음 확립되었지만, 근대 2세기 말이나 3세기 초의 섹스투스 엠피리쿠스(Sextus Empiricus)가 가장 유명한 옹호자였다. 일부 학자들은 피론이 알렉산더 대왕을 추종하여 인도에서 18개월을 보냈기 때문에 피론주의가 초기 불교의 영향을 받았다고 주장했다(Beckwith, 2015). 그리고 마디아마카 불교의 창시자인 나가르주나(nagarjuna)가 인도로 유입된 피론과 문헌의 영향을 받았기 때문에 마디아마카 불교가 피론주의와 유사하다는 주장도 제기되었다(McEvilley, 2002).

그럼에도 피론주의자들은 **에우다이모니아**를 성취하는 데 방해가 되는 가장 중요한 것이 "도그마(dogma)", 즉 소위 불분명한 문제에 대한 집착이라 생각한다. 정확히 무엇이 분명하고 무엇이 불분명한 문제인지는 다소 불명확하다. 하지만, 예를 들어 우리의 기본적인 지각("식탁 위에 음식이 있다")과 기본적인 정서 및 추론("나는 배고프다. 그래서 나는 음식이 필요하다")은 분명한 것으로 간주한다. 이와 대조적으로, 이론적 언명("에우다이모닉 삶을 위해서는 덕이

---

1 "나는 나 자신을 철학자로 여기지 않았다: 나는 텍스트의 핵심을 쉽게 꿰뚫어 보는 독창성이 부족하다는 것을 잘 알고 있었다. 이 분야에서 진정 창의적인 재능이 너무 부족하므로 왜 내가 엘리트에 합류하려고 시도하지 않았는지에 대해 질문하는 것은 확실히 무용하다. 특정 개인들이 그 의식적 모험으로부터 '철학 체계'로 알려진 광기 속으로 이끌어 결과를 도출하는 방법을 설명하는 것이 더 유용하다. 여기서 개인들은 보편적인 통찰력과 적용 가능성을 잠정적인 패턴에 부여하는 그 강박 관념적 태도를 이끌어서 결과를 도출한다."(De Beauvoir, 1960).

필요하다.")을 요구하는 복잡한 명제는 명확하지 않다.

피론주의자들은 **에우다이모니아**(eudaimonia)가 **아타락시아**(ataraxia), 즉 정신적 평정의 상태로 구성된다는 에피쿠로스학파의 의견에 동의한다. 에피쿠로스학파에서는 이것이 고통, 특히 정신적 다양성의 회피를 통해 달성되는 반면, 피론주의자들은 아타락시아에 이르는 길은 에포케(epoché), 즉 (불확실한 명제에 대한) 판단 중지의 실천이라고 주장한다. 이렇게 생각해 보라. 정치나 도덕, 심지어 미학이나 취향의 문제에 관한 의견에 강하게 집착할 때마다, 당신은 다른 사람이 당신의 "도그마"에 도전하는 것을 좋아하지 않을 것이기 때문에 당신은 스스로 정신 장애를 겪는다. 그러므로 당신이 해야 할 일은 도그마를 버리는 것이다.

하지만 어떻게? 주요 피론주의자들의 관행은 당신이 수행하고 싶은 유혹을 받는 특정 개념(notion)에 대해 찬성과 반대의 논증을 모두 수행하는 것이다. 이는 당신이 그 특정 의견에 집착할 정당한 이유가 정말로 없다는 것을 당신 자신(그리고 다른 사람들)에게 보여주기 위해서다. 부수적으로 이것은 당신의 **에우다이모니아**를 확실히 방해하는 행동 지침이 없다는 것을 의미하지 않는다. 피론주의자들은 지각의 형태로 자연의 지침을 포함하여 행동 방식; 배고픔 및 갈증과 같은 특정 기본적 감정의 강박; 우리가 살고 있는 특정 사회의 관습(아무리 자의적일지라도); 그리고 특정 기술을 배우는 방법과 같은 실천적인 문제에 관해 다른 사람들로부터 가르침(instruction)을 수용한다.

여기서 우리의 목표에 관한 한, 피론주의의 문제는 그것이 우리가 살고 있는 어떤 사회에서나 이미 존재하는 관습으로 도덕 교육을 제한한다는 것이다.—기존 관습에 도전하는 것을 포함해—도덕 교육의 더 복잡한 교훈(precept)은 피론주의자에게는 전적으로 불분명한 문제의 범주에 속한다. 그래서 도덕 교육의 복잡한 교훈은 우리의 **아타락시아**를 방해하는 바로 그 도그마나 의견 때문에 중요하다. 따라서 매우 제한적인 의미에서 피론주의가 도덕 교육에 대한 하나 또는 다른 접근 방식이 옳다고 생각할 만한 특별한 이유가 없다는 것을 알려주는 것을 제외한다면, 피론주의는 실제로 도덕 교육에 도움이 되지 않는다.

이것이 바로 우리가 이제 좀 더 실질적인 종류의 회의론, 즉 기원전 266년부터 약 90년(플라톤 자신이 죽은 기원전 347년 이후)에 플라톤 아카데미 내에서 번성했던 다양한 회의론으로 옮겨가는 이유이다. 아카데미 회의론의 문제는 그것이 여러 국면이 중복되어 있어서 우리는 아카데미 회원 개개인이 무엇을 가르치거나 지지하는지 정말로 주의를 기울일 필요가 있다는 것이다. 예를 들어, 이 학파의 첫 번째 학자인 피타네의 아르케실라우스(Arcesilaus, 기원전 316-241년)는 본질적으로 다른 이름으로 피론주의를 실천했다. 대조적으로, 이 시대의 마지막 학자인 아스칼론의 안티오코스(Antiochus, 기원전 125-68년)는 회의론을 완전히 거부하고 플라톤주의, 소요학파(Peripateticism), 스토아주의를 융합한 절충적 접근 방식을 개발하려고 시도했다.

내가 오늘날 가치 있다고 믿는 일종의 회의론을 발전시킨 두 사상가는 키레네의 카르네아데스(Carneades, 기원전 214-129년)와 로마의 키케로(Cicero, 기원전 106-43년)이다. 이 회의론은 도덕 교육에 대한 현대적 토의와 관련이 있다. 키케로가 특히 생애 말년에 다수의 철학적 저술을 남겼다는 단순한 이유 때문에 우리는 사물에 대한 키케로의 견해에 대해 더 많이 알고 있다(키케로, 2014). 이와 대조적으로, 카르네아데스는 아무것도 쓰지 않았기 때문에(Thorsrud, 2018) 우리는 그의 학생 중 한 명인 클리토마쿠스(Clitomachus, 187-110 BCE)의 저술을 바탕으로 그의 생각을 재구성해야 한다.

카르네아데스는 우리가 사물이나 명제의 진실을 확인하는 유일한 방법은 이성과 감각이기 때문에, 지식은 불가능하다고 생각했다. 그러나 이성과 감각은 모두 오류가 있다. 즉, 우리는 언제 진실 또는 거짓 앞에 있는지 단순히 알 수 없다는 것이다. 다시 말하면, 진리에 대한 절대적인 준거는 없다.

그러면, 우리는 사물에 대해 어떻게 결정해야 하는가? 더 온건한 준거에 따르면, 카르네아데스는 **피타논**(pithanon)이라 불렀고, 키케로는 나중에 라틴어로 **개연성**(probabilis)으로 번역했으며, 영어로는 설득력 있는 또는 가능성 있는 것으로 번역될 수 있다. 이 아이디어는 비록 개인의 생각이나 지각에 결함이 있을지라도, 서로 다른 생각과 지각이 서로 일치하면 일치할수록 그들이 진실일 가능성이 더 높을 것이다. 현대 철학에서 이는 최선의 설명에로의 추론(Douven, 2021)으로 알려져 있으며, 때로는 귀추법(abduction)이라 한다.

예를 들어, 내가 한밤중에 집에서 갑자기 소음을 듣는다고 하자. 단순한 착각으로 소리가 나지 않았을 수 있다. 아니면 아마 고양이가 돌아다니고 있는 것일 수도 있다. 아니면 더 불길하지만, 도둑이 집에 들어왔을 수도 있다. 다시 말해, 나의 원래 지각이나 생각이 틀렸을 수도 있다. 그러나 나는 계속 귀를 기울이고 있으며 실제로 고양이의 소리를 뚜렷하게 듣는다. 게다가, 이제 좀 깨어나니, 내 고양이가 새벽 3시쯤 돌아다니는 나쁜 버릇이 있었던 것이 기억난다. 지각과 생각이 하나의 대답(그것은 고양이다)으로 수렴되고 또 다른 대답(거기에는 아무것도 없다. 도둑이 있다)에서 멀어지면 멀어질수록, 나는 나의 (잠정적인) 결론에 대해 더더욱 확신을 가질 수 있다. 물론 나는 잘못을 범할 수도 있다. 실제로 주변에 도둑이 숨어 있을지도 모른다. 그 이유는 고양이가 소리를 내고 있기 때문이다.

우연히도 증거 기반 추론에 대한 이러한 일반적인 접근 방식은 범죄의 범인이나, 자연에 대한 새로운 사실이나, 자연의 원리를 발견하기 위해 탐정 활동(셜록 홈즈를 생각해 보라)과 과학이 각각 작동하는 방식이기도 하다.

그러나 카르네아데스의 경우, 특히 우리가 여기서 관심을 두고 있는 윤리 문제에서 그가 실제로 생각하는 것이 어느 정도 개연성이 있는지는 분명하지 않다. 그의 제자인 클리토마코스(Clitomachus)조차도 자신은 매우 효과적으로 다양한 입장을 주장할 수 있었기 때문에 스승의 의견이 무엇인지 실제로 짐작할 수 없었다고 고백했다.

이것은 우리가 이제 살펴볼 키케로에게는 문제가 되지 않는다. 그는 분명하게―잠정적이긴 하지만 훌륭한 회의적인 방식으로―법률, 정치, 윤리에 대한 자기 생각을 우리에게 말하기 때문이다. 실제로 그는 도덕 교육에 대해 매우 명시적으로 관심이 있었으며 당시의 모든 주요 철학 학파가 도덕 교육에 관해 말하는 내용을 비판적으로 평가했다.

넓게 말하면, 키케로는 헬레니즘 학파 세 가지의 가르침을 거부하고 다른 세 학파의 융합을 지지한다. 그가 거부한 세 가지는 피론주의[2], 키레네주의[3], 에피쿠로스주의[4]이며, 그가 주목할 만한 가치가 있고 서로 아주 유사하다고 생각하는 세 학파는 플라톤주의, 아리스토텔레스주의, 스토아주의[5]다.

피론주의는 내가 위에서 사용한 것과 같은 근거로 거부된다. 피론주의자는 "명확하지 않은" 문제에 관여하는 것을 거부하므로 처음부터 많은 도덕적 담론을 차단한다. 키레네학파와 에피쿠로스학파는 쾌락주의 학파이기 때문에 고려되지 않는다(비록 에피쿠로스학파에 관한 한 그것은 실제로 의심스럽다. 왜냐하면 그들의 주된 좋음은 쾌락이 아니라 고통의 부재였기 때문이다). 키케로

---

2 De Finibusk, V. 23.

3 De Officiis, III. 116.

4 De Officiis, III. 117.

5 플라톤주의(구 아카데미)와 아리스토텔레스주의의 유사성에 대해서는 『투스쿨룸 논총(Tusculanae Quaestiones)』, 제5권, 30을 참조하고, 아리스토텔레스주의와 스토아학파의 유사성에 대해서는 『최고 선악론(De Finibus)』, 제5권, 88-89를 참조할 것.

의 관점에서 이것은 그들이 윤리적 추론을 쾌락에 종속시킨다는 것을 의미한다.

플라톤주의, 아리스토텔레스주의, 스토아주의(그리고 약간의 경고와 냉소주의를 추가할 수 있음)를 하나로 묶는 것은 덕에 대한 집중을 의미한다. 여기서 말하는 덕이란 현대적인 용어로 사람들이 번영할 수 있는 조화로운 사회 구축을 위한 타인과의 친사회적, 협력적 행동으로 이해할 수 있다. 이 집단의 학파들은(학문적 회의론 자체 포함) 스스로 이런저런 소크라테스 가르침으로부터 파생된 "소크라테스파(socratic)"라고 생각한다.

키케로는 다른 철학자들이 제공해야 했던 최고라고 생각되는 것을 고르고 선택할 여유가 있었다. 그가 명시적으로 말했듯이 그는 회의론자였기 때문이다:

> 우리의 새로운 아카데미는 우리에게 폭넓은 자유를 허용하므로, 나에게 가장 개연성 있는 것으로 드러나는 이론을 옹호하는 것이 나의 권리이다.(De Officiis, III.20)

키케로는 평생 도덕 교육의 다양한 측면에 대한 그의 공헌으로 간주할 수 있는 많은 책을 썼다. 그러한 두 권의 책: 좋은 국가의 본질에 관한 『국가론(De Re Publica)』와 좋은 사회에서의 법의 본질에 관한 『법률론 De Legibus』은 전체 사회 수준에서 윤리적 이슈를 다루는 동일한 주제에 대해 플라톤이 쓴 유명한 책에 대한 직접적인 답변이다. 세 번째 책인 『최고 선악론(De Finibus Bonorum et Malorum)』은 오늘날 우리가 메타윤리학, 즉 윤리적 추론의 기초에 관한 논문이라고 부르는 책이다. 바로 여기서 키케로는 다양한 헬레니즘 사상의 학파들을 비교하고 그들이 원하거나 칭찬할 만한 가치가 있다고 발견한다.

여기서 우리와 관련된 마지막 책은 키케로가 말년에 쓴 것으로 지금까지 쓰인 윤리학에 관한 가장 영향력 있는 책 중 하나로 간주하는 『의무론(De Officiis)』이다. 여기에서 키케로는 우리가 다른 사람들을 어떻게 대해야 하는지 상당히 자세하게 설명하고 유덕한 것과 그렇지 않은 것, 편리한(또는 유익한) 것과 그렇지 않은 것의 차이점을 탐구하며, 가장 중요하게는 편의가 덕과 대조되는 것처럼 보일 때 어떤 일이 일어나는지 탐구한다.

여기서 키케로의 견해는 스토아학파의 견해와 동일하다: 덕과 이익 간의 명백한 갈등은 우리가 우리에게 진정으로 유익한 것이 무엇인지 오해할 때 명백히 발생한다. 예를 들어, 세금을 속이는 것은 분명히 (내 생각에는) 덕이 아니지만 유익한 것처럼 보일 수 있다. 그러나 사실 나는 속임수를 써서 내 인격을 훼손한다. 왜냐하면 나는 이제 금전적 이득을 위해 거짓말을 하는 사람이 되었기 때문이다. 그리고 내 인격은 내가 가진 가장 소중한 것이다. 왜냐하면 다른 사람들과의 관계, 그리하여 번영하고 행복해지는 나의 능력이 인격에 달려 있기 때문이다. 주지하듯이, 부정행위는 정말로 종국적으로 나에게 유익하지 않다. 이는 부정행위를 하지 않겠다는 나의 결정과 유덕하게 행동하려는 나의 소망 사이에 갈등이 없다는 것을 의미한다.

이제 윤리적 질문에 대한 탐구를 돕는 태도를 가지든, 다른 질문에 대한 탐구를 돕는 태도를 가지든 회의적 인식론이 어떻게 작동하는지 간략하게 살펴보자.

4.3 회의적 인식론은 덕 인식론이다

어떤 유형의 지식 주장에 대한 회의론자의 접근 방식은 세 가지 인식론

적 입장: 오류가능주의(fallibilism), 정합론(coherentism), 개연론(probabilism)에 달려 있다. 이들 각각은 인식론에 대한 독립적, 자기 충족적 접근 방식으로 제시되었고, 때때로 여전히 논의되고 있으며, 각각은 여타의 가능성이 있는 인식론적 입장(예: 토대론; Hasan & Fumerton, 2016)과 비교하기를 원하는 것으로 나타났다. 그러나 여기서 나의 의도는 그것을 단일하고 유일한 입장으로 옹호하려는 것이 아니다. 오히려 나는 회의론자의 접근 방식을 진실로 강력하게 만드는 여러 가지 관련 입장을 탐구하고자 한다.

오류가능주의 개념부터 살펴보자(Hetherington, 2021). 인식론자들은 대부분 스스로 오류가능주의자로 간주한다. 즉, 그들은 인간의 신념이 결정적으로 뒷받침되거나 정당화될 수 없다고 생각한다. 특정 신념이 틀릴 가능성은 항상 열려 있으며, 이는 가장 잘 뒷받침되는 과학 이론(예: 양자 역학)뿐만 아니라 가장 명백한 상식의 예(예: 나는 현재 깨어 있으며, 내 아이패드로 본 장을 쓰고 있다)를 포함하여 **모든** 신념에 적용된다.

이미 살펴보았듯이, 인식론자들이 대부분 오류가능주의자인 이유는 고대 회의론자들이 제시한 것과 동일하다: 모든 인간 지식은 궁극적으로 오류가 있는 것으로 알려진 우리의 감각과 추론 능력에서 비롯된다. 그러므로 인간의 모든 지식은 오류가 있을 수 있다. 물론 그것이 거짓이라는 의미는 아니다. 그것은 단지 우리가 모른다는 것을 의미한다.

오류가능주의를 수용함에도, 인식론자들은 대부분 급진적인 회의론자가 아니다. 즉, 그는 특정 신념을 사실일 가능성이 있는 것으로 간주할 타당한 이유가 전혀 없다고 생각하지는 않는다. 오류가능주의가 급진적 회의론에 대한 거부와 어떻게 조화될 수 있는가 하는 문제는 매혹적인 철학적 논쟁이지만, 우리의 실제 관심 사항이 아니다. 관심 있는 독자는 헤더링턴(Hetherington, 2021)이 제시한 심층 토론을 참조하라.

내 생각에 현대 회의론적 인식론의 두 번째 기둥은 정합론이다(Murphy,

2021). 정합론은 인식론자들 중에서 다소 인기가 없는 것처럼 보인다. 그들은 그것의 주요한 경쟁자인 토대론을 선호한다. 정합론은 특정 신념을 정당화하는 것이 일련(set)의 정합적인 신념이나 신념 체계에 속한다는 관념이다. 정합론은 종류가 다양할 수 있지만 일반적으로 세 가지 요소: 논리적 일관성, 설명 관계, 그리고 귀납적 비설명 관계를 포함한다.

어떤 정합론 옹호자들은 그것이 신념의 정당화를 위해 그 자체로 필요하고 충분하다고 생각하고, 다른 옹호자들은 그것이 필요하지만, 정당화의 다른 준거와 결합하여야 한다고 생각한다. 정합론적 정당화의 예는 내 고양이가 밤에 깨어 있다는 추론에 관해 4.2절에서 제시한 것이다. 내 결론은 우리 집의 밤 소리, 고양이의 행동, 이웃의 강도 가능성 등에 대해 내가 알고 있는 다른 모든 것과 일치한다.

정합론에 대한 주요 반론은 아리스토텔레스가 『분석론 전서(Prior Analytics)』 1권에서 처음 소개한 소위 회귀논증(regress argument)이다. 그 개념은 어떤 신념이 추가적인 일련의 신념에 의해 정당화된다는 것이다. 따라서 추가적 신념은 또 다른 추가적 신념에 의해 정당화되며, 계속해서 무한정 진행된다. 이것이 사실이라면 정합론은 실제로 어떤 일련의 신념에 대해서도 전혀 합리적인 정당화를 제공하지 못한다.

회귀논증은 아리스토텔레스와 현대 인식론자들 중 그의 지적 후손들이 취한 토대론적 대안을 선호하는 것이다. 토대론적 대안은 우리의 신념이 그 자체로는 정당화될 필요가 없는 어떤 기본적인 신념에 의해 궁극적으로 정당화된다는 것이다. 그러나 토대론자들은 데카르트(1641)가 자신의 명상에서 그러한 결과를 달성하지 못한 극적인 실패로 입증된 것처럼 다른 모든 것을 정당화할 수 있는 최저 신념을 식별하는 데 정말 어려움을 겪었다.

회귀 문제에 대한 정합론자의 대답은 신념의 그물로서 콰인(Quine)의 유명한 지식 표현의 일부 버전을 사용한다(Quine & Ullian, 1978). 아이디어는 모든 입장(threads)이 상호 연결되어 구조 전반의 견고성에 이바지하기 때문에 그물망이 자립적이라는 것이다. 우리가 필요로 한 경우, 특정 입장(지역적 신념)을 제거하고, 수정 또는 대체할 수 있으며, 이로써 인접하거나 멀리 연결된 신념이 일부 조정될 수 있지만 어떤 종류의 기초도 필요하지 않으며 무한 회귀의 위험도 존재하지 않는다.

회의론적 인식론의 세 번째이자 마지막 기둥은 개연론이다. 이는 카르네아데스(pithanon이라는 꼬리표를 붙인 사람)와 키케로(probabilis라는 꼬리표를 붙인 사람)가 설명한 것과 동일한 개념이다. 현대 개연론은 고대인들이 사용할 수 없었던 베이즈(Bayes)의 정리(Talbott, 2008)와 같은 정량적 도구에 의존하므로, 키케로가 개연성에 관해 이야기할 때 우리는 그가 현대의 확률 이론과 같은 용어로 생각하는 것으로 해석해서는 안 된다.

고대와 현대의 차이점에도 불구하고, 개연론은 특정 지식은 인간이 접근할 수 있는 것이 아니라고 생각한다. 인식론에서 가장 유망한 현대 발전 중 하나인 베이지안주의(Bayesianism)는 특정 이론이나 진술의 확률에 대한 초기 추정치를 의미하는 "사전 예측(priors)"을 0 또는 100%로 설정하면 어떤 새로운 데이터도 우리 마음을 바꿀 수 없다는 것을 입증하기 위해 조건부 확률을 사용할 때 이러한 직관을 공식화한다. 이것은 확실히 독단주의에 대한 훌륭한 정량적 정의이다! 그렇다면 해야 할 현명한 일은 극단적인 것(완전한 믿음, 또는 완전한 불신)을 피하고, 현재 지식을 반영한다고 생각되는 수준으로 사전 예측을 설정하고, 베이지안 알고리즘을 사용하여 그러한 사전 예측 자료를 계속 업데이트(더 강력한 믿음)하거나 내린다(약한 믿음).

회의론적 인식론의 이 세 가지 기둥은 함께 작동한다. 오류가능주의는 우리가 절대적인 지식을 가질 수 없다는 것을 받아들이는 것으로 해석되지만, 정합론은 우리가 특정 개념에 대해 어느 정도 확신할 수 있는 시기를 알려주며, 이는 결코 독단적이지 않고 항상 수정될 가능성이 있는 사물에 대한 개연론적 관점을 낳는다.

이제 『신아카데미(New Academy)』의 고대의 회의론은 일종의 덕 윤리(Athanassoulis, 2021)였으며, 이는 행위자의 인격 개발에 초점이 맞춰졌음을 의미한다. 그것은 또한 우리가 본 바와 같이 탁월한 인식론적 입장이었다. 이러한 덕 윤리와 인식론의 결합은 자연스럽게 오늘날 덕 인식론으로 자리 잡았다(Turri et al., 2021).

덕 인식론적 접근은―덕 윤리학과 마찬가지로―보편적인 진술에서 벗어나 특정 개인과 (다소 탁월한) 인식론적 행위자로 대우받는 공동체에 초점을 맞춘다. 튜리 등(Turri et al., 2021)이 지적한 바와 같이, "덕 윤리는 행위자 속성의 관점, 예를 들어 행위가 친절이나 악의에서 나왔는지의 관점에서 행위의 도덕적 속성을 설명한다. [유사하게] 덕 인식론은 인지자의 속성 관점에서, 예를 들어 신념이 조급함이나 탁월한 시력에서 비롯되는지, 또는 어떤 탐구가 부주의나 차별을 보여주는지의 관점에서 인지적 수행의 규범적 속성을 설명한다."(n.p.).

이 시점에서 제기해야 할 분명한 질문은 이 맥락에서 "덕"이 정확히 무엇을 의미하는가이다. 튜리 등(Turri et al., 2021)에 따르면, "지적 덕은 지적 번영을 증진하거나 탁월한 인지적 행위자가 되게 하는 특성이다."(n.p.). 인식론적 덕에는 성실성과 열린 마음뿐 아니라 지적 겸손, 지적 용기, 인내도 있다. 〈표 4.1〉은 보다 포괄적인 인식론적 덕과 악덕의 목록을 제공하고 있다.

〈표 4.1〉 인식론적 덕과 악덕

인식론적 덕	인식론적 악덕
주의, 자비(즉, 자선의 원칙), 성실성, 창의성, 호기심, 식별, 정직, 겸손, 객관성, 절약, 학구열, 이해, 보증, 지혜	닫힌 마음(폐쇄성), 부정직, 독단주의, 어리숙함, 순진함, 둔감함, 자기기만, 천박함, 헛된 꿈

덕 인식론은 무엇이 신념을 보증하는지, 지식이 무엇인지와 같은 인식론 분야 내의 표준 논쟁에 대해 다른 관점을 제공한다. 내가 언급했듯이, 지식 정당화에 대한 두 가지 표준 논의는 토대론과 정합론이다. 토대론자에게서 지식은 일종의 견고한 기반 위에 점차 구축되는 피라미드처럼 보인다. 문제는 흄이 그의 유명한 귀납의 문제를 도입한 이후로 (Henderson, 2018), 정확히 무엇이 그러한 토대를 구성할 수 있는지 명확히 설명하기 매우 어렵다는 것이다. 정합론은 위에서 언급한 신념 그물망의 상호의존에 따라 진실이 도달한다고 본다. 여기서 문제는 정합성 자체가 진실을 전혀 보장하지 않는다는 것이다. 왜냐하면, 우리가 내부적으로 정합적인 수많은 장면을 생각할 수 있지만, 정합성은 이들 중 하나만이 실제 세계에 해당하기 때문이다.

우리가 일반적으로 덕을 인격의 탁월성으로 생각한다고 가정해 보라. 덕은 안정적이고 성공적인 성향: 어떤 좋음을 안정적으로 달성할 수 있게 해주는 타고난 능력이나 후천적 습관[또는 둘 다의 조합일 가능성이 더 높음]이다. 그래서 지적 덕은 인지적 탁월성: 관련 문제의 진실과 같은 어떤 지적 좋음을 안정적으로 달성할 수 있게 해주는 타고난 능력 또는 후천적 습관이 될 것이다. 이제 우리는 정당화된 신념을 우리의 지적 덕에 적절하게 기초한 신념으로 생각할 수 있고, 지식을 그렇게 기초를 둔 참된 신념으로 생각할 수 있다.(Turri et al., 2021)

전통적인 인식론과의 차이점은 토대론과 정합론이 모두 지식에 대한 논의를 신념의 속성에 대한 검토에 근거한다는 것이다. 이와 대조적으로 덕 인식론은 개인의 지적 덕이라는 관념(notion)에서 시작하여 그 전제 위에서 신념에 대한 규범적인 논의를 전개한다.

여기서 우리의 논의에 결정적인 덕 인식론 내의 가치 있는 개념은 작제브스키(L. Zagzebski)가 그녀의 신아리스토텔레스적 접근 방식에 기초해서 도입한 것이다. 그녀는 덕 윤리가 도덕 철학에 가져오는 것과 동일한 "역(inverse)" 접근 방식을 인식론에 가져오면서 인식론적 덕과 도덕적 덕에 대한 통합적 논의를 제안한다: 옳은 행동(또는 옳은 신념)을 다른 방식이 아닌 덕의 관점에서 분석하는 것이다. 그녀는 다음과 같이 말했다:

> 순수 덕 이론에 대해 말하자면, 이 이론은 옳은 행위의 개념을 덕 개념이나 덕의 구성 요소인 인간의 내면 상태로부터 도출한다. 이것이 개념적 우선순위와 도덕적 존재론에 관한 논점이다. 순수 덕 이론에서 옳은 행위의 개념은 덕의 개념이나 동기와 같은 덕 요소의 관점에서 정의된다. 더 나아가서 옳음의 속성은 개인의 내적 특성에서 나오는 것이다.(Zagzebski, 1996, p. 79)

작제브스키에게 지적 덕은 실제로 인식론을 윤리의 한 분야로 만드는, 도덕적 덕의 하위 집합으로 간주한다! 그 유사점은 매우 흥미 있다. 용기와 같은 표준적인 도덕적 덕을 생각해 보라. 이는 일반적으로 예를 들어 신체적 고통을 감수하는 등 좋음을 행하려는 행위자의 동기에 뿌리를 둔 것으로 이해된다. 이와 같이, 유덕한 인식론적 행위자는 지식을 얻고자 하는 욕구로 동기를 부여받으며, 그러한 목표를 추구하기 위해 예를 들어 열린 마음과 같은 적절한 덕을 함양한다.

하나의 도덕적 또는 인식론적 덕이 다른 덕과 충돌하면 어떻게 되는가? 튜리 등(Turri et al., 2021)이 지적한 바와 같이, "도덕적 덕과 마찬가지로 지적 덕 사이에도 갈등이 발생할 수 있다. 따라서 지적으로 용기 있는 일은 지적으로 겸손한 일과 충돌할 수 있다. 이 문제는 **프로네시스**(phronesis)라는 중재의 덕, 즉 실천적 지혜를 도입함으로써 해결된다. 실질적으로 현명한 사람은 특정 상황에서 관련된 모든 덕의 요구 사항을 따져 자신의 인지 활동을 적절하게 이끌 수 있다."(n.p.). 다시 말하면, 유덕한 도덕적, 또는 인식론적 행위자는 자신이 활용할 수 있는 최대한의 지혜를 가지고 모든 것을 고려한 접근 방식을 채택함으로써 복잡한 도덕적 또는 인식론적 문제를 해결하게 된다. 그러면 지식 자체는 지적 덕의 행위로 생성된 신념의 상태로 재구성한다.

위의 모든 것을 실제로 적용하기 위해, 유덕한 인식론자 또는 훌륭한 회의론자는 자신이 동의하지 않는 사람과 토론에 참여할 때마다 다음과 같은 질문을 스스로 제기하고 싶어 할 것이다.

- 나는 상대방의 주장을 일축하지 않고 주의 깊게 고려하였는가?
- 나는 응답하기 전에 그들이 말한 내용을 자비롭게 해석했는가?
- 나는 내가 틀릴 수도 있다는 가능성을 진지하게 받아들였는가? 아니면 내가 너무 선입견에 눈이 먼 것인가?
- 나는 이 문제에 대한 전문가인가? 그렇지 않다면 전문가와 상담했는가, 아니면 근거 없이 나의 의견을 제시했는가?
- 내 주장의 출처 신뢰성을 확인했는가, 아니면 대화 상대에게 제시할 수 있는 편리한 내용을 구글에서 검색했는가?
- 검토를 마친 후에는 내가 무슨 말을 하는지 실제로 알 수 있는가, 아니면 단순히 다른 사람의 의견을 반복하고 있는가?

작제브스키가 제안한 것처럼, 우리가 덕 윤리와 덕 인식론 사이의 연관성을 진지하게 받아들이고 신회의론을 윤리 문제에 적용될 수 있는 인식론적 입장으로 생각한다면, 우리는 우리가 실질적으로 적합한 도덕 교육에 참여하는 방법에 대한 모델로 사용할 수 있는, 놀라울 정도로 현대적이고 현재 매우 적합한 관점을 가진, 소위 과학적 회의론이 존재한다는 것을 발견하게 된다.

4.4 과학적 회의론

과학적 회의론은 사이비 과학적 주장에 맞서는 데 헌신하는 사람들의 세계적인 운동이다(Kurtz, 1992). 어떤 의미에서 그것은 고대까지 거슬러 역사가 길다. 플라톤의 대화편에서 카르미데스(Charmides)로 알려진 소크라테스는 아마도 서양 역사상 처음으로 진짜 의사와 돌팔이 의사의 구별법에 대해 질문했다(Plato, 1992, 170e-171c). 몇 세기 후, 키케로(Cicero, 2014)는 고대로부터 내려온 사이비 과학을 가장 포괄적으로 폐기하면서 점성술을 포함한 다양한 유형의 점술(divination)에 대한 스토아학파의 신념을 무너뜨렸다.

클리포드(W. Clifford, 1886)는 "신념의 윤리"라는 제목의 유명한 에세이에서 회의론, 진실 주장, 도덕성을 연결한 최초의 현대 학자였다. 클리포드는 헛된 꿈에 불과하거나 정당하지 않은 무지는 위험할 뿐만 아니라 도덕적으로 과실이 있다는 주장을 펼치고 있다.

그는 사고 실험으로 에세이를 시작한다. 한 무리의 이민자들과 함께 항구를 떠나려는 선주를 상상해 보라. 그 선주는 선박의 상태가 좋지 않고 항해에 적합하지 않을 수도 있다는 말을 들어본 적이 있다. 수리가 필요하다. 그리고 비용이 많이 든다. 그러나 그는 배가 괜찮다고 스스로 확신하고 있다. 그녀는 이전에도 비슷한 항해를 많이 했고 항상 집으로 돌아왔다. 클리포드는 문제의 선주에 대해 우리가 어떻게 생각하는지 묻고 다음과 같이 대답한다: "확실히 이것은 그 사람들의 죽음에 대해서 그가 정말로 죄가 있다는 것이다. 그가 진심으로 자기 배의 견실함을 믿었다는 것은 인정된다. 왜냐하면 **그는 자기 앞에 있었던 그러한 증거를 믿을 권리가 없었기** 때문이다."(1886, p. 10).

실제로 클리포드는 계속해서 배가 어떻게 해서든 돌아왔고 아무도 죽지 않더라도 선주는 똑같이 유죄가 될 것이라고 말한다. 왜냐하면, "문제는 그들의 신념이 참인지 거짓인지가 아니라 그들이 그릇된 근거에서 신념을 받아들이고 있는지이기" 때문이다. 그는 계속해서 정당화되지 않은 신념을 받아들이는 것이 비윤리적인 이유는 두 가지라고 주장한다. 첫째, 사고 실험에서 이민자들의 사망 가능성과 같은 결과가 발생할 수 있기 때문이다. 둘째, 훨씬 더 중요한 점은 "잘 속는 인격이 유지되고 뒷받침될 때, 합당하지 않은 이유로 믿는 습관이 형성되고 영구화될 때 더 크고 더 넓은 악이 발생하기" 때문이다(1886, p. 16).

우리가 가짜 뉴스, 대체 사실, 말 그대로 사람을 죽이는 온갖 이상한 신념에 휩싸여 있는 것과 같이, 이러한 단어들이 19세기 말에 쓰였을지라도 2020년대에 와서는 큰 반향을 불러일으키고 있다. 이것이 바로 클리포드가 "불충분한 증거에 따라 무엇이나 믿는 것은 언제나, 어디서나, 누구에게나 잘못된 것"이라는 결론으로 자신의 주장을 요약한 이유다(1886, p. 40).

과학적 회의론은 1970년대 미국에서 처음으로 미국 대중 사이의 점성술에 대한 광범위한 신념에 대한 반응으로 힘을 얻었다. 과학적 회의론은 학계의 과학자와 철학자, 그리고 수많은 헌신적인 실천가들이 뒷받침했으며, 그들 주장의 출처, 정치적 이데올로기, 종교적 뿌리와 무관하게 사이비과학과 증거 없는 주장에 맞서 싸우는 데 헌신하는 사람들이 벌이는 풀뿌리 운동으로 발전했다.

모베르거(V. Moberger, 2020)는 과학적 회의론의 다양한 목표를 이해하는 가장 통찰력 있는 방법을 제안하였다. 그는 프랑크푸르트(H. Frankfurt, 2005)의 유명한 에세이 「헛소리에 대하여(On Bullshit)」에서 영감을 얻었다. 프랑크푸르트가 말했듯이 "우리 문화의 뚜렷한 특징 중 하나는 헛소리가 너무 많다는 것이다."(p. 1) 결정적으로 프랑크푸르트는 계속해서 헛소리꾼과 거짓말쟁이를 구별한다.

> 그 어떤 사람도 자신이 진실을 모른다고 생각하면 거짓말을 할 수 없다. 그러므로 거짓말을 하는 사람은 진실에 반응하는 것이고, 그 정도로 그것을 존중한다. 정직한 사람은 말할 때 자신이 진실이라고 믿는 것만을 말한다. 그리고 거짓말쟁이에게는 자신의 진술이 거짓이라고 생각하는 것은 서로 없어서는 안 될 조건이다. 그러나 헛소리꾼에게는 이 모든 추측이 빗나갔다: 그는 참의 편도 아니고 거짓의 편도 아니다. 그의 눈은 정직한 사람이나 거짓말쟁이의 눈과는 달리 사실에 전혀 관심을 두지 않는다. … 그는 자신이 말하는 내용이 실재를 정확하게 설명하는지는 관심이 없다.(pp. 55-56)

따라서 정직한 사람과 거짓말쟁이 모두 진실에 관심이 있지만,—서로 반대 방식이기는 하지만—헛소리하는 사람은 진실에 관심이 없다. 이러한 관심의 결핍은 (윤리적으로) 잘못이 있는 다양성에 속하므로, 연기(acting)와 같이 진실을 말하지 않는 다른 활동과는 구별될 수 있다. 이것은 두 가지 중요한 점을 의미한다. (i) 헛소리는 규범적인 개념으로, 사람이 어떻게 행동해야 하는지, 행동하지 말아야 하는지에 관한 것이다. (ii) 헛소리에 귀속될 수 있는 특정 유형의 잘못은 인식론적 잘못이다. 모베르거가 말했듯이, "헛소리꾼은 이유와 논증에 대응할 수 있다고 가정하지만 그렇게 하지 못한다"(2020, p. 598). 왜냐하면 그는 충분히 주의를 기울이지 않기 때문이다. 여기에 클리포드의 논문이 분명히 반영되어 있다.

모베르거는 자신의 논문에서 관련성을 밝히지 않았지만, 헛소리를 참이거나 거짓일 수 있는 일련의 진술이 아니라 특정 행위자가 수행하는 활동에 초점을 맞추므로, 그의 논의는 명백히 덕 인식론의 영역에 속한다. 우리는 이를 4.3절에서 간략하게 살펴보았다. 우리는 특정 주제에 관해 잘못된 결론에 도달할 수도 있고, 자신도 모르게 잘못된 개념을 옹호할 수도 있다. 그리고 실제로 어느 정도 우리는 다소간 인식론적 부정행위에 잘못이 있을 수 있다. 왜냐하면 어떤 사람이 인식론적으로 현명한 사람일지라도, 이상적으로는 유덕한 사람이 거의 없기 때문이다. 그러나 헛소리하는 사람은 병리학적으로 인식적으로 잘못이 있다. 그는 인식론적 악덕을 거래하며, 그가 그 거래에서 원하는 것을 무엇이든 얻는 한, 토론에서 "옳은"것으로, 또는 그가 가장 좋아하는 것은 무엇이든 선험적 이데올로기적 입장으로 발전시키는 한, 그 거래에 대해 신경 쓰지 않는다.

프랑크푸르트의 헛소리 개념을 도입한 후, 모베르거는 사이비 과학에 대한 빠른 분석으로 전환한다. 겉보기에 분석은 서로 다른 현상에 대한 통일적 설명 체계를 제공한다. 그것은 유일의 더 근본적이고 인식론적인 문제로 헛소리라는 관점에서 그렇다. 모베르거가 이전에 다른 저자들이 주장한 점을 반복하고 있지만, 반복할 가치가 매우 크다는 점에서 중요하다. 과학과 사이비 과학 사이의 내용 관점에서 어떤 구분도 시대를 초월할 수 없다. 연금술은 한때 과학이었지만 지금은 사이비 과학이 되었다. 시간을 초월한 것은 사이비 과학 실천의 근간이 되는 활동, 즉 헛소리이다.

모베르거의 분석에는 몇 가지 흥미로운 결과가 있다. 첫째, 상당수 회의론자처럼, 사이비 과학 지지자들의 구체적인 주장에 초점을 맞추는 것은 잘못이라는 것이다. 그 이유는 때로 심지어 사이비 과학 실천가들이 일을 올바르게 처리하기 때문이다. 그 대신에 우리는 그들의 인식론적 부정행위: 내용 대 활동에 초점을 맞춰야 한다.

둘째, 사이비 과학의 나쁜 점은 그것이 비과학적이라는 것이 아니다. 왜냐하면 많은 인간 활동이 과학적이지도 않고 여전히 반대할 만한 것도 아니기 때문이다(예를 들어 문학). 과학은 무엇이 가치 있고 없는지를 결정하는 궁극적인 심판자가 아니다.

셋째, 대중적인 오해와는 반대로, 사이비 과학은 경험적 내용이 부족한 것이 아니다. 예를 들어 점성술에는 많은 경험적 내용이 있다. 그러나 그 내용은 비판받는다. 그리고 점성술은 사이비 과학이다. 그 이유는 점성술을 실천하는 사람들이 세상에 대한 자신의 진술이 사실이 아닌 것처럼 보인다는 사실에 아마도 별로 신경을 쓰지 않기 때문이다. 그것들은 둘 다 (모베르거에 따르면) 인식론적으로 잘못되었고, (클리포드에 따르면) 윤리적으로 잘못이 있다.

4.5 두 가닥을 하나로 모으기

매사 잘못에 성급히 동의하는 것은 부끄러운 일이다.(De Divinatione, I.7)

키케로의 이 인용문은 본 장의 내용을 제대로 요약하고 있다. 회의론은 실제로 스토아주의나 에피쿠로스주의나 불교처럼 삶의 철학이라기보다는 삶의 철학을 가능하게 하고 실행을 가능하게 만드는 철학적 태도다.

회의론자가 된다고 함은 다른 사람의 주장과 자신의 주장에 대해 특정 인식론적 입장을 가지는 것을 의미한다. 이 입장은 탐구하고 자기 생각을 바꿀 수 있지만, 신념에 따라(혹은 증거와 논증 없이는) 그 어떤 것도 수용하지 않는다. 그래서 상당수 현대 과학적 회의론이 사이비 과학적 성향에 대한 모호한 경험적 주장과도 관련이 있다.

그러나 최근, 특히 코로나19 팬데믹 기간 우리가 배운 것이 있다면 사이비 과학이 사람들에게 해를 끼치거나 심지어 죽일 수도 있다는 것이다. 이러한 깨달음이 다소 새로운 것처럼 느껴지지만, 그렇지 않다. 19세기에 클리포드는 뒷받침되지 않는 신념과 윤리 사이의 연관성에 대해 명확하게 해명하였고, 이미 2000년 전에도 키케로는 분명히 밝혔다.

그래서 회의론은 단지 인식론에 관한 것도 아니며, 사이비 과학을 폭로하는 것에 관한 것도 아니다. 그것은 건전한 도덕 교육에 관한 것이다. 왜냐하면 "도덕"이나 "윤리"를 옳고 그름에 대한 연구로 협소하게 해석해서는 안 되고, 고대 그리스-로마인들이 했던 것처럼 넓게 이해해야 하기 때문이다. 그런 의미에서, 그리고 그런 이유로, 회의론은 도덕적 의무가 되며, 따라서 교육의 정당한 도덕적 체계의 기초가 되어야 한다.

참고문헌

Anscombe, G. E. M.(1958). Modern moral philosophy. *Philosophy*, 33, 1-19.

Aristotle(2003). *Nicomachean Ethics. Available* at: https://www.gutenberg. org/files/8438/8438-h/8438-h.htm.

Athanassoulis, N.(2021). Virtue ethics. *Internet Encyclopedia of Philosophy.* Available at: https://iep.utm.edu/virtue.

Becker, L. C.(1997). *A new stoicism*. Princeton, NJ: Princeton University Press.

Beckwith, C. I.(2015). *Greek Buddha: Pyrrho's encounter with early Buddhism in Central Asia*. Princeton, NJ: Princeton University Press.

Benbaji, Y. & Fisch, M.(2004). Through thick and thin: A new defense of cultural relativism. *Southern Journal of Philosophy*, 42, 1-24.

Bentham, J.(1780). *An introduction to the principles of morals and legislation*. *Available* at: https://www.earlymoderntexts.com/assets/pdfs/bentham1780.pdf.

Bett, R. (Ed.)(2010). *The Cambridge companion to ancient skepticism*. Cambridge: Cambridge University Press.

Boyd, R.(1988). How to be a moral realist. In G. Sayre-McCord(Ed.), *Essays on moral realism* (pp. 181-228). Ithaca, NY: Cornell University Press.

Cicero, M. T.(2014). *Complete works*. Hastings: Delphi Classics.

Clifford, W.(1886). *Lectures and essays*. Eds. L. Stephen & F. Pollock, New York, NY: Macmillan.

De Beauvoir, S.(1960). *The prime of life*. London: Lowe & Brydon.

Descartes, R.(1641). *Meditations on first philosophy*. Available at: http://www.classicallibrary.org/descartes/meditations.

Diogenes L.(2018). Lives of the eminent philosophers. Available at: https://www.gutenberg.org/files/57342/57342-h/57342-h.htm.

Douven, I.(2021). Abduction (inference to the best explanation). *Stanford Encyclopedia of Philosophy*. Available at: https://plato.stanford.edu/entries/abduction/

Foot, P.(1978). *Virtues and vices*. Malden, MA: Blackwell.

_____(2001). *Natural goodness*. Oxford: Clarendon Press.

Frankfurt, H.(2005). *On bullshit*. Princeton, NJ: Princeton University Press.

Hadot, P.(1995). *Philosophy as a way of life: Spiritual exercises from Socrates to Foucault*. Malden, MA: Blackwell.

Hard. R.(Trans.)(2012). *Diogenes the cynic: Sayings and anecdotes, with other popular moralists*. Oxford: Oxford University Press.

Hasan, A. & Fumerton, R.(2016). Foundationalist theories of epistemic justification. *Stanford Encyclopedia of Philosophy*. Available at: https://plato.stanford.edu/entries/justep-foundational.

Henderson, L.(2018). The problem of induction. *Stanford Encyclopedia of Philosophy*. Available at: https://plato.stanford.edu/entries/induction-prob lem/.

Hetherington, S.(2021). Fallibilism, *Internet Encyclopedia of Philosophy*. Available at: https://iep.utm.edu/fallibil.

Hume, D.(1739). *A treatise of roman nature*. Available at: https://www.gutenbergorg/files/4705/4705-h/4705-h.htm.

Irvine, W. B.(2008). *A guide to the good life: The ancient art of stoic joy*. Oxford: Oxford University Press.

Joyce, R.(2001). *The myth of morality*. Cambridge: Cambridge University Press.

Kant, I.(1785). *Groundwork of the metaphysic of morals*. Available at: https://wwwgutenberg.org/ebooks/5682.

Kurtz, P.(1992). *The new skepticism: Inquiry and reliable knowledge*. Amherst, NY: Prometheus.

MacIntyre, A.(1985). *After virtue*. 2nd ed. London: Duckworth.

McEvilley, T.(2002). *The shape of ancient thought*. New York, NY: Allworth.

Mill, J. S.(1863). *Utilitarianism*. Available at: https://www.gutenberg.org/ebooks /11224.

Moberger, V.(2020). Bullshit, pseudoscience and pseudophilosophy. *Theoria*, 86 (5), 595-611.

Murphy, P.(2021). Coherentism. *Internet Encyclopedia of Philosophy*. Available at: https://iep.utm.edu/coherent/.

Pigliucci, M.(2017). *How to be a stoic: Using ancient philosophy to live a modern life*. New York: Basic Books.

Plato(1992). *Laches and Charmides*. Trans. R. Kent Sprague, Indianapolis, IN: Hacket.

Quine, W. V. & Ullian, J. S.(1978). *The web of belief*. 2nd ed. New York, NY: McGraw-Hill Education.

Robertson, D.(2018). *Stoicism and the art of happiness: Practical wisdom for everyday life - Embrace perseverance, strength and happiness with stoic philosophy*. 2nd ed. London: Teach Yourself.

Sellars, J.(2006). *Stoicism*. Stocksfield: Acumen.

_____(2018). *Hellenistic philosophy*. Oxford: Oxford University Press.

Talbott, W.(2008). Bayesian epistemology, *Stanford Encyclopedia of Philosophy*. Available at: https://plato.stanford.edu/entries/epistemology-bayesian/.

Thorsrud, H.(2018). Carneades In D. E. Machuga & B. Reed (Eds.), Skepticism: *From antiquity to the present* (pp. 51-67). London: Bloomsbury.

Turri, J., Alfano, M. & Grego, J.(2021), Virtue epistemology, *Stanford Encyclopedia of Philosophy*. Available at: https://plato.stanford.edu/entries/epistemology-virtue; for some of the quotes, see also archived version at https://stanford.library.sydney.edu.au/archives/fall1999/entries/epistemology-virtue.

Wilson, C.(2019). *How to be an Epicurean: The ancient art of living well*. New York, NY: Basic Books.

Zagzebski, L.(1996). *Virtues of the mind*. Cambridge: Cambridge University Press.

5장
니체와 도덕 교육

더글러스 W. 야첵(Douglas W. Yacek)

5.1 서론

본 장에서 나는 니체(F. Nietzsche) 철학이 21세기 도덕 교육의 이론 및 실천에서 매우 중요하다는 것을 주장하고자 한다. 니체 철학의 도덕 교육과의 관련성은 부르주아 도덕성과 그 계보학적 토대에 대한 그의 악명높은 비판을 넘어서는 것이며, 도덕성과 그 계보학은 그의 도덕, 교육 사상에 대한 해석의 출발점이자 종착점이다. 니체는 젊은이들이 도덕적 존재로 성장하도록 돕는 일관성 있고 건설적이며 통찰력 있는 도덕 교육의 비전을 제시하고 있다. 본 장에서 나는 이 비전의 주요 윤곽 중의 일부를 간략히 설명하고 그것이 도덕 교육의 이론 및 실천에서 현대의 발전과 어떻게 연결되는지 밝혀보고자 한다.

도덕 교육에 대한 니체 사상의 중요성을 이해하기 위해서는 지난 반세기 동안 지속되어 온 그의 윤리 사상에 대한 몇 가지 오해를 바로잡아야 할 것이다. 지난 50년 동안 니체의 윤리학에 대한 해석은 많았지만, 대다수는 니체가 긍정적인 윤리적 기획 없이, 있더라도 윤리적 행동에 대해 "반도덕적(immoral)" 비전을 제시했다고 믿었다. 물론 니체는 『인간적인, 너무나 인간적인』의 서문에서 자신을 "반도덕주의자"라고 불렀고, 자서전 『이 사람을 보라(Ecce Homo)』에서는 심지어 "세계사적 괴물"이라고까지 불렀다. 그는 자신이 인간 도덕의 다양한 단계의 중심에 존재하는 심각한 모순과 타락을 지적한 것을 자기 주요 철학적 업적 중 하나로 여긴다. 그리고 그는 일반적으로 서구 문명(그리고 그 문제에 대한 동양 문명)에 등장하지 않으면 안 되는 도덕 철학자들로부터 깊은 인상을 받지 못했다. 그러나 그가 번영하는 삶을 추구하고 살아가는 가치, 즉 사회적으로 유익한 방식으로 스스로 행동하는 가치를 거부한다고 생각하는 것은 잘못이다. 실제로 그러한 견해를 니체의 탓으로 돌리는 것은 근본적으로 니체의 철학적 저술 대부분을 오해하는 것이며, 니체 주장의 상당 부분을 무시하는 것이다.[1]

니체의 도덕 철학에 대한 가장 설득력 있는 해석 중 하나는 그의 작업을 덕 윤리 전통을 활성화하려는 노력으로 해석한다. 이 해석에 따르면―지난 수십 년 동안 2차 문헌에서 상당한 설득력이 있었다.(Alfano, 2013; Brobjer, 2003; Daigle, 2006; Foot, 2006[1973]; Hunt, 2005; Jonas & Yacek, 2018; Kain, 2009; Kaufmann, 2013[1968]; Slote, 1998; Solomon, 2004; Swanton, 1998)―니체의 프로젝트는 도덕 심리학에 대한 보다 미묘한 이해를 통해 덕에 대한 우리의 개념을 바꾸는 것이고, 대체로 간과된 덕의 추가적인 특성과 성향을 옹

---

1 조나스와 야첵의 저술은 이 주장을 적극 옹호하고 있다(Jonas & Yacek, 2018).

호하는 것이며, 인간 번영의 생리학적 조건과 도덕적 조건 사이의 더 긴밀한 연관성을 주장하는 것이다. 이러한 관점에서 볼 때, 니체의 반도덕주의에 대한 자기 귀속과 그가 검토하는 거의 모든 도덕 체계에 대한 집요한 비판은 우리의 가치 체계가 **실제로** 인간의 번영을 촉진하는지 의문을 제기하고 그 가치 체계가 그렇게 되도록 수정될 수 있는지 제안하기 위해 노력하는 것으로 볼 수 있다. 이런 면에서 니체는 **탁월한** 도덕주의자이다. 그는 우리의 윤리적, 정신적 건강을 손상시키는 임의적인 문화적 영향력으로부터 인간을 해방시키는 맹렬한 옹호자이자 덕의 함양에 필요한 엄격한 자기 훈련과 자기 통제를 옹호하는 주창자이기도 하다.[2]

안타깝게도 이러한 해석을 포괄적으로 옹호하려면 여기에서 사용할 수 있는 것보다 훨씬 더 많은 지면이 필요한 것이 사실이지만, 그의 도덕 철학에 관한 책 길이만큼 긴 여러 논문들에서 설득력 있게 논의하였다 (Hunt, 2005; Solomon, 2004). 나는 니체의 출판된 저작의 윤리와 도덕 철학에 관한 니체의 사상을 체계적으로 개관하기보다는 니체가 도덕교육에 대

---

2 물론, 니체가 실제로 "덕 윤리"를 발전시켰는지에 관한 논쟁은 2차 문헌에서 찾아볼 수 있다. 예를 들어 베리를 참조할 것(2015). 이 질문에 답하는 것은 "덕 윤리의 발전"이라는 문구에 있는 각 용어가 의미하는 바에 따라 크게 달라진다. 만약 "발전"이란 것이 덕과 악덕에 대한 이론을 포괄적이고 체계적인 형태로 공식화하는 것이라면, 니체는 그런 일을 하지 않는다. 니체의 텍스트에서, 특히 그의 아포리즘적 저작에서 니체의 방법은 아이디어와 반성을 **숙고**(다양한 "조급성"이라고 말할 수 있음)로 제공하는 것이지 반드시 최종 **입장**으로 제공하는 것은 아니다. 이 방법은 그의 관점주의 시각의 일부이자 핵심이고, 독자들과의 특별한 관계를 중시하는 것이며, 항상 실험주의적 반성보다는 연역적 체계를 선호하는 전통적인 학술 철학에 대한 회의주의이다. 그러나 "덕 윤리의 발전"이란 니체가 자신의 글에서 개인의 번영에 대한 깊은 관심을 표명한다는 것을 의미한다면, 그리고 니체가 덕이 우리가 의미 있고 만족스러운 삶을 영위하는 데 도움이 되고 악덕은 비난받을 만하고 타락한 삶을 영위하는 데 도움이 된다고 믿는다는 것을 의미한다면, 그리고 니체가 사회 제도는 후원자들이 자기 개선에 대한 끈질긴 헌신을 키우도록 도와야 한다는 것을 의미한다면, 니체는 부인할 수 없는 덕 윤리학자이다. 우리가 니체 저작의 일반적인 취지를 이해한다면, 덕 윤리의 개념 정의적 특성을 결정하고 니체의 텍스트에서 확증 증거나 반증 증거를 찾을 수 있는지 확인하려는 논쟁은 나에게는 다소 쓸모없는 작업처럼 보인다.

해 강조한 바를 간략하게 살펴볼 것이다. 나는 현대 학교 교육과 관련이 있고 그 자체로 설득력이 있는 도덕 교육 이론이지만 간혹 무시되는 텍스트를 검토할 것이다. 이 이론은 니체의 초기 테스트 중 하나인 「교육자로서의 쇼펜하우어」에서 찾아볼 수 있다. 이 텍스트를 사용하면서 나는 이것이 도덕 교육에 대한 니체의 결정적 설명이라고 주장하지는 않는다. 오히려 나는 그 범위 내에서 니체의 견해가 이론적으로 흥미롭고 현대 도덕 교육과 실천적으로 관련이 있다는 것을 보여주고 싶다. 더구나 니체의 도덕 철학에 익숙한 독자라면 이 초기 텍스트에서 그의 가장 유명한 논제 중에서 다수를 발견할 뿐만 아니라 덕 전통에 대한 니체의 헌신에 대한 실질적인 증거도 발견할 수 있을 것이다. 따라서 이는 도덕 교육에 대한 니체 특유의 개념을 발전시키는 데 중요한 기초가 될 것이다.

「교육자로서의 쇼펜하우어」는 상대적으로 무시당한 저작이지만, 지난 30년 동안 간혹 관심을 받았다. 카벨(S. Cavell, 1990)이 그것을 참신하게 해석한 것을 시작으로 코넌트(J. Conant, 2001)가 그의 해석을 수정하고 확장하였다. 특히 평등과 완전주의(perfectionism)에 관한 현대 철학 논쟁에서 「교육자로서의 쇼펜하우어」의 타당성을 보여주려는 여러 시도가 있었다(Jonas, 2016, 2018; Lemm, 2007; Rowthorn, 2017). 그러나 이러한 해석은 거의 모두 그 텍스트의 사회적, 문화적, 정치적 중요성에 초점을 맞추고 있다.[3] 거기에 포함된 구체적으로 교육적이고 교육학적인 아이디어에 초점을 맞춘 사람은 거의 없다. 알렌(A. Allen, 2017)이 「교육자로서의 쇼펜하우어」에 집중했던 것은 예외적이다. 알렌은 그 논문에서 니체의 교육철학에 대한 이전의 해석자들이 "니체를 교육적 비판의 전체 프로젝트(무엇보다도 교육에 대한 헌신으로 주도되는)에 종속"시키고 있다고 비판한다. 「교육자로서의 쇼펜하우어」에서 니체의 주장은 아마도 그가 "현대 교육은 구제하기 어렵다고 의심할 만한 타당한 이유를 제공하고 있다."는 것을 보여줄 것이다(p. 198). 이 초기 에세이가 니체 시대의 교육체계를 신랄하게 비판한 것은 분명 사실임에도 불구하고, 앨런이 "현대 교육"에 대한 니체의 절대적인 반대라는 가정으로 무엇을 의미하는 지가 전적으로 명확하지는 않다. 결국, 교육이 "구제하기 어려운 것"이라는 "타당한 이유"를 제공하는 것 자체가 교육 비판의 한 형태이다. 더구나 이와 같은 주장은 에세이에 담긴 니체의 교육적 분석의 전반적인 취지를 놓치고 있는 것 같다. 「교육자로서의 쇼펜하우어」를 주의 깊게 읽어보면 니체가 학교와 자신이 가르쳤던 대학교를 개혁하기 위해 적절하게 구상하고 수행한 도덕 교육에 엄청난 희망을 걸고 있음은 분명하다.[4]

---

3 수년간 관례적으로 「교육자로서의 쇼펜하우어」를 근본적으로 엘리트주의적인 텍스트로 해석했다(예: Ansell-Pearson, 1994, p. 40; Ansell-Pearson, 1996, p. 27; Appel, 2019, p. 157; Clark, 2001, pp. 116-127; Conway, 2005, p. 8; Derwiler, 1990, p. 100; Fennell, 2005, pp. 88-89; Kahan, 2011, P. 136; Thiele, 2020, p. 14). 엘리트주의 해석가들은 다음과 같은 구절이 그들의 엘리트주의에서 결정적이라고 주장했다: "인류는 개별적인 위대한 인간(Menschen)을 배출하기 위해 계속 노력해야 한다. 그것 이외의 어느 것도 인류의 임무가 아니다."(SE 161). 많은 학자들은 이러한 진술이 근본적으로 엘리트주의적 특성이 있다고 주장한다. 그러나 어떤 학자들은 저작 전체를 볼 때, 이런 구절이 근본적으로 엘리트주의적이지 않다고 주장한다(Cavell, 1990; Conant, 2001; Jonas, 2016; Lemm, 1007). 그러나 "급진적 엘리트주의"와 "평등주의" 해석가들은 모두 이러한 구절을 「교육자로서의 쇼펜하우어」에 나타난 니체의 도덕 교육론과 연결하여 논의하지 않았다. 우리가 이러한 구절을 그의 도덕적 프로젝트의 맥락에서 보면, 우리가 그것을 어떻게 해석해야 하는지, 그것이 왜 현대 교육에 있어서 중요한지를 알 수 있다.

4 물론 교육에 관한 니체의 글은 교육의 권한을 부여하고 형식적 교육을 제공하는 국영기관에 대해 회의적인 태도를 보인다. 니체는 활기차고 정치적으로 독립적인 사회 영역인 문화(Kultur)가 교육 과제 및 프로젝트에 책임을 져야 한다고 생각하는 것 같다(Jonas & Yacek, 2018, p. 3 참조). 즉, 교육에 대한 니체의 회의론은 '끝까지 내려가지' 않고, 특히 국가가 조직한 교육과 관련이 있다. 그렇더라도 본 장에서 나의 접근 방식은 도덕 교육이 어디서 발생하든 더 좋은 도덕 교육을 위해 니체로부터 무엇을 배울 수 있는지 살펴보는 것이다. 따라서 내가 오늘날 교육에 대해 도출한 의미는 비록 니체 자신이 국가 영향력이 작용할 때 그 노력의 성공 가능성에 대해 비관적이었을지라도 그것이 공립학교 상황으로 확장될 것이라는 점이다. 이것을 니체의 "길들여짐(domestication)"으로 볼 수 있지만, 이런 종류의 판단은 교육이론이나 실제에서 거의 나오지 않는다. 더 건설적인 관점은 다음은 비이상적인 실제상황에서 이상적인 교육이론의 함의를 찾아내려고 노력하는 것과 관련이 있다.

따라서 나의 주장은 재너웨이(Janaway, 1998)로부터 골롭(Golob, 2020)에 이르기까지 이 작업의 건설적인 교육적 성격을 인식하는 해석적 전통을 따른다. 동시에 나의 분석은 이 에세이를 도덕 교육 이론을 발전시키는 것으로 해석하는 데 있어 이러한 논의를 넘어서려고 한다. 본 장의 첫 번째 절에서 나는 니체의 도덕 교육 이론의 세 가지 주요 구성 요소, 즉 (i) 도덕 교육의 문화적 맥락, (ii) 도덕 교육의 목표, (iii) 도덕 교육의 교육학적 방법을 개괄적으로 설명한다. 이러한 틀을 토대로 나는 니체의 이론을 일종의 도덕 교육 이론으로 특성화하는 작업으로 넘어간다. 나는 니체의 이론이 모범적 개인을 도덕적 행동과 교육의 기본 표준으로 삼는 이론적 관점, 즉 광범위한 "모범주의적(examplarist)" 이론 체계라고 주장한다. 나는 이를 정당화하기 위해 니체의 이론을 작제브스키(L. Zagzebski, 2017)의 모범주의적 도덕 이론 공식과 비교하여, 「교육자로서의 쇼펜하우어」에서 그의 분석이 촉구하는 몇 가지 명확한 추가 및 수정 사항에 대해 다룬다. 마지막 절에서 나는 현대적 맥락에서 도덕 교육을 수행할 때 니체 이론이 가지는 구체적인 함의에 대해 탐색하고자 한다.

5.2 니체의 도덕 교육론

니체의 「교육자로서의 쇼펜하우어」는 복잡하고 다층적인 텍스트이다. 여기서는 사회학적 분석, 문화 비평, 정치 및 교육적 논평, 개인 서사, 전기적 탐구, 19세기 독일 대학에 대한 관찰, 개인과 사회의 번영에 관한 철학적 논증을 다룬다. 또한 아름답고 감동적이기까지 한 산문, 신랄한 비평, 이미지가 담긴 수사, 불손한 풍자, 때로는 농담도 다룬다. 에세이가 보여주는 주제와 스타일이 매우 다양하므로 다양한 방법과 목적으로 읽을 수 있다. 그러나 「교육자로서의 쇼펜하우어」의 가장 큰 강점은 그의 도덕 교육 이론에서 쇼펜하우어의 다양한 분석 단계와 스타일이 일관되게 나타난다는 것이다. 니체는 그 에세이에서 현대 세계에 도덕적 교육자와 도덕적 영감이 없다는 안타까움을 명시적으로 밝히고 있으며, 텍스트 대부분의 내용을 이러한 상황을 초래한 조건에 대해 진단하고, 모든 수준에서 도덕적 권한 부여에 헌신하는 사회적 비전을 스케치한다. 심지어 그는 독자들에게 직접적으로 다른 도덕적 길을 스스로 추구하도록 요청하는 데 할애하고 있다. 「교육자로서의 쇼펜하우어」는 감히 도덕 교육에 관한 논문이라고 말할 수 있으며, 이것이 옳다면 다음과 같은 질문을 제기할 수 있다. 니체는 「교육자로서의 쇼펜하우어」를 통해 어떤 도덕적 비전을 전달하고자 하였으며, 어떤 도덕 교육이 우리를 그 비전에 이르게 할 것이라 보았을까? 다음 세 개의 하위 절에서는 니체의 도덕 교육 이론의 필수 구성 요소에 대해 간략히 논의하고자 한다.

5.2.1 도덕 교육의 문화적 맥락

「교육자로서의 쇼펜하우어」에 관한 니체의 도덕 교육 이론의 첫 번째 측면은 도덕 교육이 이루어지는 문화적 맥락에 대한 그의 이해다. 니체는 현대 유럽 문화가 인간의 번영을 가로막는 심각한 문제들을 여러 가지 주장하면서 이를 신랄하게 비판한다. 니체는 현대 세계의 윤리 문제가 가지는 여덟 가지 특성에 대해 논의하고 있다. 즉, 폭군적인 "여론(public opinion)"의 영향, 광범위한 사회적 순응주의, 인간사의 조급함과 가속화, 과거의 문화적 진보에 대한 오만함과 미래에 대한 천박한 낙관주의, 이기주의, 상대주의, 국가와 돈벌이와 풍속, 학문적 권위에 대한 지나친 가치 부여, 그리고 철학의 빈곤이 적절히 논의되고 있다. 이러한 다양한 관심사는 에세이 전반에 걸쳐 문화에 대한 니체의 성찰이 담겨 있으며 니체가 현대 세계에 나타나지 않으면 안 되는 거의 모든 것에 반대한다는 인상을 주고 있다. 그러나 니체의 비판적 관찰은 현대 세계의 "도덕적 평면성(moral flatness)"이라는 하나의 핵심 주제로 수렴되는 것 같다. 즉, 방금 나열된 다양한 문화적 영향에 대해 니체가 가장 걱정하는 것은 그것이 우리의 문화적, 개인적 열망에 맞서는 다양한 방식이다. 니체는 우리가 철저한 도덕적 나태함(moral complacency)과 일차원주의(one-dimensionalism) 시대에 살고 있다고 믿고 있다:

> 그러면 우리는 마지막으로 스스로에게 묻는다: 우리는 학자든 학자가 아니든, 신분이 높은 자든 아니든, 우리의 동시대인 가운데 이 시대의 가시적 전형인 도덕적 모범이 되는 모델을 어디에서 찾을 수 있을까? 도덕성에 관한 질문, 즉 고도로 더 문명화된 모든 사회에 항상 제기되는 질문에 대한 사유는 어디로 간 것인가? … 그렇게 해서 우리의 학교와 교사는 단순히 도덕 교육을 포기하거나 그저 형식적인 것으로 만족하는 지경에 이르렀다. 이제 덕이라는 말은 더 이상 우리의 교사와 학생에게 어떤 의미가 없다. 도덕 교육자들이 지금보다 더 필요했던 적이 없고, 그들을 발견할 가능성이 지금보다 더 낮았던 적도 없다.(SE, 132-133)

이 구절에서 니체의 관찰은, 그가 현대 사회에서 우리의 도덕적 상상력과 열망이 어떻게 평면화가 되었는지 이해하는 데 매우 중요하다. 니체는 현대 도덕 문화에는 일반적으로 우리 자신, 우리 기관에 더 많은 것을 기대하도록 우리에게 영감을 주는 도덕적 모범과 역할 모델이 부족하다고 믿는다. 위의 구절에서 니체는 이러한 모범적인 개인이 단순히 존재하지 않기 때문이라고 주장하는 것 같다. 또한 그는 현대 시대, 특히 현대 교육기관이 도덕 교육을 진지하게 받아들이지 않으므로 모범의 출현을 체계적으로 방해한다고 주장한다. 그는 심지어 그의 문화적 맥락이 도덕적 모범에 너무 해로워서 그것을 처리하기 위해 할 수 있는 모든 일을 한다고 말한다. 그는 현대 사회라면 소크라테스가 결코 70세(아테네 동시대 사람들이 처형하였을 때의 나이)까지 살지는 못했을 것이라 주장한다. 왜냐하면 독일은 그를 그보다 빨리 처형했을 것이기 때문이다(SE, 174).

  니체는 확실히 현대 세계에서는 모범적인 개인이 일반적으로 부족하다고 믿고 있지만, 위 구절의 마지막 줄에서 요점을 다시 언급한 것은 중요한 방식으로 그의 입장에 미묘한 차이를 제공한다. 니체는 우리 가운데서 도덕적으로 영감을 주는 인물을 발견할 수 없는 것 **같다**고 말한 적이 없다. 즉, 모범적인 사람을 모범으로 **인식하는** 우리의 능력에 문제가 있을 수 있다. 도덕적, 정신적, 미적으로 뛰어난 사람을 만나면, 우리는 다양한 향락과 잘못된 야망 때문에 그 탁월성을 인식하지 못하거나 그것을 노골적으로 경멸하고 그 특성을 인식하지 못한다. 민주주의 사회에서 평등과 능력주의(meritocracy)의 가치가 갖는 막대한 영향력으로 인해 니체는 우리가 점점 더 다른 사람의 재능과 성취를 우리의 자존감에 대한 위협으로 보는 경향이 있다고 지적하고 있다.[5] 니체는 우리의 인식이 회복할 수 없을 정도로 저하됐다고 생각하지 않는다.—그는 우리에게 모범이 될 수 있기를 희망하는 몇몇 동시대 사람들의 이름을 언급하고 있다.—그러나 그는 그것이 확실히 타격을 입었다고 생각한다.

---

5 이는 니체의 후기 민주주의 문화 비평의 핵심 측면이자 현재 우리가 처한 사회심리적 곤경에 대한 핵심적 통찰이다. 그러므로 그것은 내가 여기서 주목하는 것보다 훨씬 더 많은 관심을 받을 만하다. 이 점에 대한 광범위한 언급은 조나스와 야첵을 참조할 것(Jonas & Yacek, 2018, pp. 11-18).

니체는 현대의 도덕적 평면성과 관련하여 그 기원에 대해 설명하고, 사회학적 요인과 심리적 요인을 모두 분석하였다. 한편으로 니체는 세 가지 구조적 영향력을—화폐 경제, 제국주의 국가, 미 숭배(164-167)—그 문제의 중요한 사회적 원인으로 꼽고 있다. 니체에 따르면, 화폐 경제는 '풍요'의 원칙에 의해 지배되며, 이 원칙의 효과는 현대 교육기관을 형성하는 방식으로 가장 해롭다. 학교는 경제적 관점에서의 "매혹적인 방식"에 종속되었다: 그것은 "가능한 한 풍부한 지식과 교육, 따라서 가능한 한 많은 생산, 따라서 가능한 한 많은 행복과 이익"(164)이다. 지식 습득, 경제적 생산, 그리고 개인적 행복에 대한 이러한 골치 아픈 방정식은 열광적인 사회적 분위기를 조성한다. 그 속에서 학생들의 에너지는 교육자들과 그들이 가르치는 교육과정처럼 생계를 유지하고 부를 추구하는 실용적 관심사에 집중되고 있다. 국가는 유사한 효과를 가진다: 국가가 삶의 다양한 영역으로 확장된다는 것은 니체에게 있어서 국가에 대한 봉사가 모든 것을 포괄하는 존재 원리가 된다는 것을 의미한다(148). 니체는 국가가—새롭게 형성된 프로이센의 **Kaiserreich**가—본질적으로 자신의 보존과 헤게모니 영향력에 관심이 있다고 믿기 때문에, 국가가 진정한 문화를 발전시킬 수 있다는 신뢰를 얻을 수 없다. 마지막으로, 문화계 자체가 국가에 대한 봉사나 돈벌이보다는 더 높은 목표와 프로젝트를 개인에게 요구하지 않고 눈높이를 크게 낮추었다. 두 번째 담론의 루소와 유사하게 니체는 독일 문화가 패션, 아름다움, 외양, 그리고 그 무엇보다도 구경거리를 중시하는 피상적인 형식 문화에 의해 압도되었다고 주장하고 있다.

그러나 니체의 분석은 이러한 구조적 영향을 명명하는 것보다 훨씬 더 중대하다. 니체는 사회적 현실의 조건이 개인 심리학 내부의 경향으로 강화되고, 악화하며, 조건화된다고 믿는 것 같다. 특히 니체는 현대인들이 밀접하게 연관된 두 가지 성향: 게으름과 불편함에 대한 두려움으로 어려움을 겪고 있다고 주장한다. 우리의 게으른 경향은 경제, 국가 또는 미 숭배에 대한 동기 부여에 박차를 가한다는 점에서 현재 상황을 촉발한다. 니체에 따르면, 이러한 선입견 때문에 우리는 그들이 제공하는 것 이상의 관점에서 정의된 존재를 열망하는 어떤 진정한 개인, 즉 자아가 되는 과제를 수행하지 못한다:

> 우리는 우리가 실제로 수행해야 할 일에서 도망치기 위해 우리 삶의 가장 정교한 계획이 어떻게 만들어지는지, 마치 수백 개의 눈을 가진 우리의 양심이 우리를 찾을 수 없도록 어딘가에 머리를 숨기고 싶어 한다는 것을 어느 순간에 문득 알게 된다. 우리는 우리의 마음을 더 이상 스스로 소유하지 않기 위해 국가, 돈벌이, 사교 또는 과학에 우리의 마음을 조급하게 바치고 있다는 것을, 우리의 생활 유지에 필요한 것보다 얼마나 더 열렬히 정신없이 일상생활을 하고 있는지 어느 순간 알게 된다. 왜냐하면, 우리는 멈춰 생각할 여유가 없기 때문이다. 모든 사람이 자신으로부터 도망치기 때문에 조급함은 보편적이다.(SE, 158)

이 구절에서 분명히 알 수 있듯이, 우리의 게으름은 불편함이라는 두려움과 복잡하게 얽혀 있다. 우리는 진정한 개인이 되는 데 수반되는 "고달픈 노력과 의무"(130) 또는 "수고와 부담의 사슬"(143)을 짊어지지 않기 위해 "어딘가에 머리를 숨긴다." 우리는 보다 진정한 삶을 살기 위한 우리의 선택이 조롱, 심지어 배척으로 이어질까 봐 두려워한다. 그래서 우리는 자신을 "공산품처럼 보이게"(127) 우리를 비인간화하는 사회적 관습을 고수한다.

현대 문화에 관한 니체의 분석에는 도덕 교육에 특별한 관심을 가지게 하는 마지막 요소가 하나 더 있다. 니체는 현대 문화가 진정한 존재가 무엇인지에 대한 특정한 (결함 있는) 관점을 전파함으로써 부분적으로 사회적 순응성을 확보한다는 레크비츠(Reckwitz, 2017)의 사회적 "특이성"에 대한 유명한 논제를 150년 넘게 선점하여 통찰력 있게 지적하고 있다. 현대 세계에서 우리는 독특하고 흥미롭고 인스타그램에 올릴 수 있는 삶을 살 수 있도록 자신의 진정한 자아를 찾기 위해 자신의 "내면 깊은 곳"(SE, 129)을 살펴보고 자기 발견의 길을 시작하도록 끊임없이 격려받는다. 그러나 우리가 바라볼 때, 우리 내면 깊은 곳에서 무엇을 발견할 수 있는가? 대답은: 바로 돈 버는 사람, 정치인, 유행이 우리 안에 주입한 것 - 돈, 권력, 아름다움, 인기에 대한 욕구이다. 여기서 명백하고 교활한 아이러니는 현대 세계가 전념하도록 격려하는 것처럼 우리가 자아실현에 전념할 때, 우리는 정확히 우리의 진정한 자아를 실현하는 것이 우리가 원하도록 조건 지어진 거짓 자아를 실현하고 있다는 것이다. 그 문제를 감지하기 시작하더라도 우리의 해방 노력은 문화 산업의 지배력을 강화할 뿐이다. 우리는 감각적인 일, 이국적인 휴가, 특이한 취미에 몸을 던져 모두가 똑같은 일을 하고 있다는 사실을 알게 된다.[6]

우리는 이 마지막 요점을 통해 이제 니체의 더욱 긍정적인 프로젝트, 「교육자로서의 쇼펜하우어」를 검토할 준비가 되었다. 독일 비판이론 전통에 따라 도덕 교육을 다루는 사람들과는 달리, 니체는 문화 비평의 차원에서 암시적으로 다루는 것에 만족하지 않았다. 그는 오히려 도덕 교육이 근본적인 역할을 하는 에세이에서 인간 번영에 대한 체계적인 비전을 설명하고 있다. 이 비전에 따른 도덕 교육의 목표는 아래 하위 절의 주제다.

---

6 물론, "현대어"에 대한 니체의 논평은 그가 글을 쓰던 사회적, 문화적 맥락과 유관하다. 이러한 맥락과 우리의 맥락 사이에는 중요한 차이가 있지만, 니체가 비판한 특별한 내용은 19세기 현대성과 마찬가지로 21세기의 현대성에도 적용되는 것 같다.

5.2.2 도덕 교육의 윤리적 목표

도덕 교육의 목표에 대한 니체의 이해를 논의하기 전에, 만약 그가 번영에 대한 긍정적인 비전을 구축하는 데 중점을 두고 있다면, 방금 논의한 「교육자로서의 쇼펜하우어」에서 그가 문화적, 교육적 비판을 강화하는 이유를 우리는 자문해 볼 필요가 있다. 니체는 적절히 교육받은 사람들은 자신들이 살고 있는 문화와 시대의 성격을 이해해야 한다고 생각하는 것 같다. 특히 그들은 현대 세계가 자신들을 포획하기 위해 파놓은 도덕적 함정을 인식할 수 있어야 한다. 도덕 교육으로 우리는 항상 "반시대적 교육"(176)을 받으며 "반시대성(untimeliness)"의 덕을 실천하게 된다(이 글은 소위 시의적절하지 못한 명상에 포함됨). 니체의 도덕 교육의 "소극적" 목표 중 하나는 현대성의 도덕적 성격, 특히 현대성의 평면화 효과와 메커니즘에 대한 비판적 인식을 발전시키는 것이다.

이 외에도 니체의 「교육자로서의 쇼펜하우어」는 도덕 교육을 통해 달성할 수 있는 몇 가지 적극적인 윤리적 목표를 주장하고 있다. 간단히 말해, 만족스러운 도덕 교육은 개인적, 사회적 차원에서 인간의 번영을 촉진해야 한다. 개인적 번영은 그 에세이에서 가장 중요하다. 니체는 개인이 위에 언급한 반작용하는 영향력 속에서 만족스럽고 의미 있는 존재를 어떻게 얻는지, 혹은 얻을 수 있는지에 대해 명상한 것이지, 자신의 논증을 구성한 것은 아니다. 그는 교육의 유일한 목적이 개인의 최적 성장을 도모하는 것이라고 주장한다:

> 그리고 그것이 모든 교양(Bildung)의 비밀이다. 그것은 의수족, 밀랍코, 또는 안경 등을 제공하지 않는다. 이것들을 제공할 수 있는 것은 오히려 사이비 교육(Afterbild der Erziehung)일 뿐이다. 교양[Bildung]은 해방이

고, 식물의 어린 새싹을 공격하려는 모든 잡초, 잔해 및 해충을 제거하는 것이다.(SE, 129-130)

이 구절에서 개인의 성장에 대한 니체의 특별한 이해가 돋보인다. 우리 성장의 중요한 조건은 **진정한** 인격을 나타내는 것이다. 우리가 고찰하였듯이, 이는 특정 순간에 개인의 편애나 선호가 최종 결정권을 갖는다는 것을 의미하지 않는다. 니체의 문화적 비평은 우리가 (진정으로) 진정한 길을 추구하는 능력을 약화하는 심리적 경향에 사로잡혀 있어 즉각적인 욕구나 충동을 신뢰할 수 없다는 점을 분명히 한다. 우리는 게으르고, 겁이 많으며, 순응적이고 저속한 행동에 대한 호소, 즉 궁극적으로 부정적인 습관과 악덕을 내면화하게 만드는 호소로 여러 공격을 받는다. 따라서 도덕 교육을 이끄는 진정성의 이상을 올바른 방식으로 이해해야 한다. 니체에 따르면, 우리는 현재의 자아나 내면의 자아가 아닌 "고차적 자아"에 진정성을 부여하고 있다. 하지만 니체는 말한다. "당신의 진실한 본성은 당신 내면 깊은 곳에 숨겨져 있는 것이 아니라 헤아릴 수 없을 정도로 당신보다 높거나 적어도 당신이 일반적으로 생각하는 자신의 수준보다 더 높다"(SE, 129).

이와 같은 입장은 진정성의 이상에 대한 니체의 옹호가 중요한 의미가 있다는 것을 보여준다. 지난 반세기 동안 (적어도 니체 자신으로부터) 발전한 진정성과 본질주의에 대한 다양한 철학적 비판에 비추어 볼 때, ―특히 자아에 대한 "서사적" 개념의 등장에 비추어 볼 때, ―이는 진정성이 핵심적인 역할을 한다는 니체의 프로젝트에 대한 공격으로 보였을 수도 있다. 그러나 사람들의 진정한 본성은 그들 내면 깊은 곳에 묻혀 있는 것이 아니라 그들보다 "헤아릴 수 없을 정도로 높은" 곳에 존재한다는 니체의 주장은 현실적 자아를 근본적으로 **열망적** 범주로 전환함으로써 진정성에 대한 그의 개념을 "탈본질화(de-essentializes)"한다.

　이러한 종류의 열망적 진정성, "우리보다 헤아릴 수 없을 정도로 높은" 자아에 대한 진정성을 추구한다는 것은 정확히 무엇을 의미하는가? 만일 어떤 것이 우리보다 헤아릴 수 없을 정도로 높으면, 그것은 우리일 수 없는 것 같다. 왜냐하면, 존재의 이 두 지점 사이의 간격은 무한해 보이기 때문이다. 게다가 우리 자신이 애초의 우리보다 높다는 것은 무슨 뜻인가? 만약 우리가 존재한다면 "우리"는 확실히 우리다. 무한히 우리와 분리된 다른 사람이 아니다. 그러나 니체가 추구하는 바가 무엇인지 이해할 수 있는 감각이 있다. 우리가 우리 자신에 관해 말할 수 있는 두 가지 의미가 있다. 첫째는 우리 유기체, 즉 우리 몸이 느끼는 욕망과 우리 몸이 수행하는 행동이 우리 자신이라는 평범하고 직접적인 감각이다. 이런 사고방식에서 우리의 진정한 본성은 욕망, 습관, 그리고 어느 정도 의도적인 행동의 묶음이다. 그러나 다른 의미에서 우리는 종종 우리의 몸과 그 욕망을 동일시하지 않는다. 비록 우리가 그 정체성을 배반하는 방식으로 행동하더라도 우리는 우리가 되고 싶은 사람과 동일시한다. 예를 들어, 우리는 성미가 급하지 않은 사람이 되기를 원할 수 있으며, 우리의 욕망에도 불구하고 화를 낼 때 우리는 "진짜" 자신이 누구인지에 대한 배신으로 화를 내는 것을 거부한다. 물론 우리는 가끔 "성미가 급하지 않았으면 좋았을 텐데"라고 말할 때도 있다. 그런 경우에는 참을성 있는 사람이 진정한 자기 모습인지 제대로 파악하지 못한다. 그러나 우리가 인내심 있는 사람이 되겠다는 이상에 진심으로 헌신했을 때, 우리는 오히려 "내 인내심이 부족한 것이 진정한 내 모습이 아니다: 나는 다음에는 더 잘할 것이고 잘할 수 있다. 나는 분노에 대한 비자발적인 반응을 다루기 위해 더 나은 전략을 생각해 볼 필요가 있다."고 말하는 경향이 있다. 분명코 우리의 진정한 본성이 어디에 있는지에 대한 니체의 생각은 우리 정체성에 대한 첫째 개념이 아니라 둘째 개념과 일치한다. 그는 우리가 순응적이고 약한 현재의 자아보다는 더 번영하는 열망적 자아와 동일시하기를 원한다. 니체는 비록 그것이 우리가 일반적으로 동일시하는 순응주의 문화의 손아귀에서 벗어나는 것을 의미하더라도 우리의 진실한 본성에 대한 개념을 더 높은 자아로 전환해야 한다고 믿는다. 그는 우리가 가진 열정과 욕망이 지시하는 것을 단순히 받아들이는 것이 아니라, 우리가 되고 싶은 사람을 선택하기를 원한다.

니체는 우리가 이러한 고차적 자아를 추구하기 시작할 수 있는 구체적인 방법론을 제시하고 있다. 니체는 그 에세이의 첫머리에서 독자들에게 이전에 "그들의 영혼을 높이 끌어올린" 것(SE, 127)—우리에게 영감을 주고 눈높이를 제고한 사람, 아이디어, 예술 작품, 책, 음악 작곡—에 대해 생각하게 한다. 그리고 이러한 대상을 우리의 고차적 자아가 있는 방향을 나타내는 지표로 사용하기를 간청한다. 아래에서 훨씬 더 자세히 논의할 이 방법론의 일부로, 니체는 우리가 고차적 자아를 갈망하기 시작하려면, 심지어 거기에 구체적인 방식으로 고차적 자아가 있다는 것을 인식하려면 외부의 도움이 필요하다고 믿는다. 우리를 더 높은 자아로 일깨울 수 있는 모범적인 개인들이 이러한 도움을 제공한다:

이제 또다시, 앞에서 말했듯이 우리는 언젠가 단번에 이 모든 것을 파악하고 그 모든 어지러운 불안과 초조함에 놀라곤 한다. 그리고 우리 삶의 꿈같은 상태에 깜짝 놀라곤 한다. … 그런데 이 순간적인 출현과 각성조차도 우리 자신의 힘으로 이루어지는 것이 아니라, 우리를 들어 올려야 한다. 우리를 들어 올리는 자는 누구인가? 그들은 저 진실한 **인간들[Menschen], 더 이상 동물이 아닌 철학자, 예술가, 성자**다[.](SE, 159)

한마디로 니체는 도덕 교육의 핵심적이고 명시적인 사회적 목표 중 하나가 모범적인 개인들로 가득 찬 도덕적 탁월성 문화를 조성하는 것이라고 믿는다. 따라서 이 개인들은 우리가 깊이 내면화한 순응 숭배에 대응하기 위한 도덕적 영감을 제공한다. 니체에 따르면, 오직 이런 방법으로만 우리는 우리의 참되고 더 높은 자아를 찾을 수 있기를 바랄 수 있다.

니체가 도덕 교육의 사회적 목표와 개인적 목표 사이에서 구상한 연결을 해석하는 방법에는 약간의 주의가 필요하다. 「교육자로서의 쇼펜하우어」에 관한 2차 문헌에서 혼란의 원인이 되었기 때문이다. 위의 구절은 "철학자, 예술가, 성자"라는 세 가지 요소에 대한 니체의 첫 번째 소개이며, 다음 여러 페이지에서 다루는 논증을 고려할 때, 니체가 그들에게 부여한 특별한 기능을 염두에 두어야 한다. 특히 니체는 "개인의 삶"은 오로지 "다수의 좋음이 아닌 가장 희귀하고 가장 가치 있는 모범적인 좋음을 추구할 때, 가치가 가장 크고, 의미가 가장 깊다. 여기서 다수란 개별적으로 볼 때, 가장 가치 없는 모범적 인간을 말한다."고 주장한 것은 유명하다(SE. 162). 이런 주장은 니체의 초기 정치사상에서 등장하는 배타적 엘리트주의의 증거로 받아들여졌다(이는 각주 3 참조). 그러나 그러한 해석은 먼저 니체가 개인의 진정한 존재 추구의 **필연적 결과**로써 그러한 모범을 함양하는 것의 중요성을 도입했다는 점을 무시하는 경우에만 성립할 수 있다. 니체는 개인의 삶이 무가치하다거나 인류 역사의 위대한 천재만이 중요하다는 것을 주장하지 않는다. 사실 그는 그 반대를 주장한다. 개인의 삶은 단순히 대중적이고 순응적인 다수의 단위가 아니라 **그 자체로** 받아들일 때 가치가 있다. 그리고 이 개인의 삶은 최고의 형태로 영감을 받는 데 필요한 바로 그 인간적 탁월성을 제고하는 일에 봉사할 때 **가장** 가치가 있을 것이다. 이것이 바로 니체가 문화적 탁월성의 창조는 우리의 **내부와 외부** 모두에서 발생한다고 주장하는 이유이다. "문화"

의 기본 개념은 우리가 실현하고 있다는 것, "그러나 하나의 임무: **우리 내부와 외부에서 철학자, 예술가, 성자의 생산을 증진하여 자연의 완성을 위한 노력**"을 실현하는 것이다(SE, 160). 따라서 니체가 모범의 필요성에 대해 논할 때, 그는 동시에 우리 자신의 인격에서 모범적인 것을 찾고, 이런 탁월성의 실현을 위해 끈질기게 추구할 필요가 있다는 것을 말하는 것이다. 니체의 사회적 비전에 대한 엘리트주의적 해석을 거부하는 두 번째 이유는 그가 이 비전이 모든 관련 당사자에게 도덕적으로 권한을 부여할 때 도움이 된다고 생각하기 때문이다.

니체가 주장하는 것은 자신과 사회 모두의 도덕적 성장을 진지하게, 실제로 근본적으로 진지하게 받아들이는 교육 형태로의 복귀다. 사회적 차원에서 니체는 현대 세계의 경제적, 정치적, 문화적 제도를 더 나은 방향으로 개혁하는 방법은 개인 후원자의 도덕적 고양에 영향력을 집중하는 것이라고 촉구한다. 이것이 가능하지 않은 경우, 교육을 통해 이러한 기관의 영향력을 제한하는 것이 과제다. 개인 수준에서 니체는 독자와 교육자에게 진정한 도덕적 덕은 학생들이 인내심을 가지고 암기하고 확언하는 일련의 추상적인 언어적 명령을 통해 오는 것이 아니라 습관화와 "힘든 도제(apprenticeship)"을 통해 나온다는 점을 상기시키고 있다(SE, 131). 이를 통해 이러한 덕은 자신이 누구인지 명시적으로 확인하는 핵심을 형성할 수 있다. 니체는 쇼펜하우어의 예를 사용하여 그가 특히 중요하다고 믿는 덕이 무엇이며, 그것이 어떻게 잘사는 삶을 형성할 수 있는지를 보여준다: 용기, 소박함, 쾌활함(SE, 135), 확고부동함, 정직(SE, 136), 연민, 성스러움(SE, 142), 존엄(SE, 143), 사랑(SE, 163) 등이 그것이다.

5.2.3 도덕 교육의 교육학적 방법

「교육자로서의 쇼펜하우어」에서 니체의 도덕 교육 이론은 그가 제안하는 윤리적 목표를 달성하는 몇 가지 방법을 설명한다. 이 방법 중에서 첫 번째는 진정성에 대한 니체의 열망적 개념이다. 5.2.2절에서 본 것처럼, 니체는 모범적인 개인이 우리의 개인적 이상을 추구하는 가치에 대해 "고차적 자아"를 일깨울 수 있다고 믿는다. 그 에세이 첫머리에서 니체는 열망적 자아를 향한 첫걸음을 내딛기 위한 설득력 있는 접근 방식을 제시하고 있다. 니체는 **모든** 인간 존재는 현대 문화를 지배하는 힘으로 조건화된 신체의 관습적인 욕구를 초월하는 아름다움과 덕의 경험에서 영감을 얻을 수 있는 능력이 있다고 주장한다. 니체는 특정 미적, 영적, 윤리적 경험이 돈, 인기, 음식, 섹스 등에 대한 일반적 욕구와 질적으로 다른 방식으로 "영혼을 높이 들어 올린다"고 주장한다. 가령 그는 우리가 우리의 고차적 자아를 인식하고 실현하는 과정을 시작하는, 언뜻 보기에 간단한 작업을 수행할 수 있다고 믿는다:

> 젊은 영혼은 인생을 되돌아보라고 이렇게 묻는다: 너는 지금까지 무엇 때문에 진정으로 사랑했는가, 무엇이 너의 영혼을 높이 끌어올렸고, 무엇이 너의 영혼을 지배하고 행복하게 했는가? 이 일련의 외경의 대상을 상상 속에 떠올려 보라. 그러면, 그것은 본질과 그 결과를 통해 하나의 법칙, 즉 너의 진정한 자아의 근본 법칙을 알려줄 것이다.(SE, 129)

여기서 다루는 단어는 "지배하다"와 "행복하게 하다"이다. 젊은 영혼이 자신의 영혼을 높이 끌어올리는 것을 바라볼 때, 높이 끌어올리는 것은 전형적인 쾌락을 경험한다는 의미의 욕망 만족이 아니라, 그 대상이 이러한 전형적인 욕망보다 더 높다는 인식을 포함하는 일종의 갈망이다. 영혼은 대상 앞에서 외경심, 경외심, 겸손을 경험하는 동시에 그 대상이 그들에게 보답으로 무엇인가를 준다는 것을 의미한다. 우리가 이러한 끌어올리는 경험에 따라 "지배"받을 때, 우리는 그 무엇보다도 우리가 원하는 것이 그 경험의 약속이 우리를 어느 정도 능가하더라도 그 약속에 따라 안내될 것임을 알게 된다. 즉, 이러한 대상의 우월성은 젊은 영혼이 잠재력을 인식하게 한다.

　니체는 그러한 외경의 대상(모범적인 사람뿐만 아니라 예술 작품, 음악 작곡, 자연 현상, "지배하고 행복하게 하는" 어떤 것을 지칭할 수 있음)이 영혼의 진정한 자아에게 직접 말하고 그것을 존재하게 한다고 믿는다. 그들은 우리가 "보통 자신이라고 생각하는 것"(SE, 129)을 넘어서도록 부름을 받는 자기 초월의 방식을 시작한다. 니체는 그러한 경험이 특권을 가진 소수만이 할 수 있는 것이 아니라, "모든 젊은 영혼이 밤낮으로 이 부름을 듣고 떨며 그 해방에 관한 생각으로 그들에게 부여된 행복의 척도를 예감하기 때문이다. 그것은 두려움과 관습의 사슬에 묶여 있는 한 결코 얻을 수 없는 행복이다."(SE, 127). 니체는 너무 늦기 전에 독자들이 우리가 말하는 이 "열망적 목록"을 수행하도록 영감을 주고자 한다. 분명히 이 일련의 잠재적 열망에 속하는 유일한 준거는 우리가 "젊다"는 것이다(jung).

　「교육자로서의 쇼펜하우어」가 추진하는 두 번째 방법은 첫번째 방법을 충실하게 확장시키고 그것을 응용한 것이다. 열망적 목록 접근 방식을 개략적으로 설명한 후 그는 약 30페이지를 할애하여 쇼펜하우어의 전기를 분석한다. 그렇게 하는 명백한 이유는 그가 그 분석을 시작하기 바로 직전에 말한 이 원칙에서 비롯한 것이다: "확실히 스스로 발견할 수 있는 다른 방법이 있을 수 있고, 우리가 보통 어두운 구름 속에서 방황하는 것과 같은 당혹감에서 스스로 벗어나는 방법이 있다. 그러나 우리의 진정한 교육자이자 양성자에 대해 생각하는 것보다 더 좋은 것이 없다는 것을 알고 있다."(SE. 130) 쇼펜하우어에 대한 니체의 분석, 즉 '인격론'은 다시 말해서 니체에 대한 쇼펜하우어의 도덕적 영향력을 더 체계적이고 효과적으로 강화하는 데 기여한다. 니체 자신도 쇼펜하우어의 인격을 평가할 때 변화를 희망하고 있다.

그렇다면 이러한 "변혁적 인격론(transformative characterology)"은 무엇인가? 첫째, 니체는 쇼펜하우어의 특징적인 덕 중의 일부를 개괄적으로 설명하고자 한다. 중요한 것은 이러한 "덕"은 쇼펜하우어가 어떻게 현대 세계를 쇠약하게 만드는 영향에 맞서 싸웠으며, 그럼에도 어떻게 현대세계에 공헌했는지에 대한 니체 자신의 해석으로부터 도출된다. 그래서 니체가 명명한 덕은 대단히 맥락에 민감하며 쇼펜하우어의 삶이나 철학적 유산에 대한 전기적 설명으로부터 직접 도출되지는 **않는다**. 오히려 니체는 쇼펜하우어의 동기, 의도, 목적을 자유롭게 다루려 하고, "텍스트 뒤에 있는 사람"을 보려고 한다. 이것은 전기에 대한 표준적인 역사적 분석보다 더 많은 도덕적 학습을 허용하는 것처럼 보이기 때문에 중요하다. 둘째, 니체는 자신이 쇼펜하우어의 "본질적 위험"—쇼펜하우어의 성격에서 비롯한 특징적인 약점—과 "그의 **나이**에서 생기는 위험"이라고 부르는 것의 최전선에서 이러한 덕을 논의한다(SE. 144). 이 두 번째 단계를 통해 니체는 위에서 재구성한 문화적 비평의 기초로, 그리고 그 비판에 대응하고자 하는 개인에게 끼치는 실제 효과를 보여주기 위해서 자신의 인격론을 사용한다. 이러한 측면은 그의 인격론적 분석이 어떻게 (개인이 직면하고 있는) 문화생활의 특정 조건을 조명할 수 있는지를 보여주기 때문에 중요할 뿐만 아니라, 그 모범을 관점(perspective)에서 인간화하기 때문에 중요하다. 니체가 말했듯이,

가장 위대한 인간(Menschen)보다도 자신의 이상은 더 높다. 이 모든 상처와 오점에도 불구하고 쇼펜하우어가 우리에게 모범일 수 있는 것은 확실하다. 불완전하고 너무나 인간적인 그의 본성은 우리를 인간적인 의미에서 그와 가까워지게 한다. 왜냐하면 우리는 그에게서 천재의 위엄이 아니라, 고통당하는 동지의 모습을 보기 때문이다.(SE, 143)

셋째, 마지막으로 니체는 그의 분석 마지막 부분에서 이러한 특성이 정말로 "가르치는[erzieht]" 이상을 제공해야 한다고 명시적으로 밝혔다 (SE, 156). 즉, 변혁적 인격론의 핵심은 열망 과정에 초점을 맞추기 위해 분석을 통해 어떤 "실현할 수 있는 의무의 사슬"(157)이 도출될 수 있는지 알아내는 것이다. 니체에게서 얻을 수 있는 교훈은 우리가 개인에게 "우리의 마음을 전할" 수 있는 방법이다(163). 이를 통해 우리는 인간의 탁월성에 봉사하고 열망적 자아를 추구하는 일반적인 프로젝트에 자신을 보다 개인적, 구체적으로 연결할 것이다.

5.3 이것은 어떤 종류의 이론인가?

니체의 도덕 교육론의 윤곽이 잡혔으니 이제 그것이 어떤 이론인지 고찰할 필요가 있다. 골롭(S. Golob, 2010)은 이 에세이가 "모범 교육학"의 발전에 공헌했다고 본다. 그는 니체에게서 모범은 세 가지 교육적 기능, 즉 해방 기능, 거울 기능, 숙고 기능을 수행한다고 주장하고 있다. 그 기능들은 개인이 적대적인 문화적 영향에서 벗어나도록 영감을 제공하고 있다. 그것은 다양한 측면의 개인적 성격과 사회적 맥락을 드러내고 있다. 그리고 그것은 자신의 삶을 살아가는 방법에 대한 본보기 역할을 한다. 앞에서의 분석에 비추어 볼 때, 우리는 이 틀이 니체의 도덕 교육 이론의 개념적 기반을 다루는 데 (완전히 철저한 것은 아니지만) 훌륭한 역할을 한다는 것을 알 수 있다. 도덕 교육에서 우리가 달성하기 위해 설정해야 하는 윤리적 목표에 대한 니체의 논의는 항상 모범을 공식화하며, 그가 도덕 교육에서 발전시키고자 하는 덕목도 모범적인 개인에 대한 그의 분석에서 나온다. 이는 도덕 이론에 대한 모범주의적 접근의 특징이다. 따라서 니체의 「교육자로서의 쇼펜하우어」는 플라톤과 아리스토텔레스에서 시작하여 최근의 작제브스키 저작까지 확장된 윤리적 사고의 모범주의적 전통의 이론이라 할 수 있다.

모범주의적 도덕 이론은 모방할 만한 올바른 모범을 성공적으로 골라낼 수 있느냐도 문제지만, 그 모범을 올바른 감정으로 대하는 것 또한 우리의 능력에 의존한다는 것도 문제다. 예를 들어, 작제브스키(2017)는 모범에 대한 올바른 종류의 감정적 반응을 "흠모(admiration)"라고 부르며 이를 "경멸"과 대조한다. 작제브스키의 요구와 같은 도덕 교육의 모범주의적 이론은 우리의 존경심이 모범적이거나 모범적이지 않은 개인을 향해 올바른 방향으로 적절하게 표현되고 보장되어야 한다는 것을 보장하고 결정하기 위한 근거를 제공한다. 내가 보기에, 니체의 도덕 교육론은 도덕 교육에서 이러한 과제를 수행하는 방법을 이해할 때 중요한 고려 사항 네 가지를 제시한다. 첫째, 니체는 사람들이 모범적인 개인을 모범**으로써** 보기 위해 애쓰는 민주주의 사회에 널리 퍼진 문제를 진단한다. 나중에 니체가 **원한**(ressentiment)이라고 부른 특정 정신 상태에서 우리는 인간의 탁월성을 우리 자신의 가치에 대한 위협으로 보고 이를 무시하거나 그 가치를 완전히 거부하려 한다. "사실을 폭로하는" 태도는 종종 이러한 행동의 한 예이며, 다른 사람의 재능과 업적을 단순한 출생이나 사회경제적 배경으로 보는 경향도 마찬가지다. 우리가 살펴본 것처럼, 니체의 이론은 이러한 도덕 교육의 문제를 해결해야 한다는 것과 그 필요성을 경고하고 있다.

둘째, 니체는 골롭이 주장하는 것처럼 도덕 교육의 모범에만 특정 **기능**을 할당하는 것이 아니다. 그의 이론은 도덕 교육에서 여러 **종류**의 모범을 발전시킨다. 두 가지 방법이 모범과 "멘티" 사이의 표준적인 유형의 모범에 덧붙여 「교육자로서의 쇼펜하우어」에서 특히 두드러진다. 첫 번째는 도덕 교육의 첫 번째 방법, 즉, 열망적 목록에 존재하는 "자기 모범주의"다. 니체의 이론은 우리가 **우리 자신**을—우리 현재의 자아가 아닌 우리의 고차적 자아를—일종의 모범, 정화되고 풍요로운 버전의 인간으로 보도록 격려한다. 니체가 "문화의 기초적 이념"에서 제시한 것처럼, 이것이 의미하는 바를 이해하는 한 가지 방법은 우리 **안에** 있는 철학자, 예술가, 성자를 실현하려고 노력하는 것이다. 물론, 그는 이 과정이 우리 외부에 실제 모범 없다면, 종종 우리 자신과 매우 다른 영감을 주는 철학자, 예술가, 성자를 만나지 않는다면, 시작될 수 없다는 점을 분명히 밝혔다. 그러나 니체의 요점은 자아와 모범의 관계가 "진정한 교육"을 위한 것이라면 이 차이가 과장되어서는 안 된다는 것이다. 실제로 그것은 동기 부여의 과정 작동조차 **없는** 모범적 개인을 흠모하는 겸손과 **내면**의 철학자, 예술가, 성자를 인정함으로써 얻는 자신감이 상호작용하여야 한다. 텍스트에서 작동하는 두 번째 종류의 모범은 소위 "오류가능주의적 모범주의(fallibilistic exemplarism)"다. 쇼펜하우어에 대한 니체의 "변혁적 인격론"에서 놀라운 점은 그것이 쇼펜하우어의 투쟁, 실수, 약점에 종종 어떻게 관련이 되느냐 하는 것이다. 이러한 초점은 이미 언급한 인간화 목적에만 도움이 되는 것이 아니다. 그것은 또한 니체가 덕이라고 이해한 것, 곧 도덕적으로 도전적인 상황에서 우리를 지도하는 성향, 실제로는 우리가 도덕적으로 도전적인 임무를 **수행하도록 촉구**하고 우리가 그렇게 하는 동안 개인적인 번영의 길을 계속 유지하도록 하는 성향을 보여줄 수 있다.

셋째, 최고의 자아를 추구하는 동기에 대한 니체의 이해는 캘러드(A. Callard, 2018)가 최근 **열망(aspiration)**이라고 불렀던 것과 매우 유사하다. 캘러드에 따르면, 열망은 우리가 완전히 이해할 수는 없지만, 그럼에도 받아들이고 싶은 가치에 반응하는 도덕 심리학적 현상이다. 니체에게도 고차적 자아를 추구하는 임무는 "우리도 사랑하게 될 고상한 상태 … 지금은 사랑할 수 없는 것"을 위해 노력하는 것이다(SE, 161). 캘러드에 따르면, 이러한 노력은 감사, 흠모, 경외심뿐만 아니라 개인적 불완전성이나 결함에 대한 감각으로도 뒷받침된다. 니체는 이와 같은 용어를 사용하지 않지만, 그의 「교육자로서의 쇼펜하우어」는 분명히 열망을 가진 철학자의 저술이다. 사실 그는 문화를 "믿는 자는 누구든지" 그 관점을 지지한다고 믿고 있다: "나는 현재의 나보다 더 높고 더 인간적인 무엇인가를 내 위에서 본다. 내가 나처럼 알고 고통당하는 모든 사람을 돕는 것처럼, 모든 사람이 내가 그것을 달성할 수 있도록 도움을 주게 하라."(SE, 162). 그리고 이보다 몇 페이지 앞에서 니체는 다음과 같이 쓰고 있다.

> 모든 인간은 자연스럽게 자신의 재능이나 도덕적 의지의 한계를 스스로 발견한다. 그래서 그는 우울함과 갈망에 빠지게 된다. 그리고 그는 자신이 죄인이라는 느낌 때문에 자기 내면에 있는 성스러움을 갈망하듯이, 지적 존재로서 자신 안에 있는 천재성에 강력한 욕망을 느낀다. 이것이 모든 참된 문화의 뿌리다.(SE, 142)

캘러드의 열망 개념과의 유사성은 놀랍다. 그러나 니체의 이론은 캘러드의 열망 개념의 역사적 원천을 제공할 뿐만 아니라. 그것은 그녀의 이론에 중요한 통찰력을 추가한다. 캘러드 이론의 핵심 특징인 결함에 대한 인식은 결코 새로운 가치나 이상을 추구하는 동기의 원천이 될 수 없다. 나 자신이 심각한 결함이 있거나 감정적으로 고조된 방식으로 느껴지면 이 상태의 심리적 부담으로 방해받을 수 있다. 나는 체념할 수도 있고, 우울할 수도 있으며, 심지어 내 잘못 때문에 절망할 수도 있다. 그렇다면 결함에 대한 인식이 열망과 도덕적 성장에 영향을 미치는 것은 정확히 언제인가? 니체의 도덕 교육론은 우리가 한계와 결점을 인정하는 것이 모범적 개인과의 관계 및 동일시일 때 도덕적으로 가장 효과적이라고 제안한다. 니체가 말하듯이, 우리의 모범을 포함한 모든 인간은 자신의 한계와 악덕에 맞서야 한다. 그러나 결정적으로, 우리가 이러한 결점을 인식할 때 우리는 이들 개인이 하는 바로 그 일을 하는 것이다. 이와 같이 자기비판의 잠재적인 심리적 위험은 중요한 타인과 공동체에 대한 연결을 설정하거나 강화하는 역할을 통해 완화된다.

넷째이자 마지막으로, 니체의 도덕 교육론은 변혁적 특성이 있다. 즉, 개인은 고전적인 아리스토텔레스의 모범이 요구하는 것처럼 유아기에 사전 습관화를 얻지 못하더라도 고차적 자아를 추구하고 실현할 수 있다는 믿음을 표현한다. 니체는 그 텍스트의 전반에 걸쳐 독자들에게 직접적으로 주장한다. 그는 독자들에게 순응적이고 진실하지 않은 존재를 버리고 오늘날 개인적, 사회적 변혁의 길을 가라고 간청한다. 이러한 방식으로 니체의 이론은 덕으로 나아가기 위해 고전적인 아리스토텔레스식 도덕 교육 모델에 대한 플라톤식 모델을 추가하고자 한다. 플라톤적 수정은 아리스토텔레스식과는 달리, 사전 습관화가 없이도 개인은 "깨달음(epiphanies)"이라고 불리는 도덕적 변혁의 경험을 가질 수 있다고 주장한다(Jonas & Nakazawa, 2020; Kristjánsson, 2018). 니체는 현대 문화가 개인을 지배하고 있음에도 불구하고 「교육자로서의 쇼펜하우어」의 영감을 주는 프로젝트를 분명히 받아들이고 심지어 도덕적 모범과의 만남을 깨달음이라는 용어로 묘사하는 한 도덕 교육에 대한 이러한 견해에 동의하는 것 같다. 그것은 종종 우리의 현재 상태를 "깨닫는 순간"이다. 그래서 "구름이 갈라지고"(SE, 158), 우리는 새로운 가치와 이상에 대한 "각성"(SE, 159)을 경험한다. 조나스(Jonas)와 나카자와(Nakazawa, 2020)는 그러한 경험 덕분에 개인이 재습관화의 과정을 시작하는 영감을 얻는다고 주장한다. 니체도 이 점에 동의하는 것 같다. 왜냐하면 그는 우리의 모범과의 관계가 새로운 의무 범위를 산출한다고 믿기 때문이다(SE, 160).

이와 같은 이유에서 니체의 도덕 교육론은 비록 그것이 우리의 모범과의 관계에서 자기 모방적, 오류가능주의적, 열망적, 변혁적 차원에 특별한 가치를 두지만 본질적으로 모범적 특성이 있는 것으로 설명될 수 있다. 나는 5.4절에서 이러한 특별한 종류의 이론이 어떻게 현대 도덕 교육의 실천에 중요한 통찰력을 제공하는지 고찰하고자 한다.

5.4 현대 교실에서의 니체 식 도덕 교육

니체의 도덕 교육론에서 영감을 얻는 현대 도덕 교육 프로그램은 어떤 모습일까? 이 질문에 직접 답하기 전에 좀 더 근본적인 질문을 던지는 것이 가장 좋을 것 같다. 우리는 "고차원적 자아", "모범", "문화적 탁월성"과 같은 개념을 강조하는 니체의 도덕 교육론이 현대 교육 상황에 비해 너무 급진적이거나 너무 반-평등주의적인 것은 아닌지 궁금할 것이다. 실제로, 우리 자신의 역량과 잠재력을 훨씬 능가하는 탁월성을 지닌 개인이 있고, 우리는 이 탁월성을 높이 평가하거나 존중해야 한다. 심지어 우리가 그러한 개인으로 태어나서 좋은 삶을 살며 문화에 공헌할 수 있도록 도와줄 때, 우리의 삶은 의미와 중요성을 획득한다고 단언하는 니체의 주장에 대해 우리는 평등주의적 감수성 차원에서 잠재적으로 반대할 것이다. 이것은 「교육자로서의 쇼펜하우어」의 핵심 메시지임이 분명하며, 모든 민주사회에서 도덕 교육에 대한 니체의 영감을 받은 접근 방식을 방해하는 것처럼 보일 수 있다.

그러나 나는 우리가 이러한 아이디어들이 현대 도덕 교육에 어떤 영향을 미칠 수 있는지 이해하기 위해서는 그것들을 약간 다른 방식으로 해석할 필요가 있다고 믿는다. 문화적 탁월성을 창조하고 봉사하라는 니체의 주장은 냉담하고 독자적인 문화 엘리트에 대한 배려로 읽을 수 없고, 오히려 평등주의적 이상을 추구하는 민주사회가 애초에 왜 제도적 불평등을 거부해야 하는지 생각해 볼 기반을 제공하는 것일 수 있다. 「교육자로서의 쇼펜하우어」에서 니체의 논제는 인간의 탁월성을 함양하기 위해 우리가 할 수 있는 모든 일을 그것이 어디에서, 누구에게서 유래했든 (원칙적으로 우리는 미리 알 수 없으므로) 해야 한다는 것이다. 그렇게 하지 못하면, 우리 문화의 풍부함과 활력이 훼손될 뿐만 아니라 궁극적으로 우리가 될 수 있는 최고의 자아가 되기 위한 영감을 모두 빼앗긴다. 얼마나 많은 재능이 있는 음악가와 예술가, 영감을 주는 정치 지도자와 인도주의적 기업가, 위대한 마음과 정신을 가진 사람들이 가난하고 사회적으로 불리한 지역사회에서 태어나서, 무너지고 쓰러져 가는 학교 환경에서 교육받고, 열광적이고 소비에 열광하는 문화에서 자라난 관계로 성장하고 번영할 기회를 잃었었는가? 니체의 「교육자로서의 쇼펜하우어」는 지적, 미적, 도덕적 탁월성이 우리 공동생활에 스며들 수 있도록 이러한 근본적인 문제를 해결하는 문화적 조건을 조성하라는 강력한 호소를 담고 있다.

그러나 현대 학교의 매우 비이상적인 상황을 고려할 때 문화적, 개인적 쇄신을 요청하는 니체의 간청은 너무 급진적인가? 물론 어떤 면에서는 그렇다. 현대 학교는 니체가 발전시키기를 희망하는 문화 프로젝트 외에도 다양한 사회적 기능을 수행하며, 이러한 목표를 동시에 추구하는 것은 필연적으로 탁월성 창출을 약화시킨다. 우리가 이미 살펴보았듯이, 이것이 니체가 일반적으로 국영 교육기관에 대해 회의적인 이유다. 그러나 우리가 이러한 체계적인 관점을 분류하고 개별적 교실, 교사 또는 학생을 위한 니체의 이론에서 무엇을 배울 수 있는지 묻는다면, 우리는 도덕 교육에 대한 젊은 니체의 사고가 얼마나 실천적인지 알 수 있다. 내가 보기에, 열망적 목록과 변혁적 인격론의 방법은 거의 모든 교육적 맥락에 적용할 수 있는 것 같다. 이러한 방법을 사용하는 니체의 일반적인 메시지는 명백히 실행할 수 있는 메시지이다: "대중 속에 있는 것을 원하지 않은 사람[Mensch]은 자신을 쉽게 받아들이는 것을 그만둘 필요가 있다. 그가 자신에게 요청되고 있는, 자신의 양심을 따르게 하라. '너 자신이 돼라! 지금 당신이 하는 것, 생각하는 것, 욕망하는 것 모두는 당신 자신이 아니다.'"(SE, 127). 즉, 당신은 지금보다 더 좋고, 더 건강하고, 더 진정한 자아를 가지고 있다는 것을 인식하고, 소비 문화가 그것을 완전히 질식시키기 전에 그것을 향해 어느 정도 진전을 이루기 시작하라. 이를 위해 지금까지 당신을 겸손하게 하고 교화시키며 당신 최고의 본성을 불러일으킨 대상에 대한 설명인 열망적 목록을 수행할 수 있다. 그리고 당신은 최선의 경우에 스스로 어떤 유형으로 이러한 작업을 수행한 교사와 멘토의 감독 아래 당신에게 영감을 주는 사람들의 변혁적 인격론을 수용할 수 있다. 더구나 5.3절에서 보여주고자 한 것처럼, 니체의 도덕 교육론은 특히 신아리스토텔레스적 기원의 현대 이론적 틀과 실질적인 방식으로 연결된다. 니체는 모범이 덕 함양에서 어떻게 역할을 할 수 있는지, 그리고 모범과 도덕적으로 효과적인 관계를 조성하기 위해 어떤 조건이 마련되어야 하는지에 대한 절묘한 이해를 제공한다(cf. Sanderse 2013). 그렇게 함으로써 니체의 사상은 신아리스토텔레스적, 도덕적 인격 교육의 현대 프로그램을 독특하게 향상시킬 수 있다.

21세기 도덕 교육에 대한 니체 사상의 최종적 적용은 니체가 생각하는 열망이 도덕적 성장을 지원할 때 핵심적 역할을 해야 한다는 것이다. 열망은 「교육자로서의 쇼펜하우어」에서 니체가 관심을 가진 평생 자아실현 과정의 필수 요소일 뿐만 아니라 교육의 일상 업무가 무엇인지 이해하는 독특한 방법을 제공한다. 피터스(R. S. Peters, 1971)와 매킨타이어(A. MacIntyre, 2007), 스트라이크(K. Strike, 2005)와 같은 이론가들은 학문이 그것으로부터 파생되는 가치란 즉각적으로 명백하지 않거나 학습자가 접근할 수 없는 독특한 유형의 인간 참여라고 주장했다. 이 관점에서 보면 수학, 사회, 영문학, 물리학과 같은 교과목을 공부하는 것은 본래적 가치가 있다. 그 가치를 이해하려면 세상을 생각하고, 보며, 느끼고, 평가하는 독특하고 때로는 매우 특이한 방식으로의 문턱을 넘어야 한다. 그것은 학문 분야 내에서 익숙한 것이다. 이 과정에는 새로운 개념인 낯선 관점, 난해한 공식을 내면화하는 것뿐만 아니라 그에 수반되는 미적, 윤리적 가치를 내면화하는 것이다. 즉, 오일러(Euler)의 공식 $e^{i\pi}+1=0$을 단순한 계산 도구가 아니라 가장 근본적인 수치 현상 중 일부를 우아하고 아름다운 통일체로 결합한 것으로 보는 것을 의미한다. 이는 오일러가 여덟 명의 자녀를 잃고 심각한 질병에 시달렸고 결국 시력을 잃었지만, 심오한 공식을 해결하기 위해 평생을 바친 헌신은 고귀하고 영감을 주기에 충분한 것이다. 교육에 대한 이러한 포괄적 이해는 학문 분야에 대한 우리의 참여가 어떤 의미에서 우리를 변화시켜야 한다는 생각에서 비롯된다. 우리는 확장된 인지적 지평, 더 풍부한 감정적 삶, 의식 경험의 아름다움과 신비에 대한 더 깊은 감각을 지닌 학문과의 만남의 끝에 나올 것이다. 학문 분야는 만약 우리가 그것들을 복잡한 삶의 형태로 보는 법을 배울 수 있다면 이러한 종류의 변화를 위한 자원을 제공할 수 있다.

교육에 대한 이러한 설명의 표준적 문제는 학생들이 학문의 가치와 좋음에 대한 외부 시선에서 내부 시선으로 이동하는 심리적 과정이 일반적으로 구체적이지 않다는 것이다. 스트라이크(Strike, 2005)는 "신뢰"가 필요하다고 주장하는데, 이는 확실히 맞는 말이다. 그러나 학생들이 자신의 학습 경험을 단순히 대학 준비로, 진로에 있어서 필요악과 같은 디딤돌로, 더 나쁘게는 결함이 있는 사회화로 보는 관점으로부터 심오한 개성으로 보는 관점으로 이동하도록 동기를 부여한다는 것은 무엇인가? 그들이 공부하는 교과목은 얼마나 중요한가? 교사가 여기에 묘사한 포괄적인 방식으로 자신의 교과목을 보도록 동기를 부여한다는 것은 무엇인가? 나는 이러한 질문에 대한 대답이 「교육자로서의 쇼펜하우어」에 관한 니체 비전의 핵심인 열망의 개념에서 찾을 수 있다고 생각한다. 학생들이 학문 분야와의 만남을 열망을 불러일으키는 가치의 원천, 즉 "영혼을 높이 끌어올리는" 많은 것들로 보게 된다면, 그들의 학습 경험은 그들을 차별화하는 특별한 특성을 얻게 된다. 열망에 감동받은 학생들은 자신의 교과목이 개인적 중요성, 즉 주변 세계에 대한 감수성을 심화시키고, 생동하는 유형의 공동체 생활에 입문하고, 새로운 가치와 자아 개념을 추구할 수 있는 기회를 보게 된다. 다시 말해, 준비, 전문화 또는 사회화로서의 교육으로부터 변혁으로서의 교육으로의 연결은 열망의 동기 부여 요소로 구성된다.

따라서 내가 생각하기에 교사가 교과목의 가치에 대한 학생들의 열망을 일깨우려고 시도한다면, 그는 교실 노력에 대한 결정적인 동기 부여 지원을 얻을 수 있다(Yacek, 2021). 학생들에게 자신의 학문 분야에서 제공되는 자료를 바탕으로 더 나은 버전을 구성할 수 있는 도구를 제공함으로써 교사는 학생 개인의 발전에 맞춰 학습 환경을 독특하게 조정할 수 있다. 그는 과목에 대한 지속적인 관심을 기울이게 할 수 있다(Pugh, 2020; Pugh et al., 2010, 2015). 우리가 열망에 대한 니체의 특별한 이해를 따른다면, 열망적 교사는 학문의 역사와 현대적 실천 내에서 학생의 인격과 모범적인 개인들 사이의 연결에 대한 이러한 급증하는 관심을 뒷받침할 것이다. 이러한 방식으로 학생들 앞에 놓인 가치 문턱을 넘어서는 과제는 상당한 정도로 완화되거나 완화될 수 있다.

요컨대, 니체의 사상은 우리가 "도덕 교육"을 교사가 자신의 교과목을 가르칠 때 채택하는 "관점"보다 못한 "프로그램"으로 이해할 것이라고 주장한다. 이러한 니체의 관점은 학생들의 도덕적 역량과 교과목의 '어포던스(affordance)'[7]의 연결을 그들 노력의 중심에 두는 것이다. 달리 말하면, 니체의 도덕 교육은 우리가 교실을 변혁적 공간으로 조성하도록 권장하고 이런 모호하거나 파악하기 어려운 목표 달성을 위한 중요한 통찰력을 제공한다.

5.5 결론

이 장에서 나는 니체가 그의 초기 에세이 「교육자로서의 쇼펜하우어」에서 도덕 교육론을 발전시키고 있다고 주장했다. 이 이론은 근본적으로 모범주의적 특징을 띤다. 즉, 이는 모범주의적인 개인과의 관계를 고려할 뿐만이 아니라, 자아에 대한 "모범주의적" 개념의 공식화를 도덕 교육의 이론과 실천의 중심에서 고려한다. 동시에 니체의 도덕 교육 이론은

---

7   [역자 주] 어포던스는 사물이나 환경이 사용자에게 어떤 행동이나 상호 작용을 유도하거나, 제공하는 능력을 말한다.

열망적 차원과 변혁적인 차원을 모두 갖고 있다. 이는 학생들이 완전히 인식하거나 이해할 수 없는 가치와 이상을 추구하고 그 과정에서 잠재적으로 심오한 변화를 겪도록 권한다. 학생들이 도덕 교육에서 겪게 되는 변혁적 변화는 자의적이지 않다. 니체는 도덕 교육의 중심 임무가 우리 자신, 즉 고차적 자아의 더 나은 버전을 추구하는 것이며, 그렇게 함으로써 현대 세계에서의 순응과 낮은 수준의 마음가짐에 대한 강력한 유혹을 극복하는 것이라고 주장한다. 이에 나는 도덕 교육에 대한 이러한 개념이야말로 역할 모델의 도덕적 효과에 대한 이해를 발전시키고 열망의 교육적 중요성을 보여준다는 점에서 현대 교실을 위한 중요한 함의가 있다고 본다.

참고문헌

Alfano, M.(2013). The most agreeable of all vices: Nietzsche as virtue epistemologist. *British Journal for the History of Philosophy*, 21(4), 767-90.

Allen, A.(2017). Awaiting education: Friedrich Nietzsche on the future of our educational institutions. *Philosophical Inquiry in Education*, 24(3), 197-210.

Ansell-Pearson, K.(1994). *An introduction to Nietzsche as political thinker: The perfect nihilist.* Cambridge: Cambridge University Press.

_____(1996). *Nietzsche contra Rousseau: A study of Nietzsche's moral and political thought.* Cambridge: Cambridge University Press.

Appel, F.(2019). *Nietzsche contra democracy.* New York, NY: Cornell University Press.

Berry, J. N.(2015). Is Nietzsche a virtue theorist? *The Journal of Value Inquiry*, 49(3), 369-386.

Brobjer, T. H.(2003). Nietzsche's affirmative morality: An ethics of virtue. The *Journal of Nietzche Studies*, 26(1), 64-78.

Callard, A.(2018). *Aspiration: The agency of becoming*. Oxford: Oxford University Press.

Cavell, S.(1990). *Conditions handsome and unhandsome: The constitution of Emersonian perfection*. Chicago, IL: Chicago University Press.

Clark, M.(2002). Nietzsche's antidemocratic rhetoric. In W. Richard (Ed.), *Nietzsche* (pp. 479-502). London: Routledge.

Conant, J.(2001). Nietzsche's perfectionism: A reading of Schopenhauer as Educator. In R. Schacht (Ed.), *Nietzsche's postmoralism* (pp. 181-257). Cambridge: Cambridge University Press.

Conway, D.(2005). *Nietzsche and the political*. London: Routledge.

Daigle, C.(2006). Nietzsche: Virtue ethics... Virtue politics? *The Journal of Nietzsche Studies*, 32(1), 1-21.

Detwiler, B.(1990). *Nietzsche and the politics of aristocratic radicalism*. Chicago, IL: Chicago University Press.

Fennell, J.(2005). Nietzsche contra "self-reformulation". *Studies in Philosophy and Education*, 24(2), 85-111.

Foot, P.(2006[1973]). Nietzsche: The evaluation of all values. In J. Richardson & B. Leiter(Eds.), *Nietzsche* (pp. 210-220). Oxford: Oxford University Press.

Golob, S.(2020). Exemplars, institutions, and self-knowledge in Schopenhauer as Educator. *Journal of Nietzsche Studies*, 51(1), 46-66.

Hunt, L. H.(2005). *Nietzsche and the origin of virtue*. London: Routledge.

Janaway, C.(1998). Schopenhauer as Nietzsche's educator. In C. Janaway (Ed.), *Willing and nothingness: Schopenhauer as Nietzsche's educator* (pp. 13-36). Oxford: Oxford University Press.

Jonas, M.(2016). Advancing equality and individual excellence. The case of Nietzsche's "Schopenhauer as educator". *History of Philosophy Quarterly*, 33 (2), 173-192.

_____(2018). Nietzsche on inequality, education, and human flourishing. In P.

Smeyer (Ed.), *International handbook of philosophy of education* (pp. 295-304). Switzerland: Springer.

Jonas, M. E. & Nakazawa, Y.(2020). A Platonic theory of moral education: *Cultivating virtue in contemporary democratic classrooms*. London: Routledge.

Jonas, M. E. & Yacek, D. W.(2018). *Nietzsche's philosophy of education: Rethinking ethics, equality and the good life in a democratic age*. London: Routledge.

Kahan, A.(2012). Arnold, Nietzsche and the aristocratic vision. *History of Political Thought*, 33(1), 125-143.

Kain, P. J.(2009). *Nietzsche, virtue and the horror of existence*. British Journal for the History of Philosophy, 17(1), 153-167.

Kaufmann, W.(2013[1968]). *Nietzsche: Philosopher, psychologist, antichrist. Princeton*, NJ: Princeton University Press.

Kristjansson, K.(2018). Epiphanic moral conversions: Going beyond Kohlberg and Aristotle. In J. A. Frey & C. Vogler (Eds.), *Self-transcendence and virtue* (pp. 15-38). London: Routledge.

Lemm, V.(2007). Is Nietzsche a perfectionist? Rawls, Cavell, and the politics of culture in Nietzsche's "Schopenhauer as Educator". *Journal of Nietzsche Studies*, 34, 5-27.

Macintyre, A.(2007). *After virtue: A study in moral theory*. 3rd ed. Notre Dame, IN: Notre Dame University Press.

Peters, R. S.(1971). *Ethics and education*. London: Allen and Unwin.

Pugh, K. J.(2020). *Transformative science education: Change how your students experience the world*. New York, NY: Teachers College Press.

Pugh, K. J., Linnenbrink-Garcia, L., Koskey, K. L., Stewart, V. C., & Manzey, C.(2010). Motivation, learning, and transformative experience: A study of deep engagement in science. *Science Education*, 94(1), 1-18.

Pugh, K. J., Linnenbrink-Garcia, L., Phillips, M. M. & Perez, T.(2015). Supporting the development of transformative experiences and interests. *Interest in*

Mathematics and Science Learning, 369-383.

Reckwitz, A.(2017). *Die Gesellschaft der Singularitäten*. Berlin, Germany: Suhrkamp.

Rowthorn, D.(2017). Nietzsche's cultural elitism. *Canadian Journal of Philosophy*, 47(1), 97-115.

Sanderse, W.(2013). The meaning of role modeling in moral and character education. *Journal of moral education*, 42(1), 28-42.

Solomon, R. C.(2004). *Living with Nietzsche: What the great immoralist has to teach us*. New York, NY: Oxford University Press.

Slote, M.(1998). Nietzsche and virtue ethics. *International Studies in Philosophy*. 30(3), 23-27.

Strike, K. A.(2005). Trust, traditions, and pluralism: Human flourishing and liberal polity. In D. Carr & J. Steutel (Eds.), *Virtue ethics and moral education* (pp. 224-237). London: Routledge.

Swanton, C.(1998). Outline of a Nietzschean virtue ethics. *International Studies in Philosophy*, 30(3), 29-38.

Thiele, L. P.(2020). *Friedrich Nietzsche and the politics of the soul*. Princeton, NJ: Princeton University Press.

Yacek, D.(2011). *The transformative classroom: Philosophical foundations and practical applications*. London: Routledge.

Zagzebski, L.(2017). *Exemplarist moral theory*. Oxford: Oxford University Press.

6장
신칸트주의와 도덕 교육

제임스 스콧 존스턴(James Scott Johnston)

6.1 소개

우리는 신칸트주의를 역사적, 개념 정의적(definitional) 관점에서 이해할
수 있다. 여기서는 개념 정의적 이해에 대해서만 자세히 논의하겠다. 역
사적 이해는 19세기 내내 유럽에서의 칸트 사상의 수용과 확산에 관한
것이다. 여기에는 두 학파가 해당하는데 모두 독일에서 나타났다(Beiser,
2009; Makreel & Luft, 2009). 본 장에서 나는 마르부르크(Marburg)학파와 남서
(Southwest) 학파에 관해 이야기하고자 한다. 마르부르크학파에는 코헨
(H. Cohen)과 나토르프(P. Natorp)가 있고, 서남학파(Baden)에는 빈델반트(W.
Windelband)와 리케르트(H. Rickert)가 있다. 유명한 칸트 학자이자 계몽주의
역사가인 카시러(Ernest Cassirer)는 마르부르크학파에 속한다. 간단히 말해

서, 마르부르크학파는 방법, 특히 철학에서 그리고 철학을 위한 초월적 방법에 관심이 있었다. 이와 달리 서남학파는 사회에서 윤리가 수행하는 역할을 포함한 윤리와 가치에 관심이 있었다. 개념 정의적 이해는 칸트의 교육 및/또는 교육학을 분명히 염두에 두고서 학술 활동을 수행하는 철학자와 교육자들을 신칸트주의자로 인정한다. 여기서는 개념 정의적 이해에 관심을 둔다.

칸트는 1803년 전기 작가인 링크(Theodor Rink)가 출판한 『교육학 강의(Lectures on Pedagogy)』(Kant, 2007c)를 시작으로 교육 문제에 관심이 있는 교육자와 철학자로부터 주목을 받았다. 이 강의는 칸트가 20년간 행한 4개의 강의를 그의 학생들이 기록하였으나 칸트의 **출판 허가**(imprimatur)를 받지 못했다. 그럼에도 최근까지, 이는 칸트의 "교육 이론"으로 인정받았다. 대부분은 아니더라도 칸트의 주요 저작물들은 다수가 이론적, 실천적 측면에서 이성의 형성이나 함양에 관심이 있다는 점에서 교육적 성격을 지니고 있다. 한때 학자들은 칸트의 교육학 강의—실제로 **줄여서**(tout court) 칸트의 교육학—를 잠시 무시했지만, 이제 이는 칸트의 도덕 이론뿐만 아니라 판단, 역사, 윤리학 그리고 정치학, 문화 및 인간학에 대한 교육학의 중요성을 깨닫게 해주었다. 현대 신칸트주의자들, 즉 지난 30년간 칸트의 교육학이나 그의 이론적, 실천적 논의를 교육 문제로 확장하는 작업을 하는 사람들은 일반적으로 칸트 학문 전체를 염두에 두고 연구하고 있다. 얼핏 보기에는 반대임에도, 칸트는 교육학의 풍부한 자원임이 밝혀졌다.

본 장에서 다음과 같은 순서로 논의한다. 먼저, 도구(교육학)이자 목표 또는 목적(인류의 목적 또는 소명)으로 간주하는 교육의 역할에 대해 칸트는 어떻게 생각했는지 간략하게 검토하겠다. 그런 다음에 나는 칸트와 교육을 다룬 학술 저작물에 대한 폭넓은 논의를 시작으로 이를 칸트의 역사, 역사가, 도덕, 윤리, 정치, 인격, 문화와 연결해 논의하겠다. 이 문헌들에는 칸트의 교육학에 관해 영어로 쓰인 학자들의 저술이 포함되어 있다. 이어서 나는 칸트에 대한 전반적인 이해와 칸트 "학문 체계"에서의 교육의 역할에 대해 논의한 세 명의 학자에 초점을 맞춰 논의할 것이다. 두 사람은 철학자이고, 한 사람은 교육철학자다. 그리고 나는 미래에 칸트의 교육학과 교육에 대한 학술 활동이 나아가야 할 방향을 제안하고자 한다.

6.2 칸트의 교육

계몽주의 시대는 **교양**(Bildung), 즉 문화적 자기 형성의 시대였다. 루소 (Rousseau)와 철학자 로크(Locke), 레싱(Lessing), 헤르더(Herder), 훔볼트 (Humboldt), 괴테(Goethe)와 같은 다양한 학자들과 몇몇 유명 인사들이 모두 이 문화적 자기 형성의 과업에 기여했다(Louden, 2000; Munzel, 1999, 2013). 그 과업이 학술 논문, 희곡, 소설, 시 등 어떤 형태이든 개인들의 인간성 (humanity)과 그들이 속한 다양한 맥락을 개선하려는 자의식적인 목표는 존재했다. 칸트도 이러한 목표를 추구했다. 실제로 그는 대다수 사람보다 교양의 정신을 활용하여 계속 일하면서 인간성을 더 높은 목표와 목적으로 교육하는 것; 칸트가 인간성의 소명이라고 부르는 것(인간의 운명 Bestimmung des Menschen); Kant, 2007a, p. 325; 2007c, p. 443; Munzel, 2013, pp. 69-70)이 중요하다고 주장했다. 물론 정언명령과 의무를 지닌 칸트의 도덕 이론이 이것의 중심에 있다. 그러나 **인간을 유익하게**(pro utilitate hominen) 하는 도구를 제공하는 단순한 전망보다 훨씬 더 많은 것이 교육학에는 있다. 교육학 자체는 인간성을 함양하는 일**이다**. 비록 그것이 경험적인 일임에도 인간성을 미성숙 상태에서 해방시킬 때 필수적이다(Kant, 1996, p. 35). 칸트의 전기를 잘 모르는 독자는 칸트가 프로이센 쾨니히스베르크에 있는 알베

르티나 대학교에서 철학 교수로 재직하는 동안 네 차례나 교육학 강의를 했다는 사실을 알게 된다면, 매우 놀랄 것이다. 칸트의 학술 저작물을 살펴보면, 그의 강의 시기는 1776~1777, 1780, 1783~1784, 1786~1787년으로 추정된다(Kuehn, 2000, p. 430). 교수들이 대학에 재직하는 동안 수시로 교육학 강의를 하는 것이 재직 요건이었다. 칸트는 모든 면에서 열의가 없었지만, 그 의무를 다했다. 그럼에도 칸트의 교육학 강의와 인간학 강의는 겹치는 부분이 많으며, 모든 면에서 그는 이 강의를 즐겼다. 칸트는 초기 『교육학 강의』에서 바세도우(J. Basedow)의 **방법론(Methodenbuch)**을 사용했다(Munzel, 2013, p. 90). 한때 무시되었던 칸트에 끼친 바세도우의 영향은 영문학계에서 인정되지 않았다(Louden, 2016, 2000; Munzel, 1999, 2013).

문화적 자기 형성(교양; Bildung), **양육(Erziehung)**, **수업(Unterricht)**, **학교 교육(Erziehung)**과 관한 칸트의 진술은 그의 강의와 서신뿐 아니라 저술 전반에서 발견된다. 그러므로 칸트의 "교육철학"을 추적하기란 예상보다 더 어렵다. 교육학에 관한 칸트의 가장 포괄적인 진술인 『**교육학 강의**』는 악명이 높다(Kuehn, 2000, pp. 408-409). 더욱이 교육에 관한 칸트의 진술은 맥락에 묶여 있다. 그것은 지식, 도덕 또는 판단 이론 중 하나 이상의 측면과 관련이 있으며 그러한 맥락에서 이해해야 한다. 이러한 주장을 정당화하는 논의가 존재하는가? 나는 적어도 칸트의 교육학적 주장의 뿌리를 밝히기 위해 확립할 수 있는 일반적인 논의가 존재한다고 믿는다. 우리는 칸트의 교육학을 (i) 지식 이론, (ii) 도덕 이론, (iii) 판단 이론, (iv) 인간학이라는 네 가지 광범위한 주제로 이해할 수 있다. 앞으로 살펴보겠지만, 이것들은 칸트의 세 가지 비판을 추적하고 있다. 나는 이 비판에 대해 논의하겠다.

6.2.1 지식 이론

교육학과 관련하여, 칸트는 어린이와 청소년이 이성의 힘을 적절히 발휘할 수 있도록 준비시키는 데 관심이 있었다. 이론적 영역에서 이것은 지식과 진리 주장에 관한 것이다: 우리가 하는 주장을 어떻게 정당화할 수 있고 정당화해야 하는가? 그리고 우리의 주장이 실제로 정당하다는 것을 어떻게 확신할 수 있는가? 칸트는 그의 『윤리학 강의』와 『순수이성비판』과 같은 다양한 저서를 통해 교육학에 대해 다음과 같이 논의하고 있다. 그는 두 저서에서 진리와 상황에 대한 지식을 주장할 때, 단순한 주관적 준칙("내가 내 의견을 밝히는 것")과 객관적 준칙("내가 믿는 것")의 차이를 어린이가 이해하게 하는 것이 중요하다고 강조한다(예: Kant, 1998, p. 822). 주관적 준칙을 사실로 취하는 것은 **편견**에 해당하며, 이는 지식 주장에 대한 정당화일 수 없다(Kant, 1992a,b, AA 9, 77). 원하는 것은 객관적 준칙, 즉 진실이나 검증된 지식 주장의 형태나 유형을 취하는 준칙이다. 어린이와 청소년은 이 준칙이나 그에 뒤따르는 규칙을 곧바로 파악하지 못한다. 우리는 그것들이 어떻게 작동하는지 보여주어야 한다. 이것은 모범을 활용하는(비록 맹목적으로 따르지는 않지만) 소크라테스식 접근 방식이며, 수용할 수 있는 준칙을 확인하고 형성할 때 학생의 기술을 완성하기 위해 사용하는 훈련이다.

6.2.2 도덕 이론

교양(Bildung)은 궁극적으로 도덕적 과업이다. 교회가 주도하지 않는 경우, 계몽이라는 세속적 노력을 통해 자신의 의지가 권위주의적으로 결정될 수 있고, 칸트가 자율성 또는 자유라고 부르는 자기 결정 또는 자기 입법이 가능할 수 있다. 이성을 공적으로 사용할 때는 우리의 자유("펜의 자유")를 따르라는 칸트의 권고는 이러한 자기 결정을 상징한다(Kant, 1996d, p. 304). 자유는 교육에 대한 인간 중심적인 접근 방식을 요구한다. 여기에는 개인의 전체적인 문화 형성에 책임이 있는 다양한 기관이 관련된다. 그 기관에는 분명히 학교가 포함된다. 칸트는 학교 교육이 그의 공적 및 사적 지원을 보장할 만큼 중요한 문제라고 생각했다. 이를 위해 칸트는 데사우(Dessau)의 진보적인 학교인 바세도우(J. Basedow)의 **필란트로피눔**(Philanthropinum)을 추천하고 지원했다. 이 학교는 무엇보다도 종교에 대한 초종파적으로 가르쳤다(Kant, 2007b, p. 447; Louden, 2016). **필란트로피눔**에 대한 이러한 헌신은 칸트가 학교를 대신하여 대중에게 지지 편지를 쓰는 일로까지 확대되었다.

『실천이성비판』과 『도덕 형이상학』의 각 "방법론(doctrine of method)" 절에서는 칸트의 교육학에 대해 논의한다. 여기서는 충실한 준칙과 행동을 확인할 때 나이에 적합한 교육이 중요함을 강조한다(예를 들면, Kant, 1996b, pp. 154-155). 중요한 것은 덕, 즉 자신과 타인에 대한 의무를 키우는 것이다. 이를 위해서 아이는 자유의 관점에서 자신의 의지를 검토해야 한다: 인간으로서―이성적인 존재로서―그녀는 이성의 힘이 있으므로 선택의 힘을 가지고 있다. 그녀는 도덕적으로 가치 있는 준칙 형성을 위해 이 힘을 발전시켜야 한다. 그리고 그녀는 자신이 선택한 근거나 기초로 받아들일 수 있는 것과 없는 것을 알아야 한다. 이 과업은 개발하기 쉽지 않다. 칸트는 도덕적 "문답(catechism)"에서 시작하여 도덕적 가치의 모범, 가령 도덕적 부조화의 상황에서 존경심을 갖고 수행하는 개인으로 나아갈 것을 제안한다(Kant, 1996c, p. 478). 칸트는 이 두 방법론에서 의도나 동기를 오해하고, 행동을 모방하는 수고를 감수하면서 다른 사람이 설정한 도덕적 행동의 예를 노예적으로 따르는 행위를 하지 않는 것이 중요하다고 강조한다(Kant, 1996c, p. 479).

6.2.3 판단 이론

칸트는 미와 자연이라는 두 가지 영역에서 교육학을 언급한다. 우리는 아름다운 것에 대한 미적 감각을 키워야 한다. 욕망의 능력을 소유한 이성적 존재로서, 미가 발견되는 상황을 찾아 활용하고 이를 우리 자신과 다른 사람들이 이용할 수 있도록 하는 것은 우리의 의무다. 이는 문화 전반에 걸쳐 확장되며 칸트의 목표 중 하나는 지리적 및 계급적 경계를 넘어 다양한 예술적, 학문적 콘텐츠와 함께 "아름다운 예술과 과학[schönen Kunst und Wissenschaft]"을 육성하는 것이다(Kant, 2000, p. 433). 칸트의 교양 감각은 사람들 사이에서 취향의 기준을 개발하라는 흄의 훈계와 어느 정도 일치한다(Hume, 1777). 미적으로 기분 좋고 즐거운 것을 온전히 즐기기 위해서는 세련미가 필요하며, 결국 차별의 힘이 필요하다. 칸트는 예술과 과학에서 가장 좋은 것을 도입하면 사람들이 더 나은 즐거움을 누릴 수 있고 도덕적 품성을 발전시킬 수 있는 미각을 키울 수 있다고 본다.(Kant, 2000, pp. 303, 307, 432)

6.2.4 인간학

칸트가 인류 종말의 관점에서 교육을 논의한 곳은 칸트의 『실용주의적 관점에서 본 인간학(Anthropology From a Pragmatic Point of View)』과 『인간학 강의』다. 칸트는 교육이 자유(도덕) 실행의 필요 수단이며 인간 교육이 문명의 가장 어려운 도전이라는 유명한 말을 남겼다(예: Kant, 2007a, p. 325). 우리는 도덕적 문제에 대해 교육받을 필요가 있기 때문에 여전히 질문이 즉각적으로 발생한다: "우리 중에 누가 이런 일을 할 자격이 있는가?" 더 이상 생계 때문에 신을 찾지 않는 문명에서는 교육이 훨씬 더 중요하며,

이 신이 존재하지 않는 인간의 운명에 대한 문제의 심각성은 **교양**의 어깨를 짓누르는 것 같다. 칸트는 우리가 스스로 사유해야 하며, 이것이 우리의 "**공통적 인간 이해(allegemeine Menschenversand)**"의 준칙이고, 문화가 인간 본성의 고유한 목적이라고 주장한다(Kant, 2000, pp. 310, 431). 스스로 사유하려면 특정 배경—특정 맥락—이 필요하다. 그 안에서 그러한 자유가 스스로 발휘될 수 있으며, 이 맥락에 이 과업을 수행하는 데 필요한 사회 제도와 관행이 담겨 있다. **교양**(즉, 문화적 자기 형성)은 이러한 점에서 인간의 고유한 목적이다. 칸트에 따르면, 우리는 "내면의 자유"를 "외면의 자유"와 조화시키거나, 우리의 도덕적 인격을 우리의 자결권을 함양하는 데 필요한 제도와 조화시켜야 한다(Kant, 2000, p. 431). 그래서 칸트에게서 인간의 문제는 바로 교육의 문제이며, 세대 교육을 위한 적절한 기관의 형성과 유지가 가장 중요하다(Kant, 2007a, pp. 325, 327).

6.3 학술 활동

이 과업에는 여러 인물이 관련되어 있다. 나는 그것에 대한 접근 수단으로 다음의 범주—(i) 철학 및/또는 교육 사상의 역사가, (ii) 교육이론 또는 자유 이론, 그리고 교육에서의/을 위한 도덕성, (iii) 인격 교육—에 대해 논의할 것이다. 이러한 범주는 고정불변의 것이 아니다. 그 범주들은 학술 활동의 특징뿐만 아니라 여러 주요 학자들을 이해하기 위해 설정하였다. 이어서 나는 칸트의 교육학을 현재의 문헌과 관련지어 논의한 세 명의 학자에 대해 검토할 것이다.

6.3.1 철학사가

철학사가로는 칸트, 칸트의 맥락, 또는 칸트가 무엇을 말하고 있는 것에 관한 질의와 응답에 관심이 있는 철학자, 교육이론가, 그리고 역사가가 있다. 질문은 심오하고 광범위하다. 그 질문들은 칸트의 지식 이론 및/또는 도덕 이론(칸트의 도덕 인간학 포함)에 관한 그의 관점에서 칸트의 주장과 논의를 명확하게 논의하려고 한 만큼 심오하지만(Kant, 1996c, p. 217), 그것들 역시 계몽주의 배경, 칸트가 반응하는 정치학, 칸트가 논의하고 심지어 지지하는 다양한 학교와 프로그램을 포함한 교육학적 시대 정신(Zeitgeist), 물론 교육, 학교 교육, 그리고 그의 텍스트에 산재한 수업에 대한 다양한 언급뿐만 아니라 칸트의 즉각적이고 광범위한 맥락에 관한 것이므로 더 넓어진다(Frierson, 2013; Louden, 2000; Meld Shell, 2012; Munzel, 2003, 2013; Weiskopff, 1971). 이 역사가들은 자신들의 역사적 관심 이외에 하나 이상의 칸트 논의에 대한 특정 관심, 심지어 칸트 철학의 특정 목표나 목적에 관한 관심을 가질 수도 있고 갖지 않을 수도 있다. 문젤(F. Munzel)의 학술 활동(이 장의 6.3.6절에서 더 자세히 검토)은 영어 독자들이 칸트의 『교육학 강의』와 도덕적 완전주의 교육학에 대한 칸트의 전반적 접근 방식의 맥락을 이해하는 데 가장 많은 도움을 주었다.

6.3.2 자유와 도덕, 윤리와 정치에 대한 논의

철학자, 교육철학자, 교육이론가, 역사가는 칸트의 논의 중 하나 이상을 전문적으로 할 수 있으며, 그럴 때 자유와 도덕에 대한 논의는 항상 두드러진다(Formosa, 2012; Geisinger, 2010; Johnston, 2013; Løvlie, 2011; Moran, 2009, 2012; Okshevsky, 2000; Surprenant, 2012). 여기에서 윤리 공동체와 시민사회의 자기 결정적, 자기 입법적 구성원이 될 인재를 양성하는 교육의 역할이 정립된다. 종종 이 논의는 이성, 도덕적 의지, 자유에 관한 칸트의 초월적 언명과 연결되어 있다. 이는 초월적인 조건이고 교육은 경험적인 과업이기 때문에, 이 둘 사이의 연결은 자주 이 학문의 초점이 되고 있다. 학자들은 그 연결에서 『도덕 형이상학의 정초(Groundwork of the Metaphysics of Morals)』와 함께 칸트의 세 가지 비판에 종종 집중한다. 특히 흥미로운 것은 처음의 두 『비판(Critiques)』에 있는 소위 방법론이다. 이 비판은 칸트가 해명하는 이성의 다양한 측면에서 교육학 및/또는 수업에 대한 논의를 자주 제공한다(Okshevsky, 2000; Surprenant, 2010). 철학 및 교육철학 분야의 사상가들은 자율적인 시민을 교육하거나 훈련하는 초월적, 경험적 조건 모두에서 자신들의 학문이 편안하게 자리 잡고 있음을 발견한다(Formosa, 2012; Geisinger, 2010; Herman, 2007a; Johnston, 2019; Løvlie, 2011; Moran, 2009, 2012; Okshevsky, 2000; Surprenant, 2010). 윤리-정치 교육은 도덕 교육보다 다소 덜 점유된 분야다. 윤리학과 정치학에서의 교육 역할을 논의할 때, 그 초점은 역사와 영구 평화에 관한 칸트의 에세이인 칸트의 『법론(Doctrine of Right)』으로 좁혀진다. 인권의 맥락에서 칸트를 설정하거나 인권에 특권을 부여하는 교육에서 칸트가 수행한 역할은 이러한 초점 중 하나다(Johnston, 2009, 2013). 여기서는 교육학 ―수업―의 구체적인 역할을 강조한다.

6.3.3 인격 교육

인격 교육에서의 초점은 구체적이다. 칸트는 우리가 현재 살고 있는 구체적인 사회문화적 환경에서 아이들을 교육하는 것에 대해 어떤 말을 할 수 있을까? 칸트는 인격 교육에 관한 논의에서 자주 언급되고 있다(Formosa, 2012; Geisinger, 2010; Herman, 2007a, Munzel, 1999, 2003). 인격 교육은 전통적으로 덕 윤리학과 윤리학자를 위한 프로그램으로 이해되었지만, 지난 30년간 칸트의 도덕 이론, 특히 인격 발달과 사고 행위에 대한 칸트의 진술에 초점이 맞추기 시작했다. 인격에 관한 관심으로, 이 학자들은 『실용주의적 관점에서 본 인간학』, 『칸트의 편지』, 그리고 그의 『윤리학 강의』, 『인간학 강의』 등 교육학과 인격을 포함하여 그동안 무시하였던 텍스트에 대해 논의하게 되었다. 칸트의 교육학에 관해 영어로 출판된 실제 학술 논문의 수는 (충격적이게도) 적다. 다른 언어보다 독일어 출판물이 많으며 선택할 수 있는 몇 가지 아주 좋은 출판물이 있다(예: Pleines, 1985; Weiskopff, 1971). 선택의 폭이 좁았음에도, 원고의 양이 많은 영어 학술 출판물이 있다(Johnston, 2013; Munzel, 1999, 2013). 반면에 논문은 더 많다. 철학 및 교육 분야에서 칸트에 대해 꾸준히 글을 쓰는 학자들이 있는데, 가장 많은 학술 저작물을 출판한 학자가 문젤(F. Munzel)이다.

6.3.4 신칸트주의 철학자와 교육

여기서 나는 교육철학과 교육철학자들을 구체적으로 고찰하고자 한다. 그들은 다양한 학술 출판물에서 칸트를 추종하고 활용하여 자신들의 학술 작업을 정교화한다. 나는 두 부분: 철학과 교육철학으로 나눠 논의를 진행하겠다. 철학의 측면에서는 허만과 문젤을 검토하고, 교육철학의 측면에서는 나의 학술 활동에 관해 이야기하겠다. 나는 이것들을 다음과 같은 관점—(i) 그들의 전반적인 기여와 칸트의 교육학에 대한 이해의 중요성, (ii) 그들의 주장과 결과물을 포함한 칸트의 교육학에 대한 특별한 초점, 그리고 (iii) 그들이 믿기에, 칸트가 교육 담론에서 수행하고 수행해야만 하는 역할과 함께 그 담론에 공헌한 바를 보는 방법—에 대해 각각 논의하겠다.

6.3.4.1 허먼

허먼은 롤스와 그의 하버드 칸트 구성주의 "학파"의 전통을 따른다. 칸트적 구성주의는 자극 부여뿐만 아니라 도덕적 행동도 진지하게 받아들이는 신칸트주의적 관점이다. 그 원래의 원동력은 형식주의자로서; 도덕적인 "내용"을 압박하는 단지 추상적이고 형식적인 규칙(정언명령)을 제공하는 것으로서; 칸트의 도덕 이론에 대한 일반적인 반대를 차단하는 것이었다. 롤스가 말했듯이, 도덕적 준칙을 생성하고 수용하는 결과는 사람이 자신의 준칙을 실천할 때 생성되는 "조정된 사회 세계(adjusted social world)"이다(Rawls, 2000, p. 163). 이곳은 더 도덕적인 세상이기 때문에 더 나은 세상이다. 구성주의자 중에서 칸트의 교육학뿐만 아니라 어린이와 청소년의 자기 결정 및 자기 입법에 대한 인식의 발달에 있어서 수업이 수행하는 역할을 크게 강조한 사람은 허먼이다. 신칸트주의 교육 사상에 대한 허먼의 특별한 공헌은 "도덕적 중요성 규칙(RMS: Rules of Moral Salience)"에 대한 그녀의 논의와 "자율성을 위한 훈련"에 대한 논의와 관련이 있다. 여기서는 둘 다 검토한다. RMS에 대한 허먼의 논의는 『도덕 판단의 실제(The Practice of Moral Judgment)』라는 그녀 첫 번째 출판물에서 찾을 수 있다. 물론 칸트는 우리가 "의무에 따라" 행동해야 하며 오직 의무에 따라 행동하는 것이 우리의 준칙에 도덕적 가치를 부여한다고 주장한다(Kant, 1996a, p. 399). 그러나 의무에 따라 행동하는 것은 진공 상태에서 발생하지 않는다. 우리 주변에서 우리는 특정 상황에서 도덕적으로 평가할 수 있는 방식으로 행하는 특정 행위 규칙을 발견하고 이러한 규칙을 학습한다. 사회화 과정을 통해 아이는 사회적으로 용인되는 방식으로 행동하는 법을 배운다. 그리고 (아이의 이성의 힘과 함께) 이 규칙은 도덕적으로 중요한 것으로 내면화되고 형식화된다. 가족, 종교 기관, 미디어뿐만 아니라 학교와 같은 사회 기관은 여기서 큰 역할을 한다.

우리는 RMS를 도덕적 보편화와 준칙 형성이라는 도덕적 "핵심(hard core)"을 중심으로 출현하는 강력한 관습이라고 생각할 수 있다. 도덕적 행위자의 도덕적 인격이 어떻게 형성되는지 정확하게 이해하려면 도덕적 행위자들의 공동체가 필요하다. 허먼은 RMS를 이렇게 정의한다. "나는 RMS를 도덕법[보편적 인류의 유명한 공식]의 대상인 인격체(그 자체 목적으로서의)에 대한 존중을 규칙 형식으로 해석한 것이라 본다. 그들의 기능은 인격체가 도덕적인 인간이라는 사실이 행위자의 숙고와 행동을 지시해야 하는 영역을 인식하도록 안내해야 한다는 것이다"(Herman, 1993, p. 96). 우리는 또한 RMS를 준칙 형성의 도덕적 "핵심"과 그 안에서의 보편화 역할에 대한 경험적 산물이라고 생각할 수도 있다. RMS는 단순히 이 준칙 형성에 수반되는 규칙이 아니다. 왜냐하면 RMS는 성공적인(도덕적으로 가치 있는) 준칙과 행동을 추적하고, 특정 상황에서 도덕적으로 적합한 행동에 상응하는 일련의 경험적 원칙을 형성하기 때문이다(Herman, 1993, pp. 76-77).

허먼은 도덕적 행위자가 "일반적으로 허용하지 않는 종류의 행동에 대한 지식과 정상적인 상황에서 도덕적 의미가 없는 유형의 행동에 대한 지식을 획득"했다고 주장한다(Herman, 1993, p. 76). 한 가지 방식, 아마 허먼이 생각하기에, 이러한 일이 발생하는 방식은 도덕적으로 가치 있는 준칙이 필요한 도덕적 상황에 직면하는 것이다. 이러한 RMS는 (도덕적) 상황이 발생할 때마다 서비스에 투입되는 기본 또는 핵심으로 자리 잡았다. 인격체는 행동에 대한 정상적인 이해타산이나 도구적 정당화가 효과가 없다는 것을 이미 이해하고 있다. … 이것이 그의 "양심"의 표시다(Herman, 1993, p. 77). 그러므로 우리는 도덕적 가치의 주관적 준칙과 RMS가 함께 작동한다고 할 수 있다. RMS는 우리의 선택에 따라 즉각적으로 작동하여 우리를 도덕적으로 가치 있는 쪽으로 이끌고, 다른 쪽으로부터는 멀어지게 한다. 따라서 그것은 도덕적 판단의 즉각적, 심지어 직관적 대응물로 작동하여, 우리에게 거짓되거나 도덕적으로 가치가 없는 준칙에 대한 주의를 환기하고, 우리가 도덕적으로 가치 있는 준칙 쪽으로 향하게 한다. 그것은 칸트가 "의지의 주관적 결정 근거"라고 부르는 "존중"과 함께 무언가를 공유한다. 존중은 의무를 강화하기 위해 우리의 의지에 따라 즉각적으로 행동하고, 주로 혐오감과 수치심을 통해 도덕적으로 가치 없는 준칙을 형성하는 것을 막아주는 것이다(Kant, 1996b, pp. 73-75).

허먼이 교육에 관한 신칸트주의 학술 활동에 크게 공헌한 점은 "자율성에 대한 훈련"과 관련된 논의다(Herman, 2007b). 이 논의는 RMS가 도덕적 훈련에서 중요한 역할을 한다는 점을 강조하기 때문에 RMS 개발에 대한 논의와 중요한 면에서 유사하다. RMS를 개발하기 위한 요구 사항 중 하나는 다양한 상황을 해결하기 위해 선택할 수 있는 다양한 원칙으로 구성된 "숙고 분야"다(Herman, 1993, pp. 182-183). 이 분야도 개발되고 있다. 그것은 합리적 행위자 교육의 특징이다. 자율성에 대한 훈련은 부분적으로 이 분야 개발로 구성된다. 여기에서 허먼은 우리가 훈련의 두 가지 다른 의미: 순종을 위한 훈련과 자율성을 위한 훈련을 고려하도록 권유한다. 전자는 제약, 즉 직접적인 개입을 통해 개인의 선택을 제약하는 것이다. 후자는 도덕적으로 가치 있는 옵션을 선택할 때 개인의 이성적 힘을 사용하는 것이다. 허먼은 이렇게 표현한다.

도덕적 가정교육(upbringing)이 제약에 관한 것일 때, 그 영향은 순종하도록 훈련되는 것보다는 덜 변형된다. 예상치 못한 가능성이나 새로운 제약은 때로는 이해하거나 통제하기 어려운 권력의 내적 이동, 저항을 유발할 수 있다. 대조적으로, 욕구를 변형시켜 이를 규범적으로 구조화된 숙고 분야로 가져오는 도덕 교육은, 행위자가 소망과 이익 관심의 근원이 무엇이든 그것으로부터 근거 있는 가치를 구성하도록 훈련한다. 새로운 도덕적 사실을 수용하는 것은 행위자들의 실천적 자신감이 그들 가치의 구체적 내용이 아니라 이성능력에서 연유할 때, 위협을 줄이고 내적 안정성을 유지한다.(Herman, 2007a, p. 127)

자율성에 대한 훈련은 칸트가 우리의 (욕망, 이익 관심, 자극, 소망, 필요의 능력과 함께) 행복을 이성과 일치시키는 교육이다. 교육받는 것은 이성의 규칙(정언명령과 그 공식)이 아니라 우리의 욕망 능력이다(Herman, 2007b, p. 143). 우리는 우리의 이성에 긍정적으로 반응하려는 욕구의 능력이 함께 작동하도록 "훈련"해야 한다. 물론 이것이 바로 RMS의 역할이다. 자율성을 훈련하는 이 과업은 사회 제도가 필요하다는 점에서뿐만 아니라 주입되어야 하는 규칙도 사회적이라는 점에서도 사회적이다: 도덕적 개념은 사회적 성격을 지닌다(Herman, 2007b, p. 144). 이것은 칸트 자신이 요구하는 세계 정치적 의미에서 사회 제도를 개혁하도록 우리를 밀어붙이는 허먼의 기회이다. 이는 교육을 단순히 개인적 행위가 아닌 도덕적 문화를 개선하는 종 전체(a species-wide)의 과제로 생각하는 것이다(Herman, 2007b, p. 149).

6.3.4.2 문젤

문젤은 칸트의 교육학 논의를 영어 사용권 사람들에게 전달하기 위해 가장 노력한 학자다. 그녀는 칸트의 전체 시스템에서 교육의 역할을 논의하는 책과 논문을 썼으며 칸트가 교육학에 관해 생각하고 쓴 맥락을 깊이 탐구했다. 문젤이 『칸트의 교육학 개념』(2013)을 출판하기 전에는, 영어 사용권 독자들은 독일의 학술 저작물에 의존해야 했고, 이 내용은 거의 번역되지 않았다. 칸트의 교육학에 대한 영어 문헌의 격차는 전체 연구에서 주목할 만했고, 이 격차가 이제 (부분적으로) 줄어든 것은 문젤의 공이다. 칸트의 교육학 논의는 그가 글을 쓴 계몽주의 환경과 관련이 있으며 루소와 바세도우와 같은 위대한 사상가는 이러한 점에서 남다르다 (Munzel, 1999, pp. 44-48, 268-272). 물론, 칸트는 지식 이론과 도덕 이론에서처럼 그의 교육학에서도 옳거나 올바른 사고, 도덕적 완전성의 중요성을 강조했다. 문젤의 학술 활동 덕분에 칸트의 교육학과 그 함의는 그의 다양한 저작물을 통해 전달되었으며, 이 교육학은 궁극적, 역사적으로 인정된 것보다 더 중요한 것으로 판명되었다.

문젤은 칸트의 교육학에 대한 신칸트주의적 이해와 관련하여, 단순히 역사적 문제에만 관심이 있는 것이 아니라 현대 사회와 문화를 제공하는 데도 많은 영향을 끼치고 있다. 이것이 사실인지 확인하기 위해 나는 칸트 교육학의 역사적 중요성과 현시대의 정치적 중요성이라는 두 가지 측면에서 칸트의 교육학 이해에 문젤이 공헌한 바를 검토할 것이다. 칸트에게서 교육은, 가장 넓은 의미에서 **파이데이아**(paideia) 교육, 즉 유덕하고 올바른 삶을 위한 교육이다(Munzel, 2013, p. 180). 교육에 대한 고대 그리스의 이해와 마찬가지로, 칸트의 이해는 우리의 인간적 목적, 특히 도덕적 목적에 대한 것이다. 시민으로서 개인에게 이것이 의미하는 바는 훈련을 통해 이기심으로부터 스스로 자유로워지는 것이다. 문젤은 이것이 두 가지 자유의 의미와 관련이 있다고 제안한다.

> 편견(검증하지 않은 의견의 횡포)**으로부터**, 이기심 원칙의 지배로부터, 무분별함으로부터 판단을 해방시키는 것, 그리고 도덕적으로 좋은 질서와 판단 형식(도덕적 품성)을 **위해**, 즉 이성의 아이디어와 원칙의 실현을 위해, 분별 있는 성찰을 위해 판단을 해방시키는 것. 그 결과로 나타나는 내적 자유는 진정한 자기 충족적 의미를 구성한다.(Munzel, 2013, p. 180)

우리는 방식이나 사고의 방식과 행위, 즉 칸트가 **사유방식**(Denkungsart)으로 특징짓는 것으로 잠재적 시민들을 교육해야 한다. 이는 그녀의 모든 학술 활동에서 반복되는 모티브이다. 이러한 사고 행위는 그 학생에게 다른 사람의 의견을 포함하여 단순한 의견을 바탕으로 판단하는 것을 막는다는 점에서 편견에 반대한다. 이러한 단순한 **주관적 타당성**의 준칙 형성은 **객관적 타당성**을 갖는 준칙 또는 증거가 있는 준칙을 형성하고 따르는 것과 대조를 이룬다(Munzel, 1999, pp. 224-225). 준칙의 형성은 자신에 대한 준칙으로 확장되며 여기에는 행동과 인격의 준칙이 포함된다. 외부 세계와의 만남에서 객관적으로 타당한 준칙의 형성 너머에는 더 깊고 이면의 목표와 목적: 개인적("내부") 및 정치적("외부") 자유 또는 입법에 적합한 도덕적 인격의 개발이 존재한다(Kant, 1996c, pp. 219-220; Munzel 2013, p. 180). 자유는 자기 결정으로 이해되어야 한다. 우리의 의지는 스스로 결정하고 스스로 입법해야 한다. 이는 우리가 우리 의지의 원칙으로서 도덕적 적법성 외에는 그 어떤 결정적 근거를 상정해서는 안 된다는 것을 의미한다. 정치적으로 이는 헌법; "정치적 평화의 가능성의 조건을 보장하는" "세계적인 공화국 헌법"에 따라 행동하는 것이다(Munzel, 2013, p. 180).

문젤은 칸트 교육학의 주요 특징을 모아 다양한 방식으로 제시했다. 우리는 미래 시민을 교육하는 칸트의 프로그램을 다양한 수준에서 이해할 수 있는데, 그것 중 세 가지를 여기서 소개하겠다. 우선, 개인적인 수준, 즉 칸트가 내적 입법으로 특징짓는 것이 있다(Kant, 1996, p. 219). 여기서 우리는 객관적인 판단, 즉 객관적 타당성이 있는 판단을 위해 주관적 준칙(편견)을 회피하는 사례를 통해 아동의 초기 판단력과 그 교육을 생각해 볼 수 있다(Munzel, 2013, p. 180). 이에 맞춰 우리는 가령, 어린이 재능을 계발하기 위해 개방형 의무와 같은 도덕적 의무를 포함하여 어린이의 개인적 인격 발달에 대해서도 생각해 볼 수 있다. 이러한 넓은 범위의 의무는 많고 수단은 열려 있지만, 우리의 실천 이성이 의무 자체를 명한다. 이외에도 도덕적으로 가치 있는 준칙만을 형성하고 따라야 할 특별한 의무가 존재한다. 여기서 칸트는 모범적인 개인을 증거로 삼는 것이 아니라 어린이가 따를 수 있는 모범으로 삼는다. 사람의 도덕적 인격은 부분적으로 이러한 준칙의 형성에 달려 있으며, 그러한 인격의 확립 자체가 우리의 합리적 본성의 목적이다. 우리는 도덕적인 자기완성을 추구해야 한다. 마지막으로, 우리는 "목적의 영역", "윤리적 공동체"일 뿐만 아니라, 우리 각자가 서로에게 목적이 되는 정치적 공동체(세계 정치적 세계)에서 함께 모여야 한다. 이를 위해서는 헌법이 필요하다. 왜냐하면 오직 헌법만이 서로에 대한 우리의 권리와 책임을 명시하는 합법적 형식을 제공하기 때문이다. 시민사회와 국가를 위한 세계주의적이고 정치적인 헌법은 인류의 최종 목적, 즉 최고의 선에 대한 요구를 충족시키는 핵심 요소이다. 여기서 교육은 우리가 우리의 소명, 운명, 또는 칸트가 말하는 운명을 추구할 수 있는 수단을 제공함으로써 이러한 목적을 위한 육성자이자 리더로서의 역할을 수행한다(Kant, 2007a, p. 325; Munzel, 2013, p. 259). 그리고 이것이 바로 우리의 자유; 우리의 자기 결정이다.

문젤은 교육의 "형식적 원칙"; 심지어 "**인간의 운명**(Bestimmung des Menschen)"과 밀접하게 연관되어 있는 초월적인 아이디어가 존재한다는 것을 강조하면서 현재의 모든 학술 활동을 (거의) 넘어서고 있다(Munzel, 2013, p. 259). 인간성 성취는 우리의 소명이자 운명이며, 인간성은 이성의 아이디어이다. 우리의 소명이나 운명은 단순한 인간학적인 관심사가 아니라 다른 초월적 이상, 특히 자유와 함께 자리를 잡는 선도적인 초월적 아이디어로 등장한다. 실제로 우리가 우리의 운명을 달성하는 것은 자유를 달성하는 것이다. 따라서 우리는 자유를 향한 진보가 우리의 소명 성취와 공존한다고 주장할 수도 있다. 문젤이 여기서 교육을 수단으로 여기지 않는다는 점을 이해하는 것이 중요하다. 강조되고 있는 것은 단순히 학교 교육 또는 수업이 아니라(분명히 이것들을 포함할 수도 있지만), 우리의 문화적 자기 형성인 교양이다. 초월적 아이디어로 이해되는 교육은 자유를 향한 수단이 아니라 자유 그 자체의 추구다. 내 생각에는 문젤이 교육을 초월적 원칙의 지위로 끌어올린 최초의 인물이다.

문젤은 우리의 자유 실행에 대한 선택이 궁극적으로 우리 최고의 목적과 목표에 부적절하게 봉사하는 정치적, 경제적 세력들에 의해 서서히 제거되고 있다고 본다. 만일 자결—자유—이 이성적 존재로서의 우리가 지향하는 목적이라면, 우리를 방해하고 심지어는 우리의 자유에서 멀어지게 하는 제도는 호출되고, 피해는 분명하게 발생할 것이다. 이러한 제도에는 소위 지식 또는 정보 경제(리오타르가 1979년에 진단한 기능)가 광범위하게 포함된다. 그러나 인식할 수 있는 응답은 거의 없다(Lyotard, 1979; Munzel, 2013, pp. 42f.). 인간적 예술과 편지를 데이터로, 즉 익명의 대중이 소비하는 정보로 변환하는 것은 우리가 수동적으로 수용하는 도구적 지식관점을 위해 자유—자결할 수 있는 능력—를 포기하는 것과 같다. 특히 문화적 자기 형성인 **교양**은 원칙적으로 누구에게나 언제든지 이용할 수 있는, 인간적인 예술과 문학 프로그램과는 단절된 지식은 분리되어 있다. 그리고 여기서 **소비**는 지식의 전파를 논의하는 적절한 은유다(Munzel, 2013, pp. 43f.). 문젤이 **교양**의 의미를 재확립하는 것은 단순히 향수를 불러일으키는 것이 아니다: 우리가 원하는 것이 우리 문화, 즉 우리가 공유하는 인간 문명의 유산과 연결된 교육이라면, 우리는 학교와 대학에서 지식의 소비화에 맞서 싸워야 한다.

6.3.4.3 존스턴

나는 칸트 교육학의 역사와 맥락보다는 칸트의 도덕적 핵심, 즉 이론의 역할에 더 집중했다. 나는 초기 논문에서 나딩스(N. Nodding)의 배려 이론과 같은 교육 분야의 지배적인 정서 이론과 허먼의 RMS(Johnston, 2006, 2008) 사이의 격차를 해소하고자 했다. 나는 정언명령을 교육하는 것, 또는 그 정언명령을 우리가 지니고 있고 실행하는 사회성과 행동에 대한 다양한 경험적 규칙의 맥락과 결합하는 것에 대해 다루고 싶었다(Johnston, 2006). 이와 동시에, 나는 유엔 인권선언문과 그 안에 있는 권리의 어휘적 순서의 맥락에서 칸트의 도덕 이론을 이해할 때, 그 이론이 수행할 수 있는 역할을 다루고자 했다(Johnston, 2009).

나의 주요 학술 저작물인 『칸트의 철학: 교육자를 위한 연구』(2013)에서, 나는 개인과 인간 모두를 교육하는 데 있어 칸트의 역할에 대해 이해할 것을 주장한다. 이는 문젤의 주장과 어느 정도 일치하며 여러 차원을 통합하고 있다. 구체적으로 도덕적 차원, 윤리적-정치적 차원, 세계 정치적 차원, 문화적 차원이 있으며, 이 모두는 칸트의 교육학에 대한 전반적인 논의에 표현되어 있다(Johnston, 2013). 도덕적 차원은 자유, 정언명령, 의무를 포함한 도덕적 핵심 또는 실천 이성을 포함한다. 여기에 허먼의 RMS를 추가할 수 있다. RMS는 우리의 숙고 가능한 영역으로 그 범위를 제한함으로써 도덕적 가치의 준칙을 형성하도록 즉시 인도한다. 윤리적-정치적 차원은 칸트의 목적 영역과 긴밀히 일치하는 정치-윤리적 국가(commonwealth)의 관점에서 고려되는 각 개인, 그리고 각자와 타인 모두에 대한 대우와 관련이 있다(Kant, 1996a, p. 435). 국제 정치적 차원은 이 국가를 다른 문화와 다른 국가로 확장하는 것이다. 이는 부분적으로 헌법적 수단을 통해 달성되었으며, 국제 정치적 역사와 영구 평화에 관한 칸트의 논문에 크게 의존하고 있다. 마지막으로 문화적 차원은 다양한 다른 문화에 대한 교육뿐만 아니라 문화 유물에 대한 발표와 토론, 칸트가 생각하는 아름다운 예술과 과학도 포함한다. 여기에서 우리는 이러한 유물을 통해 타자를 고려하고 인식하기 시작하며, 그 유물 덕분에 우리는 인류에 대한 존중의 느낌이 들게 된다(Johnston, 2013).

모든 측면에서, 교육은 수단이지 형식적이거나 초월적인 원칙이 아니다. 교육은 도덕적으로 자기완성에 대한 우리의 의무를 이행하는 과정이다. 물론 여기에는 인간학적 차원인 **인간의 운명**과 함께 **교양**이 포함된다. (Johnston, 2013) 그러나 이것은 목적 그 자체가 아니며, 그것이 어떻게든 되는 형식적이거나 초월적인 원칙도 없다(Johnston, 2012). 그것은 오히려 자유를 확립하기 위한 인간학적 수단이고, 자유는 초월적 원칙, 즉 이상이다. 여기에는 교육을 포괄하는 도덕 인간학을 포함하는 모든 수단이 담겨 있다. 그러므로 인간성의 원칙이 있으며, 이는 "인간성의 공식"과 "목적 영역의 공식"에서 발견된다(예: Kant, 1996a, pp. 422, 429, 433). 그러나 교육은 목적 그 자체가 아니라, 그 목적을 위한 수단이다.

나는 이상적인, 칸트적 커리큘럼을 제공한다. 여기서 나는 칸트가 그의 여러 책과 논문에서 제시한 요점을 개괄적으로 논의한다. 그 전반적 맥락은 허먼의 이해에 따라 인간이 자율성과 자기 결정(자유)을 갖도록 훈련하는 규율의 맥락이라 할 수 있다(Johnston, 2013). 그 커리큘럼은—도덕적으로 충실한 행동의 예와 예시를 통해서—간단한 수준의 도덕적 토론으로 시작된다. 여기서 목표는 학생들이 모범을 모방하기보다는 도덕적 행위를 일체화하도록 하는 것이다. 학생들이 나이가 들면서 교육학은 학생이 대화를 통해서만 해결되는 아포리아, 즉 당혹감의 상태에 빠지게 되는 소크라테스의 문답식으로 전환된다. 이 교육학은 도덕적 토론의 핵심을 형성하며 이를 수행하려면 유능한 강사가 필요하다. 이러한 도덕적 토론은 정치적, 세계 정치적 맥락을 포함하여 학생의 즉각적인 범위 밖의 맥락으로 점차 확장된다. 여기서 유엔 인권 선언문과 다양한 유엔 협약을 다루는 인권 토론이 연결된다. 우리는 학생들의 인간적 지평을 넓힐 목적으로 문화 유물을 조사하고 토론한다. 우리가 상상할 수 있듯이, 이 전체 커리큘럼에는 많은 준비가 필요하며, 교육학의 목표와 지침에 긴밀히 부합하려는 학교와 강사의 의지도 필요하다. 개인적, 도덕적 교육으로부터 윤리적, 정치적 교육으로, 더 나아가서 세계 정치적, 문화적 교육으로의 점진적 발전은 학교 교육이 끝나면 공식적으로 끝나는 수년간의 과정이다. 하지만 이는 실제로 청소년이 바로 사용할 수 있는 학문을 통해 세상을 만날 때까지 지속된다.

6.4 전망

칸트식 교육은 인간, 시민, 종 존재(species-being)로서의 인류를 위한 교육이다. 따라서 인간성은 특정 교육학적이고 신중한 도덕적 원리에 기초해야 하며, 이 원리는 인간성의 소명 또는 운명인 우리 **인간의 운명**을 달성하기 위해 반드시 마련되어야 한다. 일반적으로 말하면, 칸트의 교육학은 도덕, 윤리, 정치, 판단, 문화를 위한 그의 진술을 포괄하며, 칸트의 학술 활동과 교육철학에서 크게 저평가되고 있다. 그 자체로 인상적인 학술 활동에 공헌할 수많은 기회가 있다. 현존하는 독일 학문에 비하면 영국 학문은 이제 시작일 뿐이며, 무엇보다도 문젤이 우리에게 최소한 지형 지도를 제공했지만, 아직 해야 할 일이 많이 남아 있다. 지금까지 제시한 내용에 따라 몇 가지 질문을 제기할 수 있다. (i) 칸트의 교육학은 도덕 원칙과 도덕적 정당성에 대한 칸트의 논의를 어떻게 이해하고 있는가? 자유, 도덕적 정당성, 의무로서의 "도덕적 핵심"과 경험적 이해 및 실천으로서의 교육 사이에 차별성이 존재하는가? 만일 존재한다면, 칸트는 이를 해결하는 방식으로 무엇을 조언하는가? (ii) 우리는 칸트의 교육학을 도덕 인간학 또는 도덕 심리학의 일종으로 어느 정도 이해해야 하는가? 칸트의 교육학은 주목할 만한 불순한(impure) 윤리학의 사례인가? (iii) 교육은 형식적 원리, 초월적 원리로 이해되어야 하는가? 아니면 그것은 확실히 초월적 원리인 자유와 같은 목적을 위한 수단인가? (iv) 칸트는 어린이와 청소년이 스스로 생각하도록 교육하는, 그리고 그들의 판단에서 편견과 도그마의 위험을 피할 수 있는 어떤 구체적인 교육학적 수단을 우리에게 제공하는가? (v) 아마 교육자들에게 가장 중요한 것으로, 우리 자신의 교육적 추구를 개선하기 위해 교육학적으로, 즉 수업과 목적, 특히 도덕적-윤리적-문화적 목적의 측면에서 칸트는 우리에게 어떤 자원을 제공하고 있는가?

참고문헌

Beiser, F.(2009). *The genesis of Neo-Kantianism* (1796-1880). Oxford: Oxford University Press.

Formosa, P.(2012). From discipline to autonomy: Kant's theory of moral development. In K. Roth & C. Surprenant (Eds), *Kant and education: Interpretations and commentary* (pp. 163-176.) New York, NY: Routledge.

Frierson, P.(2013). Kant on the human being. New York, NY: Routledge.

Geisinger, J.(2010). Kant's account of moral education. *Educational Philosophy and Theory*, 44(4), 775-786.

Herman, B.(1993). *The practice of moral judgment*. Cambridge, MA: Harvard University Press.

_____(2007a). Can virtue be taught? The problem of new moral facts. In B. Herman(Ed.), *Moral literacy*(pp. 106-129). Cambridge, MA: Harvard University Press.

_____(2007b). Training to autonomy: Kant and the question of moral education. In B. Herman(Ed.), *Moral literacy* (pp. 130-153). Cambridge, MA: Harvard University Press.

Hume, D.(1777). Of the standard of taste. In D. Hume(Ed.), *Essays, moral, political, and literary*. Indianapolis, IN: Liberty Fund.

Johnston, J.(2006). The education of the categorical imperative. *Studies in the Philosophy of Education*, 25, 385-402.

_____(2008). Moral law and moral education: Defending Kantian autonomy. *Journal of Philosophy of Education*, 41(2), 233-245.

_____(2009). Prioritizing rights in the social justice curriculum. *Studies in Philosophy and Education*, 28, 119-133.

_____(2012). Kant as a moral psychologist? In K. Roth & C. Surprenant (Eds.), *Kant and education: Interpretations and commentary* (pp. 177-192). New York, NY: Routledge.

_____(2013). *Kant's philosophy: A study for educators*. London: Bloomsbury Press.

_____(2019). Kant and prejudice, or the mechanical use of reason. *Educational Philosophy and Theory*, 51(3), 1-10.

Kant, I.(1992a). The Vienna logic. In M. Young(Ed.), *The Cambridge edition of the works of Immanuel Kant: Lectures on logic* (pp. 249-378). Cambridge, UK: Cambridge University Press.

_____(1992b). The Jäsche logic. In M. Young(Ed.), *The Cambridge edition of the works of Immanuel Kant: Lectures on logic*(pp. 521-564). Cambridge: Cambridge University Press.

_____(1996a). Groundwork of the metaphysics of morals. In M. Gregor(Ed.), *The Cambridge edition of the works of Immanuel Kant: Practical philosophy, 4* (pp. 37-108). Cambridge: Cambridge University Press.

_____(1996b). Critique of practical reason. In M. Gregor(Ed.), *The Cambridge edition of the works of Immanuel Kant: Practical philosophy*, 5(pp. 133-271). Cambridge: Cambridge University Press.

_____(1996c). Metaphysics of morals. In M. Gregor(Ed.), *The Cambridge edition of the works of Immanuel Kant: Practical philosophy*, 6(pp. 353-504). Cambridge: Cambridge University Press.

_____(1996d). On the common saying, that may be correct in theory, but is of no use in practice. In M. Gregor(Ed.), *The Cambridge edition of the works of Immanuel Kant: Practical philosophy*, 8(pp. 273-310). Cambridge: Cambridge University Press.

_____(1996e). An answer to the question: What is Enlightenment? In M. Gregor(Ed.), *The Cambridge edition of the works of Immanuel Kant: Practical philosophy*, 8(pp. 11-22). Cambridge: Cambridge University Press.

_____(1998). *Critique of pure reason*. Cambridge: Cambridge University Press.

_____(2000). *Critique of the power of judgment*, 5. Cambridge: Cambridge University Press.

_____(2007a). Anthropology from a pragmatic point of view. In R. B. Louden & G. Zöller(Eds.), *The Cambridge edition of the works of Immanuel Kant Anthropology, history, and education*, 7,(pp. 227-429). Cambridge: Cambridge University Press.

_____(2007b). Letters on the Philanthropinum. In R. B. Louden & G. Zöller (Eds.), *The Cambridge edition of the works of Immanuel Kant: Anthropology, history, and education*, 2(pp. 100-102). Cambridge: Cambridge University Press.

_____(2007c). Lectures on pedagogy. In R. B. Louden & G. Zöller(Eds.), *The Cambridge edition of the works of Immanuel Kant: Anthropology, history, and education*, 9(pp. 434-485). Cambridge: Cambridge University Press.

Kuehn, M.(2000). *Kant: A biography*. Cambridge: Cambridge University Press.

Louden, R.(2000). *Kant's impure ethics: From rational beings to human beings*. Oxford: Oxford University Press.

_____(2016). Total transformation: Why Kant did not give up on education. *Kantian Review*, 21(3), 393-413.

Løvlie, L.(2011). Understanding agency and educating character. *Educational Theory*, 61(3), 257-274.

Lyotard, F.(1979). *The postmodern condition: A report on knowledge*. G. Bennington & B. Massumi(trans.). Minneapolis, MN: University of Minnesota Press.

Makreel, R. & Luft, S.(Eds.)(2009). *Neo-Kantianism in contemporary philosophy*. Bloomington IN: Indiana University Press.

Meld Shell, S.(2012). Kant on the humanities. In K. Roth & C. Surprenant(Eds.), *Kant and education: Interpretations and commentary* (pp. 193-213). New York, NY: Routledge.

Moran, K.(2009). Can Kant have an account of moral education? *Journal of Philosophy of Education*, 43(4), 471-494.

_____(2012). *Community and progress in Kant's moral philosophy*. Washington, DC: Catholic University of America.

Munzel, F.(1999). *Kant's conception of moral character: The "critical" link of morality, anthropology, and reflective judgment*. Chicago, IL: University of Chicago Press.

_____(2003). Kant on moral education, or "enlightenment" and the liberal arts. *Review of Metaphysics*, 57(1), 43-73.

_____(2013) *Kant's conception of pedagogy: Toward education for freedom*. Evanston, IL: Northwestern University Press.

Okshevsky, W.(2000). Kant's catechism for moral education: From particularity through universality to morality. *Philosophy of Education*, 94-102.

Pleines, J.-E.(1985). *Kant und die Pädagogik: Pädagogik und Praktischen Philosophy*. Würtburg, Germany: Konighausen und Neumann.

Rawls, J.(2000). *Lectures on the history of moral philosophy*. B. Herman(Ed.). Cambridge, MA: Harvard University Press.

Surprenant, C.(2010). Kant's contribution to moral education: The relevance of catechistic. *Journal of Moral Education*, 39(2), 165-174.

_____(2012). Kant's contribution to moral education. In K. Roth & C. Surprenant(Eds.). *Kant and education: Interpretations and commentary* (pp. 1-11). New York: Routledge

Weiskopft, T.(1971). *Kant und die Pädagogik: Beiträge zu einer Monographie.* Zürich, Switzerland: EZ Verlag.

2부

도덕에 대한
새로운 접근

Moral Education in the 21st Century

7장
자유주의적 권위와
도덕 교육

크리스토퍼 마틴(Christopher Martin)

7.1 서론

본 장에서는 자유주의국가의 도덕 교육 목표와 동의 간의 관계를 검토한다. 동의는 정당한 국가권력의 사용 조건으로 인용된다. 시민이 국가의 요구를 이행해야 할 도덕적 의무(즉, 정치적 의무)가 있다면, 이러한 요구는 허용되어야 한다(Kolodny, 2016). 국가는 우리의 정치적 의무를 충족하기 위해 무력을 사용할 수 있으므로 동의는 정당성에 영향을 미친다. 동의를 보류하는 타당한 이유는 이런저런 강압적 조치에 반대한다.

　도덕적 요구는 일반적으로 표면상 강압적이지 않다. 그 누구도 우리의 양심을 지배할 권리가 없다. 흥미롭게도 도덕 형성은 **정치적** 요구가 될 수 있다. 예컨대, 국가는 통치하에 있는 사람들에게 그들의 특성을 특정 방향으로 형성하도록 명령하고 그러한 명령을 강압적으로 뒷받침할 수 있다. 따라서 동의 조건은 도덕 교육의 측면에서 국가의 시민에 대한 요구로까지 확장된다. 동의를 보류하는 타당한 이유가 있다면, 그것은 이러한 강압적 교육의 요구에 반대되는 것이다.[1]

본 장의 일반적인 주장은 자유주의국가 도덕 교육에 대한 동의를 보류하는 이유가 도덕성과 정치 권력 간의 관계에 대한 구체적인 우려에서 비롯될 수 있다는 것이다. 도덕적 규범과 태도의 뚜렷한 특징 하나는 그것의 준수가 강압적이지 않다는 점을 고려하라. 그것들은 우리가 서로를 정당화할 수 있는 행동 기준을 이상적으로 반영한다. 그러나 국가 도덕 교육은 합법적인(그러나 그럼에도 **강압적인**) 국가에 의해 지배되는 우리의 도덕 형성의 일부 또는 전부를 포함한다. 강압적인 정치 권력이 이러한 규범과 태도에 후속적으로 바람직하지 않은 영향을 미칠 것이라는 우려가 존재한다. 본 장은 이러한 우려를 철학적 용어로 해명하고 특정 동의 기준의 용어를 사용하여 자유주의국가 교육의 정당화를 위한 대안을 제안하고자 한다.

7.2 동의와 강압

사회와 그것을 지배하는 국가는 하나가 아니다. 이는 다음과 같은 구별

---

[1] 부모/보호자는 종종 이러한 지시를 받는다. 아마도 부모는 국가가 자녀의 최대 이익을 위해 영향력을 끼칠 수 있다는 근거에서 이를 준수할 의무가 있다. 강압은 이러한 영향력에 대한 부모의 독점으로부터 자녀를 해방할 때 정당화된다. 그러나 국가가 아동의 최대 이익 실현을 목표로 한다는 것이 국가의 도덕 교육 목표가 동의할 만한 가치를 가지고 있다는 것을 의미하지는 않는다. 부모가 지시받는 사람 중 한 명인 한, 즉 부동의에 대한 강압에 얽매이는 한, 정치 권력의 문제는 그들의 상황에 적용된다.

을 가능하게 한다. **자유주의 사회를 위한** 도덕 교육은 자유주의 정치공동체를 정의하고 그 구성원들 사이에서 함양해야 하는 공중 규범/규범적 태도를 의미한다. **자유주의 국가**의 도덕 교육은 정부가 구성원들에게 습득하도록 의무화할 수 있는 정당한 권한을 가지고 있는 공중 규범/규범적 태도를 의미한다.

예컨대, 관용은 자유주의 사회에서 중요한 규범적 태도로 간주하는 경우가 많다. 그러나 자신의 권위를 이용해 시민들에게 "관용을 배우라"고 명령하는 자유주의국가가 그 자체로 불관용을 다루고 있다고 주장하는 것은 무리가 아닐 것이다. 적어도 한 사회의 특징적인 규범적 태도 중 일부는 국가가 그 사회 형성에 대해 직접적인 지배를 하지 않을 때 더 잘 촉진될 수 있다.

그러나 널리 공유되는 특정 도덕 교육 목표가 국가 개입을 통해 효과적으로 실현될 수 있다는 사실조차도 그러한 개입의 충분한 이유가 되지 않는다. 다음 예를 살펴보자.

당신은 아이들과 함께 공원에 갔다. 당신이 휴식을 취하는 동안 아이들은 놀고 있다. 잠시 후 다른 부모가 자녀 한 명 한 명을 손잡고 당신에게 다가온다. 이 부모는 당신의 자녀가 다른 어린이들만큼 놀이터 그네를 탈 때 개의치 않겠다고 주장한다. 부모는 모든 어린이가 5분마다 놀이기구를 바꿔 타야 한다고 설명하고 자녀가 차례를 지키며 정중하게 그네를 타게 한다. 규정을 지키지 않는 것에 대해 진지하게 이야기한다. 차례 준수의 장점을 인식하는 동시에 부모의 재량도 어느 정도 필요하다고 생각한다. 방심한 당신은 계속 소식을 전해 주셔서 감사하고 최선이라고 판단하면 개입하겠다고 말한다.

수분이 지난 후에 한 무리의 부모님들이 당신에게 다가온다. 그들은 당신이 당신의 자녀가 "차례 지키기" 규범을 준수하지 않는다면, 그 자녀가 강압적으로 당신의 손에서 벗어나 차례 지키기 규범을 습득하고 앞으로 그 규범을 일관성 있게 준수할 때까지 집단의 지도를 받게 될 것이라고 말한다.[2]

대부분은 부모 집단의 행동이 불쾌하다고 생각한다. 그러나 우리는 일반적으로 국가가 비슷한 일을 하는 데 아무런 문제가 없다. 미래의 시민이 안정적이고 번영하는 자유민주주의 사회에서 성공하고 공헌할 수 있도록 하는 규범과 성향을 습득해야 한다고 믿는 것이 정통이다. 그러나 논증은 단순히 시민들이 습득해야 할 일정한 범위의 **바람직한** 규범이 있다는 것이 아니라, 오히려 국가가 시민들이 이를 습득하도록 **보장할** 책임을 져야 한다는 것이다. 그리고 국가는 강압을 통해 "보장"한다. 실제 자유주의국가는 벌금과 형사 고발을 시행할 수 있고, 하고 있으며, 자녀의 무단결석 또는 결석의 경우 국가의 혜택을 취소한다.

국가의 행동은 부모 집단의 행동과 어떤 다른 점이 있는가? 각각의 경우, 조직화된 기관은 공동체의 도덕 교육에 대한 책임을 맡았다.

아마도 제공하는 도덕 교육의 종류는 차이가 있을 것이다. 순서를 바꾸는 규범이 합리적이고 자녀의 행동이 아주 불쾌하더라도 부모 집단은 선을 넘은 것 같다. 자유주의국가가 명령하는 도덕 교육은 바람직하고, 부모 집단이 명령하는 도덕 교육은 바람직하지 않다고 말하는 것도 아무런 소용이 없다. 규범적 태도의 바람직함이 다른 사람들에게 그것을 습

---

2 이 사례는 대인적 행동의 도덕성과 국가적 행동의 도덕성 사이의 원칙적 구별에 대한 최근의 직관 기반 도전으로부터 영감을 받았다(Huemer, 2013; Moller, 2018 참조).

득하도록 강요할 충분한 이유가 되었다면, 우리는 부모 집단이 비행 청소년에게 강제로 "재교육"하도록 감시하기 위해 공공장소를 순찰하는 것이 전적으로 괜찮다는 것을 인정해야 할 것이다. 자경단(vigilante) 커리큘럼이 명백히 바람직하다면 말이다.

부모 집단이 자녀가 규범을 내면화하도록 무력을 사용하거나 위협하는 것은 불쾌한 것처럼 보인다. 자유주의국가는 특정 방식으로 강압할 적법한 권한이 있지만 부모 집단은 그러한 정당성이 없다는 것이, 부모 집단과 국가의 차이다. 자유주의국가는 어떻게 그러한 정당성을 가지는가?

대답은 동의로부터 시작된다고 말하는 사람들이 많다. 동의는 정치 권력의 친숙한 조건이며, 모든 국가는 아닐지라도, 대부분 자유주의국가는 정당성을 가진다. 콜로드니(N. Kolodny)는 이를 "동의 조건"이라고 부른다. 즉, 우리가 정치 권력이 법적인 문제로 요구하는 것을 수행할 도덕적 의무를 진다면(즉, 우리가 정치적 의무를 진다면) 우리에게 적용되는 그 법률은 수용할 수 있어야 한다(2016). 동의 없이 이러한 의무를 이행하는 것은 우리가 하지 않은 약속을 존중해야 한다는 말을 듣는 것과 같다. 약속을 지켜야 할 의무는 사람이 자유롭게 하기로 약속한 일에도 적용된다. 법을 준수할 의무는 "우리의" 법으로 자유롭게 인정되는 것에 적용된다.[3]

동의는 정치공동체가 모든 구성원을 구속해야 하는 의무를 결정하는데 도움이 되는 절차적 조건으로도 이해될 수 있다. 예컨대, 대다수 시민이 도덕적 이상을 선호한다는 사실 자체만으로는 그 이상에 기초한 국가의 도덕 교육을 받아야 하는 정치적 의무를 정당화하는 데 충분하지 않다. 동의 절차가 없다면 그러한 의무가 어떤 모습일지 상상해 보자. 대다

---

3 페이트먼(Pateman)을 참조할 것(2018). 나는 정치적 의무에 관한 논쟁을 다루지 않았다. 우리에게 정치적 의무가 없다면, 국가의 도덕 교육에 대한 걱정은 줄어들지 않고 더욱 절박해진다. 콜로드니(Kolodny)를 참조할 것(2016, p. 41).

수는 자신이 이미 좋거나 바람직하다고 믿는 일을 수행해야 하는 정치적 의무를 준수하기를 거부하는 경우에만 강압을 경험하게 된다. 돛대 위의 오디세우스. 한편, 소수는 그들이 원하는 것과 상관없이 동일한 정치적 의무를 지게 된다. 바위 위의 프로메테우스. 소수가 제안된 정치적 의무를 거부하는 것이 불합리한 이유가 있을 수 있지만 이러한 이유는 오로지 일부 동의의 절차를 통해 분명해진다.

그렇다면, 자유주의 사회에서 동의는 사람들을 국가와의 관계로 강요하는 것이 어떤 (받아들일 수 있는) 정당성이 없다면 불법일 것으로 추정된다는 믿음을 반영한다. 당신은 당신이 인식하지 못하는 의무를 이행하도록 강요하는 위협을 받았기 때문에 부모 집단의 행동은 부당하다.[4] 중요한 것은 강압이다. 결국, 당신은 공공 공원 놀이터가 엄격한 공유 규범에 따라 정의되어야 한다는 점에는 동의하지만, 그러한 규범이 강압적인 기관에 의해 시행되어서는 안 된다고 판단할 수도 있다. 아마도 당신은 부모의 분별력 있고 친절한 사회적 압력이 일을 완수하는 데 충분하다고 믿을 것이다. 그렇다면, **정치적 의무로서의** 도덕 교육에 대한 특정 개념을 합당하게 거부하는 것이 가능하다. 그러한 교육이 바람직하거나 심지어 그 자체가 도덕적 의무라는 점을 유지하면서 말이다.

---

[4] 혹자는 권위에 대한 동의가 권위에 의해 제공된 혜택을 기꺼이 받는 데서 발생하는 "암묵적인" 것이라고 주장한다. 만일 "암묵적인" 동의가 건전한 개념이고 공공 공원에 적합하다면 부모 집단은 더 확고한 입장을 가지게 된다. "공원을 즐기는 모든 사람은 부모 집단에 복종해야 하는 정치적 의무를 암묵적으로 받아들인다." 그러나 이러한 정치적 의무는 의무를 전제로 한다. "사람은 우리의 '암묵적' 동의로 인해 우리에게 적용되는 정치적 의무를 사전에 정치적으로 인정해야 할 정치적 의무가 있다." 그러나 최소한 암묵적 동의에서 발생하는 정치적 의무를 인정하는 정치적 의무에 대해 명시적으로 동의할 기회는 가져야 한다. 암묵적 동의는 동의 문제를 한 수준 뒤로 이동시킬 뿐이다. (부모 집단의 공원 입구 "출입은 부모 집단이 법률에 동의하는 것이다"라는 표지판을 세운 것과는 다르다는 점을 기억하라. 내가 보기에 많은 사람들은 그렇게 하는 것이 그 표시가 암묵적 동의 정책에 대한 동의를 명시적으로 나타내기 때문에 공정하다고 생각할 것이다.)

7.3 자유주의 교육 및 동의 보류 이유

광의의 도덕 교육은 개인의 규범과 가치를 형성하는 것을 목표로 하며, 여기에는 그들이 관찰하는 대인관계 규범과 추구할 가치가 있다고 생각되는 개인적인 목표가 포함될 수 있다.[5] 자유주의국가는 도덕 교육을 정치적 의무로 선언함으로써 시민에 대한 통치를 주장할 수 있다. 그러나 이러한 의무가 적용되기 위해서는 도덕 교육의 성격과 한계가 동의받을 만한 것이어야 한다.

동의할 만한 도덕 교육은 가능한가? 일부 자유주의 이론가들은 도덕 교육이 서로 협력하려는 동기를 지닌 가치 있는 정치공동체의 동등한 시민들이 자유롭게 받아들일 수 있는 한, 국가가 도덕 교육에 대한 정당한 권위를 갖고 있다고 주장한다. 논쟁의 기본 버전은 다음과 같이 실행된다.

자유롭고 평등한 시민은 공정성, 타인에 대한 존중, 비폭력, 합리적 숙고와 같은 사회 협력의 대인관계 및 제도적 규범을 유지(또는 확립)해야 하는 자연스러운 도덕적 의무가 있다(즉, 우리는 "정의의 의무"가 있다)(Rawls, 1999, p. 99). 혹자는 그러한 포괄적인 의무를 거부할 수도 있다. 그럼에도 시민들은 협력 사회의 안정성으로부터 이익을 얻고 환원할 의무가 있다는 보다 직관적인 주장이 있다(Klosko, 1994). 두 경우 모두 시민들은 무력을 사용하여 이러한 의무를 이행하거나 위반을 억제하는 중앙 당국에 동의할 이유가 있다. 도덕 교육적 주장은 다음과 같다. 이러한 의무를 이행하려면 시민들이 그러한 의무를 인식하고 그에 따라 행동할 수 있도록 하는 성향,

---

5   일부 자유주의 학자들은 시민의 덕이나 성향을 주입하는 것에 대해 언급한다. 그러나 이것이 규범적인 시민 행동을 구성하는 유일한 방법은 아니다(McTernan, 2014 참조).

기술 및 태도의 함양이 필요하다. 따라서 전자에 대한 동의에는 이러한 성향, 기술 및 가치를 심어줄 국가교육이 수반된다.

놀랄 것도 없이 이 기본적인 논증이 문제의 끝이 아니다. 다음에서 나는 능동적인 실제 시민들이 국가 도덕 교육을 거부하는 데 대해 제시할 수 있는 다양한 정치적 이유 중 일부(전부는 아님)를 강조할 목적으로 기본 논증에서 비롯된 다양한 논의를 간단히 제시한다. 나는 가령, 과다한 비용처럼 국가 도덕 교육에 반대할 수 있는 독립적인 이유와 구별하기 위해서 이것을 **동의 보류 이유**라 부른다.

첫 번째 논의는 단순히 기본 버전을 정교화한 것이지만 자유주의국가 교육의 제한된 범위를 반영하는 몇 가지 중요한 용어 추가로 인해 다시 검토할 가치가 있다. 도덕 교육에 대해 동의할 만한 개념은 온건한 "시민적" 버전을 위해 포괄적인 도덕 교육이라는 개념을 피해야 한다고 말한다.[6] 이러한 관점에서 볼 때, 국가는 도덕 교육을 사회의 안정을 보장할 만큼 강력하게 통치할 권한만 가진다(Costa, 2004, p. 6). 이러한 "최소한의" 도덕 교육은 사회적 협력의 규범과 헌법에 보장된 권리와 자유에 대한 지식으로 제한될 수 있다(Costa, p. 7, Rawls, 2001, pp. 156-157). 최소치를 초과하는 것은 우리가 자유 사회에서 기대할 수 있는 다양한 삶의 방식을 침해할 것이다. 이 논의에서 동의 보류 이유는 사회 협력이 모두에게 이익이 되기 위해 국가의 공평성이 필수적이라는 아이디어와 관련이 있다. 우리는 이를 **중립적 보류 이유**라 부르겠다.

최소한의 시민교육에 대한 논증은 부분적으로 이러한 시민교육 목표에 공헌하는 것은 특정 기관(학교)이 아니라 전체 정치문화라는 믿음에 기

---

6 대표적인 예는 존 롤스의 (악명 높은) 최소한의 "시민" 도덕 교육이다. 개요와 답변을 위해서 코스타(Costa)를 참조할 것(2004).

초한다.[7] 그러나 자유주의적 정치문화가 "자기 지속적(self-sustaining)"이라는 점을 의심하는 학자들은 중립주의적 보류 이유와 일치하는 강력한 국가교육에 관한 주장을 제시해 왔다. 예컨대, 일부 사람들은 좋은 삶에 대한 다양한 생각을 배우는 것을 포함하는 정치 교육을 선택했다(Costa, 2004). 여타의 사람들은 비판적 성찰과 자기 결정이 자유주의적 시민 규범적 태도에 필수적이라고 주장했다. 이는 적어도 실제적인 측면에서 시민교육을 개인적 자율성과 같이 표면적으로는 "중립적이지 않은" 도덕적 이상을 가르치는 것과 구별하지 않게 만든다(Davis & Neufeld, 2007). 나는 그 논증에 대한 이러한 변형의 타당성에 대해 곧 더 자세히 설명하겠다. 그러나 그것이 자유주의국가 도덕 교육의 의미에 대한 **전이론적(pre-theoretical)** 우려를 반영할 수 있다는 점은 강조할 가치가 있다. 우리는 최소한의 시민교육이 사회의 도덕 교육 요구를 충족하지 못할 수 있다는 점을 우려하며, 그러한 교육을 제한하는 중립적 보류 이유의 범위와 타당성에 대해 이의를 제기한다. 그것은 자유주의의 특정 개념에 대한 단순한 "내부적인" 문제가 아니므로 나는 그렇게 주장할 것이다.

두 번째 논의는 자유주의적 시민 규범이 가치 있고 국가에 의해 장려되어야 한다는 점을 인정하지만, 이는 **공통적인** 국가교육을 정당화하지 못한다는 관점을 채택한다(Ebels-Duggan, 2013). 자유주의 시민 규범은 다양한 포괄적 교리의 진실과 양립할 수 있게 가르쳐야 한다고 말한다. 예컨대, 국가는 각 종교 교리의 신념이 "상대적"이거나 "진실이 아니다"라는 메시지를 보내지 않고도 종교 간 관용을 가르칠 수 있어야 한다.[8] 이러한

---

7 롤스가 정치적 자유주의의 사회적 재생산의 대부분을 "교육자로서의 정치적 개념"에 양도했다는 점은 주목할 가치가 있다. 이 아이디어에 대해서는 롤스(1996, p. 71)와 보옴(2013)의 분석을 참조할 것.

8 라즈(Raz) 참조(1990).

호환성은 공립학교에서는 불가능한 과제라고 주장된다.[9] 결과는 제도적이다: 합법적인 자유주의국가 도덕 교육은 시민들이 "교리 친화적인" 방식으로 시민 규범을 자유롭게 가르칠 수 있는 분권적 교육시스템을 수반한다. 자유주의국가의 중요성을 공평하게 반영하는 중립적 보류 이유는 필요하지만, 이런 관점에서 충분하지 않다. 공통의 '중립' 교육을 지향한 국가는 동의를 보류하는 이유다. 따라서 이 논의에 대한 특정 동의 보류 이유를 **교리적 보류**라고 부르겠다.

세 번째 논의는 의미 있는 동의를 위해서 특정 전제조건의 충족이 필요하다는 아이디어에 중점을 둔다. 그러한 전제조건의 필요성은 우리가 약속할 때 분명해진다. 강압적인 약속은 자유롭게 주어진 약속과 같은 의미를 갖지 않는다. 전자의 경우, "약속"은 약속을 한 사람이 강압적으로 구속한 미래 행위에 대한 평가와 거의 관련이 없는 이유로 이루어진다.

동의는 (적어도) 특정 **인지적** 전제조건의 충족을 요구한다. 예컨대, 어떤 사람이 수락할 준비가 되어 있는 정치적 의무에 동의한다면(아마도 실현할 수 있는 대안을 알지 못했을 수 있음), 이는 해당 의무의 합당성 또는 정당성에 대한 실질적인 의심을 불러일으킨다.[10]

이 논의가 개인의 자율성을 가져온다는 것은 놀라운 일이 아니다. 브릭하우스(Brighouse)는 다음과 같이 주장한다:

자유주의국가는 무비판적이고 합당하지 않은 동의를 구하지 않는다. 정당성을 평가할 때, 우리는 동의한 사람이 비판적이고 합당한 시

---

9 에벨스-더건(Ebels-Duggan)은 좋은 삶에 대한 교육적 중립이 실제로 불가능하다고 주장한다. 왜냐하면, 부분적으로 어린 학생들이 그 미묘한 차이를 이해하기 어렵기 때문이다 (pp. 49-50).

10 에드먼드슨(Edmundson)은 개요를 제공한다(2018).

민이 될 수 있는 실제 기회를 가졌다는 확신이 필요하다. 그러나 아이들에게 자율성을 촉진하는 교육을 거부하는 것을 허용하는 국가는 그 아이들에게 그러한 기회를 부여하지 않는다. 동일한 국가가 개인의 자율성을 보장하지 않았다면 국가의 강압적인 행동이 자율적 시민에 의해 받아들여졌기 때문에 그 국가가 합법적이라고 주장하는 것은 공허하다.(1998, p. 735)

규범은 미래 세대에게 동의를 의미 있게 만드는 인지적 전제 조건과 일치하는 방식으로 가르쳐야 한다. 그렇게 하지 않는 국가 도덕 교육에 대한 모든 논의는 정당성의 측면에서 의심스럽다.

제안된 국가 도덕 교육이 다른 전제 조건을 훼손할 수 있다고 상상하는 것이 가능하다. 즉, 최소한 그 제안에 대해 논쟁하는 시민들은 동의를 보류하는 이유로 주장하는 전제 조건을 인용할 수 있다. 그래서 우리는 이러한 근거에서 국가 도덕 교육을 거부하는 이유를 **전제조건 보류**라고 부르겠다.

7.4 도덕 교육 동의 기준

자유주의국가 도덕 교육이 원칙적으로 타당하다면, 특정 정치적 의무를 도출하는 것은 동의를 보류하는 여러 이유로 인해 제한될 수 있다. 이러한 이유는 종종 호환되지 않을 수 있다. 나는 동의를 의미 있게 만드는 인지적 전제조건을 훼손하는 도덕 교육에 동의하지 않는다. 당신은 자유주의 중립성을 훼손하므로 이와 동일한 전제조건의 함양을 지원하는 도덕 교육을 거부한다. 그러면 국가 도덕 교육이 존재하고(진지한 사람들이 **이를 주**

장함), 사실(자유주의국가가 실제로 **그렇게 하고 있음**)처럼 보이지만, 전체적으로 보면 그 정치적 의무의 어떤 버전에 대한 동의의 가치에 대해 의심하고 반대하는 것처럼 보인다.

정치적 자유주의자들은 자유주의국가 교육에 대한 동의 보류의 근본 원인으로 다양한 이유를 제시한다. 설령 그렇더라도 우리는 이것이 적극적 자유주의 시민이 동의할 가치가 없는 국가 도덕 교육에 대한 동의 거부의 타당한 이유라고 주장하거나 동일한 종류의 이유를 가지지 않는다고 반대할 수도 있다. 다양한 동의 보류 이유는 우리가 일하는 자유주의의 정치적 개념으로 제한된다. 중립주의를 보류하는 이유는 반완전주의 자유주의에 대한 헌신에서 파생되며 반완전주의 국가의 도덕 교육 목표를 훼손하는 중립성에 반하는 경우에만 유효하다. 전제조건 보류 이유는 개인적 자율성에 대한 약속에서 파생되며 밀의 자유주의 국가에서 의미 있는 동의를 위한 우리의 능력을 약화하는 도덕 교육 목표를 지향한 경우에만 유효하다. 등등.

사실, 도덕 교육에 대한 정치 권력을 가상의 반완전주의 자유 국가에서 가장 강력하게 배제하는 동의 보류 이유는 중립적 보류일 경향이 있으며, 철저하게 자율성을 촉진하는 자유주의국가에서 가장 강력하게 지배할 동의 보류 이유는 전제조건 보류일 가능성이 높다. 이것이 전부라고 말할 수 있다면, 동의 보류 이유의 개념은 일종의 범주 오류라는 의미가 된다. 우리의 도덕 형성에 대한 정치적 의무에 대한 이의를 제기할 수 있는 타당한 이유는 자유주의에 대한 우리의 개념에 달려 있으며, 따라서 이러한 이유는 동의와 자유주의국가의 도덕 교육 목표 사이의 관계에 대해 일반화할 수 있는 통찰력을 제공하지는 못한다.

그러나 할 말이 더 있다고 생각하는 데에는 적어도 두 가지 이유가 있다. 첫째, 동의를 보류하는 이유에 대한 직관은 어떤 정치적 개념에도 얽매이지 않는 것 같다. 예컨대, 우리가 고려하고 있는 이의제기에서, 교화에 대한 우려는 그것이 제안된 도덕 교육이 자유주의 중립성에 어긋난다는 것을 어떻게든 보여주는 역할을 하지 않는 한 반완전주의 국가에서 아무런 가치가 없어야 한다. 그러나 우리는 자신의 권한을 사용하여 시민들이 중립의 이상(ideal)을 받아들이도록 조건을 부여하고 그에 반대하는 전제조건 보류의 이유를 제기하고 싶어 하는 완전하게 중립적인 국가를 상상할 수 있다. 앞의 7.3절에서 검토한 "최소" 국가교육으로 간주하는 사항에 대한 변형도 고려하라. 이러한 변형은 자유주의적 국가 중립성을 거부하기보다는 시민들이 중립적 보류 이유에 부여해야 하는 가중치에 대한 다양한 견해를 반영한다. 예컨대, 자유주의 시민 규범에 대한 교육이 개인적 자율성과 같은 도덕적 이상에 부합하는 능력과 가치의 함양을 포함한다는 주장은 어떤 사람들에게는 받아들일 수 있지만 다른 사람들에게는 단호하게 동의를 보류할 수 있다. 이것은 우리가 정치적 개념을 수정하도록 강요하는 이론적 이전의 고려 사항이다. 타당한 동의 보류 이유는 일반화할 수 있는 것으로 보인다. 그들은 특정한 정치적 개념을 초월한다.

둘째, 동의 보류 이유는 정치적 의무로서 도덕 교육에 특정한 특징을 목표로 한다. 예컨대, 교리적 보류 이유는 자유주의 중립성과 일치한다. 그러나 그것은 자유주의 중립으로 완전히 설명되지는 않는다. 교리를 보류하는 이유에는 특정 목표-교리의 도덕 형성이 **공통적**으로 이루어질 수 있는 정치적 의무가 있다. 테이블에 그러한 공통 교육이 없으면 이러한 이유는 더 이상 적용되지 않는다. 타당한 동의 보류 이유는 적절한 것 같다. 그것은 우리의 도덕 형성 관련 정치적 의무에 대해 특별히 언급하고 있다.

그렇다면, 적극적 시민이 도덕 교육을 정치적 의무로 간주하는 것에 반대하는 동의 보류 이유를 제기할 수 있다는 점을 인정하자. 우리는 동의 보류 이유의 타당성 확보를 위해 필요한 것, 즉 제안된 정치적 의무의 조정을 보장하는 것에 대해 언급하지 않았다. 동의 보류 이유를 일반화할 수 있고 적절하게 만들 수 있는 일반적 기준이 있는가? 우선, 강압에 대한 우려는 모든 동의 보류 이유가 공통으로 존재한다는 점은 분명하다. 이것은 우리에게 많은 것을 말해 주지 않는다.

동의 보류 이유는 국가가 우리에게 도덕 형성을 성취하도록 강요할 권한이 있다는 구체적인 정치적 요구다. 그러나 강압만으로는 무엇이 이러한 이유를 타당하게 만드는지 알 수 없다. 예컨대 강압은 마약 금지와 같이 "교육과 무관한" 정치적 의무를 겨냥하는 중립 보류 이유를 유발할 수 있다.[11]

강압만으로는 이러한 이유를 일반화할 수 있는 이유를 설명할 수 없다. 이는 그 이유를 정치 권력이라는 일반적인 문제와 하나로 묶는다. 그리고 정치 권력의 일반적 문제는 다양한 자유주의적 정치 개념으로 다양하게 답변할 수 있으며, 이는 일반화 가능성에 대해 더욱 의문을 제기할 뿐이다.

물론 강압은 동의를 정치 권력의 조건으로 삼는 결과적인 이유다. 그러나 그것은 어떤 것이 국가 도덕 교육에 반대한 타당한 동의 보류 이유로 기본적인지 우리에게 말해 줄 수 없다.

나는 자유주의 사회의 공중도덕과 자유주의 권위 사이의 관계를 자세히 살펴보면 이러한 공통 기준이 드러난다고 믿는다. 아래에서는 이를 달성하기 위한 단계를 간략하게 설명한다.

---

11 예컨대 후사크(Husak)를 참조할 것(2000).

1. 사회를 구성하는 일정 범위의 공중도덕 규범과 가치가 있다.
2. 사회의 규범과 가치는 사람들의 **자유롭고 평등한** 지위에 따라 그들을 어떻게 대우해야 하는지를 규제할 때 "자유주의적"이다. (우리가 형이상학에 대해 논쟁하는 경우, "자유롭고 평등한"은 개인의 전정치적(pre-political) 자연권/의무에 대한 해석일 수 있다. 원래 친사회적/협력적 행동을 동기 부여한 상호 인정의 공식화일 수 있고, 함께 일하고 싶은 공유된 욕구의 표현일 수 있다).
3. 사회를 구성하는 타당한 공중도덕 규범과 가치는 미래 구성원들의 도덕 형성의 일반적인 방향을 설정해야 한다.
4. 그러므로 자유주의적 규범과 가치는 미래 구성원들의 공통적인 도덕 형성이라는 일반적인 방향을 설정해야 한다.

이것이 자유주의 사회의 도덕 교육에 대한 논증이다. 정치적 의무에 관한 전제는 필요치 않다. 우리가 찾고 있는 기준은 국가를 도입하면 나타난다.

5. 자유주의 사회라고 정의하는 규범과 가치 중에는 개인의 자유를 옹호하고, 그러한 자유에 대한 침해에 대해서 정당화를 요구하는 추정이 존재한다.[12]
6. 국가 도덕 교육은 우리의 도덕 형성의 일부 측면을 하나의 정치적 의무로 간주하고, 개인의 자유에 대한 침해를 승인한다.
7. 정치적 의무를 정당화하는 일반적인 방식은 자유의 침해가 정치적 의무가 없는 것보다는 우리에게 더 나은 삶을 제공할 것임을 보여주

---

12 자유주의의 다양한 "계열"과 관련된 이 아이디어에 대한 논의는 가우스(Gaus)를 참조할 것(2010).

는 것이다.[13]

8. 국가 도덕 교육은 만일 국가가 개별 구성원의 자발적인 노력에 의존하는 경우보다는 목표로 삼은 규범적 태도와 관련하여 사회의 도덕 형성에 더 나은 역할을 할 수 있을 때, 그리고 수행할 수 있을 때만 동의할 가치가 있다.

8단계에는 무엇이 필요한가? 그 구체적인 이유는 맥락에 달려 있다. 그러나 우리는 복잡한 사회에서 도덕 교육을 수행하는 데 필요한 조정 수준, 또는 도덕적으로 잘 교육하는 데 필요한 교육학적 전문 지식의 정도, 또는 자발적으로 사회의 도덕 형성을 지원하는 데 걸리는 시간 등이 모두 작동할 수 있다고 상상할 수 있다. 이 모든 것이 국가에 의지해야 할 개연성이 있는 이유처럼 들린다. 어느 쪽이든 1~8단계에서는 다음이 생성된다.

교육 동의 기준: 동의할 말한 가치가 있는 국가의 도덕 교육은 자유주의적 규범적 태도의 형성을 촉진한다. 그리고 국가 개입 없이도 동일한 도덕 교육 목표는 결과적 태도가 기대되는 태도와 구별할 수 없을 때 성취될 수 있다.

교육 동의 검증은 동의 보류 이유의 동기를 설명하는 데 도움이 된다. 자유주의 사회에 적합한 도덕 교육은 우리 모두에게 적용되어야 한다고 자유롭게 인식할 수 있는 것을 반영하는 규범과 가치를 장려할 때 동의할 가치가 있다. 그러나 우리가 살펴본 것처럼, 동의 보류 이유는 해당 교육의 장점에 관한 것일 수 없다. 이러한 장점은 이미 자발적 단계(1-4)에

---

13 정치 권력에 관한 문헌에 익숙한 독자라면 이 전제에 남아 있는 권위의 "서비스 개념"의 요소를 인식할 것이다(Raz, 1986 참조).

서 인정되고 수용된다. 이는 우리가 이러한 훌륭한 규범과 가치를 획득하는 데 있어 국가가 촉진하는 장점/단점이 있음이 분명하다. 보류 이유는 동의할 만한 도덕 교육 권위에 대한 보류를 표현한다. 동의 보류 이유가 제안된 자유주의국가의 도덕 교육 목적이 교육 동의 기준에 의해 보장되는 것 이상으로 확장된다는 것을 입증할 수 있는 경우, 우리는 해당 제안을 수정하는 데 유리하게 판결할 수 있다.

예컨대, 고도로 창의적인 사회를 지배하는 자유주의국가를 상상해 보라. 널리 공유되는 규범 중 하나는 '우연적 행운(serendipity)'이다. 즉, 행운이지만, 추구하지 않은 것에 가치를 두어야 하며 우리는 그러한 행운의 가능성을 높이기 위해 행동해야 한다는 것이다. 사회 구성원들은 창의성에 대한 공유된 관심이 행운(은행 계좌에 뜻하지 않은 돈이 들어오는 것, 통근자들이 다른 길을 택하도록 하는 시설물을 가끔 배치하는 것)을 장려하는 공공 정책에 의해 제공된다는 것을 인정한다. 이런 국가는 행운에 따라 도덕 교육을 정치적 의무로 삼을 것을 제안한다. 일부 시민들은 일단 우연한 지시가 의무화되면 규범이 공식화될 것이라는 이유로 의무를 거부한다. 그들은 권위가 순응적인 해결책으로 운좋게 작곡한 악보를 연주할 것이라고 주장한다.

아마도 창조 사회는 상대적으로 지루하고 다분히 순응적인 정치 권력에 맞서 방어하기 때문에 매력이 없을 수 있다. 그러한 사회의 고상한 사상은 어느 시점에서는 정치적 안정이라는 현실에 의해 제약을 받게 될 것이다. 예컨대, 그러한 사회는 여전히 법과 질서가 필요할 것이다. 그리고 시민들에게 법의 가치를 교육하는 국가는 **역시** 우연적이지 않은 좋은 태도를 장려할 것이다(특히 판사들 사이에서!). 국가교육은 운 좋게 규범을 "반대"하는 것처럼 보인다. 그 때문에 전반적으로 도덕 교육에 대한 동의를 보류하는 것은 이상할 것이다. 문제는 정치 권력이 아니라 우연히 발견한 도덕적 이상이다.

이는 문제를 보는 데 도움이 되지 않는 제로섬 방식이다. 이는 사회가 다른 모든 태도를 배제하고 하나의 규범적 태도(이 경우 우연한 발견)의 촉진을 중심으로 구축되어야 한다고 가정한다. 아마도 행운을 조장하는 이유 중 하나는 법질서가 그러한 논쟁과 사회적 순응에 대해 보상해야 하는 연쇄 효과를 가지고 있기 때문일 것이다. 이는 우리가 법적 질서나 그 질서를 뒷받침하는 공중 규범을 거부한다는 의미는 아니다. 생각해 보라. 자유롭고 개방적인 사회에서는 젊은이들이 시민 불복종에 대해 배우도록 종종 장려한다. 그래서 이러한 사회가 불복종을 최선의 삶으로 고려해야 한다고 결론을 내리는 것은 무자비할 것이다.

동의 보류적 반대는 여타의 규범에 대해 직접적으로 반대하는 것이 아니라, 오히려 특정 규범을 습득한 정치 권력이 그 규범의 의미와 준수에 영향을 끼치는 방식에 반대하는 것이다. 이것은 비합리적인 걱정이 아니다. 약속에 대한 비유를 계속하자면: 우리는 때때로 행위 자체의 장점 때문이 아니라 약속을 하는 사람과의 관계가 그 행위의 장점을 손상하므로 행동하겠다는 약속을 보류한다. 우리에 대한 권력을 가진 사람들에게 한 약속이 대표적인 예다. 내가 어떤 친구와 동료에게 그들의 할당량을 충족할 수 있도록 무급 초과 근무를 하겠다고 약속하는 것과 내가 상사의 요청에 따라 그 친구를 계속 도와주겠다고 그 상사와 약속하는 것은 다르다. 전자의 이타주의 행동은 후자로 이어지지 않는다. 후자의 경우 내 약속이 관대함에서 비롯된 것인지 보복에 대한 두려움에서 비롯된 것인지는 모호하다.

내가 보기에 도덕 형성에 대한 권위에 동의하는 것은 유사한 모호성을 띤다. 교육적 동의 검증은 우리가 이성과 설득의 조건 아래 도덕 교육의 개념에 동의할 수 있더라도(우리가 일반적으로 가설적이든 실제적이든 동의가 "일어날"

것이라고 기대하는 경우), 그런 교육이 목표로 삼은 규범이 일단 정치적 의무가 되면 의도하지 않은 방식으로 변화하게 된다는 우려를 포착한다. 권위로서의 정치 권력은 가장 선의의 도덕 교육 목표를 좌절시킬 수 있다.

문제를 더 잘 이해하기 위해 우리는 더 실천적인 관점을 가진 동일한 논의를 할 수 있다. 우리의 도덕 형성을 통제하는 국가를 상상해 보라. 이런 규칙이 채택할 수 있는 세 가지 방향은 다음과 같다.

1. 주체는 도덕 형성 과정을 거쳐야 할 의무가 있으며, 그 결과는 주체가 그 의무로부터 자유로우면 달성할 수 있는 것과 다르지 않다.
2. 주체는 도덕 형성 과정을 거쳐야 할 의무가 있으며, 그 결과는 주체가 그 의무로부터 자유로우면 달성할 수 있는 것과 다르다.
3. 주체는 도덕 형성 과정을 거쳐야 할 의무가 있으며, 그 결과는 주체가 그 의무로부터 자유로우면 달성할 수 있는 것보다 더 바람직하다.

교육 동의 기준에는 국가가 1번 방향을 지향해야 한다고 되어 있다. 하지만 1번 방향은 의미가 없는 것이 아닌가? 국가 도덕 교육은 그것이 통제하는 주체와 아무런 차이가 없음에도 불구하고 정당화할 수 있는 사례가 있는가?

첫 번째 경우는 의무가 달리 실현 불가능한 도덕 교육에 독립적인 가치를 부여할 때다. 그런 가치가 하나의 증명이다. 내가 (나를 포함하여) 모든 사람이 동일한 방향으로 규범적 태도를 함양하도록 지시받았다는 것을 안다면, 나는 내가 자발적으로 함양할 수 없었던 방식으로 그 적합한 사회규범을 준수하기 위해서 다른 사람들에게 의존할 수 있다.

그러나 이 정당화는 우리가 가정을 추가하는 경우에만 적용된다. 즉, 사람들이 강압으로 수행하지 않는 한 도덕 형성에 참여하지 않을 것이라는 가정이다. 가정을 제거하라. 방향 1은 실제로 무의미하다: 정치적 의무는 아무것도 추가하지 않는다. 우리는 이런 종류의 정당화를 중단할 수 있다.

두 번째 경우는 권위가 최종 가치이거나 그 자체로 목적인 경우이다. 아마도 국가는 초기 단계에 있으며 도덕 교육에 대한 국가 권한의 확대는 단순히 그것이 권위라는 것을 확립하는 데 도움이 될 것이다. 아니면 이 영역을 확장하는 것이 단순히 국가의 나폴레옹적 욕구를 충족시키는 데 도움이 될 수도 있다. 어쨌든 정치적 의무가 시민의 도덕 형성에 실질적인 영향을 미치는지는 중요하지 않다. 권위가 핵심이다. 예컨대, 자녀가 매일 아침 10번의 점핑 잭을 하도록 하는 것이 부모의 의무일 수도 있다. 정말로 중요한 것은 시민들이 그들의 도덕 형성에 개입할 수 있는 국가의 권리를 인정하는 것이다.

그렇다면 흥미로운 점은 모든 사람이 자신의 주도로, 자신의 관점에 따라 자유롭게 도덕 교육을 받더라도 그 자체 목적으로서의 권위가 실현될 수 있다는 것이다. 그러므로 우리는 그러한 권위가 그 관점의 교육적 의미에서는 무의미하다고 말할 수 있다. 우리도 이 정당화를 역시 중단해야 한다.

세 번째 경우는 정치적 의무가 주체를 여타의 자유 제한적 부담으로부터 해방시키지만, 주체의 도덕 형성에는 영향을 미치지 못하는 경우다. 어떤 젊은 사람이 자신의 도덕적 인격을 확실히 개발하고 오로지 자신의 노력을 통해 개발해야 한다는 것 이외에는 강력한 도덕적 견해가 없는 기업 사회를 상상해 보라. 문제는 이 요구 사항을 충족하는 데 시간이 오래 걸리고 다른 작업을 수행하기가 어렵다는 것이다. 국가의 도덕 교육은 젊은이들이 이 시간에만 도덕적 개발에 자유롭게 투자할 수 있는 보호 시간을 할당함으로써 이러한 제약으로부터 주체를 해방시킨다. 그러면 다른 일을 할 시간이 생긴다.

이와 같은 정당화는 또한 도덕 형성에 대한 기업가적 접근 방식이 잘 못되었다는 가정, 즉 국가의 "해방" 의무를 통해 해결되어야 하는 문제에 의존한다. 이것은 잘못된 움직임이다. 그 사회의 비강압적 구성원들이 그럼에도 상충 관계가 도덕적 기업가 정신으로 수렴된다는 것을 인식한 다면, 도덕적 기업가 정신은 정당한 국가 도덕 교육이 지원해야 하는 것 이다. 정당화는 그 사회의 규범적 태도가 아마도 좋을 것이지만 잘못되 었다고 가정할 때만 작동한다. 하지만 이는 방향 1을 지지하는 논증에서 우리를 멀어지게 한다. 우리는 그것 역시 거부할 수 있다.

분명히 알 수 있듯이, 지금까지 검토한 방향 1에 대한 정당화는 실제로 2와 3에 대한 정당화이다. 이는 국가 "교정"을 정당화하는 해당 사회의 자발적인 도덕 교육의 과정에 대해 신뢰할 수 없는 무언가가 있는 경우 다. 사람들은 자신들의 주도로 도덕 교육을 받을 수 없거나 받기를 원하 지 않을 수도 있고, 사회의 가치는 마땅히 그러해야 할 가치와 일치하지 않을 수도 있다.[14]

그러나 1의 경우는 실패하지 않는다. 왜? "교정"이 필요하지 않다고 상 상해 보라. 이는 국가의 도덕 교육이 필요하지 않다는 것을 의미한다. 그 러나 이 명백한 결론은 놀라운 의미가 있다: 즉, 2와 3 아래 얻을 수 있는 조건에서 우리가 상상할 수 있는 모든 국가 개입의 목표는 우리를 1로 되

---

14 방향 2처럼 보이는 것은 이상한 것 같다. 왜 국가는 다르지만 바람직하지 않은 도덕 교육 을 목표로 해야 하는가? 아마도 이 방향은 독립이 사람들에게 바라는 방향과 똑같이 바람 직하지만 각각은 상호 배타적이다. 사회는 무작위로 방향 2를 선택한다. 즉, 독립보다 다 른 존재 2를 약간 더 매력적으로 만드는 독립적인 이유가 있다. 어느 쪽이든, 내 생각에는 유사한 비이상적인 가정에 호소할 수 있는 모든 개연성이 있는 2를 위한 사례가 있지만 한 가지 중요한 예외가 있다: 그것은 독립적인 사례에서 달성할 수 있는 것과는 구별되는 일련의 규범이 있고, 그것의 추구가 독립적으로 달성할 수 있는 것을 반드시 배제하지 않 는 경우다. 7.5절에서 논의하는 시민 규범이 그러한 사례 중 하나다.

돌리는 것이다. 즉, 자유주의국가 도덕 교육의 목표는 사회가 이상적인 "무국가적(stateless)" 조건에서만 달성할 수 있는 도덕 교육 목표를 달성하도록 돕는 것이다. 그러나 그럴 수 없다.

자유주의 사회에서 국가 도덕 교육의 "부가가치"가 중요한 역할을 한다. 이는 우리가 타당하다고 인식하지만, 가족이나 정치문화만으로는 함양할 수 없는 규범적 태도를 목표로 삼아야 한다. 교육적 동의 기준은 이러한 목적을 정당성 조건의 형태로 표현한다. 즉, 국가는 시민들이 독자적인 노력에 의존하는 대신에 그 권위를 인정한다면 자신들의 도덕 교육적 관점보다 더 나아질 것이라는 점을 보여야 한다.

7.5 동의 기준에 대한 반대

교육적 동의 기준에 대한 반대 의견 하나는 그 동의 기준이 직관적으로 국가 도덕 교육을 매력적으로 만드는 것 자체에 대해 적대적인 것처럼 보인다는 것이다. 교통 규범을 예로 들어 보자. 무국가적 사회에서 우리는 도로의 어느 쪽에서 운전해야 하는지, 얼마나 빨리, 보행자가 언제 건너는 것이 안전한지에 대한 다양한 독특한 규범을 기대할 수 있다. 인구가 적은 항구와 시골 마을에 사는 사람들은 진심으로 동의할 것이다.

그러나 국가에서는 보행자에게 이러한 규범 준수를 기준화하는 강압적인 교통법과 규칙을 부과한다. 일률적으로 적용되는 규범들이 "전국가적(pre-state)" 기준과 다소 다르다는 이유로 그 규범을 어린이들에게 가르치는 국가교육에 대해 동의를 보류하는 것은 이상할 것이다.

이 반대는 규범이 적용되는 맥락의 변화가 규범의 변화를 함축한다고 가정한다. 이는 반드시 그런 것은 아니며 교통법규가 좋은 예이다. 타당하지만 비공식적인 운전 규범은 A에서 B까지 효율적으로 이동하려는 관심과 안전하게 이동하려는 관심 사이의 균형을 유지한다. 그러나 인구가 증가하고 교통이 더욱 복잡해지고 위험해짐에 따라 비공식 규범은 실패할 수 있다. 당국은 우리의 행동을 조정하고, 우리가 모두 지침을 따른다면 이러한 이익을 확실하게 실현할 수 있는 지침을 내려줌으로써 도움을 줄 수 있다. 그러나 우리가 "전국가적" 사례에서 비공식적 규범을 수용하는 이유는 "국가" 사례의 이유와 동일하다는 점에 유의하라. 국가는 규범이 어떻게 적용되는지 결정함으로써 문제로부터 우리의 독립적인 판단을 배제했을 뿐이다.[15]

교통 규범에 적용되는 내용이 다른 규범에는 적용되지 않을 수도 있다. 자유주의국가 도덕 교육에는 교통법과 같은 적법한 법칙을 준수하려는 의지가 분명히 포함될 수 있다. 그러나 우리는 교통법의 예를 국가 도덕 교육의 모델로 삼아서는 안 된다. 내가 진술한 바와 같이, 교통법규는 우리의 독자적인 판단을 대부분 배제할 때 "유효"하다. 우리는 단순히 복종하고, 그렇게 하지 않으면 처벌받는다. 이제 모든 공중 규범과 가치를 수용하고 이를 통일된 규칙 체계로 성문화하면 독자적인 도덕적 판단이 더 이상 적용되지 않고 위반이 처벌로 이어지는 국가를 상상하는 것이 가능해진다. 그리고 독자적인 판단 방식을 많이 사용하지 않고도 이러한 규범을 준수하도록 훈련하는 국가교육을 상상하는 것도 가능하다. 그러나 뭔가가 빠졌을 것이다. 그 "무언가"는 도덕적 행동의 독자적인 차원이다. 즉 외부 관찰자의 관점에서 도덕적으로 가치 있는 행동이 "좋은" 것

---

15 정치 권력 이론가들은 우리의 복종이 해당 지침이나 법률의 장점을 인정하는 데 달려 있지 않다는 점에서 국가 지침이나 법률을 "내용 독립적"이라는 의미로 설명한다. 우리가 X를 하라는 지시를 받았다는 사실이 X를 하는 이유다. 이는 우리가 가질 수 있는 다른 이유를 폐지하고 대체한다(Raz, 1986).

이라 할지라도 판단을 보류하고 단순히 복종하면 독자적 행동은 불가능하다. 칸트의 "악마 종족(race of devils)"에 걸맞은 교육이겠지만, 도덕 교육이라고 보기는 어려울 것이다.

내가 생각하기에, 교통 사례는 자유주의국가 교육이 시민이 복종해야 할 명령적(정당화 가능한) 규범과 적합한 의미에서 필수적인 도덕규범을 구별해야 한다는 것을 보여준다. 이 구별은 다음의 반대를 살펴보면 더 분명해진다.

이 반대는 교육 동의 기준이 "시민적" 규범을 다루지 않는다고 주장한다. 시민적 관용이나 공적 이성과 같은 규범은 자유주의국가를 **구성하는** 것이지, 국가가 통치하는 사회에서 개인의 대인관계 상호작용을 **규제하는** 것은 아니다. 내가 줄곧 채택한 "무국가적" 자유주의 사회에 대한 이론적 허구에서는 시민적 규범이 의미가 없다. 예컨대, 정치적 의무(즉, 국가에 복종해야 할 도덕적 의무가 있음)라는 개념 자체는 국가가 있는 사회에 매우 중요하다.

우리는 이 반대를 더 깊이 수용할 수 있다. 국가 도덕 교육은 존중하는 대인 관계적 규범과 가치를 증진하는 수단이라는 점을 인정하자. 시민 규범은 도덕규범이 아니다. 시민 규범은 안정적인 국가를 추구하기 위한 수단이다. 이러한 규범을 준수하는 방법을 배우면 우리가 모두 더 나은 삶을 누릴 수 있다. 왜냐하면, 정치적 안정이 있어야 좋은 삶의 추구에 대해 생각할 수 있기 때문이다. 결론은 이러한 규범을 (준수하기 위해) 교육을 받아야 할 정치적 의무는 권위에 의해 "왜곡"될 수 없다는 것이다. 규범 본질적으로 권위가 있다.

국가가 존재하는 경우에만 행동규범이 존재할 수 있으며, 국가는 규범을 교육할 정당한 이유가 있다. 그러나 이러한 규범이 교육적 동의 기준을 우회할 수 있다는 결론을 내리는 것은 옳은가?

플라톤의 대화편 『크리톤』을 우연히 발견하게 될 먼 훗날, 국가가 없는 재난 이후의 사회를 상상해 보라. 정치적 의무가 있고 미래의 구성원들에게 그 의무에 대해 교육해야 할 충분한 이유가 있다면, 그 사회의 구성원들은 그것을 읽고 그것에 동의할 것이다. 그들은 통치하는 사람들에게 혜택을 주는 국가(즉, 합법적인 국가)를 지지할 도덕적 이유가 존재한다는 데 동의할 것이다. 우리가 도덕적인 삶을 영위하고 싶다면 이러한 이유와 그 적용 시기를 알아야 한다. 혹자는 그들이 무국가적 사회의 구성원이기 때문에 정치적 의무가 없다고 지적한다. 그러한 인식은 불필요하다. 논점은 인정되지만, 정당한 법이 존재하는 곳에서는 복종할 의무가 있다는 점을 젊은이들에게 이해시키기 위해 사회가 여전히 젊은이들을 교육해야 한다는 데 동의한다. 결국, 미래의 사회 구성원들은 국가를 세운 또 다른 재난 이후 사회를 우연히 만날 수도 있다. 그들의 법을 존중하는 것이 옳은 일이다.

재해 이후 사회는 다음 사항에 동의한다:

전제 1: "사회 구성원은 정치적 의무에 대한 교육을 받아야 한다."

전제 1은 도덕적 규범이다. 이 규범을 뒷받침하는 국가나 강압적 요구는 없다. 이제 그 사회의 젊은이들이 실제로 미약하지만, 그런 국가 기능을 가진 공동체를 우연히 발견했다고 상상해 보라. 그들은 전제 1에 대한 이해를 당해 국가의 국민과 공유한다. 일부 국민들은 자신들에게 강요된 자연 상태에 대한 새로운 기억을 가지고 이 아이디어가 매우 매력적이라고 생각한다. 열정적으로 그들은 다음을 제안한다.

전제 2: "주체들은 정치적 의무에 대한 교육을 받아야 한다는 국가 요구 사항(즉,

정치적 의무)을 준수해야 한다."

우리가 고려하고 있는 반대 의견에 따르면, 전제 2는 시민 규범이다. 국가의 관점에서 볼 때 이 규범은 논란의 여지가 없다. 정치적 의무는 정치적 안정을 위한 수단이며, 권위 없이는 안정이 없다.

국민은 국가에 동의한다. 국가는 국민의 의견에 동의하지 않는다. 시민의 관점에서 볼 때, 전제 1에서 전제 2로의 이동은 사소하지 않다. 본래 규범은 사람들이 정당한 권위를 인정하고 존중하는 법을 배워야 하지만 도덕적 양심이 지시하는 대로 교육적 요구 사항을 자유롭게 충족할 수 있어야 한다고 명시했다. 후자는 미래의 모든 국민에게 규범을 내면화할 것을 의무화하고 있다.

이 단계에서 도덕성과 정치 권력 사이의 관계에 대한 우려가 나타날 수 있다. 정치 권력은 정치적 안정을 목적으로 도덕적 규범을 "도구화"하는 것처럼 보인다. 정치적 안정성은 중요하지만, 국가는 우리로 하여금 합법적인 권위가 요구하는 일을 수행할 의무에 대해 배우도록 명령할 수 있는 권한이 있어서 우리는 권위에 유리한 입장을 채택할 수 있다. 전제 조건 보류 이유는 규범을 낮게 평가할 수 있다. 모든 것을 고려할 때, 해당 규범의 권위를 낮춰 전제 1을 수용(그리고 이성과 설득을 통해 촉진)하고, 전제 2를 거부하는 것이 더 나을 수 있다.

그러나 반대 의견은 더욱 강력해질 수 있다. 예는 우리가 (i) 전제 1형식의 자발적/도덕적 규범을 목표로 하는 자유주의국가 교육의 그러한 측면에 대한 동의와 (ii) 전제 2형식의 권위적/시민적 규범을 구별할 수 있음을 보여준다. 우리는 동의 기준을 충족할 수 있는 일부 범위의 "도덕" 규범을 다루는 국가교육에 동의해야 한다. 그러나 우리는 기준이 적용되지 않는 일부 "권위 있는" 규범체계에 대한 교육에 동의할 수도 있다.

나는 이러한 구별에 동의한다: 바로 이러한 구별이 교육적 동의 기준이 포착하려는 목표다. 우리가 자유주의국가 도덕 교육에 동의할 때, 우리는 국가가 우리 도덕 형성의 일부 측면을 통제하는 데 동의할 뿐만 아니라 그러한 도덕 형성을 이끄는 적합한 규범과 가치가 **권위 있음**(authoritativeness)을 공개적으로 표현하는 데에도 동의한다. 이러한 규범은 명확하고 모호하지 않으며 신뢰할 수 있고 의심할 바 없이 우리가 인정할 만한 가치가 있다. 권위가 요구되는 경우가 있을 것이다. 그러나 우리의 공중 규범과 가치 중 일부는 이러한 종류의 대우로부터 이익을 얻지 못할 수도 있다. 우리가 획득할 수 있는 도구적 이익(가령, 정치적 안정과 정의)이 많다고 생각할 때도 자유주의국가에 교육의 책임을 부여하는 것에 대해 신중해야 한다. 이것이 바로 교육 동의 기준이 목표로 삼는 것이다.

7.6 21세기의 도덕 교육과 정치적 동의

도덕 교육 프로그램을 "강요"해서는 안 된다는 것이 (반드시) 도덕 교육에 대한 국가의 권위를 문제 삼는 이유를 정확히 지적하고 있는 것은 아니다. 설령 국가가 이상적으로 유능하고 도덕 교육 개념을 뒷받침하는 규범과 가치 또한 완전하게 일치하더라도 이러한 우려는 여전하다. 교육적 동의 기준이 그 이유를 보여준다. 정치 권력은 공중도덕을 왜곡할 수 있다. 전제조건 보류 이유는 규범으로서의 시민 규범에 대한 교육에 반대하는 것이 아니라 그에 대한 무분별한 순응에 반대하는 것이다. 교리 보류 이유는 도덕적 존중과 협력에 반대되는 것이 아니라 우리의 확고한, 가장 깊이 뿌리내린 신념에 얽매이지 않는 존중과 협력의 개념에 있다. 이러한 이유는 일단 정치 권력이 등장하면 도덕 교육 목표의 변경을 목표로 한다.

　동의 보류 이유는 내가 본 장 전체에서 집중적으로 설명한 이유에만 국한되지 않는다. 이는 자유주의국가 도덕 교육의 성격과 범위에 대한 합의를 모색할 때 시민들이 제시할 수 있는 **일종의** 정치적 이유의 예다. 내가 지금까지 제시한 이런 종류의 이유의 예는 국가 독점 아래 중앙 권력에 의해 수행되는 도덕 교육에 더 적합할 수 있다. 이는 추가적인 질문으로 이어진다. 사회 제도가 중앙집권적이지 않고 명시적으로 강압적이지 않으며, 권위를 유지하기 위해 대중의 신뢰에 크게 의존하는 21세기 자유민주주의의 정치문화에는 어떤 동의 보류 이유가 적합할까?

　우리는 동의를 보류하는 일부 이유가 교육기관에서 권위 있는 지위를 차지한 사람들과 그렇지 않은 사람들 간의 문화적 힘의 불평등이 커지는 것에 초점을 맞추고 있다고 상상할 수 있다. 이는 국가의 도덕 교육이 우리의 도덕 규범에 대한 문화적, 교육적 엘리트 중심적 해석이 지배할 수 있다는 우려를 반영하고 있는지도 모른다. 다른 이유는 우리가 많은 자유 민주주의 국가에서 볼 수 있는 도덕적 분열의 증가와 관련이 있을 수 있다. 예컨대, 일부 시민들은 국가 도덕 교육이 최악의 방식, 즉 종파적 전쟁터로 정치적일 것이라고 예상된다는 이유로 동의를 보류할 수 있다. 동의를 보류하는 이러한 이유와 함께 여타의 현대적 이유로 인해 21세기 자유주의국가 교육은 그 정당성과 합법성에 심각한 도전을 받을 수 있다. 아마도 현대 정치권력은 이러한 도전에 대응할 수 있을 것이다. 그러나 이는 또한 우리가 겸손하고 협력적이며 자발적인 정신으로 도덕성을 대부분 형성해야 한다는 것을 의미한다. 왜냐하면, 정치권력이 항상 우리를 위해 그렇게 대응할 수는 없기 때문이다.

참고문헌

Bøyum, S.(2013). Rawls's notion of the political conception as educator. *European Journal of Political Theory*, 12(2), 136-152.

Brighouse, H.(1998). Civic education and liberal legitimacy. *Ethics*, 108(4): 719-745.

Costa, V. M.(2004). Rawlsian civic education: Political not minimal. *Journal of Applied Philosophy*, 21(1), 1-14.

Davis, G., & Neufeld, B.(2007). Political liberalism, civic education, and educational choice. *Social Theory and Practice*, 33(1), 47-74.

Ebels-Duggan, K.(2013). Moral education in the liberal state. *Journal of Practical Ethics*, 1(2), 24-63.

Edmundson, W. A.(2018). Moral education and the ethics of consent. In P. Schaber & A. Müller(Eds.), *The Routledge handbook of the ethics of consent*(pp. 372-383). London: Routledge.

Gaus, G.(2010). Coercion, ownership, and the redistributive state: Justificatory liberalism's classical tilt. *Social Philosophy and Policy*, 27(1), 233-275.

Huemer, M.(2013). The problem of political authority. In M. Huemer(Ed.), *The problem of political authority* (pp. 3-9). London: Palgrave MacMillan.

Husak, D. N.(2000). Liberal neutrality, autonomy, and drug prohibitions. *Philosophy & Public Affairs*, 29(1), 43-80.

Klosko, G.(1994). Political obligation and the natural duties of justice. *Philosophy Public Affairs*, 23(3), 251-270.

Kolodny, N.(2016). *Political rule and its discontents*. Oxford Studies in Politics Philosophy, 2, 35.

McTernan, E.(2014). How to make citizens behave: Social psychology, liberal virtues, and social norms. *Journal of Political Philosophy*, 22(1), 84-104.

Moller, D.(2018). *Governing least: A New England libertarianism*. Oxford: Oxford University Press.

Pateman, C.(2018). Justifying political obligation. In A. Kontos (Ed.), *Powers, possessions and freedom* (pp. 63-76). Toronto, Canada: University of Toronto Press.

Rawls, J. (1996). *Political liberalism*. New York, NY: Columbia University Press.

_____ (1999). *A theory of justice*. Cambridge, MA: Harvard University Press.

_____ (2001). *Justice as fairness: A restatement*. Cambridge, MA: Harvard University Press.

Raz, J. (1986). *The morality of freedom*. Oxford: Clarendon Press.

_____ (1990). Facing diversity: The case of epistemic abstinence. *Philosophy & Public Affairs*, 19(1), 3-46.

8장

도덕 교육의 기초와
역량 접근 방식[1]

로렐라 테르지(Lorella Terzi)

8.1 서론

정의, 평등, 그리고 복지 증진이라는 가치를 추구하는 민주사회의 핵심
목표는 책임 있는 도덕적 행위자를 가르치는 것이다. 주지하듯이 개인
이 민주적 가치를 지지하고, 실행하며, 시민 생활에 참여하게 하는 것은
개인의 복지와 사회 번영을 위해서 기본적인 것이다(Allen & Reich, 2013;
Anderson, 1999; Brighouse et al., 2018; Gutmann, 1999). 그 목표는 일상생활에서
흔히 겪는 문제와 딜레마와 관련하여 이상적, 실천적으로 매우 중요하
며, 그것 중에서 도덕적 분별력이 더욱 필요하다. 예를 들어, 사람들은

---

1   나에게 많은 도움을 주시고 적극 지원해 주신 편집인, 특히 야첵 교수님께 감사드린다.

자기 개인의 생활에 영향을 미칠 수 있는 정치적 목표를 추구할 때 어떤 가치를 우선시해야 할지, 소중한 인생 계획을 세울 때 어떤 직업을 추구해야 할지 고려해야 할 필요가 있다(본 책의 1장 참조). 더구나 서구 민주주의에서는 최근 권위주의적 정부 형태와 포퓰리즘 운동이 부상하고, 사회 및 정치 제도에 대한 불신이 증가하는 것을 목격할 수 있다. 이러한 모든 요소는 민주적 삶의 기초와 그 기반이 되는 가치를 훼손시키고 있다(Culp et al., 2022). 따라서 현대 사회의 복잡한 도덕적 지형을 탐색하는 것은 책임 있는 도덕적 인간의 교육에 대한 진지한 사고의 중요성을 뒷받침한다.

그 중심성에도 불구하고, 책임 있는 행위자를 양성한다는 목표는 도덕 교육에서 이론적, 실천적으로 많은 논쟁을 불러일으키고 있다. 아동기 교육의 중요한 역할을 고려할 때[2], 논쟁은 주로 학교 교육과 아동의 윤리적 성향 및 태도 개발을 위해 채택된 방법에 초점을 맞추고 있다(Brighouse et al., 2018; Gutmann, 1999; Hand, 2018; Warnick & Smith, 2014). 오랫동안 도덕 철학자와 교육자들을 사로잡은 주요 질문 중에서 특히 세 가지가 주목할 만하다. 첫째, 사회의 가치 다원주의를 인정하고 존중하는 것으로,[3] 결과적으로 도덕의 내용에 대한 합당한 불일치의 문제다. 민주주의 사회는 무엇이 좋은 삶을 구성하는지에 대해 서로 다르고 종종 화해할 수 없는 관점을 갖는다. 이 때문에 학교에서 어떤 가치를 가르쳐야 하는지, 어린이들에게 좋음에 대한 상충적 개념을 분별하는 능력을 어떻게 향상시킬 것

---

2 어린 시절에 얻은 결함을 성인기에 줄이거나 대응하기 어렵다는 것은 널리 알려져 있다.

3 무엇이 좋은 삶을 구성하는지에 대해 사람들이 서로 다르고 종종 화해할 수 없는 관점을 가지더라도 이를 존중하는 것은 정치적 자유주의의 핵심적 특징이다. 정치적 자유주의자들은 가치 다원주의의 규범적 중요성을 기관, 예컨대 학교의 정당한 활동을 제한하는 중립성의 형태를 요구하는 것으로 간주한다. 중립성의 성격과 정도가 논쟁의 대상이다. 예를 들어 누스바움(Nussbaum, 2000, 2011)과 롤스(Rawls, 1974)를 참조할 것.

인지 문제가 발생한다. 둘째, 논쟁에서 까다로운 문제는 어린이를 교화
시키지도 않고 불가지론을 펴지도 않으면서 도덕적, 정치적 가치를 전
수하는 방법에 대한 것이다(Gutmann, 1999; Hand, 2018; White, 2018). 도덕 철학
자들은 아이들에게 도덕적 가치나 진술의 진실성을 신중하고 비판적으
로 사고하는 법을 가르치지 않는 교육 형태를 비판해 왔다. 또한 그들은
정치적, 사회적 문제에 대해 무관심한 태도로 이어지는 중립성을 피하는
것에 대해서도 똑같은 우려를 표명했다(Gutmann, 1999, p. 173; Hand, 2018). 그
러므로 아이들에게 민주적 삶의 도덕적 요구를 가르치는 적절한 접근법
에 대한 물음이 제기된다. 셋째, 이와 관련하여 어떤 도덕 철학자는 어린
이들이 타인의 상황에 민감한 태도와 공감을 함양함으로써 도덕적 헌신
을 개발하는 것을 옹호하고(예를 들어 Warnock, 1997 참조), 어떤 도덕 철학자는
어린이들이 민주적 시민성과 도덕적 주도성(agency)을 발휘할 합리적 판
단 능력의 형성을 선호한다(Hand, 2018).

본 장에서는 지금까지 설명한 몇 가지 문제를 다루면서 역량 접근 방
식의 핵심 개념이 정의, 평등, 복지라는 민주적 가치에 대한 헌신과 양립
할 수 있는 주도성 목표에 유익한 정보를 제공할 수 있는 윤리적 틀을 제
공할 수 있다고 주장한다. 센(A. Sen, 1985, 1992, 1999, 2009)과 마사 누스바움(M.
Nussbaum, 2000, 2006)은 자유주의 전통 내에서 복지와 사회 제도의 정의에
대한 비교 평가를 위한 대안적 틀로서 역량 접근 방식을 발전시켰다.[4] 그
들은 그러한 평가가 사람들이 가치를 부여하고 가치를 부여할 이유가 있
는 일련의 다양한 기능(상태 및 행동) 중에서 선택해야 하는 실질적인 기회

---

[4] 센과 누스바움은 다소 다른 버전의 접근 방식을 제공한다. 두 사람 모두 역량을 정의의
"척도"로 지지하지만, 센은 가치 있는 역량을 선택하기 위한 민주적 숙고 과정을 옹호하
는 반면, 누스바움은 인간 존엄성에 비추어 모든 사람에게 부여되는 기본 보장을 구성하
는 열 가지 핵심 역량 목록을 옹호한다. 누스바움(2000)과 센(1992)을 참조할 것.

(역량)에 기초해야 한다고 주장한다(Sen, 1992). 정치 활동가가 되는 것, 정원사로 일하는 것, 새로운 언어를 배우는 것 등은 모두 사람들이 가치 있게 여길 수 있는 기능의 예다. 역량은 가치 있는 삶의 길 중에서 선택하여 복지를 달성할 수 있는 사람들의 진정한 자유에 해당한다. 주도성과 합리적인 숙고는 사회에 영향을 미치는 정치적, 윤리적 결정뿐만 아니라 개인의 복지 달성에도 근본적인 역할을 한다(Sen, 1992). 앞으로 살펴보겠지만 자유, 주도성, 합리적인 숙고의 개념은 책임 있는 인간 교육을 고려하는 윤리적 기초가 된다.

나는 다음의 두 단계로 논의를 전개하고자 한다. 본 장의 8.2절은 센의 접근 방식의 핵심 개념을 개괄적으로 설명하여 8.3절에서 다룰 개념적 영역을 준비한다. 이 절은 도덕적 행위자, 즉 타인에 관한 의무뿐만 아니라 자신에 관한 의무를 수행할 때 합리적 판단을 행사할 수 있는 행위자를 교육하기 위한 윤리적 틀의 요소를 분명히 설명하고자 한다.

8.2 자유의 가치에 대한 평가: 역량, 주도성, 합리성

역량 접근 방식에 대한 설명에서 로벤스는 자신이 유지하는 역량 접근 방식의 핵심 아이디어를 구성하고 있는 일련의 개념을 식별한다(Robeyns, 2017). 이러한 아이디어는 다르지만, 센(1985, 1992)과 누스바움(2000)이 처음 생각한 접근 방식의 버전을 알려준다. 그리고 이후 다양한 연구 분야의 학자들이 뒤를 잇고 있다. 이 절에서는 자유, 복지, 주도성을 포함한 센 관점의 핵심 개념뿐만 아니라 '공적 이성(public reason)'에 대해 간략히 다룬다. 8.3절에서 볼 수 있듯이 공적 이성은 책임 있는 도덕적 행위자의 교육에 대한 사고의 윤리적 틀을 제공하고 있다.

이미 언급했듯이, 역량 접근 방식은 정의의 문제와 사람들의 복지 평가와 관련이 있다. 자유라는 개념은 사람들의 복지를 평가하고 정의의 이슈를 결정할 때 센의 접근 방식에서 중심적인 역할을 한다. 센이 말했듯이, '우리는 인간 삶의 본질에 주목함으로써 우리가 성공하는 다양한 일에 관심을 가질 뿐만 아니라 다양한 종류의 삶 중에서 실제로 선택해야 하는 자유에도 관심을 가질 이유가 있다.'(Sen, 2009, p. 18). 자유는 역량의 핵심 아이디어, 즉 개인이 가치 있는 삶의 길을 추구할 수 있는 일련의 실질적인 기회와 연결되어 있다(Sen, 1992, 2009). 따라서 개인은 투표, 시위, 유세 등과 같은 가치 있는 기능을 달성하는 일련의 행동에 접근할 수 있다면, 정치 활동가의 길을 선택할 수 있는 실질적인 기회를 가진다(Robeyns, 2017). 사람들은 다양한 삶의 경로 중에서 선택할 수 있는 진정한 자유와 기회를 가지는 정도에 따라 잘 살 수 있는 실제 가능성이 결정된다(Sen, 2009, p. 253; Nussbaum, 2000, p. 71 참조). 센에 따르면, 우리가 사람들이 누리는 자유에 초점을 맞춘다는 것은 효용과 같은 단일 변수에 초점을 맞추는 것이 아니라 사람들의 복지를 매우 포괄적으로 고려하는 정의의 척도를 제공한다는 것을 의미한다(Sen, 2009). 그러므로 사회 제도의 정의를 평가할 때 우리는 그 설계가 사람들의 역량이나 실질적인 자유의 확대에 어떻게 공헌하는지 초점을 맞춰야 한다.

접근 방식에서 자유의 중심성은 개인의 삶에서 주도성[5]의 근본적인 역할과도 관련이 있다(Sen, 1985). 주도성은 우리의 가치, 목표 및 헌신을 형성하고, 성찰하며, 실현하는 역량, 간단히 말해서 개인 나름의 좋음에 관한 개념이다. 이전에 사용한 예를 떠올려 보면, 정치 활동가는 자신의 가

---

5 이러한 아이디어는 자율성의 가치와 관련하여 역량 접근 방식에서 주도성의 역할을 고려하는 테르지(2013)에서 도출하였으며 더 광범위하게 논의하였다.

치를 형성하고, 정치적 목표를 추구하며 사회 활동 및 조직에의 참여를 선택할 때 주도성의 자유를 행사할 것이다. 센은 주도성이 다양한 목적 및 목표[6]와 관련하여 형성되고 실행되며, 여기서 개인은 **가치 있게 평가할 이유가 있다**(강조 추가)고 주장한다. 그리고 그러한 가치 있는 결과를 적극적으로 가져오는 것이 필요하다고 주장한다(Sen, 1985). 요컨대, 주도성은 개인이 도덕적으로 책임이 있다는 견해와 관련되어 있으며, 센이 말했듯이 개인은 '변덕'이 아니라 추론과 성찰의 과정(이에 대한 자세한 내용은 8.3절 Sen, 1983, p. 211; 2009 참조할 것)을 통해서 자기 삶과 사회적, 정치적 맥락에 관한 가치와 행동을 선택한다. 마지막으로 센은 개인이 자신의 복지를 방해할 수 있는 행동의 우선순위를 합리적으로 선택할 수 있지만 주도성의 성취를 향상해 궁극적으로 여전히 좋은 삶에 공헌할 수 있으므로 전반적인 복지 달성을 위해 주도성이 얼마나 중요한지 언급하고 있다. 그러므로 주도성은 다른 사람의 복지와 사회의 번영에 관한 관심을 포함한다. 자신의 복지에 잠재적으로 해를 끼칠 수 있는 시민 불복종의 형태를 선택한 간디와 같은 정치운동가의 사례가 좋은 예다.

여기서 합리성에 대한 센(Sen)의 개념을 좀 더 자세히 살펴보는 것이 중요할 것이다. 합리성은 집단적이고 민주적인 의사 결정 과정에 영향을 끼칠 뿐만 아니라 개인의 복지 달성 자유와 책임 있는 주도성의 실행을 뒷받침하기 때문이다(Sen, 2002). 센의 접근 방식에서 "가치 있게 평가할 이유가 있음"의 의미에 대해 많은 글이 발표되었다.[7] 센은 추론이 자신의 선택에서 중요한 역할을 한다고 강조한다. 또한 그는 가치든 행동

---

6 센은 가치 다원주의의 중요성을 인식하여 행위자의 가치와 목표에 대한 개방형 조건을 언급하고 있다. 그러나 그는 정치적 자유주의 논쟁에 참여하지 않는다. 이 점에 대한 논의는 누스바움(2011)을 참조할 것.

7 크로커(Crocker, 2006)와 카드르(Khader) 및 코스코(2019)를 참조할 것. 그 논쟁은 주로 인간 발달 윤리와 관련하여 이루어진다. 이 점은 테르지(2023)의 주장을 따른다.

이든 자신의 합리적 검토를 통한 선택의 과정을 합리성과 동일시하고 있다(Sen, 2002, p. 5). 센은 이러한 입장을 뒷받침하기 위해, 행동의 결과를 고려하지 않고 충동적으로 자해하는 사람의 사례를 제시한다. 사람은 자기 복지를 위해서 어떤 경솔한 행동의 잠재적인 결과를 성찰할 때 그 의미를 깨닫게 된다(Sen, 2002, p. 39). 따라서 센에 따르면, 합리성은 충동적으로 또는 성찰하지 않고 행동하는 것을 무시한다는 점에서, 규범적인 역할을 수반한다. 즉, 합리성은 현명하게 생각하고 행동하는 것을 요구하는 것처럼 보인다(Khader & Kosko, 2019; Sen, 2002, p. 39).

더 나아가 합리성의 적합성은 사회의 정의와 부정의에 대한 검토와 일반적인 사회적 평가까지로 확장된다. 센이 가치 있는 역량 목록 또는 좋음에 대한 개념을 제공하지 않고 이러한 선택을 민주적 추론 과정에 맡긴다는 것은 잘 알려져 있으며, 그는 이것이 정의를 이해하는 데 필수적이라고 주장한다(Sen, 2009, p. xiii). 공적 이성의 민주적 과정은 "공적 거버넌스"로서의 민주주의 개념과 관련이 있다[8](Sen, 2009, p. 33). 센이 생각하는 민주주의는 단지 제도적 설계, 투표, 투표 관행, 다수결의 문제가 아니다. 오히려 민주주의는 합당한 불일치가 존재할 수 있는 문제를 결정할 때 사회의 다양한 부문의 다른 목소리를 포함하여 공적 추론의 측면에서 가장 잘 실행되고 평가된다(Sen, 2009, p. xiii). 센에 따르면, 합리적인 검토는 기득권과 확고한 전통 및 관습의 영향에 대한 조사를 촉진한다(Sen, 2009, p. 44). 그래서 다양한 관점이 숙고 과정의 필수적인 요소가 될 수 있다. 이는 일정 수준의 객관성으로 귀결된다(Sen, 2009, pp. 44, 33). 또한 공적 논의와 숙고를 통해 일부 기능의 역할과 중요성을 더 잘 이해할 수 있다. 이에 우

---

8 민주주의에 대한 이러한 관점은 여러 학자 중에서 롤스(Rawls, 1974)와 하버마스(Habermas, 1995)가 옹호하는 관점에 기반하고 있으며, 그것과 요소를 공유하고 있다.

리는 강력한 사회적 평가를 제공하고 모든 사람을 위한 선택의 정당성을 제공한다(Sen, 2009, p. 241). 따라서 다양한 관점에서의 공적 토론과 합리적인 검토 과정을 통해 공적 의사 결정이 가장 잘 내려지고 논란이 되는 문제에 대한 합의가 이루어진다.

궁극적으로 센의 접근 방식은 사람들의 전반적인 복지와 정치·사회적 문제에서 자유의 중요성을 강조하고 있다. 자유라는 아이디어를 기반으로 한 정의의 아이디어는 사람들의 역량 집합(sets)의 상대적 비교에 초점을 맞추고 그들의 역량 확장을 목표로 한다. 자유의 또 다른 두드러진 측면은 행위자의 책임과 의무와 직접적으로 관련이 있다. 이전에 언급한 것처럼, 센은 다양한 가치와 행동 중에서 선택할 수 있는 자유가 무엇을 해야 할지 결정할 기회를 제공하며, 이는 행위자가 자기 행동에 책임을 지게 한다고 주장한다(Sen, 2009, p. 19). 이러한 측면은 자기 관련 의무와 타인 관련 의무의 요구를 모두 고려하는 역량 접근 방식과 연결된다. 센이 말했듯이, '우리가 서로에게 빚진 것이 무엇인지'에 대해 성찰해 보면, '우리는 이기심과 자신의 목표 추구라는 좁은 관점에서 벗어나 다른 사람의 광범위한 복지와 이익 관심을 포함한 규칙과 행동을 따르는 것을 고려하게 될 것이다.'(Sen, 2009, p. 33).

의무에 대한 요구를 고려하면, 제도적 장치로서의 학교 교육의 관점에서 교육이 민주사회에서 시민성의 권리와 책임을 존중하고 실행하는 도덕적 행위자를 양성할 수 있는 방식에 관한 질문과 본질적으로 연결된다. 8.3절에서는 이 복잡한 질문의 측면을 다루기 위해 역량 접근 방식의 통찰력에 대해 살펴본다.

8.3 자유를 위한 교육: 책임 있는 도덕적 행위자 양성

센에 따르면, '자유를 실행할 수 있는 역량은 상당 부분 우리가 받은 교육에 직접적으로 좌우된다.'(Sen, 2003, p. 55). 여기에는 주도성을 실행할 수 있는 역량도 있다. 이전에 제시한 분석을 토대로 이 절에서는 센의 접근 방식의 핵심 개념이 도덕적 행위자를 교육하기 위한 윤리적 틀을 제공한다는 것을 주장한다. 여기서 말하는 도덕적 행위자는 민주적 삶의 요구에 민감하고 자신과 타인의 자유를 지지하고 존중한다. 논의를 세 단계로 진행하고자 한다. 첫째, 센이 옹호하는 민주적 숙고의 공적 과정은 정의와 시민 참여의 가치를 지지하며, 학교에서 어떤 가치를 부여해야 하는지에 대한 도덕적 불일치가 발생할 때 이를 해결할 정당한 방식이 되어야 한다. 둘째, 학교는 민주적 삶과 정의의 가치에 필요하고 이를 지원하는 추론 및 토론의 형식에 참여하는 어린이의 역량을 포함하여 기관목표 형성 관련 역량과 기능을 개발하는 것을 목표로 해야 한다. 마지막으로, 이러한 과정은 민주적 목표와 원칙에 따라 조직된 학교 환경에서 이루어져야 한다(Nussbaum, 2009; Peppin-Vaughan & Walker, 2012).

그러나 이러한 사항을 논의하기 전에 역량의 개발, 복지 달성 및 자유 확대에 대한 교육의 역할을 고려하는 것이 도움이 될 것이다.[9]

의심할 바 없이, 정규 학교 교육은 문해력, 수리 능력, 수단-목적 관계에 대한 이해와 같은 몇 가지 기본적 기능을 확보하는 데 중요한 역할을 하며, 이는 문학 텍스트 해석에 참여하거나 대규모 데이터를 편집하거나 과학적 문제를 이해하는 것과 같은 보다 복잡한 관계를 달성하는 데

---

9 다른 저작물에서 이 관점을 광범위하게 다루었기 때문에 요점만 간략히 소개한다. 테르지(2008, 2014, 2019)를 참조할 것.

기초가 된다. 이처럼 중요한 것은 아이들이 사회적 틀에서 가치 있는 구성원으로 생활하도록 준비시키는 시민적, 숙고적 기능을 개발하는 것이다. 이러한 모든 기능은 어느 정도 어린이가 살고 있는 특정 사회에 따라 달라지지만, 동시에 직책과 경력을 달성하는 데 도구적으로 유익하며 좋은 삶을 위해 본질적으로 가치가 있다(Terzi, 2007, 2019, p. 545). 무엇이 좋은 삶을 구성하는지에 대해 서로 다르고 종종 대조되는 견해가 있지만, 역량 접근 방식과 일치하는 널리 받아들여지는 개념은 사람들이 사회적 맥락에서 동등하게 참여할 가능성을 의미한다. 자신의 가치 있는 삶의 길을 추구하면서 사회의 경제적, 문화적, 사회적, 정치적 제도와 활동을 추구한다(Terzi, 2019, p. 546). 따라서 역량을 확장하고 복지를 향상하는 교육의 역할에 맞춰 교육은 개인의 사회적 맥락에 평등한 참여를 가능하게 하는 조건을 형성하는 기능을 개발하고 확장하는 것을 목표로 해야 한다(Terzi, 2019, p. 546). 민주적 평등이라는 개념(Anderson, 1999)은 개인의 동등한 도덕적 가치뿐만 아니라 서로 평등한 관계의 지위에 기초하고 있다. 더구나 제안한 교육의 관점은 정의와 평등의 가치뿐만 아니라 평등한 입장이 목표로 삼는 필수적인 민주적 참여를 본질적으로 담고 있으므로 학교 도덕 교육에 영향을 미칠 것이다. 그러나 이러한 가치를 결정하고 전달하는 문제에 대해서는 더 많은 이야기가 필요하다.

서두에서 언급한 바와 같이, 책임 있는 도덕적 행위자 양성이 교육에서 기본적일지라도 교육자, 부모, 그리고 민주사회의 공동체가 갖고 있는 서로 다르고 화해할 수 없는 개념 때문에 학교에서 어떤 가치, 도덕적, 정치적 가치를 부여해야 하는지 문제가 발생할 수 있다. 이 점에 대해, 센의 '토의에 의한 정부'로서의 민주주의(Sen, 2009, p. 343)에 대한 강조, 그리고 정의와 평등이라는 기본 가치와 그것의 관계는 그 문제 해결에 정당하고 실천 지향적인 관점을 제공한다. 센이 공유적 가치와 헌신을 결정할 때 공적 추론이 중요한 역할을 한다는 참여적 민주주의 개념을 옹호했다는 점을 상기하라. 게다가 센의 관점에서, 정의에 대한 문제는 필연적으로 사람들의 실제 삶과 그들의 복지에 관한 물음이기 때문에 정의와 공적 추론은 본질적으로 연결되어 있다. 따라서 정의는 공적 추론을 통해서만 평가될 수 있으며 공적 추론은 민주주의 자체를 구성한다(Sen, 2009, p. 326). 다양한 관점을 포함하여 공적인 합리적 검토를 통해 우리는 윤리적, 정치적 신념의 문제, 그리하여 정의의 가치, 그리고 대화, 정치적 참여 및 상호 작용에 대해 다룰 수 있다(Sen, 2009, p. 326).

어떤 가치가 도덕 교육에 영향을 끼쳐야 하는지에 대한 숙고의 문제에 센이 채택한 접근 방식을 적용하면, 숙고는 다른 입장의 '합리적인 조정'으로부터 출현하고 특정 수준의 객관성을 특징으로 한다는 점에서 정의, 민주적 참여, 그리고 추론의 가치에 정당성을 부여하는 데 도움이 된다. 더구나 이러한 합리적 검토의 과정은 어린이의 참여를 포함하여 교육 당국, 지역 및 학교 내에서의 정책 결정의 수준뿐 아니라 지역적인 수준에서 채택된다. 그래서 합리적 검토의 과정은 다양한 사회 집단의 지원 아래 숙고를 제공할 수 있다. 그리고 이러한 숙고는 민주적 틀 내에서 이루어지기 때문에 아이들이 사회에서 평등하게 자리 잡을 수 있는 수준의 기능을 성취하게 하는 교육적 역할을 할 것이다.

특수교육이 필요한 장애 어린이들을 위해 정의로운 교육을 제공하고 통합교육을 실행하는 것에 대한 문제는 아마도 공적 추론의 대상이 될 수 있는 좋은 사례다. 특수교육이 필요하고 장애가 있는 어린이들을 일반 학교나 특수학교에서 교육할지의 여부, 그들의 교육을 위해 추가 자원을 제공할지와 어느 정도까지 제공할지에 대한 이슈는 여러 경쟁적 가치로 가득 차 있다. 이런 경쟁적 가치들에는 어린이들에게 일반교육을 받을 평등한 권리를 부여하는 것과 그들의 복지를 증진하는 것, 동시에 전형적으로 기능하는 동료의 요구 사항을 고려하는 것이 포함된다. 이러한 문제들은 정책 수준에서 해결되어야 하지만, 부모와 행정가를 포함하는 지역 사회 수준에서도 다뤄야 한다. 더구나 그것들은 교실 조직과 교수학습의 관점에서 교육적 실천을 학교 수준에서 다룰 뿐 아니라, 근본적으로 학교 시스템의 실제 설계, 커리큘럼, 교육을 뒷받침하고 교사가 실행하는 태도와 성향을 통해서 직간접적으로 어떤 가치를 전달해야 할지를 다뤄야 한다. 포괄적인 접근 방식은 분명히 모든 아동의 복지와 자신의 지위에 대한 고려뿐만 아니라 존중과 관용의 가치를 증진할 필요가 있다.

그러나 제시된 입장에는 몇 가지 과제가 있다. 이 단계에서 고려할 가치가 있는 것은 두 가지이다. 첫째, 제안한 접근 방식에는 순환성의 요소가 있는 것 같다. 왜냐하면 숙고 대상인 가치는 이미 숙고 자체의 기초가 되어 중복되어 보이기 때문이다. 그러나 센은 참여 거버넌스의 형태가 가치에 대한 공유된 이해의 발전과 가치 자체 및 그 개념에 대한 정보 기반의 확장 및 심화를 허용하기 때문에 건설적인 기능을 가지고 있다고 주장한다(Sen, 2009). 이는 모두 숙고 과정과 실제로 가치를 실제로 구현하는 과정에서 중요한 요소다. 더구나 이 제안은 도덕 교육의 이론을 제공하기보다는 더 성취된 이론적 입장을 추구하기 위한 부분적 기초를 제공하는 몇 가지 실행할 수 있는 접근 방식과 절차를 통해 기존 문제를 해결하고 개선하는 데 더 관심이 있다. 둘째, 중요한 것은 공적으로 숙고된 가치가 일부 개인의 좋음에 대한 개념과 충돌하여 여전히 받아들일 수 없는 경우 어떤 종류의 조치를 채택해야 하는지에 대한 문제가 남아 있다는 것이다(Khader & Kosko, 2019). 이러한 사례들을 판단할 방법은 인간의 번영을 구성하는 요소와 이를 달성할 때 교육의 역할에 대해 실질적으로 고려하는 것이며, 그리하여 보다 포괄적인 준거를 도입하여 그 논쟁을 하는 것이다.[10] 이러한 문제에도 불구하고, 민주적이란 어떤 가치가 도덕 교육에 영향을 끼쳐야 하는지에 대해 숙고하는 것을 의미한다. 숙고는 정의와 민주적 참여의 가치를 지지하는 동시에 합당한 불일치의 문제를 해결하는 데 도움이 되는 것처럼 보인다.

우리가 살펴본 바와 같이, 책임 있는 도덕적 행위자를 교육하려면 아동이 개발해야 할 기능 및 역량뿐만 아니라 민주적 삶의 요구와 개인의 평등한 지위에 부합하는 주도성의 목표 형성을 촉진하는 방법도 고려해야 한다. 이 점은 본 장에서 제시한 두 번째 제안에 대한 토의, 즉 그러한 목표를 위해서는 비판적 추론, 토의, 숙고의 역량을 확보하고 적절한 수준의 참여와 참여를 촉진해야 한다는 토의로 이어진다. 왜냐하면, 이러한 역량은 민주적 주도성을 위해 필요한 자원을 제공하기 때문이다.

이와 같은 토의에 필요 예비조건으로는 두 가지가 있다. 첫째, 민주적 주도성을 위한 역량의 개발은 역동적, 발달적 과정으로 간주할 수 있으며, 이와 동등하게 어린이의 자격으로 어린이의 복지와 미래 성인의 사회 참여에 대한 존중과 관련이 있다.[11] 어린이들의 현실 참여와 연대뿐만 아니라 추론과 토론의 역량을 키우는 것은 어린이들이 나중에 요구하게 될 모든 기능을 보장하는 데 토대가 된다. 더구나 중요하기는 하지만 어린이들의 주도성을 실행할 자유는 성인의 적절한 지침과 안내를 통해 자신들의 발달적 역량에 비추어 제한될 필요가 있다(Hart & Brando, 2016, p. 297). 둘째로 중요한 점은 책임 있는 주도성의 함양에 필요한 많은 역량이 일

---

10 광범위한 분석에 대해서는 테르지(2023)를 참조할 것.

11 사이토(2003)가 적절히 지적한 것처럼, 센이 어린 시절의 자유와 주도성의 실제 **실행**에 초점을 맞추기보다는 어린이들에게 자유와 주도성의 **기회**를 제공하는 데 주로 관심이 있다는 것을 인정하는 것이 중요하다. 다른 학자들은 어린이들의 역량 함양에 대한 발달적, 역동적 접근 방식이 그들 역량의 변화하는 성격과 관련지어 볼 때 더 적절하다고 주장했다 (예를 들어 Brando, 2010 참조).

반교육을 통해 달성된다는 사실과 관련이 있다. 예컨대, 리터러시, 구두 및 서면의 표현, 분석적 역량, 역사 및 사회문제에 대한 사실적 지식은 모두 민주적 주도성 역량의 함양에 유용하다(McCowan & Unterhalter, 2012). 맥코완과 운터할터(McCowan & Unterhalter, 2012, p. 156)가 시민성 교육과 관련하여 언급한 것처럼, 별도 커리큘럼을 마련하는 것이 중요하지만, 궁극적으로는 책임 있는 행위자의 양성이라는 목표에 부합하는 전체 커리큘럼이 필요할 것이다(본 절의 끝부분에서 이를 더 다룬다).

민주적 주도성 개발의 핵심은 자신의 인생 계획만이 아니라 가치와 행동에 대해 추론하거나 합리적으로 검토하는 역량이다. 우리가 살펴본 바와 같이, 센은 자기 가치와 헌신을 유지하는 목표 및 복지와 관련해서 행위자의 선택을 뒷받침하는 합리성과 추론에 적합한 역할을 부여한다.[12] 이러한 추론의 개념은 선택, 선택의 결과 및 비용에 대한 평가를 포함하는 일련의 복잡한 역량을 요구하며, 이는 센의 관점에서 완전한 주도성을 실행하기 위한 필요조건이다(Sen, 1992, p. 59). 어린이들이 이러한 역량을 현실적으로 달성할 수 없을지라도, 그 발달적 추론 형식은 어린이들을 책임 있는 행위자로 만든다. 그래서 추론은 수단과 목적을 연관시키고 행동에 대해 성찰하는 능력의 관점에서 최초의 형식을 가질 수 있다. 평가 능력과 독립적인 판단력의 함양을 촉진하는 것, 우리의 좋음에 대한 개념을 형성하고 다른 여러 행동 과정 중에서 어느 하나의 행동 과정을 선택한 결과를 평가하는 능력을 포함하여 수단과 목적을 연결하는 능력은 역시 보다 성숙한 수준의 추론 발달에 공헌할 수 있다(Terzi, 2007). 그러나 이렇게 생각된 추론에는 비판적 추론의 요소, 즉 기존 규범과 지배

---

12 합리적인 검토는 좋음에 대한 개념을 형성하고 수정하는 역량으로서의 실천 이성이라는 누스바움의 개념과 유사하다(Nussbaum, 2000).

적인 가치에 의문을 제기하고 면밀히 검토하는 역량도 포함된다(Sen, 2002, p. 258). 더구나 추론의 발달에 대해, 가치와 행동에 대해 논의하고 숙고하는 능력 역시 민주적 주도성의 실행에 중요하다. 그래서 이러한 능력은 증진되어야 한다. 이러한 모든 능력은 진정으로 민주적인 방식으로 행사될 때 상호 존중과 고려의 가치를 실행하는 데에도 공헌한다.

마지막으로, 추론과 숙고 기능의 발달 외에도 책임 있는 도덕적 행위자를 양성하려면 어린이와 성인 간의 상호 작용뿐만 아니라 교육과정의 내용 및 교수법 등을 포함한 학교의 설계에 특별한 관심을 기울일 필요가 있다. 간단히 말해서, 정의, 평등, 복지 증진의 원칙에 따라 민주적으로 조직된 학교가 어린이들에게 동일한 가치를 가르치고 실천하며, 그에 따라 도덕적 주도성과 목표의 개발 기회를 제공할 수 있을 것이다. 다시 말해, 역량의 육성 외에도 중요한 요소는 학교에서 일어나는 과정을 통해 문제의 가치를 구현한다는 점이다(McCowan & Unterhalter, 2012, p. 157). 따라서 학교 설계는 다음과 같은 점에서 볼 때, 매우 중요하다.

첫째, 책임 있고 민주적인 도덕적 주도성을 교육하려면 어린이와 만나 다양한 사회경제적, 문화적 배경에 기초한 경험을 공유해야 한다. 올바른 조건에서 개방적이고 포용적인 학교에서 교육받은 어린이는 다양한 물질적 조건과 그것이 사람들의 삶에 미치는 영향에 대해 성찰할 수 있는 더 많은 기회를 가지며, 따라서 정의의 문제에 대해 진지하게 생각할 수 있다(Peppin-Vaughan, 2012). 더 나아가 다양한 관점과 종교적 신념을 접하면 함께 살아가고 타인을 존중하는 방법에 대해 성찰할 수 있는 기회를 가질 수 있으며 통합 국가에서 성장한다는 것이 무엇을 의미하는지에 대해 성찰할 수 있다. 따라서 학교의 설계는 그 자체로 민주적 역량을 육성하는 방식이다.

둘째 고려 사항은 학교에서 발생하는 모든 상호 작용에서 가치 실행의 중요성과 관련이 있다. 교육과 관련해서 어린이들이 공식적인 교육과정의 내용과 채택된 교수학습 방법에서뿐만 아니라 제도적 경험으로부터 많이 배운다고 강조하는 연구들이 많다(Hedtke & Zimenkova, 2012). 민주적 가치의 부여는 이러한 가치 실행을 설계하지 않은 기관에서는 일어날 가능성이 없다. 실제로, 어린이들은 학교가 부여한 가치와 학교에서 실행된 가치가 서로 다를 때, 그 가치에 관심이 없고 비판적으로 대한다(Hedtke & Zimenkova, 2012). 이와 반대의 포용적 상황에서 어린이들은 동료를 매우 포용적 태도로 대한다(McCowan & Unterhalter, 2012). 그러므로 학교의 민주적 설계를 지지하는 규범적, 경험적 이유는 모두 존재한다.

셋째, 그리고 서로 연관된 것이지만, 민주적 가치는 전체 학교 커리큘럼과 이를 가르치기 위해 채택한 방법에 스며들어야 한다. 특히 우리는 민주적 숙고와 가치 및 프로세스에 대한 합리적인 검토를 촉진하는 활동의 중요성을 과소평가해서는 안 된다. 여기서도 1950년대 남아프리카에서 실시된 교육 연구는 반아파르트헤이트 운동에서 반인종주의 정책에 대한 민주적 숙고 과정이 어떻게 면밀히 검토된 가치에 대한 이해를 심화시키고, 참가자들 사이의 더 나은 관계를 구축하는 결과를 낳았는지를 보여준다(McCowan & Unterhalter, 2012). 간단히 말해서, 민주주의 가치의 실질적 실천을 통해서 책임 있는 도덕적 주도성이 더 잘 성취된다. 마지막으로 그러한 접근 방식은 도덕적 가치와 헌신에 대한 중립적인 견해를 강요하지 않는다. 개략적으로 살펴본 가치의 구체화를 장려함으로써 우리는 이미 어떤 특정 유형의 가치를 확보하고 불가지론을 피하고자 노력하고 있다. 그러나 동등하게 장려되어야 할 것은 규범과 가치에 대해 비판적으로 의문을 제기하는 역량이다.

8.4 결론

본 장에서 나는 역량 접근 방식의 중심 개념들이 도덕 교육에 영향을 끼치고 설득력 있는 질문에 대한 새로운 통찰력을 제공할 수 있는 윤리적 틀을 제공하고 있다고 논의했다. 첫째, 본 장에서는 정의, 평등, 복지의 증진이라는 가치를 토대로 어린이들이 사회에서 평등하게 살아갈 수 있도록 하는 교육 아이디어를 제안했다. 또한 센의 민주적 숙고 개념은 그러한 가치를 지지하는 동시에 도덕적 가치에 대한 합당한 불일치 문제를 해결하는 방법도 제공하고 있다고 제안했다. 마지막으로, 일상적인 학교 교육의 정책과 실천에 가치를 구현함으로써 추론과 숙고 역량의 함양을 통해 이러한 가치를 전달하는 접근 방식을 제시하고 옹호했다. 그러나 이는 역량 접근 방식이 도덕 교육의 문제에 대해 무엇을 제공할 수 있는지에 대한 초창기 생각들일 뿐이라는 점을 인정해야 한다.

참고문헌

Allen, D. & Reich, R.(2013). *Education, justice and democracy*. Chicago, IL: University of Chicago Press.

Anderson, E.(1999). What is the point of equality? *Ethics*, 109(2), 287-337.

Brando, N.(2020). Children's abilities, freedom, and the process of capability formation. *Journal of Human Development and Capabilities*, 21(3), 249-262.

Brighouse, H., Ladd, H., Loeb, S. & Swift, A.(2018). *Educational goods: Values, evidence, and decision-making*. Chicago, IL: Chicago University Press.

Crocker, D.(2006). Sen and deliberative democracy. In A. Kaufman (Ed.),

Capabilities equality: Basic issues and problems(pp. 155-197). London and New York, NY: Routledge.

Culp, J., Drerup, J., de Groot, I., Schinkel, A. & Yacek, D.(2022). Introduction. Liberal democratic education: A paradigm in crisis. In J. Culp, J. Drerup, I. de Groot, A. Schinkel & D. Yacek(Eds.). *Liberal democratic education: A paradigm in crises*(pp. vii-xiii). Leiden, Netherlands: Brill.

Gutmann, A.(1999). *Democratic education*. Princeton, NJ: Princeton University Press.

Habermas. J.(1995). Reconciliation through the public use of reason: Remarks on John Rawls's political liberalism. *Journal of Philosophy*, 92, 127-128.

Hand, M.(2018). *A theory of moral education*, London, UK: Routledge.

Hart, C. S. & Brando, N.(2016). A capability approach to children's well-being, agency and participatory rights in education. *European Journal of Education*, 53(3), 293-309.

Hedtke, L. & Zimenkova, T.(Eds.)(2012). *Education for civic and political participation*. London: Routledge.

Khader, S. & Kosko, S.(2019). Reason to value: Process, opportunity, and perfectionism in the capability approach. In L. Kehler & S. Kosko (Eds.). *Agency and democracy in development ethics*(pp. 178-204). Cambridge: Cambridge University Press.

McCowan, T. & Unterhalter, E.(2012). Education, agency and deliberative democracy: Sen's capability perspective. In L. Hedke & T. Zimenkova (Eds.). *Education for civic and political participation*(pp. 144-163). London UK: Routledge.

Nussbaum, M.(2000). *Women and human development*. Cambridge: Cambridge University Press.

_____(2006). *Frontiers of justice: Disability, nationality*, species membership. Cambridge, MA: Belknap Press; Harvard University Press.

_____(2009). Education for profit, Education for freedom. *Liberal Education*, 95(3), 6-13.

_____(2011). Perfectionist liberalism and political liberalism. *Philosophy and Public Affairs*, 39(1), 3-45.

Peppin-Vaughan, R.(2012). Education, social justice and school diversity: insights from the capability approach. *Journal of Human Development and Capabilities*, 17(2), 206-224.

Peppin-Vaughan, R. & Walker, M.(2012). Capabilities, values and education policy. *Journal of Human Development and Capabilities*, 13(3), 495-512.

Rawls, J.(1974). *A theory of justice*. Cambridge, MA: Harvard University Press.

Robeyns, I.(2017). *Well-being, freedom and social justice: The capability approach re-examined*. Oxford: Open Books.

Saito, M.(2003). Amartya Sen's capability approach to education: A critical exploration. *Journal of Philosophy of Education*, 37(1), 17-33.

Sen, A.(1983). Liberty and social choice. *The Journal of Philosophy*, 80(1), 5-28.

_____(1985). Well-being, agency and freedom: The Dewey lectures 1984. The *Journal of Philosophy*, 82(4), 69-221.

_____(1992). *Inequality re-examined*. Oxford: Clarendon Press.

_____(1999). *Development as freedom*. Oxford, UK: Oxford University Press.

_____(2002). *Rationality and freedom*. Harvard, MA: Harvard University Press.

_____(2003). Development as capability expansion. In S. Fukuka-Parr and A. K. S. Kumar(Eds.). *Readings in human development*(pp. 41-58). New Delhi, India: Oxford University Press.

_____(2009). *The idea of justice*. London: Allen Lane.

Terzi, L.(2007). On education as a basic capability. In E. Unterhalter & M. Walker. (Eds.). *Sen's capability approach and social justice in education* (pp. 25-43). London: Palgrave.

_____(2008). *Justice and equality in education: A capability perspective on disability and special educational needs*. London and New York, NY: Continuum.

_____(2014). Reframing inclusive education: Educational equality as capability equality. *Cambridge Journal of Education*, 44(4), 479-493.

_____(2019). Educational justice for students with intellectual disabilities. In D. Wasserman & A. Cureton(Eds.), *The Oxford handbook of philosophy and disability*(pp. 541-558). Oxford: Oxford University Press.

_____(2023). Autonomy and capability. In B. Colburn (Ed.), *The Routledge hand. book of autonomy*. London and New York, NY: Routledge.

Warnick, B. & Smith, S.(2014). The controversy over controversies: A plea for flexibility and for "soft-directive" teaching. *Educational Theory*, 64(3), 227-244.

Warnock, M.(1997). *School of thoughts*. London: Falmer Press.

White, P.(2018). Close engagement of a collegial kind: An introduction. *Journal of Philosophy of Education*, 53(4), 633-635.

9장
인정 이론과
도덕 교육

프란치스카 펠더(Franzisca Felder)
· 헤이키 이케헤이모(Heikki Ikäheimo)

9.1 서론

교육 기관인 학교와 사회는 차세대의 교육에 관한 다양한 기대에 직면해 있다. 기후변화, 전쟁, 무력 충돌, 생활방식과 경험의 다양성, 생활 조건의 전반적 표류, 사회적 불평등이 증가하는 사회에서는 교육의 임무가 무엇이고 무엇이어야 하는지 결정하기란 매우 어렵다. 우리는 이러한 수많은 과제를 해결해야 한다. 의심 없이, 교육만으로 그 과제들을 해결할 수 없다. 그러나 학교와 아동 및 청소년 교육에서 우리 시대의 문제와 도전에 대처하기 위한 태도와 행동을 위한 인지적, 동기적, 도덕적 기반이 마련되어야 한다는 것도 사실이다.

이와 관련하여 정확히 어떤 가치가 도덕 교육을 형성해야 하는지 명확히 하는 것이 중요하다. 아래에서 우리는 인정의 가치가 아동과 청소년 교육에서 특히 중요하다는 점을 주장하고자 한다. 블럼의 주장처럼(Blum, 2014 참조), 이는 차이를 인정한다는 의미뿐만 아니라 귀중하고 중요한 특성에 대한 존중, 배려, 그리고 긍정적인 평가로 이해된다.

우리는 우리의 기여를 다음과 같이 구성한다. 먼저 첫 번째 단계에서 두 가지 사례를 제시한다. 이는 현대 사회를 특징짓고 결과적으로 그러한 사회의 교육을 특징짓는 두 가지 측면을 보여준다. 여기서 인정, 더 정확하게는 인정의 결핍이 중심적 역할을 한다. 한 가지 사례는 문화적 차이에 대한 인정이고, 다른 하나는 경제적, 사회적 불평등과 학교 및 교육에서의 가시성에 관한 것이다. 두 번째 단계에서는 인정의 개념, 개인 생활 및 사회생활에 대한 중요성, 인정의 다양한 형태에 대해 생각하는 몇 가지 기본적 방식을 소개한다. 세 번째 단계에서는 학교 교육의 맥락에서 염두에 두어야 할 몇 가지 특수성을 논의하고자 한다. 그 이유는 학교 교육이 가르치는 것이 반(semi)-공공적 성격을 띠거나 교사와 학생의 관계에 특수한 측면이 있다는 점 등의 특성이 있기 때문이다. 이러한 특성은 학교 교육에 인정 관점을 적용할 때 고려될 필요가 있다. 그것은 이러한 접근 방식의 가능성 및 한계와 관련이 있기 때문이다. 네 번째 단계에서는 인정에 대한 개념적 및 이론적 사고를 두 가지 사례에 연결하고, 인정-이론적 관점이 어떻게 사례에 도움을 제공할 수 있는지 보여준다. 마지막으로 결론에서는 우리의 가장 중요한 연구 결과를 요약한다.

9.2 두 가지 사례

먼저 두 사례를 소개하겠다. 둘 다 실제 생활에서 차용되었으며 우리의 생각에는 인정 이론적 관점의 핵심을 잘 보여주고 있다.

사례 1: 미란(Miran)은 부모가 티르키예에서 빈으로 이주했으며 집에서 티르키예어를 사용하는 7세 소년이다. 게다가 미란의 부모님 집은 무슬림이며 라마단을 포함한 모든 무슬림 축제와 관습을 기념한다. 라마단 기간은 이슬람 금식 기간으로, 이슬람교도들은 새벽부터 일몰까지 음식을 먹지도 마시지도 않는다. 아동, 임산부, 젖먹이는 부인, 월경 중인 여성, 환자, 노인, 장애인, 여행자, 군인 등은 금식에서 제외되지만, 미란도 가족과 함께 금식한다. 선생님은 미란의 금식에 대해 모르고 이슬람 종교에 대해서도 잘 알지 못한다. 어느 날 아침 학교에서 선생님은 미란이 매우 피곤하고 집중력이 없다는 것을 알아차렸다. 그녀는 그에게 가져온 음식을 먹고 마시라고 제안한다. 미란은 거절하고 아무것도 가져오지 않았다고 말한다. 그래서 교사는 자신이 가져온 음식을 그에게 줄 수 있다고 말한다. 미란도 그것을 원하지 않는다. 마지막으로 그녀는 미란에게 물을 좀 마시자고 제안한다. 미란은 "아니요, 할 수 없어요. 라마단이기 때문이에요."라고 말한다. 교사는 이 고백에 충격을 받고 그의 가족이 그에게 라마단 규칙을 따르도록 허용(또는 강요?)했다는 사실이 다소 심각한 아동 학대 사례에 해당한다고 생각하기 때문에 사건을 청소년 복지센터에 전달할 것을 고려한다. 그녀는 다른 선생님들과 학교 원장에게 미란이 밥을 먹지 못하도록 강요받고 있으며, 부모가 미란이 공부에 집중하지 못하는 문제에 무관심한 것 같다고 걱정한다.

사례 2: 마티(Matti)는 1970년대 중반 핀란드의 작은 마을에서 초등학교에 다니는 핀란드 소년이다. 그는 10살이고 그의 가족은 매우 가난하므로 어려운 사회경제적 상황 속에서 살아가고 있다. 아버지는 기술자이지만 쉬거나 실업 상태에 있고 심한 알코올 중독에 빠져 있다. 어머니는 전업 주부이다. 가족으로는 4명의 자녀가 있는데, 마티가 막내다. 그들은 작은 마을 외곽의 낡은 집에 살고 있다. 간단한 난로에 장작을 피워 요리하고 집에는 수돗물이 나오지 않는다. 아이들은 목욕을 거의 하지 않는다. 이는 학교에서 눈에 띄게 나타난다. 마티는 종종 고약한 냄새를 풍기며 다른 아이들은 마티 옆에 앉는 것을 싫어한다. 마티는 이 모든 것을 고통스럽게 인식하고 있으며 수줍음이 너무 많다. 그는 종종 집중하지 못하고, 열 살이 되었음에도 거의 읽거나 셈을 할 수 없는 가난한 학생이다. 그에게서 고약한 냄새가 난다는 것이 선생님을 괴롭힌다. 어느 날 아침, 교사는 첨삭한 쓰기 과제를 학급 학생들에게 재배부한다. 마티는 이 과제에서 최악의 결과를 얻었고 만족스럽지 못한 성적을 받았다. 과제를 나눠줄 때 교사는 눈에 띄게 짜증을 내며 마티의 쓰기 과제의 첫 번째 문장을 큰 소리로 읽는다. 그 문장은 거의 이해할 수 없을 만큼 형편이 없기 때문이다. 다른 아동들은 마티에게 손가락질하고 조롱하며 비웃는다.

9.3 인정이란 무엇이며 왜 중요한가

다음으로 인정이라는 주제를 소개하겠다. 두 사례를 더 자세히 설명하기 위해 9.4절에서 활용할 것이다. 일반적으로 인정(독일어로 Anerkennung, 프랑스어로 reconaissance)은 독일 철학자 헤겔(G. W. F. Hegel), 그의 직접적인 영향 아래 있는 루소(J. J. Rousseau) 그리고 피히테(G. Fichte)와 같은 철학자들이 강조한다(Ikäheimo, 2017 참조).[1] 이는 20세기 중반 프랑스 철학에서 중요한 역

---

1 시에프 등(Siep et al.)이 주장하는 관련 항목을 참조할 것.

할을 했으며(예를 들어 Butler, 1987 참조), 1990년대에는 사회·정치사상에서 집중적으로 논의된 주제 중 하나가 되었다. 호네트(Axel Honneth)의 저술[2]은 또한 인정을 프랑크푸르트학파의 비판이론과 그것에 영향을 받은 저술에서 새로운 패러다임의 중심으로 만들었다. 인정-이론적 접근 방식의 기본 아이디어 중 상당수는 교육에 매우 적합하고, 우리의 실생활 사례와 직접적 연관이 있다.[3] 발달 심리학이 널리 검증한 첫 번째 아이디어는 사회적 관계와 자기 관계(즉, 자기개념) 사이의 밀접한 연결이다. 한편으로, 타자들이 우리를 보고 대하는 방식은 어떤 식으로든 우리가 우리 자신을 보는 방식에 영향을 미칠 가능성이 높으며, 이러한 연결은 특히 어린 시절에 강력하다는 것이다. 그러나 다른 한편으로, 타자가 우리를 보거나 대하는 방식이 미래에 우리가 타자를 보고 대하는 방식에 영향을 미치는 기대와 정서적 반응의 패턴을 형성하기도 한다. 이러한 진실이 미란과 마티의 경험에도 적용된다고 상상하기는 어렵지 않다.

두 번째 중요한 아이디어는 인정이 다양한 형태로 이루어지며 다양한 형태가 개인의 자기개념 또는 자기 인정의 다양한 측면에서 연관이 있다는 것이다. 널리 받아들여지는 생각은 인정이 세 가지 형태나 차원을 가지고 있다는 것이다. 여기서 우리는 이를 존중, 배려 그리고 자부심(self-

---

2 우리는 아래에서 호네트의 영향력 있는 인정 이론에 대해 자세히 다루지는 않을 것이다. 여기에서는 두 가지 설명만 추가할 수 있다. 호네트의 이론은 교육적 맥락에 관한 두 가지 측면을 명료화하고 있다. 첫째, 그는 다른 사람에 대한 동정심의 기초가 되는 취약성을 지적한다. 이러한 취약성은 인간 존재의 본질적인 사회적 본성과 관련 있다. 우리는 말하자면 원자적, 자기 결정적, 자기 확신, 존재가 아니다. 둘째, 호네트는 정체성을 상호주관적으로 이해하고 사회적 상호작용을 통해 발전하는 것으로 이해한다. 이를 설명하기 위해 호네트는 미드(Mead)의 사회 이론과 위니컷(Winnicott)의 유아기 사회심리적 발달을 설명한다. 그의 이론에 대한 자세한 내용은 호네트(1995)를 참조할 것.

3 교육과 사회적 활동에 대한 주제의 중요성에 대해서(예: Bates, 2019: Niemi, 2015. 2021; Sardoc, 2010; Stojanov, 2007 참조)

esteem) 또는 평가(appreciation)의 차원(또는 더 기술적으로는 의무론 차원, 가치론 차원, 기여 차원)이라고 부르겠다.[4] 간단히 말해서, 우리가 어떤 사람을 존중한다는 것은 우리가 그의 존재를 공유된 삶의 조건이나 규범에 대해 발언권을 가지거나 권위를 공유할 수 있는 합리적인 존재로 고려한다는 것이다. 배려는 그녀가 행복을 누리거나 그 반대 상황에 있는 유한하고 취약한 존재로 여긴다. 그리고 자부심이나 평가는 그녀가 특정 개인적 특성이 있다고 생각하고, 그중 일부는 공유된 삶이나 다른 사람의 행복이나 복지에 긍정적으로(또는 부정적으로) 공헌할 수 있다는 것이다.

분명히, 우리가 다른 사람과 더불어 자기 삶에 관한 중요 문제에 대해 발언권을 갖는 존재로 다른 사람으로부터 존중받은 경험이 없다면, 우리는 자기 존중 즉, 자신을 존중할 수 있고 존중할 만한 자격이 있다는 개념을 발전시키기가 어렵다. 또한 우리가 자기 행복을 경험하지 못하거나 다른 사람의 배려를 받지 못한다면, 배려가 정말로 중요하다는 감각을 키우기 어렵거나 세상이 그것을 그렇게 보고 있다는 감각을 키우기가 어렵다. 마지막으로, 우리는 자신의 특별한 자질이 공유적 삶에 대해서, 또는 다른 사람들이 평가하는 것에 대해 긍정적으로 공헌했음에도 그들의 평가를 받지 못한다면, 우리 스스로 그것을 긍정적인 시각으로 보기는 힘들다. 그리고 자신을 보는 방식이 사회화되고 습관화되는 방식은 우리가 다른 사람을 보는 방식뿐만 아니라 그들과 상호작용하는 방식에도 영향을 미칠 것이다.

이는 예를 들어 인종 집단 간의 관계나 서로 다른 사회경제적 배경을 가진 사람들 간의 관계와 같은 이슈에 적합하다. 즉, 자신이 속한 집단에

---

4 인정의 3차원에 대한 이러한 일반적인 개념은 호네트(1995)의 저술에서 유래하였으며, 해당 차원의 인격성과의 연관성은 이케헤이모(2002)와 레이티넨(2002)에서 자세히 설명되어 있다. 자세한 내용은 이케헤이모(2017, 2022a)를 참조할 것.

속한 사람들이 보는 방식과 다른 집단에 속한 사람들이 보는 방식이 다른 경우가 종종 있다. 이러한 불일치에는 무해한 형태가 많이 있지만(다른 사람들은 항상 우리 눈에 약간 이국적으로 보이고 우리는 그들의 눈에 그렇게 보인다. 등등) 일부 형태는 사소하지 않을 수 있다. 예를 들어 다수자의 민족이나 종교에 속한 사람들이 소수자를 합리적인 행동이나 믿음의 방식에 따라 스스로 잘 결정할 수 있는 합리적 존재로 존중하지 않거나, 소수자를 완전하고 깊이 인간의 완전한 행복 또는 그 반대를 경험할 수 있는 인간으로 보지 않는다면, 또는 그들이 소수자를 사회에 공헌할 가치가 있는 존재로 평가하지 않는다면, 이러한 경험은 그들에 대한 나(또는 우리)의 감정과 더 나아가 그들에 대한 우리의 관계 방식에 심각한 해악을 끼칠 수 있다. 인정의 부족은 한 쪽으로 쉽게 부정적인 감정과 인식을 강화하고 순환시킨다. 이는 외집단의 인정 부족이 나의 자존감(self-regard)에 심각한 영향을 미치지 않더라도 마찬가지다. 그 자존감은 내집단의 인정으로 긍정적으로 뒷받침되기 때문에 그렇다.

사람들 사이의 이러한 다양한 인정 형태 모두에 적용되는 일반적인 사실 중 하나는 그들이 우리가 인정의 추가 형태로 생각하고 싶거나 그러하지 않을 수도 있지만 우리가 다른 이름인 "관심 기울이기(attending)"로 부르고자 한 것에 부분적으로 의존한다는 것이다: 9.4절에서 자세히 설명하겠지만 이는 두 가지 사례에서 그 부족을 명확하게 예시하고 있다. 관심 기울이기 자체는 우리가 사악하거나 냉담한 목적을 위해 다른 사람에게 주의를 기울일 수 있으므로 평가적으로 중립적이지만, 이는 위의 긍정적인 의미에서 인정이 이루어지지 않거나 적어도 불완전한 상태로 유지되는 것이다. 인정-이론적 전통이 강조했듯이, 다른 사람의 인정은 나의 관점을 바꾸거나 열어주는 것, 말하자면 자기중심적 관점에서 벗어나는 것, 또는 내가 나에게 갇혀 있을 때 하는 것과는 다른 방식으로 세상과 나 자신을 보게 하는 것이다.[5] 예를 들어, 다른 사람을 발언권이나 권위가 있다고 존중하는 것, 또는 나 자신이 아닌 세상에 대한 합리적인 관점을 가지고 있다고 다른 사람을 존중하는 것은 상황이 어떠해야 하는지, 내가 어떻게 행동해야 하는지에 대한 나 자신의 판단을 상대화한다. 이와 같이, 누군가의 행복이나 복지에 관심이 있는 것은 자신의 관점을 선과 악으로 상대화하여 다른 사람에 관한 관심을 통해 그것을 중재하는 것이다. 그리고 자부심도 마찬가지다. 다른 사람은 내가 평가하는 것에 공헌할 수 있으며, 이로써 내가 가질 수 있는 무한한 힘이나 자기 충족에 대한 환상을 약화할 수 있다.

이것이 의미하는 것 중 하나는 다른 사람을 인정하면 자기 중요성이 어느 정도 상실된다는 것이다. 우리가 성인으로서 알고 있는 이것은 매우 건강하고, 성격이나 인간다움의 완전한 발달에 틀림없이 중요하지만, 비용도 따른다. 바로 자기애적 자기 중요성의 상실과 개인 관점의 상대화라는 대가다. 그래서 우리는 자신의 습관적인 안전지대에서 벗어난다.[6] 따라서 다른 사람을 인정할 때 우리 안에 거부감이 생긴다면, 이는 놀라운 일이 아니다. 이는 특정 타인과의 상호작용에서 더 크거나 작은 역할을 할 수 있으며 아마도 역할이 더 클수록 더 다를 수 있다. 나르시시즘의 상실에 대한 심리적 방어는 상대방에게 제대로 관심을 기울이지 않아서 상대방에 대한 존중이나 배려, 또는 상대방에 대한 평가로부터 감동받는 것을 회피하는 것이다.

제대로 관심을 기울이지 못하는 또 다른 원인은 문화적 패턴이나 체계로 인해 다른 사람들이 특정 집단에 속하거나 특정 특성이 있다고 볼

---

5 우리는 피히테(2000), 부버(1937), 레비나스(1961/1969) 그리고 카벨(1969, ch. 9)과 같은 여러 저자들이 제시한 이런 기본적 아이디어를 발견할 수 있다.
6 인정 비용에 대해서는 이케헤이모(2015)를 참조할 것.

수 있다. 버틀러는 적국의 인구뿐만 아니라 성 소수자와 관련하여 이 아이디어를 자세히 설명했는데, 그들은 우리가 그들의 삶을 "비통한" 것으로 제대로 보지 않거나 충분한 인간의 삶으로 보지 않는 방식으로 "구성"했을 수 있다(Butler, 2009 참조). 그러나 이 아이디어는 민족이나 문화 집단 간의 관계, 또는 사회경제적 차이나 계급 차이를 가로지르는 관계에도 쉽게 적용될 수 있으며, 인정과 인격성의 세 가지 측면에서 차별화된 독해가 가능하다. 우리는 특정 배경을 가진 사람들의 존재 방식 또는 행동 방식에 대해 확립된 문화적 고정관념에 취약할 수 있으며, 어느 정도는 항상 취약하다. 이러한 고정 관념적 프레임은 특정 집단의 사람들을 보고 반응하는 방식을 단순화하며, 동시에 내집단 사람들과의 공동체 의식을 형성한다. 왜냐하면, 우리는 같은 패턴에 살고, 같은 농담을 공유하며, 일반적으로 사물을 비슷하게 인식함으로써 우리 사이에서 편안함을 느끼기 때문이다. "그들"의 공유적 분류는 "우리"를 하나로 묶는다. 말하자면, 우리가 다른 종교를 믿는 사람, 다른 사회경제적 배경을 가진 사람, 문화자본 측면에서 풍요의 차이가 있는 사람처럼 특정 집단에 속한 사람에게 실제로 관심을 기울이려면 이것은 벗어나야 할 것이다. 그러한 관심 기울이기는 머독의 말을 빌리면 "진정으로 보는 것"(Murdoch, 2001, p. 375)일 뿐만 아니라 습관을 깨야 하는 것이기 때문에 불편하다. 또한 그것은 자신이 속한 집단의 사람들을 잠재적으로 소외시킬 위험도 있다.

이 모든 것은 우리가 미란이나 마티와 같은 개인을 제대로 인정하기 전에 그들에게 실제로 관심을 기울여야 하며, 그러한 관심 기울이기는 결코 공짜가 아니며 자동으로 이루어지지 않는다는 것을 의미한다. 학생과의 관계에 있어서 교사도 다르지 않다. 교사는 아동과 청소년의 삶에 큰 영향을 미치는 역할 때문에 개별 학생을 보는 방식에 미치는 영향을

성찰해야 하는 무거운 책임을 진다.[7]

전체적으로 인정은 타인에 대한 객관화 관점에서 벗어나 주관화 또는 개성화(personifying) 관점으로 이동하는 것을 말한다. 실제로 인정의 형태는 타인에 대한 개성화 고려로 생각할 수 있지만, 인정의 부족은 비개성화 또는 비인간화와 밀접한 관련이 있다.[8] 20세기의 모든 인간 재앙은―예를 들어 홀로코스트를 생각하면―심각한 형태의 비인간화가 동반되었다. 그러므로 교육학적 평화 활동의 형태는 타인을 단지 일반적이고 추상적인 타자가 아니라 주체적이고 구체적인 인격체로 보는 데 크게 중점을 두는 것이 옳다(Freire, 1972 참조).

9.4 학교 교육의 구체적 특성

물론 인정은 일상적인 교육학 담론에서 전통을 가지고 있다: 평가와 기여라는 의미에서 인정을 모든 종류의 발달 과정의 전제 조건으로 간주하며, 무시, 수치심, 배제 및 선택에 따른 인정의 부족을 학교에 대한 비판적 분석의 중요한 측면으로 간주한다. 그러나 교육학 문헌은 종종 인정 개념에 대한 차별화된 분석이 부족하다. 이는 예를 들면, 주로 수치심 및 무례함과 같은 인정의 문제 측면을 다룬다. 다양한 형태의 인정을 미묘

---

7   문화 교육이 반드시 해결책은 아니라는 점에 유의하는 것이 중요하다. 문화 교육이 제대로 이루어지지 않거나 차이에 대한 개념을 단순화하여 정보를 제공받는다면 실제로 고정 관념을 강화하고 문화 및 기타 차이에도 불구하고 전 세계의 개인에게 진정으로 주의를 기울이는 사람들의 능력을 더욱 해칠 수 있기 때문이다. 다른 문화와 개인을 그들의 전달자로 물화하는 것(역자 주: 사람과 사람의 관계가 물건과 물건 사이의 관계로 나타나는 것)은 도움이 되지 않는다. 그들을 이해하는 것은 도움이 되지 않는다.

8   비인간화에 대해서는 리빙스턴 스미스(2021), 인정과 비인간화에 대해서는 이케헤이모(20226)를 참조할 것.

한 방식으로 다루지는 않는다. 때때로 존중은 그 형태들의 미묘하고 중요한 차이에도 불구하고 평가와 동일시되고 있다(9.3절에서 자세히 설명함). 인정의 차원에서 학교 교육의 기능, 과제, 가능성 및 한계와 그 학교 교육의 역할 수행자(예: 학생, 교사) 행동과의 관련성을 거의 논의하지 않는다(예: Bates, 2019; Gutmann, 1987; Sardoc, 2010 참조). 이는 교육의 맥락에서 인정의 의미에 대한 다소 일반적인 진술로 이어지지만, 우리의 사례에서 설명한 것에 대해 차별화되고 유용한 반응은 아니다. 그러나 그 진술은 종종 추상적이고 일반적일 뿐만 아니라, 학교에서 교육이 이루어지는 다양한 긴장을 정당하게 다루지 못하고 있다.

구체적으로, 우리는 특히 학교 교육의 두 가지 긴장이 학교의 대인관계와 인정에 대한 교육 및 학습(그리고 각각 공감이나 동정심과 같은 동기적, 도덕적 기초)에 도전한다고 생각한다. 첫째, 자율성과 의존성(또는 강압) 사이의 긴장이다. 이는 행동 조건의 긴장과 교육의 출발점 및 목표 사이의 긴장으로 이해된다. 둘째, 학교의 교육학적 관계에서 존재하는 친밀감과 거리감 사이의 긴장이다. 한편으로, 학교는 (친밀한 공동체로서) 가족으로부터 사회와 사회의 다양한 하위 시스템(예: 일과 정치)으로 전환되어야 한다. 다른 한편으로 교육학적 관계는 배려, 존중, 평가로 특징지어져야 하지만 우정이나 가족 내에서 작용하는 형태와 성격을 가져서는 안 된다는 긴장감이 있다. 특히, 학교에서 생활하는 관계는 대부분 자발적이지 않다(적어도 자발적으로 선택되지는 않음). 그들은 역할에 묶여 있으며(교사는 자신의 역할 때문에 학생들을 배려하고 평가해야 하지만, 개별 학생을 사랑할 필요는 없다), 기능적이다. 즉, 특정 목적(즉, 학습)을 가지고 있다. 동시에 학교 수업에서는 모든 개인이—특히 교사와 학생이—교육학적 관계에 있다. 이러한 관계는 역할 패턴으로 축소될 수 없다. 오히려, 그 관계는—비록 그것이 역할 형태의 거리감을 특징으로 한다고 할지라도—개인적인 성격을 띠고 있다. 예를 들어, 모든 사람은 이름으로 언급된다. 특이한 점, 습관, 특정 관심사가 알려져 있다. 따라서 개인은 역할 수행자로서의 (사회적) 기능으로 나타나며, 특정 이익 관심, 요구 또는 인격적 특성을 가진 개인적 개성으로 나타난다. 우리가 교육학적 관계와 환경에 대한 인정의 중요성을 이해하고 우리의 사례에서 설명한 종류의 경우에 대한 더 나은 교육학적 대응을 위한 해답을 찾는 것을 목표로 한다면 우리는 교육학적 관계의 구체적인 형태뿐만 아니라 특정 기능을 가진 조직 및 기관으로서의 학교에 대해 성찰할 필요가 있다.

그런데 조직적, 제도적 관점에서 학교란 무엇인가? 학교 교육은 우리가 언급한 긴장을 어떻게 다루는가? 그리고 학교와 도덕 교육에서 인정이란 무엇을 의미하는가? 학교는 사회의 생태적 적소라고 할 수 있다. 교육은 (보통) 국가가 제공하는 공공 기관으로, 교육을 특정 종류의 인간 활동으로 조직하고 경제나 정치 등 다양한 시스템과 다중 교환 관계를 맺고 있다(Searle, 2005 참조). 학교와 같은 기관은 지원 메커니즘을 통해 형성된다. 이러한 지원 메커니즘은—우리 주제에서 중요한—법률과 규정일 수도 있지만 인간관계(예: 교사 간, 동료 간), 일과, 인공물을 암시하기도 한다. 학교는 또한 학생들(미시체계)을 중간체계(즉, 부모의 집)로부터 새로운 중간체계와 전체로서의 사회(거시체계)로 인도한다. 학교는 자체 제도적 규칙, 기대치 및 가치의 도움을 받아 이러한 미시체계(학생)를 이전하거나 구조화한다. 이는 또한 여전히 가족 내에서 특수하고 단일한 방식으로,—즉 (제한된) 단일성과 특수성으로—살고 있는 것의 대부분이 그 단일성과 특수성을 모두 잃지 않은 채 부분적으로 보편적인 것으로 전환된다는 것을 의미한다. 이제 중요한 것은 (부모나 법적 보호자의) 고립적 아동뿐만 아니라, 공동체와 사회의 구성원이자 미래의 국가 시민으로서의 아동·청소년이다. 더욱이 학교 교육의 제도화는 공식 조직의 원칙을 따르게 한다. 학교의 경우 이는 법적 규칙, 커리큘럼, 국가가 제공하는 교사 훈련, 학교 형태 설계 및 학교 졸업 자격 등 조직 형태가 결정된다는 것을 의미한다. 학교의 공식적인 구조는 그 학교에서 전달하고 생활하는 교육이 어떤 점에서는 구체적인 개인과 지역 생활세계의 특성에 무관하게 일반화되고 표준화될 수 있도록 보장한다(읽기, 쓰기 또는 셈하기 기술을 생각해 보라). 물론 동시에 학교 교육은 사교 활동과 사회적 경험을 제공하는 구체적이고 개인화된 환경에서 이루어진다. 학생들은 이곳에서 유년기와 청소년기의 중요한 우정을 쌓고, 사람들이 밀집되어 있고 매우 분주하며 사건이 많은 체험 공간(교실)과 여러 사람(동급생, 교사)과 함께 시간을 보낸다. 여기에는 좁은 의미에서 수업뿐만 아니라 방과후 활동(예: 학교에서 조직하는 휴식 시간 또는 여가 활동)도 포함한다. 이러한 경험은 간헐적이지 않고 오랜 기간 반복적으로 인생의 형성기(적어도 아동과 청소년의 경우)에 이루어지며 본질적으로 자발적이지 않으므로 학교 교육의 체험 공간은 역시 수많은 기회와 긴장과 위험이 내재한다.

한편, 학교의 통합(mix)으로 인해 (그렇지 않은 경우도 있지만) 사람들은 오랫동안 접촉한다. 학교의 비공식적 구조는 접촉할 수 있는 많은 기회를 제공한다. 학교는 이를 위한 원천이자 적용의 장이다. 다른 한편으로―동정심이나 이익 관심이 아닌 나이, 거주지 등 외적 준거에 따라 학생들을 학교나 학급에 배정하는― 학교 조직의 강압성은 괴롭힘이나 낙인과 같은 부정적인 관계의 연쇄나 배제의 패턴으로 이어질 수도 있다. 더욱이 학생들 사이의 이질성이 크면 클수록 사회적 접촉이 파편화될 것이며, 개인은 완전한 개인적 개성으로 서로 만나지도 못하고 자신의 지위에 대한 안정감을 경험하지도 못할 것이다. 오히려 서로는 대체로 자유롭게 떠다니고 서로 다르게 될 것이다. 이 때문에 생성되는(또는 생성될 수 있는) 배제의 위험은 무작위적이지 않고 체계적이다. 학교에서 형성되는 규범 구조는 필연적으로 평가와 거부의 준거를 형성하게 된다. 특히 학업 성취와 행동 기대(일부 교육과정에서 명시됨)뿐만 아니라 교사의 수용 또는 거부를 통해 표현되는 이러한 규범 구조는 교사와 학생의 관계뿐만 아니라 학생과 학생의 상호작용을 형성한다. 학교에서는 평등과 차이 사이에 위태로운 관계가 존재한다. 한편으로는, 학생 모두가 동등하게 대우받아야 하며 학생의 역할을 다해야 한다. 궁극적으로 이는 학생들을—개인의 특성(예: 피부색, 지능 또는 체력)과 무관하게—추상적으로 대우해야 함을 뜻한다. 물론, 다른 한편으로 그들의 특별한 생활환경과 개성도 고려해야 한다. 모든 학생을 학교 수업에서 특별하고 중요한 구성원으로 인정해야 한다. 이러한 표현 방식은 학교 동기 부여와 성취에 중요하게 공헌한다.

학교에서의 관계 형성에 대한 다양한 요구는 또한 학교에서 이루어지는 소통(인정을 전달하는 수단)이 다양한 형태와 기능을 가지며 실용적인 기능이나 언어로 축소될 수 없음을 의미한다. 소통은 언어 없이도 이루어지며 정보와 사람(person)을 전하고 통제하는 것 이상의 역할을 한다. 오히려 소통은 정체성, 사회, 관계 및 실재를 동시에 확립하는—실제로 구성하고 중재하는—인간적 실천이다(예: Mead, 1934 또는 Tomasello, 2010 참조). 교사와 학생 간의 소통은 항상 사회 교육이자 사회화이다. 여기서 일부 가치를 명시적으로 가르치고, 명명하며, 옹호하는 반면, 다른 가치를 "잠재적 교육과정"이라는 의미로 더 많이 전수한다(Jackson, 1968 참조).

또한 교사(적어도 일대일 수업이 아니라 교실 수업에 관해 이야기할 때)는 결코 한 명의 학생만 지도하지 않고 항상 집단으로 지도하며 때로는 교실 수업을 훨씬 넘어선다는 점을 아는 것도 중요하다. 예를 들어, 교사들은 방과 전후에도 학생들을 자주 만나며 때로는 쇼핑을 하면서 여가 시간에도 학생들을 만난다.

교사는 자격을 갖추고 교육할 뿐만 아니라—발달적으로 중요하고 취약한 단계에 있는 사람들을 포함하여—항상 반드시 인간 주체를 공동 교육한다. 이것이 바로 교사가 교육과정과 아동 및 청소년의 삶에서 그토록 중요하고 특별한 역할을 하는 이유다. 교육과정에서 교사는 두 개의 사회적 기관으로서 역할을 한다. 하나의 사회적 기관은 그 사람의 공적 기능, 직업적 역할이다. 또 다른 사회적 기관은 그의 특수성과 주관성을 지닌 구체적인 개인으로서의 그를 포괄하는 사적 기능을 한다. 교사가 적어도 "인정적 성공"이라는 의미에서 성공하기를 원한다면, 결과적으로 교사는 항상 역할 수행자이자 성찰적인 사적 인격체가 되어야 한다.

교실에서 교사와 학생 간의 소통은—우리가 이미 살펴본 것처럼—종종 일대일 소통이 아니라 일대다 소통이다. 이는 교실에서 이루어지는 대다수 소통(그리고 상응하는 인정의 과정)이 여러 번 처리된다는 것을 의미한다. 교실에서 교사가 한 학생에게 말할 때 그는 일반적으로 다른 모든 학생에게 동시에 말하고, 학생이 교사에게 말할 때 그 학생은 종종 다른 모든 학생에게 동시에 말한다. 이는 또한 올바른 인정이나 잘못된 인정을 표현하는 대부분의 행동이나 진술이 반(semi)-공공적인 인격을 갖고 있으며,—설령 의도적이고 숙고하지 않더라도—그 상황이나 교실에 있는 모든 사람에게 향하고 있다는 것을 의미한다.

따라서 교실의 사회적 밀집도와 반-공공적 특징은 모두가 볼 수 있는 급변하는 많은 사건이 발생한다는 사실에 대해 책임이 있으며, 이는 적 잖게 계획되지 않고 예측할 수 없지만 이에 빨리 대응해야 한다. 그렇지 않으면 사회적으로 불안정한 영향을 미칠 위험이 있다. 교사는 수업의 계획과 질서 있는 흐름에 대한 책임이 있으므로 교육 상황의 복잡성에 영향을 받는다. 그러나 복잡성은 개념 규정상 관리하기 어렵기 때문에, 그는 교실에서 일어나는 일을 단순화해야 한다. 이를 위해 그는 일반적으로 가르침을 관리 가능하게 만드는 모델을 제공하는 수업 방법을 사용한다. 그리고 그는 자신의 강력한 지위를 다른 방식으로, 즉 규범과 기대를 강화하기 위해 사용한다. 그는 승인하고 칭찬하고 질책한다. 성공의 공간을 설계하는 동시에 실패의 공간을 설정한다. 따라서 실증적 연구에서 교사의 피드백(특히 부정적인)과 동료 학생들 사이의 인기도(popularity ratings) 사이에 명확한 상관관계가 있음을 발견한 것은 놀라운 일이 아니다(Hendrickx et al., 2017 참조).

학교는 위에서 언급한 자율성과 의존성 사이, 그리고 친밀감과 거리감 사이의 긴장에 부분적으로만 영향을 미칠 수 있다. 다른 조직과 달리, 학교는 원하는 결과를 구체적으로 달성할 수 있는 완전히 안정적이거나 효과적인 기술이 거의 없다. 학교는 교육과정, 규정, 시험 등 다양한 수단을 통해 불확실하고 모호한 교육 전수 영역에 안정성을 제공할 수 있지만 완전히 성공하지는 못한다. 이러한 취약한 지식 기반의 원인은 루만과 쇼르가 이미 설명한 교육학적 활동의 기술 부족에 있다(Luhmann & Schorr, 1982 참조).

교육이 단순히 기계로 만든 제품처럼 학생을 길러낼 수 없는 이유는 세 가지다. 첫째, 교사는 명확하게 통제된 행동을 통해 자신의 의도를 학생에게만 영향을 미칠 수 있는 방식으로 실행할 수 없다. 그래서 교사가 특정 규범(예: 존중 형태의 인정)을 채택하고 전수하더라도, 학생들이 규범과 그 효과를 정확히 이해하지 못할 수도 있다. 일방적으로 긍정적인 의미로 전개된다고 보장할 수 없다. 둘째, 의도된 효과가 더 광범위하고 기간이 더 길수록, 행동의 불확실함은 더 커지고 그 원인은 명확하지 않을 수 있다. 이는 많은 교육학적 비전, 특히 인정에 대한 비전에서도 마찬가지다. 그러므로 어떤 점에서 완성된 교육학적 결과물은 존재하지 않는다고 말할 수도 있다. 인정은 계속 제공됨과 동시에 실행되어야 한다. 셋째, 교육과정에서 각 개인의 자기 준거성은 (교사 각각의 의도적 행위가 궁극적으로 타인의 해석적 수행과 처리 전략의 결과로만 나타나는 것이지), 감지하고 지각하는 주체와 무관하게 객관적으로 확인할 수 있는 산물이나 지식이라고 말할 수 없다는 것을 뜻한다. 이는 또한 인정이 사회적, 개인적 준거(인정된 감정)로부터 추상화되어 이해될 수 없다는 것을 의미한다.

9.5 두 가지 사례의 의미

이 절에서는 본 장의 시작 부분에서 제시한 두 가지 사례로 돌아가서 9.3 절과 9.4절에서 논의한 내용에 비추어 고찰하겠다. 그리고 한편으로는 교육학적 관계에서 인정에 대해 교사가 갖는 역할과 다른 한편으로는 이 분야에서 학교 도덕 교육이 갖는 기능에 대해 논의할 것이다.

두 경우 모두 교사가 학생을 대하는 방식에 문제가 있다는 것은 누구에게나 명백하다. 아마도 너무나 명백해서 정교한 이론적 성찰이 불필요해 보일 수도 있다. 그러나 단순히 뭔가 잘못되었다고 설명하는 것으로는 상황을 바로잡는 방법을 안내하기에는 불충분하며, 이를 단순하게 이해하면 도움이 되지 않는 해결책으로 이어질 수도 있다. 이는 인정과 그 반대에 대한 단순한 혹은 일방적인 이해에도 적용된다. 적어도 이상적으로는 도움이 되지 않는 사례를 구성하는 두 가지 단순화 방법이 있다: 하나는 추상적인 보편성의 측면에서, 다른 하나는 차이의 측면에서 구체화하는 방법이다.

첫 번째 틀은 보편적 권리와 그에 따라 권리 소유자로서 주장되는 보편적 지위의 관점에서 사례를─이러한 법적 또는 인권으로─보는 방법이다. 이는 매우 중요하기는 하지만, 그것이 살아 있는 삶의 특수성을 파악하지 못하므로 부적절하다. 그러므로 여기서 인정이 무엇을 의미하는 것이든, 그것은 학생의 인권, 법적 권리, 즉 권리 소유자로서의 보편적 지위에 대한 인정**만**을 의미하는 것일 수 없다. 두 번째 틀은 차이를 이해하고 인정하는 방법이다. 이는 당해 개인에 대한 인정의 부족을 구체화하고 실제로 구현한다. 우리는 사람들을 특정 범주로 분류하고 이러한 범주의 관점에서 그들의 행동을 완전히 설명하기를 원한다: "그 사람들이 그렇게 행동하기 때문에 그녀는 그렇게 행동한다." 이는 주관적인 관점, 행위, 그리고 판단력을 가진 인간을 객관적인 현상으로 환원하기 때문에 무례하거나 인정의 부족을 보여준다. 동시에 그것이 복잡성을 단순화하고, 특정 개인의 시각에 대한 도전으로부터 우리를 보호하고 생각이 같은 사람들에게 공동체 의식을 제공한다는 점에서 매혹적이다: "우리는 그들이 존재하는 방식을 알고 있다."

우리는 두 가지 사례처럼 중요한 것은 관련 인물, 미란과 마티, 그리고 그들의 가족과 공동체를 인격체 또는 주체로 인정하는 것이라고 주장한다. 이는 그들이 세상으로 환원할 수 없는 관점을 갖고 있으며, 배려와 인지적 판단, 잠재적으로 공헌할 수 있는 무언가를 갖고 있음을 인정하는 것이다. 무엇보다도, 이를 위해서 우리는 그들을 그렇게 볼 수 있도록 마음을 여는 방식으로 그들에게 관심을 기울여야 한다.

미란의 경우를 생각하면, 그의 선생님은 단순히 라마단 관행에 대해 몰라서 사람이 해가 뜰 때부터 해가 질 때까지 먹거나 마시지 않고 하루를 보낸다는 것에 깜짝 놀랐다. 물론 실제로 전 세계 수억 명의 이슬람교도들은 라마단 기간에 그렇게 한다. 이처럼 구체적이고 복잡한 문제에서는 틀이 특별한 도움을 주지 못한다. 첫째는 특정 경우에 특정 (법적 또는 인간) 권리가 무엇을 의미하는지는 항상 해석의 문제이기 때문이고, 둘째는 그 경우에 적용되는 복수의 권리가 동일한 규범적 의미를 가질 필요는 결코 없기 때문이다. 종교를 실천할 권리, 자결권, 적절한 영양을 공급받을 권리, 교육받을 권리 등을 생각해 보라. 다른 한편으로 차이의 틀을 구체화하는 것도 문제가 된다. 우리가 의미하는 것은 미란의 상황을 무슬림이 라마단 기간에 어떻게 행동하는지에 대해 객관화하고, 구체화하며 또는 행동주의적으로 설명하는 것으로 환원하는 것이다. 종교적 측면을 포함하여 인간의 삶을 어떻게 배열하는가에 대한 주관적인 관점과 잠재적으로 합당한 관점뿐만 아니라 우리가 그것에 대한 동의 여부와 무관하게 적어도 진지하게 받아들여야 할 가치나 관심사를 반영하는 것으로 그 행동을 간주하지 않는다.

　교사의 경우를 생각하면, 문제는 (이슬람이나 일반적인 종교 전통의 중요성에 관해) 대체로 성찰하지 않은 문화적 패턴과 편견이 작용한다는 것이다. 미란의 배고픔과 목마름을 아동 학대라고 성급하게 비난하고 아동보호 기관에 알리는 것을 고려하는 것은 과도하고 히스테리로 보일 수 있다. 하지만 이는 종교적, 문화적 소수자들이 자주 경험하는 일이다. 이는 특히 (예를 들어 오스트리아) 교사의 커뮤니티와 같이 문화적, 사회적으로 동질적인 커뮤니티에서는 편견과 문화적 패턴을 공유하기 때문에 놀라운 일이 아니다. 그러나 7세 소년이 라마단을 축하하는 것이 아동 학대에 해당한다(심지어 구성한다)는 평가는 교사의 문화적, 종교적 무지나 불관용만을 표현하는 것이 아니다. 이는 또한 미란과 그의 동료들에게 해로운 영향을 미칠 수도 있다. 교사가 미란의 (새로 생긴) 종교적 정체성을 평가 절하하고 나쁜 것으로 매도하거나 적어도 바람직하지 않은 것으로 보기 때문에 이는 미란의 자기 이미지와 자신과의 관계에 영향을 미칠 수 있다. 이와 함께 금식을 종교적인 행동, 사고, 감정의 표현, 그리고 혐오감 또는 최소한 몰이해의 표현으로 일방적으로 해석하는 경향도 미란의 동료, 학생들에게 전달된다. 그들은 금식이 미란과 그의 가족에게 중요한 종교적 의미를 갖는다는 사실을 인정하기보다는, 미란이 배고픔과 집중력의 결여로 인한 어려움을 이겨내고 이를 자신의 종교적 경험의 일부로 통합하고자 한다는 사실을 나쁘다고 이해한다. 적어도 학교는 이를 은폐하고 무시를 한다. 이는 미래 시민교육의 측면에서 중요한 요점 - 무슬림의 사회적 소외와 낙인을 조장하기도 한다. 따라서 이 점에서 우리는 미란에 대한 교사의 대우가 현재의 무시를 표현할 뿐만 아니라 종교적 정체성에 대한 미래의 사회적, 개인적 대우를 위한 방향을 설정한다는 점을 이해해야 한다.

물론 세부 사항은 다소 다르지만, 마티의 경우도 상황은 비슷하다. 이 경우 우리는 마티가 자신의 생활 조건, 즉 가난하고 궁핍한 환경에서 자랐으며 아버지가 알코올 중독자이고 목욕이나 샤워를 거의 할 수 없다는 현실에 행복해하고 자랑스러워한다고는 가정할 수 없다. 오히려 그의 생활 상황은 그가 인정할 수(또는 못할 수)도 있는 심각한 사회적 박탈과 불평등의 표현이자 결과이다. 여기서 문제는 교사가 지지, 평가, 혹은 중립적인 관용조차 표명하지 않고 오히려 수업의 반(semi)-공공적 포럼에서 매우 공개적으로 마티에 대해 무관심을 표명하거나 심지어 경멸함으로써 마티의 사회적 낙인을 더욱 부채질한다는 것이다. 이 점에서 다시 교사에 대한 두 가지 책임 영역이 작용하게 된다. 이 영역은 때때로 긴장되기는 하지만 그럼에도 일방적으로 포기할 수는 없다. 개인적 책임과 교사의 역할 책임이다. 우리는 (학교 교육의 기술적 결함과 이에 따른 교사 활동의 제한된 힘과 관련해서, 교사에 대한 관심과 개인적 책임의 한계에 따른 위험과 관련해) 교사가 사회적 불평등의 원인에 대해 책임질 수도 없고, 그것에 직접적으로 맞서 싸워 성공할 힘과 가능성도 보장할 수 없는 경우가 많다는 것을 알고 있다. 그럼에도 이것이 교사가 아무런 책임도 없다는 것을 의미하지 않는다. 교사는 중요한 역할 모델이다. 이는 특히 이미 매우 취약한 생활 상황 처한 사람들에 대한 세심한 접근이다. 교사가 자기중심적 입장에서 벗어나는 것(학생이 샤워를 하지 않고 등교하면 이것이 반드시 개인의 실패를 나타내거나 재능이나 헌신이 부족하다는 증거는 아님)은 교사가 해야 할 최소한의 것이다. 이는 또한 마티가 짊어져야 하는 부담이고, 삶에 대한 적절하고 깊은 이해를 위한 전제 조건이다. 따라서 교사는 마티가 학급 내에서 더욱 낙인찍히고 고립되는 것("그 사람 냄새나!", "나는 그 사람 옆에 앉고 싶지 않아!")을 어떻게 해서든 막아야 한다는 것이다. 즉, 교사는 이러한 낙인화에 수반되는 물화와 비인격화에 적극적으로 맞서 싸워야 한다. 그런데 교사가 특히 (아마도 직접적으로는 마티가 아닐 수도 있다. 예를 들어 알코올 중독에 수동적으로 항복하는 그의 아버지, 또는 모든 것을 참는 그의 어머니는) 이해할 수 없다는 감정과 혐오감에 시달리고 있다면 어떻게 할 것인가?

우리는 이것이 어려울 수 있으며 여기에는 완벽한 해결책이 없다는 점에 확실히 동의한다. 우리는 또한 그 교사가 교사로서 거리를 두는 역할뿐만 아니라 청결에 대한 자신의 감정과 (예를 들어) 생각을 가진 개인으로서 마티를 거리를 두고 마주하고 있다는 점을 받아들일 수 있다. 그럼에도 그러한 양면성이 그 교사가 자신의 책임과 다양한 차원의 인정에 대한 요구에서 벗어날 수 있음을 의미하는 것은 아니다. 다시 말하지만, 미란의 경우에 취약성의 측면과 인정이 상호주관적으로만 제공될 수 있다는 사실을 모두 염두에 두는 것이 중요하다. 이는 한편으로는 인정이 미래에 위임될 수도 없고 기관 단독으로 이루어질 수도 없음을 의미한다. 그것은 연대 행동으로 반드시 해결되어야 하는(그리고 계속 추진되어야 하는) 일이며, 여기서 교사는 매우 중심적인 역할을 한다.

우리는—교실에서 증폭되는—두 사람(교사와 학생)의 복잡한 관계가 어떻게 자기 관계, 대인관계에 영향을 미치고, 미래의 정치적, 정서적, 대인적 관계 평가에도 어떤 영향을 미치는지 이미 설명했다. 그래서 교사가 미란의 가족을 자녀 학대자라고 매우 일방적으로 평가할 때, 그녀는 종교가 이 가족에게서 갖는 중요성을 인지적 측면에서 간과하는 것이다. 그뿐 아니라, 그녀의 성급한 판단으로 그녀는 미란이 자신과 가족(그는 가족을 배려의 공동체로 보지만 선생님은 그 반대라고 생각함)에 대한 미란의 태도를 손상시킬 수도 있다. 그리고 마지막으로, 그녀는 미란이 성인이 되어 어떤 종교의식에 참여하고 싶은지 (심지어 젊은 나이에도) 합리적으로 결정하는 능력을 부정한다. 여기서 망설이는 것이 옳을 수도 있다. 결국, 아이들은 아직 합리적인 행위자가 아니다. 그들은 단지 자율적이고 독립적인 존재로 발달하는 과정에 있을 뿐이다. 그러나 요점은 교사가―미란에게 묻지 않고―이러한 발달 능력을 단호하게 거부한다는 것이다. 그렇게 할 때 그녀는 그의 의사 결정의 발언권을 허용하지 않기 때문에 중요한 차원, 즉 존중의 차원에서 그를 인정하지 않는 것이다. 그뿐만 아니라, 그녀는 7세 아동의 종교적 금식이 아동 학대에 해당한다고 평가한다. 이는 그녀가 학교의 (원칙적으로) 중요한 이해당사자이자 학교와 학생의 중간체계인 그의 가족을 얼마나 부정적으로 보고 있는지를 분명히 보여주고 있다. 그래서 그녀는 어느 정도 미란의 발달, 자기 이미지, 학급 내 자신의 위상 측면에서 미란에게 중요하고 다양한 사회적 관계를 기반으로 하여 만들어질 수 있는 인정의 그물을 끊고 있다.

마티의 경우는 바로 이 점에서 다르다. 마티는 실제로 (부모의 사회경제적 불리함 및 개인적인 문제와 관련된 이유로) 가족의 배려와 사랑을 거의 받고 있지 않다. 그는 취약한 아이로서 필요한 따뜻함과 배려를 집에서 받지 못한다. 여기서 교사가 하고 있는 일은 마티가 이미 직면하고 있는 엄청난 배척과 이에 따른 배려 및 관심의 결핍을 강화하고 모든 사람 앞에서 마티를 질책하고 그의 실패에 대한 그녀의 평가를 반공개적으로 마치 확성기를 사용하는 것처럼 공동체에 전달하는 것이다. 이와 같이 교사는 성인(그리고 더 넓은 공동체)과의 관계를 지원하고 힘을 실어줄 수 있는 발달 가능성의 씨앗을 어느 정도 파괴한다. 또한 교사의 이러한 반응은 현재의 결과만 초래하는 것도 아니고, 특정 개인에게만 그런 결과를 초래하는 것도 아니다. 그것은 또한 모든 학생에게 "인생에서 이런 상황의 사람을 대하는 방법은 이것이다."라는 보편적인 진술을 제시함으로써 더 넓은 반향을 불러일으킨다. 따라서 그것은 마티의 미래에까지 영향을 미치며—적어도 잠재적으로—그의 자기 관계뿐만 아니라 미래의 사회적 관계도 형성한다.

그렇다면, 이러한 상황에서 교사의 정확한 역할은 무엇이며, 이를 통해 무엇을 긍정적으로 도출할 수 있을까? 여기에서 우리는 인정 관계를 형성하는 학교 상황에 긴장이 있음을 확인했다. 한편으로는 자율성과 의존성 사이에 긴장이 있고, 다른 한편으로는 친밀감과 거리감 사이에는 긴장이 있다. 교사와 학생 사이의 관계는 가족 내에서 (이상적으로는) 수용하는 것을 모방할 수 없으며 모방해서도 안 된다. 이에 대한 가능성이 존재하지 않을 뿐만 아니라(적어도 전체 학교 학급 환경에서는 아니다) 가족과 같이 친밀하게 연결된 시스템을 (적용하지 않고) 모방하는 것도 학교의 임무가 아니다. 오히려 학교는 미래 시민의 자격 형성 및 교육의 기능과 같은 특정 개인을 초월하는 기능을 가진다.

이 모든 점에서 교사의 역할은 복잡하다. 물론 교사에게는 자신의 역할에 관한 특정 의무와 권리가 있다. 그러나 교사가 된다는 것은 단순히 기능, 역할, 권리 및 의무로 구성된 구조적으로 명확하게 규정된 업무를 수행하는 것을 의미하지 않는다. 이는 또한 (예를 들어) 모범을 보이는 것, 학생을 배려하는 교사가 되는 것(전문적 역할 관련 한계 내에서), 구체적으로 그들을 배려하는 것(예를 들어 사고를 당했을 때 위로하는 것)을 의미한다. 중요한 인정 요구는 관계의 모든 공식적 측면, 특히 비공식적 측면에서 작용한다.

교육이 단순히 제품처럼 학생을 기를 수 없다는 사실은 인정(또는 각각의 인격적 자질)을 학교 교과목으로 가르치고 배우는 것이 최선이자 가장 성공적인 선택이 될 수는 없다는 것을 보여준다. 성격의 관계적 측면과 관런이 있고 자기에 대한 상호주관적 관점(Bates, 2019 참조)에 의해 뒷받침되는 인격 교육("더 큰 세계에 참여하는 역량"으로 이해되는 인격)의 목표로서의 인정은 더 성공 가능성이 높다. 이를 위해서는 단순히 인위적인 사례를 참조하여 멋지고 분리된 교과목에서 인정을 가르치는 것이 아니라 실제로 일상생활에서 실천되고 논의되는 것이 필요하다. 이를 위해서는 또한 큰 감수성과 결정적으로 교사의 염려와 관심뿐만 아니라 친숙한 문화적 틀을 벗어나 자기 삶의 경험과 태도로부터 추상화하려는 의지도 필요하다. 그래야만 초보적인 자율적 주체인 학생들도 학교생활에서 인정을 표현하고 구현하는 방법을 배울 수 있다. 물론, 이러한 인정이 모든 사람이 다른 사람을 사랑해야 하거나 다른 사람의 친구가 되어야 한다는 의미는 아니다. 종종 품위는 달성할 수 있는 최고이자 최소한의 의무이다. 그러나 우리는 도덕 교육의 목표를 위해 확실히 더욱 노력해야 할 것이다.

9.6 결론

교육이 학생을 제품처럼 단순히 기를 수 없고—인정하는 사람과 인정받는 사람에 따라—오로지 대인관계 속에서 수행된다는 사실은 학교 교과목으로서, 즉 특정 교육 내용으로서 인정을 가르치고 배우는 것이 최선이자 가장 성공적인 선택은 아니라는 것이다. 오히려 적절한 태도를 모델링하고 실제로 인정이 생활 속에서 이루어지는 분위기를 조성함으로써 간접적으로 인정을 가르치는 것이 더 효과적이고 효율적일 것이다. 그럼에도 교사는 적절한 평가의 태도를 가져야 하며, 따라서 교사는 이를 개발하고자 노력해야 할 것(교사 훈련 및 지속적인 교육에 대한 과제)이다.[9]

우리는 사회적 관계와 자기 관계 및 자기개념 사이에 밀접한 연관성이 있음을 고찰하였다. 반-공공적인 소통을 통해 교실에서 긍정적인 타인 관계와 자기 관계를 활성화(또는 방지)하는 것은 교사의 중요한 역할이다. 우리는 또한 인정이 다른 차원에서 일어난다는 것을 살펴보았다. 호네트의 이론(Honneth, 1995)을 받아들여 수정하면, 이는 존중, 배려 및 평가의 차원이다. 교사는 예를 들어 가족생활 중에서 이상적으로 이루어지는 사랑과 신뢰의 차원을 재현하려고 가족을 모방해서도 안 되며 모방할 수도 없다. 이는 교사의 역할에 과도한 제약을 가할 뿐만 아니라; 학교와 학교 기반 교육의 기능을 정당하게 평가하지 못할 것이다. 그럼에도 교사는 여기서 성공적으로 긍정적인 자기 관계를 맺고 성장할 수 있는 안전한 환경을 조성해야 할 뿐만 아니라 미래의 성장과 사회적 인정을 가능하게 하는 긍정적인 조건을 조성해야 할 중요한 임무가 있다.

참고문헌

Bates, A.(2019). Character education and the "priority of awareness". *Cambridge Journal of Education*, 49(6), 695-710.

Blum, L.(2014). Three educational values for a multicultural society: Difference recognition, national cohesion and equality. *Journal of Moral Education*, 43 (3), 332-344.

Buber, M.(1937). *I and thou*. Edinburgh: T. & T. Clark.

Butler, J.(1987). *Subjects of desire: Hegelian reflections in nineteen-century*

---

9   우리의 사례에서 학생들을 인정하지 못하고 인정할 수 있는 능력이 없었던 교사가 있었다. 이는 인정이 학생보다는 교사의 도덕 교육에서 주로 역할을 해야 한다는 것을 시사한다. 말할 필요도 없이 교육의 관련 목표는 학생들의 인정적 사고방식과 태도의 개발이다. 교사가 학생을 적절하게 인정하지 않으면, 학생들은 인정을 배우기 어렵다.

France. New York, NY: Columbia University Press.

_____(2009). *Frames of war.* London: Verso.

Cavell, S.(1969). *Must we mean what we say? A book of essays.* Cambridge: Cambridge University Press.

Fichte, J. G.(2000). *Foundations of natural right.* M. Baur (trans.). Cambridge: Cambridge University Press.

Freire, P.(1972). *Pedagogy of the oppressed.* London: Penguin.

Gutmann, A.(1987). *Democratic education.* Princeton, NJ: Princeton University Press.

Hendrickx, M. M. H. G., Mainhard, T., Oudman, S., Boor-Klip, H. J. & Brekelmans, M.(2017). Teacher behavior and peer liking and disliking: The teacher as a social referent for peer status. *Journal of Educational Psychology,* 109(4), 546-58.

Honneth, A.(1995). *The struggle for recognition: Moral grammar of social conflicts.* Cambridge: Polity Press.

Ikäheimo, H.(2002). On the genus and species of recognition. *Inquiry,* 45(4): 447-462.

_____(2015). Conceptualizing causes for lack of recognition: Capacities, costs and understanding? *Studies in Social and Political Thought,* 25, 25-43.

_____(2017). Recognition, identity and subjectivity. In M. J. Thompson(Ed.). *The Palgrave handbook of critical theory*(pp. 567-585). New York, NY: Palgrave Macmillan.

_____(2022a). *Recognition and the human life-form: Beyond identity and difference.* New York, NY: Routledge.

_____(2022b). Recognizability and perception as humans: Learning from Butler and Manne. *The Journal for the Theory of Social Behavior.* https://doi.org/10.1111/jtsb.12352.

Jackson, P. W.(1968). *Life in classrooms.* New York, NY: Holt, Rinehart & Winston.

Laitinen, A.(2002). Interpersonal recognition: A response to value or a precondition of personhood? *Inquiry*, 45(4), 463-478.

Levinas, E.(1961/1969). *Totality and infinity: An essay on exteriority*. A. Lingis(trans.). Pittsburgh, PA: Duquesne University Press.

Livingstone Smith, D.(2021). Making monsters: *The uncanny power of dehumanization*. Cambridge, MA; London: Harvard University Press.

Luhmann, N. & Schorr, K. E.(Eds.)(1982). *Zwischen Technologie und Selbstreferenz Fragen an die Pädagogik* [Between technology and self-reference - Questions for pedagogy). Frankfurt a. M, Germany: Suhrkamp.

Mead, G. H.(1934). *Mind, self, and society*. Chicago, IL: University of Chicago Press.

Murdoch, I.(2001). *The sovereignty of good*. London: Routledge Classics.

Niemi, P.(2015). The professional form of recognition in social work. *Studies in Social and Political Thought*, 25, 174-190.

_____(2021). Recognition in professional care. In L.. Siep, H. Ikäheimo & M. Quante, *Handbuch Anerkennung* (pp. 1-7). Wiesbaden, Germany: Springer.

Sardoc, M.(Ed.)(2010). Toleration, respect and recognition in education. Chichester: Wiley Blackwell.

Searle, J. R.(2005). What is an institution? *Journal of Institutional Economies*, 1: 1-22.

Siep, L., Ikäheimo, H. & Quante, M.(Eds.)(2021). *Handbuch Anerkennung* [Handbook recognition). Wiesbaden, Germany: Springer.

Stojanov, K.(2007). Intersubjective recognition and the development of propositional thinking. *Journal of Philosophy of Edi Education*, 41(1), 75-93.

Tomasello, M.(2010). *Origins of human communication*. Cambridge, MA: MIT Press.

10장
맥락적 돌봄
윤리의 실천

콜레트 라빈(Colette Rabin)

10.1 서론

본 장에서 나는 돌봄 윤리가 전통적인 윤리에 기초하지 않는 도덕 이론으로 설명한다. 그리고 나는 돌봄 윤리를 설명한 다음에 돌봄 교육을 설명한다: 최근의 돌봄 교육 연구와 그 비판에 대해 다루고, 돌봄 윤리를 교사 이탈이라는 사회윤리 딜레마에 적용한다. 돌봄 윤리는 관계적 도덕 이론이다. 돌봄 윤리를 교육에 적용하면, 도덕 교육의 더 큰 목적과 접근 방식이 도출된다(Noddings, 2002a).

돌봄 윤리는 관계의 원동력으로 작동하는 감정의 도덕적 중요성을 강조하고, 모든 인간의 삶의 시작과 삶의 전반에서 모든 차원의 돌봄이 필요하다는 것을 강조한다. 돌봄 윤리학자들은 관계의 맥락, 특히 관련자들에 대한 윤리적 돌봄이 중요하다고 본다. 무엇이 돌봄인지 결정할 때 맥락이 중요하다는 것이다. 관계로 시작하는 것은 전통적인 도덕의 경계를 개인적인 영역으로 확장하고, 일상생활에서 권력이 작용하는 방식에 주목한다. "모든 돌봄, 필요에 대한 반응은 권력관계를 포함하기 때문에 일상생활은 정치다."(Tronto, 2015, p. 9) 돌봄 윤리는 학교 교육의 모든 측면에서 정치적, 도덕적 차원을 강조하고 있다. 교육의 목적으로서 돌봄 윤리는 다음과 같은 물음에 초점을 둔다. 우리는 학교 교육에서 어떤 사람을 양성하고 있는가? 학생들은 다른 사람을 돌보는 법을 어떻게 배울 수 있는가? 우리는 자기 자신, 타인, 아이디어, 지구, 그리고 삼라만상을 돌보는 시민을 어떻게 양성할 수 있는가? 본 장에서 나는 오늘날 도덕 교육의 관심 대상이었음에도 그동안 간과한 물음을 제기하고자 한다. 교사가 학생들을 돌볼 수 있는 조건을 어떻게 조성할 수 있는가?

10.2 돌봄 윤리의 기원

나는 먼저 돌봄 윤리를 그 기원의 맥락에서 검토하고자 한다. 돌봄 윤리는 전통 윤리의 남성중심주의와 대조를 이루며 발전하였다. 이러한 남성중심주의는 자율적이고 합리적이며 비감정적인 행위자가 순수한 규범적 표현을 달성하기 위해 맥락을 초월한 추상적인 규범과 의무에 기초하고 있다. 전통적인 덕 윤리나 인격 윤리는 도덕적 추론을 통해 미리 정해진 원칙이나 덕에 부합한 것을 윤리로 본다. 이에 비해 돌봄 윤리는 심리학자 길리건은 전통적 윤리, 특히 콜버그류의 도덕성 및 정의 지향의 윤리 이론에 대해 비판한다(C. Gilligan, 1982). 전통적 윤리는 공감, 감수성, 반응과 같은 돌봄에 관한 감정에서 연유하는 행동을 배제하고 폄훼한다.

길리건은 자신의 연구(1982)에서, 내가 본 장에서 다룰 교사 이탈 딜레마와 같은 실제 딜레마에 직면한 여성을 다룬다. 그녀는 이러한 연구를 통해 가령, 관계의 필요성에 대응하는 여성과의 문화적 연관성 때문에 역사적으로 인정받지 못했던 돌봄 윤리를 개념화하였다. "돌봄 윤리를 뒷받침하는 논리는 관계라는 심리적 논리로 정의의 접근 방식에 근거한 형식적 공정성 논리와는 대조를 이룬다."(p. 73).

돌봄 윤리는 전통에서 벗어난 윤리로 오해받고 있는 듯하다. 돌봄(caring)은 덕이 아니다. 전통적 덕 윤리는 도덕적 행위자가 돌보고 있는지에 초점을 맞춘다. 그런데 돌봄 윤리에서 말하는 돌봄은 우리가 될 수 있는 어떤 상태(be)가 아니라 우리가 실행하는 어떤 것(do)이다. 일상적인 용법에서 **돌봄**이라는 용어는 여성성에 관한 성격 특성을 의미한다. 그러나 돌봄 윤리에서 돌봄은 따뜻하고 모호한 여성 성격 특성이 아니다. 돌봄 윤리에서 돌봄은 도덕적 성향으로 볼 수 있다. 성향은 실제로 행동에 달려 있기 때문이다(Robinson, 2011). 돌봄 윤리는 여성들의 서사에서 시작되었지만 사회적 성(gender)이나 생물학적 성(sexuality)의 이분법에 국한되지 않는다(Slote, 2007). 특정 맥락에서 돌봄이 무엇인지는 다르며 관계에 대한 다양한 관점, 특히 우리가 돌보려는 사람들의 관점에 의해서만 결정될 수 있을 뿐이다. 돌봄은 교차적 맥락에서 특정한 관계에 따라서 결정된다.

10.3 윤리적 돌봄, 돌봄 그리고 염려

철학자 나딩스(N. Noddings, 1984)는 돌봄 현상학에서 돌봄(caring-for)과 염려(caring-about)를 구별하고 있다. 돌봄에는 상호성, 수용성, 관련성 및 관심이 필요하다. 따라서 우리는 잘 알지 못하는 사람들에 대해 염려하고, 지속적인 관계를 유지하고 있는 사람들을 돌본다. 우리는 관계 속에서 돌봄을 행하고, 날씨와 멀리 떨어진 곳에서 고통을 받는 사람들에 대해서는 염려한다. 그래서 기관(집단)은 염려할 수만 있다. 분별력 있는 욕구는 매우 복잡하고, 돌봄의 요건으로 인식된다. 돌보는 자가 돌봄의 의미를 인식하는 것만으로는 특정 맥락에서 돌봄이 무엇을 함축하고 있는지 충분히 인식하지 못한다. 오직 돌봄을 받는 사람들만이 돌봄 행동을 인식할 수 있다. 돌봄의 관점에서 볼 때, 돌봄의 의미는 미리 결정될 수 있는 정적이고 가부장적인 것이 아니다. 우리는 돌봄을 받는 사람의 관점을 인정해야 한다.

돌봄은 돌봄을 받는 사람들의 경험을 이해하고, 그의 요구에 응답하기 위해 동기를 전환할 만큼 충분히 돌봄을 받는 사람들의 관심에 몰두(몰입)해야 한다는 것이다. 예를 들어, 돌봄은 교사가 학생을 위해 행동할 동기의 전환을 경험할 만큼 학생의 관심에 몰두해야 한다. 예컨대, 교사는 학생을 돌보기 위해서 학생의 동기 및 요구, 학생 자신의 열망 달성을 위한 관심에 대해 잘 알고 책임도 져야 한다(Goldstein, 1998; Pang, 2005). 돌봄 윤리는 추정된 욕구와 표현된 욕구를 구별한다. 우리는 항상 추정된 욕구를 착각할 수 있다.

나딩스(2002a)는 욕구와 돌봄의 함의에 특별히 주의를 기울이는 것을 "몰두"라 말한다.

> 돌봄에 관한 현상학적 분석에서, 내가 몰두라고 부르는 특별한 유형의 주의가 있다. 이러한 유형의 주의는 매우 수용적이며 돌봄을 받는 사람을 향하고 있다.(p. 28)

몰두에 필요한 주의의 종류를 설명하자면, 그것은 그린(Greene)의 폭넓은 각성(wide-awakeness)과 로저스(Roger)의 공감과 같은 개념과 관련이 있다.

"염려(caring-about)"는 집단으로 확장된 돌봄을 의미한다. 집단에 대한 나딩스(2015/1992)의 염려는 당해 집단의 개인에 대한 돌봄을 배제한다.

> 염려의 수준에서 수립된 정책은 모든 학생에게 동일한 교육을 제공하는 데 중점을 두고 있기에 자신의 특별한 능력을 개발할 수 있는 기회를 박탈당하는 학생들이 많다.(p. 82)

무관용 정책은 특수성을 고려하지 않고 미리 대응을 결정하기 때문에 또 다른 돌봄의 실패 사례이다. 염려의 개념에 비춰보면, 모든 학생을 위해 편성한 표준화 교육과정은 각 학생을 배려하는 데 한계가 있다. 염려는 영향을 받는 사람과 관계를 맺고 있는 사람이 정책에 어떻게 정보를 제공해야 하는지를 명확히 보여준다. 교사는 학생을 배려하기 위해 돌보는 사람으로서 학생과 대화하여 학생의 맥락에서 돌봄의 의미에 관심을 기울일 필요가 있다. 배려하기 위해서는 맥락이 고려되어야 한다. 학생들이 서로를 돌보는 법을 배우려면 서로에 대해 배우는 기회가 필요하다.

돌봄 윤리는 일대일 관계에서 시작되는 도덕적 틀이다. 우리는 서로 함께하는 방법을 배우도록 유도하는 배려하는 관계에서 배려하는 법을 배운다. 우리는 규칙과 통제 조치보다는 시간이 지남에 따라 서로 반응하며 배운다. 돌봄 윤리의 렌즈는 관계가 도덕적 학습을 위한 매체이자 원동력이라는 것을 보여준다(Noddings, 2002a).

10.4 교육과 돌봄 윤리

교육적 관점에서 볼 때, 돌봄 윤리는 교육자들이 학생에게 자신, 타인, 세상, 사상을 돌보도록 가르치는 방향을 제시한다(Noddings, 1984, 2002a, 2002b, 2010, 2015/1992). 돌봄 학습은 학교 교육의 모든 경험을 통해 통합되어야 하는 주요 목적이다. 상호적이고 반응적이며 지속적인 관계를 중시하는 학교 교육은 돌봄뿐만 아니라 마음이나 성향의 습관을 함양하는 데 초점을 둔다. "원하는 결과는 과정의 일부이고, 그 과정은 그와 함께 그것을 겪는 사람들이 어떻게든 '더 나아진다'는 개념을 가져오기 때문에 우리는 교육에서 수단과 목적을 분리할 수 없다."(Noddings, 1984, p. 174).

돌봄 윤리는 미리 정의된 행동을 위해 일련의 교훈적 덕을 가르치는 데 초점을 맞춘 전통적인 도덕 교육과는 다르다. 따라서 윤리적 내용은 종종 경험에서 분리된 별도의 주제 영역으로 구별된다. 이러한 전통과 대조적으로 돌봄은 관계 속에서 발생한다. 그것은 미리 결정되거나 맥락과 무관할 수 없다. 따라서 돌봄 윤리 관점의 도덕 교육은 관계 속에서 그리고 학문의 사회적 함의를 고려한다.—예컨대, 함께 사는 방법, 개념이나 이론의 적용이 사회적으로 함의하는 바에 대한—도덕적 질문은 동기를 부여한다. 왜냐하면 우리는 실제로 서로 관계를 맺고자 하는 배려의 경향을 보이기 때문이다. 따라서 돌봄 윤리는 각 개인이 돌봄 학습의 가능성에 공헌(또는 제한)한다는 점에서 도덕생태학이라 할 수 있다(Gholami & Tirri, 2012; Pang, 2005; Rabin, 2014).

돌봄 윤리에서, 우리는 돌봄 관계 내에서 모델링, 실천, 대화 및 확언의 중첩적, 개방적, 과정적 경험을 통해 관계하는 방법을 배운다(Noddings, 2002a). 교사는 돌봄 관계의 **모델**이다: 돌봄은 경험을 통해 발생하며, 이는 행동을 지시하거나 처방하는 것과는 다르며, 도덕성에 대한 교훈적인 가르침과도 다르다. 따라서 가르치는 모든 순간을 도덕적인 시각으로 검토할 수 있다. 특히 두드러진 교사의 모델링은 특정 맥락에서 돌봄을 본받는 방법에 대한 우리의 숙고를 설명하거나 다음과 같은 질문을 던진다. 이 맥락에서 나는 무엇을 해야 하며, 그 이유는 무엇인가? 학생들은 다양한 선택을 비판하고 성찰을 통해 배우도록 초대받을 수 있다. **대화**는 우리가 대화 상대의 사고나 옳음보다는 대화 상대에게 더 관심을 가질 때 돌봄은 도덕 교육의 핵심 측면이 된다. 학교에서의 경험은 모두 돌봄을 **실천**할 수 있는 기회이다. **확언**에 대해 말하자면, 칭찬할 만한 행동이 아니더라도, 그 행동이 최선의 의도를 반영한다면 우리는 그 사람의 성장 가능성을 믿고 격려할 수 있다. 교사 교육 연구에서 나는 **성찰**과 **진정성**이 돌봄 윤리를 배우는 데 중요한 경험이라는 것을 알게 되었다 (Rabin, 2013).

10.5 학교에서의 돌봄 윤리 실천

실제로 돌봄 윤리 연구는 돌봄 윤리가 도덕적, 사회적 정의의 관점에서 중요하고 학생의 자기효능감, 내용에 대한 이해와 파지 그리고 동기부여와 연결된다는 것을 보여주었다(예를 들어 Battistich et al., 1997; Lewis et al., 2012; Velasquez et al., 2013 참조). 드물긴 하지만 정량적 연구에서는, 특히 역사적으로 억압받았던 학생들에게(Muller, 2001) 긍정적인 학생 학습 결과 (Battistich et al., 1997; Lewis et al., 2012; Muller et al., 1999)를 제시한다. 현상학적 연구는 교사와 학생의 돌봄에 관한 인식을 탐구했으며 돌봄을 좋은 교육의 개념과 연결하고 있다. 교사들은 돌봄을 문화적으로 반응하는 것이고, 학생 중심적이며, 대화적이고, 지역 사회의 역사와 가치를 배우고 반응하는 '자산 기반적인(asset-based)' 것으로 인식했다(예: Hambacher & Bondy, 2016; Haskell-McBee, 2007; Quigley & Hall, 2016; Velasquez et al., 2013; Zhu & Peng, 2020 참조). 학생들은 배려하는 교사란 자신들을 잘 알고, 자신들의 요구에 부응하며, 기대가 높고, 자신들의 감정, 관심, 문화를 인정하며, 성공할 기회를 제공하고, 배려 자체를 높이 평가하는 사람이라고 말한다(Alder, 2002; Garza, 2009; Hackenberg, 2010; Luttrell, 2013).

 교과목별 연구는 특정 환경에서 돌봄을 구체적으로 적용하고 있다. 수학 교사는 자기 경험을 나누고 수학 문제에 대한 학생들의 흥분과 좌절에 반응하는 것을 돌봄으로 인식했다(Hackenberg, 2010). 읽고 쓰는 능력에 관한 토론에서 교사들은 관점 수용의 기회와 실제로 관계의 기술을 강조했다(Rabin, 2011). 글쓰기 교사는 대화일지가 학생들과의 돌봄 관계 개발을 지원한다는 것을 발견했다(Linares, 2018). 국어 교사는 문장 번역을 권장하고 배려하며(Dávila & Linares, 2020), 학생들의 사회적 불안에 대응하며 배려했다(Gkonou & Miller, 2019). 교실 환경에서의 돌봄 윤리는 규칙 기반 교실 관리에서 출발하여 호혜적 돌봄, 대화, 실천, 공동으로 구축한 규범 및 공동체 내 신뢰 관계에 대한 확언의 환경을 조성하는 데 중점을 두었다(Rabin, 2014; Rabin & Smith, 2016; Watson al., 2019).

10.6 돌봄에 대한 도전적 과제

실제로 돌봄의 의미에 대한 이해가 높아지면서, 연구에서는 돌봄에 대한 교사의 인식과 실제 행동 사이에 모순이 있음을 밝혀냈다. 신뢰 관계에 기반을 두고 학생들의 돌봄 성향을 활용하는 교실 관리에 대한 관계적 입장을 채택하려는 노력에도 불구하고, 실제로 관리 접근 방식에서는 통제 조치가 우세했다(Watson, 2003; Watson et al., 2019). 교사들은 다양한 맥락에서 학생들에게 고정된 반응을 보일 뿐만 아니라(James, 2012), 미처 학생들과 사전 연결을 경험하지 못했을 때 돌봄을 실천하는 데 어려움을 겪었음에도 스스로 돌봄을 실행하고 있다고 인식했다(Jones & Lake, 2020). 더구나 교사들은 자신들의 응답에 관한 연구에서 실제보다 학생을 더 많이 돌본다고 인식했으며, 특히 학업 성취도가 낮다고 인식한 학생의 경우에 대해서 더욱 그랬다(Jones & Lake, 2020). 놀라울 것도 없이 학생들은 전체 학교 교육의 경험에서 돌봄 윤리의 맥락에서 그 의미하는 "돌보는" 교사가 다섯 명 미만이라고 했다(Tayer-Bacon et al., 1998). 언어 학습 맥락에서의 돌봄 교사의 노력에 관한 연구에서, 교사는 이러한 노력으로 인해 자신의 부정적인 감정을 억제하고 돌봄을 위한 "감정 노동"에 참여하게 되었다. 그들은 이를 도전적 과제로 이해했다(Gkonou & Miller, 2019). 돌봄 윤리를 이행하기 위해서는 교사가 이러한 감정 노동에 대처할 수 있는 지원뿐만 아니라 돌봄을 평가하기 위한 다양한 관점이 필요하다. 이는 차이를 넘어서는 돌봄을 실행할 때 특히 두드러진다.

돌봄의 운영 방법에 대한 이해와 관련하여, 다년간 그리고 지금 가장 중요한 요구는 역사적 억압과 차이를 뛰어넘는 돌봄의 실천적 과제에 대한 것이다.

10.7 비판적 돌봄의 필요성

차이를 뛰어넘는 돌봄 실행의 과제는 초창기 돌봄 이론의 구성에 대한 반응으로 제기되었다. 초창기 돌봄의 이론적 체계는 사회 문화적 맥락을 도덕적으로 중요하게 다루지 않는 무의식적인 단일문화주의라고 비판을 받았고, 그 돌봄 서사가 비판 없이 백인성(whiteness)을 옹호하는 인종 차별주의라고 비판을 받았다(Barnes, 2018; Jones et al., 2001; Knight, 2004; Powell, 2000; Roberts, 2010; Sosa-Provencio, 2017; Terrell, 2000; Thompson, 1998; Valenzuela, 1999; Webb 외, 1993). 하지만 초창기 서사와 돌봄의 사례는 백인 문화 편견에 대해 인정하지 않았다. 톰슨(Thompson, 1998)은 무조건 순종하는 아내처럼 이타심과 섬세함을 추구하는 순진무구한 돌봄에 대한 고정관념에서 벗어날 필요가 있다는 점을 강조하며 워커(A. Walker)의 "여성주의자"에 대해 비판한다. 톰슨은 돌봄을 책임감, 용기, 대담성과 연결 짓는다. 그리고 그녀는 관계에 대한 사랑과 신뢰의 한 형태로 백인 여성의 인종차별에 대한 로드(A. Lorde)의 분노 사례를 언급한다. 이러한 비판은 인종차별주의가 왜 인종을 차별하고 인종의 차이를 뛰어넘는 배려 방법에 대한 학습을 회피하는지를 보여주고 있다. 실제로 돌봄의 개념을 확장하고 심화하려면 교육자는 다양한 관점을 수용해야 한다. 돌봄의 의미는 맥락에 따라 다르고 틀에 박힌 환원에 저항하기 때문이다.

현재의 연구는 다양한 목소리를 통해 정보를 얻은 돌봄을 논의하기 시작했다. 비판이론과 관계적 권력의 역할에 대한 인정은 진정성과 정치적 명확성에 대한 필요를 확인하고 있다(Antrop-González & De Jesús, 2006; Hambacher & Bondy, 2016; Rabin, 2013; Roberts, 2010; Rolón-Dow, 2005; Sosa-Provencio, 2017; Trout, 2018; Valenzuela, 1999; Zhu & Peng, 2020).

처음부터 윤리적 돌봄의 개념은 독특하고 관계에 따라 결정되었다. 경험적 연구는 돌봄의 독특한 성격을 확증하며, 특정 맥락에서 인종, 민족, 계급, 성별, 언어적 배경, 장애 및 각 개인의 인간성과 같은 정체성의 교차점이 돌봄에 영향을 미친다는 것을 보여준다. 라틴계 중등학교의 돌봄 윤리적 관점에서 관계를 검토한 결과, 학교 교육 기관을 맹목적으로 숭배하기 위해 그것이 돌볼 가치가 있다고 하여 학생들을 대상으로 취급하는, 미적 돌봄(aesthetic caring)과 학생 문화와 공동체에 관심을 기울이게 하는, 진정한 돌봄(authentic caring)은 구별될 수 있다(Valenzuela, 1999). 발렌수엘라에게서 진정한 돌봄은 중립성과 평등이라는 잘못된 허식에서 벗어나 학생들의 문화적, 인종적, 공동체적 정체성을 확인하고 협소하게 생각하는 학문적 성취를 넘어서서 학생들의 행복을 증진하는 것이다. 멕시코인/멕시코계 미국인(Mexicano/a)의 커뮤니티에서 소사-프로벤시오(Sosa-Provencio, 2017)는 증언, 투쟁과 저항의 이야기; 존엄성, 형평성 및 고양을 향한 윤리적 소명으로서의 교육; 그리고 은폐된 전투인 혁명에 기반을 둔 혁명적 돌봄 윤리에 대해 강조했다: "유색 인종 학생들은 이러한 현실을 변혁하기 위해서 뼈 있는 돌봄 윤리에 대해 오랫동안 교육자들에게 문제를 제기했다."(Sosa-Provencio, 2017, p. 653).

아프리카계 미국인 맥락에서의 돌봄 연구와 이론적 성찰에 따르면, 돌봄은 정치적 명확성을 요구하는 가족적인 교실 환경의 조성을 요구하고(Howard, 2001); 내면화된 결핍 사고를 차단하는 학생들의 잠재력 및 탁월함에 대한 신뢰(Beauboeuf-LaFontant, 2005)와 학생들이 자기 삶에서 직면할 수 있는 잠재적인 제약에 대한 지식과 대화, 또는 인종차별에 대한 대화(Hambacher & Bondy, 2016; Siddle-Walker, 1993)를 요구하며; 그리고 전체 아동의 양육 및 교육의 시급성과 높은 기대치(Hambacher & Bondy, 2016)를 요구한다. 이와 같이, 비판적 돌봄은 사회적 정의 아젠다의 핵심적 차원으로서 집단적 고양과 사회 변혁을 향한 해방 교육에서 필수적 요소로 간주된다(Gay, 2018).

돌봄은 복잡하다. 특히 차이를 뛰어넘어 억압의 역사와 현존하는 권력의 차이에 비추어 볼 때, 지금까지의 경험적 연구에 따르면, 돌봄은 거의 시행되지 않는 것으로 나타났다. 교사의 돌봄에 방해가 되는 것은 무엇인가?

돌봄 윤리의 생태학적 관점에서 볼 때, 교사는 돌봄을 수행할 수 있는 조건뿐만 아니라 돌봄 환경도 필요하다. 돌봄을 실행하기 위해서 어떤 조건이 돌봄을 촉진하고 무엇이 방해하는지 고려해야 한다. 다음 절에서 나는 현재의 글로벌 교사의 이탈을 돌봄 윤리가 밝혀줄 수 있는 사회적인 도덕적 딜레마로 간주한다. 돌봄 윤리가 실제 딜레마에서 파생된다는 점을 고려할 때, 이 현재 사례를 검토하면 돌봄의 실천 적용에 대한 우리의 이해는 틀림없이 깊어질 것이다.

10.8 돌봄 윤리와 글로벌 교사 이탈의 도덕적 딜레마

돌봄 윤리는 글로벌 교사 이탈이라는 사회적인 도덕적 딜레마에 대한 대응에 어떻게 영향을 미칠 수 있는가? 교사 이탈은 전 세계적인 문제다 (Carlsson et al., 2019). 미국에서만 이탈에 따른 비용이 연간 22억 달러이기 때문에 주목을 받았고(Alliance for Education, 2014, para. 1), 문제는 코로나 팬데믹으로 더욱 악화했다는 사실이다(Bartlett, 2021). 교사 이탈은 교직을 임시직으로 만들고 학교 교육의 기초인 교사와 학생 간의 관계를 불안정하게 만든다는 점에서 심각한 문제다. 돌봄 윤리의 관점에서 볼 때, 지속적인 상호관계가 학생들의 도덕 학습의 자리라는 점을 고려할 때 이 이슈는 가장 중요하다.

교사가 이탈하는 이유를 이해하는 것은 돌봄 윤리 관점에서 어떤 대응을 할지 결정할 때 기초가 된다. 최근까지 교사가 이탈하는 이유에 대한 지배적인 해석은 극도의 피로감(burnout)이었다. 교사들은 개인적인 돌봄 부족, 이기심, 대처 실패 및 지속의 어려움 때문에 교직을 떠난 것으로 보인다(Dunn, 2018; Dunn et al., 2017; Janzen & Phelan, 2015; Noel Smith, 2016; Ryan et al.,

2017; Santoro, 2018). 최근 몇 년 동안 교사 이탈이 증가함에 따라 이러한 프레임은 교사의 관점을 고려하지 않고 책무성 운동, 교사의 주도성 결핍의 증가, 그리고 교육과정의 자율성 감소와 같은 현재 교육의 조건에 대한 비판을 무시하고 있어서 의문의 여지가 있다(Bartlett, 2021; Ingersoll & May 2011; Wilson, 2013). 극도의 피로감은 교사의 견해를 무시하게 하는 교육의 여성화 기능으로 비판을 받았다(Dunn, 2018; Dunn et al., 2017; Santoro, 2018). 교육의 여성화는 새로운 것이 아니다; 역사적으로—여성 관련—돌봄 업무는 낮은 지위, 낮은 임금, 그리고 외부 통제에 대한 자율성의 결여로 어려움을 겪었다:

> 대부분의 인류 역사를 통틀어, 대부분의 인간 사회에서, 돌봄은 낮은 신분의 사람과 연관되어 있다. 보육 교사는 미국에서 가장 낮은 임금을 받는 근로자 중 하나다. … 당신이 강하다는 것은 당신을 돌봐주는 다른 사람이 있다는 것을 의미한다.(Tronto, 2015, p. 12)

이와 같은 관점에서 볼 때, 우리는 극도의 피로감과 관련하여 교사를 쉽게 비난하고 그 이유를 무시할 수 있다. 우리가 돌봄을 윤리적 행위로 보기보다는 성격 특성으로 보고, 교사를 "돌봄" 노동자로 가정한다면, 우리는 복잡한 윤리적 접근 방식을 채택하지 않는 조건에 저항하기보다는 이탈하는 교사를 "돌봄을 행하지 않는(uncaring)" 교사로 간주할 수 있다.

최근 교직을 이탈한 교사들의 이야기에 대한 분석은, 높은 이해관계의 표준화된 시험과 교육과정의 축소에 중점을 둔 책임 분위기가 교육의 도덕적 측면과 관련된 효율성 및 교사의 주도성을 어떻게 감소시킬 수 있는지를 보여준다(예: Dunn, 2018; Dunn 외, 2017; Noel Smith, 2016; Santoro, 2018). 아이들을 돌보는 것은 많은 교사들이 교직을 선택하는 이유 중 하나이며

(Hansen, 2021; Sanger & Osguthorpe, 2013), 이러한 교직의 핵심 목표가 좌절될 때 교사는 교직을 이탈하는 사기 저하를 경험하게 된다.

사기 저하는 교육 정책과 학교 관행(가령, 고부담 시험, 필수 교육과정, 교사에 대한 성과급)이 이상, 가치, 도덕 센터를 위협하고, 교사가 회복탄력성으로 해결할 수 없는 업무를 수행할 때 발생한다.(Santoro, 2018, p. 5)

나는 여기서 교육이 성찰, 다양한 관점(Luttrell, 2013), 그리고 감정 노동(Kostogriz, 2012)을 요구하는 돌봄 업무로 인정받고, 가치평가를 받으며, 지원받아야 한다고 주장한다. 한 교사는 다음에서 인용한 공개 사직서에서 교육에 대한 여성화와 폄하의 생생한 경험을 밝혔다.

나는 무력감에 지쳐서 가르치는 것을 그만뒀다. 전문직 지망생들이 어린이 취급을 받고, 유아 취급을 당하며 침묵하는 모습을 지켜보는 것에 지쳤다. 시험 점수를 위해 예술을 인공물로 바꾸는 기계에 지쳤다. 변호사, 정치인, 의사결정자들이 가르치는 일을 누구나 할 수 있는 하찮은 일, 주부의 일로 취급하며 무례하고, 얕보며, 멸시하는 것에 지쳤다.(Dunn, 2018, p. 23)

교사 이탈의 위기는 "유아 취급에 대한 침묵"에 대한 논평에 귀를 기울이고 교사가 전문직 종사자 권한을 부여받을 수 있는 조건을 어떻게 조성할 것인지 생각할 것을 요구한다. 교사 이탈의 딜레마를 해결하는 데 "돌봄 윤리"는 어떤 공헌을 할 수 있는가?

10.9 교사를 위한 돌봄 공동체

첫째, 그리고 명백히, ─역사적으로 가치가 낮은 돌봄 업무로 간주하는─ 교육은 적절한 보상을 받아야 한다. 돌봄 업무에 자금을 지원하는 것은 돌봄을 가시화하고, 돌봄에 가치를 부여하는 돌봄 민주주의의 관점에서 매우 중요하다(Tronto, 2015). 미국에서 교사는 사교육 교사보다 18.7% 적은 수입을 올린다(Will, 2018). 이는 가족 생활임금에 대한 많은 주(state)의 규정보다 적으며, 생계를 유지하기 위해 여러 직업을 가져야 하는 경우가 많으며 가족 부양을 위해 현장을 떠나야 한다(Hadavi, 2021). 생활임금 외에도 돌봄 노동의 관점에서 교육에 자금을 지원하면 분명히 학교 직원을 적절히 채용할 수 있다: 예를 들어, 교사가 자신이 돌보는 각 어린이에 대해 알아가는 시간을 갖는 것이 시급하다는 점을 인식한다면, 교사 대학생의 비율에 대한 준거를 확장할 수 있을 것이다.

아직 해결되지 않은 이러한 근본적인 필요성 외에도 나는 학교 공동체에서 상호관계에 대한 몇 가지 구조적 지원책을 제안한다. 그것은 바로 교사를 침묵시키는 위계를 철폐하고, 루핑(looping)과 공동교육(co-teaching)을 통한 연속성 유지이며, 자기 연구이다.

10.10 교사-리더

교사의 관점을 간과하게 만드는 교육의 여성화에 대응하기 위한 한 가지 개혁은 위계적 관료제를 제거하여 지도자들이 교실 현실에 더 가까워지도록 하는 것이다. 당연하게 여겨지는 교실에서 행정까지의 위계 구조 대신에 교사는 정해진 시간 동안 교대로 행정직을 맡을 수 있다. 돌봄의 관점에서 볼 때, 교사만이 서로의 필요를 이해하여 실천적이고 더욱 돌보는 정책을 형성하는 데 공헌할 수 있는 근접성의 관계에 있다. 유동적이고 변화하는 역할은 서로에게 정보를 주고 진정한 돌봄을 위해서, 자기희생적이고 무조건 순종적인 돌봄 모방에서 벗어난다. 교사가 자신의 필요에 따라 정책과 관행을 선택함에 따라 이러한 변화는 계단식 효과를 낳을 것이다. 예를 들어, 때때로 새로운 버전의 교과서를 출판하는 것으로부터 교사가 협력하거나 직원을 추가할 수 있는 시간으로 자금이 이동할 수 있다.

여기서 내가 제안하는 다음의 관계적 접근 방식인 루핑 및 공동교육을 통한 연속성은 실제로 연구되었으며 학생 학습에 대한 긍정적인 목적에 크게 공헌하는 것으로 밝혀졌다. 아마도 놀랍지 않게도 그것은 교사나 학생을 돌보는 것과 같은 관계적 목적으로 검토되는 경우가 거의 없다. 동시에 교사가 돌볼 수 있는 조건으로 지속적인 변혁을 초래할 수 있을 만큼 시간이 충분하지도 않다.

10.11 연속성

첫째, 돌봄 윤리적 관점은 협력 중에 형성된 교사의 관계가 회복탄력성을 촉진하고(Benard, 2004), 교사의 이탈률을 낮추는(Baeten & Simons, 2014; Boe, & Suderland, 2008; Gates Foundation, 2015) 주요한 보호 요인으로 어떻게 작용하는지 중요한 연구 결과를 보여준다. 또한 교사의 협력은 교사 학습의 핵심이지만, 교사의 협력 환경이 종종 경쟁적이고 비지원적이며 고립적이다(Baeten & Simons, 2014; Fraser & Watson, 2013; Friend et al., 2010; Hargreaves, 2002). 기본적으로 교사의 이탈을 막을 수 있는 진정한 돌봄 관계를 개발하려면, 협력을 위한 연속성과 지원이 필요할 것이다. 교사 대 교사의 관계뿐만 아니라 교사 대 학생, 학생 대 학생의 관계가 우선시된다면, 루핑(Looping) 및 공동 교육과 같은 지속적인 관계를 유지하고 이에 의존하는 조직 구조는 그것들을 활용하여 조성하고 유지할 수 있다. 여기서 말하는 "루핑"은 한 학급에서 여러 해를 보내는 것으로, 드물기는 하지만 교사-학생 관계의 친숙함 덕분에 학생 학습이 증가하는 것으로 나타났다(Hill & Jones, 2018). "공동교육"에 대해 말하면, 교사는 권위의 공유, 공동 교사의 지속적 참여, 그리고 계획, 교육, 평가에 대한 협력을 요구하는 전략을 실천하면서 함께 가르친다. 루핑과 마찬가지로 공동교육에 관한 연구는 학생 학습의 강점을 보여주었다(Friend, 2015; Pisheh et al., 2017; Saylor, 2017; Silverman et al., 2009; Walsh, 2012). 공동교육 및 루핑의 구조는 교사 간의 지속적인 관계로 연속성을 고취할 수 있다; 예를 들어, 협력의 팀은 각 교사가 자신의 관점, 전문 지식, 그리고 협력에 관한 관심을 제공하기 때문에 학문 분야 간의 연속성을 만드는 데 도움이 될 수 있다.

　돌봄 윤리 관점의 공동교육에 관한 연구에서, 상호 및 돌봄 관계에서, 교사는 다양한 관점을 공유하고 교육에 대한 자신의 헌신을 다시 활성화하며 학생들과의 차이를 뛰어넘는 관계를 조성할 수 있는 역량을 강화했다(Rabin, 2019a, b). 나는 동료 교사들이 교사의 협력을 방해하는 인위적인 동료애와 피상적인 공손함을 초월했다는 것을 발견했다. 그들이 관계를 발전시키며 대화할 시간을 갖고 협업을 위해 경험한 어려움을 표명하려는 명확한 목표를 가지고 그들은 가령, 위계적 역할을 인식하고 의도적으로 동등성을 설정하는 등 전문적인 동료 관계에서 정교한 조치를 개발했다. 교사들은 문화적 차이를 뛰어넘는 돌봄을 모델로 삼았으며 이것이 학생들이 문화적 연결을 맺고 교실 공동체에 더 많은 참여를 할 수 있도록 지원한다고 인식했다. 한 멘토는 인터뷰에서 말했다. "그들은 두 교사가 어떤 개념을 설명하는 방법을 놓고 논쟁하는 것을 지켜보면서, 즉 그들의 차이와 논쟁이 드러나는 그 수업을 괜찮다고 생각하며 차이를 존중하는 법을 배운다."

교사가 보여주는 차이를 뛰어넘은 공동교육 협력은 실제 세계의 연결을 압박하는 교과목 간의 차이를 완화할 수 있고, 우리 삶에 대한 아이디어의 의미를 고려할 때 생기는 중요한 도덕적 질문을 해결할 수 있다. 학문의 통합은 지속가능성을 갖춘 과학 및 정치학의 사례처럼 통합을 통해 도덕성이 가시적이고 의미가 있기에 항상 도덕적 관심을 불러일으키는 방법이었다(Simon, 2001). 제도화된 인종차별, 빈곤, 기후 정의와 같이, 특정 사회적 적합성을 가지는 돌봄 윤리 이슈는 다음과 같은 도덕적, 관계적 질문으로 시작된 학문과 통합적 정보를 제공할 수 있다. 우리 지역 사회의 돌봄 관계를 방해하는 것은 무엇인가? 이와 같은 질문은 여러 학문 분야와의 연결을 통해 실생활 문제를 중심으로 한 봉사 학습 프로젝트에 영감을 줄 수 있으며, 아이디어와 이슈에 대한 도덕과 돌봄의 관련성을 부여할 수 있다; 봉사 학습과 주된 목표로서의 강력한 돌봄 학습의 결과 사이의 연결은 문서화가 잘되어 있다(Jones & Lake, 2018).

교사가 공동교육 및 루핑과 같은 확립된 방법을 넘어 돌봄에 대해 지원해야 한다면, 교육을 위한 지식 기반에 공헌해야 한다. 자기 연구를 통해 교사는 교사 자신과 학생의 학습 및 요구에 대한 지식을 바탕으로 돌봄의 주도성을 가져야 한다.

10.12 교사-학자: 교사의 역량 강화와 자기 연구

자기 연구(self-study)는 교사가 교육의 지식 기반에 공헌하기 위해서, 그리고 다른 사람이 교사의 돌봄 목표를 방해할 때 교사가 다른 사람의 지시에 저항하기 위해서, 교육 정책을 비판적으로 성찰할 수 있게 하는 적합한 교사 행동에 대한 연구법이다(LaBoskey, 2015; LaBoskey & Richert, 2015). 교육 목표로서의 돌봄은 자기 연구 방법의 핵심이었으며, 교육의 맥락에서 관계 개발을 지원하는 것으로 보인다(Kirchen, 2005a,b; Trout, 2018). 자기 연구는 공동으로 진행되고, 관계적 성장과 학습에 중점을 둔다. 자기 연구 관계는 판단과는 무관한 수용성, 취약성, 돌봄을 유발할 수 있는 관계 조건을 특징으로 한다(Kitchen, 2005a,b 참조). 교사의 자기 연구 방법은 교사의 사기를 북돋우고 활력을 불어넣으며 돌봄처럼 더 큰 목적을 실천과 일치시키는 데 도움이 되는 방법론이다(Bauman, 2015; Byrd, 2015; Gebhard, 2020; Jones, 2015; Miller, 2015).

12학년 및 교사 교육이 맥락에 관한 자기 연구에서, 나는 오랫동안 교사이자 돌봄 윤리 연구자로서 나의 가정(assumption)을 밝혔다(Rabin, 2021, 2022). 자기 연구는 교사 동료들과 협력하고, 학생들의 말을 경청하며, 혁신을 위해 실천적인 지식을 활용하고, 학생들의 요구에 응답하며, 학생들의 돌봄 역량을 발견하는 데 도움이 되었다. 나는 다양한 형태의 자료에 관한 자기 연구 덕분에 학교 환경에서 하향식 지시를 거부하고 동료의 지원에 힘입어 혁신할 수 있는 여유와 자유를 누렸다. 내 데이터는 나와 내 학생들의 학습과 정보에 입각한 혁신을 해명했고 학부모와의 협력을 촉진했다. 자기 연구는 학생들의 세계에 대한 이해를 뒷받침해 주었다. 그래서 나는 학생들의 필요에 부응하여 가르칠 수 있었다. 예를 들어, 돌봄 윤리의 렌즈를 통해 코로나 팬데믹 기간의 온라인 교육에 관한 연구에서, 나는 자기 연구의 체계적이고 자기 집중적인 개선 목표가 없었다면 빈약한 독립적인 교과 과정이 결과적으로 제한적 디지털화를 초래할 것임을 가정했을 것이다. (Rabin, 2021). 4학년 교실에서 진행된 또 다른 연구에서, 나는 자기 연구가 현실과 목표, 그리고 수행적 돌봄, 즉 미적 돌봄과 진정한 돌봄 간의 구분을 뒷받침한다는 것을 발견했다(Rabin, 2022). 자기 연구를 통해 나는 학생들의 요구에 대한 나의 평가에 기초하여 결정을 내릴 수 있게 되었고, 이는 사기 진작에 도움이 되었다.

자기 연구가 돌봄 목표를 지원할 가능성은 특히 중요한 것 같다. 왜냐하면 실제로 유아기 돌봄 윤리에 관한 대부분의 연구가 돌봄 윤리에 대한 우리의 인식이 종종 지나치게 낙관적이라는 것을 보여주기 때문이다(Jones & Lake, 2020). 또한 돌봄은 문화, 인종, 연령, 그리고 각 상황에서 돌봄을 받는 자를 구분하고 구별하는 모든 것들의 차이를 넘어서서 개인들에게 독특하고 민감하다(Barnes, 2018: Noddings, 1984; Valenzuela, 1999). 비판적 돌봄을 위해서는 교사가 학생의 역사와 서사에 대해 알아야 하며, 학생들의 복지와 그들에 대한 돌봄에 공헌하기 위해서 지역 사회가 직면한 억압에 대해 알아야 한다.

10.13 결론 및 교사 교육을 위한 함의

학교 교육에 돌봄 윤리를 적용하는 데 따른 도전적 과제는 가령, 교사의 전문화, 학문 분야 간의 구분(특히 인종적, 성적 구분에 따른), 분열적 위계 구조와 같이 당연시되는 다양한 구조로 나타난다. 이는 의사 결정의 과정에서 교사의 목소리를 배제하고 돌봄에 대한 연속성을 방해한다. 관계적 목표는 달성하기 어렵기 때문에, 교사를 위한 돌봄 환경이 없다면, 중도에 실패할 가능성이 높다. 돌봄 환경은 교사 이탈의 흐름을 막고, 교사 학습을 활성화하며, 교사를 자신의 분야로 이끈 목표와 연결하고, 교사가 학생들을 돌볼 가능성을 열어줄 수 있다.

교사 돌봄을 위한 환경은 교사의 초기 준비 단계부터 조성할 필요가 있다. 연구에 따르면, 교사 준비 과정에서는 지원자가 다른 교사와 돌봄 협력의 관계를 발전시킬 수 있도록 준비하는 것을 간과하는 경우가 많다(Murawski & Dieker, 2013; Rabin, 2019a,b; Sanger & Osguthorpe, 2013). 교사 교육에서 돌봄 교사 관계는 협력을 지원하고(de Lima, 2003; Hargreaves, 2002; Rabin, 2019a), 집단적 효율성을 가져올 수 있다(Goddard et al., 2004). 이는 교육과 교직 유지의 감정 노동에 관한 대응과 관련이 있다.(Boe et al., 2008; Kostogriz, 2012). 교사 협력은 학생 교육을 위한 공동교육 모델(Rabin, 2019a,b), 사회 교과의 교수법인 봉사 학습(Jones & Lake, 2018), 그리고 도덕적 물음을 탐구하는 학제 간 연구를 통해 함양될 수 있다. 교사 교육자들을 위한 자기 연구 실천은 실천을 목표에 일치시킬 때 중요하며, 실제로 그 교육자들은 교사 교육의 맥락에서, 특히 차이를 넘어서는 관계의 개발을 지원하는 것으로 나타났다(Kitchen, 2005a,b; Trout, 2018). 우리가 모든 수준에서 교사로 하여금 서로 협력하여 계속 체계적인 자기 연구를 수행하도록 지원하면 우리는 교육에서 돌봄 윤리를 실용화할 수 있을 것이다.

우리는 교사가 자신의 업무를 하도록 도와준 학생들을 돌볼 가능성을 인정하고 그것을 실현할 수 있다는 것을 확신할 수 있었다. 우리는 교사가 다시 사기진작할 수 있으며, 학생들을 돌볼 수 있는 조건을 재건할 수 있을 것이다. 교사를 위한 돌봄 환경에서, 아마 우리는 차이를 넘어 서로를 돌보고 자신과 세계를 돌보는 시민을 양성해야 하는 필요성과 같은 돌봄 윤리의 핵심적 관심사를 다루기 시작할 것이다.

참고문헌

Alder, N.(200 2). Interpretations of the meaning of care: Creating caring relationships in urban middle school classrooms. *Urban Education*, 37(2), 241-266. doi: 10.1177/0042085902372005.

Alliance for Education(2014). On the path to equity: Improving the effectiveness-ness of beginning teachers. All4ed. https://all4ed.org/publication/path-to-equity.

Antrop-González, R. & De Jesús, A.(2006). Toward a theory of critical care in urban small school reform: Examining structures and pedagogies of caring in two Latino community-based schools. *International Journal of Qualitative Studies in Education*, 19(4), 409-433. doi: 10.1080/09518390600773148.

Baeten, M. & Simons, M.(2014). Student teachers' team teaching: Models, effects, and conditions for implementation. *Teaching and Teacher Education*, 41, 92-110.

Barnes, M. E.(2018). Conflicting conceptions of care and teaching and pre-service teacher attrition. *Teaching Education*, 29(2), 178-193.

Bartlett, L.(2021). What we learned about teachers during the pandemic: A series, EdWeek. Available at: https://www.edweek.org/teaching-learning/what-we-learned-about-teachers-during-the-pandemic-a-series.

Battistich, V., Solomon, D., Watson, M. & Schaps, E.(1997) Caring school communities. *Educational Psychologist*, 32(3), 137-151.

Bauman, J.(2015). Examining how and why children in my transitional kindergarden classroom engage in pretend gunplay. *Studying Teacher Education*, 11(2), 191-210. doi: 10.1080/17425964.2015.1045778.

Beauboeuf-Lafontant, T.(2005). Womanist lessons for reinventing teaching. *Journal of Teacher Education*, 56(5), 436-445. doi:10.1177/0022487105282576.

Benard, B.(2004). *Resiliency: What we have learned*. San Francisco, CA: WestEd.

Boe, E., Cook, L. & Sunderland, R.(2008). Teacher turnover: Examining exit attrition, teaching area transfer, and school migration. *Exceptional Children*, 75(1), 7-31.

Byrd, B. (2015). Good readers get smart: Reading orientations in a second-grade classroom. *Studying Teacher Education*, 11(2), 124-42. doi:10.1080/17 425964.2015.1045772.

Carlsson, R., Lindqvist, P. & Nordänger, U. K. (2019). Is teacher attrition a poor estimate of the value of teacher education? A Swedish case. *European Journal of Teacher Education*, 42(2), 243-257.

Dávila, L. T. & Linares, R. E. (2020). English as a second language teachers' perceptions of care in an anti-immigrant climate. *International Multilingual Research Journal*, 14(4), 355-369. doi: 10.1080/19313152.2020.1747164.

Dunn, A. (2018). Leaving a profession after it's left you: Teachers' public Resignation letters as resistance amidst Neoliberalism. *Teachers College Record*, 120(9), 1-35.

Dunn, A. H., Farver, S., Guenther, A. & Wexler, L. J. (2017). Activism through attrition?: An exploration of viral resignation letters and the teachers who wrote them. *Teaching and Teacher Education*, 64, 280-290.

Fraser, J. & Watson, A. (2013). Bring student teaching into the 21st century. *Phi Delta Kappan*, 94(7), 25.

Friend, M. (2015). Co-teaching versus apprentice teaching: An analysis of similarities and differences. *Teacher Education and Special Education*, 38(2); 79-87.

Friend, M., Cook, L., Hurley-Chamberlain, D. & Shamberger, C. (2010). Co-teaching: An illustration of the complexity of collaboration in special education. *Journal of Educational and Psychological Consultation*, 20, 9-27.

Garza, R. (2009). Latino and White highschool students' perceptions of caring behaviors: Are we culturally responsive to our students? *Urban Education*, 44(3), 297-321. doi: 10.1177/0042085908318714.

Gates Foundation (2015). Teachers know best: Teachers' views on professional development. Available at: http://kr 2education.gatesfoundation.

org/ resource/teachers-know-best-teachers-views-on-professional-development.

Gay, G.(2018). *Culturally responsive teaching*, New York, NY: Teachers College Press.

Gebhard. A.(2010). Power relations, knowledge productions, and teaching against oppression in an elementary school on the Canadian prairies: A self-study. *Studying Teacher Education*, 16(2), 204-221. doi:10.1080/174259 64.1020.1742105.

Gholami, K. & Tirri, K.(2012). Caring teaching as a moral practice: An exploratory study perceived dimensions of caring teaching. *Education Research International*, 1-8. doi: 10.1155/2012/954274.

Gilligan, C.(1982). *In a different voice*. Cambridge, MA: Harvard University Press.

Gkonou, C. & Miller, E. R.(2019). Caring and emotional labor: Language teachers' engagement with anxious learners in private language school classrooms. *Language Teaching Research*, 23(3), 372-387.

Goddard, R. D., Hoy, W. K. & Hoy, A. W.(2004). Collective efficacy beliefs: Theoretical developments, empirical evidence, and future directions. *Educational Researcher*, 33(3), 3-13.

Goldstein, L.(1998). Taking caring seriously: The ethic of care in classroom life. Paper presented at the meeting of the Annual Meeting of the American Educational Research Association, San Diego, CA.

Hackenberg. A.(2010). Mathematical caring relations in action. *Journal for Research in Mathematics Education*, 41(3), 236-73. doi: 10.5951/jresematheduc.41.3.0236.

Hadavi, T.(2021). Why teachers' salaries are so low in the U.S. Available at: https://www.cnbc.com/2020/12/11/why-teachers-salaries-are-so-low-in-the-us.html.

Hambacher, E. & Bondy, E.(2016). Creating communities of culturally relevant critical teacher Care. *Action in Teacher Education*, 38(4), 327-343.

Hansen, D.(2021). *Reimagining the call to teach: A witness to teachers and teaching*. New York, NY: Teachers College Press.

Hargreaves, A.(2002). Teaching and betrayal. *Teachers and Teaching: Theory and Practice*, 8(3), 393-407.

Haskell-McBee, R. H.(2007). What it means to care: How educators conceptualize and actualize caring. *Action in Teacher Education*, 29(3), 33-42. doi: 10.1080/01626620.2007.10463458.

Hill, A. & Jones, D.(2018). A teacher who knows me: The academic benefits of repeat student-teacher matches. *Economics of Education Review*, 64, 1-12.

Howard, T. C.(2001). Telling their side of the story: African-American students' perceptions of culturally relevant teaching. *The Urban Review*, 33(2); 131-149.

Ingersoll, R. M. & May, H.(2011). The minority teacher shortage: Fact or fable? *Phi Delta Kappan*, 93(1), 62-65.

James, J. H.(2012). Caring for "others"; Examining the interplay of mothering and deficit discourses in teaching. *Teaching and Teacher Education*, 28(2), 165-173.

Janzen, M. D. & Phelan, A.(2015). The emotional toll of obligation and teachers' disengagement from the profession. *Alberta Journal of Educational Research*, 61(3), 347-350.

Jones, E. B., Pang, V. O. & Rodriguez, J. L.(2001). Social studies in the elementary classroom: Culture matters. *Theory into Practice*, 40, 35-41.

Jones, I. & Lake, V. E.(2018). Learning, service, and caring: An application in the first grade. *Social Studies and the Young Learner*, 30(4), 28-32.

_____(2020). Ethics of care in teaching and teacher-child interactions. *Journal of Classroom Interaction*, 55(2), 51-65.

Jones, K. E.(2015). Implementing academic choice: A self-study in evolving pedagogy. *Studying Teacher Education*, 11(2), 143-163.

Kitchen, J.(2005a). Looking backward, moving forward: Understanding my narrative as a teacher educator. *Studying Teacher Education*, 1(1), 17-30.

_____(2005b). Conveying respect and empathy: Becoming a relational teacher educator. *Studying Teacher Education*, 1(2), 195-207.

Knight, M. G (2004). Sensing the urgency: Envisioning a black humanist vision of care in teacher education. *Race, Ethnicity, and Education*, 7. 211-27.

Kostogriz, A.(2012). Accountability and the affective labor of teachers: A Marxist-Vygotskian Perspective. *Australian Education Researcher*, 39(4), 397-412. doi: 10.1007/s13384-012-0072-X.

LaBoskey, V. K.(2015). Self-study for and by novice elementary classroom teachers with social justice goals and the implications for teacher education. *Studying Teacher Education*, 11(2), 97-102. doi: 10.1080/17425964.2015.1045770.

LaBoskey, V. K. & Richert, A. E.(2015). Self-study as a means for urban teachers to transform academics. *Studying Teacher Education*, 11(2), 164-179. doi: 10.1080/17425964.2015.1045774.

Lewis, J. L., Ream, R. K., Bocian, K. M., Cardullo, R. A., Hammond, K. A. & Fast, L. A.(2012). Con cariño: Teacher caring, math self-efficacy and math achievement among Hispanic English learners. *Teachers College Record*, 114 (7), 1-42.

Lima, J. A. V.(2003). Trained for isolation: The impact of departmental cultures on student teachers' views and practices of collaboration. Journal of Education for Teaching, 29(3), 197-217.

Linares, R. E.(2018). Meaningful writing opportunities: Write-alouds and dialogue journaling with newcomers and English Learner high schoolers. *Journal of Adolescent and Adult Literacy*, 62(5), 521-530. doi: 10.1002/jaal.932.

Luttrell, W.(2013). Children's counter-narratives of care: Towards educational justice. *Children & Society*, 27(4), 295-308. doi: 10.1111/chso.12033.

Miller, R.(2015). Learning to love reading: A self-study on fostering students' reading motivation in small groups. *Studying Teacher Education*, 11(2), 103-123. doi: 10.1080/17425964.2015.1045771.

Muller, C.(2001). The role of caring in the teacher-student relationship for at-risk students. *Sociological Inquiry*, 71(2), 241-255. doi: 10.1111/j.1475-682X.2001.tbo1110.x.

Muller, C., Katz, S. R. & Dance, L. J.(1999). Investing in teaching and learning: Dynamics of the teacher-student relationship from each actor's perspective. *Urban Education*, 34(3), 292-337.

Murawski, W. & Dieker, L.(2013). *Leading the co-teaching dance: Leadership strategies to enhance team outcomes*. Alexandria, VA: Council for Exceptional Children.

Noddings, N.(1984). *Caring: A feminine approach to ethics and moral education*. Oakland, CA: University of California Press.

_____(2002a). *Educating people: A caring alternative to moral character Education*. New York, NY: Teachers College Press.

_____(2002b). *Starting at home*. New York, NY: Teachers College Press.

_____(2010). *Moral education in an age of globalization*. Educational Philosophy and Theory, 42(4), 390-396.

_____(2015/1992). *The challenge to care in schools*. New York, NY: Teachers College Press.

Noel Smith, B. L.(2016). Moral oppression and a vision for outlaw emotions. *The Journal of School & Society*, 3(2), 72-82.

Pang. V. O.(2005). Multicultural education: A caring-centered approach. 2nd ed., New York, NY: McGraw Hill.

Pisheh, G., Sadeghpour, N., Nejatyjahromy, Y. & Nasab, M.(2017). The effect of cooperative teaching on the development of reading skills among students with reading disorders. *Support for Learning*, 32(3), 245-266.

Powell, A.(2000). Reflections on exemplary mathematics teachers by African-American students. Paper presented at the annual meeting of the American Educational Research Association, New Orleans, LA.

Quigley, C. F. & Hall, A. H.(2016). Taking care: Understanding the roles of caregiver and being cared for in a kindergarten classroom. *Journal of Early Childhood Research*, 14(2), 181-195. doi: 10.1177/1476718X14548783.

Rabin, C.(2011). Learning to care during storytime in the current context: Moral education from the perspective of care ethics. *Journal of Research in*

Childhood Education, 25(1), 45-61.

_____(2013). Care through authenticity: Teacher preparation for an ethic of care in an age of accountability. *The Educational Forum,* 77(3), 242-255.

_____(2014). Don't throw the rocks: Cultivating care with a pedagogy called rocks-in-the-basket. *Journal of Research in Childhood Education,* 28(2), 145-161.

_____(2019a). Co-teaching toward collaborative and caring teacher preparation. *Journal of Teacher Education,* 46(4), 67-92.

_____(2019b). "I already know I care!" Illuminating the complexities of care practices in early childhood and teacher education. In R. Langford(Ed.), *Theorizing feminist ethics of care in early childhood practice: Possibilities and dangers*(pp. 125-145). London: Bloomsbury Academic.

_____(2021). Care ethics in remote instruction. *Self Study Journal,* 17(1), 1-19.

(April, 2022). Learning from teaching care ethics in elementary school. Paper accepted at the American Educational Research Association(AERA). Online.

Rabin, C. & Smith, G.(2016). "My lesson plan was perfect until I tried to teach": Care ethics into practice in classroom management. *Journal of Research in Childhood Education,* 30(4), 600-617.

Roberts, M. A.(2010). Toward a theory of culturally relevant critical teacher care: African American teachers' definitions and perceptions of care for African American students. *Journal of Moral Education,* 39(4), 449-467. doi: 10.1080/03057241003754922.

Robinson, F.(2011). *The ethics of care: A feminist approach to human security.* Philadelphia, PA: Temple University Press.

Rolón-Dow, R.(2005). Critical care: A color(full) analysis of care narratives in the schooling experiences of Puerto Rican girls. *American Educational Research Journal,* 42(1), 77-111. doi: 10.3102/00028312042001077.

Ryan, S., Embse, N., Pendergast, L., Sacki, E., Segool, N. & Schwing, S.(2017). Leaving the teaching profession: The role of teacher stress and education accountability policies on turnover intent. *Teaching and Teacher*

Education, 66, 1-11.

Sanger, M., & Osguthorpe, R.(2013). *The moral work of teaching and teacher education: Preparing and supporting practitioners*. New York, NY: Teachers College Press.

Santoro, D. A.(2018). *Demoralized: Why teachers leave the profession they love and how they can stay*. Cambridge, MA: Harvard Education Press.

Saylor, J.(2017, January). Comparing achievement of students with disabilities in cotaught versus traditional classrooms. *ProQuest LLC*, EdD dissertation, University of La Verne.

Siddle-Walker, V.(1993). Interpersonal caring in the "good" segregated schooling of African American children: Evidence from the case of Caswell County Training School. *Urban Review*, 25(1), 63-77.

Silverman, S. K., Hazelwood, C. & Cronin, P.(2009). *Universal education: Principles and practices for advancing achievement of students with disabilities*. Ohio Department of Education, Office for Exceptions Children.

Simon, K. G.(2001). *Moral questions in the classroom: How to get kids to think deeply about real life and their schoolwork*. New Haven, CT: Yale University Press.

Slote, M.(2007). *The ethics of care and empathy*. London: Routledge.

Sosa-Provencio, M. A.(2017). Seeking a Mexicana/Mestiza ethic of caring: Rosa's revolución of carrying alongside. *Race Ethnicity and Education*, 20(5): 650-665. doi:10.1080/13613324.2016.1150833.

Terrell, S. R.(2000). "Don't do's": Strategies for teachers. Paper presented at the annual meeting of the American Educational Research Association, New Orleans, LA, April.

Thayer-Bacon, B. J., Arnold, S. & Stoots, J.(1998, April). Identification of caring professors in teacher education programs. Paper presented at the Annual Meeting of the American Educational Research Association, San Diego, CA.

Thompson, A.(1998). Not the color purple: Black feminist lessons for educational caring. *Harvard Educational Review*, 68, 522-546.

Tronto, J.(2015). Who cares? *How to reshape a democratic politics.* Ithaca, NY: Cornell University Press.

Trout, M.(2018). Embodying care: Igniting a critical turn in a teacher educator's relational practice. *Studying Teacher Education,* 14(1), 39-55.

Valenzuela, A.(1999). *Subtractive schooling: U.S.-Mexican youth and the politics of caring.* New York, NY: State University of New York Press.

Velasquez, A., West, R. E., Graham, C. R. & Osguthorpe, R. D.(2013). Developing caring relationships in schools: A review of the research on caring and nurturing pedagogies. *Review of Education,* 1(2), 161-190. doi: 10.1002/rev3.3014.

Walsh, J.(2012), Co-teaching as a school system strategy for continuous improvement. *Preventing School Failure,* 56, 29-36.

Watson, M.(2003). *Learning to trust.* Hoboken, NJ: Jossey-Bass.

Watson, M., Daly, L.., Smith, G. & Rabin, C.(2019). Building a classroom community that supports students' social/moral development. *Teacher Education Quarterly,* 46(4), 10-31.

Webb, J., Wilson, B., Corbett, D. & Mordecai, R.(1993). Understanding caring in context: Negotiating borders and barriers. *Urban Review,* 25, 25-45.

Will, M.(2018). Teachers are paid almost 20 percent less than similar professionals, analysis finds. Available at: https://www.edweek.org/leadership/ teachers-are-paid-almost-20-percent-less-than-similar-professionals-analysis-finds/2018/09.

Wilson, R.(2013). Teacher agency in America and Finland. *Colleagues,* 10(2), 4-8.

Zhu, G. & Peng, Z.(2020). Counternarratives: Culturally responsive pedagogy and critical caring in one urban school. In S. Steinberg & B. Down(Eds.), *The Sage handbook of critical pedagogies*(pp. 854-868). Thousand Oaks, CA: Sage. doi: 10.4135/9781526486455.180.

11장
비이상적 덕 이론과
교육의 중심성[1]

니콜라스 C. 부르불레스(Nicholas C. Burbules)

우리는 대부분 참인 결론에 도달하려면 … 윤리에 대해 말하는 것으로 만족해야 한다. … 왜냐하면, 주체의 인격이 허용되는 한, 사물의 본질에 비추어 모든 종류 사물의 정확성을 추구하는 것이 교육받은 사람의 특징이기 때문이다.

아리스토텔레스, 2009, 『니코마코스 윤리학』, 1094b20

11.1 서론

아리스토텔레스의 『니코마코스 윤리학(Nicomachean Ethics)』을 제외하고 덕 윤리에 대해 논의하는 것은 불가능하다. 아울러 이 논의 자체가 오늘의 도덕 문제에 대한 지침을 충분히 제공한다고 생각하기 힘들다. 이는 단순히 시간상의 문제가 아니다. 그리스의 사상과 문화는 다른 문화에 대한 식민주의와 인종차별주의적 견해, 그리고 노예제를 적극적으로 수용한 남성주의 사회의 산물이었다. 이것이 어떻게 오늘날 우리에게 모델이 될 수 있을까? 하지만 그리스는 민주주의를 창안하고 문학과 철학

---

1 본 글에 대해 유익한 의견을 주신 야첵(D. Yacek) 공동편집인께 감사의 말씀을 드린다.

의 위대함을 만들어낸 사회이기도 했다. 아리스토텔레스는 그 사회의 일원이자 옹호자였다. 노예제에 대한 그의 옹호는 악명 높다: "혹자는 통치하고, 또 혹자는 통치받을 필요가 있을 뿐만 아니라 편리하다. 태어날 때부터 어떤 사람은 복종할 운명이고 다른 사람은 통치할 운명이었다. … 다시 말하지만, 남자는 선천적으로 우월하고 여자는 열등하며, 한 사람이 지배하고 다른 사람은 지배받는다. 이 필연성의 원리는 모든 인류에게 적용된다."(Aristotle, 1943, p. 1254a19-1254b20). 혹자는 이러한 옹호에 대해 비난했고(Fritsche, 2019; Kendi, 2016, p. 17); 혹자는 이를 완화하거나 설명했다(Heath, 2008; Lockwood, 2011). 확실히 아리스토텔레스는 그리스 문화 이외의 문화에 대해 어느 정도의 호기심과 존경심을 가지고 있었다. 그럼에도, 이는 아리스토텔레스의 덕에 대한 논의가 보편적 도덕 이론의 기초가 되는 길을 가로막고 있다.

본 장에서 나는 아리스토텔레스의 덕에 대한 논의를 기초로 하여 덕에 대한 보편적 사고방식이 아닌, 문화적으로 포용적이고 실용적이며 상황에 적합한 사고방식을 제안하고자 한다.

11.2 보편주의

덕 이론은 보편적일 수 있는가? 그리고 그 모델의 대안은 무엇인가? 종종 이 논쟁은 보편주의나 도덕적 상대주의라는 익숙한 철학적 진영을 중심으로 구성된다. 특정 덕의 장점은 어디에서나 누구에게나 동일하거나, 아니면 단순히 문화적 또는 관습적 선호의 지역적 문제일 뿐이다. 덕 이론가들은 덕의 **실행**(exercise)(즉, 관대함과 같은 덕을 실행할 수 있는 방식)이 사람마다 다를 수 있다는 점, 예를 들어 개인의 부유함의 정도에 따라 다를 수 있다고 주장한다. 즉, 관대함의 덕이 그 자체로 선천적이고 보편적인 선(good) 자체라는 입장을 포기하지 않으면서 맥락과 상황에 따라 다르다고 주장하는 것이다.

이와 대조적으로 매킨타이어(A. MacIntyre)는 "지역적 … 해석에 훨씬 더 적합한 아리스토텔레스의 해석: 즉, 특정 실천, 전통 그리고 문화에 내재하는 것으로서 더 넓은 역사적, 사회적 상황에 기초한 선 이론에 적합한 아리스토텔레스의 덕에 대해 논의한다(Darnell & Kristjánsson, 2020, p. 2). 일부 비판가들은 이러한 매킨타이어를 일종의 도덕적 상대주의자로 본다. 나는 덕 이론의 맥락에서 보편주의 대 상대주의의 이중성은 잘못된 선택이라고 주장하고 싶다. 일반적인 도덕이나 원리 또는 법적 정당화가 특정 사람, 환경 또는 상황에 대한 해당 원리의 필수적 해석 및 적용으로부터 분리될 수 있다고 간주하는 표준적 철학 움직임은, 우리가 덕을 고려할 때, 동일한 방식으로 작동하지 않는다.

첫째, 덕은 원리가 아니며 심지어 원리와도 비슷하지 않다. 그것은 시간이 지남에 따라 학습되고, 실행되며, 유지되는 인간의 특성 또는 인격의 차원이다. 나는 인간의 특성인 덕의 좋음은 그것을 배우고, 실행하며, 유지하는 방식과 분리될 수 없다고 본다. 관대한 사람은 "항상 관대하라"는 규칙을 내면화한 사람이 아니다. 그들은 자신들의 행동이 그 규칙에 따른 것으로 논의될 수 있을지라도 규칙을 따르기 **때문에** 관대하지 않다. 덕은 사람 안에 내재하므로, 덕을 배우고 실천하며 유지하는 교육적 과정은 우리가 그러한 덕을 바람직하다고 생각하는 이유와 분리될 수 없다. 물론 우리는 "관대함은 좋은 것"이라고 추상적으로 말할 수 있다. 우리는 그것이 무엇을 의미하는지 이해한다. 그러나 우리는 덕으로서의 "관대함"의 선을 더 심오한 인식의 차원에서 분리할 수는 없다. 이러한 차원에서 그 선을 그렇게 만드는 것의 일부는 우리가 관대한 사람이라고 부르는, 특정 종류의 사람을 형성하는 방식이다. 우리는 관대함을 좋은 것으로 보기 때문에 그러한 덕의 실행을 존경한다. 그러나 우리는 또한 우리 삶에서 관대한 사람들의 양육과 행동, 그리고 그들이 우리에게 미치는 영향 때문에 관대함을 좋은 것으로 본다. 덕을 배우는 경험은 그 자체로 일종의 좋은 삶을 구성한다. 그러므로 덕의 "선"은 학습 행위와 분리될 수 없다. 이러한 도덕적 관점에서 관대함은 별도로 정당화된 규칙이나 원리를 따르는 문제가 아니다. 그것은 (특정한 사회적, 문화적 맥락 내에서) 특정한 종류의 삶을 사는 것이다.

이러한 이유로 표준적인 "보편주의" 대 "상대주의"는 작동하지 않는다. 표준적인 "원리의 정당화" 대 "원리의 적용"은 작동하지 않는다. 표준적인 "우리는 무엇이 옳은 일인지 어떻게 알 수 있는가?" 대 "올바른 일을 할지 우리는 어떻게 결정하는가?"는 작동하지 않는다. 덕은 본질적으로 인간의 자질이다. 그러므로 덕 윤리는 도덕적 세계를 이해하는 매우 독특한 방식이며, 무엇이 유덕한 행동을 바람직하게 만드는지를 정당화하는 매우 독특한 방식이다.

매킨타이어와 그 외의 사람들이 논의하고 있는 지역주의는, 보편화 가능한 정당화가 우리만이 가질 수 있는 종류의 도덕적 정당화라는 관점에서 볼 때, "상대주의적" 특징을 지닐 수 있다. 그러므로 다른 모든 것은 자의적이고 근거가 없음이 분명하다. 그러나 우리가 특정 덕을 인간 행위의 규범으로 평가하는 이유에 대해 말하는 것과(and) 우리가 특정 덕을 실제 인간 행위의 형식으로 간주하는 방식 사이에 필연적인 관계가 존재한다고 말하는 것은 별개다. 우리는 그러한 인간 형성 과정에서 실천하는 **역할 때문에 부분적으로** 그 덕을 좋은 것으로 평가한다. 후자는 단순히 전자를 실현하기 위한 수단이 아니다.

그러므로 문화와 전통의 역할은 이성적인 도덕적 정당화의 별도 과정으로 상상될 수 있는 것에 단지 "지역적" 요인을 개입시키는 것이 아니다: 문화와 전통은 유덕한 덕을 확인하고 정당화하는 데 있어서의 필수적 부분이다. 그리고 사람들의 덕 함양 과정에서 필수적인 부분이다. 더욱이 이 두 가지 과정은—유덕한 것을 확인하고 정당화하는 과정과 사람들이 덕을 함양하는 과정은—서로 긴밀하게 연관되어 있다고 할 수 있다. 이것이 바로 덕 이론이 여타의 윤리 이론과 다른 점이다.

　이러한 논의를 진행함에 따라, 문화와 전통이란 무엇이 유덕한 것인지 확인하고 정당화하는 데 있어서 필수적 역할의 수행 방식과 덕의 함양 과정이 더욱 분명해질 것이다. 하지만 이런 논의는 보편주의와 상대주의 사이에 제3의 선택이 있기에 상대주의적이지는 않다. 문화와 전통을 형성하고 유지하는 과정 자체에는 필연적으로 유사하고 반복되는 인간의 덕이 포함되기 때문에 서로 다른 문화와 전통이 실제로 관련이 있거나 유사한 것을 덕으로 확인한다는 사실을 발견하면 덕에 대한 이해와 가치 평가는 일반화될 수 있다. 이러한 관점은 특정 문화나 전통이 지배력이나 주도권을 주장하지 않고, 오히려 특정 가치를 공유하고 서로 학습할 수 있는 문화와 전통을 허용한다.

11.3 실천

아리스토텔레스의 정당화 논의는 목적론적이다. 우리는 어떤 것이 생산하는 목적 때문에 그것을 소중히 여긴다. 우리가 그것을 올바르게 인식한다면, 그 바람직한 최종 상태를 원한다. 그런데 우리 일상의 실천에 내재한—실제로 그것을 실천으로서 확립하고 유지하는 데 필수적인—가치를 고찰하는 것과 그 가치를 어떻게 함양하고 학습하는지를 탐색하는 것은 별개다. 그러한 가치는 그것이 산출하는 목적과 관련되므로, 혹은 합리적으로 자명하므로 정당화되는 것이 아니라, 그것이 실천적인 삶의 유형에서 필연적 특성이므로 정당화된다. 교육은 이 문제의 중심에 있다. 그래서 모든 교육과 마찬가지로 우리는 최종 목적 상태가 무엇인지를 확실히 알지 못하더라도, 즉 듀이의 말을 빌리면, 최종 목적 상태란 존재하지 않고 단지 더 많은 학습과 성장이 뒤따를 뿐이기 때문에 특정 교수학습의 과정에 전념해야 한다.

실천이란 무엇인가? 매킨타이어의 정의는 표준이 되고 있다:

> 정합적이고 복잡한 유형의, 사회적으로 정립된 협력적 인간 활동 유형의 내재적 선은 그 활동 유형에 적합하고 부분적으로 한정적인 탁월성 표준을 달성하려고 노력하는 과정에서 실현되며, 체계적으로 확장된다. 결과적으로 탁월성을 달성할 수 있는 인간 능력과 이와 관련된 목적과 선에 관한 인간의 개념은 체계적으로 확장된다.(MacIntyre, 2007. p. 187)

매킨타이어는 실천의 개념과 관련하여 덕을 다음과 같이 정의하고 있다: "덕은 우리가 소유하고 실행함으로써 실천에 내재한 선을 달성할 수 있게 하지만, 부족하면 우리가 그러한 선을 달성하지 못하도록 효과적으로 방해하는 인간의 획득적 특성이다."(MacIntyre, 2007, p. 191).

매킨타이어는 부분적으로 상대주의라는 비난을 피하고자 목적론에 대해 수정한다: "만일 인간 삶 전체의 선, 통일체로 생각되는 인간 삶의 선을 구성함으로써 실천의 제한적 선을 초월하는 **목적**이 없다면, 어떤 파괴적인 독단이 도덕적 삶을 침범할 것이고, 우리는 그 덕의 맥락을 적절하게 특정할 수 없는 경우가 될 것이다. … 인간을 위한 좋은 삶은 인간을 위한 좋은 삶을 추구하고 영위하는 삶이며, 그것을 추구하는 데 필요한 덕은 인간을 위한 좋은 삶에 무엇이 더 좋고 또 다른 좋은 무엇이 있는지를 이해할 수 있게 해주는 덕이다."(MacIntyre, 2007, pp. 203, 254) 여기에서 eudaimonia(번영)를 달성하려는 아리스토텔레스의 목적으로부터 "좋은 삶"에 대한 이해와 추구로 초점이 전환된다는 점에 주목하라.

그러나 "좋은 삶(the good life)"이 무엇인지에 대해 단 하나의 개념만을 가질 필요는 없다. 여기서 정관사(the)가 중요하다. 확실히 좋은 삶이 존재하고, 그 삶이 어떤 것인지 알 수 있으며, 사람들이 윤리적이기를 원한다면 그것을 열망해야 한다는 것이다. 혹자가 그 유덕한 접근을 부정하도록 만드는 일종의 보편주의적(그리고 문화적으로 패권적인) 가정을 거부한다. 여기서 "덕"은 민족주의, 계급 기반, 성별에 따른 행동 기준에 따라 행동하라는 규정적 명령을 의미한다.

그러나 비트겐슈타인이 "가족 유사성"[2] 접근 방식이라고 불리는 또 다른 접근 방식이 있다. 다양한 종류의 좋은 삶, 다양한 종류의 번영이 있다. 특정 사례가 그들 중 일부만을 공유할지라도 광범위한 특성을 공유한다. 하나의 조건만이 확정적이거나 필수적인 것은 아니다. 예를 들어, 일반적으로 우정이 있는 삶이 우정이 없는 삶보다 낫다고 말할 수 있다. 하지만 우정이 없어도 좋은 삶을 살 수 있다. 덕을 실행하는 방법이 다양하다면, 다양한 종류의 좋은 삶이 존재할 수 있다. 두 사람이 일부 특징을 공유하지만, 모든 특징을 공유하지는 않는 좋은 삶을 살 수 있으며, 그렇다고 해서 둘 중 한 사람이 반드시 다른 사람보다 선호되는 것은 아니다. 이 접근 방식은 문화적으로 더 포괄적이다. 왜냐하면 문화는 다수의 동

---

2 [역자 주] 가족 유사성(family resemblance)은 어떤 본질이나 명확한 규칙을 통해 정의될 수 있는 공통점을 공유하지는 않지만, 서로 닮은 부분이 있어서 연결이 되는 관계성을 의미한다. 가족 구성원 A와 B가 닮고, B와 C가 닮았더라도 A와 C는 닮지 않을 수 있다.

일한 덕에 대한 감사를 공유하지만, 이를 다른 방식으로 실행하거나 표현할 수 있기 때문이다(예를 들어, 서로 다른 문화가 존중을 표현하는 다양한 방식을 생각해 보라). 좋은 삶을 살만한 가치가 있는 삶으로 만드는 것은 필연적으로 공동체의 가치, 더 일반적으로 문화와 관련이 있고, 우리가 그 속에서 어떻게 살아가느냐와 관련이 있다: 좋은 삶은 가치가 있으며 목적의식이 있다. 그것은 우리 자신과 주변 사람들이 평가하는 삶이다. 그러한 일체감과 소속감을 키울 수 있는 다양한 종류의 좋은 삶은 많다.

나는 "실천" 그 자체[3]에 근거하여 상대주의를 피하는 또 다른 방법이 존재한다고 생각한다. 실천은 인간 활동의 조직적 형태이다. 우리가 하는 모든 일이 "실천"인 것은 아니다. 우선, 실천은 동일한 실천의 사례로서 다른 사람들에게 친숙한 방식으로 그들에 의해 되풀이되어야만 한다. 여기에는 해당 실천에 적절하게 또는 잘 참여한다는 것이 무엇을 의미하는지 부분적으로 확인하는 규범과 표준이 뒤따른다. 가려운 곳을 긁는 것은 사람들이 하는 일이지만 실천이 아니다. 매킨타이어는 체스를 두는 것을 그 예로 든다. 우리는 다른 예들: 요리, 스케이트보드, 가르침, 피아노 연주, 자동차 운전, 시 쓰기, 야구, 또는 농담을 추가할 수 있다. 그러나 이 범주는 연속성으로 이해될 필요가 있다: 일부 활동은 아직 실천이 아니다. 스케이트보드 초기는 아직 실천이 아니고(제 기억으로는), 보드 위에 머물면서 넘어지지 않고 나아가는 것이 유일한 목표다. 나중에 보드 기술이 향상되고 실험이 늘어나면서 고유한 미적 특성이 있는 트릭(trick)과 스턴트(stunt)를 실천하게 된다. 그때 스케이트보드는 실천에 해당한다. 다른 실천은 규범과 표준에 의해 너무 엄격하게 통제되어 추가적인 혁

---

3 이 논의는 스메이어스(P. Smeyers)와의 많은 대화에 사용되었다(Smeyers & Burbules, 2006 참조).

신과 실험이 거의 사라진다. 이러한 실천은 기본적으로 단 하나의 올바른 방법만 존재하는 **의식**(ritual)이 되므로 **실천으로서**의 많은 특성이 사라진다. 따라서 여기서 가르치고 배울 때 유용한 한 가지 차이점이 존재한다. 인간 활동의 전실천(prepractice), 실천(practice), 그리고 실천이 굳어진 의식(ritual)이 그것이다.

매킨타이어가 "내재적 선"이라고 부르는 것은 부분적으로 사람들이 실천에 참여하는 **이유**를 논의하기 위한 것이다. 그리고 그것은 "외재적 선"과 대조를 이룬다. 우리는 돈을 많이 벌기 위해 야구를 할 수도 있지만, 돈 자체가 야구를 더 잘하는 선수를 만들지 않는다. 실천의 내재적 선에는 두 가지가 있다. 첫째, 좋은 실천을 실행함으로써 얻게 되는 것(게임에서 이기거나, 좋은 음식을 차리는 것)이 있다. 예를 들어, 혹자는 당신이 부엌에서 일하는 것을 한 번도 본 적이 없는데도 음식 맛을 보고 "당신은 훌륭한 요리사예요."라고 말할 수 있다. 둘째 내재적 선은 실천 자체의 실행이다. 누군가, 특히 숙련된 실천가인 경우, (아직) 음식을 맛보지 않았더라도 주방에서 일하는 것을 관찰하고 당신을 훌륭한 요리사라고 말할 수 있다. 실천에 전념하고 그것을 잘 실천하는 사람은, 비록 가치 있는 결과가 그 자체를 넘어서는 외재적 가치로 나타나지 않을지라도 실천에 참여하는 과정과 그 실천의 가치 있는 결과를 산출하는 과정 모두를 중요하게 생각한다. 특정 기술을 더 잘 발휘하기 위해 반복적으로 실천하는 경우, 우리는 그들의 개선 노력을 "실천"이라고 부른다. 실제로, 우리가 실천가들에게 일반적으로 기대하는 것 중 하나는 그들이 관심 있는 실천을 더 잘하기 위해 노력한다는 것이다(그리고 이는 부분적으로 덕으로 나타날 것이다).

어떤 실천은 특정 문화나 전통에 전적으로 내재한다. 예를 들어 성찬의 실천("이것은 내 몸이다…" 등)은 특정 종류의 기독교 내에서 신성한 의미와 중요성을 가진다. 다른 문화적 관점에서 보면, 그것은 식인 풍습과 매우 유사하다. 다른 실천은 다양한 문화와 전통의 맥락에서 발생하며, 각 맥락에는 몇 가지 뚜렷한 특징이 있지만 모두 동일한 종류의 실천으로 인식할 수 있을 만큼 공통점도 있다: 예를 들어 명상은 여러 종교 및 비종교 분야에서 가치 있는 실천이다. 명상의 방법은 다양하지만, 공통점도 많다. 거의 모든 문화와 전통에서 여전히 또 다른 실천이 존재한다. 그 실천들은 지역적 습관이나 관습뿐만 아니라 인간 조건 자체의 요소처럼 보이기 시작한다. 흔히 식자재를 씻고 자르며, 열을 가해 변형시키고, 향신료나 향료 성분을 추가하는 요리는 확실히 자격이 있을 것이다. (사람들이 요리하는 것이 매우 다양할지라도) 그래서, 여기에 교수학습의 또 다른 유용한 구별이 존재한다. 특수성과 문화에 기반을 둔 실천, 널리 공유되는 실천, 인간의 사회적 존재를 구성하는 것처럼 보이는 실천이 그것이다. 실천은 문화와 전통에 기초를 두고 있지만, 무한히 가변적이거나 통약 불가분한 것이 아니다. 그리고 실천으로서 그것은 지속적인 특성이 있다. 그것은 학습되고 다음 세대가 따른다. 이는 시간이 지남에 따라 실천을 전승하고 보존하려면 특정 교수학습의 조건이 필요하다는 것을 의미하며, 그 과정에서 실천도 진화한다. 이 모든 것은 이른바 덕을 확인하고, 정당화하며, 장려하는 것처럼 문화와 전통에 대해 진심이라는 것을 의미한다.

일부 실천은 단순(simple)하다(이는 쉬운 것과 반드시 일치하는 것은 아님). 예를 들어 요리의 한 가지 방법은 조리법을 따르는 것이다.[4] 다른 실천은 복합적이다: 범위가 더 넓고 다원적이며 다양한 요소 간의 조정이 필요하다. 단지 레시피(예: 집 짓기)를 따르는 것보다 더 어렵고, 다양한 요소들의 조합이 필요하다. 적어도 부분적으로 사례들 전체에 걸쳐 형식화되고 일반화될 수 있다. 여타의 실천은 복잡하다. 왜냐하면, 개별적 사례들은 공통적 속

4　이 세 부분의 구분은 글로버만과 짐머만을 참조할 것(Glouberman & Zimmerman, 2008).

성뿐만 아니라 독특한 특성이 있다. 그 속성에는 효율성에 대한 간단한 형식이 없으며, 얼마나 "올바르게 실천"하고 있는지와 관련하여 어느 정도 불확실성이 존재하기 때문이다. 경험은 부분적으로 지침이 될 수 있지만 보장하는 것은 아니다(예: 자녀 양육). 종종 이러한 요소는 실천 내에서 공존한다. 요리의 일부로 우리는 음식이 균일하게 익도록 일정한 크기로 자르는 방법을 배운다. 그래서 우리는 칼을 날카롭게 가는 방법을 배운다. 이와 관련해서 복합적이거나 복잡한 것은 아무것도 없다. 그러나 요리의 다른 측면에서는 자발성과 창의성이 필요하다. 그래서 당신이 원하는 대로 될 것이라고 당신은 완전히 확신할 수는 없다.[5] 여기서도 단순하고, 복합적이며, 복잡한 실천을 구분하는 것은 우리가 그것들을 어떻게 배우고 참여하는지에 대한 이해와 관련이 있다.

아마도 실천에 대한 나의 견해가 매킨타이어의 견해와 가장 다른 점은 우리가 실천에 참여하는 방법을 배우는 이슈다. 나는 그 이슈에 더 초점을 맞추고 싶다. 라브(Lave)와 벵거(Wenger)가 "정당한 주변 참여"라고 부르는 것을 포함하는 단계가 시작 단계다: 이 단계에서는 관찰하고 모방하며, 사물을 파악하기 위해 불완전하게나마 노력한다(Lave & Wenger, 1998). 숙련된 실천가의 명백한 가르침 및 조언 단계가 있다. 여기에는 적극적인 모델링을 포함할 수 있다. 특정 기술과 활동을 향상하고, 그것을 반복적으로 습관화하기 위해 실천하고 실연하는 단계가 있다. 그리고 숙련된 실천가라도 실험을 통해, 점점 더 어렵고 도전적인 프로젝트를 의도적으로 수행하고 동료와의 비판적인 상호 작용을 통해 개선을 위해 계속 시도하는 단계가 있다. 이 '교육적 형식(educational arc)'은 실천을 여타의 인간 활동과 구별하는 또 다른 것이다: 우리가 하는 일에서 탁월한 성

---

5 이는 기술과 프로네시스의 관계를 단절시킨다(Burbules, 2014).

품을 배우고, 실행하고 유지하는 것은 그 자체로 실천에 참여하는 즐거움과 만족의 일부이다. 그러나 이것은 그것을 한다는 것, 잘한다는 것, 더 잘하려고 노력한다는 것이 무엇을 의미하는지에 대해 공유하고 있는 대인 관계적 표준이 지배하는 종류의 활동들에서만 가능하다. 내가 말했듯이, 가려운 피부를 긁는 것은 "탁월성"을 열망하는 것이 아니다.

그러므로 덕의 종류는 다양하다. 어떤 덕은 그런 특정 실천에 기초하고 있고, 이와 관련이 있다. 덕은 그 일을 잘한다는 것이 무엇을 의미하는지와 관련하여 가치가 있지만, 그 맥락 밖에서는 상대적으로 가치나 의미가 거의 없을 수 있다(어떤 사람은 빨리 달릴 수 있거나, 다리에서 카드를 세는 데 매우 능숙하다). 다른 덕은 특정 실천의 맥락에서도 함양될 수 있지만, 다른 맥락에서도 적합성이 있고 가치도 있다(어떤 사람은 발레 실천을 통해 규율과 집중력을 배우고, 이러한 자질로 인해 또 다른 인간적 성공을 거둔다). 그러나 나에게 가장 관심이 있는 덕은 어떤 실천, 특히 복잡한 실천을 배우고 숙달하며, 시간이 지나도 그 실천을 수행하고 향상하며, 그리고 다음 세대에게 그 실천을 가르칠 수 있는 조건을 조성하는 데 필요하다. 이러한 조건은 그 자체로 절대적이고 비자의적이다. 그래서 이러한 조건은 단순히 문화적 선호의 문제가 아닌 덕을 평가하는 기초를 제공한다.

더욱이, 문화(특히 요즘)는 고립되어 있지 않다는 점을 인식하는 것이 중요하다. 그것은 상호 작용하고 서로 영향을 끼친다. 공유되는 범문화적 실천과 가치가 더욱 보편화되고 있다. 따라서 근본적인 차이가 있는 이론이나 통약 불가능한 이론은 거의 없고 개연성도 없다. 이는 우리가 상상하는 것보다 덜 위험한 상대주의다. 여기서도 보편적인 가치와 일반화가 가능한 가치의 구별은 중요하다. 실제로 우리는 서로 다른 문화가 서로 다른 방식으로 실천과 덕을 해석하고 실행하더라도, 우리는 문화 간에 공유되는 많은 실천과 덕을 인정한다.

도덕적으로 의심스러운—다른 근거에 따라 검토하거나 비판해 볼 필요가 있는—어떤 실천이 존재할 수도 있다. 하지만 그 실천 역시 실제로는 존경할 만한 덕을 개발하고, 존경할 만한 특정 덕의 개발을 **요구**한다. 예를 들어, 사기꾼이나 인간 유전자의 변형을 연구하는 사람을 생각해 보라. 비록 그들의 목적이 의심스러울지라도 그들의 일의 수행 방식은 감탄할 만하다. 훌륭한 덕의 실행이 반드시 좋은 결과를 보장하는 것은 아니다. 나쁜 의도든, 실수든, 불운이든 유덕한 행동은 때때로 나쁜 결과를 초래할 수도 있다. 덕 윤리는 결과주의 윤리가 아니다.

이와 같이 덕을 규정할 때 가장 중요한 것은 우리가 덕이란 **가지고** 있거나 **소유**하고 있는 것이 아니라 **행하는** 것이라는 점이다. 내가 쓰는 용어는 **실행**이다. 만약 우리가 내가 개략적으로 설명한 교육적 형식을 따른다면, 탁월성에 대한 학습, 개선, 유지는 그 용어의 넓은 의미에서 실천함으로써만 생긴다: 실수하고, 그 실수로부터 배우고, 더 잘하려고 노력한다. 덕은 학습된 활동이고, 학습 활동이다. 이 과정은 우리가 어떤 발달 단계에 있든 덕을 실행하고, 그 결과 세상에서 무슨 일이 일어나는지 목격할 때만 생긴다. 학습과 지속적 개선이라는 이런 특징은 실천 기반 덕 개념의 핵심이다.

11.4 사회적 맥락

덕의 표준 모델은 덕을 개인의 속성이나 성향으로 이해한다. 우리는 **정직한 사람**이나 **용감한 군인**에 대해 이야기한다. 이것은 중요한 사실을 표현한다: 도덕적 책임과 통합성에 대한 우리의 개념은 개인이 자신의 선택과 행동에 대해 어느 정도 책임을 져야 한다고 요구한다. 우리가 누군가는 덕이 있다고 인정할 때, 우리는 시간이 지나도 변하지 않는 특정 종류의 일관성 있는 행동을 암묵적으로 가정한다. 우리가 그들이 이런 덕을 지니고 있다고 칭찬하는 것은 바로 이러한 일관성 또는 신뢰성 때문이다. 내가 "인격"(종종 덕과 같은 의미로 사용되는 용어로 다양한 상황에 걸쳐 행동하는 학습된 방식이 아닌, 사람들의 속성이나 자질로 간주하는 우리 성향의 주요 원천)의 수사(rhetoric)에 문제를 제기할 때, 그 말하는 방식은 우리가 일반적으로 공유하는 다음의 가정(assumption)과 관련된다. 즉 어떤 사람들은 올바르게 행동하거나 잘 행동하는 데 더 관심이 있으며, 우리는 그 점 때문에 그들을 존경한다.

그러나 전체적으로 덕에 대한 이러한 개인주의적 개념은 덕이 작동하는 방식, 그리고 덕을 증진하는 방법에 대한 제한적, 비생산적 이해를 낳는다. 우리가 배우고 증진하기 위해 노력하는 실천에 덕을 연결하면, 그 사회적 차원은 분명해진다: 누구도 혼자서 실천을 만들거나 실행할 수 없다(이런 의미에서 "사회적 실천"이라는 용어는 중복적 개념). 연결되기를 원하는 다른 실천가와 상호 작용을 하지 않고는 그 누구도 실천을 배울 수 없다. 자신의 실천을 증진하려면 종종 다른 사람의 피드백과 지원이 필요하다. 아리스토텔레스는 우정은 "선하고 덕이 비슷한 사람들로 구성된다. 왜냐하면 서로가 서로에게 잘되기를 바라기 때문이다… 그들은 그 자체로 선하다. 가장 행복한 사람에게는 이런 종류의 친구가 필요하다. 가치 있는 행동과 자기 행동에 대해 숙고하는 것이 그의 목적이고, 자기 친구인 선한 사람의 행동에는 이 두 가지 특성이 모두 있기 때문이다."(『니코마코스 윤리학』, 1156b7-9, 1170a6). 유덕한 친구와 동료는 우리가 더욱 유덕해지도록 돕는다. (불행하게도 그 반대도 마찬가지다.)

이와 같은 사회적 맥락은 훌륭한 덕을 실행하는 것이 어떻게 불행한 결과를 낳을 수 있는지 이해하는 데에도 중요하다. 종종 이것은 매킨타이어가 "외재적 선"이라고 부르는 것의 결과다. 특정 실천에 참여함으로써 얻을 수 있는 강점이 유덕한 행위에 대한 동기를 왜곡하는 보상이나 자극제가 될 수 있다. 모든 실천이 훌륭하거나 정당한 것은 아니다. 사기꾼은 다른 사람에 대한 진정한 공감과 통찰력을 보여줄 수 있다. 실제로, 이는 그들을 더 나은 사기꾼으로 만들 수 있다. 그러나 그 목적은 특정 이익을 얻기 위해 다른 사람을 속이고 조작하는 것이다. 인간 유전자의 변형을 연구하는 사람은 엄청난 연구비를 받고 세계에 대한 중요한 사실을 밝혀내는 뛰어난 과학자일 수 있다. 하지만 그들은 자신의 발견이 어떤 용도로 사용될지 생각하지 않는다. 이에 대해 생각하는 한 가지 방법은 그들이 특정 덕을 실행하지만, 다른 덕이 부족하다는 것이다. 이것은 그들이 실행하는 덕을 그 자체로 덜 훌륭한 것으로 만들지는 않는다. 더욱이, 이러한 예는 일부 "부당한" 실천과 "정당한" 실천 사이에 어떤 연속성이 있을 수 있는지도 보여준다. 사기꾼이 하는 일은 광고주나 정치 전문가가 하는 일과 전적으로 다른 것은 아니다. 유전학 연구자는 여타의 의료 절차를 연구하는 연구자와 마찬가지로 동일한 일을 많이 한다. 단순한 도덕적 판단은 종종 발견하기 어렵다. 상황이 중요하다. 개인적 행동의 사회적 맥락은 특정 덕의 수행을 권장하거나 방해할 수도 있다. 개인은 완전히 자기 결정적이지는 않다. 불행하게도, 어떤 사회적 맥락이 특정 실천에 대해 무슨 이유에서든 어떤 식으로든 영향을 미친다는 것은 덕의 수행이 빗나간 성과나 결과로 나타날 수 있음을 의미한다. 특정 덕을 실행한다고 해서 "좋은 삶(the good life)"은 물론이고 "어떤 좋은 삶(a good life)"을 보장하는 것은 아니다. 이는 받아들이기 어려운 조건이지만, 나는 이를 통해 보다 실제적이고 상황에 맞는 덕을 이해할 수 있다고 생각한다.

11.5 프로네시스

아리스토텔레스의 덕 이론에서 가장 흥미롭고 중요한 요소 중 하나는 종종 "실천적 지혜"로 번역되는 **프로네시스**(pronesis)에 대한 그의 논의다 (Burbules, 2019 참조). 혹자는 프로네시스가 여타의 덕을 실행하는 열쇠라는 의미에서 "메타 덕(meta-virtue)"이라고 불렀고, 이것이 내가 여기서 수용하고 적용할 모델이다.

첫째, 어떤 덕의 실행에는 일반적으로 상황의 세부 사항에 대한 적극적인 성찰 과정이 포함된다. 우리는 때로 도덕적 습관이나 직관에 따라 "생각 없이" 반응하는데, 이는 우리를 올바른 길로 인도하기도 하지만, 잘못된 길로도 인도할 수 있다. 덕을 자동적으로 실행하게 하는 성향으로 보는 것이 중요하다. 덕은 프로네시스와 판단이 들어오는 곳이다. 이 경우에는 어떤 덕이 관련되는가? 이 경우 고려해야 할 다양한 차원은 무엇이며, 그 덕은 그것이 보여주는 반응 측면에서 어떻게 충돌할 수 있는가? 우리는 이러한 다양한 고려 사항을 어떻게 평가하고 균형을 맞추며, 현실적으로 어떤 행위 과정을 선택할 수 있으며, 이러한 다양한 행위 과정의 결과를 어느 정도 예상할 수 있는가? 프로네시스는 특정 상황에서 하나 이상의 덕을 실행하는 **방법**에 관해 판단을 내리는 학습 기술이다. 예를 들어, 우리는 이 상황에서 정직해야 **하는지**뿐만 아니라, "정직"하다는 것이 **무엇을 의미하는지**에 대해서도 생각한다.

둘째, 아리스토텔레스가 강조한 것처럼, 덕이 작동하는 방식의 핵심 측면은 우리가 덕을 실행하는 방법에서 과소 **또는** 과잉이 있을 수 있다는 것이다: 좋은 것이 너무 많으면 너무 적을 때처럼 문제가 될 수 있다. 이것은 때로 '중용'의 덕으로 서술되지만, 나는 그것이 오해의 소지가 있는 표현이라고 생각한다. (모든 일에 있어서) 중용이 그 자체로 좋은 것이라는 생각이 존재한다. 그러나 프로네시스가 덕으로 작동하는 방식을 생각할 때, 중용은 목표 그 자체가 아니다: 그것은 특정 상황에서 덕의 실행을 위한 최적의 지점을 발견하는 문제다. 정직은 좋은 것이지만, 특정 상황에서 얼마나 정직한지는 상황에 따른 판단의 문제다: 어느 방향으로든 실수할 수 있다. 정확하게 그것은 "평균"이나 중간 지점을 찾는 문제도 아니다. 다양한 상황에서 슬라이드 막대가 위아래로 움직일 수 있다. 그래서 여기서 "중용"은 "적절한 양"(해당 맥락에서)과 더 유사하다. – 왜냐하면, 이 정량적 이미지도 오해의 소지가 있을 수 있지만, 덕은 백분율 또는 정도의 문제가 아니기 때문이다. 그 덕은 "더 적은 것"에서 "더 많은 것"으로 이동할 때, 인격을 바꾸며 때로 극단적 경우에는 더 이상 동일한 "덕"이 될 수 없다. 예를 들어, 너무 많은 용기는 더 이상 용기가 아니라 무모함이라고 말할 수 있다. 때로는 매우 동일한 행동이 다른 상황에서 바람직할 수도 있고 과잉이나 과소가 될 수도 있다.

셋째, 복잡성의 문제가 이와 관련된다. 단순한 상황에서 복합적이고 복잡한 상황으로 이동함에 따라 도덕적 판단은 더욱 어려워진다. **복잡한** 상황에서는 관련 요소의 수가 증가한다. 우리는 애매함과 불확실성을 안고 있는 미지의 요인들에 대처해야 하며, 다양한 선택이 초래할 결과를 평가할 때의 불확정성에 대처해야 한다. 여기서 프로네시스는 복잡성에 현혹되지 않고 이를 분별하는 기술을 의미한다. 이는 명확한 행동 방침이 없는 상황에서 적합한 경험을 토대로 판단을 내리는 것을 의미한다. 그리고 그것은 도덕적 선택의 불완전 가능성을 받아들이는 것을 의미한다.

마지막으로, 프로네시스는 특정 상황에서 다른 덕에 대한 고려 사항의 균형을 맞추는 데 중요한 역할을 한다: 이 상황에서 우정과 정직 중 무엇이 더 중요할까? 이 우정은 얼마나 정직할까? 내 친구가 경청할 준비가 되어 있거나 경청하고 싶어 하는 내용을 고려하여 나는 언제 진실, 전체 진실을 조정해야 할까? 내가 해야 할 말을 전하기 위해 나는 언제 우정을 위태롭게 할 의향을 가지는 걸까?

내가 여기서 제공하는 논의에서, 우리는 프로네시스의 (메타) 덕 자체가 어떻게 학습되는지도 탐구할 필요가 있다. 우리는 판단함으로써 판단하는 법을 배운다. 우리는 오류를 범하고 그 오류로부터 배움으로써 판단력을 기른다. 우리는 도덕적 상황에서 핵심 요소를 무시했다는 사실을 나중에 인식한다. 우리는 선택 A 또는 B의 결과가 어땠을지 충분히 고려하지 못했다. 우리는 성급하게 결정을 내리거나, 때로는 너무 오랜 시간 기회를 놓치기도 했다. 우리는 다른 사람의 생각과 감정을 잘못 해석했다. 우리는 우리 자신의 편견과 맹점을 잘못 판단했다. 우리는 두려워서 개입하지 못했다. 우리는 우리가 해야 한다고 알고 있는 일을 실천하지 못했다. 덕(심지어 우리가 "소유"하는 덕)을 실행할 때 실수할 수 있다.

여기서 나는 오류의 결정적인 도덕적 중요성을 강조하고 싶다. 왜냐하면 우리는 그 오류로부터 배울 기회를 얻게 될 뿐만 아니라 어떤 교훈은 오류를 범하고 다시는 그런 일을 하지 않기를 간절히 원함으로써만 배울 수 있기 때문이다. 아울러 오류를 범하고 때로는 오류의 불가피성을 받아들이는 것이 프로네시스의 실천적 지혜에 결정적으로 공헌하기 때문이다. 우리는 오류와 실패에도 불구하고 개선하려는 강력한 욕구가 필요하다. 실제로는 오류와 실수 **때문**이라고 말하는 것이 더 좋다. 그리고 이러한 자기 교정의 열망은 유덕한 사람의 핵심이다. **시도**는 이러한 맥락에서 흥미로운 개념이다. 우리는 더 잘하려고 시도하지만, 결과는 불완전하고 일관되지 않는다.[6] 때때로 그것은 두 걸음 전진과 한 걸음 후퇴 또는 더 나빠지는 문제다. 윤리적 판단은 어려운 상황에서 우리가 통제하

---

6 시도(trying)와 의도(pretending)에 대한 논의는 부르불레스(1019)를 참조할 것.

는 일과 통제하지 못하는 일을 완전히 인식하면서 어려운 상황에 적합하고 실행할 수 있는 접근 방식을 찾으려고 시도하는 문제 해결과 같다. 여기서 중요한 깨달음은 때로 우리의 특정 상황, 능력, 이해력, 시간, 에너지에 따라 **우리가 할 수 있는 최선**이 존재할 뿐이다. 우리는 증진을 열망하지만, 완전성을 열망하지는 않는다.[7]

우리는 때로 도덕적 판단이 옳은 것을 '발견'하는 것을 의미하는 것처럼 이야기하며, 마치 모든 상황에 **어떤** 옳은 일이 있고, 우리가 그것이 무엇인지 알아내기를 기다리는 것처럼 이야기한다. 대부분 옳은 일이 하나만 있는 것이 아니라, 우리의 선택이 옳았는지 아니면 최선인지를 완전히 알 수 없는 상태에서 평가하고 선택해야 하는 더 좋고 더 나쁜 옵션이 있다. 이 접근 방식의 또 다른 결과는 다양한 사람들이 사용할 수 있는 옵션을 다르게 인식하고, 그 안에서 다르게 선택할 수 있다는 것이다. 부분적으로 이것은 다른 사람들이 상황을 다르게 이해할 것이라는 점을 반영한다. 혹자는 특정 고려 사항을 알아차리는 데 더 기민할 것이다. 부분적으로 이것은 사람들이 다양한 이전 경험으로 형성되었다는 것을 반영한다. 그러나 이는 또한 사람들이 이러한 고려 사항을 다르게 평가할 것이라는 사실을 강조하며—심지어 동일한 덕을 많이 "소유"하더라도—무엇을 해야 할지 다른 결정을 내린다는 사실을 강조하고 있다. 서로 다른 사람들이 어떤 상황에서 동일한 덕을 실천하더라도 결국 매우 다른 일을 할 수 있다. 이 모든 것은 프로네시스가 작동하는 방식에 관한 판단의 역할에서 비롯된다. 또한 이는 우리가 덕을 실행하는 방식에서 사회성이 중요한 역할을 한다는 것을 보여준다. 다른 사람과 대화하고, 우리가 겪고 있는 상황을 다른 사람이 어떻게 보고 평가할 수 있는지에 대해 배우며, 이러한

---

7 다른 글에서 나는 이것을 "충분히 좋은(good enough) 윤리"라고 부른다(Burbules & Rice, 2010).

상호 작용을 우리 자신의 범주와 가정의 틀에서 벗어날 기회로 사용하면, 우리는 모두 더 나은 도덕적 판단을 내릴 수 있게 된다. 그러나 우리는 사회적으로 서로 다른 위치에 있고 서로 다른 사회적 동료들과 상호 작용하기 때문에 이러한 영향은 우리를 다른 방향으로 이끌 수 있다.

11.6 덕 꾸러미

내가 여기서 덕을 논의하는 또 다른 차원의 방식은 용기, 절제, 관대함, 인내, 우정, 정직, 겸양 등의 덕 "목록" 모델을 피하는 것이다. 이 모델은 우리가 그 덕을 배우는 방식도 아니고, 그 덕을 실행하는 방식도 아니다. 표준적인 대안 접근 방식은 덕이 꾸러미로 작동한다고 보는 것이지, 덕이 개별적으로 한 번에 하나씩 상황에 영향을 미친다고 인식하는 것이 아니다. 어떤 상황에서는 용기가 정직이다. 또 다른 상황에서는 관대함과 절제가 우리를 다른 방향으로 이끌 수도 있다. 우리는 겸양과 겸손을 정말로 명확히 구분할 수 있을까? 그리고 그렇게 할 필요가 있을까? 우리가 살펴본 것처럼, 서로 다른 덕이 상황에 미치는 방식 사이의 상호 작용(때로 갈등)을 인식하는 것은 프로네시스 작동 방식의 핵심 부분이다. 그러나 나는 그 점을 더욱 강조하고 싶다: 이러한 덕을 개념화하고 학습하며 개인의 인격 측면으로 통합한다는 것이 무엇을 의미하는지조차 이 덕들 사이의 경계를 모호하게 할 필요가 있다는 것이다.

지적 덕과 도덕적 덕에 대한 아리스토텔레스의 구별은 그 대표적인 예에 해당한다. 나는 이것이 잘못된 것이라고 본다. 열린 마음과 겸손처럼 도덕적, 지적 차원을 모두 가진 다수의 덕이 존재한다. 다른 사람의 말을 기꺼이 경청하는 의지, 그들로부터 배우려는 성향, 자기 생각을 바꾸고 심지어 자신이 틀렸다는 것을 인정하려는 성향에는 분명히 개방적인 정신, 배우고자 하는 열망, 불일치에 대한 관용 등이 포함되어 있다. 이 모두는 항상 개인적, 도덕적, 그리고 인식론적 차원을 가지고 있다. 우리가 이러한 꾸러미 관점을 더욱 확장할 수 있고, 지적 덕을 실행하려면 용기가 필요한 경우가 많다는 점을 우리는 지적할 수 있다. 예리한 비판적 판단을 내리는 것은 때로 동정심으로 조절되어야 한다. 인내심은 때로는 사려 깊은 탐구에 도움이 될 수도 있고 때로는 방해가 될 수도 있다. 여기서도 우리는 무엇을 할지 결정할 때 다양한 덕을 평가하고 균형을 맞춰야 한다.

11.7 정직

본 절에서, 나는 내가 생각하는 접근 방식이 덕의 작동 방식에 대해 어떤 관점을 제공하는지 구체적인 사례를 통해 보여주고 싶다. 나는 이미 여러 번 정직의 예를 보여준 바 있다. 그리고 나는 정직이 덕 "꾸러미"의 일부로 어떻게 작동하는지 논의했다. 문화적으로 포용적이고, 상황에 민감하게, 덕을 꾸러미 방식으로 생각하는 방법을 보여주는 하나의 예시로 정직에 대해 말씀드리고자 한다.[8]

정직은 단순히 "진실을 말하는 것" 그 이상이다. 이는 확실히 "항상 진실을 말해야 한다."는 규칙을 따르는 것 이상이다. 그 대신에, 우리는 **정직한 사람**에 관해 말하자면, 진실을 말하는 성향(또는 거짓말을 하지 않는 성향, 이는 정확히 동일한 것은 아님) 외에도 그 사람에 관한 여러 가지를 말한다는 것을 의미한다. 점점 더 진실한 진술을 제공하는 것이 항상 최선의 것은 아니다

---

8   정직을 덕으로 대우하는 또 다른 예는 다음을 참조할 것(Carr, 2014; Miller, 2020; Wilson, 2018).

(이것이 바로 우리가 "정보가 너무 많아요!"와 같은 표현을 하는 이유다). 많은 상황에서 진실, 온전한 진실을 말하고 진실 이외의 것은 전혀 말하지 않는 것은 옳은 일이 아닐지도 모른다. 누군가에게 비록 진실이지만 극도로 상처를 주는 모욕적인 말을 한다고 상상해 보라. 그 말을 들은 사람들은 자신에게 왜 그런 말을 하는지 그 이유를 따져 물을 자격이 있다. 심지어는 **당신이** 왜 **나에게 이런** 말을 하죠? 라는 물음에 대해 "글쎄요, **사실이니까요**"라고 대답하는 것만으로는 충분하지 않다. 그들은 의도와 동기에 따른 다른 종류의 정당화를 요구하고 있다. 아니면 그들은 당신에게 그런 말을 할 자격이 있는지 묻고 있다. 이러한 맥락에서 "정직"은 진실성 또는 성실성과 관련지을 때, 더 잘 이해할 수 있다. 이는 단순히 진실을 말하는 문제가 아니라, 자기 동기를 공개하는 것이고, "진실"이 단순히 그 자체로 존재하지 않는 방식에 대해 자기 비판적이어야 할 더 넓은 의무다. 진실은 해를 끼칠 수도 있고 상처를 줄 수도 있다. **그것은 심지어 속일 수도 있다.** 그래서 이 덕을 실행하려면 얼마나 정직해야 하는지, 어떻게 정직해야 하는지, 정직의 한계는 단순히 진실을 말하는 성향으로 이해되는지에 대한 수많은 선택이 필요하다. 간단히 말해서, 정직은 지적 덕이자 도덕적 덕이다.

우리는 정직을 문화 전반에 걸쳐 널리 평가되는 덕이라고 규정할 수 있지만, 정직이 어떻게 실행되는지는 문화에 따라 매우 민감하다. 어떤 문화권은 매우 수다스럽고 적극적이며 심지어 솔직한(blunt) 성향이 있다. 여타의 문화권은 훨씬 더 신중하고 완곡한 성향을 지니는데, 이것이 반드시 속이려는 성향을 의미하는 것은 아니다. 예를 들어, 정직은 높은 평가를 받는 공손함이나 존중과 충돌한다는 의미일 수 있다. 이에 대해 생각해 볼 수 있는 하나의 방법은—다른 가치를 위험에 빠뜨리지 않고—특정 주제에 대해 특정 상황에서, 특정인에게 얼마나 정직한지에 대해 판단할 수 있는 최적의 지점을 찾기 위해 실천적 지혜를 발휘하는 것이다. 이는 우리가 단순히 진실(온전한 진실, 오직 진실뿐임)을 은폐하는 것을 **부정직**하다고 말할 수 없다는 것을 의미한다. 때로는 그런 일이 일어나고 있고 때로 그것은 다른 문제일 수 있다. 맥락, 문화, 그리고 사회적 관계(신분, 권력, 누가 더 위험에 처해 있는지 등)의 특수성은 중요하다.

이와 동시에 정직을 전혀 중요시하지 않는 문화를 상상한다는 것은 불가능하다: 정직은 사회생활에서 필수적 요소다. 사람들은 대부분 다른 사람들이 말하는 것의 대부분이 사실이라고 가정해야 한다. 정직은 실천의—어떤 실천이든—형성, 유지 및 전수를 가능하게 하는 비자의적 조건 중 하나다. 정직은 실천을 학습하고 증진하는 교육의 과정에서 중요한 역할을 한다. 명백히 이중성과 조작에 의존하는 사기꾼의 실천과 같은 것조차도 초보 실천가들과 어떻게 실천을 배우고 공유하는지의 맥락에서, 그리고 경험이 풍부한 실천가들이 어떻게 서로 협력하고 팁과 요령을 공유하는지의 맥락에서 정직에 대해 평가한다. 〈매치스틱 맨(Matchstick Men)〉 또는 〈위험한 도박(House of Games)〉과 같이 사기꾼을 다룬 영화에서는 사기꾼들이 어떻게 서로 신뢰하거나 협력할 수 있는지에 대한 역설을 보여준다.

우리는 개인의 속성으로서 정직에 대해 이야기하지만, 우리는 낯선 타인들과 함께 있을 때보다 친한 사람과 함께 있을 때 더 정직하다는 것을 경험으로 알고 있다. 이는 단순히 실패나 불일치가 아니다. 이는 정직이 얼마나 사회적, 관계적 속성인지를 보여준다. 우리는 우리에게 정직한 사람들에게 더 정직하게 대할 가능성이 높다. 그 반대도 마찬가지다. 지위, 권력, 그리고 누가 더 위험에 처해 있는지에 대한 이슈가 여기서도 중요하다. 정직은 높은 수준의 취약성을 수반할 수 있다. 그래서 어떤 선택이 다른 선택보다 더 안전할 수 있다. 반대로, 정직할 수 있는 능력은 특권과 안전의 표현일 수 있다. 그래서 정직을 단순히 "진실을 말하는 것"

으로 생각하면 사람들 사이에서 작용하는 실제적 역동성을 포착하지 못한다(나는 누군가가 나에게 "당신이 그런 식으로 문장을 시작하면 나는 당신을 믿을 수 없어요." 라고 말할 때 비로소 "정말 솔직하게 말하면…"이라고 말하는 습관이 있었다). 누가 솔직하게 말하는지, 얼마나 정직하며, 누구에게 정직한지는 모든 상황에서 간단하지 않다. 여기서 다시 말하지만, 우리는 자신의 도덕적 판단과 선택, 그리고 우리가 다른 사람의 도덕적 선택에 대해 내리는 판단에 따라 여타의 많은 가치들과 관련지어 정직의 덕을 이해하고 실행해야 한다.

11.8 결론

내가 본 장에서 제시하려고 했던 것은 비이상적인 덕 이론이다. 그 중심에는 덕과 실천(어느 정도 매킨타이어의 주장을 따름)의 관계에 초점을 둘 뿐만 아니라 우리가 이를 어떻게 배우고, 실행하며, 유지하고, 증진하며, 어떤 모델을 통해 다른 사람들을 가르치는지에 초점을 두고 있다. 이런 교육적 초점은 사람들이 어떻게 이러한 자질을 획득하고 실행하는지 이해할 때 중요하다. 그러나 더 심오한 수준에서 그 초점은 **어떤** 실천 또는 덕이 생겨나서 오랫동안 지속되는 기본 조건을 인식할 때도 중요하다. 이러한 조건은 어떤 덕이 필수적이고 일반화할 수 있는 것인지를 확인하는 비자의적인 이유를 제공한다. 그 조건은 보편적이지 않지만, 순전히 지역적이지도 않다. 심지어 그것이 지역적, 상황적 요인과 상호 작용에서도 마찬가지다.

이와 같은 접근 방식은 문화적 상대주의에 빠지지 않으면서 문화적 포용성의 정신을 가능하게 한다. 서로 다른 문화가 서로 다른 방식으로 덕을 정의하고 실행한다는 것은 사실일 수 있다. **그리고** 서로 다른 문화가 동일한 덕 중 다수에 대해 어느 정도 인식을 공유한다는 것도 사실일 수 있다. 내 주장이 옳다면, 그러한 덕이 어떤 형태이든 인식**해야 할** 몇 가지가 있다. 왜냐하면 그것은 문화생활 자체의 실천과 교류에 필요한 조건이기 때문이다.

그 과정에서, 내가 생각하기에 개념적으로 중요하고, 덕을 배우고 실천할 때 수반되는 중요한 차원을 강조하고 있는 일련의 특징을 제시했다. 그러한 교육의 초점은 우리가 덕이 무엇인지, 그리고 그것이 어떻게 작동하는지 이해하는 방식을 변화시킨다.

마지막으로, 이러한 비이상적인 접근 방식은 우리를 인간 완전성의 추구로부터 인간 향상으로 이동시킨다. 이런 구상에서 도덕성은 너절하다 (messy). 나는 도덕적 복잡성, 불확실성, 오류의 이슈를 강조하고자 했다. 우리는 시도하고 있다. 때로 우리는 부족하다. 우리는 오류를 범하고, 그 오류로부터 배우려고 노력한다. 우리가 그것으로부터 배우는 가장 중요한 것은 자신과 다른 사람의 오류에 대한 관용, 오류의 불가피성을 인정하고, 개선하려고 노력하면서도 도덕적 불완전성을 받아들이는 것이다. 이 모든 것은 여타의 덕 이론들의 흐름 및 정신과는 크게 다르다.

참고문헌

Aristotle.(2009). *Nicomachean Ethics*. W. D. Ross(trans.). Oxford: Oxford University Press.

_____ (1943). *Politics*. B. Jowett(trans.). New York, NY: Random House.

Burbules, N. C.(2019). Thoughts on phronesis. *Ethics and Education*, 14(2), 126-137.

Burbules, N. C. & Rice, S.(2010). On pretending to listen. *Teachers College Record*, 112(11), 2874-2888.

Carr, D.(2014). The human and educational significance of honesty as an epistemic and moral virtue, *Educational Theory*, 64(1), 1-14.

Darnell, C, A. & Kristjánsson, K.(Eds.)(2020). *Virtues and virtue education in theory and practice: Are virtues local or universal*? London: Routledge.

Fritzche, J.(2019). Aristotle's biological justification of slavery in Politics Ⅰ, *Rhizomata*, 7(1), 63-96.

Glouberman, S. & Zimmerman, B.(2008). Complicated and complex systems: What would successful reform of Medicare look like? Commission on the future of health care in Canada: Discussion paper #8.

Heath, M.(2008). Aristotle on natural slavery. Phronesis: *A Journal for Ancient Philosophy*, 53(3), 243-270.

Kendi, 1.(2016). *Stamped from the beginning: The definitive history of racist ideas in America*. New York, NY: Nation Books.

Lave, J. & Wenger, E.(1998). *Situated learning: Legitimate peripheral participation*. Cambridge: Cambridge University Press.

Lockwood, T.(2021). Aristotle's politics on Greeks and Non-Greeks. *The Review of Politics*, 83, 465-485.

MacIntyre, A.(2007). *After virtue*. 3rd ed. Notre Dame. IN: University of Notre Dame Dame Press.

Miller, C. B.(2020). Moral relativism and virtue. In C. A. Darnell & K. Kristjánsson(Eds.). *Virtues and virtue education in theory and practice*(pp. 11-25). London: Routledge.

Smeyers, P. & Burbules, N. C.(2006). Education as initiation into practices. *Educational Theory*, 56(4), 439-449.

Wilson, A. T.(2018). *Honesty as a virtue*. Metaphilosophy, 49(3), 262-280.

12장
실용주의 도덕 교육

윈스턴 C. 톰슨(Winston C. Thompson)
· 필리즈 오스케이(Filiz Oskay)

12.1 서론

우리는 도덕 교육에 대한 실용주의적 접근 방식이 지성사의 유용한 연구 문제라고 가정한다. 실제로 이러한 전통은 역사적으로 현대의 관심을 끌 만한 가치가 있으며 실용주의적 접근 방식 또한 현대 세계의 실천적 특징을 잘 보여주고 있다.

본 장에서 우리는 도덕 교육에 대한 실용주의적 접근 방식의 실천적 특징을 고찰한다. 실용주의를 역사적 맥락에서만 평가하지 않는다. 우리는 실용주의의 현재와 미래의 잠재력을 더 잘 이해하기 위해서 역사를 활용하고자 한다. 본 장의 작업은 여러 하위 절에서 나눠 진행한다. 역사적, 개념적 맥락에서 실용주의의 개요를 설명한다. 우리의 관점에서 볼 때, 이것은 실용주의 프로젝트에 동기를 부여하는 언명을 적절하게 이해하는 데 필요하다. 우리는 이러한 기본 언명과의 관계를 정립한 다음에 실용주의적 전통의 도덕성에 대한 존 듀이(John Dewey)의 접근 방식을 집중적으로 살펴본다. 이러한 실용주의 도덕의 대표적 견해에 대한 검토를 토대로 앞서 설명한 일반적인 실용주의 관심사와 실용주의 도덕의 역동적, 경험적 핵심을 관련지어 설명하고, 이러한 관심사를 교육 및 성장의 특성과 연결한다. 도덕 교육을 통해 우리가 발전시키는 실용주의적 논의가 오늘날의 우려 및 좌절과 어떻게 관련되어 있는지 제시한다. 우리는 실용주의가 우리 시대의 도덕 교육을 다루는 데 있어 유용한 방법을 제공한다고 믿는다. 끝으로, 본 장 끝부분에서 우리는 실용주의 도덕 교육에 대한 논의와 관련하여 잠재적인 '거리낌(hesitation)'[1]에 대해 심도 있게 고찰하고자 한다.

논의를 본격적으로 진행하기에 앞서 미리 밝힐 점이 있다. 그것은 우리가 여기서 도덕 교육에 관한 모든 실용주의적 접근 방식에 관해 서술하거나 옹호하지는 않는다는 점이다. 우리는 실용주의 전통을 광범위하게 대표하는 존 듀이의 실용주의 도덕 교육 버전을 명확히 밝히는 데 초점을 둔다. 우리는 분명하더라도 우리가 제시하는 논의의 가치를 명확히 밝히는 데 중점을 두기 때문에 실용주의 이론들의 차이를 거의 다루지 않는다.

따라서 독자들은 유의미한 맥락에서 이루어지는 실용주의의 일반적 논의에 주목할 필요가 있다.

---

1 [역자 주] 여기서 말하는 hesitation(거리낌)은 듀이의 deliberation(숙고)와 유사하지만 다르게 읽힌다. 듀이는 우리가 직면한 각각의 문제 상황을 해결하기 위해 가능한 행동 방향을 상상하여 그 해결책을 탐구하는 과정, 즉 문제 상황에 따른 도덕적 탐구를 숙고로 정의한다. 하지만 저자들은 숙고의 과정에서 겪게 되는 상상, 예측, 판단의 어려움을 나타내기 위해 hesitation이라는 개념을 도입하고 있다. 그래서 역자는 이를 주저, 망설임, 우려, 머뭇거림을 뜻하는 '거리낌'으로 번역한다.

12.2 실용주의의 역사적, 개념적 맥락

12.2.1 실용주의의 역사

광의의 실용주의는 하나의 철학적 전통으로, 세계에 대한 이해가 그 세계 내에서 살아가는 주체와 밀접하게 연결되어 있다고 간주한다(Legg & Hookway, 2021). 이러한 미국 철학적 전통은 중요한 특정 상황에서 유용한 실천적 지식을 밝히는 것을 목표로 한다(Biesenthal, 2014). 실용주의는 19세기 말 뉴잉글랜드와 그 주변의 작가와 사상가들이 펼치기 시작한 독특한 지적 전통이다. 이 운동의 주창자 대부분이 형이상학 클럽(Metaphysical Club)으로 알려진 그룹의 회원이었다. 그들은 유럽 철학에 대한 주제 토론 및 정기 회의에서 실용주의의 주요 주제들을 다루었다. 화학자이자 수학자 퍼스(Peirce)는 실용주의 접근 방식에 기초한 이론을 정식화했으며, 의사 제임스(William James)는 그의 글을 통해 방대한 실용주의를 널리 보급했다. 그리고 전통적으로 가장 뛰어난 인물 듀이(Dewey)는 실용주의를 제도적으로 체계화하고 더 널리 사회적으로 적용했다(Berstein, 2016; Murphy, 1990; Stuhr, 2000; Spencer, 2020).

12.2.2 실용주의 개념

실용주의가 "분석 철학과 대륙 철학" 사이의 어떤 지점에 해당한다고 말하는 것은 타당하다(Margolis, 2010, pp. 2-3). 이 분열의 한쪽에 있는 초기 실용주의자들은 흄의 경험주의와 과학의 영향 아래 있었으며, 다른 한쪽에서는 데카르트의 합리주의, 칸트의 비판적 이상주의, 헤겔의 절대적 이상주의에서 유래한 대륙 전통에 익숙했다(Margolis, 2010; Spencer, 2020). 실용주의자들은 양측 이론들의 이원론적 특성을 목격하고 이러한 핵심에 대한 논쟁을 피하고 있다. 이 핵심 문제는 몸/마음, 이성/의지, 수단/목적, 믿음/행동, 지성/감정, 개인/공동체, 즉각적 지식/추론적 지식 등과 같은 이분법으로 표면화되었다(Hildebrand, 2003; Stuhr, 2000). 실용주의자들은 이러한 구별을 사고의 산물로 간주한다. 또한 그들은 정신적 과정 내에서 기능적 상태만을 가리킨다. 즉, 이러한 구분은 철학적 탐구 서비스에 활용되도록 만들어진 개념적 도구로 이해될 수 있다. 실용주의자들은 이러한 이분법을 정신적 성찰의 결과로 간주한다. 그들은 그것들이 사고 외부에 존재하는 실체라고 믿지 않는다. 실용주의 철학자들은 이원론이 존재론적 지위, 별개의 존재, 분리된 존재를 소유한다고 주장하는 현대 사상을 거부한다(Spencer, 2020; Stuhr, 2000, 2003). 듀이(1949-1952)는 다음과 같이 말하고 있다:

> 철학적 담론에서 인간과 세계, 내부와 외부, 자아와 비자아, 주체와 객체, 개인과 사회, 공과 사 등으로 철저하게 분리된 것이 실제로는 삶의 과정 속의 당사자들이다. 그들을 하나로 묶으려는 철학적 "문제"는 인위적이다. 그 대신에 사실에 기초하여, 구별이 발생하는 조건과 구별이 제공하는 특별한 용도를 고려할 필요가 있다.(LW16. 248)[2]

이원론에 반대하는 실용주의적 입장에 대한 이해는 이러한 지적 전통을 이해할 때 필수적이다. 왜냐하면 실용주의적 입장은 철학에 대한 지배적이고 전통적인 이해의 주요 변화의 기초이기 때문이다. 실용주의자들은 이러한 이분법을 거부하고 철학적 사고를 위한 새로운 경로를 계획하기 시작했으며, 기존의 많은 철학적 문제에 대한 답을 찾는 대신에 그

---

[2] 듀이 저술의 약어에 대해서는 참고문헌을 참조하세요.

것을 해소하거나 무시했다. 이 새로운 길에서 그들은 철학적 탐구의 목적을 절대적 기원, 궁극적 원인, 즉 실재에 대한 영원한 지식의 탐구에 두기보다는 일상의 실천을 재구성하고 일상의 현상적 경험을 촉진하는 데 둔다(Berstein, 2016; Hildebrand, 2003; Stuhr, 2000).

12.2.3 오류가능주의(fallibilism)와 경험

과학은 실용주의 철학자들에게 강한 영향을 미쳤고, 그들은 여러 방식으로 철학을 과학과 연결하였다. 실용주의적 관점에서 철학은 오류가 없는 불변적 지식 및 진실에 관한 "과학의 여왕"(Stuhr, 2000, p. 7), 또는 "관찰자 지식 이론"(Bernstein, 2016, p. 34)과는 거리가 멀다. 실용주의자들은 모든 지식이 오류가 있을 수 있고 의문이 제기될 수 있다고 본다. 경험, 미래의 증거, 실험에 따르면, 지식은 실천적이고 유연한 것이다. 이러한 이유에서 볼 때, 우리는 실용주의자들이 이런 철학적 전통의 중요 개념인 오류가능주의와 경험을 어떻게 인식하고 있는지를 이해하는 것이 중요하다.

이와 같이, 실용주의자들은 오류가능주의의 약점이나 결함을 인식하기보다는 독단의 취약성, 탐구와 실험의 중요성, 일상생활의 비통일성(non-uniformity)을 인식하고 있다(Spencer, 2020; Stuhr, 2000). 실용주의자들은 과학이란 자연과 일상적 생활세계에 대한 비판적 검증을 위한 근본적인 탐구 방법이라고 인식했다. 이 프로젝트에서 오류가능주의는 과학의 실험적 본질의 핵심 특징이다. 이러한 오류가능주의를 인식하는 사람은 다른 관점에 대해 개방적이며, 자기 생각과 완전히 다른 생각을 쉽게 이해할 수 있다. 이 때문에 "새로운 증거와 새로운 타인과의 만남에 비추어 자신의 지평을 넓힐 수 있는 용기와 겸손"이 생긴다(Bernstein, 2016, p. 34).

이와 같은 관점의 가치에도 불구하고, 지식에 대한 지속적인 불확실성의 감각은 믿음의 검증 가능성에 대한 의문을 촉발할 수 있다(Bernstein, 2016). 알려진 지식의 진실성을 어떻게 보증할 수 있는지 궁금할 수 있다. 실용주의는 인간 인격체의 사회적, 역사적 경험에서 아이디어를 계속 검증할 것을 촉구한다(Kloppenberg 1996). 실용주의자들은 철학을 반성적, 유목적적 인간 활동으로 강조한다. 이는 경험에 위치하며 이 경험은 도달하고 개선된 잠정적 결론에 대한 검증의 준거를 제공한다(Stuhr. 2000). 철학은 실험적이다. 그리고 철학은 정치적, 윤리적, 그리고 종교적 신념 및 아이디어를 경험, 실험, 그리고 행동의 결과와 유의미하게 연결하는 것을 목표로 삼는다(Kloppenberg, 1996; Spencer, 2010; Stuhr, 2000). 제임스가 지적한 바와 같이, "아이디어는 우리가 우리 경험의 다른 부분과 만족스러운 관계를 맺을 때 도와줄 때 진실이 된다."(1907, p. 34).

전통적인 경험론을 거부하는 실용주의 철학자들은 급진적 경험론을 통해 경험을 다시 정의한다. 제임스는 "급진적 경험론(Essays in Radical Empiricism)"에서 급진적 경험론을 정의한다. 그는 "급진적이기 위해서[,] 경험주의는 직접적으로 경험하지 않은 어떤 요소도 그 구성에 포함해서도 안 되며, 직접적으로 경험한 어떤 요소도 그 구성에서 배제해서도 안 된다고 강조한다."(1976, p. 22). 듀이(1917)는 "철학 회복의 필요성(The need for a recover of philosophy)"에서 경험에 대한 전통적인 접근 방식과 그 자신의 실용주의적 견해를 특별히 대조하면서 경험을 '행위자와 환경(주체와 객체)'이 하나로 상호작용하는 지속적인 사건으로 서술한다. 실용주의자는 이것을 연속적, 필수적인 것으로 간주한다. 이러한 상호 작용은 추가 경험(MW10)을 위한 조건을 조성한다.

실용주의는 경험을 "관계적, 창의적, 역사적, 문화적 가치가 가득 찬 것"으로 인정한다(Kloppenberg, 1996, p. 102). 이러한 실용주의적 정의에 따르면, 경험은 주변 환경과 분리되지 않는다. 그것은 수동적으로 견뎌낸

양적인 감각 자료나 모든 인간 상황에서 공통적으로 공유되는 것이 아니다. 오히려 경험은 그것의 목표, 영향, 관련된 과거 경험에 대한 지속적인 회상(recollection)으로 정의된다. 이는 경험의 핵심인 추론과 인간 이해를 맥락화하고 유형화한다(Kaag, 2009). 듀이에게 경험은 "문제를 설정하고 제안된 대안을 검증하는 출발점이자 종착점"이다(LW1.14).

여타의 철학적 전통에 대한 추상적 이론화와는 대조적으로, 실용주의 철학자들은 철학적 탐구의 출발점으로서 맥락을 실현할 때 그들의 사고를 근거로 한다. 확실히 이것이 예술, 정치, 도덕, 교육에 대한 그들의 독특한 견해를 형성하였다.

12.3 실용주의와 도덕성

12.3.1 도덕성에 대한 역동적인 관점

경험에 대한 실용주의적 관점은 관습적 견해와 달리 새로운 도덕적 이해를 촉진했다. 전통 이론은 도덕적 갈등 상황에 필요한 윤리적 지침인 규칙, 원칙 및 목표의 정립을 통해 도덕 문제를 해결하려고 한다면, 실용주의는 독단적이지도 규범적이지도 않다. 듀이(1930)는 「도덕의 세 가지 독립적 요소(Three independent factor in morals)」에서 이러한 이론을 비판한다. 여러 차이점에도 불구하고, 도덕성에 대한 전통적 접근 방식은 갈등이나 불확실성이 거의 없는 도덕적 삶의 전체를 설명하기 위해 일련의 단일적 규칙이나 절차를 주장한다. 듀이의 관점에 따르면, 도덕성에 대한 이러한 접근 방식은 도덕적 탐구를 선/악, 정의/불의 등과 같은 단일적 가치로 좁힌다. "단일 관점에 대한 열의는… 도덕적 삶을 지나치게 단순화한

다.” 이 때문에 “얽히고설킨 실천적 현실과 추상적 이론” 사이에 격차가
생긴다(Dewey, 1930, p. 280).³ 듀이는 도덕 철학자들이 모든 도덕적 문제를
해결하기 위해 이론적으로 올바른 단일 규범을 추구하기보다는 일상생
활에서 직면하는 도덕적 상황의 독특한 요소에 집중적으로 반응해야 한
다고 주장한다.

   듀이의 실용주의 윤리에 따르면, 도덕적 행위는 특정 사회적, 역사적
맥락의 독특한 상황에서 나타난다. 모든 상황은 도덕적 행위자와 그 주
변 환경(Pappas, 1997)의 상호관계에 따라 독특한 특징이 있다. 미지의 곤
혹스러운 상황에서 충동 간의 갈등으로 인해 촉발될 수 있는 문제 상황
에 처했을 때, 결정을 내리거나 행동을 취할 때, 사람들은 사고하고 반성
해야 한다. 이러한 반성적 경험에는 문제의 인식, 상황 검증, 가능한 결과
향상 및 이에 대한 적극적인 검증이 들어 있다. 그것은 그녀가 하는 일과
그것의 결과 사이의 연관성을 발견하는 것이다. 상상력은 욕망이나 충동
의 갈등으로 행동이 중단되는 도덕적 딜레마 상태에서 특히 강력한 도덕
적 도구가 된다(MW9). 현재 상황에 어떻게 반응할지 결정하는 데 어려움
이 있을 때, 도덕적 상상력이 필요하다. 도덕적 상상력 덕분에 우리는 이
전 경험을 바탕으로 바람직한 미래의 가능성을 구상할 수 있다.

12.3.2 도덕적 상상력

상상력의 개념은 실용주의 윤리에서 특히 중요하다. 상상력은 사고하는
존재가 환경과 상호 작용할 때 발생하며, 일상적인 실천과 경험 세계에

---

3   아마 이러한 견해는 실행할 수 있는 통찰력으로 전환하지 못하는 도덕성에 대한 “트롤리
    자동차 사례” 접근 방식에 당황하는 사람에게 친숙할 것이다.

존재한다(Schulenberg, 2015). 페스마이어(Fesmire, 2003)는 듀이의 글에서 상상의 두 가지 다른 의미, 즉 "공감적 기대"와 "상황의 잠재력에 관한 창의적 탐구"가 반복된다고 주장한다.

첫째 의미로, 공감으로서의 상상력은 타인의 목표, 이해관계, 관심사를 이해할 수 있게 해준다. 우리가 공감의 수단으로 상상력을 사용하면 다른 사람들의 감정, 가치관, 그리고 행동의 근본적인 동기를 파악할 수 있다. 공감이 없는 사람은 가정된 의미를 반성하지 못하고, 유용할 때 이를 수정하기 위해 현재 결론을 재평가하지 못한다. 이와 달리, 공감이 있는 상상력을 발휘하면, 우리는 자기 경험의 충만함을 확장하기 위해 현재의 관습과 습관에 대해 비판적 의문을 제기한다. 이러한 유형의 상상력은 대화의 중요성에 대한 인식을 심화시키고(즉, 상대방의 관점을 더 잘 이해하기 위해), 민주주의 사회에서 비판단적 만남의 가능성을 확장한다(Alexander, 1993: Fesmire, 2003: Schulenberg, 2015).

상상력의 두 번째 의미는 듀이의 도덕 철학의 핵심이다. 창의적 탐구로서의 상상력은 특정 상황에서 우리의 선택지를 평가하고 검증하는 데 중요한 역할을 한다(Pappas, 2008). 여기에서 우리는 상상력을 통해 우리가 현재 상황에서 나타날 수 있는 대안적 실재, 새로운 가능성, 그리고 영감을 주는 기회를 구상할 수 있다는 것을 인식할 수 있다(Schulenberg, 2015). 이러한 유형의 상상력은 "멀리 있는 것, 부재한 것, [그리고] 모호한 것"에 대한 명확한 통찰력을 제공하여 시야를 넓혀 자기 경험에서 더 심오한 관찰을 할 수 있게 한다(LW8.351). 도덕적 숙고가 가장 필요한 상황은 매우 복잡하고 불안정하며 의심스럽다. 그 때문에 상상력은 도덕적 행위자들이 적절한 미래의 행위를 결정할 때 현재 상황 내에서 그 해결책을 도출하도록 돕는다는 점에서 특히 중요하다(Schulenberg, 2015).

12.3.3 숙고(deliberation)

도덕적 행위자가 어떤 행동을 취해야 할지에 대한 결정을 숙고할 때, 도덕적 상황이 발생한다. 대부분 전통적 습관이 유용하지 않다는 인식 때문에 이러한 숙고가 발생한다. 실용주의자들에게 습관은 이전 경험의 영향으로 획득한 활동 패턴이다. 습관은 실천(MW14)으로서 탐구(MW9)할 필요 없이 삶의 흐름을 유지한다. 그러나 행위자가 도덕적으로 문제가 있는 상황에서 도덕적 요구, 선, 가치의 충돌에 직면할 경우, 이전 신념과 습관은 부적절해 보인다(Schulenberg, 2015). 실용주의는 도덕적 행위자가 이런 새로운 상황을 주의 깊게 평가하고 적절한 도덕적 결정을 내리기 위한 선택지를 이해해야 한다고 제안한다. 이러한 상황에서 도덕적 행위자는 적극적으로 반응하기 때문에 도덕적 숙고는 도덕적 과정의 우선적인 요소다. 듀이가 쓴 것처럼, "반성적 선택 행위인 숙고 행위만이 분명히 도덕적이다. 왜냐하면 오직 그때에만 더 좋고 나쁨에 대한 문제가 개입되기 때문이다."(MW14, p.193).

숙고는 도덕적 딜레마에 대한 성찰적 반응이다(Hildebrand, 2018). 이는 어려운 상황에 대한 평가와 계산의 과정이다. 숙고는 개인이 가능한 미래 행동의 결과를 상상하고 예견하며 어느 것을 선택할지 결정하는 기회에 참여할 수 있는 맥락이다. 역할 연기 기술을 사용하는 배우와 마찬가지로, 도덕적 행위자는 행위의 가능한 결과와 다른 사람들의 반응을 보기 위해 이러한 상상의 무대 연극을 보면서 마음속에서 대안적인 행동 과정을 연습(rehearse)한다(Pappas, 2008). 여기서 마음속에서 이루어진 행위가 최종적으로 돌이킬 수 있다는 것은 중요하다. 그것은 "회복할 수 있는" 것이다(MW14, p.133). 듀이는 다음과 같이 설명하고 있다:

숙고는 실제로 다양한 행위 과정을 상상적으로 연습하는 것이다. 우리는 마음속에서 어떤 충동에 굴복한다. 우리는 마음속으로 어떤 계획을 세운다. 우리는 다양한 단계를 거쳐 그 경로를 따라가며 상상 속에서 뒤따라 나타나는 결과를 알게 된다. 그리고 우리는 이러한 결과를 좋아해서 승인하거나 싫어해서 부인하는 것처럼, 원래의 충동이나 계획에 대해 좋거나 나쁘다고 생각한다.(LW7, p. 275)

이와 같은 과정으로 모든 것이 순조롭게 진행된다면 도덕적 행위자는 도덕적 성장을 이룰 것이다. 듀이는 성장을 도덕적 숙고의 종점으로 본다(MW12; MW14). 도덕적 성장은 책임감 있는 결정을 내리고 미래 활동에 영향을 미치는 효과적이고 생산적인 차별성을 개발하는 방법을 찾는 것을 의미한다(Hildebrand, 2018; Saito, 2006). 어떤 규칙을 추상적으로 비교하기보다는 개인의 인격이나 행동의 가치를 성장의 과정과 지속성의 관점에서 평가할 수 있다(Hildebrand, 2018). 성장이란 습관의 개발, 경험을 통한 학습, 다른 사람들의 관점과 생활방식의 이해, 협력적 행동에 의한 갈등 해결을 목표로 한다는 것을 의미한다(Alexander, 1993). 따라서 도덕적 성장은 단순한 개인의 문제가 아니라 공동체 전체의 관심사다. 이러한 공동체적 측면에서의 성장 개념은 개인이 전체 공동체에 동화되는 것을 의미하는 것이 아니라 민주사회를 적극적, 협력적 구조로 보는 듀이의 개념을 의미하는 것이다(Saito, 2006).

여타의 초기 실용주의자들에 비해 듀이는 특히 젊은이들의 교육에 더 관심을 가졌다. 그는 교육을 강력하고 계속 성장하는 민주사회의 발전에 필요한 습관 형성과 개선의 방법으로 보았음에 틀림없다(Bernstein, 2016). 본 장에서 다루는, 듀이의 실험적 경험을 구성하는 도덕성, 숙고, 그리고 상상력은 가장 넓은 의미에서 교육적이다(MW14).

12.4 실용주의 도덕 교육의 가치

12.4.1 도덕성과 교육/교육으로서의 도덕성

지금까지 논의한 도덕성에 대한 실용주의적 견해의 범위를 고려할 때, 우리는 어떤 사람이 어떻게 그러한 도덕적 활동 능력을 개발하게 되었는지 궁금할 수 있다. 즉, 물음은 다음과 같다. 사람들은 실용주의적 도덕성 논의의 핵심인 역동적인 도덕적 경험에 관해 어떤 방식으로 교육을 받는가?

이와 같이 물음을 표현하는 방식은 어찌 보면 실용주의를 제대로 범주화하지 못한 것이다. 실용주의는 도덕성을 완전히 포괄적인 원칙과 규칙의 목록에 따라 행위를 평가하는 알고리즘 과정으로 이해하지 않는다는 점을 기억하라. 이런 알고리즘 시스템 속에서 이루어지는 도덕 교육은 다양한 명령과 각 명령의 상대적 우선순위를 암기하는 것과 같이 직접적일 수 있다. 실용주의에서는 이러한 접근 방식이 충분하지 않다. 실용주의는 도덕성을 필연적으로 즉흥적인 것으로 본다. 사람들은 뜻밖의 순간에 도덕적 반성과 즉각적 판단을 바탕으로 즉흥적으로 행동할 수 있다. 그러므로 도덕 교육은 의무론적 규칙의 개요를 암기하거나 사전에 선택한 목표의 세부 목록을 마음에 고정하는 과정이 아니다. 도덕 교육은 도덕적 숙고와 탐구의 순간에 발생한다. 이 순간에 성장은 도덕적 주체를 미묘하게 변화시키고 점점 더 많은 정보를 얻고 미묘한 도덕 감각을 만든다. 그러한 상황에서 인격은 형성되고 수정된다. 따라서 사람들이 어떻게 도덕 교육을 받고 있는지에 관한 검증은 도덕적 불확실성을 경험하는 사람들이 도덕적 불확실성에 대한 실용주의적 참여와 관련하여 어떤 교육을 받는지 물을 때 더 잘 이해될 수 있다. 항상 새로운 경험을 유도하는 데 중심이 되는 상상력이 풍부한 숙고를 포함한 도덕적 행동은, 행위자가 탐색해야 할 새로운 상황에 반응하여 미래의 불확실성에 대해서 준비하도록 하는 역할을 한다는 점에서 교육적이다. 실용주의자가 전통적 형태의 도덕 교육(즉, 다가올 도덕적 경험을 위한 사전 준비)과 유사한 교육을 받는다면, 새로운 상황에 대한 도덕적/교육적 반응을 지원하고 장려하는 습관을 개발하는 것이다.

도덕 교육에 대한 실용주의적 접근 방식의 핵심 요소는 100여 년 전에 이미 명확하게 설명되었다. 하지만 이 핵심 요소가 쓸모없다고 생각하는 것은 현명하지 않다. 오히려 그것은 현대의 관심사를 잘 대변하고 있으며 오늘날 진화하는 도덕적 요구에 특별한 통찰력을 제공할 수도 있다. 다음에서는 도덕 교육에 대한 실용주의적 이해를 돕는 예시를 제시하고, 도덕 교육에 대한 이러한 접근 방식이 21세기와 그 이후의 새로운 도전에 직면한 도덕적 주체에게 성장을 위한 반성적, 반응적 기회를 제공하는 방식에 대해 분석한다.

12.4.2 예시: 상호문화주의 도덕성

금세기 발생하는 도전 중에서 문화 간의 오해와 불일치에서 비롯되는 것만큼 영향력이 큰 문제도 없을 것이다(Taylor, 2002). 사실 경제협력개발기구(OECD) 통계에 따르면, 세계가 점점 상호 연결되고 국제화됨에 따라 이주의 패턴이 확대하고 문화적 상호 작용이 증가하고 있다(OECD, 2022). 이러한 배경에서 집단 간의 기대와 의사소통의 도덕적 복잡성을 해결하는 것이 그 어느 때보다 중요할 수 있다. 국제적으로 이미 구축된 일련의 도덕적 지각이 확실히 존재함에도 그러한 법률은 상대적 추상의 수준에서 운영되고 일상적인 인간 규모의 상호 작용보다는 국가적인 행동에 훨씬 더 관심이 있다(Moyn, 2019; UN, 1948). 그렇다면 이민자는 익숙하지 않은 가치 변화의 맥락에서 어떻게 인간 간의 도덕적 의무를 탐색하고 자신의 새로운 문화적 맥락을 이해할 수 있을까?

실용주의는 낯선 미지의 세계에 민감하게 반응할 수 있는 기회를 제공한다. 이민자는 자신의 새로운 문화적 맥락에서 자신이 확신할 수 없는 도덕적 문제 상황에 직면하여 자신의 새로운 환경에 대한 기대뿐만 아니라 자신이 살아온 경험을 회상할 수 있다. 그녀는 가정생활의 경험에 따라 행동하고, 좀 더 친숙한 도덕의 순간에 자신에게 도움이 되었던 습관을 따라야 할까? 아니면 여전히 낯설게 느껴지는 가치를 공유하는 것처럼 행동하고, 자신의 새로운 상황에 대한 도덕적 기대에 동화되어야 할까?

이민자는 이와 같은 선택을 하는 대신에 자신의 도덕적 성장에 도움이 되는 상호문화적 맥락에 집중할 수 있다. 이 경우 그녀는 자신이 처한 세세한 상황에 집중하는 것이 좋다. 여기에는 특히 그녀의 기존(항상 잠정적) 도덕적 지식, 이민 사실, 그런 상황의 여타 당사자가 상당히 다른 가치와 기대를 가질 수 있다는 인식, 문화적/도덕적 이방인으로 지각되고 있다는 감각이 포함된다. 그녀는 이 특정 순간에 어떻게 반응해야 하는가? 실용주의에 힘입어 그녀는 이 상황과 씨름하고, 자신의 도덕적 반응이 무엇인지에 관해 실천적으로 탐구하며, 이 과정의 결과로 성장할 수 있다. 또한 실용주의는 공동체에 장기간 거주하고 있는 사람들이 이민자를 그 구성원으로 받아들이고, 새로운 상황과 이웃에 대해 인내심 있는 호기심을 가지도록 한다. 실용주의는 두 당사자가 새롭고 익숙하지 않은 것에 대해 어린아이처럼 개방적 태도로 서로를 이해하기 위해 노력하게 한다. 확실히 그러한 도덕적으로 교육적인 잠재력은 점점 더 국제화 세계에서 문화적 접촉을 탐색할 때 가치가 크다.

12.4.3 예시: 사회적 정의의 도덕성

사회적 정의의 주장, 특히 소외되고 서비스를 충분히 받지 못하는 집단의 창발적 주장에 주목할 필요가 있다. 전 세계적으로 새로운 운동과 담론의 확장은 사회적 정의의 언어와 통찰력을 활용하여 인간이 권력의 사회적 관계 내에서 서로에게 무엇을 빚진 것인지를 밝힌다. 놀랍지도 않게 이러한 새로운 주장은 도덕적 행위자가 자신의 습관, 직관, 그리고 도덕성이 요구하는 것에 대한 가정을 조정할 필요가 있기에 마찰을 일으킬 수 있다. 누치(Nucci)와 일턴-기(Ilten-Gee, 2021)가 분명히 밝혔듯이, 도덕 교육은 사회적 정의의 주장에 반응해야 하며 그렇지 않으면 퇴보할 위험이 있다. 인종, 성별, 성적 지향, 계급, 장애, 종교 등으로 인해 역사적으로 무시당하거나 소외당한 집단의 요구를 수용하기 위해서는 도덕적 환경의 변화에 맞춰 도덕 지식을 갱신하듯이 도덕 교육(실용주의자 또는 기타)도 재조정해야 한다.

도덕적 행위자가 제시하는 정의 주장이 새로운 사회적 정의 담론과 접할 때, 그들은 이러한 확대된 관점을 자신들의 도덕적 삶에 어떻게 통합할 것인지 스스로 물을 수 있다. 여기서 불확실한 순간에, 도덕적 행위자는 도덕적 성장을 향한 길에 대해 숙고할 수 있다. 사회적 정의 주장은 미지의 사회적 정체성을 인식하도록 요구하는 것일까? 이전에 예상했던 것 이상으로 어느 정도 주의를 기울일 것을 요구하는 것은 아닐까? 윤리적인 측면에서 소외집단의 구성원들이 이전에 느꼈던 불편함을 상대적으로 지배적인 사회집단 구성원의 경험에 재배치시키는 것은 아닌가? 어떤 경우이든, 도덕적인 행위자는 사회적 정의 주장에 반응하여 어떻게 행동할 것인지 숙고해야 한다.

이와 같은 활동에서 도덕적 행위자는 습관에 의존하기보다는 도덕적 상상력을 발휘해 가능한 선택을 모색하며 반응한다. 그리고 그는 이러한 선택이 어떻게 충족될 수 있고 지속적인 사회적 관계의 유형을 확인할 수 있는지 고려해야 한다. 여기서 사회적 관계는 매우 다양한 공동체에서 원하는 삶의 질을 구성하고 있다. 확실히, 도덕적 상상력은 개인이나 공유된 공동체에 과도한 도덕적 공격을 가하지 않으면서 사회적 정의의 새로운 맥락에 반응하는 방법을 고려할 때 필수적이다.

12.4.4 예시: 디지털 도덕성

현재의 "디지털 시대"가 사회생활을 뒷받침하는 시스템 내에서 대규모 데이터의 교환 발생 정도를 특징으로 한다면, 이러한 정보 트래픽의 양이 새로운 도덕적 고려 대상이 된다는 것은 놀랍지 않다. 인터넷으로 인해 인간 행위자들은 이 새로운 사회적 맥락에서 도덕적 판단과 행동이 어떤 모습인지 질문을 한다(Levmore & Nussbaum, 2010). 도덕적 행위자는 단순히 물리적 세계의 습관과 실천을 소셜 미디어와 가상 디지털 공간에서 수행할까? 아마도 도덕적 행위자는 디지털 맥락에서 나타나는 판단력을 개발하기 위해 이러한 새로운 상황에 참여하며 더 나은 서비스를 받을 수 있을 것이다. 디지털 시대는 도덕적 행위자와 관련된 이런저런 구조적인, 대인 관계적인 난제를 보여준다. 디지털 세계의 개척자와 같은 특성은 도덕적 행위자들을 당혹스럽게 하고, 도덕적으로 교육적인 의미에서 그러한 행동을 위해 어떻게 행동하고 어떻게 준비해야 하는지에 대한 확실한 방향을 제공하지 못하고 있다.

확실한 도덕적 진실에 호소하기보다는 불확실성에 대한 실용주의적 인식이 특히 도움이 된다. 이러한 디지털 공간과 그 잠재적 경계가 적극적으로 정의되고 구축되기 때문이다. 디지털 시대의 도덕 교육에 대한 실용주의적 접근 방식은 이러한 맥락의 참신성을 도덕적 탐구 순간의 참신함과 범주상 유사성으로 이해한다. 즉, 불확실한 도덕적 상황에 대한 잠정적 지침으로서 끊임없이 개선되는 판단력의 필요성은 도덕적 성장의 중심으로 잘 이해되고 있다. 실용주의는 그러한 판단력 발달을 제공한다. 그러한 발전을 통해 도덕적 행위자는 이 새로운 사회적 상호 작용 시스템을 신중하고 조심스럽게 탐색하여 특정 순간에 도덕적 행동을 선택하고 앞으로 항상 독특한 상황에서 바람직한 것이 무엇인지에 대한 감각을 개선할 수 있다.

12.4.5 예시: 세대를 아우르는 도덕 교육

앞의 예시에서 살펴본 여러 이유로, 금세기 도덕성은 복잡해 보일 수 있다. 도덕 교육은 개인의 도덕적 능력과 감수성에 관한 성장의 문제로 특히 요청되는 것처럼 보인다. 우리는 현대의 도덕 교육에 대한 많은 요청과 도전 중에서 도덕적 행위자에 대한 실용주의의 가치를 보여주는 마지막 예를 강조하고 싶다. 전통적인 도덕 교육 노력은 대체로(배타적이지는 않지만) 일방적 교육 관계에 집중했다. 즉, 경험이 풍부한 도덕 교육자(아마도 성인)는 더 어린 학생(항상 그런 것은 아니지만 종종 어린이)이 예전에 확인된 도덕 표준을 인정하고 수용하도록 지시하는 경향이 있다(Hand, 2018).

도덕 교육에 대한 실용주의적 접근 방식은 확실히 이러한 전통적인 관계와 유사한 활동을 한다. 교육자는 학생이 도덕적 상황에 대한 자신의 판단과 반응에 집중하도록 요청할 수 있다. 여기서 교육자는 학생의 습관과 인격에 관한 관심을 자극하여 성찰을 통해 개선하도록 안내한다. 도덕 교육에 대한 전통적인 접근 방식과는 달리, 이 참여적 실용주의 버전은 교사와 학생 간의 호혜 관계에 대한 충분한 잠재력을 가지고 있다.

교사가 도덕적 탐구에 학생의 주의를 환기하는 것처럼 교사도 성찰에 초대된다. 실제로 교사도 이런 집중적인 상호 작용으로 어느 정도 도덕적 성장을 이룬 학생과 유사할 것이다.

요즘 우리처럼 빠르게 변화하고 낯선 도덕적 역학에 대한 새로운 반응이 요구되는 세상에서, 교사와 학생 모두를 위한 도덕적 교육 성장을 함께 경험할 수 있는 잠재력은 특히 바람직할 수 있다. 즉, 성인 교사가 어린 학생에게 도덕성에 대한 더 큰 인식을 갖게 하는 것처럼, 교사도 그 경험을 통해 이전에 (잠정적으로) 확립한 도덕 세계에 대한 논의를 갱신하고 반성할 수 있는 기회를 가진다. 이러한 접근 방식은 잠재적으로 낡은 도덕적 계율의 정당성을 강화하는 도덕 교육적 관계보다는 21세기 도덕적 지형의 역동성과 더 직접적으로 관련이 깊다.

12.4.6 항상 새로운 세계를 위한 도덕 교육

본 장의 이번 절에서는 우리가 실용주의적 유형의 도덕 교육의 현대적 가치를 확인한 몇 가지 예시 맥락을 제시했다. 21세기의 도전에 대한 이러한 초점은 실용주의 도덕 교육 프로젝트에 긴급성을 제공하지만, 우리는 이 가치가 현대적 맥락과 장애물 해결에 유일하다고 제안하는 것은 아니다. 우리는 현대적인 이슈를 지적했지만, 과거와 미래에는 세심한 뉘앙스에 대한 비슷한 잠재력이 있는 그 나름의 이슈가 있다는 것도 인식한다. 직접적으로 말하면, 실용주의 도덕 교육은 각 역사적 순간이 참여적인 도덕적 성장과 새로운 상황에 반응하여 인격 향상을 위한 그 나름의 기회를 제시하므로 지속적인 가치가 있다. 본 장의 12.2.2절에서 언급한 이중성과 이분법에 대한 실용주의적 관점은 여기서 유익하다. 실용주의는 금세기를 특히 새로움이 특징인 세기로 간주하고 그 이전 세기를 이러한 복잡성으로부터 상대적으로 자유로운 세기로 보기보다는 과거와 미래 사이의 일관성을 쉽게 인정한다. 도덕 교육은 항상 독특한 상황에 대한 반응을 요구한다.

도덕 교육이 도덕성과 별개의 측면이 아니라는 관점은 개념들 사이의 일관성을 인식하려는 실용주의 경향으로부터 더 나아간다. 도덕 교육은 도덕성의 실천적 경험이다. 도덕적 참여에는 지속적인 도덕적 성장이 필요하며, 새로운 상황에 반응하여 습관을 개선하고 이를 통해 성품을 확립하고 개선해야 한다. 앞의 예시 상황은 도덕적인 것으로 간주하더라도 도덕 교육에 대한 다른 관점에서는 교육적인 것으로 인식하지 않을 수 있는 상황 내에서나 상황 전체에서 이것이 어떤 모습일 수 있는지를 보여준다. 그 실용주의는 도덕 교육을 도덕적 행위자의 지속적인 도덕적 삶의 부분적 활동으로 간주하는 이러한 개념적 구분을 무너뜨리는 데 큰 영향을 미친다.

도덕 교육에 대한 실용주의적 접근 방식이 도덕적 참여의 많은 순간에 교육적 인격이 내재하고 있어서 새로운 상황에서 특히 매력적이라면, 실용주의 도덕 교육을 반대할 수 있는 비평가가 분명히 존재한다. 12.5절에서 우리는 실용주의 도덕 교육에 대한 몇 가지 비판을 다룬다.

12.5 거리낌의 잠재적 원인

실용주의 도덕 교육의 유연한 성격에도 불구하고 많은 거리낌이 눈에 띄게 나타날 수 있다. 이에 대해서는 여기에서 논의하고 이어서 다루겠다.

12.5.1 실천적인 거리낌

실용주의자에게 도덕 교육은 실천적인 경험이다. 도덕성에 대한 고정된 규칙과 원칙 접근법(주의: 의무론적일 수도 있고 아닐 수도 있음)에서 가능한 교화와는 별도로, 그러한 교육에서 교육자의 역할은 학생들에게 도덕적 탐구를 안내하는 것 이상이다. 이 관점에서 도덕적 성장은 궁극적이거나 결정된 목적이 없는 지속적인 과정이다. 그럼에도 실용주의 도덕 교육의 이러한 독특한 특성은 학교에서의 그 실행에 대한 실천적인 반대를 불러일으킬 수 있다.

첫째, 교육자들은 진행 상황을 측정하기가 어렵기 때문에 학생들의 도덕적 성장을 추구하는 프로젝트가 혼란스러운 목표라고 생각할 수 있다. 학생들이 일련의 특정 원칙의 전체 목록을 암기했는지 검증하는 것은 전통적인 교실 실습과 더 유사할 수 있다.

둘째, 안내자로서의 전통적인 강사에서 벗어난 교육자의 역할은 실용주의 도덕 교육을 다른 교육과정 속에 통합시키는 것에 대한 교육자의 불안을 증가시키고 그들 노력의 효율성에 대한 우려를 심화시킨다.

셋째, 이러한 우려와 관련하여 도덕적 판단의 준거에 대한 욕구가 일반적인 도덕 교육적 접근으로 나타날 수 있다. 그 준거, 즉 성장을 위한 이상적인 최종 상태에 대한 탐색은 일련의 도덕적 원칙과 이상으로의 입문에 기초하므로 우리가 논의한 도덕 교육의 전통적 이해에서 벗어날 수 있다. 실용주의자에게 이러한 경향은 그것이 도덕적 성장의 본질적인 측면을 간과한다는 점에서 실용주의 도덕과 도덕 교육을 잘못 해석한 것으로 보인다. 이 견해는 듀이의 다음 글에 잘 나타나 있다: "성장은 삶의 특징이기 때문에, 교육은 성장과 하나가 되는 것이다. 그것은 그 자체를 넘어서는 목적이란 없다."(MW9, p. 58). 실용주의자에게서 지속적인 과정인 도덕적 성장은 그 자체로 "목적이 되는 것"이다(MW9, p. 55).

12.5.2 실천적 거리낌에 대한 반응

실용주의 교육 촉진에 대한 이러한 우려를 극복하기 위해 실용주의 도덕 교육자는 이상적인 목적이나 최종 성공 준거를 요구하기보다는 평등주의 관계 내에서 열린 대화를 통해 학생들과 상호작용하는 것을 목표로 해야 한다. 학생과 교사가 동등하게 재구성된 관계는 상호 학습을 위한 공간을 만들고 양 당사자(예: 학생과 교육자)의 도덕적 성장을 촉진한다. 교육자는 강사라는 전통적인 계층적 역할을 떠나 학생과 함께 학습자로 자리매김함으로써 학생들이 반성적 사고 능력을 개발하고 환경 및 동료와 상호작용하여 교실을 새로운 경험에 대한 통찰력을 공유할 수 있는 장소로 바꿀 수 있다. 따라서 도덕 교육은 열린 대화, 폭넓은 경험 기회 및 탐구를 제공하는 통합적 학습 환경 과정의 일부로 존재한다.

실용주의자는 도덕 교육을 다른 교과목과 분리하여 범주화해서는 안 된다고 본다. 그것은 모든 교육적 실천 속에 뿌리내리고 있다. 교과목 학습에 대한 학생들의 접근 방식, 학생들의 상호관계, 그리고 환경은 학생들의 도덕적 성장에서 필수적인 부분이다. 도덕 교육에 대한 전통적인 접근 방식과는 달리, 실용주의적 도덕 발달은 학생들에게 도덕적 규칙의 완전한 저장소(cache)를 제공하기 위한 별도의 커리큘럼을 필요로 하지 않는다. 전통적 프로젝트의 요소(예: 지나치게 구체적인 목표 및 결과 목표의 제시)를 포기하는 것은 앞서 언급한 거리낌을 잠재적으로 해소하는 데 도움을 준다. 실용주의자는 도덕 발달의 행동과의 관련성, 반성적 사고 기술의 습득, 과거를 검증하여 예상치 못한 일의 처리, 현 행동에 대한 사려 깊은 결정, 그리고 미래의 결과에 대한 책임을 받아들인다. 도덕적 성장에 대한 이러한 이해는 판단 평가에 대한 기대와 의사 결정에 대한 이상적인 유지 요구를 완화할 수 있다.

12.5.3 개념적 거리낌

지금까지 언급한 실천적 거리낌에 덧붙여, 실용주의 도덕 교육은 개념적 문제에 기초한 비판을 불러일으킬 수 있다. 우리는 그러한 여러 반대 의견을 고찰한다.

첫째, 프로젝트가 너무 모호하다는 이유로 실용주의 도덕 교육에 대한 비판이 시작될 수 있다. 12.5.2절에 제공한 실천적 반응을 바탕으로 우리는 이 비판이 다음과 같은 유형으로 이해한다. "실용주의 도덕 교육은 너무 광범위한 행동과 실천을 수용한다. 그렇게 수용함으로써 너무 많은 활동이 도덕적으로 교육적인 것으로 간주할 수 있다."

둘째, 첫 번째 개념 비판과 밀접히 관련된 것으로, 혹자는 그렇게 교육받은 도덕적 행위자가 동료의 도덕적 실천이나 결점을 유용하게 평가할 수 없다는 견해를 가질 수도 있다. 본질적으로, 이 관점을 옹호하는 사람들은 "실용주의적 유형의 도덕 교육으로 교육받은 사람들은 행동에 대한 자기 선호가 있지만, 주변 사람들의 도덕성에 대해서는 확실히 순진하다."고 주장할 수 있다.

실용주의 도덕 교육에 대한 이러한 개념적 비판은 뿌리를 공유하고 있으므로 우리는 이에 대해 통일된 반박으로 반응한다.

12.5.4 개념적 거리낌에 대한 반응

실용주의자는 이러한 개념적 숙고 중 어느 것도 도덕 교육 프로젝트의 실패로 인정하지 않는다. 우리가 논의한 실천적인 우려와 마찬가지로 이러한 숙고는 실용주의자의 언명에 대한 오해의 증거다. 왜냐하면 각각은 (실용주의자에게) 강점으로 간주할 수 있는 실용주의의 측면을 드러내고 있기 때문이다.

첫째, 실용주의자는 자신의 관점이 많은 경험을 교육적인 것으로 간주한다는 데 동의할 것이다. 실제로 실용주의자는 이것을 전통에 대한 매력적인 통찰로 본다. 다양한 경험을 통해 이를 도덕 교육 프로젝트에 통합할 수 있다는 사실에 압도될 필요는 없다. 오히려 실용주의자의 도덕세계는 비록 매 순간 모두 참여하지는 않더라도 가능성으로 가득 차 있다. 여기서 실용주의자에게 교육의 개념은 빈곤한 것이 아니라 풍요로운 것이다.

둘째, 실용주의자를 너무 순진하다고 볼 때 비슷한 오해가 발생한다. 실용주의자는 도덕적 평가에서 일부 전통이 허용하는 만큼 독단적인 태도의 채택을 머뭇거릴 것이다. 즉, 실용주의자는 순진함을 결함으로 인식하기보다는 도덕적 성장에 대한 호기심과 개방성을 가능하게 하는 실제 자산으로 간주한다. 앞에서 언급했듯이 실용주의자는 도덕적 문제에 대한 다른 사람의 견해를 수용하는 것을 교육적 가능성이 있는 상황으로 간주한다. 실용주의자는 도덕이 요구하는 의무에 대한 약한 개념적 관점보다는 자신의 도덕적 개념을 계속 평가하고 수정하는 강력한 입장을 가진다.

12.6 결론

본 장에서 우리는 도덕 교육에 대한 실용주의적 접근 방식의 특정 버전을 탐구했다. 우리는 먼저 전통에 정보를 제공하는 기본적인 실용주의적 관점의 개요를 살펴보고, 도덕에 대한 전통적 접근 방식 내에서 확인할 수 있는 관점을 살펴보았다. 그 분석을 통해 우리는 전통의 핵심 언명에 관해 방어할 수 있고 여러 현대적 맥락에서 서술되는 실용주의 도덕 교육의 특정 버전을 제공했다. 이어서 우리는 접근 방식에 대한 가능한 비판들에 대해 다루고, 그것이 전통의 일관성에 대한 더 나은 이해를 어떻게 유도하는지 보여주었다.

본 장에서 우리는 도덕 교육에 대한 모든 실용주의적 접근 방식을 설명하고 옹호하지는 않았다. 그러나 우리는 타자 중에서 특히 실용주의에 완전히 새로운 사람, 전통에 대해 발전된 관점을 지닌 사람, 그리고 도덕 교육에 대해 폭넓은 관심을 가진 사람에게 지대한 관심을 주어야 할 개요를 제시했다. 철학적 전통으로서 그 역사가 상대적으로 짧을지라도, 실용주의는 우리 시대와 차후의 도덕 교육에 관해 지속적인 대화를 제공할 것이 많다.

참고문헌

Dewey의 저술에 대한 참고 자료는 모두 Boydston, Jo Ann and Larry Hickman, (Ed.). *The Collected Works of John Dewey*. 1882-1953. 2nd e-ed. Carbondale and Edwardsville: Southern Illinois University Press를 참조한 것이다.

MW: Middle Works, 1899-1824

LW: Later Works, 1925-1953.

MW, Vol. 9 Dewey, J.(1916). *Democracy and education: An introduction to the philosophy of education*.

MW, Vol. 10. Dewey, J.(1917). *The need for a recovery of philosophy*.

MW, Vol. 12. Dewey, J.(1920). *Reconstruction in philosophy*.

MW, Vol. 14. Dewey, J.(1925). *Experience and pature*.

LW, Vol. 1. Dewey, J.(1929). *The quest for certainty*.

LW, Vol. 7. Dewey, J.(1930). *Three independent factors in morals*.

LW, Vol. 7. Dewey, J.(1932). *Ethics*.

LW, Vol. 8. Dewey, J.(1933). *How we think*.

LW, Vol. 16. Dewey, J.(1949-1952). *Knowing and the known*.

Alexander, T. M.(1993). John Dewey and the moral imagination: Beyond Putnam and Rorty toward a postmodern ethics. *Transactions of the Charles S. Peirce Society*, 29(3), 369-400. Available at: https://www.jstor.org/stable/40320424.

Berstein, R.(2016). *Pragmatic encounters*. New York, NY: Routledge, Taylor & Francis.

Biesenthal, C. E.(2014). Pragmatism. In D. Coghlan & M. Brydon-Miller(Eds.), *The SAGE encyclopedia of action research*. Thousand Oaks, CA: Sage.

Dewey, J.(1917). The need for a recovery of philosophy. Middle works of John Dewey. In J. Boydston(Ed.). *The collected works of John Dewey*, 1882-1953. 2nd release, e-ed (pp. 4-49). Charlottesville, VA: Intelex Corp.

_____(1949-1952). Knowing and the known. In J. Boydston(Ed.). *Later Works of John Dewey* (1925-1953). Charlottesville, VA: Intelex Corp.

_____(1930). Three independent factors in morals. In J. Boydston(Ed.). *Later Works of John Dewey* (1925-1953). Charlottesville, VA: Intelex Corp.

_____(2003). *The collected works of John Dewey*. 1882-1953. 2nd release, e-ed. J. A. Boydston & L. Hickman(Eds.). Charlottesville, VA: Intelex Corp.

Fesmire, S.(2003). *John Dewey and moral imagination: Pragmatism in ethics*. Bloomington, IN: Indiana University Press.

Hand, M.(2018). *A theory of moral education*. London: Routledge.

Hildebrand, D. L.(2003). *Beyond realism and antirealism: John Dewey and neopragmatists*. Nashville, TN: Vanderbilt University Press.

_____(2018). *A brief account of John Dewey's ethics, political theory, and philosophy of art and aesthetics*. Creative Commons Attribution-NonCommercial-NoDerivatives4.0International-CCBY-NC-ND 4.0.

James, W.(1907). *Pragmatism: A new name for some old ways of thinking*. Ed.

with an introduction by B. Kuklick in 1981, Indianapolis, IN: Hackett.

_____(1976). *Essays in radical empiricism*. Harvard, MA: Harvard University Press.

Kaag, J. J.(2009). *Pragmatism and the lessons of experience*. Daedalus, 138(2); 63-72. https://doi.org/10.1162/daed.2009.138.2.63

_____Kloppenberg, J. (1996). Pragmatism: An old name for some new ways of thinking? *The Journal of American History*, 83(1), 100-138. Available at: https://www.jstor.org/stable/2945476.

Legg, C., & Hookway, C.(2021). Pragmatism. In E. N. Zalta (Ed.), *The Stanford encyclopedia of philosophy*. Available at: https://plato.stanford.edu/archives/sum2021/entries/pragmatism.

Levmore, S. & Nussbaum, M.(2010). Introduction. In S. Levmore & M. Nussbaum(Eds.) *The offensive internet: Speech, privacy, and reputation* (pp. 1-12). Cambridge, MA: Harvard University Press.

Margolis, J.(2010). *Pragmatism's advantage*. Stanford, CA: Stanford University Press.

Moyn, S.(2019). *Not enough: Human rights in an unequal world*. Harvard, MA: Harvard University Press.

Murphy, J.(1990). *Pragmatism: From James to Davidson*. Boulder, CO: Westview Press

Nucci, L. P. & Ilten-Gee, R.(2021). *Moral education for social justice*. New York, NY: Teachers College Press.

Organization for Economic Co-Operation and Development(OECD)(2022). International migration database. Available at: https://stats.oecd.org/Index.aspx?DataSetCode=MIG.

Pappas, G. F.(1997). Dewey's moral theory: Experience as method. *Transactions of the Charles S. Peirce Society*, 33(3), 520-556. Available at: https://www.jstor.org/stable/40320630.

_____(2008). *John Dewey's ethics: Democracy as experience*. Indianapolis, IN: Indiana University Press.

Saito, N.(2006). Growth and perfectionism? Dewey after Emerson and Cavell. In D. T. Hansen(Ed.), *John Dewey and our educational prospects: A critical engagement with Dewey's democracy and education* (pp. 81-95). New York, NY: State University of New York Press.

Schulenberg, U.(2015). John Dewey and the moral imagination. In *Romanticism and Pragmatism. Richard Rorty and the Idea of a Poeticized Culture* (pp. 145-153). London: Palgrave Macmillan.

Spencer, A. R.(2020). *American pragmatism: An introduction*. Cambridge: Polity Press.

Stuhr, J. J.(2000). *Pragmatism and classical American philosophy*. Oxford: Oxford University Press.

_____(2003). *Pragmatism, postmodernism, and the future of philosophy*. London: Routledge.

Taylor, C.(2002). Understanding the other: A Gadamerian view on conceptual schemes. In J. Malpas, U. Arnswald & J. Kertscher(Eds.). *Gadamer's century: Essays in honor of Hans-Georg Gadamer* (pp. 279-297). Cambridge, MA: MIT Press.

United Nations(UN)(1948). Universal Declaration of Human Rights (UDHR). Available at: https://www.un.org/sites/un2.un.org/files/2021/03/udhr.pdf.

3부

현대의
도덕적 딜레마

Moral Education in the 21st Century

13장

가상공간과
도덕 교육

레이철 시우 로버트슨(Rachel Siow Robertson)
· 매슈 쿠안 존슨(Matthew Kuan Johnson)[1]

13.1 서론

최근 가상공간은 그 위력과 활용 범위가 비약적으로 증가하면서 21세기
도덕 교육의 독특하고 시급한 과제로 등장하고 있다. 디지털 기술이 지
원하는 가상공간의 출현은 유토피아적 낙관주의뿐만 아니라(Barlow, 1996;
Flew, 2008; Turkle, 1995) 현대 사회를 위한 도덕적 함의에 있어서 디스토피아
적 두려움을 야기하고 있다(Hunter & Mosco, 2014). 가상공간은 도덕 교육을
위한 기회와 도전을 제공한다. 가상공간에서는 정보에 쉽게 접근할 수

[1] 저자들은 이 논문의 연구, 저술, 그리고 출판이 존 템플턴(John Templeton) 재단의 보조금
지원으로 이루어졌음을 밝힌다. 이 출판물은 저자들의 의견을 표현한 것이며 존 템플턴
재단의 견해를 반드시 반영한 것은 아니다.

있고 사회적 연결이 촉진된다. 그러나 이는 부정확하거나 해로운 정보, 배타적이거나 위험한 사회적 상호 작용에 직면할 위험이 있다.

이 주제는 특히 증강현실과 사물 인터넷의 기술을 통해 "가상"이 점점 "실제" 세계로 이동하고 그 반대의 경우도 늘어나고 있다는 사실에서 시급성을 얻는다. 1990년대 텍스트 기반 가상 세계에서 가상/실제의 이원론이 우세했음에도 불구하고 연구자들은 오랫동안 가상과 현실 사이의 연속성을 주장했다(Ess, 2011, 2014). 온라인 채팅방과 대규모 멀티플레이어 온라인 게임의 참가자들은 비록 오프라인에서 만나지 않더라도 신뢰, 배신, 충성 등의 도덕적 요소를 포함하는 긴밀한 관계를 형성한다. 미투(#MeToo) 운동처럼 온라인 상호작용을 통해 형성되는 리더의 자질과 사회적 유대감은 오프라인에서도 사회적 영향력을 발휘하는 데 활용될 수 있다. 실제로 가상공간은 이미 학교 교실과 수감자 재활 시설(Ticknor, 2019)을 포함하여, 자기효능감 증진 치료(Riva, 2014), 그리고 지도자, 과학자, 의료진을 위한 윤리교육 등(Nadolny et al., 2013; Reeves et al., 2008; Riva, 2014) 친사회적 행동 개발을 목표로 하는 기타 교육 환경에서 사용되고 있다. 기도 및 명상 앱은 종교 공동체에서 주류가 되고 있다(Waldmeir, 2022). 즉, 가상공간에서 그리고 가상공간을 위한 도덕 교육은 현실 세계에서 그리고 현실 세계를 위한 도덕 교육이기도 하다.

본 장의 목적은 함정을 확인하고 해결하는 동시에 도덕 교육을 위한 가상 세계의 독특한 기회를 이해하고 활용하기 위한 일반적인 틀을 제공하는 것이다. 우리는 가상공간을 **위한** 도덕 교육, 즉 가상 세계에서 올바르게 살아가기 위한 교육 방법을 다룬다. 또한 우리는 가상공간**에서의** 도덕 교육을 고려하여 가상과 현실 사이의 연속성에 대해 고찰한다. 즉, 그러한 공간 자체에서의 상호 작용이 어떻게 우리가 가상과 실제 환경에서 잘 살 수 있도록 준비시킬 수 있는지를 고찰한다.

우리 두 사람은 철학자로서 본 장에서 덕 이론적 전통에 기초한 접근 방식을 다룬다. 우리는 덕과 방식을 설명하기 위해 덕 이론적 자원을 활용한다. 덕은 가상공간에 책임감 있게 참여할 수 있게 하고, 가상 기술의 참여는 다양한 인격 특성과 기술의 개발 및 연습을 돕거나 방해할 수 있다. 우리 둘 다 분석 전통에 대한 훈련을 받았지만, 우리의 논의는 이러한 기술과 그 효과에 대한 경험적 사실과 최종 사용자로서의 경험을 통해 정보를 얻었다. 우리는 밀레니엄 세대의 일원으로서 우리 삶과 교육의 대부분이 가상공간과 연결되어 있다. 하지만 우리는 우리 삶이 그렇게 가상공간에 깊이 얽매이지 않았던 시절을 (그저) 회상할 수 있다. 우리는 이러한 경험을 통해 가상공간이 제기하는 긴장과 딜레마의 현상학을 잘 알고 있다. 가상공간은 우리 모두에게 학습과 발전을 위한 새로운 기회, 풍부한 우정, 심지어 기쁨을 제공할 뿐 아니라 허위 또는 거짓 정보도 제공한다. 그리고 오해의 소지가 있는 정보를 제공하고, 우리를 악의적인 행위자에게 노출하며, "둠스크롤(doomscrolling)"[2]과 중독성 있는 참여 패턴에 최적화된 플랫폼을 통해 부정적인 감정을 유발한다. 우리는 이러한 경험적 정보를 통해 다양한 긴장과 딜레마를 확인하는 작업을 수행하며, 우리는 개념적 도구를 사용하여 이러한 문제를 해결하는 방법을 보여줄 것이다.

13.2절에서 우리는 "가상공간"의 개념을 정의하고 가상공간에서의 도덕 교육을 위한 여타의 틀 속에서 우리 접근 방식의 설명적이고 규범적인 차원을 맥락화한다. 13.3절에서 우리는 온라인의 유덕한 인식론적 도덕 교육에 대한 구조적 제약을 개괄적으로 설명한 다음에 이러한 제약이 특정 종류의 가상공간에서 어떻게 작동하는지 보여준다. 13.4절에서는 테스만(Tessman, 2005)의 아이디어를 적용하여 "부담스러운 덕(burdened

---

2 [역자 주] 부정적이거나 괴로운 콘텐츠를 끝없이 스크롤하는 강박적인 행동.

virtue)"의 개발 필요성을 탐구함으로써 사용자에게 주는 함의를 간략하게 설명한다. 13.5절에서는 도덕 교육의 기초가 되는 가상적 구조를 바꾸고 싶어 하는 것이 어떤 의미가 있는지 검토하고 기술 생태계 내의 교육자, 정책 입안자 및 여타의 리더를 위한 강의에 초점을 두고자 한다.

13.2 선행 연구

먼저 우리는 선행 연구의 배경에 반하는 우리의 접근 방식을 논의하고, 우리가 관심을 가지는 가상공간의 종류에 대해 정의하고, 가상공간에서의 도덕 교육과 가상공간을 위한 도덕 교육에 대한 최근 접근 방식을 요약한다. 그런 다음에 우리의 견해가 이러한 최근 접근 방식을 기반으로 어떻게 정립되고 문제화되는지 설명하고자 한다.

13.2.1 가상공간의 정의

가상공간의 정의를 명확히 정의하는 것은 매우 어렵다(Søraker, 2011; Grimshaw, 2014, p. 3). 광의의 정의는 "인간의 상상력을 통해 전달되는 몰입형 경험"이다(Damer & Hinrichs, 2014, p. 18). 여기에는 동굴 벽화와 인쇄 책자부터 메타버스까지 포함된다. 우리는 21세기에 관심이 있으므로 이 정의를 디지털 기술이 지원하는 가상공간으로 좁히고자 한다. 이러한 형태의 가상은 세계와(또는) 여타 행위자(인간이든 AI이든)의 시뮬레이션, 증강, 또는 수정의 측면과 높은 수준의 상호작용을 한다는 것이 특징이다. 디지털이 지원하는 상호 작용으로 인해 가상 맥락은 도덕 교육과 독특한 관련이 있다(Harrison, 2021, p. 16). 예를 들어, 전자책을 사용하면 인쇄 책자에서는 허용되지 않는 방식으로 텍스트에 접근하고, 검색하며, 분석하고, 복사할 수 있으므로 부지런한 연구를 지원하지만, 표절하기 쉽고 그 개연성이 높아진다.

우리는 상호 작용을 촉진하거나 지원하는 다음과 같은 종류의 가상공간에 관심이 있다.

- 가상 정보 공유, 예: 위키피디아, 온라인 강좌, 챗봇. 스택 교환 커뮤니티
- 가상 접근성, 예: 눈으로 제어되는 가상 인터페이스, 실시간 음성-텍스트 소프트웨어
- 가상 소셜 연결, 예: 소셜 미디어 플랫폼, 화상 회의 및 인스턴트 메시징 플랫폼
- 새로운 가상경험, 예: 가상현실(VR), 컴퓨터 기반 게임
- 가상 습관 형성, 예: 기도 및 명상 앱, 온라인 마음 챙김 저널

이러한 범주는 배타적이거나 완전하지 않다. 여러 범주에 걸쳐 서비스를 제공하는 플랫폼과 애플리케이션을 향한 움직임은 주목할 가치가 있다. 예를 들어, 페이스북은 최소한 가상의 사회적 연결과 정보를 공유한다. 메타라는 새로운 모습으로 이러한 모든 상호 작용 등을 지원하려고 시도하고 있다. 그럼에도, 이 목록은 가상공간이 제시하는 독특한 사례의 다양성을 감상하기 위한 출발점이다. 우리는 본 논문에서 이러한 범주를 언급하고 확장할 것이다.

13.2.2 가상공간을 위한 도덕 교육에 대한 최근의 접근 방식

우리는 덕 이론과 덕 윤리가 우리 과제에 가장 유용한 틀을 제공한다고

주장한다. 덕 이론과 덕 윤리는 가상공간에서의 교육을 통한 학생의 형성 과정을 개념화하고 어떤 유형의 형성이 윤리적인지 평가하는 자원을 제공한다.

첫째, 덕 이론은 역량, 기술에 관한 것이고, 책임감 있는 지적, 도덕적 참여를 가능하게 하는 인격 특성에 관한 것이다. 도덕 교육은 책임 있게 지적, 도덕적 참여를 할 수 있고 그렇게 할 성향이 있는 행위자 양성에 목표를 두며, 덕 이론은 이러한 목표를 달성에 필요한 능력을 형성하는 발달적 논의를 제공한다.

둘째, 올바른 행동에 대한 규범적인 윤리적 논의인 덕 윤리는 도덕 교육을 위한 가상공간의 이용에 관한 다양한 윤리적 고려 사항을 평가하는 데 도움이 될 수 있다. 실제로 최근의 기술윤리 연구는 가상 세계의 기회를 포착하는(그리고 위험을 해결하는) 가장 좋은 방법으로 덕 윤리적 접근 방식을 요구하고 있다. 특히 발러(S. Vallor, 2016)의 연구와 아동 도덕 교육에 대한 해리슨(T. Harrison, 2021)의 연구는 놀랄만한 것이다. 그들은 지금까지 가상 세계의 도덕 교육에 대한 접근 방식에 대해 소위 "덕 윤리학자의 이야기"를 제시하고 있다.

덕 윤리학자의 이야기에 따르면, 주요 접근 방식은 의무론적이거나 결과론적인 방향을 취하는 경향이 있으며, 이는 공정성, 책무성, 책임, 투명성과 같은 관련 개념과 함께 가상 세계에서 우리가 지켜야 할 규칙, 권리, 도덕 원칙을 강조하며, 복지의 결과를 강조한다.

그래서 덕 윤리학자들은 "기술 사회의 불투명성" 문제, 즉 미래의 기술 발전과 그 결과가 널리 알려지지 않고 있다는 사실을 제기한다(Vallor, 2016, p. 10). 기술 사회의 불투명성은 대규모 그룹 수준에서 기능하고 세계적 규모에 영향을 미칠 가능성이 있는 집단적 성격의 기술 사용에 의해 더욱 복잡해진다. 기술의 발전과 융합의 속도가 빨라지면서 그 활용 범위와 위력을 예측하기가 더욱 어려워지고 있다. 기술 사회의 불투명성 문제는 실증적인 인간-기술의 관계 연구에서 다양한 기술 사회의 현상들이 계속 증가하고 있다는 사실에서 더욱 입증된다(예: Livingstone & Haddon, 2009).

결과주의 접근 방식이나 규칙 기반 접근 방식이 모두 기술 사회의 불투명성 문제를 극복할 수 없다는 것이 문제다. 결과주의 접근 방식의 문제는 기술 사회의 불투명성이 결과에 대한 우리의 예측을 방해한 나머지 무엇이 모든 사람을 위한 최대 이익을 극대화할 것인지에 대해 올바른 계산을 할 수 없게 한다는 것이다. 규칙 기반 접근 방식의 문제는 규칙을 설정하고 실행할 때, 우리가 바람직하지 않은 새로운 앱과 온라인상의 잘못된 행동에 직면하여 계속 "따라잡기"에 급급하거나(Lewandowsky et al., 2020, p. 4), "두더지 게임"(Harrison, 2021, p. 5)을 하고 있다는 것이다. 전통적인 결과주의 접근 방식과 의무론적 접근 방식은 현재의 개인행동에 초점을 맞추지만, 가상 세계를 다루려면 도덕적 이해관계자 집단(미래 세대의 이해관계자 포함) 수준에서 그리고 끊임없이 변화하는 다양한 기술의 수준에서 더 많은 사고가 필요하다.

이와 같은 관점에서 덕 윤리학자들은 자신들의 접근 방식이 기술 사회의 불투명성 해결에 도움이 될 것이라고 주장한다. 덕 윤리는 "인간이 스스로 적극적으로 함양할 수 있는 특정 도덕적 특성과 능력으로 좋은 삶이 달성될 수 있다는 사고방식"을 제공한다(Vallor, 2016, p. 10). 이는 사람들이 도덕적 특성과 능력을 갖추고 있다면, 끊임없이 갱신하고 변화하는 기술 환경을 극복할 수 있다는 주장이다.

그러나 덕 윤리학자들은 가상 세계의 독특한 도전에 직면할 때 새로운 덕이 필요하다는 점을 인정한다(Vallor의 "기술 도덕적 덕"과 Harrison의 "사이버 덕"). 이러한 새로운 덕이 무엇이든 그것은 전통적인 아리스토텔레스적 덕이 될 수 없다는 인식이 있다. 발러는 다음과 같이 명확하게 설명한다. "이러한 인격 특성은 근본적으로 새로운 인격 특성이 아니다. 왜냐하면 이러한 특성은 우리 인류의 기본적 도덕 심리와 일관되게 유지되어야 하기 때문이다. 오히려 기술 도덕적 덕은 점점 더 빠르게 변화하는 환경에 적응하여 기존의 도덕적 능력을 새롭게 조정한 것이다. 급변하는 환경은 세계적 규모의 집단적인 도덕적 지혜를 요구하고 있다."(Vallor, 2016, p. 10).

새로운 덕을 확인하고 함양하는 작업은 밸러가 "부트스트래핑 문제(bootstrapping problem)"[3]라고 부르는 추가 문제로 이어진다(2016, p. 11): 우리의 현재 기술 도덕적 악덕, 인지적 편향, 심리적 한계는 우리 두 사람이 신흥 기술로 인해 발생하는 위험을 충분히 인식할 수 없고, 이러한 신기술의 위협을 완화하는 데 도움이 되는 일종의 기술 도덕적 덕과 자원을 개발하는 방법을 분별할 수 없다는 것을 의미한다.

밸러는 이 문제에서 벗어나기 위한 "재귀적" 절차를 서술하고 있다. 이 절차를 통해 기존 기술을 활용하는 새로운 실천으로 덕의 형성에 대한 전통적 접근 방식을 발전시킨다. 우리가 얻은 덕은 우리의 실천과 기술에 다시 피드백되고 새로운 접근 방식과 기술을 생성한다. 해리슨의 사이버 덕에 대한 논의에서도 이와 비슷한 낙관주의를 볼 수 있다. "나는 다운로드할 앱을 선택하고, 그것을 언제 어떻게 사용할지 결정한다. 궁극적으로 내가 통제한다. 내가 이것을 인식하면 나는 지혜로 향하는 길을 떠난다. 나는 합리적이고 비판적인 결정을 내릴 힘이 나에게 있다는 것을 안다. 나는 나의 더 나은 판단을 신뢰해야 한다는 것을 알고 있다."(Harrison, 2021, p. 7).

---

3 [역자 주] 데이터셋을 리샘플링하여 다수의 시뮬레이션 샘플을 생성하는 통계 방법이다. 우리가 관심 있는 통계량의 표준오차와 신뢰 구간 등을 구하고 가설검정을 수행하기 위해 이런 방법을 사용한다.

13.2.3 최근 접근법을 기반으로 구축

우리의 견해에서 볼 때, 발러가 제안한 일종의 재귀적 절차에 따라 부트 스트래핑 문제를 해결하려면 추가 작업을 수행할 필요가 있다. 이는 가 상공간이 제시하는 통합성(integrity)에 대한 도전 때문이다.

13.3절에서는 가상 세계의 통합성의 유형에 많은 구조적 제약이 있음 을 보여줄 것이다: 즉, 가상 세계와 오프라인 세계의 경험을 통합하는 능 력, 오프라인 욕구를 가상공간에서 효과적으로 통합하는 능력, 그리고 가상 및 오프라인의 정체성을 통합하는 능력이다. 이는 최종 사용자들에 게 긴장감을 준다: 그들은 교육 기회를 위해 가상공간에 참여하도록 요 구받거나 동기가 부여될 수 있다. 그러나 구조적 제약은 가상공간에 대 한 참여가 인격적 피해를 지속하는 것을 포함한다는 것을 의미한다. 예 를 들면, 연구를 위해 구글 검색과 공동 프로젝트를 위해 메시징 앱과 같 은 가상공간을 사용해야 하는 학생들에게는 긴장이 발생한다. 거짓, 오 해의 소지가 있거나 해로운 정보가 넘쳐나고 온라인에서 모범적이지 않 은 것들(가령, 봇이나 트롤)이 포함되어 있다.

긴장은 교사에게서도 발생한다. 이를테면, 교사들은 온라인 세계에서 거짓과 해로운 정보와 모범적이지 않은 내용이 포함되어 있다는 것을 알 면서도 학생들에게 온라인(가령, 지구적 팬데믹 상황에서 가상 학습 공간)에 접속하 도록 권장해야 하는 상황에 직면하게 된다. 학생들은 가상공간에 대한 일종의 "비극적 딜레마"(그리고 교육자들은 2차적인 비극적 딜레마)에 직면하게 된 다. 비극적 딜레마는 모든 면에서 가장 좋은 것이 있을 수 있지만 옳은 일 을 하는 것이 불가능한 경우다(Tessman, 2017). 테스만은 도덕적 딜레마에 빠지면 도덕적 주체들이 결정 순간 이전에는 반대 방향으로 끌려가게 되 고, 결정 순간 이후에는 자신이 선택한 지식으로부터 일종의 "도덕적 찜찜함(moral remainder)"**4**을 겪는 경험을 설명하고 있다. 여기서 그들이 알고 있던 옵션은 (부당한 의미에서) 옳은 일이 아니었다. 한 가지 또는 다른 행동 과정에 진심으로 헌신할 수 없게 행위자의 통합성에 해를 가한다. 또한 두 옵션 중 하나에 대한 헌신("전심"을 달성하는 것)을 완전히 포기하는 사람에게도 해가 가해진다. 왜냐하면 그 사람에게는 자신의 통합성을 위협하는 도덕적 찜찜함이 남아 있기 때문이다.

통합성에 대한 구조적 제약, 특히 최종 사용자를 비극적인 딜레마에 빠뜨리는 제약을 확인하고 해결하는 것은 재귀적 절차를 시작하고 가상 세계를 위한 "지혜의 길로 들어서기" 전에 필요하다. 그렇지 않으면 우리의 인식적 자원, 행위 및 정체성이 정합성을 상실할 위험이 있다. 실제로, 통합성을 위한 기초를 먼저 세우지 못하는 것은 모든 덕 이론적 논의의 출발점이 되지 못할 것이다(Flanagan, 1991, p. 10). 이제 우리는 이러한 구조적 제약을 다루겠다.

13.3 가상공간의 구조적 제약

본 절에서는 통합성에 미치는 세 종류의 영향에 따라 개별 최종 사용자의 지적, 도덕적 형성에 대한 구조적 제약을 탐구한다. 그것은 인식적 통합성(세계의 존재 방식 수용), 자기효능감(욕망 및 헌신을 행동에 일치시키는 능력), 자기통일성(자신의 신념, 욕구, 헌신, 정체성의 내적 통합)이다.

---

4 [역자 주] 테스만(2017)은 도덕적 찜찜함의 개념을 두 개 이상의 소중한 신념이나 신성한 가치 중에서 선택해야 할 때 느끼는 죄책감이나 후회로 설명한다. 이는 직장 업무로 자녀의 독주회에 참석하지 못할 때 싱글 부모가 느끼는 직접적인 죄책감일 수 있다. 아이의 지속적인 물질적 필요를 충족시키기 위한 직장 선택은 당연하지만, 행사에 참석하지 못해 아이가 실망한 것에 대한 죄책감은 여전히 존재한다.

13.3.1 인식을 방해하는 장벽

"인식적 부정의"는 지식 수용자와 지식 제공자의 지위에 있는 사람에게 가하는 부당한 잘못을 의미한다(Fricker, 2007, 2015). 프리커의 체계에 따르면, 여기에는 어떤 사람의 경험을 자신이나 다른 사람들이 이해하거나 인정할 수 있는 기회를 거부하고(해석학적 부정의), 그들이 지식을 창출할 수 있는 기회를 거부하는 것(증언의 부정의)을 의미한다. 이는 참다운 정보에 대한 인식론적 권리를 거부하고 도덕적 방식으로 형성되는 것을 거부하는 것이다(Watson, 2021). 우리는 가상공간에서 인식론적 부정의의 두 가지 주요 원인을 강조한다.

13.3.1.1 과다한 비용

가상공간에서 양질의 정보에 접근하고 홍보하려면 시간과 비용이 필요하다. 예를 들어, 인터넷에 접속할 여유가 없는 사람들은 페이스북의 프리 베이직 프로그램(Free Basics Program)을 이용할 수는 있지만 검색 엔진 빙(Bing)만 사용할 수밖에 없다. 그마저도 검색 결과의 일부 및 불완전한 요약본만 이용할 수 있다. 더구나 전문가가 선별한 많은 정보 소스(예: 저널, 신문)는 주로 유료로 이용되며 짧은 미리보기만 제공된다. 또 다른 이슈는 구글이 가장 정확하거나 가장 인기 있는 웹페이지에 최상위 검색 결과를 올리지 않고, 구글 자신의 페이지에 최상위 검색 결과를 올려 (간접적으로) 비용을 낼 수 있게 하는 것이다(Noble, 2018). 완전하고 정확한 가상 소스에 접근하려면 돈이 필요하며, 정보를 적절하게 활용하고 확인하는 데는 시간이 소요된다. 그래서 상위 검색 결과와 요약만을 보고 잘못된 정보를 얻기 쉽다.

13.3.1.2 알고리즘은 정확성보다는 참여를 위해 최적화되어 있다.

빅 데이터 알고리즘은 사용자 참여를 촉진하기 위해 콘텐츠의 참신성, 두려움, 분노, 놀라움과 같은 강력한(일반적으로 부정적인) 감정에 의존하고 있다. 이는 종종 부정적이고 외설스럽거나 그릇된 콘텐츠로 나타나며, 더욱 높은 수준으로 보급되고 있다(Kaiser & Rauchfleisch, 2018; Ribeiro et al., 2020; Spinelli & Crovella, 2020).

이러한 알고리즘은 사물의 존재 방식(세계, 자신 또는 타인에 관한)에 따라 자기의 신념을 올바르게 행사할 인식적 능력을 가로막고 있다. 사용자는 이전 사용자들에 의해 이미 형성된 가상 정보 공간에 들어간다. 그들은 허위 콘텐츠를 직접 제공하는 데 참여했거나 더 많은 허위 콘텐츠를 제공하도록 알고리즘을 운영하는 일련의 데이터에 간접적으로 편견을 품게 했다. 사용자들은 무엇이 최선인지에 대한 고차원적인 판단에도 불구하고 이 콘텐츠를 소비하도록 권장을 받는다. 그래서 그들은 잘못된 내용을 믿는 성향을 형성할 수 있으며, 자신과 다른 사람들을 "해석학적 부정의"의 형태로 잘못 표현하도록 인지 스키마를 재구성할 수 있다(Fricker, 2007). 이러한 효과는 사용자의 결과적인 편견과 행동이 미래에 일련의 빅 데이터에 포획될 때 강화된다. 향후 알고리즘은 미래의 빅데이터에 따라 운영되고 미래 사용자의 신념을 편향되게 한다. 또 다른 강화 요인은 알고리즘의 명백한 객관성, 즉 빅 데이터 알고리즘이 우리 자신보다 우리를 더 잘 안다는 생각이다. 사회학자인 벤자민(Benjamin)은 다음과 같이 말한다. "지배적인 이야기는 장르를 뛰어넘어 현실의 이야기가 되는 경우가 너무 많다. 왜냐하면 그것은 빅 데이터의 언어를 활용하여 다른 모든 설명을 능가하기 때문이다."(Benjamin, 2019, p. 97).

또한 빅 데이터 알고리즘은 세계가 자신에게 부과하는 도덕적 책임에 적절하게 민감해지는 역량에 장벽이 된다. 이는 두 가지 방식으로 발생한다. 첫째, 사용자가 정보를 검색할 때 종종 자신의 "고향" 커뮤니티에서 벗어나 점차 비주류, 극단적인 커뮤니티로 이동하도록 권장을 받는다. 이는 덕 이론가들이 덕은 공동체에서 형성되고 올바른 종류의 사람들에 둘러싸여 있는지에 크게 좌우된다는 점을 널리 주장했기 때문에 문제가 된다(Biss, 2011; Brewer, 2005). 비스(Biss, 2011)는 우리 주변 사람들이 어떻게 "도덕적 인식"에서 "파트너" 역할을 하는지 설명하고 있다. 이는 우리 주변의 사람들이 우리의 도덕적, 인식론적 비전, 결국에는 우리의 덕을 형성할 수 있게 한다는 생각이다. 이러한 파트너 덕분에 우리는 올바른 행동과 올바른 동기를 가지게 된다. 왜냐하면, 그들의 모범에 따라 우리도 유사하게 인식하기 때문이다. 알고리즘 "넛징(nudging)"[5]은 지적 동료 및 모범 사례에 둘러싸여 있는 사용자의 능력을 방해한다. 인식론적으로 악랄한 공동체 속에 존재한다는 것은 지적 악덕의 발달을 조장할 수 있다. 이는 특히 새로운 동료가 집단의 일원이 되기 위해 악덕을 드러내고 악독함을 조장할 수 있기 때문이다.

둘째, 알고리즘이 두려움과 분노를 조장하는 정보를 보급할 때 커뮤니티 "필터 버블(filter bubble)"[6] 안에서 사용자의 멤버십을 유지하는 데 도움이 된다. 즉, 모든 사람은 동일한 규범, 가치 및 견해를 소유하거나 표현하도록 압력을 받는 고립적 커뮤니티에 속하게 된다. 사용자는 집단 외부에서 들어오는 정보뿐만 아니라 자신의 집단에 대해 위협이 되는 부적절한 인식 기준을 유지하도록 권유받는다. 이는 인식론적 실패 - 자기 입

---

5 [역자 주] 넛지는 '자유주의적 개입주의(libertarian paternalism)'에 근거해 사람들이 현명한 결정을 할 수 있도록 정보를 제공하거나 추천하는 것을 말한다.

6 [역자 주] 웹사이트 알고리즘이 사용자의 정보(위치, 과거의 클릭 동작, 검색 이력)에 기반하여 사용자가 어느 정보를 보고 싶어 하는지를 추측하며, 그 결과 사용자가 자신의 관점에 동의하지 않는 정보로부터 분리될 수 있게 하면서 효율적으로 자신만의 문화적, 이념적 울타리에 갇히게 하는 현상을 말한다.

장과 외부 집단의 관심사에 대한 일종의 불감증(또는 외부 집단의 관심사를 정확하게 표현하지 못하는 경우)을 의미한다.

13.3.2 자기효능감을 방해하는 장벽

전통적으로 덕은 행동적 요소(올바른 행위를 하는 것)와 동기 부여적인 요소(올바른 이유로 행하는 것) 모두를 포함하는 것으로 간주한다. 가상공간의 일부 구조는 덕에 대한 동기가 존재할 수 있는 경우에도 행동 요소를 방해한다. 이는 자기효능감에 대한 방해다. 왜냐하면, 그러한 경우 행위자는 자기 행동을 자신의 욕구와 의지에 일치시킬 수 없기 때문이다.

13.3.2.1 접근의 용이성

인터넷 연결 기술은 접근 용이성을 촉진하여 결국 진정한 자기효능감을 방해할 수 있다. 예를 들어, 학생들은 인터넷 검색을 통해 교사의 질문에 답할 수 있다. 구글의 실시간 답변 능력은 특정 방식으로(예: 공부보다 더 효율적인 방법으로 정확한 답변 제공) 자기효능감을 증가시키지만, 실제로 정보를 연구함으로써 지식과 기술을 습득하지 않기 때문에 나쁜 형태의 자기효능을 수반할 수도 있다(가상공간의 사용이 어떻게 자기 능력에 대한 추정치를 부풀리는지에 대한 연구는 Fisher et al., 2015; Fisher & Oppenheimer, 2021 참조). 접근 용이성은 표절이 흔한 이유가 될 수 있으며, 오늘날 표절을 나쁜 습관으로 여기지 않는 학생들이 많다(Harrison, 2021, p. 155). 이는 사용자가 현실 세계에서 비용을 계산하거나 가상 언명에 따라 행동할 필요가 없으므로 온라인 '덕의 과시'[7]가 널리 퍼질 수 있다.

---

7 [역자 주] 실제로 덕을 행하지 않으면서 덕을 행하는 것처럼 과시하는 것.

13.3.2.2 도덕적으로 악의적인 동료와 모범

우리는 빅 데이터 알고리즘이 어떻게 사용자를 악의적인 커뮤니티로 유도하는지 이미 언급했으며, 모범과 반대되는 상황에 빠지면 도덕적, 인식론적 악이 형성된다고 주장했다. 예를 들어, 우리는 뉴스 업데이트를 본 다음 잘못된 정보를 퍼뜨리거나 이벤트에 대한 특정 평가를 조장하기 위해 봇이 생성(및 추천)한 최고 순위 댓글을 읽을 수 있다. 이러한 댓글과 상호작용하게 되면 우리는 상황에 대한 사실을 잘못 이해하고 뉴스를 업데이트하지 못하며 사건에 대한 특정 평가를 하게 될 수도 있고 사건에 대한 어떤 평가로 유도될 수 있다. 그래서 우리는 재게시, 추천과 같은 활동을 통해 이러한 잘못된 정보나 평가를 퍼뜨릴 수 있다. 이 개인은 좋은 도덕적, 인식적 동기에서 온라인 세계에 참여할 수 있지만, 구조적 제약(예: 봇)으로 온라인에서 유덕하게 행동하고 덕을 함양하는 능력을 방해받는다. 이 예는 온라인에서 도덕적, 인식론적으로 자신을 형성하고 행사하는 능력에 구조적 제약이 자기효능감을 어떻게 방해할 수 있는지 보여준다.

13.3.2.3 가상공간에서의 고정관념

가상공간에서의 고정관념은 자기효능감에 대한 또 다른 구조적 제약을 가한다. 벤자민은 하렐(Harrell)과의 인터뷰에서 "그가 아프리카에서 영감을 받아 지능이 다소 떨어진 아바타를 제작했다."(Benjamin, 2019, p. 60)고 언급한 사실을 회상한다. 하렐은 계속해서 "두 번째 생(Second Life)[8]처럼, 개방적인 정체성 생성 옵션을 갖춘 시스템에서조차 형성되는 피부, 사회집단 및 카테고리에 대한 평가가 여전히 다르다."고 지적한다(Benjamin,

---

8 [역자 주] 3차원 온라인 가상현실 사이트.

2019, p. 61). 이러한 고정관념은 자신의 선택(특히 자기표현 관련)에 대한 자기효능감을 방해한다. 그리고 우리가 인식되는 방식은 가상 세계의 구조에 이미 존재하는 편견으로 제한될 수 있다는 점에서 자기효능감을 방해하는 장벽으로 작용한다.

또 다른 유형의 가상 고정관념은 사용자가 특정 악덕으로 시작하여 온라인에서 (악의적) 활동을 통해 특정 고정관념(예: 음란물 사용자 또는 도박 중독자)에 따라 가상 프로필이 부여될 때 발생할 수 있다. 이 가상 프로필을 기반으로 알고리즘은 사용자가 취약한 악의적 콘텐츠와 커뮤니티를 계속 홍보한다. 이후에 사용자가 이러한 악덕을 피하겠다고 약속하더라도 가상 프로필은 사용자가 악의적인 행동을 할 기회에 반복적으로 직면하게 되는 온라인 공간으로 안내할 것이다.

인식론적 장벽이 가상 고정관념을 강화한다는 점은 주목할 가치가 있다. 회사가 사용자에 대해 보유하고 있는 개인 정보의 불투명성과 알고리즘의 명백한 객관성으로 인해 가상 고정관념이 확고하게 유지되므로 개별 사용자가 자신에게 부여된 고정관념을 알거나 변경하기가 어렵다.

13.3.3 자기통일성(self-unity)을 방해하는 장벽

자기통일성은 일종의 "전심(wholeheartedness)"(Frankfurt, 1988, pp. 159-176; 2004, pp. 95-98)으로, 개인의 믿음, 욕구, 헌신, 정체성에 대한 내적 갈등이 없는 것이 특징이다. 그러한 정신적 통일성은 덕, 번영 소유의 전제 조건이며 (Flanagan, 1991, p. 10), 그것이 없으면 우리는 자기 소외의 위험, 곧 "심각한 정신적 손상"(Frankfurt, 1998, p. 139)을 입게 된다. 자기통일성을 이루기 위한 메커니즘은 실천적 지혜, 즉 두 가지 차원에서 덕의 갈등을 균형 있게 유지하는 일종의 고차원적 덕이다. 첫째, 실천적 지혜는 우리가 어떤 상황에서 도덕적으로 올바른 것일 뿐만 아니라 자신의 평가와 삶, 그리고 정신 내에서 일관되는 행위 과정을 선택하여 그 덕을 어느 정도까지 행동으로 옮겨야 하는지를 결정한다. 둘째, 실천적 지혜는 자신이 어떤 사람인지, 그리고 어떤 특별한 생활 조건에 처해 있는지에 따라 어떤 덕을 집중적으로 개발해야 하는지 결정하는 데에도 도움이 될 것이다.

인터넷이 정체성 놀이와 개인 통합의 원천이라는 초기 낙관론을 고려할 때, 이것은 아마도 장벽에 직면할 수 있는 놀라운 영역일 것이다 (Turkle, 1995). 그러나 근접적, 궁극적 수준에서 두 가지 자기통일성의 실패가 존재한다.

13.3.3.1 동기의 갈등(근접적 자기통일성의 실패)

가상공간은 사용자가 다른 덕에 해를 끼치는 어떤 덕을 기반으로 행동하도록 장려할 수 있다. 관심을 끄는 풍부한 정보에 따라 사용자는 정의나 친절(도덕적 덕의 궁극적인 동기)을 희생하면서 현실과의 인지적 접촉(지적 덕의 궁극적인 동기)을 추구한다. 이는 사람들이 자신의 복지를 희생하면서 끔찍한 뉴스 업데이트를 통해 계속 둠스크롤링[9]을 할 때 발생한다. 빅 데이터 알고리즘이 조장하는 공포와 분노는 현실과의 인지적 접촉을 희생하면서 정의에 동기를 부여한다. 이는 자기 집단의 부정의의 증거에 대한 인식론적 기준을 낮추고 다른 집단 구성원들의 관심사에 대한 정보 기준을 높인다. 자기 집단 예컨대, 소수 인종 구성원은 자신이 속한 인종 집단에 대한 경찰의 폭력 사건에 대해 즉시 분노할 수 있지만, 다른 인종 집단 사람에 대한 경찰의 폭력 사건에 직면했을 때 "우리는 아직 모든 사실을 모른다."고 말한다. 온라인상의 안전성이 부족하면 사람들이 자신과 지역 사

---

9 [역자 주] doomscrolling: 암울한 뉴스만을 강박적으로 확인하는 행위.

회를 보호하기 위해 온라인에서 자신에 대해 거짓말을 하도록 동기를 부여받을 수 있으므로 모든 사람에게 현실에 대한 인지적 접촉을 하지 않고 그 대신에 정의에 대한 헌신을 촉진한다. 그래서 우리가 개발한 덕이 서로 충돌하는 상황이 발생하게 된다. 이는 근접적 통일성의 실패이다.

13-3-3.2 악의적인 자기 검증(궁극적 자기통일성의 실패)

가상공간은 사용자가 처음에 가졌던 탁월한 정체성과 충돌하면서 새로운 악의적 정체성의 형성을 촉진할 수 있다. 이는 궁극적인 자기통일성의 실패다. "프로테우스 효과"[10]는 "개인의 행동은 다른 사람이 그를 어떻게 인식하는지에 관계없이 디지털상의 자기표현에 부합한다"고 암시하고 있다(Yee & Bailenson, 2007). 이는 일반적으로 기회이지만 13.3.2.3절에서 우리는 디지털상의 자기표현 자체가 가상공간에 국한되어 있다고 제안했다. 그러면 프로테우스 효과는 도덕적 악덕에 대한 자기 충족적 예언이 될 수 있다(성적인 아바타를 사용하는 경우 프로테우스 효과를 검토한 연구의 예는 Fox et al., 2013; McKelvey, 2013 참조). 자기 검증 이론과 고정관념 위협에 관한 문헌이 이를 뒷받침한다. 이 문헌들에 따르면, 개인들은 외부에서 부여된 정체성이 일탈적이거나 바람직하지 않은 경우에도 그 정체성과 일치하게 행동할 것이다(예를 들어 Dotter & Roebuck, 1988; Lemert, 1972; Kraut, 1973; Swann & Ely, 1984; 리뷰는 Alfano, 2013; Johnson, 2020; Velleman, 2005 참조). 우리가 이미 언급한 바와 같이, 가상의 인식적 장벽은 이러한 효과를 강화하는 역할만 할 뿐이다. 왜냐하면, 사용자는 어떤 해로운 고정관념을 적용받는지 또는 이를 어떻게 해체하는지에 대한 지식을 제공받지 못한 경우가 많기 때문이다.

---

10 [역자 주] 타인이 나를 어떻게 인식하느냐보다는 내가 나를 어떻게 인식하느냐에 따라 행동이 달라지는 현상, 즉 가상현실 속의 아바타 외형에 따라 현실에서의 행동이 변하는 현상.

13.3.4 가상공간의 위험과 악덕

우리는 지금까지 인식, 자기효능감, 자기통일성에 대한 장벽을 다루었다. 이제 이런 기초 작업을 적용하여 가상공간에서 제공되는 다양한 도구를 평가할 수 있다. 이러한 장벽 때문에 가상공간에서 사용자가 교육받고 일반적인 덕을 갖춘 경우에도 그 사용자는 극복하기 어려운 위험과 악덕에 빠질 수 있다.

가상 정보 검색 가상공간에는 새로운 정보(예: Wikipedia) 또는 기술(예: 온라인 강좌 또는 개인교수)을 얻을 수 있는 기회가 포함되어 있으며 대부분은 무료다. 사용자는 현실 세계에 적용할 수 있게 자신의 인식과 기술을 개발할 수 있는 새로운 자원을 갖게 되므로 인식과 자기효능감에 대한 가능성이 열린다. 그럼에도, 이전 절에서는 인식에 대한 다양한 구조적 제약이 드러났다. 예를 들어 전체 기사가 유료로 이용될 수 있으며 머리기사나 미리보기 스니펫(snippets)으로 인해 콘텐츠에 대한 오해가 발생할 수 있다. 게다가 악의적인 행위자(예: 봇)는 정보를 허위로 표현하거나 사용자에게 특정 정보 평가를 유도할 수 있다. 따라서 온라인에서 악의적인 행위자를 만나고 오해의 소지가 있거나 부정확하거나 해로운 정보를 만날 수 있는 불가피성과 가상공간이 새로운 지식과 정보를 제공할 가능성이 긴장감을 낳게 한다. 결과적으로 가상공간은 인식과 자기효능감(자신을 유덕하게 형성하는 능력)에 도움이 되기도 하고 방해가 되기도 한다.

접근성 가상공간은 다양한 능력을 지닌 학생들이 수준 높은 환경에서 학습할 수 있는 새로운 기회를 제공한다. 예를 들어, 눈으로 제어하는 가상 인터페이스를 통해 신체적 장애가 있는 학생들은 시선이나 눈 깜박임을 통해 구두로 의사소통할 수 있으며, 정신적 장애가 있는 학생들은 정서 분석을 통해 다른 사람의 감정 상태를 더 잘 인식하고 반응할 수 있다.

결과적으로 접근성 도구는 많은 학생들의 자기효능감을 촉진하여 그들이 평등한 입장에서 학습하고 공헌할 수 있도록 지원한다. 그럼에도 온라인 도구는 쉽게 표절과 덕 과시를 할 뿐만 아니라 악의적인 동료와의 빠른 연결과 협력을 촉진하므로 악의적인 자기효능의 방식으로 사용될 수도 있다. 가상공간은 접근성과 보조 기술을 통해 자기효능감을 위한 새로운 기회를 제공할 수도 있지만 악의적인 자기효능감을 위해 사용될 수도 있다.

사회적 연결을 위한 가상 도구 온라인 세계는 지리적으로 멀리 떨어져 있는 개인 간의 소통과 연결을 촉진하고 커뮤니티를 위한 새로운 기회를 제공한다. 이는 개인이 비슷한 배경과 경험을 가진 다른 사람들과의 연결을 통해 자신의 정체성을 더 잘 이해하므로 자기통일성에 도움이 된다. 예를 들어 #미투는 성희롱과 폭행 문제에 대해 세계 여성들을 연결하고, 그들이 다른 사람의 경험에 비추어 자신들의 경험을 더 잘 이해하고 (해석학적 정의) 자신들의 경험을 공유(증언적 정의)한다. 그럼에도 우리가 살펴본 것처럼, 우리를 점점 비주류 커뮤니티나 필터 버블에 빠지게 하는 알고리즘과 반전형적 역할을 하는 온라인의 악의적인 행위자(예: 봇 또는 트롤)의 존재에 의해 근접적 자기통일성이 위협받을 수 있다. 그래서 사용자는 오프라인의 덕이나 가치와 긴장 관계에 있는 특정 악덕(예: 사이버 괴롭힘을 조장하는 커뮤니티)을 표현하도록 압력을 받을 수 있다. 궁극적인 자기통일성은 온라인과 오프라인 상호 작용 사이에 벌어진 격차로 인해 위협받을 수도 있다. 사용자는 자신이 원하는 방식(예: 강하고 지배적)에 따라 온라인 아바타를 구성할 수 있다. 그리고 다른 사용자가 아바타와 맺는 상호 작용은 이러한 원하는 정체성을 반영할 수 있다. 그러나 이는 오프라인 세계에서 사용자의 상호 작용을 반영하지 않으며 온라인과 오프라인의 정체성 사이의 격차와 그에 따른 사회적 상호 작용으로 인해 심리적 분열감이 발생할 수 있다(온라인 트롤링의 기저에 깔린 정체성 갈등에 대한 흥미로운 논의는 Hughes, 2020 참조). 사용자가 안전하다고 느끼지 않거나 가상 활동에 맞춰 행동할 만큼 충분한 권한을 부여받지 않은 경우, 그리고 미와 성 역할에 대한 해로운 사회적 기준이 가상공간에서 복제 및 강화되는 경우, 이러한 분열감을 극복하기 어렵다. 사용자는 자신의 "아름다운" 아바타와의 상호작용을 통해 긍정을 얻고자 하면, 자신의 실제 신체에 만족하지 않는다("스냅챗 이형증"[11]의 증가에 대해서는 Hunt, 2019 참조; "줌 이형증"[12]에 대해서는 Elan, 2021 참조).

새로운 가상경험　가상공간은 개인의 도덕 범위나 도덕적 감수성을 확장하는 데 사용될 수 있다. 예를 들어 가상현실과 비디오 게임은 노숙자, 난민 또는 치매 환자로서의 경험을 제공하기 위해 사용되었다(Herrera et al., 2018; Hicks et al., 2021; Irom, 2018). 이러한 방식으로 참여하면 이러한 경험이 어떤 것인지 더 깊이 이해하고, 이런 상황의 사람들에게 더 민감하고 이러한 개인을 더 완전하게 포용하도록 도덕적 관심의 범위를 확장할 수 있다는 것이다. 그러나 이러한 경험을 한 개인은 그 상황이 종류와 현상적 내용에서 근본적으로 다르더라도 다를 수 있지만, 자신이 경험한 내용을 이해하고 있다고 잘못 생각하여 경험에서 벗어날 수 있으므로 인식론적 부정의로 이어질 수 있다. 실제로 노숙자나 난민 체험에서 가장 끔찍한 점은 대부분 우리의 통제권이 부재하고 우리의 상황이 개선될 것이라는 정보가 부재하다는 것이다. 가상경험에 참여하는 누군가는 헤드셋을 제거할 수 있는 제어권을 갖고 있으며, 헤드셋을 제거하면 자기 경험이 사라질 것임을 안다. 이는 두 경험의 현상적 콘텐츠 사이의 큰 격차

11　[역자 주] 스냅챗(Snapchat) 필터 내에서 보정을 한 자기 모습을 실제 모습으로 착각하는 현상.

12　[역자 주] 줌(Zoom) 및 화상 통화를 할 때 화면 속에 보이는 자기 외모에 대해 부정적으로 인식하는 현상.

를 뒷받침할 가능성이 높다. 그러한 사용자가 그러한 경험을 하는 것이 어떤 것인지 이해하고 있다고 결론을 내리는 것은 그런 상황의 사람들에 대한 인식론적 부정의의 사례일 수 있다. 가상현실을 통해 다른 커뮤니티의 고통을 "경험"할 수 있는 능력은 그 영향을 받는 커뮤니티를 실제로 도울 수 있는 여지를 줄일 수도 있다(Bloom, 2017; Prinz, 2011). 그렇다면 여기에는 그러한 경험이 일종의 인식론적 부정의를 포함하는 동시에 도덕적 민감성의 발달을 촉진할 수 있다는 긴장이 존재한다.

습관 형성을 위한 가상 도구 온라인 강좌, 마음 챙김 잡지, 기도 및 명상 앱과 같은 습관 형성을 위한 가상 도구를 통해 개인은 원하는 특성 개발을 위한 진행 상황을 숙지하고 모니터링하며 자기효능감과 자기통일성을 촉진할 수 있다. 그럼에도 많은 앱은 중독성 경로를 활용하여 사용자가 앱에 참여하도록 유도한다. 실제로 가상 세계는 "현실 세계에서는 비교할 수 없는 본질적으로 부적응적인 정체성의 자유에 대한 감각을" 심어주고 "그래서 '더 행복한 곳'으로 계속 후퇴하려는 욕구의 순환을 촉발할" 가능성이 있다(Nabi & Charlton, 2014, p. 200). 결과적으로, 사용자는 자기효능감(앱에 의존하게 됨)과 자기통일성(탁월한 활동이나 역량을 키우는 것으로부터 앱이 제공하는 보상으로 그들의 동기가 전환되는 것)을 방해받을 수 있다. 이러한 가상공간의 사용은 개인적 자료 수집으로 인해 더욱 복잡스럽게 된다. 예를 들어 소원을 비는 상업용 기도 앱은 민감한 정보를 광고 회사에 판매한다. 이는 습관 형성을 위한 앱 사용자들을 이용해 이익을 얻는 회사가 갑이 되고 사용자들이 을이 될 수 있다는 것을 의미한다(Baker-White, 2012).

우리 논의의 중요한 특징 중 하나는 가상공간의 구조적 비용이 어떻게 균등하게 공유되지 않는지를 보여준다는 것이다. 인프라, 네트워크 비중립성, 정부 제한으로 인해 인터넷 접속에 제한이 있는 사용자는 인식론적 구조적 제약을 특히 강하게 견뎌야 한다. 보조 또는 접근성 사용자는 만일 해당 기술이 손상되거나 지원되지 않는 경우, 그들의 자기효능감, 자기통일성이 해를 입은 채로 이러한 기술에 의존하게 될 수 있다(예: Strickland & Harris, 2012 참조). 소외집단은 특히 가상공간에서 가령 여성 아바타에 대한 수많은 성희롱 사례처럼 해로운 수많은 사회적 연결의 위험에 처할 수 있다(BBC News, 2018; Beioley, 2022). 소외집단은 특히 가상현실 시뮬레이션이 그들의 경험을 정확하게 포착하지 못할 때 발생하는 자기 소외를 통해 자기통일성에 대한 강한 위험에 직면할지도 모른다. 특히 중독에 취약한 개인은 습관 형성을 위한 가상 도구에 건강하지 못한 의존성을 갖게 되거나 잘못된 이유로 특정 활동을 추구하게 될 수 있다. 또한 벤자민(Benjamin, 2019)은 온라인 연결에 초점을 맞춘 정책의 대상이 되는 소수자 또는 저소득층 어린이를 위한 교육 접근 방식과 점점 오프라인으로 교육의 중심을 옮기는 기술 산업에 종사하는 부모를 둔 어린이를 위한 교육 접근 방식 사이에 현저한 불균형이 존재한다고 지적한다(Hoyle, 2018; Lebowitz, 2018; Weller, 2017). 구조적 비용은 특히 구조적 억압 상황에 있는 사용자마다 다르게 부담하기 때문에 가상공간에서 행사해야 할 덕의 유형도 다를 것이다.

13.4 가상공간을 위한 부담스러운 덕

덕 윤리학자들은 가상공간에 대한 새로운 덕을 요구한다. 13.3절에서 개략적으로 논의한 제약과 긴장을 고려할 때 개별 최종 사용자가 함양하고 행사하는 데 적합하고 실행할 수 있는 새로운 덕은 무엇인가? 이 질문에 답하기 위해 우리는 이제 테스만이 제안한 구조적 억압 상황에서의 덕 이론에 대한 접근 방식, 즉 "부담스러운 덕"으로 알려진 접근 방식을 검토한다. "부담스러운 덕은 오로지 억압에 대한 생존이나 저항을 가능하게 하고, … 인간을 번영하게 한다. … 다른 방식으로는 소유자의 행복을 손상시킨다."(Tessman, 2005, p. 95). 부담스러운 덕을 지닌 사람은 실제로 번영의 외부 필요조건(예: 고통이 없음)이 부족하지만, 자기 잘못이 없어도 생존 혹은 억압적인 구조에 대한 저항을 위해 부담스러운 덕을 떠맡게 된다. 이는 사용자들의 곤경을 부당하게 비난하지 않고 그들에 대한 규범적 함의를 탐색하는 방법이다.

다음에서 우리는 부담스러운 덕의 목록을 제공하지만 이를 모두 나열하지는 않는다. 오히려 우리는 통합성에 대한 우리의 3중 접근 방식이 최종 사용자를 위한 덕을 구성하고 제시하는 데 유용한 틀을 어떻게 제공하는지 보여준다.

13.4.1 인식을 위한 부담스러운 덕

감수성은 자신과 동료에 대한 정직성을 개발하는 것이다. 그리고 우리가 특정 사회적 거품 내에서만 진실을 추구하고 가진다면 우리는 진정으로 덕이 있는 것이 아니라는 것을 받아들이는 것이다. 또한 감수성은 세계가 존재하는 방식에 대한 정직성을 개발하는 것이다. 즉, 우리는 자신의 특권적 범위 외부에서 사물이 존재하는 방식으로 인지적 접촉을 하고 이런 진실을 자신의 집단 내부로 전달한다. 자신의 필터 버블 외부에 있는 정보의 출처와 관심사에 대한 감수성을 개발하면 개인의 인식론적 기준은 적절하게 유지될 수 있으며 정직성의 인식론적 형태와 도덕적 형태 사이의 갈등이 해결될 수 있다. 그러나 다른 사람의 고통에 대한 감수성은 고통스럽고, 자신의 집단에 소속되어 경험하는 데 대가를 치르게 될 수도 있다. 억압받는 사람들은 이미 이런 종류의 감수성을 가질 가능성이 더 높다. "메타 명료성"[13]에 대한 메디나(Medina, 2012)의 연구는 역설적이지만 구조적 억압의 특정 상황의 사람들이 종종 자신의 제약을 확인하고 갈등 상황을 재정리하는 데 가장 좋은 위치에 있다는 것을 보여준다. 부정의를 극복하면서 살면 사회가 당신을 개별화하는 방식과 실제로 당신의 믿음과 행동에 동기를 부여하고 알리는 것 사이의 단절에 대한 인식을 높일 수 있다.

무지에는 자신의 무지가 포함되며, 높은 수준의 억압을 받는 사람들은 자신의 심리적 건강과 생존을 보호하기 위해 알아야 할 온라인 뉴스나 사실을 무시한다. 다른 인식론적 선이나 기술을 배양하기 위해 쉬운 답을 거부하고 검색 엔진에 질문을 입력하는 것을 자제함으로써 무지를 키울 수도 있다. 여기에는 과거 및 현재 진행 중인 개인 정보 이용에 대응하여 의료 실험에서 자신의 데이터를 제공하지 않기로 선택한 원주민 그룹과 같이 다른 사람의 무지를 영속시킬 수 있다("거절"이라는 개념-Benjamin, 2016 참조).

부정직이란 자신의 데이터를 보호하기 위해 온라인에서 자신을 허위로 표현하는 것을 의미한다. 여기에는 즉각적인 위협으로부터 자신을 보호하고자 의도적으로 자신을 허위로 표현하는 특정 보호 특성을 가진 소외 집단이 포함될 수 있다. 예를 들어, 개인은 사회적 또는 정부의 박해를 피하거나 성적 지향으로 인한 직업 상실을 회피하기 위해 자신을 온라인에서 이성애자로 나타낼 수 있다. 일반 최종 사용자는 허위 정보(예: 생년월일, 이름)를 유포하여 실제 개인 데이터를 보호하려고 시도할 수도 있다.

---

13 [역자 주] 자기 관점의 한계와 관계적 측면을 포착하는 능력.

13.4.2 자기효능감을 위한 부담스러운 덕

공동 해방의 덕은 "연결된 운명"을 받아들이는 것과 해방을 위해 함께 일하겠다는 헌신을 포함한다(Benjamin, 2019, p. 97). 이는 가해자와 피해자 쌍(또는 특권층과 피억압자 쌍)을 포함하는 모델에서 벗어나 공동 해방의 모델로 이동하는 최근의 윤리적 접근 방식과 일치한다(예를 들어 D'Ignazio & Klein, 2020 참조). 부담스러운 덕 자체는 개인이 공동 해방의 방법을 제공한다. 그들은 자신이 처한 나쁜 상황에 대해 처음에는 책임을 질 수 없음에도 책임을 진다. 그들은 여전히 자신이 연대하는 다른 사람들의 선을 위해 부담스러운 덕을 함양할 책임이 있다. 이를 통해 자기효능감을 재도입할 수 있다. 이는 동기와 행동을 일치시키는 방법이다.

이러한 덕은 어렵지 않은 측면을 가질 것이다. 이는 일종의 즐거운 놀이를 의미할 수 있으며, 모든 사람에게 좋은 구조가 무엇인지에 대한 우리의 상상력을 발전시키고, 이러한 구조가 개발될 때까지 덕은 아마도 모든 사람에게 손상을 입힐 수 있다. 여기에는 인터넷을 개인의 이익을 위한 자원이 아닌 집단적 기업으로 취급하는 것이 포함될 수 있다. 그러나 이는 감수성의 부담스러운 덕과 매우 유사하다. 이는 억압적인 구조와의 협력을 거부함으로써 이전의 내집단에서의 입지에 대한 일종의 취약성과 잠재적 비용을 수반한다.

13.4.3 자기통일성을 위한 부담스러운 덕

근접적 양가감정은 억압적인 상황에서 제공되는 자기-개념에 대해 의심을 유지하는 것이다. 사람은 자기 동기와 행동에 대한 이해와 자신을 억압하는 구조나 집단이 제공하는 동기와 행동에 대한 지배적인 이해 사이에서 양가적인 상태를 유지할 수 있다(Babbitt, 1996; Calhoun, 1995). 그러나 일관성 없는 신념이나 욕구를 갖는 것은 불일치의 근간적인 형태일 뿐이다. 왜냐하면 목표는 일반적으로 자신에 대한 구체적인 어떤 것보다 억압적인 구조를 변경함으로써 장기적으로 이를 가장 잘 해결하는 방법을 찾는 것이기 때문이다. 배빗(Babbitt, 1996)은 베트남 전쟁 시대의 양심적 병역 거부자의 예를 제시한다. 그녀는 거부자들이 자신의 정체성과 신념을 "찾는 것"보다는 "잃어버리는 것"으로 더 정확하게 묘사한다고 주장한다. 그들의 사회가 어떤 것인지, 그리고 그들의 정체성을 결정하는 구조('탐욕'과 '제국주의')가 어떤 것인지에 대한 발견은 그들이 그 정체성을 잃게 만드는 동기가 되었다. 가상공간의 구조에 대해 양심적 거부자가 되는 방법은 다양할 수 있다.

코드 전환 덕은 개인이 하나 이상의 상충하는 정체성을 보유하는 덕이다. 개인은 상황에 따라 자신의 정체성을 유연하게 전환하면서 자신의 정체성을 소유하고 함양한다. 코드 전환이 (갈등적 정체성의 소유와 추구의 결과로) 자기통일성을 위협하지만, 개인은 코드 전환의 덕이 필연적으로 일부분을 담당하는 상황에서 더 높은 수준의 기능과 번영(또는 생존)을 수행할 수 있다는 점에서 그 덕은 더 높은 수준의 실용적인 가치가 있다. 예를 들어, 소원한 부모를 둔 개인은 당시 메시지를 보내는 사람에 따라 한쪽 부모 또는 다른 쪽 부모를 번갈아 욕하고 칭찬할 수 있다. 그러나 이것이 그들의 자기통일성을 위협할 수도 있다. 효도와 불효를 번갈아 표현하는 것은 두 쪽의 관계를 모두 유지하므로 필요할 수도 있다. **코드 전환 덕**은 자기통일성에 위협이 되기는 하지만 개인이 속한 상황에서 가능한 최대의 번영을 제공한다.

일반적으로 부담스러운 덕이 요구되는 상황에서는 자기통일성을 추구하는 것이 문제다. 예를 들어, 부정직과 무지는 자신과 타인을 위해 현실과 인지적 접촉을 원하는 정직한 사람의 욕구와 충돌하며, 이는 진리를 추구하고 전달하는 인간 사업의 일부에서 물러나는 것을 수반한다. 더욱이 자기 인식에 대한 회의감을 갖고 있거나 안정적인 자기 정체성이 부족한 상태는 매우 혐오적인 상태이다(Velleman, 2000). 희망은 이러한 덕이 가상 맥락의 제약에 저항하는 수단을 제공함으로써 자기통일성에 대한 추가 피해를 방지하고 사람들이 궁극적인 자기통일성을 장기적으로 성취할 수 있도록 해줄 수 있다는 점에 있다.

물론, 궁극적인 자기통일성을 이룰 만큼 구조가 변하지 않을 수도 있다는 우려도 있다. 자기통일성에 대한 이러한 압력은 부담스러운 덕에 동기를 부여하지 못한다는 사실로 인해 더욱 복잡해진다(Tessman, 2005, p. 98). 한편으로, 억압받는 사람은 자신의 억압과의 접촉으로 인해 짓눌릴 수 있으며, 부담스러운 덕은 행동할 독립적인 동기를 제공하지 않는다. 다른 한편으로, 감수성을 개발하고 다른 사람의 곤경에 대한 진실을 찾는 특권층 사람은 취약계층과의 동일시가 부족할 수 있거나(따라서 취약성을 포함하는 모든 종류의 변화 추구를 꺼림), 철저하게 행동하고 두려움에 찬 자기방어를 하게 된다(Tessman, 2005, p. 103). 억압을 인식한 사람이 부담스러운 덕을 개발하든 그렇지 않든, 그들은 자기 분열이라는 불편한 상태에 직면하게 된다.

13.5 구조적 문제 해결하기

부담스러운 덕 접근 방식은 제한된 개인의 힘 내에서 해결책을 제공하고자 한다. 그럼에도 구조가 해를 끼치고 있다면 그 구조를 바꿔야 한다. 현재의 제약을 극복하기 위해 부담스러운 덕의 필요성은 종종 간과되는 종류의 도덕적 해악을 드러내고 있다. 가상공간에 대한 현재의 디자인 접근 방식은 사용자에게 이러한 도덕적 해악을 입히고 변화에 대한 요구를 더욱 자극한다. 가상공간의 개인 덕은 사회 수준의 구조 및 주체에 묶여 있으므로 우리는 구조적 변화가 적절하고 중요하다고 본다. 앤더슨이 쓴 것처럼, "우리는 구조적 구제책을 덕 기반 구제책과 경쟁하는 것으로 생각해서는 안 된다. 많은 구조적 구제책은 개인의 덕이 작동할 수 있도록 유리한 조건을 제공해야 한다. … 구조적 구제책은 집단 행위자를 위한 덕 기반 구제책이다."(Anderson, 2012, p. 168).

가상공간에서 도덕 교육을 제공하기 위해 교육자는 어떤 대책을 세워야 있는가? 이익보다는 도덕 교육을 지향하는 가상공간은 어떤 모습일까? 우리는 정책 입안자, 디자이너, 민간 기업(프로그래머, 마케팅 담당자, 광고주) 등 교육 및 기술 생태계 내에서 영향력 있는 사람들을 위해 몇 가지 교훈을 제시한다. 이전과 마찬가지로 이 목록은 완전한 목록이 아니다. 다시 한번, 우리는 3중 틀이 통합성을 지원하는 방식으로 가상공간을 교육하고 구상하는 데 출발점이 되길 바란다.

13.5.1 교육자

우리가 논의한 구조적 장벽이 제시하는 과제는 학생들이 질문을 하고 비판적으로 성찰하도록 장려하는 공간을 제공하는 것만으로는 충분하지 않을 수 있다는 것이다. 교육자는 교실 내 구조를 해체해야 하며, 이를 위해 가상 세계의 일부 기회도 활용할 수 있다.

13.5.1.1 인식 주체를 위한 교육

직접적 장벽 해결 교사는 잘못된 정보에서 벗어나기 위해 사람들을 훈련하는 게임이나 디지털 문해력에 전념하는 전체 과정을 제공하는 등 가상 세계에 대한 인식 자원 제공과 직접적으로 관련된 온라인 도구에 참여할 수 있다(예는 Medlin, 2021 참조).

기술윤리에 대한 학제적 접근 기술 토론을 ICT/컴퓨팅 수업에만 국한하거나 개인 및 사회 교육에서 사이버 괴롭힘과 같은 문제를 다루는 것보다는 다른 학문 분야, 특히 수학(예: 빅데이터 및 통계 사용)과 인문학의 디지털 공간 사용 및 남용을 고려하는 세션을 갖는 것이 유용할 것이다.

다양한 지식 방식 활용 이는 가상을 더욱 구체적으로 만들어 가상과 현실 사이의 연속성과 적용을 보여준다. 개인 자료를 조각한 "유형의 기념품"(Mortier et al., 2014, p. 6)과 자료의 수행인 "일종의 기쁨" 등이 그 예다 (D'Ignazio & Klein, 2020). 디그나치오와 클라인(D'Ignazio & Klein)은 이러한 접근 방식을 은유적으로 "데이터 내장화"라고 말한다.

13.5.1.2 자기효능감을 위한 교육

우정 부담스러운 덕은 공동체, 우정, 공동 해방의 맥락에서 가장 잘 발전한다. 그러한 연대감이 없으면 더욱 궁극적인 형태의 자기통일성을 달성하는 데 필요한 개인적인 변화를 추구하려는 동기가 부족할 것이다. 교실은 같은 생각의 사람들과 우정을 쌓을 수 있는 중요한 기회를 제공한다.

상상력과 놀이 교육자들은 부담스러운 덕의 부담을 일부 완화하는 데 참여할 수 있으며, 특히 이러한 덕이 계속 진행하려는 동기를 제공하지 않는다는 문제를 해결하는 데 참여할 수 있다. 여기에는 학생들의 상상력을 포착하고 놀이 기회를 촉진하는 것이 포함될 수 있다. 그들은 그러한 공간에서의 과거 참여 성공을 다시 말하고 축하하는 데 전념하는 온라인 공간을 만들 수 있다. 여기에는 학생들을 단순히 관찰자로서 가상공간으로 데려오는 것뿐만 아니라 공간을 함께 변경하고 재창조할 수 있는 옵션을 제공하는 것도 포함될 수 있다. 사이버 공간에서의 의미 있는 상호 작용 연구에서 대머와 힌리치스는 플레이어가 호텔 주방 관리자가 되는 연습을 할 수 있도록 메리어트 인터내셔널(Marriott International)에서 만든 게임을 참조한다. 대머와 힌리취스는 "사용자가 호텔 주방 관리자로 참여할 뿐만 아니라, 향후 콘텐츠 제작 과정에서 공간 사용자인 자신이 이해하는 방식으로 주방을 재창조한다면 더 나은 경험을 제공할 수 있을 것"이라고 주장한다. … 협업 설계를 기반으로 동료 간의 성과 향상, 사용자의 요구에 맞는 관리 구축 공간은 또 다른 잠재적 이점이다(Damer & Hinrichs, 2014. p. 29). 이러한 통찰력을 도덕 교육에 적용하는 것은 흥미로울 것이다. 사용자에게 자신과 다른 사용자에게 "합리적 방식의" 가상공간 변경을 위한 협력 방법을 제공할 수 있는가?

신중한 기술 선택 교육자는 스스로 정보를 얻고 안전(예: 제한적 자료 수집, 소셜 네트워킹 보호)을 우선시하며 정보 검색에 유용한 지원책을 제공해야 한다.

13.5.1.3 자기통일성을 위한 교육

상담 교육자는 디지털 공간의 피해 토론의 오명을 벗을 수 있는 공간을 제공할 수 있다. 우리는 자기통일성의 긴장감에 주목해야 한다. 그리고 가상적 환경과 실제 환경에서의 경험 사이의 연속성과 긴장에 특별히 초점을 맞춰 사람들을 상담할 가치가 있다.

인식론적 장벽 극복 및 자기효능감 증진 처음 두 종류의 장벽을 해결하면 가상공간에서 자기통일성을 방해하는 비극적인 딜레마를 줄이는 데도 도움이 된다.

13.5.2 기술 생태계의 리더

가상공간의 구조를 바꿀 수 있는 가장 큰 힘을 가진 사람들은 기술 생태계의 리더이다. 우리는 인식적 주체, 자기효능감, 자기통일성의 기반을 구축한다는 목표 아래 창의적인 해결책과 보호가 개발될 수 있다고 주장한다.

13.5.2.1 인식 주체의 기반 구축

정부 규제 여기에는 악덕을 조장하는 제재 알고리즘과 디지털 공간을 더욱 안전하게 만들기 위한 규제 도입이 포함된다.

경쟁 해결 정부와 공공 기관은 여전히 자체적인 의제를 갖고 있을 수 있지만 최소한 민간 기업과 함께 더 큰 경쟁과 투명성 기준을 도입할 수 있다. 검색이 민간 기업(그 디자인 결정은 재정적 동기에 의해 결정됨)에 의해 호스팅되는 것 외에도 도서관과 같은 정보 검색의 호스트로서 공공 기관에 더 많은 투자가 있을 수 있다. 기술 회사 자체도 경쟁적으로 운영해야 하는지 고려할 수 있다. 예를 들어, "비영리 AI 연구 회사인 OpenAI는 이 접근 방식의 실제 모델로서, 만약 그것이 가치가 일치하고 안전을 고려한다면 경쟁을 중단하고 다른 프로젝트 지원을 시작할 것이라 말한다. 왜냐하면, 경쟁을 지속하는 것은 보통 적합한 '안전 예방 조치'를 변화시키기 때문이다. 우리는 여기에 정의에 대한 우려도 추가하고 싶다."(Benjamin, 2019, p. 93).

컴퓨터 도덕 교육 신흥 기술을 "아이처럼" 다루자는 제안이 있다. 탄즈(Tanz, 2016)는 "우리는 장치를 명령하는 것에서 그것을 돌보는 것으로 나아갈 것이다"라고 예측한다. 여기에는 빅 데이터 알고리즘을 교육하는 일련의 자료를 더욱 신중하게 선별하고 합성 데이터에 대해 교육하는 것이 포함될 수 있다. 또한 감사와 같은 사용 중 "돌봄" 형태도 포함된다(Benjamin, 2019, https://www.auditingalgorithms.net 참조). 알고리즘에 대한 교육과 관리를 더욱 눈에 띄게 만드는 것은 "교정 역할을 수행"할 수 있다. 이는

"빅 데이터가 객관적으로 신뢰할 수 있는 정확성이나 예측적 특성이 있다는 가정"에 도전하고, 데이터를 해석하고 유지하는 데 사용되어야 하는 작업을 공개한다(Pink et al., 2018, p. 3).

투명성 이는 모델 카드를 제공하거나 음식과 같은 "영양 라벨"이 포함된 일련의 데이터(www.datanutrition.media.mit.edu의 일련의 데이터 영양 라벨 프로젝트와 함께)를 제공함으로써 수행될 수 있다. 이는 다양한 방법으로 가상 세계를 더욱 몰입하게 만들려고 하는 시도와 관련이 있다(데이터를 활용해 조각품이나 공연을 만드는 예술가 포함). 그리고 예술가가 데이터를 활용해 조각품이나 퍼포먼스를 만든다(DIgnazio & Klein, 2020; Mortier et al., 2014, p. 6).

"지식 소유자" 변경(Noble, 2018, p. 17) 여기에는 기술 회사에 더 대표되지 않는 소수자에 속하고 정보 시스템의 역사 및 사회적 조건에서 훈련받는 사람들을 고용하는 것이 포함된다. 또한 더 많은 다양한 그룹의 사람들과 함께 이해관계자가 작업하는 것도 포함된다.

학자금, 유급 인턴십, 기술 기금 학생과 교육자가 고품질 정보를 얻는 데 드는 시간적, 재정적 비용을 충족하고 학교가 기술을 신중하게 선택할 수 있도록 구조를 도입해야 한다.

13.5.2.2 자기효능감의 기반 구축

소유권 디지털 집단과 협동조합은 여기에서 데이터 소유권에 대한 새로운 길을 보여준다. 여기서 개인은 공동으로 자신의 데이터를 보유하고 다른 실재들에 임대할 조건에 따라 함께 결정한다. 더구나 일부 온라인 플랫폼에서는 커뮤니티가 자체 커뮤니티 지침을 개발하고 플랫폼이 취하는 방향을 결정할 수 있다. 플랫폼의 문화, 기능, 방향을 위에서 지시하는 대신 커뮤니티 구성원이 플랫폼에 대한 소유권을 가질 수 있다.

13.3.2.3 자기통일성의 기반 구축

놀이와 시행착오를 감수할 공간 여기에는 어린이들이 안전한 실험을 할 수 있는 공간을 만드는 것이 포함된다. "인터넷의 혜택을 누리는 데 필요한 기술을 얻으려면 … 실험하고, 위험을 감수하고, 성인이 설정한 경계를 넓히는 것이 포함될 수 있다."(Donoso et al., 2009, p. 26). 해리슨(Harrison, 2021, p. 158)은 개인의 디지털 부분을 정리할 권리를 위해 싸웠던 2015년 아이라 잇츠(iRights) 캠페인을 언급한다. 기업은 자사 제품에도 이러한 권리를 구축할 수 있다.

책무를 위한 공간 습관 형성 앱을 통해 개인은 자신의 유덕한 활동 참여와 기타 덕 개발을 모니터링하고 추적할 수 있다. 이는 개인이 원하는 자질을 갖추도록 도와줌으로써 자기통일성(및 자기효능감)에 도움이 될 수 있다. 이러한 앱은 인식론적 통합성과 자기효능감을 촉진하는 데 주의를 기울여 설계되어야 할 것이다(예: 수집된 개인적 데이터 사용에 대한 투명성).

13.6 결론

우리는 먼저 가상공간에서의 도덕 교육과 가상공간을 위한 도덕 교육에 대한 덕 이론과 덕 윤리적 접근 방식을 설명하고 지지했다. 그런 다음에 가상공간이 새로운 종류의 덕을 요구한다는 기존 주장을 확장하여 이러한 요구 사항의 기초가 되는 구조적 제약을 지적했다. 우리는 이러한 제약을 해결하기 위해 새롭고 부담스러운 덕을 제안하고, 최종 사용자의 도덕적 발달을 지원하기 위해 기술 생태계 내의 교육자와 리더를 위한 목표도 제시했다.

따라서 우리는 도덕적 운에 따른 구조적 제약으로 개인들이 특정 덕을 누릴 수 없다고 탄식하는 반응을 더 이상 허용하지 않는다: 개인은 부담스러운 덕을 개발할 책임이 있을 수 있고, 관련 개인과 단체는 그러한 개인을 제약하는 생태계의 조건을 바꾸기 위해 노력할 책임을 질 수 있다.

그리고 우리는 구조적 제약에 대해 다음과 같이 설명한다. 종종 이 공간을 지배하는 기술-유토피아적 비전과는 달리, 더 많은 기술이 우리의 모든 문제를 해결하리라는 것은 사실이 아니다. 기술은 도덕 교육과 번영에 대한 기존의 구조적 장벽을 복제하고 때로는 심화시킨다. 가난한 개인은 온라인 세계(페이월)에서와 마찬가지로 오프라인 세계(신문, 서적)의 정보에 대한 접근이 감소했다. 인종차별과 성차별로 오프라인 세계는 소수자와 여성을 위험에 처하게 하고, 온라인 세계에서도 그들은 괴롭힘을 당하게 된다. 온라인과 오프라인 모두에서 이러한 구조적 문제를 해결해야만 우리는 온라인과 오프라인에서 번영할 수 있다. 따라서 온라인 세계의 이러한 과제는 새로운 것이 아니다. 도덕 교육의 장점이 많지 않다. 예를 들어 가상현실은 상황에 대해 읽는 것보다 공감을 불러일으키는 데 더 효과적이지 않다(Martingano et al., 2021). 앞으로 나아갈 길은 온라인과 오프라인 세계를 더 긴밀하게 조정하여 온라인과 오프라인의 정체성, 목표, 프로젝트 및 인격 특성 간의 더 큰 자기통일성을 촉진하는 것이다.

참고문헌

Alfano, M.(2013). *Character as moral fiction*. Cambridge: Cambridge University Press.

Anderson, E.(2012). Epistemic justice as a virtue of social institutions. *Social Epistemology*, 26(2), 163-173. doi: 10.1080/02691728.2011.652211.

Babbitt, S. E.(1996). *Impossible dreams: rationality, integrity and moral imagination*. London: Routledge.

Barlow, J. P.(1996). A declaration of the independence of cyberspace, electronic frontier foundation Available at: https://www.bbc.com/news/technology-44697788.

BBC News(2018). Roblox "gang rape" shocks mother. BBC News. Available at: https://www.bbc.com/news/technology-44697788.

Beioley, K.(2022). Metaverse vs employment law: The reality of the virtual workplace. Financial Times. Available at: https://amp.ft.com/content/9463edos-c847-425d-9051-482bd3a1e4b1#.

Benjamin, R.(2016). Informed refusal: Toward a justice-based bioethics. Science, *Technology, & Human Values*, 41(6), 967-990. doi:10.1177/0162243916656059.

_____(2019). *Race after technology: Abolitionist tools for the New Jim Code*. Oxford: Wiley Blackwell.

Biss, M.(2011). Aristotle on friendship and self-knowledge: The friend beyond the mirror. *History of Philosophy Quarterly*, 28(2), 125-140.

Bloom, P.(2017). It's ridiculous to use virtual reality to empathize with refugees. The Atlantic. Available at: https://www.theatlantic.com/technology/archive/2017/02/virtual-reality-wont-make-you-more-empathetic/515511.

Brewer, T.(2005). Virtues we can share: Friendship and Aristotelian ethical theory. *Ethics*, 115(4), 721-758. doi: 10.1086/430489.

Calhoun, C.(1995). Standing for something. *The Journal of Philosophy*, 92(5), 235-260. doi: 10.2307/2940917.

Damer, B. & Hinrichs, R.(2014). The virtuality and reality of avatar cyberspace. In In M. Grimshaw(Ed.), *The Oxford handbook of virtuality*(pp. 17-41). Oxford: Oxford University Press. doi: 0.1093/0xfordhb/9780199826162.013.032.

D'Ignazio, C. & Klein, L.(2020). *Data feminism*. Cambridge, MA: MIT Press. Available at: https://data-feminism.mitpress.mit.edu.

Donoso, V., Ólafsson, K. & Broddason, T.(2009). What we know, what we do not know - Google Search. In S. Livingstone & L. Haddon(Eds.), *Kids online*:

Opportunities and risks for children(pp. 19-30). Bristol: Policy Press.

Dotter, D. L. & Roebuck, J. B.(1988). The labeling approach re-examined: Interactionism and the components of deviance. *Deviant Behavior*, 9(1), 19-32. doi: 10.1080/01639625.1988.9967765.

Elan, P.(2011). "I believe it's a mental health issue": The rise of Zoom dysmorphia. The Guardian. Available at: https://www.theguardian.com/fashion/2021/sep/01/i-believe-its-a-mental-health-issue-the-rise-of-zoom-dysmorphia.

Ess, C. M.(2011). Self, community, and ethics in digitally mediated worlds. In M. Ess & M. Thorseth(Eds.), *Trust and virtual worlds: Contemporary perspectives* (pp. 3-30). New York, NY: Peter Lang.

_____(2014). Ethics at the boundaries of the virtual. In M. Grimshaw(Ed.), *The Oxford handbook of virtuality*(pp. 683-697). Oxford: Oxford University Press. doi: 10.1093/oxfordhb/9780199826162.013.009

Fisher, M., Goddu, M. K. & Keil, F. C.(2015). Searching for explanations: How the internet inflates estimates of internal knowledge. *Journal of Experimental Psychology*: General, 144(3), 674-687. doi: 10.1037/xge0000070.

Fisher, M. & Oppenheimer, D. M.(2021). Harder than you think: How outside assistance leads to overconfidence. *Psychological Science*, 32(4), 598-610. doi: 10.1177/0956797620975779.

Flanagan, O. J.(1991). *Varieties of moral personality: Ethics and psychology realism*. Cambridge, MA: Harvard University Press.

Flew, T.(2008). *New media: An introduction*. Oxford: Oxford University Press.

Fox, J., Bailenson, J. N. & Tricase, L.(2013). The embodiment of sexualized virtual selves: The Proteus effect and experiences of self-objectification via avatars. *Computers in Human Behavior*, 29(3), 930-938. doi: 10.1016/j.chb.2012.12.027.

Frankfurt, H. G.(1988). *The importance of what we care about: Philosophical essays*. Cambridge: Cambridge University Press. doi: 10.1017/CBO9780511818172.

_____(1998). *Necessity, volition, and love*. Cambridge: Cambridge University Press. doi: 10.1017/CBO9780511624643.

_____(2004). *The reasons of love*. Princeton. NJ: Princeton University Press.

Fricker, M.(2007). *Epistemic injustice: Power and the ethics of knowing*. Oxford: Oxford University Press.

_____(2015). Epistemic contribution as a central human capability. In G. Hull(Ed.), The equal society: Essays on equality in theory and practice (pp. 73-90). Lanham, MD: Lexington Books.

Grimshaw, M.(2014). Introduction. In M. Grimshaw(Ed.), *The Oxford handbook of virtuality*(pp. 1-16). Oxford: Oxford University Press. doi: 10.1093/oxfordhb/9780199826162.013.046.

Harrison, T.(2021). *Thrive: How to cultivate character so your children can flourish online*. Boston, MA: Little, Brown.

Herrera, F., Bailenson, J., Weisz, E., Ogle, E. & Zaki, J.(2018). *Building long-term empathy: A large-scale comparison of traditional and virtual reality perspective-taking*. PLoS ONE, 13(10), e0204494. doi: 10.1371/journal. phone.0204494.

Hicks, B., Konovalova, I., Myers, K., Falconer, L. & Board, M.(2021). Taking "A walk through dementia": Exploring care home practitioners' experiences of using a virtual reality tool to support dementia awareness. *Ageing & Society*, 1-26. doi: 10.1017/S0144686X21000994.

Hoyle, B.(2018). Tech-free schools for children of Silicon Valley. The Times. Available at: https://www.thetimes.co.uk/article/tech-free- schools-for-children-of-silicon-valley-jbh637vwp.

Hughes, S.(2020). I met the woman who trolled me online. BBC News. Available at: https://www.bbc.co.uk/news/uk-54421632.

Hunt, E.(2019). Faking It: How selfie dysmorphia is driving people to seek surgery. The Guardian. Available at: https://www.theguardian.com/lifeandstyle/2019/jan/23/faking-it-how-selfie-dysmorphia-is-driving-people-to-seek-surgery.

Hunter, A. & Mosco, V.(2014). Virtual dystopia. In M. Grimshaw(Ed.). *The Oxford handbook of virtuality*(pp. 727-738). Oxford: Oxford University Press. doi: 10.1093/oxfordhb/9780199826162.013.007.

Irom, B.(2018). Virtual reality and the Syrian refugee camps: Humanitarian communication and the politics of empathy. *International Journal of Communication*, 12(0), 23.

Jolinson, M. K.(2020). *Imaginative simulation in the moral life*. Doctoral thesis. University of Cambridge.

Kaiser, J. & Rauchfleisch. A.(2018). Unite the right? How YouTube's recomendation algorithm connects the US Far-Right. DoS Media Manipulation[Preprint].

Kraut, R. E.(1973). Effects of social labeling on giving to charity. *Journal of Experimental Social Psychology*, 9(6), 551-562.

Lebowitz, S.(2018). Silicon Valley nannies are being asked to monitor kids' screen time. Business Insider South Africa. Available at: https://markets. businessinsider.com/news/stocks/silicon-valley-nannies-monitor-kids-screen-time-2018-10.

Lemert. E. M.(1972). *Human deviance, social problems, and social control*. New York, NY: Prentice Hall.

Lewandowsky, S., Smillie, L., Garcia, D., Hertwig, R., Weatherall, J., Egidy, S. & Leiser, M.(2020). Technology and democracy: Understanding the influence of online technologies on political behavior and decision-making. Luxembourg: Publications Office of the European Union (EUR - Scientific and Technical Research Reports - EUR 30422 EN). doi: 10.2760/593478, JRC122023.

Livingstone, S. & Haddon, L.(2009). *Kids online: Opportunities and risks for children*. Bristol: Policy Press.

Martingano, A. J., Hererra, F. & Konrath, S.(2021). Virtual reality improves emotional but not cognitive empathy: A meta-analysis. *Technology, Mind. and Behavior*, 2(1), doi: 10.1037/tmb0000034.

McKelvey, C.(2013). Sexualized avatars affect the real world, Stanford researchers find Stanford News Release. Stanford News Service, 9 October. Available at: https://news.stanford.edu/pr/2013/pr-virtual-female-avatars-100913.html.

Medina, J.(2012). *The epistemology of resistance: Gender and racial oppression, epistemic injustice, and resistant imaginations*. Oxford/New York, NY: Oxford University Press.

Medlin, P.(2011). Illinois is the first state to have high schools teach news literacy, NPR. Available at: https://text.npr.org/1026993142.

Mortier, R., Haddadi, H., Henderson, T., McAuley, D. & Croweroft, J.(2014). Human-dass interaction: The human face of the data-driven society, SSRN Scholarly Paper ID 2508051. Rochester, NY: Social Science Research Network. doi: 10.1139/ssrn.2508051.

Nabi, D. A. & Charlton, J. P.(2014). The psychology of addiction to virtual environments. In M. Grimshaw(Ed.), *The Oxford handbook of virtuality*(pp. 187-204). Oxford: Oxford University Press, doi: 10.1093/oxfordhb/9780199826161.013.022.

Nadolny, L., Woolfrey, J., Pierlott, M. F. & Kahn, S.(2013). SciEthics Interactive: science and ethics learning in a virtual environment. *Educational Technology Research and Development*, 61(6), 979-999. doi: 10.1007/s11423-013-9319-0.

Noble, S. U.(2018). *Algorithms of oppression: How search engines reinforce racism*. New York, NY: NYU Press.

Pink, S., Ruckenstein, M., Willim, R. & Duque, M.(2018). Broken data: Conceptualizing data in an emerging world. *Big Data & Society*, 5(1). doi: 10.1177/2053951717753228.

Prinz, J.(2011). Against empathy. *The Southern Journal of Philosophy*, 49(51): 214-233. doi: 10.1111/j.2041-6962.2011.00069.x.

Reeves, B., Malone, T. W. & O'Driscoll, T.(May 1, 2008). Leadership's Online Labs. Harvard Business Review. Available at: https://hbr.org/2008/05/leaderships-online-labs.

Ribeiro, M. H., Ottoni, R., West, R., Almeida, V. A. & Meira Jr., W.(2020). Auditing radicalization pathways on YouTube. In Proceedings of the 2020 conference on fairness, accountability, and transparency(pp. 131-141.) New York, NY: Association for Computing Machinery.

Riva, G.(2014). Medical clinical uses of virtual worlds. In M. Grimshaw(Ed.), *The Oxford handbook of virtuality*(pp. 649-665). Oxford: Oxford University Press. doi: 10.1093/oxfordhb/9780199826162.013.014.

Søraker, J. H.(2011). Virtual entities, environments, worlds and reality: Suggested definitions and taxonomy. In M. Thorseth & C. M. Ess(Eds.), *Trust and virtual worlds: Contemporary perspectives*(pp. 44-72). New York, NY: Peter Lang.

Spinelli, L., & Crovella, M.(2020). How YouTube leads privacy-seeking users away from reliable information. In T. Kuflik & I. Torre(Eds.), Adjunct publication of the 28th ACM conference on user modeling, adaptation and personalization(pp. 244-251). New York, NY: Association for Computing Machinery.

Strickland, E. & Harris, M.(February 15, 2022). Their bionic eyes are now obsolete and unsupported. IEEE Spectrum. Available at: https://spectrum.ieee.org/bionic-eye-obsolete.

Swann, W. B. & Ely. R. J.(1984). A battle of wills: Self-verification versus behavioral confirmation. *Journal of Personality and Social Psychology*, 46(6), 1287-1302. doi: 10.1037/0022-3514.46.6.1287.

Tanz, J.(2016). Soon we won't program computers. We'll train them like dogs. Wired. Available at: https://www.wired.com/2016/05/the-end-of-code.

Tessman, L.(2005). *Burdened virtues: Virtue ethics for liberatory struggles*. Oxford: Oxford University Press.

_____(2017). *When doing the right thing is impossible*. Oxford: Oxford University Press.

Ticknor, B.(2019). Virtual reality and correctional rehabilitation: A game changer. *Criminal Justice and Behavior*, 46(9), 00938548198 0093854819842588. 1319-1336. doi:10.1177/0093854819842588

Turkle, S.(1995). *Life on the screen.* New York, NY: Simon & Schuster.

Vallor, S.(2016). *Technology and the virtues: A philosophical guide to a future worth wanting.* Oxford: Oxford University Press.

Velleman, J. D.(2000). From self psychology to moral philosophy. *Philosophical Perspectives, 14,* 349-377.

_____(2005). *Self to self: Selected essays.* Cambridge: Cambridge University Press. doi: 10.1017/CBO9780511498862.

Waldmeir, P.(February 21, 2022). Virtual worship gives organized religion a boost. Financial Times. Available at: https://www.ft.com/content/087aff26-45ad-4da9-9615-6648fcd3e69b.

Watson, L. (2021). *The right to know: Epistemic rights and why we need them.* London: Routledge.

Weller, C.(2017). Bill Gates and Steve Jobs raised their kids tech-free and it should've been a red flag. *The Independent.* Available at: https://www.independent.co.uk/life-style/gadgets-and-tech/bill-gates-and-steve-jolraised-their-kids-techfree-and-it-should-ve-been-a-red-flag-a8017136.html.

Yee, N. & Bailenson, J.(2007). The Proteus effect: The effect of transformed self-representation on behavior. *Human Communication Research, 33*(3), 271-272. doi: 10.1111/j.1468-2958.2007.00299.x.

14장

교육과 민주주의에 대한 소비주의의 위협

트레버 노리스(Trevor Norris)

14.1 서론

나는 본 장에서 소비주의, 도덕 교육, 정치, 특히 민주정치라는 세 가지 큰 아이디어에 대해 논한다. 이어서 나는 도덕 교육에 관해 소비주의가 제기하는 몇 가지 중요한 질문을 확인하고, 도덕 교육이 몇 가지 중요한 방식으로 소비주의를 어떻게 보상할 수 있는지(그러나 경쟁하지는 않을지) 살펴보고 결론을 맺겠다. 이를 통해 나는 교육의 도덕적, 정치적 목적이 서로 교차하는지 탐색하고, 특히 도덕 교육이 정치적 관심사와 어떻게 중첩되는지에 집중하고, 소비주의가 민주주의, 시민권, 공공 생활 전반에 주는 도덕적 의미에 주목할 것이다. 도덕 교육과 도덕적 의사 결정은 항상 사회적, 정치적 맥락에서 이루어지며 오늘날 소비주의에 점점 더 지배받고 있다. 현대 생활의 가장 중심적인 특징 중 하나인 우리의 도덕적 삶과 도덕적 행동은 소비자 문화의 힘에 따라 근본적으로 형성된다.

현대 교육에 대한 소비주의의 중대한 영향과 소비주의 문화의 막대한 도덕적 함의에도, 소비주의라는 주제는 도덕 교육에 관한 논의에서 사실상 드러나지 않는다. 이러한 의미에서 이 장은 도덕 교육에 대한 학문이 "가끔은 문화 간 또는 지구적 맥락에서 정치적이고, 정치적으로 다루어지는 시민성(citizenship)과 복잡하게 관련되어 있다."고 비판한 콘웨이(Conway, 2021)에 답한다(p. 3). 소비주의는 우리 문화와 교육 내에서 가장 중요한 도덕적 위험 중 하나이며, 교육자와 교육 연구자들이 이제 막 이해하고 해결하기 시작한 새롭고 전례 없는 위협이다.

소비 문화는 우리의 다양한 문제에 대한 해결책이 소비주의 자체에 있다는 개념을 전달한다. 그러나 많은 비평가와 교육자들은 소비주의가 우리의 구원자가 될 수는 없다고 주장한다. 과도한 소비주의가 환경에 미치는 영향부터 그런 과잉이 의존하는 부당한 노동까지, 그러한 판매를 촉진하기 위해 형성하고 조장하는 불안전과 불만족까지, 그리고 대부분 광고에서 핵심은 가시적 언어와 고정관념으로 나타나지만, 종종 (인종, 성별, 성 정체성, 장애 및 계급에 영향을 미치는) 불평등은 간과되고 있고, 소비주의는 해결책이 아니라 오히려 문제로 등장한다. 그리고 우리는 상품이다. 우리의 일상은 소비주의의 손길이 닿지 않은 영역을 찾기가 어렵다. 우리 사회의 가장 젊은 인재들은 그저 바로 다음의 개척지가 될 수도 있다.

여기서 나는 특히 소비주의가 교육과 도덕 교육에 가하는 위협의 성격을 구체적으로 설명하고자 한다. 나는 여기서 미래 민주 시민의 도덕적, 시민적 정체성을 기를 학교가 여전히 소비주의 세력에 맞서는 중요한 저항 거점인 이유를 개괄적으로 설명하고자 한다.

14.2 소비주의는 도덕적 실재이자 도덕적 이슈

소비주의는 단순한 쇼핑 그 이상이다. 그것은 엄청나게 설득력 있는 선전을 뒷받침하는 이데올로기다. 청소년을 대상으로 한 광고가 얼마나 널리 퍼져있는지 알아보려면 청소년을 대상으로 한 광고의 보급률만 보면 된다. 우리는 항상 음식을 소비해야 하므로 소비주의는 항상 존재해 왔다고 말할 수 있다. 그러나 소비주의는 수천 년 동안 인간을 지탱한 기본적인 생물학적 자기보존과 동일하지는 않다. 인간은 소비의 상징과 대상을 통해 정체성, 사회적 지위, 사회적 차별성을 전하는 법을 모색해 왔지만, 소비주의는 이러한 관행과 범주적으로 다르다. 소망과 욕구, 과잉과 생존 사이의 경계가 어딘지 정확히 결정하기 어려울 수 있다. 하지만 어딘가의 경계에서 생존과 출산을 위한 진화론적 명령이 일련의 가치관, 세계관, 그리고 이데올로기(소비를 단순히 목적을 위한 수단이 아니라 목적 그 자체로 봄)로 전환된다. 즉, 어떤 시점에서 우리는 생존을 위한 소비로부터 우리 소비가 대부분 소비주의 자체를 유지하는 데 사용되는 세계로 전환했으며, 때로는 개인적, 사회적 또는 지구적 생존을 희생하며 점점 더 많이 비용을 내게 되었다.

소비주의가 지배하는 삶에는 고차적 소명이나 헌신이 존재하지 않는다(Cavanaugh, 2008). 소비주의는 종종 공동체를 희생시키면서 잘못된 욕망에 사로잡히고 자기 자신에 과도하게 집중함으로써 공허하고 무의미한 것으로 이해된다. 상품의 공허함과 그 이미지는 상품을 공허한 기호로 바꾸고(Baudrillard, 1973), 상품에 대한 우리의 일체감(identifications)을 심화할 때만 창의성을 중요하게 여긴다(Stiegler, 2010, pp. 3-4).

소비주의는 21세기의 결정적인 특징이며 학술 연구에서 점점 중요한 주제이다(Barber, 2008; Boyles, 2011; Crocker & Chiveralls, 2018; Klein, 2000; Norris,

2011; Sandlin & McLaren, 2010). 더구나 소비주의는 점점 특별한 도덕적 이슈로 등장했다. 예컨대 이는 "윤리적 쇼핑" 및 기업의 사회적 책임(CSR)의 담론에서 입증되었다(Kalajtzidis, 2016). 실제로 소비주의는 종교적 의식의 한 형태로 분석되기도 했다. "번영 복음"이나 "번영 신학"은 부가 덕과 하나님 은총의 표시이고, 재정적 축복이 하나님의 뜻이며, 믿음이 사람의 부를 증가시킬 것이라는 개념에 기초하고 있다(Bowler, 2013; Coleman, 2000). 베버(M. Weber)는 자본을 제멋대로 소비하기보다는 재투자하라는 계명과 청교도적인 도덕적 제약이 자본주의의 기원이라고 주장하지만(Weber, 2002[1905]), 번영 복음은 소비자의 가치 및 세계관에 부합하고 이를 발전시킨다. 보울러(K. Bowler)는 『축복받은: 미국 번영 복음의 역사(Blessed: A History of the American Prosperity Gospel)』에서 수백만 명의 미국인이 이러한 견해를 갖고 있다고 주장한다. 『신으로서의 시장(The Market as God)』에서 하버드 신학자 콕스는 마케팅이 어떻게 전지전능하고, 편재하는 것으로 신성화되어 "기업 신학" 또는 "시장 근본주의"를 창조하는지 설명하면서 기독교와 자유 시장 사이의 유사성을 제시하고 있다(Cox, 2016). 그는 "『월스트리트 저널』, 『파이낸셜 타임스』, 『이코노미스트』의 어휘집은 창세기, 로마서, 아우구스티누스의 신의 도시와 놀랍도록 유사하다는 것이 밝혀졌다."고 지적하고 있다(p. 6). 레만(Lehmann)은 『돈 숭배: 자본주의, 기독교, 그리고 아메리칸드림의 실현(The Money Cult: Capitalism, Christian and the Unmaking of the American Dream)』(2017)에서 번영 복음이 소비주의를 빈곤으로부터 구원하는 형태로 제시하고 있다고 언급한다.

이와 같은 새로운 복음은 기독교의 가르침에 익숙한 사람에게 부자가 천국에 들어가기보다 바늘구멍으로 들어가기가 쉽다는 예수님, 즉 가난하셨고 종종 가난한 사람들을 도우신 분의 말씀에 역행한다(마태복음 19:24). 더구나 교황 자신(n.d.)은 "이윤의 증대를 가로막는 모든 것을 삼켜

버리는 경향이 있는" 시스템인 "시장의 절대적 자율성을 옹호하는 이데 올로기"에 대해 매우 비판적이며, "환경처럼 취약한 것은 무엇이든, 신격 화된 시장의 이익 앞에서는 무방비 상태에 빠진다."라고 주장한다(pp. 47-48). 그럼에도, 종교적 사고와 소비주의 언명 사이에 강한 공명은 지속되고 있다.

훨씬 더 넓은 관점에서 볼 때, 시장 자체가 도덕적 실재라고 주장하는 사람들이 많다. 혹자는 경제 성장이 암흑기에서 벗어나는 데 도움이 되었으며 국내총생산이 "좋은 삶"과 동일하다는 견해를 갖고 있지만, 소비주의가 환경적(Klein, 2014; McGibbon, 2006), 도덕적, 정치적으로(Sandel, 2018; Taylor, 2022) 파괴적이라고 주장하는 사람들도 많다. 우리는 중국을 살펴보면 경제 성장이 반드시 또는 필연적으로 정치적 자유로 이어지는 것은 아니라는 것을 알 수 있다(Friedman, 1999). 실제로 경제 성장에는 상당한 도덕적, 정치적 단점이 있을 수 있다.

이와 같은 사상은 고대 그리스로 거슬러 올라간다. 아리스토텔레스의 덕 윤리는 도덕 교육 문헌의 핵심 내용이었다(Aristotle, 1984). 또한 나는 경제 활동이 폴리스(polis)를 지배하는 것을 제한하고, 집(oikos)과 폴리스(polis)를 독특한 도덕적 원칙에 따라 지배받는 두 개의 독특한 삶의 영역으로 묘사하는 아리스토텔레스의 정치적, 도덕적 논의에 대해 검토하고자 한다(Politics 1252a-1253a; 1256a-1257a; Nichomachean ethics 1130b30-1132a1; 1133a19-25). "경제학"이라는 단어가 파생된 가정 관리(oikos/집+nomos/법률 또는 규칙)는 eudaimonia(인간 번영)를 지향하고 좋은 삶의 자연스러운 목표를 달성하는 실천적인 지혜이다(Theocarakis, 2006). 아리스토텔레스는 경제적 문제가 폴리스(polis)를 지배하게 되면 도덕적, 정치적 삶이 훼손된다고 주장한다. 그러나 아리스토텔레스의 처방과 달리, 오늘날 경제학의 지배는 원래의 경계를 훨씬 넘어 확장되어 더 이상 사적 영역에 국한되지 않고 도덕적, 정치적 삶에 악영향을 끼치고 있다. 20세기 정치이론가 하버마스 (Habermas)는 이것을 "생활 세계의 식민지화"(1987)라고 부르고, 아렌트 (Arendt)는 이를 "사회적인 것의 부상"(1958)이라고 부른다.

역사적으로 이러한 맥락에서 분배적 효율성에 기초한 이익과 재화라는 도덕과 무관한 중재자로 이해되는 자유 시장의 계몽주의 시대가 출현하여 발전하였다. 여기에서도 시장과 도덕성은 눈에 띄게 중첩되었다: 스미스(Smith)는 도덕 철학자였고, 글래스고에서 도덕철학회 회장을 역임했다. 오늘날 그가 "보이지 않는 손"으로 유명하지만, 당시에는 도덕 감정 이론(1982[1759])으로 더 유명했다. 사실, 자유 시장의 개념에 대한 그의 지지는 자유로운 상업 활동이 언제나 정치적 자유와 도덕적 향상을 촉진한다고 주장하는 도덕적 근거에 기초하고 있다(Cropsey, 1957).

18세기 정치이론가 맨더빌(Mandeville, 1989(1714))은 사적 악행이 공공의 이익으로 이어진다고까지 주장했다. 적절하게 관리되는 악행은 모든 사람의 번영을 위해 필요하다. "능숙한 정치가의 비상한 관리로 사적 악덕이 공적 이익으로 전환할 수 있다"(p. 371). 단순히 자기 이익을 추구하면 모두가 이익을 얻을 수 있는데 왜 도덕성을 가르쳐야 하는가? 이 경우 도덕적 추론은 우둔한 이기주의가 주도한다.

그러나 자유 시장과 경제 전반에 대한 개념은 20세기 후반에 도덕적 고려와 분리되었다. 오스트리아학파와 펠레린 산 협회, 그리고 하이에크와 폰 미제스(Hayek and Von Miss) 같은 사상가들의 지적 기반을 바탕으로 한 이러한 도덕과 무관한 경제학 개념은 시카고 정치경제학파가 추진한 수학적 모델에 의해 가장 강력하게 도입되었다. 가장 유명한 것은 프리드먼(M. Friedman, 1962)이다. 이들 학파와 사상가들 사이에는 약간의 차이가 있지만, 인간의 가장 일관된 특징은 모든 행동과 가치에서 합리적 이기심이 중심이라는 관점을 공유하고 있다.

경제적으로 주도되는 이러한 관점이 설명하지 못하는 것은 소비자가 경제적 현상 그 이상이라는 것이다. 소비자도 도덕적 세계 안에 존재하며, 이는 일련의 특정 도덕적 원칙에 기초하며, 그 원칙은 인간 개인과 집단적 도덕적 지향에 크게 영향을 미친다. 이는 중요한 질문을 제기한다: 도덕적 선택에 대한 사회의 폭넓은 의존이 갖는 도덕적 함의는 무엇인가? 어떤 도덕적 틀이 자유 시장의 한계를 결정하는 데 가장 적절하게 사용되고 있는가? 예를 들어, 도덕적 틀은 가령 성실서, 대학 진학, 좋은 학업성적, 낙원 또는 우정과 같은 특정 좋음이 교환 가능한 것이어야 하는지 결정하는 데 사용되어야 한다(Taylor, 2022). 20세기의 사람들은 그러한 고려 사항을 간과하고 있다.

이와 같은 맥락에서 하버드 정치이론가 샌델은 시장이 도덕과 무관하지는 않지만, 도덕적 고려 사항을 적극적으로 소외시킨다고 주장하면서 어떻게 "시장이 도덕을 구축하는지" 탐색한다. "시장은 흔적을 남긴다. 때로는 시장 가치가 관심을 가질 만한 가치가 없는 비시장적 가치를 밀어낸다. … [일부] 인생의 좋은 것 중 일부는 상품으로 바뀌면 부패하거나 타락한다."(M. Sandel, 2018, p. 23). 이는 시장이 상품을 할당하고 분배할 뿐만 아니라 "교환되는 상품에 대한 특정 태도를 표현하고 증진"하기 때문이다(Panitch, 2019, p. 9). 그러므로 20세기와 21세기에는 시장 경제에서 시장 기반 사회, 시장 지향 사회로 점진적으로 전환한다고 말하는 것이 더 정확하다. 샌델은 심지어 자유주의의 도덕적 중립성이 언제나 "도덕적 판단을 시장에 위탁하고 있다"고 말한다(p. 28).

이는 때때로 "경제 제국주의"로 설명된다. 일부 교육이론가들은 경제적 제국주의가 교육 정책에서 점점 더 지배적으로 되었다고 지적하고 있다(Gilead, 2015; Jabbar & Menashy, 2021). 경제적 제국주의는 경제적 추론과 경제적 가치를 교육과 같이 경제와는 무관한 삶의 영역에 적용한다. 경제적 제국주의는 "소비자 선택, 기업 이론, (명백한) 시장, 거시경제 활동을 포함하여 고전적인 이슈의 범위를 넘어서는 주제로 경제학을 확장하는 것이며, ··· 경제학의 도구를 사용하여 모든 사회적 행동을 설명하고자 한다."(Lazear, 1999, 103).

요컨대, 소비주의는 종종 도덕과 무관한 것으로 여겨지기도 하지만, 본질적으로는 도덕적인 아이디어다. 이것들은 현대 소비주의의 가치와 세계관에 대한 중요한 전제 요건이며, 소비주의가 가치중립적인지, 소비자가 전적으로 자기중심적이어야 하는지, 소비주의에서 어떤 도덕적 "좋음"이 나올 수 있는지, 소비자가 이기심을 추구한다면 어떤 이익이 있는지에 대해 중요한 질문을 제기한다. 소비자 사회에서는 어떤 종류의 도덕 교육이 가장 적절하며, 소비자 사회에서 가장 적합한 도덕 교육의 목적은 무엇인가?

14.3 소비주의: 개인과 집단의 도덕적 함의

이 간략한 역사적 개요에서 알 수 있듯이 소비주의는 본질적으로 도덕적 함의를 지닌 개념으로, 자유 시장 자본주의가 세계 여러 지역에서 경제적으로 현상 유지가 되면서 그 힘과 영향력이 커졌다. 소비주의의 도덕적 함의의 파급효과는 사회의 모든 수준에서 명백하다.

이와 같은 함의가 개인적 선택과 행동에 어떤 영향을 미치는지 아래에서 간략하게 설명하겠다. 아리스토텔레스의 현상에 대한 표현을 빌리자면, 소비주의는 어떤 영혼이 더 고귀하고 현명한지보다는 우리가 어떤 선호를 신장해야 하는지다. 숙고적 혹은 이성적인 부분을 희생시키면서 영혼의 식욕을 자극하는 부분이 사용된다. 그것은 **pronesis**(의식 또는 판단)

가 없는 **thumos**(열정이나 욕망)이며, 영혼 내에 "올바른 관계"도 없고 도덕적 탁월성의 목표도 없다(Kristjánsson, 2020). 그러나 마찬가지로 중요한 것은 이러한 개별 영향이 집단적, 사회적 영향으로 변환된다는 것이다. 즉, 소비주의의 도덕적 함의는 개별 시민뿐만 아니라 그들이 속한 정치체(body politic)의 도덕적 지향에도 영향을 끼친다.

14.3.1 소비주의가 개인에게 끼치는 도덕적 영향

도덕 교육은 대체로 노골적인 이기주의보다는 타인에 관한 관심을 옹호하는 경우가 많다. 그러나 소비주의는 타인에게 끼치는 영향을 거의 고려하지 않고 쾌락주의와 자기만족을 조장한다. 소비주의는 소비자의 특정 종류의 주관성—소비 주체—을 촉진한다. 이는 자기를 포함한 모든 것이 상품화되는 것이 특징이다. 그것은 주관적 정체성을 형성하고 집단적 연결을 도모하는 활동으로서의 생산과 노동의 정치적 중요성으로부터 자아와 사회를 구성하는 소비로의 전환을 수반한다. 자아 자체가 점차 하나의 브랜드로 인식되고 있다. "영향력 있는 사람"이 출현하고 가상현실 TV 스타이자 카지노 제작자—소비자 생활양식의 아이콘—가 미국 최고의 정치 직위에 선출되는 것보다 이를 더 잘 구현하는 것은 없다.

개인적 정체성이 상업화되고 상품화되는 사회에서는 제품과 생활양식으로 유명한 인기 아이콘, 그 자체가 브랜드가 되는 도덕적 모범이 추구된다. 이는 효용 극대화의 초 경쟁적 분야에서 사람을 도구적 기술의 집합으로 해석하는 ""에 대한 새로운 담론에서 분명하게 드러난다. "나 주식회사(Me, Inc.)"에 대한 숭배의 사례는 급증하고 있다. 밴쿠버에서 열린 나 주식회사 회의는 "1학년과 2학년 학생들을 위해 고안된 직업 탐구 및 개인 개발 회의"라고 주장했다(UBC Sauder School of Business, 2019). 『나

주식회사: 당신이 비즈니스를 마스터하는 방법(Me, Inc.: How to Master the Business of Being You)』이라는 제목의 책에서는 "당신이 원하든지 원하지 않든지 당신은 Me, Inc.의 최고경영자다"라고 선언한다(Ventrella, 2007, p. 2). Forbes Magazine(Peters, 1997)은 "당신을 부르는 브랜드(The Brand Called You)"를 기념하며, 당신은 자신의 발전을 통해 브랜드의 가치를 높일 수 있다고 언급하고 있다. 피터스의 말에 따르면, "대기업은 브랜드의 중요성을 이해하고 있다. 오늘날 개인의 시대에 당신은 자신만의 브랜드가 되어야 한다. 이것이 '나 주식회사' 최고경영자가 되기 위한 필요조건이다." 이제 그 어느 때보다 아이들은 자신의 취향을 다른 브랜드를 강화하는 수행적, 통합적 광고 경험의 형태로 영향력 있는 사람이 되어 자신의 삶을 살고 자신의 선호를 전달하기를 열망하고 있다. 그 반대의 경우도 마찬가지이다.

이런 식으로 개인을 물신화하는 사회는 수익성 있는 경제 관계와 생산 및 소비의 극대화를 우선시한다. 상품이 비도구적이거나 경제적인 것 이상일 수 있다는 개념은 사라졌다. 이 "나 주식회사" 접근은—소비주의의 가치를 옹호하는 사회의 도덕적 결과에 접근하는 방식—도덕 교육이 증진하는 일종의 가치 및 성향과는 상충한다. 이는 앞으로 논의하고자 한다. 이는 궁극적으로 교육과정의 다른 차원: 도덕적, 정치적, 영적, 심지어 교육학적 차원을 모호하게 한다. 그러나 도덕 교육으로 전환하기 전에, 소비주의의 부정적인 영향을 분석하기 위해 개별화된 접근 방식을 채택할 때 소비주의의 전체화 효과가 과소 평가된다는 점을 인정하는 것이 중요하다. 왜냐하면, 소비주의가 정치 사회 전체의 도덕적 지위에 실제로 영향을 끼칠 때, 그런 접근이 소비주의를 개인적인 도덕적 실패로 잘못 해석하기 때문이다.

14.3.2 소비주의가 집단에게 끼치는 도덕적 영향

학교의 가장 중요한 임무는 정치적 시민을 양성하고 시민적 정체성을 공유하도록 돕는 것이다. 그런데 소비주의의 한 가지 결과는 사람들이 자신들을 시민적 정체성의 소유자나 정치공동체의 구성원이라고 생각하기보다 소비자로 먼저 생각한다는 것이다. 소비주의는 브랜드와 그 상징적 의미에 대한 강렬한 동일시와 집착을 불러일으켜 사람들은 특정 제품, 기업, 로고를 자신이 속한 지역 사회와 국가보다 훨씬 더 동일시하며 둘을 구별하지 못할 수도 있다. 애국심은 제품, 기업, 문화적 의미에 대한 사랑으로 방향이 바뀌어 국가와 상업적 주체 사이의 경계를 모호하게 할 수 있다.

시민적 정체성과 마찬가지로, 소비주의는 생각이 같은 사람들의 집단에 속하려는 자연스러운 욕구를 이끈다. 일반적으로 소비주의를 분석한 학자들에 따르면, 사람들 간의 소속감과 헌신의 결속이 시민적 정체성보다 소비자의 습관에 의해 생길 때, 소비주의가 더 약하고 그 의미도 약하다고 주장한다(Barber, 2008; Norris, 2011). 실제로 시민적 정체성이 약하면 사람들은 동일한 사회적, 개인적 재화를 추구하기보다는 소비주의로 전환할 것이라고 주장할 수 있다.

소비주의는 우리의 합리적 능력을 무시하고 자기만족을 강조함으로써 우리를 분열시키는 경향이 있다. 청소년 광고는 올손과 게리케(Olsson & Gericke, 2016)가 "청소년 침체(dip)"[1]라고 부르는, "타인에 대한 관심"의

---

1 [역자 주] 올손과 게리케(Olsson & Gericke)에 따르면, 환경 및 지속가능성에 대한 청소년의 의식 및 관심이 침체(dip) 상태에 있다가 나이 든 성인이 되면 반등한다. 다시 말해, 청소년은 더 어리거나 더 나이 든 사람들보다 쾌락주의적 태도가 강하나 청소년기에서 벗어날 시기에는 친환경적, 친사회적 태도로 반전한다.

감소를 설득력 있게 잘 보여주고 있다. 좀 광범위하게, 소비주의는 정치적 에너지를 고갈시키거나 사회를 보다 급진적이고 효과적인 단계에서 소비자의 감성에 도전하거나 위협하지 않는 더 평범하고 입맛에 맞는 접근 방식으로 방향을 바꾼다. 광고의 언어로 말하면, 모든 문제에는 구매 해결책이 있고 힘은 진정한 변화가 아닌 선택을 하도록 축소된다.

소비주의는 생활 수준을 높이고 삶의 질을 향상하므로 흔히 공동의 이익으로 묘사되지만, 소비주의의 확산은 막대한 경제적 격차를 거의 줄이지 못했으며 실제로 부의 격차를 대체로 확대했다. 팬데믹 이전의 경제적 불평등은 이미 엄청났으며 그 이후로 더욱 악화하였다. 예컨대, 팬데믹 경제가 시작된 지 불과 1년 만에 미국 억만장자의 부가 충격적으로 70%나 급증했다(Collins, 2021). 이러한 관점에서 보면, 세계 상위 10대 억만장자의 부 증가는 지구촌에 예방백신(BBC News, 2021)을 충분히 제공했고, 이로써 옥스팜은 슈퍼리치에 대한 특별세를 옹호하였다(Oxfam International, 2021).

부유층의 경제적 지배력은 또한 세계 정치의 성격에 있어서 세계적인 변화를 불러왔다. 소비주의의 확산은 기업과 같은 상업적 이해관계가 정치 과정에 더 큰 영향을 미친다. 5대 기술 대기업 각각의 시가총액은 캐나다, 이탈리아, 러시아의 GDP보다 크다. 애플이나 아마존보다 경제 규모가 더 큰 국가는 소수에 불과하다. 2016년 기준으로 세계 최고의 수익 창출원 중 거의 3/4은 국가가 아닌 기업이다(Babic et al., 2017, 2018). 이러한 추세는 대규모 상업적 이해관계가 지배하는 세계에서 시민성의 본질에 대한 중요한 도덕적, 정치적 질문을 제기한다.

14.4 소비주의 사회의 도덕 교육

현대 사회에서 소비주의의 승리가 갖는 도덕적 함의를 고려할 때, 현대 도덕 교육에서 시급히 소비주의를 다룰 필요가 있다. 그런데 이 주제는 주목을 크게 받지는 못했다. 구글 및 구글 학자와 함께 여러 저널 데이터 베이스를 검색하여 "소비자" 또는 "소비주의" 및 "도덕 교육" 또는 "도덕 발달"이라는 키워드를 사용하여 검색한 결과는 매우 적었고 교육 잡지에는 아무것도 나오지 않았다. 실제로 도덕 발달과 소비주의를 유일하게 연결하는 것은 티르키예 가족 구성원의 도덕 발달이 소비자 선택에 어떤 영향을 미치는지에 대한 회귀 분석 논문으로 『기업 윤리 저널(Journal of Business Ethics)』에 실렸다(Kavak et al., 2009).

소비주의의 도덕적 결과에 맞서려는 시도는 현재 대부분의 비즈니스 학부에서 요구하는 대학의 비즈니스 윤리 과정(Rutherford et al., 2012)과 K-12 맥락에서의 "소비자 교육"(McGregor, 2016)을 포함한 일부 교육적 맥락에서 분명히 드러난다. 그러나 점차 소비주의가 교육에 끼친 영향을 연구하는 교육학자들이 많지만, 도덕 교육과 소비주의 사이의 연관성, 그리고 교실 현장에서 어떤 지도의 원칙이 소비주의의 도덕적 효과를 거두기 위한 노력으로 적합한지 탐구한 연구는 거의 없다.

이는 사람들이 공립학교 교실에서 도덕 교육을 위한 자리를 찾지 못했기 때문이 아니다. 단지 이러한 노력의 초점이 다른 곳으로 향하는 경우가 가장 많았을 뿐이다. 교사가 자신의 종교적 또는 정치적 견해를 표현할 수 있는 정당한 근거를 다루는 도덕 교육 연구가 많다. 나는 교육 맥락에서 소비주의가 종교나 정치학이 제기하는 것과 유사한 도덕적 질문을 제기한다고 주장한다. 교사가 개인의 종교적 신념을 표현하거나 학생들에게 한 정치적 후보를 다른 후보보다 지지하도록 격려할 때 도덕적 의미에 대해 질문할 수 있는 것처럼, 교육자가 소비주의에 대한 자신의 견해를 표현하는 상황도 잠재적으로 우려된다. 우리는 교사가 특정 소비용품과 기업을 포함하여 소비주의를 비판하는 것을 허용해야 하는가? 교사가 그렇게 해서 학생들을 교화해야 하는가? 학생들은 이미 광고, 마케팅, 소비자 가치에 따라 교화된 것은 아닌가? 그렇다면 교육은 학생들의 교화를 없애려고 노력해야 하는가? 새로운 교사들이 다른 중요한 윤리적, 도덕적 이슈와 마찬가지로 소비주의의 이슈가 교육자인 자신들에게 미치는 영향을 점점 더 자각하도록 교사 훈련은 장려해야 하는가? 이러한 질문에 대한 답은 간단치 않다.

이는 부분적으로 소비주의가 개인 학생과 학생 집단 모두에게 사회에 미치는 영향과 마찬가지로 학교에서도 동일한 광범위한 영향을 미치기 때문이다. 개인의 영향은 특히 코로나19 팬데믹으로 인한 원격 학습 환경에서 더욱 뚜렷해졌다. 온라인 학습으로 전환하는 동안 유튜브와 기타 상업적 이익은 어린이들의 관심과 향후 제품에 대한 헌신(브랜드 충성도)을 추구했다. 팬데믹 기간에 화면 시간이 늘어나면서 학생들은 수많은 광고 경로에 노출되었다. 일반적으로 어린이는 구글이 소유한 유튜브에서 엄청난 수의 광고에 노출되며, 교육적 가치(Bergen, 2020)나 관리(Norris, 2022)가 거의 없는 경우가 많다. 구글은 지금 자료를 수집하여 이러한 어린이들이 향후 광고 콘텐츠의 더 나은 타깃 소비자가 될 수 있도록 준비하고 있다. 그 규모와 영향력에도 불구하고, 또는 아마도 그것으로 구글은 최근 교육 기술에 관한 문헌에서 학계 연구자들의 비판을 받기 시작했다(Krutka et al., 2021).

소비주의 이데올로기가 지배하는 사회적 맥락에서, 교사가 교실에서 어떻게 소비주의를 다루는지에 관한 것 이상의 중요한 질문이 제기되고 있다: 학생과 소비자의 차이는 무엇인가? 학생들의 학습 참여 방식을 다룬 광고의 영향은? 광고로 발생하는 학생의 가치는? (Norris, 2010) 광고와 마케팅을 교육자로 설명할 수 있는 한, 시장이 도덕성뿐만 아니라 교육 자체를 형성한다고 주장하는 학자들이 많다. 마텐즈는 이를 "교육자로 서의 시장" 또는 "상업 교육학"이라고 부른다(Martens, 2005). 마텐즈는 "사회화를 위한 전통적인 수단과 방법, 교육과 학습이 쇠퇴하고 있다."고 주장한다(p. 346).

이런 점에서 현대 교육에서 소비자 문화의 증거는 풍부하다. 쿡(Cook, 2000, 2001)은 상품들이 어린이와 청소년의 성장과 발전에 필수적인 것으로서 판매되고 있음에도 불구하고, 그들이 어떻게 상품화되고 있는지를 서술하고 있다. "어린이들은 상품을 갈망할 수 있는 수단과 권리를 가지고 있다. 일단 어린이들이 어느 정도 자율적이고 의지적인 주체로 대우받으면 신성함의 망토를 잃고 시장 안에서, 시장을 통해 참여자 권리를 얻게 된다."(2000, p. 349). 마텐즈는 "교육적 또는 원인 관련 마케팅은 상업이 어린이를 교육하고 아마도 다른 분야보다 더 잘할 수 있다는 개념을 전한다. … 교육자로서의 시장 개념은 증가하고 있는 어린이 소비에 관한 학술 문헌들 속에서 어린이들에게 광고하는 사람들 간에 두드러진 주제이다."(Martens, 2005, p. 344). 시장은 "교육자"로 해석될 수 있지만, 마텐즈는 "가정과 학교의 담론과 교육학이 시장이 제시하는 것들과 대조되고 모순되는 것으로 보이기" 때문에 실제로는 잘못된 교육자일 수 있다고 지적한다(Martens, 2005, p. 358).

젊은이들을 교육하는 것보다 젊은이들에게 광고하는 데 더 많은 돈이 지출된다면 교육은 어떻게 될까? 스티글러는 "소비주의가 부모의 교육적 역할을 단축했다(short-circuited). … 국가 교육도 단축시켰다"(Stiegler, 2010, p. 3)고 말한다. 소비주의 및 관련 광고의 순수한 영향은 경제적인 측면에서 가장 잘 측정된다. 미국에서 광고 및 마케팅에 지출된 금액은 최근 수십 년 동안 증가했지만, 교육기관에 대한 자금 지원은 증가하지 않았다(어떻게 그럴 수 있는가?). 훨씬 더 문제가 되는 것은 학생 부채 금액이 1조 5천억 달러 이상으로 급증했다는 것이다(Hess, 2021). 즉, 이 젊은 세대를 대상으로 막대한 광고비를 지출했음에도 이들의 교육 지원은 줄어들었고, 직접적인 결과로 이들 개인의 학자금 부채는 엄청나게 늘어났다는 것이다. 학생 부채는 그들에게 광고하는 데 드는 비용과 함께 증가했다.

광고와 마케팅이 새로운 교육자일 뿐 아니라, 소비주의 이데올로기로 전통적이거나 비상업적인 종류의 교육은 약화시킨다. 쿡은 "정보가 전달되는 방식과 질에 관한 어린이의 일반적인 기대는 변했다"고 지적한다(Cook, 2001, p. 349). 어떤 교사도 광고만큼 매력적이고 지치지 않기를 바랄 수 없으며, 학교는 결코 광고만큼 자극적이고 재미있거나 만족스러울 수 없고 아마도 그래서는 안 된다(Jonas, 2010; Mintz, 2012). 그러나 그 이슈에 대한 우리의 견해가 무엇이든, 광고와 교육은 공평한 경쟁의 장에서 아이들의 관심을 끌기 위해 경쟁하지 않는다. 실제로 광고인은 교육자보다 청소년에 대해 더 많이 알고 있는 경우가 많다(Kenway & Bullen, 2001). 마텐즈가 적절하게 표현했듯이(2005), "상업과 부모(교사)의 관계가 권력 역학에 따라 형성되었으며 그 순간 상업이 우위를 점하게 된다는 징후가 보인다."(p. 349).

교육 분야에서의 강력한 영향력을 고려할 때, 소비주의는 도덕 교육은 물론 교육 자체에도 심각한 위협이 된다. 소비주의는 교육에 대한 라이벌 또는 경쟁자가 되었다. 소비주의의 목표는 교육하는 것이 아니라 유혹하는 것이고, 마음을 여는 것이 아니라 특정 제품으로 마음을 이끄는 것이며, 비판적 사고를 촉진하는 것이 아니라 브랜드와 생활양식을 촉진하는 것이다. 학생을 소비자로 보는 개념은 학생과 교사 사이의 관계를 변화시킨다(Brooks, 2021, p. 7). 소비주의 담론은 교육을 개인적 이익을 위해 사용되는 사적이고 수단적인 도구로 바꾸고 타인 또는 더 큰 세상에 대한 배려를 부정한다(Brooks, 2021, pp. 8-9).

이와 같은 차이는 학생들이 도덕적 추론에 참여하는 방식에 영향을 미칠 수 있다. 광고의 목적은 도덕적 추론에 필수적인 합리적인 능력을 약화시키고, 교육의 핵심 목표인 자율성 실현을 방해하는 것이다. 소비주의는 교육과 경쟁할 뿐만 아니라 교육의 기능과 가능성에 대한 우리의 이해와 기대 자체를 변화시킨다. 소비주의는 그 자체로 다른 모든 것을 보는 렌즈가 되며, 교육을 제품으로, 더 나쁘게는 더 많은 소비자를 생산하는 수단으로 변화시킨다.

도덕 교육은 종종 시민적 정체성, 시민 참여, 시민성 교육, 정치적 가치와 같은 주제와 관련하여 구성된다. 그리고 도덕 교육이 특정 종류의 정치적 소속감을 지향할 때, 이는 도덕성과 정치적 시민성 사이의 연관성을 강조한다(Althof & Berkowitz, 2006; Carr, 2006; Davies et al., 2005; Kisby, 2017; Peterson, 2010). 그러나 상업적인 이해관계가 학교에 침투하면 청소년의 도덕적 발달과 도덕적 정체성에 영향을 미칠 가능성이 있다. 특히 민족국가와 같은 전통적인 정치 조직보다 경제 조직이 더 많이 지배하는 세계에 학교가 존재할 경우, 더욱 그렇다.

소비주의는 타인에 대한 의무에 관한 도덕적 질문을 제기할 뿐만 아니라 개별 학생과 더 넓은 공동체 간의 관계의 성격에 관해 구체적으로 정치적 질문을 제기하기 때문에 도덕 교육과 관련이 있다. 이러한 측면에서 학생과 소비자의 차이에 관심이 높아지고 있다(Brooks, 2021; Harrison & Risler, 2015; Lazetic, 2019; Nixon et al., 2018; Norris 2020; Tomlinson, 2017). 연구자들은 학교가 소비주의로 변할 때 학교는 어떤 가치를 증진해야 하는지 묻고 있다. 이런 아이디어를 극단적 논리로 받아들이면, 우리는 사람들이 자신을 먼저 소비자로 생각하고 그 이후 시민으로 생각할 때 민주주의에는 어떤 일이 일어나는지 질문해야 한다(Jubas, 2007).

심각한 도덕적 해이들, 예를 들어 전쟁이나 폭력들이 존재할 때 과연 소비주의에 대한 우려가 옳은지 의문이 들 수 있다. 소비주의에 대한 비판자들은 포퓰리즘(대중의 견해 및 바람을 대변하고자 하는 정치사상 및 활동)과 극단주의(이데올로기나 행동의 경향이 극단적으로 치우친 상태)에 휩쓸려 그에 따른 증오와 폭력에 대한 극적이고 도발적인 담론에 빠져든다. 실제로 바버는 전쟁 중에 소비주의를 비판하는 것이 적절한지 의문을 제기하며 다음과 같이 묻는다. "우리는 얼마나 관심을 기울여야 하는가? 테러리즘이 지구를 휩쓸고 … 전쟁과 대량 학살이 개발도상국과 선진국 모두에서 민주주의를 위험에 빠뜨리는 시대에 과잉 소비주의의 위험에 대해 걱정하는 것은 방종한 것처럼 보일 수 있다"(Barber, 2008, p. 4). 그러나 전쟁과 폭력의 극적이고 도발적인 이미지는 조용하고 점진적인 소비주의 확산을 은폐할 수도 있다. 소비주의의 진부함은 하나의 환상, 즉 소비주의 자체가 영속하도록 돕는 환상이다. 순전히 만연해 있는 소비주의는 대중이 그 위험성을 간과하게 한다.

아마도 더 도발적으로 바버(1995)는 소비주의가 실제로 사람들을 더 큰 극단주의로 몰아간다고 주장한다. 소비주의는 국가가 승인한 새로운 시장 설립 등을 통해 폭력을 직접적으로 일으키는 경우가 많다(Klein, 2007; Shiva, 2003). 일반적으로 사람은 경제발전과 현대화가 필연적으로 평화로 이어진다고 믿는다(Friedman, 1999; Fukuyama, 1992). 이에 반해, 바버는 소비주의가 사람들을 하나로 모으는 것이 아니라, 민족주의를 촉진하고 민주주의와 자유주의에 대한 분열과 적대감을 고양하는 잘못된 향수를 조장했다고 주장한다.

바버(2008)는 근본주의와 폭력적인 극단주의가 "맥월드(McWorld)"의 전 세계적으로 동질적인 문화에 대한 반작용이라고 주장한다. 그는 맥월드를 "전통적인 윤리와 종교적 분열을 배경으로 등장했기 때문에, 다수가 실제로 맥월드와 그 인포테인먼트 산업 및 기술 혁신으로 만들어진 글로벌 동질의 문명으로 형성된 긴장의 변증법적 표현"(xvi)이라 묘사한다. 이와 같이, 소비주의의 영향은 가장 높은 수준에서 느껴지며 정치 사회 자체의 결속을 위협하고 있다.

14.5 소비주의에 대한 대응으로서의 도덕 교육

좀 더 탄탄한 도덕 교육 커리큘럼이 학교와 사회 전반에 미치는 소비주의의 최악의 영향을 완화할 수 있는 능력이 있는지 의문이 든다. 확실한 건, 소비주의에 대해 침묵하는 중립적 도덕 교육보다는 이를 다루는 교육이 학생들을 더 경쟁력 있게 만들 수 있다. 소비주의에 관심을 집중시키는 것이 일종의 탈학습을 촉발할 수 있는가? 실질적인 윤리 문제로서 소비주의를 비판적으로 참여시키는 것이 일종의 도덕 교육을 구성할 수 있는가? 도덕 교육은 강력하고 잠재적으로 해로운 소비주의의 영향에 다시 맞서 싸우는 도구로서 유망하지만, 교육이나 도덕 교육에 너무 많이 요구해서는 안 된다고 주장한다. 광고 산업의 규모와 설득력을 고려할 때, 교육이 소비주의의 영향에 적절하게 대응할 수 있다고 기대하는 것은 무리다. 실제로 일부에서는 CSR^{2}과 기업 윤리를 교육기관에 통합하면 기업의 불법 행위에 대한 책임이 법률이나 여타의 책무성 수단이 아닌 개별 직원과 자발적인 행동 강령으로 이전되기 때문에 기업의

---

2 [역자 주] CSR는 Corporate Social Responsibility의 약어로 기업이 이해관계자에 대해 법적, 경제적, 윤리적 책임을 감당하는 경영기법을 의미한다.

부도덕한 행동이 더 커진다고 주장하기도 한다(Bakan, 2005; Banerjee, 2008; Henderson, 2001; Jannat et al., 2022; Vogel, 2006). 즉, 대학의 맥락에 윤리교육을 통합하면 기업은 직원이 윤리 교육받았기 때문에 규제를 받을 필요가 없다고 주장할 수 있다. 책임은 강력한 집단에서 약한 개인으로 이동된다.

이와 같은 방식으로 윤리적 책임을 전가한다는 생각이 널리 퍼져 있지만, 책임이 전가된 이 개인에게 미치는 사회적, 정치적 맥락의 영향을 고려하지 않은 이가 있다. 예를 들어, 소비자 교육 연구원 맥그리거(McGregor)는 소비자 선택에 있어 소비자 권한 부여를 옹호한다. 그녀(2011)는 소비자 교육이 다음을 수행할 수 있다고 논한다.

> 소비자에게 정보와 조언을 제공하고, 생산자의 힘에 비해 소비자가 권리와 책임이 있다는 점을 가르쳐줌으로써 소비자에게 권한을 부여할 수 있다. 사람들은 합리적이고 효율적인 선택을 하는 방법을 배운다. 소비자 교육에 대한 이러한 접근 방식에 따라 사람들은 자신들의 이익을 위해 봉사하고, 정부 보호를 기대하며, 비즈니스로 이용을 당하거나 해를 입지 않기 위해 노력한다. 권한이 있는 소비자는 지식이 풍부하고, 자신감이 있으며, 자기주장이 강하고, 자립심이 강해 정보를 활용하고 경쟁 시장의 활용법을 알고 있다.(p.5)

그러나 그녀의 논증은 시장이 그러한 선택이 이루어지는 맥락을 결정하는 정도와 가치와 문화 전체를 형성하는 데 있어서 시장의 역할을 간과하고 있다. 이는 개별 소비자에게 책임을 부여하고 충분한 정보를 바탕으로 소비자가 시장의 힘에 적절하게 대응하고 자신과 타인에게 긍정적인 영향을 미치는 합리적이고 윤리적인 선택을 할 수 있다고 무조건적인 가정을 하고 있다. 또한 그것은 교육과 교육자가 할 수 있는 일을 과장하고 구조적인 질문과 장애물을 최소화하며, 무엇보다 최악은 권력이 소비자의 정체성 내에서만 존재한다고 생각하는 것이다.

　그러한 참여는 소위 "덕의 과시(virtue signalling)"를 넘어서야 한다. 소비주의를 비판하는 사람들은 종종 덕을 과시하고(Heath & Potter, 2005), 자신의 훌륭한 도덕적 인격을 보여주기 위해 공개적으로 표현 또는 행동하며, "자신의 도덕적 평판을 강화하거나 보존"하려고 시도(Westra, 2021, p. 156)한다고 비난을 당한다. 때때로 "도덕적 거만함(moral grandstanding)"(Tosi & Warmke, 2016)이라고도 불리는 이 문구의 부정적인 의미는 덕의 과시가 실제로 깊거나 진정한 도덕적 헌신이나 신념을 유지하는 것보다 사람들에게 깊은 인상을 주려는 노력에 더 중점을 두기 때문에 생긴다. 자신의 대의를 발전시키기 위해 의미 있고 실질적인 노력이나 자기희생을 하려는 의지이다. 즉, 덕보다는 과시에 더 가깝고, 실재보다는 지위에 더 가깝다. 헌신이 피상적으로 보이고 또는 원인 자체가 문제이므로 덕의 과시에 대한 비난이 발생하는지는 종종 불분명하다. 사람뿐 아니라 기업도 마찬가지로 '덕의 과시'로 비난을 받을 수 있는데, 그 이유는 기업의 '선을 행하는 행위'가 가진 궁극적 목표에 있다. 때로는 정당한 이유가 있다. 매출 증대라는 궁극적인 목표를 가지고 소비자의 공감을 얻기 위해 도덕적 명분을 붙잡는 것은 기업 헌신의 깊이와 진정성에 대한 의문을 제기한다. 교육자와 교육기관도 덕의 과시로 비난받을 수 있다(Green & Hess, 2019). 그러나 소비주의를 비판할 때 덕의 과시에 대한 비난은 그 이슈를 아예 없애려 하거나 "악덕의 과시(vice signalling)"[3](Quiggin, 2019)로 전환할 필요가 없다. 오히려 도덕적 헌신이 진실하고 실질적인 행동으로 전환하는 것을 보장한다.

3　[역자 주] 부도덕한 행동이나 부정적인 가치를 강조하는 것.

물론 학생들이 소비자로서 현명한 선택을 하기 위해서는 학교에만 의존해서는 안 되고, 학교의 도덕 교육을 통해 소비주의를 극복할 방법을 모색해야 한다. 학교의 가장 중요한 임무는 정치적 시민을 양성하고 시민 정체성을 공유하도록 돕는 것이다. 학교는 결코 중립적이지 않으며 소비주의를 장려하고 우리 사회를 소비자 사회로 전환한다. 동시에 학교는 학생들에게 집단적이고 민주적인 사회에 적극적으로 참여하는 방법을 가르치면서 학생들에게 큰 영향을 끼친다. 이러한 이유로 학교는 학생이 시민으로서의 도덕성을 함양할 수 있도록 지원함으로써 소비주의의 다양하고 부정적이며 광범위한 영향에 맞서는 역할을 하는 것이 중요하다. 여기서 도덕 교육은 인격 형성의 전략으로서 미디어 소양을 기르는 데 앞장서야 한다(Hoeschmann & Poyntz, 2011; Potter, 2019).

14.6 결론

나는 본 장에서 한때 종교, 교육, 시민 활동이 지배했던 공간에 소비주의가 점점 더 많이 영향을 확산한 방식들에 대해 다루었다. 그리고 나는 현대 소비주의에 대한 비판적 이해 없이는 도덕 교육을 더욱 발전시키려는 노력이 흔들릴 수 있음을 지적했다. 현대 사회에서 지배적인 소비자 이데올로기에 도전하고자 한다면, 학교는 개인이 아닌 강력한 집단으로서 언젠가는 소비주의 문제에 맞서 싸울 수 있는 미래 시민을 교육해야 할 것이다. 이런 역량을 갖춘 미래 시민은 문제가 되는 소비주의의 도덕적 영향에 맞서 싸울 수 있는 의미 있는 법적, 사회적 변화를 실행할 것이다.

참고문헌

Althof, W. & Berkowitz, M. W.(2006). Moral education and character education: Their relationship and roles in citizenship education. *Journal of Moral Education*, 35(4), 495-518. doi: 10.1080/03057240601012204.

Arendt, H.(1958). *The human condition*. Chicago, IL: University of Chicago Press.

Aristotle(1984). *The complete works of Aristotle*: Vol. I. J. Barnes(trans.). Princeton, NJ: Princeton University Press(Original works published C. 350-330 BCE.)

Babic, M., Fichtner, J. & Heemskerk, E.(2017). States versus corporations: Rethinking the power of business in international politics. *The International Spectator*, 52(4), 20-43. doi: 10.1080/03932729.2017.1389151.

Babic, M., Heemskerk, E. & Fichtner, J.(2018). Who is more powerful states or corporations? *The Conversation*. Available at: https://theconversation.com/who-is-more-powerful-states-or-corporations-99616.

Bakan, J.(2005). *The corporation: The pathological pursuit of profit and power*. New York, NY: Free Press.

Banerjee, S. B.(2008). *Corporate social responsibility: The good, the bad, and the ugly*. Cheltenham: Edward Elgar.

Barber, B.(1995). *Jihad vs McWorld: Terrorism challenges to democracy*. New York, NY: Ballentine Books.

_____(2008). *Consumed: How markets corrupt children, infantilize adults and swallow citizens whole*. New York, NY: W.W. Norton.

Baudrillard, J.(1973). *For a critique of the political economy of the sign*. St. Louis, MO: Telos Press.

BBC News(2021). *Wealth increase of 10 men during pandemic could buy vaccines for all*. Available at: https://www.bbc.com/news/world-55793575.

Bergen, M.(2020). Kids on YouTube see many ads, few educational videos. *Bloomberg*. Available at: https://www.bloomberg.com/news/

articles/2020-11-17/kids-on-youtube-see-many-ads-little-educational-videos-report.

Bowler, K.(2013). *Blessed: A history of the American prosperity gospel.* Oxford: Oxford University Press.

Brooks, R.(2021). Students as consumers? The perspectives of students' union leaders across Europe. *Higher Education Quarterly*, 76(3), 626-637. doi: 10.1111/hequ.12332.

Boyles, D.(2011). The privatized public: Antagonism for a radical democratic politics in schools? *Educational Theory*, 61(4), 433-450.

Carr, D.(2006). The moral roots of citizenship: reconciling principles and character in citizenship education. *Journal of Moral Education*, 35(4), 443-456. doi: 10.1080/03057240601012212.

Cavanaugh, W.(2008). *Being consumed: Economics and Christian desire.* Grand Rapids, MI: Eerdmans.

Coleman, S.(2000). *The globalization of charismatic Christianity: Spreading the The gospel of prosperity.* Cambridge: Cambridge University Press.

Collins, C.(2021). US billionaire wealth surged by 70%, or $2.1 trillion, during the pandemic: They are now worth a combined $5 trillion. Institute for Policy Studies. Available at: https://ips-dc.org/u-s-billionaire- wealth-surged-by-70-percent-or-2-1-trillion-during-pandemic-theyre-now-worth-a-combined-5-trillion/#:-:text=America's%20billionaires%20have%20grown%20%242.1, analyzed%20by%20Americans%20for%20Tax.

Conway, M.(2021). The legacies of 1945: The evolutions of European civic morality. *Journal of Moral Education*, 50(1), 21-31.

Cook, D. T.(2000). The rise of "the toddler" as subject and as merchandising category in the 1930s. In M. Gottdiener(Ed.), *New forms of consumption: Consumers, culture and commodification*(pp. 111-130). Lanham, MD: Rowman and Littlefield.

_____(2001). Exchange value as pedagogy in children's leisure: moral panics in children's culture at century's end. *Leisure Sciences*, 23(2), 81-98. doi:

10.1080/014904001300181684.

Cox, H.(2016). *The market as God*. Cambridge, MA: Harvard University Press.

Crocker, R. & Chiveralls, K.(2018). *Subverting consumerism*. London: Routledge.

Cropsey, J.(1957). *Policy and economy: An interpretation of the principles of Adam Smith*. New York, NY: Springer.

Davies, I., Gorard, S. & McGuinn, N.(2005). Citizenship education and character education: Similarities and contrasts. *British Journal of Educational Studies*, 53(3), 341-358. Available at: https://www.jstor.org/stable/3699247.

Friedman, M.(1962). *Capitalism and freedom*. Chicago, IL: Chicago University Press.

Friedman, T. L.(1999). *The Lexus and the olive tree*. New York, NY: Farrar; Strauss, Giroux.

Fukuyama, F.(1992). *The end of history and the last man*. New York, NY: Free Press.

Gilead, T.(2015). Economics imperialism and the role of educational philosophy. *Educational Philosophy and Theory*, 47(7), 715-733.

Greene, J. P. & Hess, F. M.(2019). America's students flounder while education reformers virtue signal. *National Review*. Available at: https://www.nationalreview.com/2019/11/school-reform-struggles-virtue-signaling-ignores-student-performance-stagnation. signalin

Habermas, J.(1987). *The theory of communicative action: Vol. 2. Lifeworld and system: A critique of functional reason*. Boston, MA: Beacon Press.

Harrison, L. M. & Risler, L.(2015). The role consumerism plays in student learning. *Active Learning in Higher Education*, 16(1), 67-76. doi: 10.1177/1469787415573356.

Heath, J. & Potter, A.(2005). *The rebel sell: Why the culture can't be jammed*. Toronto, Canada: Harper Perennial.

Henderson, D.(2001). The case against "corporate social responsibility." *Policy*. 17(2), 28-32.

Hess, A. J.(2021). The U.S. has a record-breaking $1.73 trillion in student debt borrowers from these states owe the most on average. *CNBC Make It*. Available at: https://www.cnbc.com/2021/09/09/america-has-tpoint73-trillion-in-student-debtborrowers-from-these-states-owe-the-most.html.

Hoeschmann, M. & Poyntz, S.(2011). *Media literacies: A critical introduction*. Hoboken, NJ: Wiley Blackwell.

Jabbar, H. & Menashy, F.(2021). Economic imperialism in education research: A conceptual review. *Educational Researcher*, 50(9), 1-10. doi:10.3102/0013189X211066114.

Jannat, T., Alam, S. S., Ho, Y., Omar, N. A. & Lin, C.(2022). Can corporate ethics programs reduce unethical behavior? Threat appraisal or coping appraisal. *Journal of Business Ethics*, 176, 37-53. doi: 10.1007/s10551-020-04716-8.

Jonas, M.(2010). When teachers must let education hurt: Rousseau and Nietzsche on compassion and the educational value of suffering. *Journal of Philosophy of Education*, 44(1), 45-60.

Jubas, K.(2007). Conceptual con/fusion in democratic societies: Understandings and limitations of consumer-citizenship. *Journal of Consultant Culture*, 7(2), 231-254. doi: 10.1177/1469540507077683.

Kalajtzidis, J.(2016). Moral education and moral consumption. *Ethics & Bioethics*, 7(1-2), 39-44. doi: 10.1515/ebce-2016-0004.

Kavak, B., Gürel, E., Eryiğit, C. & Tektas, O. O.(2009). Examining the effects of moral development level, self-concept, and self-monitoring on consumers' ethical attitudes. *Journal of Business Ethics*, 88, 115-135. Available at: https://www.jstor.org/stable/40294987.

Kenway, J. & Bullen, E.(2001), *Consuming children: Education-entertainment-advertising*. Buckingham: Open University Press.

Kisby, B.(2017). Politics is ethics done in public: Exploring linkages and disjunctions between citizenship education and character education in England. *Journal of Social Science Education*, 16(3), 7-10. doi: 10.4119/jsse-835.

Klein, N.(2000). *No logo: Taking aim at the brand bullies*. New York, NY: Vintage Canada.

_____(2007). *The shock doctrine: The rise of disaster capitalism*. New York, NY: Knopf Canada.

_____(2014). *This changes everything: Capitalism vs. the climate*. New York, NY: Knopf Canada.

Kristjánsson, K.(2020). An introduction to the special issue on wisdom and moral education. *Journal of Moral Education*, 49(1), 1-8. doi:10.1080/03057 240.2019.1705041.

Krutka, D. G., Smits, R. M. & Willhelm, T. A.(2021, April 20). Don't be evil: Should we use Google in schools? Tech Trends, 5(4), 421-431. doi:10.1007/$11528-021-00599-4.

Lazear, E. P.(1999). *Economic imperialism*. Stanford, CA: Stanford University.

_____(2000). Economic imperialism. Quarterly Journal of Economics, 115(1), 99-146.

Lazetic, P.(2019). Students and university websites - Consumers of corporate brands or novices in the academic community? *Higher Education*, 77(6); 995-1013. doi: 10.1007/s10734-018-0315-5.

Lehmann, C.(2017). *The money cult: Capitalism, Christianity, and the unmaking of the American dream*. New York, NY: Melville House.

Mandeville, B.(1989). *The fable of the bees: Or private vices, public benefits*. London: Penguin Classics. (Original work published 1714.)

Martens, L.(2005). Learning to consume-consuming to learn: Children at the interface between consumption and education. *British Journal of Sociology of Education*, 26(3), 343-357. Available at: http://www.jstor.org/stable/30036072.

McGibbon, B.(2006). *The end of nature*. New York, NY: Random House Trade Paperbacks.

McGregor, S.(2011). Consumer education philosophy: The relationship between education and consumption. *Journal for International Education Research and Development*, 34(4), 4-8. doi: 10.25656/01.9446.

_____(2016). Framing consumer education conceptual innovations as consumer activism. *International Journal of Consumer Studies*, 40(1), 35-47. doi: 10.1111/ijcs.12208.

Mintz, A.(2012). The happy and suffering student: Rousseau's Emile and the path not taken in progressive educational thought. *Educational Theory*, 62 (3), 249-265.

Nixon, E., Scullion, R. & Hearn, R.(2018). Her majesty her student: Marketised higher education and the narcissistic (dis)satisfactions of the student-consumer. *Studies in Higher Education*, 43(6), 927-943. doi: 10.1080/03075079.2016.1196353.

Norris, T.(2011). *Consuming schools: Commercialism and the end of politics.* Toronto, Canada: University of Toronto Press.

_____(2010). Are students becoming consumerist learners? *Journal of Philosophy of Education.* Special Issue on Transformative Environmental Sustainability Education, 54, 874-886. doi: 10.1111/1467-9752.12489.

Norris T.(2022). Educational futures after COVID-19: Big tech and pandemic profiteering versus education for democracy. *Policy Futures in Education.* doi: 10.1177/14782103221080265.

Olsson, D. & Gericke, N.(2016). The adolescent dip in students' sustainability consciousness: Implications for education for sustainable development. *The Journal of Environmental Education*, 47(1), 35-51. doi: 10.1080/00958964.2015.1075464.

Oxfam International.(2021). *Mega-rich recovery COVID-losses in record-time yet billions will live in poverty for at least a decade.* Available at: https://www.oxfam.org/en/press-releases/mega-rich-recoup-covid-losses-record-time-yet-billions-will-live-poverty-least.

Panitch. V.(2019). Liberalism, commodification, and justice. *Politics, Philosophy Economics*, 19(1), 62-82. doi: 10.1177/1470594X19877653.

Peters, M. A.(2022). Hayek as classical liberal public intellectual: Neoliberalism, the privatization of public discourse and the future of democracy. *Educational Philosophy and Theory*, 54(5), 443-449. doi:10.1080/00131857.

2019.1696303.

Peters, T.(1997). The brand called you. *Fast Company*. Available at: https://www.fastcompany.com/28905/brand-called-you.

Peterson, A.(2020). Character education, the individual and the political. *Journal of Moral Education*, 49(2), 143-157. doi:10.1080/03057240.2019.1653270.

Pope Francis(n. d.). *Apostolic exhortation evangelli gaudium of the holy father Francis to the bishops, clergy. consecrated persons and the lay faithful on the proclamation of the gospel in today's world*. Vatican: Vatican Press. Available ar: https://www.vatican.va/content/dam/francesco/pdf/ apost_exhortations/documents/papa-francesco_esortazione- ap_20131124_evangelii-gaudium_en.pdf.

Potter, W.(2019). *Media literacy*. New York, NY: Sage.

Quiggin, J.(2019). Virtue signally and vice signaling. *Crooked Timber*. Available at: https://crookedtimber.org/2019/12/05/46961/.

Rutherford, M. A., Parks, L., Cavazos, D. E. & White, C. D.(2012). Business ethics as a required course: Investigating the factors impacting the decision to require ethics in the undergraduate business core curriculum. *Academy of Management*, 11(2). doi: 10.5465/amle.2011.0039.

Sandel, M. J.(2018). Populism, liberalism, and democracy. *Philosophy & Social Criticism*, 44(4), 353-359. doi: 10.1177/0191453718757888.

Sandlin, J. A. & McLaren, P.(2010). *Critical pedagogies of consumption: Living and learning in the shadow of the "shapapocalypse."* London: Routledge.

Shiva, V.(2003). *Monocultures of the mind: perspectives on biodiversity and bio-technology*. London: Zed Books.

Smith, A.(1981). *The theory of mar of moral sentiments*. Indianapolis, IN: Liberty Classics.(Original work published 1759.)

Stiegler, B.(2010). The age of de-proletarianisation: Art and teaching in post-consumerist culture. D. Ross (trans). Available at: https://www.atlasofplaces.com/essays/the-age-of-de-proletarianisation.

Taylor, J. S.(2022). *How the commodification of academia derails debate*.

London: Routledge.

Theocarakis, N. J.(2006). Nichomachean ethics in political economy: The trajectory of the problem of value. *History of Economic Ideas*, 14(1), 9-53. Available at: http://www.jstor.org/stable/23723270.

Tomlinson, M.(2017). Student perceptions of themselves as "consumers" of higher education. *British Journal of Sociology of Education*, 38(4), 450-467. doi: 10.1080/01425692.2015.1113856.

Tosi, J. & Warmke, B.(2016). Moral grandstanding. *Philosophy and Public Affairs*, 44(3), 197-214. doi: 10.1111/papa. 12075.

UBC Sauder School of Business(2019). Me Inc. conference. Available at: https://www.ubcmeinc.com.

Ventrella, S.(2007). *Me, Inc.: How to master the business of being you*. New York, NY: John Wiley and Sons.

Vogel, D.(2006). *The market for virtue. The potential and limits of Corporate Social Responsibility*. Washington, DC: The Brookings Institution.

Weber, M.(2002). *The protestant ethic and the spirit of capitalism*. P. Baehr(Ed. and trans.). London: Penguin Classics.(Original work published 1905.)

Westra, E.(2021). Virtue signaling and moral progress. *Philosophy and Public Affairs*, 49(2), 156-178. doi: 10.1111/papa.12187.

15장
도덕 교육과
심한 불일치

제이콥 아폴터(Jacob Affolter)

15.1 서론

본 장에서 나는 심한 불일치로 얼룩진 자유주의 사회 일반 학교의 도덕 교육에 대한 전망이 암울하다고 주장할 것이다. 나는 이 학교들이 부도덕한 학생들을 배출할 것이라고 말하려는 것이 아니다. 오히려 나는 도덕적 추론 교육을 목표로 하는 교육 프로그램이 필연적으로 자유주의적 정의의 기준을 충족하지 못할 것이라 주장할 것이다. 자유주의적 정의 기준에 따르면, 교육은 다양한 세계관을 공정하게 지탱해야 하지만, 일반 학교의 교육은 이러한 요구를 충족시키기가 어렵다. 그러나 나는 절망을 조장하거나 자유주의적 정의 기준에 대한 거부를 조장하려는 것이 아니다. 나는 일반 학교의 도덕 교육 문제에 대해 내가 제시한 그림이 다른 사람들이 해결책을 찾는 데 도움이 되길 바란다. 최소한 나는 우리가 도전적 과제를 인정함으로써 그 잘못이 교사나 행정가에게 있는 것이 아니라 상황에 내재한 어려움에 있다는 것을 비판자들에게 보여줄 수 있기를 바란다.

나는 이 주장을 뒷받침하기 위해 먼저 도덕 교육, 심한 불일치, 일반 학교가 무엇을 의미하는지 논의하고자 한다. 그런 다음에 일반 학교 교실에서 도덕 교육에 대한 기준 접근 방식을 선택하는 것에 대해 논의하고자 한다. 나는 이러한 프로그램의 공정성을 평가하는 데 사용할 자유주의적 정의 기준을 개략적으로 논의하고자 한다. 그런 다음 나는 도덕 교육에 대한 기준적인 접근 방식이 다양한 견해를 가진 학생들을 자유주의적 정의가 요구하는 만큼 공정하게 대우하지 않을 것이라고 주장할 것이다. 마지막으로 이러한 문제를 완화할 수 있는 부분적인 해결책을 간략하게 제시하고자 한다. 나는 몇 가지 문제에 대한 확인을 통해 다른 사람들이 더 나은 해결책을 개발하는 데 도움을 얻기를 바란다.

15.2 개념 정의

여기서 정의하는 도덕 교육이란 행정가와 교사가 도덕적 문제에 대한 학생의 추론 능력을 신장하는 수업이다. 일반적으로 교사는 도덕 수업을 계획할 때, 두 가지를 목표로 삼는다. 첫째, 교사는 학생이 도덕적 신념을 형성하도록 일련의 도덕적 신념을 소개할 것이다. 둘째, 교사는 학생이 자신의 도덕적 신념이 타당한 것인지 판단할 수 있도록, 그 도덕적 신념을 평가하도록 지도할 것이다. 이러한 점에서 도덕 교육에 참여하는 교사는 다른 교과목과 동일한 실천에 참여한다. 다른 점이 있다면, 도덕 교사는 도덕성에 관한 문제와 관련하여 이러한 실천을 사용한다는 것이다.

내가 말하는 심한 불일치란 두 명 이상이 특정 주장의 사실 여부에 대해 동의하지 않을 뿐만 아니라, 그 주장의 사실 여부를 판단하는 방법에 동의하지 않는다는 것을 의미한다(Aikin & Talisse, 2020, pp. 79-80; de Ridder, 2021, pp. 227-228; Fogelin, 1985). 일부 불일치는 심하지 않다. 예를 들어, 두 친구가 에베레스트산이 세계에서 가장 높은 봉우리인지에 대한 문제에 의견 불일치가 있다고 가정해 보자. 동시에, 그들은 문제에 대답하는 적절한 방법이 백과사전이나 기네스북을 참고하는 것이라는 데 동의한다. 또는 두 물리학자가 아원자 입자에 관한 특정 주장에 대해 의견이 일치하지 않지만, 특정 실험이 그 문제를 해결할 것이라는 데 원칙적으로 동의한다고 가정해 보자. 불행하게도 이러한 실험을 실행하는 데 필요한 기술은 아직 멀었다. 그렇게 되면, 그들은 문제를 해결하지 못하고 생을 마칠 수도 있지만, 불일치를 해결하는 기준에는 원칙적으로 동의하기 때문에 불일치가 심하지 않을 것이다.

어떤 불일치는 심하지 않지만, 어떤 불일치는 심하다. 예를 들어, 심각한 질병을 앓고 있는 두 친구가 막 시중에 나온 신약을 복용하는 것이 좋은 생각인지에 대해 의견이 분분하다고 가정해 보자. 그들은 둘 다 제약회사, 학술지, 규제 기관이 결함을 가지고 있다고 믿는다. 그러나 그들 중 한 사람은 부패가 너무 심하고 만연하여 그 기관들이 말하는 것은 아무것도 믿을 수 없고 어떤 신약도 의심해 봐야 한다고 생각한다. 다른 한 사람은 그러한 기관들이 신약에 대한 그들의 주장을 일반적으로 받아들여야 할 만큼 충분히 신뢰할 수 있다고 생각한다. 이 경우는 상충하는 주장 중에서 어느 주장이 사실인지 판단할 수 있는 적절한 평가 기준에 대해 동의하지 못하기 때문에 불일치가 심하다.

내가 일반 학교를 언급할 때, 학교를 운영하는 행정가와 정책 입안자들은 두 가지 측면에서 학교를 모든 학생에게 개방하는 것을 목표로 한다는 것을 의미한다. 첫째, 행정가와 정책 입안자는 모든 어린이를 학교에 입학시키거나 적어도 가족이 등록금을 감당할 수 있는 어린이를 입학시킬 것이다(Boucher, 2018, p. 607; McLellan, 1999, pp. 22-23).[1] 둘째, 행정가와 교사는 종교적, 세속적 신념, 관습 및 세계관에 대해 중립적인 커리큘럼을 채택하기 위해 노력한다. 이러한 의미에서 일반 학교는 종파적 종교 학교 및 특정 세계관을 중심으로 커리큘럼을 형성하는 세속 학교와 대조를 이룬다. 전자의 예는 전통적인 로마 가톨릭 교구 학교이다. 후자의 예로 새로운 사회연구 학교(The New School, 2022)가 있다. 일반 학교는 정부가 운영하거나, 정부 자금을 지원하거나, 완전히 독립적일 수 있다. 공립 학교와 초우트 로즈메리 홀(Choate Rosemary Hall), 필립스 엑서터 아카데미(Phillips Exeter Academy)와 같은 일부 사립학교가 내가 논의한 의미에서 일반 학교에 포함될 수 있다고 생각한다(Choate Rosemary Hall, 2022; Phillips Exeter Academy, 2022).

나는 교사와 행정가가 일반 학교에서 도덕적 추론을 가르치려고 노력할 때 직면하는 어려움을 검토하는 것이 나의 주요 목표라는 것을 강조하고 싶다. 이러한 문제 중 일부는 종파적 학교에도 영향을 미칠 수 있다. 종파적 학교의 교장과 행정가는 자유주의적 정의 기준이 일반 학교에 부과하는 이상(ideal) 중 일부를 어느 정도 수용한다. 내가 이렇게 구별한다고 해서, 내가 자유주의적 정의 기준이 종파적 학교를 반대한다거나, 종

---

[1] 나는 특정 지리적 지역의 모든 학생에게 학교를 개방하는 시스템을 갖춘 일부 학교를 포함하고 싶다. 지적한 바와 같이, 나는 또한 이 개념 정의에 특정 범위의 비정부 학교를 포함하고자 한다. 그것은 수업료를 부과하는 학교가 아니며, 종파적 학교와 그렇지 않은 세속 학교와도 대조를 이룬다. 학교가 특별한 도덕적 또는 종교적 이념을 따르지 않는 한, 그 학교는 예외적으로 재능이 있는 학생이나 예외적인 도움이 필요한 학생에게 여전히 초점을 맞추는 것이 일반적일 것이다.

파적 학교가 자유주의적 정치적 이상을 거부해야 한다는 것은 아니다. 오히려, 나는 일반 학교가 그렇다고 생각한다. 왜냐하면, 종파적 학교는 자유주의적 정의가 일반 학교에 부과하는 일부 의무로부터 자유로워지는, 국가 자금 지원을 거부하는 것과 같은 특징을 가지고 있기 때문이다.

마지막으로, 내가 주로 K-12 교육[2]에 대해 논의하고자 한다는 점을 명시하고자 한다. 미취학 아동은 내가 논의할 도덕적 탐구에 대한 준비가 되어 있지 않으며, 대학생은 다소 다른 상황에 있다. 내가 말하는 것 중 일부는 대학 과정에도 적용될 수 있지만 그러한 과정이 나의 주요 초점은 아니다.

15.3 도덕 교육의 기법

일반 학교에서 도덕 교육을 하려는 교사들이 지나치게 큰 부담을 안고 있다. 이런 주장을 할 때, 대부분의 학교는 도덕 교육에 대한 광범위한 접근 방식을 사용하기 때문이다. 이를 해결하기 위해 내가 "합리적 축약 탐구(abbreviated rational inquiry)"라고 부르는 도덕적 추론 방법에 초점을 맞춰 보려 한다. 이에는 교사가 학생에게 도덕적 문제를 제시하는 방법이나, 학생이 도덕적 문제를 제안하는 방법이 있다. 예컨대, 학생이 비디오 게임에 대한 자기 견해를 진술하고 그 견해를 뒷받침하는 근거를 제시하면, 교사는 학생들에게 폭력적인 비디오 게임을 하는 사람들이 도덕적으로 잘못된 일을 하고 있는지 토론하게 한다. 학생들이 "예" 또는 "아니오"라고 답하면 교사는 학생들에게 자기 견해가 옳다고 믿는 근거를 제

---

2 [역자 주] 유치원부터 고등학교까지의 교육.

시하도록 격려한다. 그런 다음에 교사는 학생들이 서로의 주장에 반응하고 급우들의 반대에 맞서 자신의 주장을 옹호하도록 격려한다.

내가 이 접근 방식에 대해 우려를 표명한 것처럼, 두 가지 중요한 요소가 있다. 첫째, 학생들은 도덕적 문제에 대해 서로 다른 의견을 해결할 수 있는 공통의 방법이나 권위를 합의하지 않고 논의할 것이다. 개별 학생들은 특정 방법이나 권위를 받아들일 수 있지만, 다른 학생들이 그 권위를 거부할 권리도 있다는 것을 빨리 알게 된다. 이는 도덕적 문제에 대한 해결은 절대적이거나 모든 사람에게 똑같이 적용할 수 있는 절대적인 기준이 없다는 것을 의미한다. 또한, 학생들은 교사가 자신이 선호하는 권위를 주장하는 데 조심스러울 것임을 알게 된다. 교사가 어떤 종교적 믿음 또는 이데올로기를 받아들이는 사실을 알렸을 때 학생들이 그것을 거부한다고 해서 누구도 비난하지 않을 것임을 학생들에게 보장할 의무가 있다(Finkin et al., 2007, p. 56; Sharp, 2017, p. 30, Hand, 2020, p. 13에서 인용).

둘째, 도덕적 문제에 대한 이러한 접근 방식은 서술적인 것이 아니라 규정적인 것이다. 교사는 옳고 그름에 관한 토론 없이 단순히 다양한 관점을 서술하는 커리큘럼을 설계하고 사용할 수 있다. 교사가 이 접근 방식을 사용하면 학생들은 다양한 도덕적 견해를 정확하게 서술하고 확인하고 적용하는 방법을 배울 것이다. 일부 학교에서는 도덕 교육 커리큘럼의 일부 또는 전부로 순전히 서술적인 접근 방식을 채택할 수도 있다. 그러나 이 방법은 문제가 덜 발생하므로 여기서는 이러한 방법을 다루지는 않겠다.

더 어려운 문제는 교사가 학생들에게 도덕적 문제에 대한 상충적 답변을 평가하도록 지도할 때 발생한다. 합리적 축약 탐구는 두 가지 측면에서 평가적이다. 첫째, 교사는 학생들에게 도덕적 주장의 진실 또는 거짓을 평가하게 한다. 더 나아가 교사는 학생들에게 자신들이 내린 평가의 강점과 약점을 말하게 한다. 즉, 교사는 각 학생이 다른 학생들의 논증에 반응하고 자신의 논증에 대해 평가하게 한다. 둘째, 교사는 학생들이 도덕적 토론에 참여하는 방식을 평가한다. 좀 더 정확하게 말하면, 교사는 학생들의 행동을 평가하고, 학생들은 서로의 행동을 평가한다. 이러한 평가에는 공식적인 성적이 포함될 수 있고, 거의 확실하게 교사와 동료의 반응이 포함될 것이다. 이러한 평가는 어떤 학생이 특정 주장을 할 때 불편해하는 것만큼 미묘할 수 있다. 이러한 점에서, 학생들은 동료 학생들이 도덕적 토론에서 스스로 행동하는 방식을 평가할 뿐만 아니라 어느 정도 감시할 것이다.

학생과 교사는 특정 학생의 수행을 평가할 때 세 가지 요소를 기준으로 학생을 판단할 가능성이 높다. 첫째, 그들은 학생이 예의 규칙을 준수했는지 여부를 판단할 것이다. 어떤 학생이 목소리를 높이거나, 방해하거나, 다른 학생을 존중하지 않는다면, 교사와 동료 학생은 그 학생에게 불승인의 신호를 보내고 학생을 비난할 수도 있다.

둘째, 교사와 동료 학생들은 어떤 학생이 자신의 도덕적 주장에 대해 강력한 논증을 했는지를 판단할 가능성이 높다. 예를 들어, 학생이 선결 문제 요구 논증(a question-begging argument)[3]을 하거나 허수아비 논증(straw man argument)[4]을 할 경우에 교사와 동료 학생들은 이 점에 대해 정당하게 그 학생에게 도전할 수 있다.

셋째, 학생과 교사는 어떤 학생이 자기 논증과 타인 논증의 강점을 제대로 평가했는지 판단할 가능성이 높다. 예를 들어, 어떤 학생이 논쟁의 여지가 있는 가정에 합리적으로 동의하지 않을 수 있다는 사실을 인정

---

3 [역자 주] 논증의 결론 자체를 전제의 일부로 사용하는 순환논증.
4 [역자 주] 상대방의 주장이나 입장을 왜곡하거나 허위로 표현하는 것.

하지 않으면, 교사와 동료 학생들은 다양한 불승인의 신호를 보낼 가능성이 높다. 이런 의미에서 커리큘럼은 이중으로 평가받는다. 학생은 자기 논증의 강점과 그 논증의 강점을 정확하게 평가하는 능력 모두 평가받는다.

나는 일반 학교의 도덕 교육에 대한 기준 접근 방식으로 합리적 축약 탐구를 제시했다. 나는 이것이 도덕 교육에서 사용되는 유일한 접근법이거나 심지어 일반 학교에서 사용되는 유일한 접근법이라고 말하는 것이 아니다. 그럼에도 나는 두 가지 이유로 이를 기준 접근 방식으로 제시한다. 첫째, 다양한 대중적 기법에서 중심적인 역할을 한다. 예를 들어, 이는 콜버그식 접근 방식과 가치명료화 접근 방식에서 적합하다(Caro Samada et al., 2018, pp. 90-92; Fritz & Guthrie, 2017, p. 50; McLellan, 1999, pp. 79-87). 이는 또한 대학, 고등학교 윤리 시간에 일반적으로 사용된다(APPE, 2022; NHSEB, 2021, pp. 3-5). 둘째, 내가 말할 수 있는 한, 이러한 접근 방식은 특히 광범위한 불일치가 있는 상황에서 자유주의적 정의의 기준을 충족시킬 가능성이 가장 높다. 불일치가 심할 때 일반 학교 교사는 학생들이 도덕적 문제에 대한 답에 동의한다고 가정할 수 없다. 동시에 그/그녀는 윤리적 문제를 해결하기 위해 선호하는 방법을 단순히 가르칠 수는 없다. 왜냐하면 그러한 접근 방식은 일반 학교가 유지해야 하는 다양한 종교적, 세속적 세계관에 대한 개방성을 위반하기 때문이다. 문제에 대한 답변이나 해결 방법에 대한 합의가 없으면, 나는 인격 교육과 같은 방법이 어떻게 자유주의적 정의 기준에 부응할 수 있는지 알 수 없다(Kotzee, 2019; McLellan, 1999, pp. 89-93). 도덕 이론 강의는 그러한 기준을 충족할 수 있지만 대부분의 K-12 학생의 능력을 넘어서는 것이다. 이러한 이유로 나는 합리적 축약 탐구를 정의에 대한 기준 접근 방식으로 취급하는 것이 가장 합당하다고 생각한다.

15.4 자유주의적 정의의 기준

나는 합리적 축약 탐구를 사용하는 일반 학교의 도덕 교육이 자유주의적 정의 기준에 부응할 수 없다고 주장할 것이다. 내가 이런 주장을 할 때, 주로 두 가지 기준에 대해 말한다. 첫 번째 기준은 "자유주의적 중립성"이라고 불리는 자유주의 정치이론의 기준이다. 두 번째는 내가 "비교화 (non-indoctrination)"라고 부르는 보다 광범위한 교육의 기준이다. 엄밀히 말하면, 비교화는 전적으로 자유주의적 기준은 아니지만, 적어도 일반 학교에서는 자유주의적 중립성을 띠는 것이다. 그래서 나는 자유주의적 정의의 기준에 그것을 포함하고자 한다.

자유주의 정치이론가들은 종종 일부 이론가들이 "자유주의적 중립성"이라고 부르는 것에 대한 헌신을 강조한다(Fowler, 2020, pp. 15-16; Kotzee, 2019; Rawls, 1993, pp. 191-194).[5] 자유주의적 중립을 추구하는 사람들은 정부가 광범위한 종교적, 세속적 세계관에 대해 중립을 지켜야 한다고 주장한다. 이러한 견해에 따르면, 정부는 특정 세계관에 대한 불일치를 전제로 하거나 의도적으로 선호하지 않는 정책을 시행해서는 안 된다(Fowler, 2020, pp. 55-56; Leland & van Wietmarschen, 2017, p. 156; Rawls, 1993, p. 193).

자유주의 정치이론가들과 그들의 비판자들은 자유주의적 중립이 요구하는 것이 무엇인지, 그리고 그것이 가능한지에 관해 방대한 문헌을 발행했다. 나는 이 논쟁에 끼어들고 싶지 않다. 오히려 나는 자유주의적 중립이 요구하는 것에 대해 두 가지 제한 사항을 규정하고 싶다. 첫째, 정

---

5 자유주의적 중립의 주요 해설자 중 한 사람인 롤스는 이 용어에 대해 심각한 의구심을 표명했지만, 이 용어는 여전히 널리 사용되고 있다(Rawls 1991, p. 191 참조). 또한 내가 이 용어를 사용한다고 해서 자유주의 완전주의자를 배제하려는 것은 아니다. 다른 원칙에 근거하고 있을지라도 그들 역시 비슷한 고민을 하고 있지 않을까 싶다.

부가 **모든** 종교적, 도덕적 견해에 대해 중립을 유지할 것을 요구할 수 없다. 사람들이 많이 지적했듯이, 자유주의자들은 우리가 자유주의를 폭력적으로 전복해야 한다는 견해를 어느 정도 반대해야 한다(Fowler, 2020, p. 64; Laborde, 2018, p. 100; Rawls, 1993, pp. 195-199). 둘째, 이러한 제한에도 불구하고 자유주의적 중립은 상당히 광범위한 견해에 대해 중립을 유지해야 한다. 예를 들어, 자유주의적 중립이 세속주의와 가장 자유주의적인 형태의 개신교에만 양립할 수 있다면, 그 중립성은 하찮은 것이다.

이 두 가지 제한에 대한 예시로서, 핵심 해설자 중 한 사람인 롤스가 자신의 자유주의 정치이론이 얼마나 중립성을 확장할 수 있는지 우려를 표명했다는 점에 주목하고 싶다. 특히 그는 그것이 광범위한 종교적 견해와 양립할 수 있는지에 대해 우려했다. 그는 심지어 **정치적 자유주의**의 한 부분을 다음과 같은 애처로운 진술로 끝을 맺고 있다. "여기서 나는―아마도 너무 낙관적으로―특정 종류의 근본주의를 제외하고 모든 주요 역사적 종교가 그러한 논의를 인정하므로 합당하고 포괄적인 교리로 보일 수 있다고 가정하고자 한다."(Rawls, 1993, p. 170).

이 이슈에 대해 롤스는 자유주의적 중립이 일반 학교의 도덕 교육에서 나타나는 문제와 밀접한 관련이 있다고 주장했다. 롤스는 노력을 기울여 자유주의 정치이론에 대한 자신의 접근 방식이 "무관심하거나 회의적"이지 않다고 주장하였다(Rawls, 1993, pp. 150-154). 롤스는 사람들이 로마 가톨릭교, 이슬람교, 칸트주의를 가지고 있으면서, 여전히 자유주의 정부를 일관되게 지지할 수 있다는 것을 보여주고자 했다. 자유주의적 중립은 정부가 어떤 특정 포괄적 교리를 지지하지 않는다는 관점이지만, 이는 특정 신념 체계에 대한 진실이 없다는 것이나 사람들이 합리적으로 접근할 수 없다는 것을 가정하지 않는다.[6] 나는 이 주장을 한 단계 더 발전시킬 것이다. 나는 자유주의가 무관심이나 회의주의를 가정하거나 수

반하지 않는다는 롤스의 주장이 옳았기를 바란다. 나는 더 나아가 자유주의 기관들이 포괄적 교리에 대한 무관심이나 회의론을 부당하게 조장하는 것을 피해야 한다고 주장하고 싶다. 특히, 일반 학교는 경쟁적인 도덕적 신념과 헌신에 대한 무관심이나 회의주의를 조장하는 것을 피해야 한다.

일반 학교의 도덕 교육에 어려움을 주는 두 번째 기준은 비주입식 교육에 대한 헌신이다. 학교가 광범위한 종교적 도덕 견해와 세속적 도덕 견해에 대해 중립을 지켜야 한다면, 학교는 그 범위 내에서 특정 견해에 대해 찬성하거나 반대하도록 학생을 주입해서는 안 되는 것 같다(Gatchel, 1972, pp. 11-13; Kilpatrick, 1972, p. 48, pp. 51-52; Paddock, 2021, p. 397). 불행하게도, 철학자와 교육이론가들은 교육자가 학생들에게 주입한다고 말할 때, 그것이 의미하는 바가 정확히 무엇인지 의견이 일치하지 않는다. 일부 이론가들은 교사가 학생들에게 제시하는 내용, 또는 적어도 교사가 확실하다고 제시하는 내용의 관점에서 주입을 정의한다. 예를 들어, 일부 이론가들은 주입을 교사가 입증이 안 된 주장을 마치 입증된 것처럼 제시하는 것으로 정의한다(Callan & Siegel, 2009, pp. 108-109; Copp, 2016, pp. 151-152; Flew, 1972a, p. 70, pp. 86~87). 일부 이론가들은 주입을 교사가 사용하는 방법으로 정의한다(Atkinson, 1972, pp. 56-57; Callan & Siegel, 2009, pp. 107-108; Copp, 2016, pp. 150-152; Flew, 1972a, pp. 85-86, Wilson, 1972b, pp. 18-19). 일부 이론가들은 주입을 교육의 목적 관점에서 정의한다(Callan & Siegel, 2009, p. 109; Taylor, 2017, p. 50; Wilson, 1972b, pp. 18-19). 특히, 일부 이론가들은 주입을 교사가 학생들에게 특정 신념을 갖도록 의도적으로 설득하는 것이라고 주장한다. 이와 달

---

6 롤스는 이성을 통해 관련 문제에 대한 보편적 합의를 기대할 수 없다고 주장한다(Rawls, 1993, pp. 152-153). 그럼에도 그것이 이성과는 전혀 관련이 없다고 말하는 것과는 다르다.

리, 교사는 학생들에게 특정 주장에 대한 찬반 증거에 민감해지는 방법을 가르칠 때 주입에서 벗어날 수 있다(Atkinson, 1972, p. 56; Green, 1972, p. 25, pp. 34-36; Taylor, 2017, pp. 46-48; Hand, 2020, p. 9). 일부 이론가들은 주입을 이러한 요인들의 조합으로 정의한다(Flew, 1972b, pp. 111-112; Wilson, 1972ゴ, pp. 102-103; Copp, 2016, p. 154).

다시 말하지만, 나는 주입의 이상(ideal)이 교사에게 요구하는 것이 무엇인지에 대한 어려운 논쟁을 해결하려는 것이 아니다. 오히려 교사의 일을 더욱 어렵게 만드는 비주입식 교육의 한 가지 특징을 지적하고자 한다. 비주입식 교육의 이상은 학생이 올바른 신념을 가지게 되더라도 교사가 여전히 학생을 제대로 교육하지 못했을 수 있음을 의미한다. 예를 들어, 화성에 생명체가 있고 학생이 이 믿음을 확고히 지키게 되었다고 가정해 보자. 교사가 일을 잘했다고 해서 좋은 것은 아니다. 이 믿음은 현재 강력한 증거에 의해 뒷받침되지 않고, 교사는 이 사실을 얼버무렸을 가능성이 있다. 이는 교사가 학생이 서로 충돌하는 증거를 알아차리도록 훈련하지 못한 경우일 수 있다. 이 경우, 학생이 주입을 통해 믿음을 갖게 되었기 때문에, 우리는 교사가 학생을 좌절시켰다고 말할 수 있다(Callan & Siegel, 2009, pp. 104-105; Green, 1972, pp. 33-37; Kilpatrick, 1972, pp. 51-52, Lipman et al., 1980, Hand, 2020, p. 7에서 재인용).[7]

비주입식 교육의 이상은 어떤 과목에서든 교사의 일을 더욱 어렵게 만든다. 심한 불일치가 있는 상황에서는 더욱 큰 어려움을 초래한다. 불일치가 약한 경우는 사람들이 기본적으로 동일한 방법론적 접근을 받아들이는 상황이다. 이때, 교사는 학생들에게 진리를 찾는 방법을 가르치는 것으로 충분하다. 불일치가 심한 곳에서는 방법 자체가 논쟁거리가 되기

---

7   나는 이 문제에 관심을 보인 챔버스(D. Chambers)에게 감사드린다.

때문에 진리 탐구 방법을 가르치는 것만으로도 교사가 특정 세계관을 편향적으로 지지하게 될 위험이 있다.

자유주의적 중립 및 비교화식 교육의 이상은 일반 학교의 도덕 교육의 경우 특별한 문제를 일으킨다. 실제로 그것들은 서로를 강화하고 복잡하게 만드는 경향이 있을 수 있다. 자유주의적 중립을 위해서는 일반 학교가 광범위한 세계관의 주입을 피해야 한다. 동시에, 심한 불일치로 인해 학생들을 주입하는 것을 피하기는 어렵다. 과제를 더 어렵게 만들기 위해 자유주의 정치 체제는 심한 불일치를 더 흔하게 만들 수 있다. 일부 자유주의 이론가들에 따르면, 자유주의 사회는 도덕적 문제에 대한 심한 불일치가 지속되는 경향이 있다(Aikin & Talisse, 2020, pp. 81-82; Morton, 2018, pp. 137-139; Rawls, 1993, pp. 54-58). 이러한 요인들이 함께 작용하여 일반 학교에서 도덕 교육을 담당하는 교사와 행정가는 더욱 힘든 생활을 한다.

15.5 도덕 교육의 과제

지금까지 나는 일반 학교의 교사와 행정가들에게 특별한 도전을 안겨주는 이상과 상황에 대해 개략적으로 고찰하였다. 이제 나는 심한 불일치가 있는 상황에서는 교사와 행정가가 일반 학교에서 자유주의적 정의의 기준에 부합한 도덕 교육을 할 수 없다고 주장하고자 한다. 특히, 최고의 교사와 행정가라도 합리적 축약 탐구에 기초한 프로그램에만 국한된다면 이러한 기준을 충족할 수 없다.

이 주장을 뒷받침하기 위해서, 나는 합리적 축약 탐구가 특정 견해나 특정 유형의 견해를 가진 학생들에게 정기적으로 낙인을 찍는다고 주장하고자 한다. 더 나쁜 것은 이것이 학생들의 낙인 내면화를 장려한다는 것이다. 나는 행정가나 교사가 학생들에게 낙인을 찍으려고 한다는 것을 가정하지는 않는다는 점을 강조하고 싶다. 숙련된 교사가 최선의 의도를 가지고 있을지라도, 그는 활동 자체가 특정 학생들에게 자신들의 신념을 이해하거나 심지어 자신들을 열등하다고 생각하게 만드는 것을 예방할 방법이 없다.

합리적 축약 탐구가 어떻게 이러한 메시지를 보내는지 논의하기 위해, 나는 미국의 중서부 교외에 소재하고 정부가 운영하는 학교에 다니는 학생 네 명의 사례를 이야기하고 싶다.[8] 이들은 합리적 축약 탐구활동을 하는 정규 도덕 수업이 포함된 고등학교 필수 사회과목을 수강한다. 이 과정의 교사는 학생들을 주입하는 경우가 거의 없다고 믿는 헌신적인 칸트주의자 존스(Mr. Jones)다. 그가 가르치는 두 명의 활동적인 학생은 명확한 세계관의 개념을 확고히 가지고 있다. 엔리케(Enrique)는 상당히 전통적인 로마 가톨릭 가문의 출신이다. 그는 로마 가톨릭 신학과 그러한 견해가 갖는 정치적 의미를 잘 이해하고 있다. 파멜라(Pamela)는 페미니즘, 다소 급진적인 환경 보호주의, 평등주의, 개인과 가족의 자립에 대한 강력한 강조를 결합한 그럴듯하고 일관적이며 잘 정의된 세속적 이데올로기를 고수하는 가족 출신이다. 파멜라와 엔리케는 둘 다 부모님의 견해에 강력하고 유쾌하게 헌신하고 있으며, 나이와 교육 수준에 비해 부모님의 견해를 잘 이해하고 있다.

파멜라와 엔리케와는 대조적으로, 같은 학급의 알렉스(Alex)와 타라(Tara)는 덜 엄격한 세계관을 가지고 있다.[9] 알렉스는 기본적으로 교외에

---

8 나는 세계 독자를 대상으로 "정부 운영"이라는 용어를 사용한다. 미국인들은 그러한 학교를 "공립학교(public school)"라고 부른다. 이는 영국 교육자들이 이 "사립 중등학교(public school)"라고 말하는 것과는 다르다.

9 내가 이렇게 구별할 때 나는 롤스(J. Rawls)와 토마시(J. Tomasi)의 논의를 참고한다(Rawls, 1993, p. 175; Tomazi, 2001, pp. 17-19).

사는 중산층의 규범을 준수하는 가족에서 태어났으며, 강한 소비주의 성향을 지니며, 다른 사람에게 부정적인 영향을 끼치지 말라는 행위 규범에 대해 강한 혐오감을 가지고 있다. 알렉스는 취향의 문제로 "파티 장면"에서 가장 순하고 가장 위험하지 않으며 가장 비용이 저렴한 부분을 선호하는 경향이 있다. 알렉스는 기본적으로 가족의 견해에 순응하며, 그 견해를 정당화하는 것에 대해서는 거의 관심을 두지 않는다. 다른 학생인 타라는 텔레비전과 소셜 미디어에서 얻은 다양한 극단적 생각 사이를 정기적으로 오간다. 그녀는 자신의 현재 생각에 동의하지 않는 사람들에 대해 매우 다양한 태도를 보인다. 그녀는 자신의 기분과 최근의 생각에 따라 동의하지 않는 사람들을 극단적으로 판단하거나 다른 사람의 의견에 관심이 없다. 즉, 어디서나 극단적으로 둘 중 하나의 태도를 보인다. 현재 그녀는 쇼킹한 음악, 의상, 토론 주제 선택을 강력히 장려하는 이론/경향을 고수하고 있다. 또한 그녀는 충격을 주기 위해 의도적으로 공격적인 말을 하는 것이 아니라 무심결에 공격적인 말을 하기도 하고, 다른 사람들이 자신의 현재 생각을 공유하고 있는지에 크게 관심을 보이지 않는다.

강좌가 시작되고 한 달쯤 지나면, 존스 선생님은 토론할 이슈를 제시하고 도덕적 축약 탐구 과정을 통해 학생들을 지도한다. 우선, 그는 건강보험 계획과 정부 프로그램이 무책임한 행위를 한 사람들을 처벌해야 하는지에 대해 질문한다. 예를 들어, 존스는 환자가 흡연할 경우에는 정부 보건 프로그램이 폐암 보장을 거부할 우려를 제시한다. 그런 다음 그는 각 학생에게 자신의 의견을 말하게 하고 자신의 견해에 대해 간단한 논증을 하도록 요청한다. 엔리케는 프로그램이 환자에게 불이익을 주어서는 안 된다고 말한다. 그는 우리가 자비를 보여야 할 강력한 의무가 있다고 주장하며 자신의 견해를 뒷받침한다. 그는 또한 성경과 성도들의 삶에 나오는 다양한 이야기를 들어 이 주장을 뒷받침한다. 파멜라는 프로그램이 환자에게 불이익을 주어야 한다고 말한다. 그녀는 사람들이 개인과 가족의 선택을 받아들여야 한다고 주장하며 자신의 견해를 뒷받침한다. 알렉스는 우리가 사람들의 개인적인 선택을 너무 깊이 판단해서는 안 되기 때문에 프로그램이 환자에게 불이익을 주어서는 안 된다고 말한다. 타라는 흡연 금지 낙인이 안전에 대한 사소하고 강박적인 집착을 보여준다고 말한다.

일단 학생들이 의견을 제시하면, 존스 선생님은 그들이 주장한 원칙을 받아들일 추가 이유를 제시하게 한다. 엔리케는 모든 인간이 한 공동체의 일부라고 주장하며, 나아가 성경의 다양한 이야기와 성인들의 삶을 지적하면서 이 견해를 뒷받침한다. 파멜라는 논란의 여지가 있지만 일관적이고 개연성이 있는 인류학적 주장을 지적하면서 자기신뢰(self-reliance)에 대한 믿음을 주장한다. 알렉스와 타라는 그들의 견해에 대해 더 이상의 근거를 제시할 수 없다.

학생들이 이러한 근거를 제시하거나 제시하지 않으면, 존스 선생님은 다음 단계로 진행한다. 그는 학생들에게 엔리케와 파멜라의 추가 주장을 평가하도록 한다. 엔리케에 대한 반응으로 학생들은 성서나 전통에 대한 엔리케의 믿음을 공유하지 않는다는 점을 지적한다. 파멜라에 대한 반응으로 다른 학생들은 그녀의 인류학적 주장을 받아들이지 않는다고 지적한다. 그들은 잠정적으로 각 원칙에 대한 반례를 제시하지만 이러한 반대가 의문을 불러일으키는 것임을 금방 발견한다. 누구의 주장도 명백히 터무니없거나 일관성이 없지 않다.

이 시점에서 교사와 학생들은 큰 어려움에 직면한다. 그들은 서로의 주장을 더 자세히 평가하고 싶어 할 수도 있다. 그러나 맴돌지 않으려면 엔리케와 파멜라의 기본 가정에 대한 자세한 토론에 참여해야 한다. 예를 들어, 엔리케의 주장을 평가하기 위해 그들은 로마 가톨릭 변증론의 장점에 대해 상세한 토론을 벌일 수도 있다. 학생들은 아마도 세 가지 이유로 이 임무를 맡지 않을 것이다. 첫째, 매우 어려운 주제이고 주어진 시간 내에 관련 문제를 해결할 가능성이 거의 없다. 둘째, 그들은 사람들이 공적 자리에서 피하는 민감한 이슈에 대한 논의에 대해 비판하고 옹호해야 할 것이다. 셋째, 그들은 이러한 문제에 너무 많은 시간을 할애해야 할 것이다. 이 문제는 그들이 원래 주제에 대한 추가 토론을 중단하고, 보험 계획과 정부 프로그램이 무책임한 행위를 처벌해야 하는지에 대한 문제에 너무 많은 시간을 할애해야 할 것이다. 사실상, 불일치가 너무 심해서 허용된 시간 안에 해결하기 어렵다.

어떤 의미에서 교사와 학생은 보이는 것처럼 많은 문제에 직면하지는 않는다. 우리가 이 대화를 단독으로 받아들인다면 학생들은 매우 귀중한 교훈을 배울 것이다. 그들은 도덕적 주장의 진실이 몇 마디 대화로는 해결할 수 없는 논쟁적 가정에 달려 있다는 것을 배운다. 어떤 의미에서 그들은 자신의 의견에 동의하지 않는 사람들이 사악하거나 어리석지 않다는 사실을 배운다(Atkinson, 1972, pp. 59-60; Rawls, 1993, p. 58; McMahon, 2009, pp. 20-25). 학생들은 합리적 축약 탐구에 참여하는 방법과 그 한계를 이해하는 법을 배운다. 그런 점에서 선생님은 학생들을 귀중한 인생 교훈으로 이끌어 준다.

불행히도 이들은 진리를 찾기 위해 합리적 축약 탐구 방법을 사용하지만, 이 과정은 고립된 상태에서 이루어지지 않는다. 교사가 결정하는 커리큘럼 내용은 이러한 탐구 과정에 영향을 미친다. 더욱이 학생들은 이미 명확하지 않은 수많은 문화적 가정(assumption)의 영향을 받아 이러한 대화에 참여하게 된다. 교사와 학생은 이러한 가정을 인식하지 못할 수도 있으므로, 그들은 도덕 교육 또는 학생 교육의 다른 부분의 맥락에서 이를 검토하지 않을 수도 있다. 이러한 결정과 가정을 바탕으로 도덕 교육을 위해 합리적 축약 탐구에 의존하는 교사와 학생은 특정 유형의 도덕적 신념을 지닌 학생들에게 부당하게 낙인을 찍는 경향이 있다.

첫 번째 방식은 도덕적 축약 탐구에 의존하는 교사와 학생이 특정 신념을 가진 학생을 낙인을 찍는 방식이다. 그들은 더 상세하고 제한적인 일련의 신념을 도덕적, 인식론적으로 문제가 있다고 정기적으로 드러낸다. 그들은 이러한 견해를 폄훼하거나 공격적으로 비판하지는 않는다. 더구나 그들은 학생 자체나 학생의 견해에 낙인을 찍고자 하는 것도 아니다. 이러한 좋은 의도에도 불구하고, 그들은 어떤 (옹호되지 않거나 심지어 옹호할 수 없는) 가정에 이러한 견해가 의존하고 있다고 반복적으로 드러내면서 결국 그것이 열등하다는 메시지를 보내는 결과를 낳는다. 예를 들어 위에 논의한 사례에서 엔리케와 파멜라는 둘 다 개연성 있는 가정을 기반으로 자신의 견해를 주장하지만, 그 가정은 가능한 시간 내에 옹호될 수 없다. 시간이 지남에 따라 엔리케와 파멜라는 이러한 견해를 제기하면 대화에 방해가 된다는 메시지를 받는다. 사실, 그들의 가정에 대해 논의할 충분한 이유가 있다. 불행히도 엔리케와 파멜라가 그러한 토론을 끊임없이 중지해야 한다는 사실은 적어도 네 가지 측면에서 그들에게 낙인을 찍는 것이다.

첫째, 매우 제한적인 견해를 가진 학생들은 그 견해가 합리적 탐구를 방해할 수 있음을 배워야 한다. 이는 중요한 교훈으로, 학생들이 자신의 주장을 강요하지 않도록 해야 한다는 뜻이다. 특정 견해를 고집하는 경우, 그로 인해 발생하는 대화의 단절은 학생들에게 자신의 견해가 시민 대화에서 위험하다는 메시지를 전달할 수 있다. 예를 들어, 엔리케와 파멜라와 같은 학생들이 자신들의 의견을 자제해야 한다고 느낄 수 있다. 최악의 경우, 이러한 정당한 제한은 학생들에게 자신들이 조화로운 사회의 장애물이라고 인식하도록 미묘하게 가르친다.

둘째, 상세하고 제한적인 견해를 가진 학생은 정기적으로 자기 견해의 장점 토론을 자제해야 할 뿐만 아니라 교실 환경에서 자신들의 견해에 대한 찬반 입장을 토론할 기회조차 거의 얻지 못할 것이다. 도덕 교육은 커리큘럼의 제한된 부분을 차지하며, 포괄적인 종교적 또는 세속적 세계관 주장은 그러한 수업에서조차 관심을 끌 가능성이 거의 없다. 다른 과목의 교사가 학생들에게 그러한 세계관을 검토하도록 권유한다면, 그들의 접근 방식은 규정적인 방식보다는 서술적인 방식이 될 가능성이 크다. 이러한 방식으로 엔리케와 파멜라 같은 학생들은 자신들의 견해를 지지하는 논의가 주제에서 벗어났다는—매우 합당하게—말을 정기적으로 듣게 된다. 문제는 그들의 견해를 지지하는 논의가 결코 주제에 부합하지 않는다는 것이다. 이러한 지속적인 불균형은 그들의 견해가 다른 주제보다 부족한 관심을 받는 것으로 나타난다. 더 나쁜 것은 그들의 견해가 합리적인 토론의 주제가 될 수 없다는 메시지를 보내는 것이다.

셋째, 일반 학교의 교사와 행정가는 상세하고 제한적인 견해를 가진 학생들이 자신들의 견해에 대해 무지하거나, 심지어 그 견해가 잘못되었다는 관점에서 이슈를 다루도록 하는 커리큘럼을 구현하고 있다. 이러한 커리큘럼은 학생들이 학교에서 거의 모든 시간을 보내는 동안, 자신들의 견해가 무지하거나 잘못되었다고 여겨지는 환경에서 학습하도록 유도한다.

예를 들면, 미국 역사 수업을 생각해 보라. 로마 가톨릭 학교에서 엔리케는 하나님의 돌보심 및/또는 하나님의 심판이 역사 속에서 인과적 역할을 하는지 고려하는 방식으로 교사 및 동료 학생들과 역사에 대해 토론할 수 있다. 예를 들어, 학급에서 남부 연합의 몰락이 부분적으로 노예제도의 죄에 대한 하나님의 심판으로 인해 발생했는지 토론할 수 있다

(Garrison, 1854. P. 34: Keillor, 2007, pp. 119-154). 나는 이 수업이 모든 사건을 신학적인 용어로 논의할 것이라고 말하려는 것이 아니다. 오히려 신학적인 원인이 토론 테이블에 올라오지만, 일반 학교에서는 이를 범위에서 벗어난 것으로 취급할 가능성이 높다. 이와 같이, 파멜라가 자신의 이념을 지향하는 학교에서 역사 과목을 수강했다고 가정해 보자. 이 경우 그녀와 동료 학생들은 수업 시간에 계층 구조에 대해 비판할 수 있다. 예를 들어, 그들은 대부분의 일반 학교에서보다는 상원의원 직선제로의 전환에 더 많은 관심을 기울일 수 있다. 그들은 또한 일반 학교의 교사와 학생들이 간과하기 쉬운 이런 주제에 관한 논쟁의 요소들에 관심을 기울일 것이다.[10]

이 점에서 나는 교사들이 학생으로 하여금 자신의 세계관 밖에서 사물을 생각하도록 격려할 정당한 이유가 있다는 점을 강조하고 싶다. 문제는 일반 학교가 가끔 엔리케와 파멜라에게 다른 사람의 관점에서 역사를 생각해 보라고 요구한다는 것이 아니다. 문제는 엔리케와 파멜라가 그들의 세계관을 인정하는 역사나 과학 수업을 결코 듣지 못한다는 것이다. 교사는 항상 엔리케와 파멜라의 세계관이 그 주제에 부적합하다고 가정하는 방식으로 이러한 주제에 접근하는 것을 제한한다는 것이다. 교사들이 자신들의 세계관에서 엔리케와 파멜라에게 주제에 접근할 수 있는 기회를 제공하고 싶어도 시간이 없다. 엔리케와 파멜라가 끊임없이 자신들의 세계관과는 이질적인 관점에서 주제에 접근해야 하는 누적 결과는 발생하지만, 이의를 제기할 수 있는 구체적인 수업을 받지는 못한다.

넷째, 학생들은 합리적 탐구를 통해 무엇을 믿어야 하고 어떻게 믿음

---

10 특정 세계관이 연구 과정에 영향을 미칠 수 있는 방식에 대한 보다 광범위한 토론을 위해서는 마스덴(Marsden)을 참조할 것(1997, pp. 19-100).

을 형성해야 하는지에 대해 다양한 문화적 메시지를 바탕으로 토론한다. 많은 출처에서는 사람들이 스스로 생각해야 한다는 모호한 메시지를 보낸다. 이러한 메시지는 학생이 부모의 견해를 강력한 이유 없이 받아들일 때, 그 학생을 문제 있는 학생으로 판단하는 경향이 있다.

엔리케와 파멜라는 부모의 견해를 받아들이지만, 교실에서 그러한 견해를 갖는 이유를 토론하지 않기 때문에, 그들은 자신들의 신념을 형성하는 방식에 문제가 있다는 메시지를 받는다. 이와 같이, 많은 출처에서는 다른 사람의 행동을 비난하는 데 문제가 있다는 메시지를 보낸다. 이러한 측면에서 타당한 우려가 존재한다. 그러나 더 포괄적인 문화가 보내는 모호한 믿음은 다른 사람의 행동을 비난하는 것과 그들의 자유를 방해하는 것 사이의 경계를 모호하게 만드는 경향이 있다(Fritz, 2021, pp. 67-68; Verkuyten & Kollar, 2021; Waldron, 2002). 이러한 맥락에서 엔리케와 파멜라의 견해가 더 엄격한 요구 사항을 갖는 경향이 있다는 사실은 그들의 견해를 의심한다는 것이다. 교사는 청문회에서 자신의 견해에 대한 충분한 논거를 타당하게 제시할 수 없으므로, 교실 활동은 결국 그들의 견해를 의심스러운 것, 심지어 편협한 것으로 낙인찍는 결과를 낳는다.

지금까지 나는 매우 포괄적인 세계관을 가진 학생들에게 가장 크게 영향을 미치는 경향이 있는 합리적 축약 탐구의 결과를 강조했다. 이러한 결과는 이러한 범위의 관점을 다른 것보다 더 심하게 낙인을 찍는다. 어떤 다른 요인들은 일부 학생들의 견해를 다른 학생들의 견해보다 더 많이 낙인찍지만, 체계적으로 낙인찍지는 않는다. 첫째, 교사는 불가피하게 일부 주제를 다른 주제를 제치고 선택함으로써 탐구 방향에 영향을 끼친다. 예를 들어, 존스 선생님이 학급에서 폭력적인 비디오 게임을 하는 것이 도덕적으로 잘못된 것인지 토론한다고 가정해 보자. 이러한 주제 선택은 타당해 보인다. 어려운 점은 이 문제가 폭력적인 내용에 대한 문제라는 인상을 주느냐 하는 것이다. 엔리케, 알렉스, 그리고 타라는 이러한 용어로 문제를 논의하는 데 거의 문제가 없을 것이다. 그러나 파멜라는 교사가 문제를 선택하고 제시하는 암묵적인 가정에 이의를 제기하고 싶어 할 수도 있다. 파멜라에게 더 중요한 이슈는 비디오 게임에 보낸 시간이 두 가지 이유에서 그릇된 것이라는 점이다. 첫째, 사람들은 과학기술에서 벗어나 자연에 더 많은 관심을 기울여야 한다. 둘째, 사람들은 개인적인 책임감을 더 발전시키고 오락에 보내는 시간을 줄여야 한다.

　이때 학생과 교사는 어려움에 빠진다. 교사가 그 이슈를 제시한 방식 (또는 더 정확하게는 교사가 이 이슈를 제시했다고 학생들이 가정하는 방식)으로 폭력적인 비디오 게임에 대한 문제를 계속해서 토론할 수 있다. 그들은 또한 파멜라의 반대 의견에 토론하는 것으로 전환할 수 있다. 그들은 파멜라가 제안한 조건에 따라 그 이슈를 토론하기로 선택할 수도 있다. 그러나 그들은 제한된 시간 내에 이 모든 방식으로 이슈를 토론할 수는 없다.

　이 이슈에 대해서 다시 말하지만, 개별 사례가 꼭 문제가 되는 것은 아니다. 어려운 점은 교사가 토론의 틀을 설정하는 사람이 되는 경향이 있다는 것이다. 교사가 학생들에게 토론 주제를 통제할 수 있는 더 많은 여지를 부여할지라도 제시된 주제 선택에는 여전히 다수결주의 또는 여타의 편견이 존재할 것이다. 어쨌든 일부 학생들은 다른 학생들보다 자신이 가정한 범위 내에서 사안을 토론하게 될 가능성이 더 크다. 더욱이 학생들은 자신들의 세계관에 대한 편향적 방식의 틀을 인식하지 못하거나 명확하게 논의하지 못할 수도 있다. 보다 일반적으로 말하면, 이 자리에 있는 누구도 그러한 견해를 갖고 있지 않기 때문에 그들이 간청하게 될 몇 가지 중요한 문제가 항상 있을 것이다. 예를 들어, 타라가 있다면, 그녀는 폭력 묘사에서 오는 충격이 해로운지 학생들의 가정에 이의를 제기할 수 있다. 그날 그녀가 결석한다면 이러한 가정은 눈에 띄지 않게 지나갈 가능성이 높다.

이 모든 사례에서 합리적 축약 탐구가 평가적이라는 사실이 중요한 역할을 한다. 윤리적 대화에서 중요한 규칙 중 하나는 사람들이 중요하다고 생각하는 이슈에 집중하기 위해 다른 주제의 대화를 방해해서는 안 된다는 것이다. 모든 주제를 자신들의 종교 또는 트로이 목마류의 정치 전략, 또는 사회적 이데올로기로 전환하는 사람들은 우리를 괴롭힌다. 어떤 주제가 토론 대상이 되는지 결정하는 과정이 항상 공정하거나 중립적이지 않다는 데 문제가 있다. 이는 특정 견해를 다른 견해보다 더 많이 지지하거나 우선하는 경향이 있음을 보여준다.

선택적 주제와 주제의 선택적 구조화 문제는 그 자체로 문제가 된다. 교실 환경을 살펴보면, 교사와 학생은 추가적인 어려움에 직면한다. 학생들은 교사의 프레젠테이션에 나타난 편견을 명확하게 확인하거나 표현하지 못할 수도 있다. 많은 경우 교사는 이러한 편견을 인식하지 못할 것이다. 그렇게 되면 자신의 견해를 완전히 이해하지 못하거나 잘 표현하지 못하는 학생들은 추가적인 난관에 직면하게 된다. 어느 정도, 그들은 그러한 편견을 명확히 표현하거나 심지어 인식하는 데 도움을 받기 위해 교사에게 의존할 것이다. 이러한 필요성은 교사에게 추가적인 부담을 안겨줄 것이며, 교사는 학생들의 과제를 도울 수도 있고 돕지 못할 수도 있다. 또는 도울 시간이 있기도 하고 없기도 하다.

지금까지 나는 합리적 축약 탐구에 의존하는 교사와 학생이 학생들의 토론 내용을 지시함으로써 의도치 않게 특정 견해를 가진 학생들에게 낙인을 찍는 방식에 대해 검토했다. 그러나 교사와 학생이 특정 견해를 다른 견해보다 선호하게 되는 또 다른 방법이 존재한다. 행정가와 교사가 교실에서 도덕적 토론을 장려하는 이유 중 하나는 학생들에게 시민으로서 대화를 나누는 방법을 가르칠 수 있기 때문이다. 학생들은 확실히 이러한 기술을 배워야 한다. 불행하게도 교사와 학생이 시민성(civility)의 규칙을 적용할 때, 특히 더 제한적이고 비판적인 세계관을 가진 학생들에게 부당한 편견을 도입할 가능성이 높다.

교사와 학생은 여러 면에서 시민성의 규칙을 부당하게 적용할 가능성이 높다. 첫째, 학생들이 서로 모욕하지 않도록 요구 사항을 강제해야 할 때 문제가 발생한다. 표면적으로 이 규칙은 문제가 없으며, 이는 모든 학생과 모든 견해를 똑같이 적용한다. 실제로 교사와 학생이 무엇을 모욕으로 간주하는지 결정해야 할 때 문제가 발생한다. 그러한 경우 교사와 학생은 자유주의 사회에서 널리 퍼져 있는 일련의 가정에 영향을 받을 가능성이 높다. 이러한 사회는 가끔 밀(J. S. Mill)의 완화된 버전의 해악 원칙으로 기울지만, 정치보다는 윤리에 적용된다.[11] 즉, 자유주의 사회에서 사람들은 각자의 삶에 대한 선택권을 중요하게 여기며, 다른 사람의 생활방식을 판단하거나 간섭하는 것보다 자신의 삶을 어떻게 살아갈지를 결정하는 것을 더 중요한 문제로 여기는 경향이 있다. 예를 들어, 알렉스는 많은 파티에 가기로 선택하고, 파멜라는 파티에 가지 않기로 선택할 것이다. 이와 동시에 알렉스는 파멜라의 결정을 승인할 것이지만, 파멜라는 알렉스의 결정을 불승인할 것이다. 적어도 파멜라가 상황에 따라 알렉스의 행동을 알아차리고 의견을 형성하게 된다면, 파멜라는 알렉스의 행동을 승인하지 않을 가능성이 높다. 문제는 교사와 학생이 이러한 배경적 가정(assumption)이 있을 때, 파멜라가 알렉스의 행동에 대해 이의를 제기할 때 파멜라가 잠재적으로 알렉스를 모욕하는 것으로 간주하는 경향이 있다는 것이다. 이와 대조적으로, 그들은 알렉스가 파멜라의 불

---

[11] 밀(Mill) 자신은 자신의 해악 원칙을 정부 조치 이상으로 확장했지만, 그 한계는 논란의 여지가 있다(Dilulio, 2022; Hamburger, 2001, pp. 3-17, pp. 158-159; Himmelfarb, 1976; Threet, 2018; Waldron, 2002).

승인에 대해 이의를 제기할 때 그들은 알렉스가 파멜라를 모욕할 가능성이 더 작다. 결과적으로 알렉스는 파멜라보다 시민성의 비난을 받지 않고 불일치를 표현할 여지가 더 많다.

모욕적인 표현을 금지하는 규칙과 함께 교사와 학생은 학생들에게 다른 사람의 비판을 모욕으로 받아들이지 않도록 요구할 것이다. 보다 일반적으로, 시민성의 규칙은 학생들이 다른 학생들의 주장에 대해 특정 종류의 감정적 반응을 표현하지 말 것을 요구한다. 때때로 이러한 규칙은 학생들이 다른 사람의 주장에 반응하는 특정 종류의 감정을 느껴서는 안 된다는 것을 암시할 수 있다. 다시 말해, 교사와 학생은 이러한 시민성의 규칙을 균일하지 않게 적용할 가능성이 높다. 그들은 알렉스가 파멜라의 명시적이거나 암묵적인 비판에 대해 공격적으로 대응할 수 있는 여지를 허용할 수도 있다. 그들은 알렉스의 분노나 좌절을 파멜라의 비판에 대한 정당한 반응으로 간주할 것이다. 그들은 알렉스의 좌절감을 그의 생활방식에 대한 공격에 대한 반응으로 간주할 것이다. 이와 동시에 알렉스가 파멜라를 비판하면, 그들은 알렉스의 비판을 단순히 파멜라의 주장에 대한 공격으로 간주하거나 심지어 자신의 생활방식에 대한 파멜라 공격에 대한 방어로 간주할 것이다. 이와 대조적으로, 파멜라가 화를 내거나 좌절한다면, 그들은 파멜라가 자신의 신념에 대한 비판에 부적절하게 반응한다고 판단할 가능성이 더 높다. 본질적으로 그들은 알렉스가 선호하는 행동을 파멜라가 다른 사람의 행동을 불승인하는 것보다 그의 존재에서 더 중요한 것으로 간주할 것이다. 이런 점에서, 교사와 학생은 알렉스보다 파멜라에 대해 더 심하게 시민성을 적용하는 경향이 있을 것이다.

나는 내가 논의한 규칙이 정당하다고 강조한다. 내가 그 규칙을 적용할 때, 나는 어느 정도의 표면적 불평등이 적절하다는 점을 강조하고 싶다. 예를 들어, 우리는 어느 정도 대화에서 당사자들에게 인기가 없는 소수 종교를 비판하는 것보다 해당 지역의 지배적인 종교를 비판할 수 있는 여지를 더 많이 부여해야 한다(Carlson, 2020; Matsuda, 1993, pp. 38-39). 더욱이 개인의 생활방식과 타인의 생활방식에 대한 비판을 구별하는 데에는 어느 정도 장점이 있다. 어려운 점은 이러한 이슈가 믿을 수 없을 정도로 미묘하고 복잡하다는 것이다. 또한 그 이슈는 흐릿한 경계를 많이 포함하고 있다(Howarth, 2009, p. 897). 예를 들어, 자신의 기준에 따라 생활하는 것과 다른 사람의 자유를 방해하는 것 사이의 경계는 긋기가 매우 어렵다(Brunon-Ernst, 2017; Grill, 2012, pp. 360-361; Waldron, 2002 참조). 이러한 구별은 정당하지만, 사람들이 최선의 의도를 가지고 있을 때조차도 실제로 이를 공정하게 시행하기란 매우 어렵다.

15.6 공정한 대우와 공정한 기대

나는 합리적 축약 탐구가 실제로는 학생들에게 부당하게 낙인을 찍고, 일부 학생에게는 다른 학생들보다 더 낙인을 찍는 경향이 있다는 이유로 그것을 비판했다. 숙련된 교사가 이러한 문제를 크게 줄일 수 있다. 그러나 이러한 과업은 두 가지 이유에서 교사에게 상당한 부담을 준다.

첫째, 문제의 편견을 인식하기가 매우 어렵다. 선생님이 모든 친구를 공평하게 대하고, 어떤 주제에 대해 여러 가지 다른 생각을 공평하게 가르치는 것은 교사에게 엄청난 수준의 지식과 통찰력을 요구한다. 예를 들어, 존스 선생님은 대화의 흐름이 가톨릭 학생들에게 부당하게 낙인을 찍는 미묘한 방식을 인식하게 될 것이다. 그는 문제를 재구성하고 이러한 종류의 편견에 관심을 가질 수 있을 것이다. 그러나 그가 파멜라의 견해나 타라의 견해에 대한 유사한 편견을 인정하지 않을 가능성이 있다. 아마도 더 위험한 것은 토론에서 편견의 정도를 줄이려는 존스의 시도가 상황을 더욱 악화시킬 수 있다는 것이다. 존스 선생님이 엔리케의 견해에 반대되는 편견을 인정하고 반박한다고 가정해 보라. 존스 선생님은 파멜라의 견해와 타라의 견해에 대한 편견을 인정하지 못하면, 그는 본의 아니게 두 견해를 더 나쁜 상황으로 몰아넣게 된다. 그가 엔리케에 대한 편견을 인정하되 다른 학생들에 대한 편견을 인정하지 않을 때, 그는 대화가 파멜라와 타라에게는 공정하지 않았음에도 불구하고 공정했다는 것을 암묵적으로 인정한다. 한쪽에 대한 편견만을 언급하는 행위는 다른 쪽의 견해에 대한 편견이 있다는 것을 간과하는 것이다. 그런 점에서 편견을 다루려고 노력하는 교사들은 결국 문제를 더욱 악화시키는 결과를 낳는다.

둘째, 교사는 자신이 좋아하는 만큼 학생들을 공정하게 대우할 재량권이 없다. 교사는 권력자들이 좋아하지 않는 생각을 학생들에게 얼마나 허용할 수 있을지 항상 신경 써야 한다. 예를 들어, 나는 여러 번의 발표가 필요한 대학 교과목을 가르친 적이 있다. 도입 단계 활동으로 나는 학생들에게 심각하지 않은 주제에 대해 자유롭게 발표하도록 요청했다. 한 여학생이 심각하지 않은 주제에 대한 부분을 망각하고 성차별에 가까운 페미니즘 반대 발표를 했다. 그녀가 페미니즘을 반대하는 것인지, 아니면 페미니즘을 반대하는 사람들을 비꼬는 것인지 알 수 없었다. 나는 그 학급 학생들도 같은 느낌을 받았을 것이라 믿었다. 그녀의 말투는 화를 내는 것이라기보다는 오만하게 보였다. 그래서 우리는 모두 그녀의 견해를 정확히 인식하지 못한 채 정중하지만, 애매한 박수를 보냈다. 나중에 그 학생이 좀 본격적인 발표를 한 후에, 나는 그녀의 견해가 처음 표출된 것보다 훨씬 더 성차별적인 견해라는 것을 알게 되었다. 나는 그 견해가 그녀 자신의 성에 대한 편견을 보여주고 있다고 생각한다. 이때 나는 이것을 강조했어야 했다. 나중에 생각하니, 같은 주장을 하는 남학생이 있었다면, 그가 누구였더라도 질책했어야 했다는 생각이 들었다. 더구나 인종차별적인 암시가 조금이라도 담긴 발표를 한 학생이라면, 내가 그를 직접적으로 비난했을 것이다.

내가 이러한 사례를 다르게 간주해야 하는 몇 가지 정당한 이유가 있다는 점을 강조하고 싶다. 예를 들어, 남성에게 특권이 있다는 사실은 남학생이 유사한 발표를 하는 것을 더 큰 잘못으로 간주할 정당한 이유를 제공한다. 또한, 내가 남성이라는 사실 때문에, 내가 성 역할에 대한 여성의 견해를 비판하는 것도 의문스럽다. 나는 내가 잘못된 결정을 내렸다고 말하는 것이 아니다. 내 요점은 내 결정이 정당한 원칙에 따라 이루어졌는지 매우 의심스럽다는 것이다. 학생들에 대한 나의 반응은 정당한 원칙, 개인적인 편견, 그리고 비난이나 처벌을 피하고자 고려한 것들이 혼합된 결과다. 자신의 직업을 소중히 여기는 교사라면 교장이나 학교 위원회의 편견보다는 자신의 원칙을 따르는 데 특별한 용기가 필요할 때가 있다는 것을 알고 있다.

이 두 가지 요인 모두 우울한 결론을 내린다. 모든 관점에 공평한 방식으로 도덕 교육을 수행하는 과업은 교사에게 큰 부담과 압박을 주는 것이다. 최고의 도덕 철학자라도 자신의 모든 편견을 인식하기란 어렵다는 것을 알게 된다. 수백 가지 과업을 수행하는 고등학교 교사는 모든 학생이 필요로 하는 지원을 그들에게 충분히 제공할 만큼 세계관의 배경지식을 배울 충분한 시간이 없다. 그는 또한 모든 견해를 공정하게 대우하지 말라는 엄청난 압력에 직면할 수도 있다. 이러한 이유로, 일반 학교의 도덕 교육이 충분히 넓은 범위의 세계관에 대해 적절하게 중립을 유지하는 것은 불가능할 수 있다.

15.7 중요한 반대 의견

나는 일반 학교의 도덕 교육이 자유주의적 정의 기준, 특히 자유주의적 중립성을 충족하는 데 불가피하게 실패한다고 생각한다. 자유주의 이론가들이 내가 결과의 중립성과 의도의 중립성을 구별하지 않았다고 반대하는 것은 합당할 수 있다. 일부 철학자들은 정부가 다른 도덕적 견해에 대해 똑같은 결과를 보장할 필요는 없고, 단지 의도적으로 어느 한쪽을 편들지 않으면 충분하다고 말한다(Laborde, 2018, p. 99; Rawls, 1993, pp 192-194; Rivera-Castro, 2021, p. 240).

의도의 중립성과 결과의 중립성을 구별하기 어렵다고 비판하는 학자들이 있다. 예를 들어, 토마시는 그 구별이 정당하지만, 자유주의 정부는 정책의 불평등한 결과를 개선해야 할 의무가 있다고 주장한다(Tomasi, 2001, pp. 22-38). 나는 추가적인 어려움을 지적하고 싶다. 일반 정책의 불평등한 결과와 특정 집단에 대한 선호를 피하려 고안한 정책의 불평등한 결과에는 차이가 있다. 예를 들어, 정부가 화폐 정책을 바꿨다고 해보자. 이 변화로 로마 가톨릭교회가 뜻밖의 이득을 봤다. 하지만 정부가 이 정책을 만들 때 로마 가톨릭교회를 도와주려고 한 것이 아니라, 그냥 일반적인 경제 정책을 바꾼 것일 뿐이다. 따라서, 정책의 의도는 중립적이었고, 이득을 본 것은 우연이었다. 그래서 의도가 중립적이라는 주장은 정당하다. 이와는 다르게 정부가 방송에 접근하는 방법을 바꿨다고 해보자. 이 변화로 인해 로마 가톨릭교회가 개신교보다 방송에 더 쉽게 접근하게 되었다. 정부는 특정 종교를 도와주려고 그런 것이 아니라, 그냥 방송 접근 방식을 바꿨을 뿐이지만 결과적으로 한쪽이 더 유리해졌으니, 이 정책이 진짜로 공평했는지, 즉 자유주의적 중립의 기준을 충족했는지는 불확실하다. 공정성을 보장해야 하는 정책이 정기적으로 이질적인 결과를 낳는다면, 의도에서 중립적이라고 말하는 것조차 조심할 이유가 있다. 결과가 집단의 신념이나 관행의 장점과 명확하게 관련되지 않은 확인 가능한 메커니즘에서 비롯된 경우, 이러한 한계는 특히 관련이 있다. 도덕 교육이 이 범주에 속한다. 일반 학교의 세속적이고 중립적인 성격은 다양한 집단을 선호하지 않는다. 그런 맥락에서, 도덕 교육이 학생들에게 부과하는 이질적인 부담은 심각한 문제이다.

15.8 가능한 해결책

나는 일반 학교의 도덕 교육이 자유주의적 중립과 비교화의 준거를 충족할 가능성에 대해 비관적으로 평가했다. 이제 나는 이러한 비관적인 평가를 하였으므로, 문제를 줄이기 위해 교사들이 선택할 수 있는 몇 가지 조치를 제안하고 싶다. 나는 이러한 방법을 "부분적 해결책"이라고 부르겠다.

첫 번째 부분적인 해결책은 교사는 교육과정에서 편견이 있는 부분에 주의를 기울일 수 있다는 것이다. 예를 들어, 폭력적인 비디오 게임의 경우를 생각해 보라. 어떤 점에서 교사는 자신이 다른 방식으로 관점을 구성할 수도 있었다는 사실에 명시적으로 주의할 수 있다. 그/그녀는 또한 그 이슈를 구성하는 다른 방법에도 편견이 있을 수 있음을 지적할 수 있다. 그/그녀는 누군가가 자신이 선택한 방식과 다르게 그 이슈를 구조화해야 한다고 생각하는 데에는 정당한 이유가 있음을 지적할 수 있다. 그/그녀는 학생들에게 자신이 간과했던 다른 편견을 찾아보라고 권유할 수도 있다. 이런 식으로 그/그녀는 학생들이 어느 정도 편견이 불가피하다는 것을 깨닫도록 도울 수 있다.

두 번째 부분적인 해결책은 학생들의 세계관을 이해하기 위해 시간을 할애할 수 있다는 것이다. 예를 들어, 존스 선생님은 로마 가톨릭 자선 단체가 사회에 제공하는 공헌을 지적함으로써 엔리케를 지원할 수 있다. 이와 같이, 그는 사람들이 기술(technology)에서 벗어나 자신의 삶을 어떻게 개선했는지를 설명하고 있는 『노 임팩트 맨(No Impact Man)』과 같은 책이나 베리(W. Berry)의 저술을 지적함으로써 파멜라의 입장을 지원할 수 있다(Beavan, 2009; Berry, 1990). 이런 방식으로 그는 학생들이 자신들의 견해를 비판의 대상으로만 경험하는 것을 줄일 수 있다.

세 번째 부분적 해결책으로 교사는 학생들의 기본 가정이 올바른지를 합리적으로 판단할 수 있도록 도와줄 수 있다는 것이다. 예를 들어, 존스 선생님은 자신이 이성을 통해 종교적 신앙을 갖게 되었다고 주장하는 사례를 제시한다(Angel, 2005, pp. 25-55; Besong & Fuqua, 2019; Cherico, 2011). 그는 또한 증거를 바탕으로 어떤 사람이 한 세속적 이데올로기에서 다른 이데올로기로 이동한 사례를 제시할 수도 있다. 이런 식으로 학생들이 수업에서 사용한 합리적인 기법으로는 주어진 시간 내에 문제를 해결할 수 없더라도, 그는 그들이 문제의 견해가 이성을 통해 결코 도달할 수 없다는 결론을 내리지 않는다는 것을 알 수 있도록 도울 수 있다.

네 번째 부분적인 해결책은 자신의 지식이나 견해에 대해 너무 확신하지 않고, 다른 사람의 의견이나 관점을 존중하며 받아들이려는 자세를 가르칠 수 있다. 더 정확하게 말하면, 그녀는 사람이 지적 절망에 굴복하지 않고 지적 겸손을 어떻게 가질 수 있는지 보여줄 수 있다. 예를 들어, 파멜라가 자기 세계관을 펼치고, 학생들이 곧바로 그녀의 논증이 선결문제 요구 논증이라는 것을 알게 되었다고 가정해 보라. 존스 선생님은 그들이 곤경에 빠져 있음을 인식할 수 있다. 그리고 그는 파멜라가 다른 사람들이 받아들일 수 있는 이유를 제공하지 못했다는 것을 인정할 책임이 있다는 것을 암묵적으로 암시할 수 있다. 그래서 존스 선생님은 유사한 견해를 가진 사람들과 협의하고 추가 논증을 모색할 수 있다. 그는 나중에 그 주제로 돌아와 자신이 이전에 실수했다고 말할 수 있다. 추가 검토에서, 그는 자신이 이해하지 못한 파멜라의 견해에 대한 논증이 있음을 발견한다. 그래서 그는 학급 학생들에게 그러한 논증에 토론하도록 권유할 수 있다. 이런 식으로 그는 학생들이 특정 견해에 대해 논증하기 위해 한 번 실패한 시도로부터 너무 확고한 결론을 도출하지 않도록 학생들을 가르칠 수 있다. 이와 같이, 그는 우리가 포괄적 세계관에 대해 무관심하거나 회의적으로 반응해야 한다고 너무 성급하게 가정할 가능성이 있다고 주장할 수 있다.

15.9 결론

기대컨대, 일반 학교의 도덕 교육 전망은 희망적이지만 낙관적이지는 않다는 것이 분명하다. 나는 일반 학교의 도덕 교육 과제가 교사에게 무거운 부담을 지우고 그러한 부담을 감당하는 것이 불가능할 수 있다고 논의했다. 나는 우리가 이러한 부담을 덜 수 있는 방법을 제안했다. 개인적으로 나는 내가 일반 학교에서 받은 초등교육과 예수회 학교에서 비가톨릭 신자로서 받은 종파적 고등학교 교육에 감사드린다. 또한 나는 몇몇 헌신적인 일반 학교 선생님들의 친척으로서 이러한 유형의 교육에 큰 애정이 있다. 많은 교사와 행정가는 학생들의 신념과 헌신에 대해 낙인을 찍지 않는 방식으로 도덕 교육을 제공하기 위해 최선을 다하고 있다. 나는 그 목표의 달성 방법에 대한 일반론 이상의 것을 제시할 수 없었다. 나는 장애물이 보이는 것보다 더 큰 이유에 대해 논의함으로써 두 가지 목표를 달성할 수 있기를 바란다. 첫째, 나는 교사들이 어려움의 주범이 아니라 교육 과제가 어려움의 원인임을 비판가들에게 상기시키고 싶다. 둘째, 나는 도덕 교육의 방법과 함께 학생들과 그들의 신념을 존중하는 방법을 다른 사람들이 발견하도록 격려하고 싶다.

참고문헌

Aikin, S. F. & Talisse, R. B.(2010). *Political argument in a polarized age: Reason and democratic life.* Cambridge: Polity Press.

Angel, M.(2005). *Choosing to be Jewish the orthodox road to conversion.* Hoboken, NJ: KTAV Publishing House.

Association for Practical and Professional Ethics(APPE)(2013). *Rules for the national championship of the APPE intercollegiate ethics bowl.* Available at https://www.appe-ethics.org/assets/IEB_Documents/2022620APPE%201EB%20National%20Championship%20Rules.pdf

Atkinson, R. F.(1972). Indoctrination and moral education. In L. A. Snook(Ed.). *Concept of indoctrination: Philosophical essays*(pp. 55-66). London: Routledge & Kegan Paul.(Reprinted from R. D. Archambault(Ed.)(1971). Philosophical analysis and education. London: Routledge & Kegan Paul.)

Beavan, C.(2009). *No impact man: The adventures of a guilty liberal who attempts to save the planet, and the discoveries he makes about himself and our way of life in the process.* London: Picador Books.

Berry, W.(1990). *What are people for? Essays.* Albany, CA: North Point Press.

Besong, B. & Fuqua, J.(Eds.)(2019). *Faith and reason: Philosophers explain their turn to Catholicism.* San Francisco, CA: Ignatius Press.

Boucher, F.(2018). Should liberal states subsidize religious schooling? *Studies* in *Philosophy and Education*, 37(6), 395-613.

Brunon-Ernst, A.(2017). Nudges and the limits of appropriate interferences reading backwards from J. S. Mill's harm principle to Jeremy Bentham's indirect legislation. *History of European Ideas*, 43(1), 53-69.

Callan, E. & Siegel, H.(2009). Indoctrination. In H. Siegel(Ed.). *The Oxford handbook of philosophy of education*(pp. 104-121). Oxford: Oxford University Press.

Carlson, C. R.(2020). Hate speech as a structural phenomenon. *First Amendment Studies*, 54(2), 217-224.

Caro Samada, C., Ahedo Ruiz, J. & Esteban Bara, F.(2018). Kohlberg's moral education proposal and its legacy at university: present and future. *Revista Española de pedagogia*, 76(269), 85-100.

Cherico, R. V.(2011). *Atheist to Catholic: Stories of conversion*. Cincinnati, OH: Franciscan Media.

Choate Rosemary Hall.(2022). Equity and inclusion. Available at: https://www.choate.edu/about/equity-and-inclusion.

Copp. D.(2016). Moral education versus indoctrination. *Theory and Research in Education*, 14(2), 149-167.

De Ridder. J.(2021). Deep disagreements and political polarization. In E. Edenberg & M. Hannon(Eds.), *Political epistemology*(pp. 236-243). Oxford: Oxford University Press.

Dilulio, J. P.(2022). *Completely free: The moral and political vision of John Stuart Mill*. Princeton, NJ: Princeton University Press.

Finkin, M. W., Post, R. C., Nelson, C., Benjamin, E. & Combest, E.(2007). Freedom in the classroom. American Association of University Professors. Available at: https://www.aaup.org/file/ACASO07FreedomClassrmRpt.pdf.

Flew, A.(1972a). Indoctrination and doctrines. In I. A. Snook(Ed.), Concepts of indoctrination: Philosophical essays(pp. 67-92). London: Routledge & Kegan Paul.(Reprinted from *Studies in Philosophy and Education*, 4(3), Spring 1996, 281-306.)

_____(1972b). Indoctrination and religion. In I. A. Snook(Ed.), Concepts of indoctrination: Philosophical essays(pp. 1067-1116). London: Routledge &

Kegan Paul.(Reprinted from Studies in *Philosophy and Education*, 4(2), Spring 1997, pp. 273-283.)

Fogelin, R.(1985). The logic of deep disagreements. *Informal Logic*, 7(1), 1-8.

Fowler, T.(2020). *Liberalism, childhood and justice: Ethical issues in upbringing*. Bristol: Bristol University Press.

Fritz, J.(2011). Online shaming and the ethics of public disapproval. *Journal of Applied Philosophy*, 38(4), 686-701.

Fritz, M. R. & Guthrie, K.(2017). Values clarification: Essential for leadership learning. *Journal of Leadership Education*, 16(1), 47-63.

Garrison, W. L.(1854). *No compromise with slavery*. American Anti-Slavery Society.

Gatchel, R. H.(1972). Evolution of concepts of indoctrination in America. In I. A. Snook, ed., *Concepts of indoctrination: Philosophical essays*. London: Routledge & Kegan Paul, pp. 9-16.(Reprinted from Educational Forum, 23(3), 303-309.)

Green, T. F.(1972). Indoctrination and beliefs. In I. A. Snook(Ed.), *Concepts of indoctrination: Philosophical essays*(pp. 25-46). London: Routledge & Kegan Paul. (Reprinted from *Studies in Philosophy and Education*, 3(4), 284-319.)

Grill, K.(2012). Paternalism. In R. Chadwick(Ed.), *Encyclopedia of applied ethics: Vol. 3*)(pp. 359-369). Amsterdam, NL: Elsevier.

Hamburger, P.(2001), *John Stuart Mill on liberty and control*. Princeton, NJ: Princeton University Press.

Hand, M.(2020). Moral education in the community of inquiry. *Journal of Philosophy in Schools*, 7(2), 4-20.

Himmelfarb, G.(1976). *On liberty and liberalism: The case of John Stuart Mill*. New York, NY: Knopf.

Howarth, J. W.(2009). Teaching freedom: Exclusionary rights of student groups. U.C. Davis School of Law, 42(3), 889-938. Available at: https://heinonline.org.ezproxyr.lib.asu.edu/HOL/P?h=hein.journals/davlr42&i=895.

Keillor, S. J.(2007). *God's judgments: Interpreting history and the Christian faith*. Westmont, IL: IVP Academic.

Kilpatrick, W. H.(1972). Indoctrination and respect for persons. In I. A. Snook (Ed.). Concepts of indoctrination: Philosophical essays.(pp. 47-54). London: Routledge & Kegan Paul.(Reprinted from Kilpatrick, W. H. (1951). Philosophy of education. New York, NY: Macmillan Company.)

Kotzee, B.(2019). Intellectual perfectionism about schooling. *Journal of Applied Philosophy*, 36(3), 436-456.

Laborde, C.(2018). The evanescence of neutrality. *Political Theory*, 46(1), 99-105.

Leland, R. J. & van Wietmarschen, H.(2017). Political liberalism and politics community. *Journal of Moral Philosophy*, 14(2), 142-167.

Lipman, M., Sharp, A. M. & Oscanyan, F. S.(1980). *Philosophy in the classroom*. 2nd ed., Philadelphia, PA: Temple University Press.

Marsden, G. M.(1997). *The outrageous idea of Christian scholarship*. Oxford: Oxford University Press.

Matsuda, M. J.(1993). Public response to racist speech: Considering the victim's story. In M. J. Matsuda, K. W. Crenshaw, R. Delgado, & C. R. Lawrence III(Eds.), *Words that wound: Critical race theory, assaultive speech, and the first amendment*(pp. 17-52). London: Routledge.

McLellan, B. E.(1999). *Moral education in America: Schools and the shaping of character from colonial times to the Present*. New York, NY: Teachers College Press.

McMahon, C.(2009). *Reasonable disagreement: A theory of political morality*. Cambridge: Cambridge University Press.

Morton, E. T.(2018). Pragmatism, pluralism, and the burdens of judgment. *Symposium*, 5(2), 135-154.

National High School Ethics Bowl(NHSEB)(2021). Rules manual (2021-2022). Available at: https://nhseb.unc.edu/wp-content/uploads/sites/2427/2021/09/Rules-Manual-2021-2022.pdf.

Paddock, C.(2021). Cardinal virtue habituation as tion as liberal citizenship education. *Journal of Philosophy*, 55(2), 397-408.

Phillips Exeter Academy(2022). Equity and inclusion. Available at: https://www.exeter.edu/community/inclusive-community.

Rawls, J.(1993). *Political liberalism.* New York, NY: Columbia University Press.

Rivera-Castro, F.(2021). Neutrality without pluralism. *European Journal of Political Theory,* 20(2), 232-251.

Sharp, A. M.(2017). Philosophy in the school curriculum. In S. Naji & R. Hashim (Eds.), *History, theory and practice of philosophy for children: International perspectives*(pp. 30-42). London: Routledge.

Taylor, R. M.(2017). Indoctrination and social context: A system-based approach to identify the threat of indoctrination and the responsibilities of educators. *Journal of Philosophy of Education,* 51(1), 38-58.

The New School(2022). About us. Available at: https://www.newschool.edu/nssr/about-us/.

Threet, D.(2018). Mill's social pressure puzzle. *Social Theory and Practice,* 44(4), 539-565.

Tomasi, J.(2001). *Liberalism beyond justice: Citizens, society, and the boundaries of political theory.* Princeton, NJ: Princeton University Press.

Verkuyten, M. & Kollar, R.(2021). Tolerance and intolerance: cultural meanings and discursive usage. *Culture & Psychology,* 27(1), 172-186.

Waldron, J.(2002). Mill and multiculturalism. In C. L. Ten(Ed.), *Mill's On Liberty: A critical guide*(pp. 165-184). Cambridge: Cambridge University Press.

Wilson, J.(1972a). Indoctrination and rationality. In I. A. Snook(Ed.), *Concepts of indoctrination: Philosophical essays*(pp. 17-24). London: Routledge & Kegan Paul.(Reprinted from Wilson, J., Williams, N. & Sugarman, B.(1969). Introduction to moral education. London: Penguin Books.)

_____(1972b). Indoctrination and freedom. In I. A. Snook(Ed.). *Concepts of indoctrination: Philosophical essays*(pp. 101-106). London: Routledge & Kegan Paul.(Reprinted from Wilson, J., Williams, N., & Sugarman, B.(1969). Introduction to moral education. London: Penguin Books.)

16장
인격 기반
성 윤리와 성교육

키르스텐 웰치(Kirsten Welch)

16.1 서론

미국 교외의 잘 정돈된 주택에 사는 레스터(Lester)는 광고업계에서 일하고 있는 중년 사무직 근로자다. 그의 아내 캐롤린과 고등학생 딸 제인은 그를 한심한 패배자로 보고 있으며, 그는 자신이 끊임없이 "진정제를 맞은" 느낌이 든다고 묘사한다. 그에 따르면, 그의 하루 중 가장 중요한 순간은 샤워하면서 자위하는 것이다. 그는 수동적이고, 고립당하고 있으며, 세상으로부터 소외당하고 있다. 어느 날 저녁, 고등학교 농구 경기에서 딸의 치어리더 공연을 지켜보던 레스터는 제인의 가장 친한 친구인 치어리더 안젤라에게서 성적 환상을 느낀다. 레스터의 성적 집착은 증가하여 빈번한 환상으로 나타난다. 그의 삶은 비록 흥미롭기는 하지만 점점 더 순기능을 상실한다. 그는 날조된 성희롱 혐의를 통해 상사와 퇴직금 협상을 벌인 후에 직장을 그만둔다. 옆집 이웃인 리키로부터 마약을 구하기 시작하고, 아내가 바람을 피운다는 것을 알게 된다. "당신이 여전히 자신을 놀라게 할 수 있는 능력이 있다는 것을 깨닫는다면 그것은 대단한 일이다."라고 말하는 것에서 알 수 있는 것처럼, 레스터는 마침내 다시 살아있음을 느낀다. 그러나 그를 영웅으로 간주할 수는 있을지라도, 그는 확실히 도덕적인 사람은 아니다.[1]

멘데스(S. Mendes)의 1999년 영화 〈아메리칸 뷰티(American Beauty)〉를 본 독자라면, 이 영화의 주인공인 레스터가 어떤 사람인지 대략 파악하고 있을 것이다. 이 영화에는 장단점이 있지만, 여기서 이 영화를 선택한 이유는 두 가지다. 첫째, 그것은 사람들의 성(sexuality)이 삶 전반에 걸쳐 연결되어 있는 방식과 그들의 성이 인격에 의해 받고 그 자체로 인격에 영향을 미친다는 것을 보여준다. 둘째, 영화는 성의 윤리적 차원이 성행위의 순간으로 환원될 수 없고, 그 대신에 사람이 **인식하는** 것과 세상을 **바라보는** 방식을—그 영화의 광고 태그라인이 "더 자세히 보세요."라는 문구로 요약하고 있는 관념—포괄하고 있다는 사실을 관객이 이해하도록 돕는다.[2]

나는 본 장에서 많은 성교육에서—암묵적으로든 명시적으로든—제시하고 있는 성 윤리가 대체로 사람들의 가장 일반적이고 형성적인 성생활의 측면을 제대로 다루지 못한다고 주장한다. 나는 머독(I. Murdoch)을 인용해 좀 더 폭넓은 윤리적 삶의 일부인 성 윤리의 기초가 움직임이나 행

---

1 본 장의 초안에 사려 깊은 의견을 주신 카도자(E. Cardoza), 카(J. Carr), 한센(D. Hansen), 가니츠키(S. Ganitsky), 게리(K. Gary), 로이터(E. Reuter), 설리번(R. Sullivan), 퀙(B. Quek), 이짓(S. Yigit), 장(Q. Zhang), 그리고 자오(T. Zhao)에게 감사의 말씀을 드린다.
2 성, 성 윤리, 성교육에 관한 현대 논의에서 다루고 있는 철학적 체계, 윤리적 원칙, 중심의 개요를 훌륭히 정리하기 위해서는 소블과 할와니(Soble and Halwani)를 참조할 것(2017).

위라는 개념보다는 시각(vision)이라는 은유를 통해 가장 잘 포착할 수 있다고 주장한다. 나는 성행위의 고립적 순간을 중심으로 성도덕이나 성적 부도덕성의 문제에 초점을 맞춘 성 윤리가 불충분하다고 본다. 그것은 우리가 세상(타인과 자신을 포함)을 바라보는 시각이 우리의 성에 강한 영향을 미친다는 것을 무시하기 때문이다(그 반대도 마찬가지다). 우리가 세상을 바라보는 방식은 우리의 인격에 따라 형성되며, 우리가 성생활에 참여하는 방식은 인격을 형성하는 장이다. 따라서 성교육은 인격에 대한 문제를 다루어야 한다. 이는 적어도 부분적으로는 올바르게 보고 주의를 기울이는 법을 배우는 문제로 이해되어야 하며 반대로 인격 교육을 시도하려면 성이 인간 형성에 갖는 영향력을 다루어야 한다.

16.2절에서 나는 성 윤리의 원칙이—적어도 성교육 계획안에 가장 일반적으로 영향을 미치는 버전에서—자율적이고 선택적인 의지에 따라 결정되는 행위에 초점을 맞추는 특징을 갖는 성 윤리의 모습을 가정하고 있다고 주장하고자 한다. 그리고 16.3절에서는 성 윤리에 대한 이러한 접근 방식이 사람들의 성생활과 경험의 넓은 부분을 이해하지 못하고 있다고 주장하며, 〈아메리칸 뷰티〉에 나오는 레스터의 인격을 끌어들여 나의 논점을 제시한다. 그리고 16.4절에서는 머독(I. Murdoch)의 사상을 다룬다. 그는 도덕적 삶의 모습을 행위 시점의 선택의지로 보는 관점에 대해 비판하며, 진실하고 정확한 시각을 지향하는 주의력 함양을 강조하는 윤리적 체계를 제시한다. 나는 다시 〈아메리칸 뷰티〉로 돌아가서, 성 윤리에 대한 머독 식의 체계가 영화에서, 더 나아가 사람들의 성생활에서 더 일반적으로 성의 도덕적 차원을 더 잘 포착한다고 주장한다. 16.5절에서 나는 성 윤리에 대한 접근 방식의 변화가 성교육, 더 넓게는 도덕 교육 및 인격 교육에서 가지는 함의에 대해 고찰한다.

16.2 성 윤리와 성교육

성 윤리와 그에 따른 성교육이 엄청난 논쟁과 토론의 대상이 된다는 사실은 오래된 이야기다(Corngold, 2013a; Kendall, 2013). 성은 우리 삶에서 매우 중요하기 때문에 인간의 본성 및 좋은 삶의 구성 요소와 밀접하게 연관된 주요 논쟁거리였다(Archard, 2003). 성교육에서 도덕이나 윤리에 대해 명시적으로 다루지 않더라도 결과적으로 성교육과 도덕 교육은 분리하기가 매우 어렵다. 미국 및 기타 국가의 맥락에서 성교육 계획안의 역사와 발전은 복잡하지만[3], 최근 '혼전 금욕'을 주장하는 "전통적인" 접근 방식과 "포괄적 성교육"이라 할 수 있는 "자유주의적" 접근 방식 사이의 긴장에 초점을 맞춘 논쟁이 진행되고 있다(Bialystok, 2018; Kendall, 2013; Lamb, 2010, 2013a). 전자는 개인이 배타적인 이성애 결혼을 하기 전까지 유일하게 허용될 수 있는 성적 선택지로서 완전한 금욕을 제시하는 반면, 후자는 "성적, 신체적 발달, 피임, 성병, 성적 다양성, 성적인 결정, 최소한의 건강한 관계"와 같은 이슈를 포괄하는 "증거 기반 세속적 교육과정"의 제공을 목표로 한다(Bialystok, 2018, p. 17). 실제로 성교육 계획안은 둘 사이 어딘가에 위치하는 경향이 있다; 금욕이 결혼 이외 최선임을 학생들에게 가르치면서 피임과 같은 주제에 대한 정보도 제공하는 소위, 금욕 플러스 프로그램이 그 예다(Kendall, 2013). 이와 같이, 포괄적 성교육 프로그램은 성병(STI) 및 피임과 같은 기본적인 건강 정보로부터 학생 자신의 성적 취향을 탐색하고 성 다양성과 같은 이슈에 참여하도록 적극 격려하는 것까지 다양하다(Kendall, 2013).

---

3 미국 성교육 역사를 대략 살펴보는 데 유용한 것으로 램(Lamb)을 참조할 것(2013a. pp. 443-448). 슬로민스키(Slominski)는 종교와의 관계에 초점을 맞춰 미국의 성교육 발달에 대해 많은 분량의 포괄적 분석을 하고 있다(2021).

그렇다면 혼전 금욕 대 포괄적 성교육 논쟁에 초점을 맞추기보다는 성교육 프로그램들이 지지하는 중심 목표, 즉 특정 유형의 성 윤리에 깊이 관여되어 있는 목표에 기초한 다양한 접근을 취하고 있는 그런 성교육 프로그램에 대해 생각하는 것이 더 도움이 될 것이다. 이러한 목표 중 다수는 상호 배타적이지 않다. 프로그램은 확실히 이러한 목표 중 하나 이상을 지지하고 그에 따라 동기 부여적 윤리 원칙을 혼합할 수 있다. 그러나 대부분은 이러한 목표 중 하나 또는 다른 하나를 접근 방식의 초점으로 삼을 것이다.[4] 할스테드와 라이스(Halstead & Reiss, 2003)는 초등 및 중등학교 상황에 대한 정책 지침과 성교육 자원을 검토하여 얻은 목표 목록을 개괄적으로 제공하고 있다:

젊은이들이 성장, 사춘기, 임신과 같은 생물학적 주제에 대해 알 수 있도록 돕기; 아동 학대 경험 방지; 성적 문제에 대한 죄책감, 수치심 및 불안의 감소; 좋은 관계 장려; 미성년 청소년의 성교 금지; 미성년 10대 소녀의 임신 방지; 성병 발병률 감소; 여성과 남성의 성 역할에 대한 젊은이들의 문제 제기 돕기. (p.137)

이러한 목표 중 상당수는 성행위와 관련된 위험을 줄이고 있다는 것에 주목하라. 이러한 경향은 고등교육 수준에서도 나타난다. 대학교 성 교과서에 대한 헬미니악(Helminiak, 2001a)의 검토에 따르면, 해당 교과서에서

---

4 내가 여기서 다루지 않는 한 가지 접근법은 콘골드가 "철저한 회피"라고 정의한 것이다. 성교육은 학교에서 설 자리가 없다는 것이다. 학자들은 대부분 이 접근법이 믿을 수 없으며, 성교육 또한 학교에서 이루어져야 한다는 데 동의한다(Corngold, 2013b). 왜냐하면, 부분적으로는 라이스(1995)가 지적한 것처럼, 성 이슈나 성에 관한 가정이 학교 커리큘럼과 여러 문화에 담겨 있고 성교육이 설령 명시적으로 다루어지지 않더라도 암묵적으로 이루어지기 때문이다.

가장 일반적으로 설명하고 있는 목표는 "성 건강", "책임 있는 결정", 그리고 다양한 개인적, 사회적 질병(임신, 성병 등)의 "위험 감소"였다. 다음에서 나는 이러한 목표 목록이 4개의 짧은 기본적 목록으로 압축될 수 있다고 주장하고자 한다.

첫째, 더욱 기본적인 목표 중 하나는 신체 건강이다. 이 목표에 초점을 맞춘 프로그램은 흥미롭게도 "배관 및 예방"이라고 불렸다(Lenskyi, 1990; 또한 Archard, 2003; Bialystok, 2018; Corngold, 2013b 참조). 학생들에게 바로 그 "사실"을 가르치는 것을 목표로 하는 이 프로그램은 학생들이 개인으로서 건강을 유지하고, 계획하지 않은 임신을 줄이고 성병의 확산을 줄임으로써 공중 보건이라는 더 넓은 목표를 달성할 수 있도록 그들에게 필요한 모든 정보를 제공하고자 한다. 여기서 적합한 윤리 원칙은 단순한 결과주의적 원칙이다. 성에 대해 필요한 정보가 없으면, 사람들의 성행위는 그들 자신, 다른 사람들, 더 나아가 사회에 심각하게 해로운 결과를 초래할 가능성이 높다. 자신이나 타인에게 해를 끼치는 것은 윤리적으로 문제가 있으므로, 성교육은 사람들이 이러한 해를 끼치는 것을 피할 수 있도록 정보를 제공해야 한다.

두 번째 중심 목표는 신체 건강에 기초하며 타인을 향한 "책임 있는 성행위"를 증진하는 것에 초점을 둔다. 이러한 접근 방식은 건강 기준에 따라 이루어지지만, 다른 사람을 존중하고 다른 사람과의 성행위에 책임감 있게 참여하는 것이 중요함을 강조하면서 가치중립적 입장을 넘어 성 윤리의 기본 강령을 가르치는 방향으로 나아가기도 한다(Archard, 1998, 2003; 또한 Heyes, 2019; Steutel & de Ruyter, 2011; White, 1991 참조). 이 목표는 여전히 결과주의적 고려에 따라 동기가 부여되지만, 피해 가능성 영역을 정서적 또는 심리적 본성에 대한 고려로까지 확장한다. 한쪽 파트너가 동의하지 않는 성관계의 예를 생각해 보라. 필요한 예방 조치를 취하면 이 성관계가 신체적 건강에 부정적인 결과를 초래하지 않을 수도 있지만, 동의하지 않는 파트너에게 가해지는 정서적 또는 심리적 피해는 심각할 수 있다. 더 나아가 이 목표는 칸트의 윤리적 체계에서 파생된 의무론적 윤리 원칙에 의해 더욱 강력하게 뒷받침된다. 자신의 성행위에 있어 책임감 있게 행동하지 않는 것은 다른 사람에게 해를 끼칠 위험이 있을 뿐만 아니라, 다른 사람의 인격과 자율성을 존중하지 않고 그들을 목적 자체가 아닌 단순한 수단으로 취급하기 때문에 잘못된 것이다.

그러나 "책임 있는 성행위"의 장려라는 목적이 가지는 문제는 "책임 있는"이라는 용어 자체가 상당한 논란을 불러일으킨다는 점이다. "책임 있는" 성행위란 무엇인가? 더 근본적인 윤리적 관점에 대한 언명을 분명히 밝히지 않고는 이 질문에 답할 수 없다. 설령 모든 사람이 "강간은 그릇된 것이다"처럼 논쟁의 여지가 없는 것에 동의할 수 있더라도, 사람들이 강간의 그릇됨을 지지하는 이유는 매우 다양할 수 있다. 이러한 난점을 인식하여, 많은 성교육 커리큘럼에서는 자율성을 세 번째 핵심적 목표로 삼고 있다(Corngold, 2012, 2013b; Halstead & Reiss, 2003; Lee, 2021; MacKenzie et al., 2017). 일반적으로 이런 목표와 가장 관련 깊은 전략은 "가치중립적" 접근 방식으로 불린다(Corngold, 2013b; Halstead, 1997; Reiss, 1995; White, 1991). 또한 아처드는 이를 "접속-분리(conjunctive-disjunctive)" 접근 방식이라고 부른다. 본질적으로 이 접근 방식은 학생들에게 성과 성행위에 관한 "사실"(즉, 정보의 접속)을 제시하려고 시도하지만, 해당 자료에 관한 어떠한 실질적인 가치 판단도 지지하지 않는다. 오히려 이 접근 방식에 참여하는 교사의 역할은 그런 판단을 지지하거나 거부하지 않는 대신에 학생들이 자신의 가치를 선택하도록 장려하면서(즉, 평가의 분리) 학생들에게 다양한 성적 관행(예: 동성애)에 대해 가능한 평가적 판단의 범위를 제시하는 것(또는 학생에게서 끌어내는 것)이다. 자유주의는 "능력 있는 성인이 자유롭고 의도적으로 동의하고 제3자에게 해를 끼치지 않는 것이면 무엇이든 도덕적으로 허용한다"는 성교육 목표를 뒷받침하는 윤리적 체계를 제공한다(Archard, 2003, p. 541; 또한 Soble & Halwani, 2017, p. 17; Steutel, 2009, p. 187 참조). 자유주의적 관점에서는 "성적 자기 결정의 원칙"이 가장 중요하며(Steutel, 2009), 이 원칙은 앞서 논의된 결과주의적 윤리 원칙과 칸트적 윤리 원칙에 의해서만 제한을 받는다. 스튜텔과 드라이터는 성 윤리에 대한 자유주의적 접근 방식이 성교육을 형성하는 심오한 방식을 밝히고 있다. 그들의 견해에 따르면, "자유주의적 도덕에서 도출될 수 있는 바로 그 목표는 … 의무적인 성교육의 도덕적 목표가 되어야 한다."(Steutel & de Ruyter, 2011, p. 76).

물론 이 접근 방식의 난점은 자유주의 도덕에서 정당하게 도출될 수 있는 목표가 정확히 무엇인지에 대한 논쟁이 존재한다는 것이다. 예를 들어 일부 학자들은 동성애의 수용 여부가 성교육 수업에서 결말이 있는 닫힌 질문으로 다루어져야 한다고 주장하는 반면(Blum, 2010; Ciurria, 2011; Hand, 2007, 2013; Petrovic, 2013), 또 다른 학자들은 동성애의 논쟁적 성격의 질문을 옹호하고, 성교육 맥락에서 그것의 도덕적 지위에 대한 다양한 평가가 고려되어야 한다고 주장한다(Gereluk, 2013; Halstead & Reiss, 2003; Reiss, 1997). 근본적으로 이러한 논쟁은 자율성의 문제, 즉 윤리에 대한 자유주의적 접근이 성의 영역에서 어디까지 확장될 수 있고 확장되어야 하는지에 대해 암묵적으로 질문을 던지고 있다.[5]

자율성 초점 접근 방식에 내재한 난점을 피하는 다른 접근 방식은 콘골드가 "도덕적으로 단일한" 접근 방식이라고 부르는 것이다(Corngold,

---

5 성교육 과정에서 동성애를 가르쳐야 할 것인지 가르치는 방법에 대한 논쟁은 최근 몇 년간 성교육에 관한 철학적 논의에서 대부분을 차지했다. 예를 들어, 2013년 『교육 이론(Education Theory)』(63, no. 1)의 성교육에 관한 특별 호는 거의 모든 논문이 이 논쟁에 초점을 맞추거나 적어도 이 논쟁을 다루고 있다. 할스테드와 라이스(2003)는 이 이슈(잠재적으로 문제가 있는)의 중요성에 관해 이와 유사한 입장을 표명한다.

2013b). 특정 주제에 대해 학생들에게 다양한 평가 옵션을 제시하려고 시도하는 대신, 이 접근 방식은 단순히 학생들에게 올바른 견해와 행위 방침이 무엇인지 알려준다. 따라서 일부 성교육 접근 방식의 네 번째 주요 목표는 학생들이 좋은 성생활에 대한 명확하고 두꺼운 이미지에 따라 살도록 돕는 것이다. 아마도 마음속에 떠오르는 성교육에 대한 도덕적으로 단일한 접근 방식의 버전은 결혼한 이성애 부부의 성관계가 유일하게 허용되는 성행위 형태라는 "전통적인" 성 윤리와 관련된 접근 방식일 것이다(Archard, 2003). 이 접근법의 명백한 윤리적 원천은 종교적 신념이다.[6]

세계의 주요 종교 중 다수는 인간이 무엇인지, 인간의 목적이 무엇인지, 인간이 그런 목적에 따라 어떻게 살아야 하는지 잘 정의된 관점이 있다. 성은 인간이 어떠해야 하는지에 대한 이미지가 매우 중요한 주요 영역 중 하나다. 따라서 인간 본성과 이에 상응하는 목적론에 관한 종교적 언명은 도덕적 언명의 중요한 원천이다. 그러나 아처드가 성 윤리에 대한 전통적인 관점이 종교에만 국한될 수 없다는 점을 지적한 것은 옳다(Archard, 2003). 도덕적으로 단일한 접근 방식을 지지하는 일부 주장은 결과주의적 고려(예: 자녀가 이성애 부모 가정에서 자랄 때 사회가 더 나아지기 때문에, 성이 이런 맥락에서 이루어져야 한다고 혹자가 논의한 것처럼)와 같은 다른 유형의 도덕적 원칙에서 도출된다. 동성애에 대한 우려에서 알 수 있듯이, 도덕적 단일성에 대한 이러한 종류의 관심이 자율성에 초점을 맞춘 접근 방식으로 어떻게 이어질 수 있는지 고려하는 것 역시 흥미롭다. 특히 그들이 그러한 주제에 대해 자율적 판단을 허용하는 것(반대되는 도덕적 평가 입장이 가능해지는 것)을 잠재적 소외집단 사람들의 자율성이나 번영에 반대하는 것으로 이

---

6   예를 들어, 적어도 어떤 무슬림의 종교적 언명이 성 윤리에 어떤 정보를 제공하는지에 대한 자세한 논의와 관련해서는 할스테드(1997)를 참조하고, 가톨릭 성 윤리와 관련해서는 그라보프스키를 참조할 것(Grabowski, 2003).

해한다면, 자율성을 성 영역의 핵심적인 선(good)으로 보는 사람들조차도 특정 성적 관행을 '잘 삶(living well)'의 본질적 요소로 평가하고 싶어 할 것이다.

여기서 언급할 마지막 윤리적 체계는 돌봄 윤리다. 이는 최근 성 윤리와 성교육 영역에 어느 정도 영향력을 행사하고 있다. 램은 돌봄 윤리의 체계를 성 영역에 적용하여 타인에 대한 돌봄에 기반을 둔 성 윤리를 주장한다(S. Lamb, 2010, 2013a, 2013b; McAvoy, 2013 참조). 그러나 상호성과 배려에 대한 이러한 초점을 해석하는 한 가지 방법은 그것을 여전히 칸트의 인간 존중의 영역에 두는 것이다. 스튜텔과 드 라이터가 고찰한 바와 같이, 성 영역에서 "인간 존중의 원칙"이 어떻게 나타나는지에 대한 해석은 두 가지다. "얇은" 해석은 유효한 동의의 획득을 인간 존중의 요구 사항의 충족으로 간주하는 반면, "두꺼운" 해석은 인간 존중의 유효한 동의 획득 외에도 "인간의 필요 및 욕구"를 더 고려할 것을 요구한다(Steutel & de Ruyter, 2011, p. 82). 상호성에 더 초점을 맞춘 성 윤리가 돌봄 윤리에 속하는지, 아니면 칸트 체계에 속하는지는 근본적인 도덕적 개념이 **돌봄**인지 **존중**인지 여부에 달려 있다.

요약하면, 이 절에서 논의한 성 윤리와 성교육에 대한 접근 방식에는 두 가지 경향이 두드러진다. 첫째, 이러한 모든 접근 방식은 당연하게도 성적 행동(behavior)과 성행위(activity)를 강조한다. 결국 성 교육자들에게 가장 우려되는 원치 않는 결과를 가져오는 것은 성적 행동과 성행위다. 그리고 성적 행동과 성행위의 영역 안에서 존중과 자율성의 원칙이 가장 명백하게 행사되거나 침해되는 것이다. 그러나 성적인 영역뿐만 아니라 모든 영역에서의 행동과 행위는 관련 정보의 획득뿐만 아니라 인격 형성에 따라서도 영향을 받는다. 이러한 고찰은 두 번째 경향으로 이어진다. 성 윤리와 성교육에 관한 문헌에서는 성 윤리의 중심 개념으로 인격이

거의 언급되지 않는다. 다음에서 나는 이 두 가지 고찰을 바탕으로 성교육에 영향을 미치고 있는 성 윤리에 대한 기존 접근 방식에 대한 비판을 명확하게 진술하고자 한다.[7]

16.3 윤리적 체계의 문제점

성교육에 영향을 미치는 성 윤리 원칙은 사람들이 자기 자신과 타인에게 심각한 해를 끼치는 것을 예방하고, 존중과 자율성을 증진하도록 시도한다는 점에서 중요한 강점이 있다. 그러나 성 윤리에 대한 접근 방식은 성교육의 과정에서 드러나는 경향이 있다는 점에서 궁극적으로 성에 대한 관점에서는 한계가 있다. 이는 그 방식이 성의 도덕적 측면을 성적 선택이나 행위의 순간으로 한정하기 때문이다. 물론 그러한 순간은 도덕적으로 매우 중요하지만, 그 중요성은 예를 들어 행위의 순간에 타인 존중이나 생활방식의 준수만이 아니라 그러한 행위의 순간이 행위자의 인격에 대해 뭔가를 드러낸다는 사실에서도 비롯된다. 이 인격은 사람들의 성에서 드러나고 그들의 일상생활에서 성을 어떻게 표현하느냐에 따라 차례로 형성된다. 그래서 성교육에서 제시하고 있는 많은 성 윤리는 다른 사람과의 성적 만남에 국한되지 않은 모든 시간과 모든 방식에서 성의 도덕적 측면을 설명하지 못하고 있다.

7　예외가 존재한다. 『성과 윤리』라는 제목의 할와니(2007)의 편집 저작물에 대한 모든 기고문은 인격과 덕 이론의 렌즈를 통해 성 윤리에 접근하고 있다. 인격이나 덕의 틀을 활용한 다른 저작물로는 그라보프스키(2003); 할와니(2018); 할와니(2003); 헤예스(2019)가 있다. 명시적으로 성교육에 더 초점을 둔 문헌에서는 인격이 때때로 언급되지만, 대개는 그냥 지나치는 경우가 많다. 예를 들어 콘골드(2012, p. 61); 할스테드와 라이스(2003, p. 8); 램(2010, p. 99), 램(1997. p. 301)을 참조할 것.

이 점을 설명하기 위해 본 장의 도입 부분에 제시한 〈아메리칸 뷰티〉의 레스터의 인격을 살펴보자.[8] 그 스스로 끊임없이 "진정제를 맞고 있는" 느낌을 받는다고 묘사하는 레스터의 단조로운 삶이 샤워 중의 고독한 자위 경험을 통해서만 깨졌다는 점을 떠올려 보자. 영화의 첫 부분 내내 우리는 거의 모든 장면에서 레스터가 멍하니 허공을 응시하는 모습을 볼 수 있다. 그의 아내, 딸과의 상호작용은 수동적이고 공격적이며, 명랑함을 가장하고 있다. 어느 날 저녁 그의 아내 캐롤린(Carolyn)은 그에게 딸제인의 치어리더 공연 참석을 강요한다; 레스터는 TNT 방송에서 하는 제임스 본드의 마라톤을 시청하지 못하게 될 것이라고 불평한다. 경기하프타임 동안 치어리더팀은 체육관 중앙에 자리를 잡고, 레스터는 여전히 멍하니 앞을 바라보고 있다. 그는 딸을 지켜보고 있지 않다. 갑자기 아름다운 금발 소녀(제인의 친구 안젤라)가 공연의 중심에 등장하고 레스터는 즉시 매료된다. 장면이 바뀌고 이제 관객이 레스터의 환상 속으로 빠진다. 레스터와 안젤라 둘만이 체육관에 있다. 안젤라는 매혹적으로 춤을 추며 블레이저의 지퍼를 천천히 풀고, 레스터는 관람석에서 넋을 잃은 채 지켜보고 있다. 경기가 끝나고 환상이 깨진다. 그 후, 레스터는 학교체육관 밖에서 안젤라와 어색한 대화를 나눈다. 여전히 딸에게는 관심을 기울이지 않은 채로. 영화가 진행됨에 따라 안젤라에 대한 그의 환상은 계속되며 때로 자위행위와 함께 발생하기도 한다.

주류 성교육 계획안에 영향을 미치는 성 윤리의 원칙은 레스터의 성행위와 생각과 큰 관련이 없다. 그는 다른 사람과의 어떤 종류의 성적 만남

---

8 영화 속 다른 등장인물도 비슷한 분석을 하게 된다. 예를 들어 레스터의 아내 캐롤린은 성공 이미지에 집착하며, 동료 부동산업자와 불륜을 저지르게 된다. 또한 레스터의 이웃인 피츠(F. Fitts) 대령은 동성애를 경멸했지만, 동성애자의 매력에 빠지게 된다. 이러한 등장인물에 대한 고찰은 지면 관계상 여기서는 생략한다.

에도 참여하지 않는다. 영화가 끝날 때까지 레스터와 안젤라의 상호작용은 제인이 그녀를 방문객으로 데려왔을 때처럼 어색하고 진부한 대화로 한정된다. 순전히 다른 사람과의 성행위에 관한 것으로 성 윤리의 범위를 좁힌다면, 그는 엄밀한 의미에서 어떠한 성적인 잘못도 저지르지 않고 있다. 성교육 목표에 제시된 성 윤리 원칙은 여기서 레스터의 경험을 적절히 설명하지 못한다.

나는 다음과 같이 제안하고자 한다. 성적으로 말하면, 레스터가 다른 사람들과의 성행위를 넘어서서 성적으로 도덕적으로 손상된 것처럼 보이는 이유는 그의 인격이─그가 어떤 인간인지에 대한 도덕적 특성─부족해 그가 자신의 성생활에 참여하는 방법에 광범위한 영향을 미치기 때문이다. 그의 인격은 그가 습관적으로 **바라보는** 것, 그가 일상적으로 주의를 기울이는 것에 따라 기본적으로 형성된다. 레스터는 아내와 딸을 바라보지 못하지만, 마음의 눈으로 안젤라를 강박적으로 본다. 그 시선은 궁극적으로 그 **자신**과 자신의 욕망 충족을 향하고 있다. 그 인격의 도덕적 결함을─단순히 행위의 문제가 아닌 시각의 문제─확인하는 것은 자연스럽게 이러한 결함을 이해할 수 있는 성 윤리의 추구로 이어진다.

16.4 머독 식 성 윤리

머독은 도덕적 삶이 움직임의 은유가 아니라 시각의 은유로 가장 잘 포착된다고 본다.[9] 머독에 따르면, 현대 도덕 철학은 인간을 선택하는 의지

---

[9] 나는 머독의 논평에서 『선의 주권(The Sovereignty of Good)』에 실린 머독의 윤리학에 대한 영향력 있는 에세이를 참고했다. 머독의 윤리학에 대한 유용한 분석은 바니키(2017)를 참조할 것.

로, 도덕적 행위를 행위로 드러나는 선택의 시점으로 환원한다. 그러나 머독은 M과 D에 대한 자신의 유명한 이야기를 통해 많은 도덕적 삶이 — 대부분은 아닐지라도 — "중간 사이(min-between)"에서 발생한다는 점, 즉 외부 관점에서 보면, 행위가 전혀 일어나지 않은 상황에서 일어나는 내적인 행위라는 것을 보여준다. M은 늘 며느리 D를 모범적으로 대하면서도 속으로는 D를 미워하고 비난하는 시어머니이다. 세월이 흐르면서 M의 외부 **행위**는 전혀 변하지 않지만, 점차 D에 대한 속마음은 바뀐다. 머독에 따르면, 선택하는 의지와 외적 행위에 초점을 맞춘 도덕적 삶에 대한 현대의 분석은 "M을 계속 활동하고 발전하는 존재로 인식하지 않으며, 내적 행위를 그녀의 것으로, 연속적인 존재의 일부를 형성하고 있는 것으로도 이해하지 않는다."(1970, p. 21). 이러한 연속적인 내적 행위는 **시각**과 **주의**를 지시하고 함양하는 것이다. 머독은 웨일(S. Weil)의 주의 개념을 받아들여 이 용어를 "개별적 실재의 현실을 향한 정의롭고 사랑스러운 시선(gaze)의 개념"으로 설명하고, 이를 "도덕적 행위자의 특징이자 적합한 표식"으로 간주한다(p. 33).**10** 우리의 선택과 외적인 행위는 우리가 볼 수 있는 것에 따라 깊은 영향을 받고 제약을 받기 때문에, **시각**은 **선택**보다 도덕적으로 앞선 것이고, 선택은 **행위**보다 도덕적으로 앞선 것이다. 결과적으로 도덕적 시각은 윤리적 삶의 필수적인 범주다.

도덕적 삶의 은유를 행위에서 시각으로 전환하는 것은 우리가 도덕성을 생각하는 방식에 대해 적어도 두 가지 심오한 의미를 부여한다. 첫째, 도덕은 단순히 **행하는** 것이 아니라, **보는** 것에 관한 것일 때, 선은 옳은 것

---

10 웨일은 그녀의 에세이 「신의 사랑에 대한 관점에서 학교 연구의 올바른 사용에 대한 성찰」에서 "주의를 기울인다는 것은 우리의 생각을 잠시 접어두고, 그 생각을 분리되고 비워진, 그 대상에 의해 관통될 수 있는 상태로 두는 것이다. … 무엇보다도 우리의 생각은 비어 있고, 기다리고 있으며, 아무것도 구하지 않고, 자신을 관통할 대상을 적나라한 진실로 받아들일 준비가 되어야 한다."고 썼다(S. Weil, 1951).

일 뿐만 아니라 도덕의 중심 개념이 된다. 선한 것을 보면, 우리는 옳은 것이 무엇인지 정확하게 식별할 수 있고, 보는 것에 따라 행하고 싶은 욕구를 가질 수 있다. 둘째, 이와 관련하여 도덕적 삶이 가장 기본적으로 선을 보는 것이라면 이는 도덕의 영역을 크게 확장한다. 더 이상 도덕은 단순히 우리의 행위를 통해 다른 사람들을 대하는 방법(우리가 다른 사람들을 목적 그 자체로 대하는지, 아니면 전체적인 만족을 극대화하는 방식으로 행하는지)에 관한 것이 아니다. 오히려 우리가 세상을 바라볼 때마다 도덕성이 관련되어 있다. 물론, 우리가 사람들을 대하는 방식은 여전히 매우 중요하지만, 그에 더해 우리가 우리 자신, 타인, 심지어 사물을 **보는** 방식도 도덕적 중요성을 가진다.

자유주의적 성 윤리에서 **존중**과 **자율성**은 도덕적 성행위를 위한 필요충분조건이다. 성행위가 자율적으로 선택되고, 성행위에 직접적으로 관련된 모든 사람으로부터 유효한 동의를 얻고 어떤 제3자에게도 해를 끼치지 않는다는 점에서 인간 존중의 원칙을 침해하지 않는 한, 모든 성행위는 도덕적으로 허용된다. 이러한 존중의 원칙은 유효한 동의를 획득하는 것 외에도 우리가 성행위를 통해 상대방의 목적을 추구해야 한다는 추가 요구 사항을 추가함으로써 더 두꺼운 해석이 가능하다. 그럼에도 우리가 자유주의적 성 윤리에 대한 얇은 해석을 지지하든 두꺼운 해석을 지지하든 관계없이 이 윤리가 선택 의지(즉, 자율성)와 옳은 **행위**(즉, 사람에 대한 존중을 침해하지 않는 행위로 정의됨)에 초점을 맞춘다는 것은 분명하다.

자율성과 옳은 행위라는 포괄적인 체계에 의문을 제기할 때, 성 윤리의 함의는 심오하다. 도덕적인 삶이 기본적으로 **행하는 것**보다 **보는 것**에 관한 것이라면, 성 윤리는 다른 사람과 관련한 성행위의 사례뿐만 아니라 우리가 성적 존재, 즉 성적 능력과 욕망을 가진 존재로서 세상을 바라보는 방식과도 관련이 있다. 우리가 다른 사람들을 대하는 방식뿐만 아니라, 우리가 그들(그리고 우리 자신!)을 성적 존재로 바라보는 방식은 매우 중요하다. 다른 사람의 성을 존중하면서 그들에게 전혀 잘못을 하지 않은 사람도—어쩌면 성행위를 전혀 하지 않음으로써—다른 사람을 성적으로 올바르게 **보지** 못한다면, 여전히 도덕적으로 결함이 있을 수 있다. 분명 이것은 성 윤리의 영역을 성행위나 다른 사람과 직접 관련된 행위를 훨씬 넘어 확장한다.

나는 머독 식의 체계가 주로 행위에 초점을 맞춘 성 윤리보다 성적 존재가 된다는 것의 의미를 더 잘 포착한다고 주장한다.[11] 이 주장을 지지하는 가장 설득력 있는 요점 중 하나는 우리 삶의 대부분이 다른 사람들과 직접적으로 관련된 성행위로 허비되지 않는다는 것이다. 우리 중 일부는 (자발적이든 비자발적이든) 성적인 만남 없이 몇 주, 몇 달, 몇 년, 심지어 수십 년 동안 지낼 수도 있지만, 결과적으로 성 윤리가 우리 삶과 무관하다고 주장하는 것은 부정확한 것 같다. 나는 대다수는 아니더라도 사람들이 의식적이든 무의식적이든 다양한 사적, 심지어 내부적 성행위에 참여하는데 그들이 인정하는 것보다는 더 많은 시간을 보낸다고 주장하는 것이 비현실적이지는 않다고 생각한다. 이러한 매우 내적이고 사적인 행위는 우리가 일상적으로 주의를 기울이는 행위이며, 그러한 행위의 순간이 찾아왔을 때 우리가 행하는 방식에 적어도 어느 정도 영향을 미칠 수 있다. 머독은 이것을 다음과 같이 잘 설명하고 있다: "'때가 오면' 잘 행하는 우리의 능력은 부분적으로, 아마도 대체로 우리가 주의를 기울이는 습관적인 대상의 질에 의존하고 있다."(1970, p. 57).

〈아메리칸 뷰티〉의 결말 부분에 있었던 사건을 분석하면, 이 점을 설명

---

11 누스바움(M. Nussbaum, 2007)은 이와 유사한 방식으로 머독의 윤리학을 활용하여 성적 대상화의 잘못이 덕 윤리의 렌즈를 통해 이해되는 데 도움이 된다고 주장한다.

하는 데 도움이 된다. 영화 전반에 걸쳐 레스터의 비전은 잘못된 방향으로 향했다. 그는 아내와 딸에게 관심을 기울이기보다는―궁극적으로 **그 자신**과 자신의 만족을 향한 시선으로―안젤라를 강박적으로 바라본다. 그의 잘못된 시선은 그의 시각을 제한하고 그의 인식을 흐리게 한다. 이것은 안젤라가 자발적으로 레스터에게 성관계를 제안하는 영화 결말 부분까지 계속된다. 레스터의 환상이 곧 실현되려는 순간, 그는 안젤라의 몸에 눈을 고정한 채 안젤라의 옷을 벗기기 시작한다. 그러나 그가 블라우스를 여니 안젤라는 이번이 처음이고 그가 "왜 그녀가 더 잘하지 못하는지" 궁금할 경우를 대비해 그에게 말하고 싶다고 중얼거린다. 레스터는 "농담이지!"라고 외친다. 갑자기 안젤라의 얼굴을 똑바로 쳐다본다. 그는 뒤로 물러나며 그녀를 앉힌 다음 소파에 있던 담요로 그녀를 부드럽게 덮어준다.

무엇이 바뀌었는가? 안젤라가 여전히 전적으로 의지가 있음에도 왜 레스터는 자신의 환상을 충족시키지 않았는가? 그 상황에 대한 레스터의 도덕적 평가를 변화시킨 것은 단순히 새로운 정보가 아니었다. 오히려, 레스터는 마침내 안젤라의 본모습을―추악하고 진부하다고 생각되는 것에 대한 깊은 두려움을 가진, 어리고 불안한 소녀―**보았다**. 레스터가 환상에서 벗어나 영화에서 처음으로 현실을 볼 수 있게 한 것은 그의 도덕적인 영웅의 행위가 아니라 단지 시각의 심오한 변화였다. 그리고 이러한 시각의 변화는 도덕적 의미가 있다. 사랑이 어떻게 해방하는 힘이 있는지에 대한 논의에서 머독은 다음과 같이 말한다. "해방하는 것은 환상의 심리작용 외부에 있는 것에 대한 애착이지 심리작용 자체에 대한 정밀 조사가 아니다. … 명확한 시각이 완성될 때, 자아는 그에 상응하게 더 작고 덜 흥미로운 대상이다."(1970, p. 66). 레스터가 이러한 변화 없이도 안젤라와의 성관계를 중단했다면 그래도 이는 도덕적으로 올바른 행위이었을 것이다. 그러나 레스터의 시각 전환, 즉 그를 자신으로부터 현실을 향해 나아가게 하는 전환은 그의 인격 변화의 잠재적인 씨앗 역할을 하는 도덕적 **선(goodness)**의 차원을 추가한다. 그라보프스키(Grabowski, 2003)는 "시각이 인격에 앞서고 인격을 형성한다. 우리는 선해지는 법을 배우기 전에 선한 것을 보아야 한다"(p. 156)라고 주장한다. 레스터의 경우 이러한 시각의 전환은 깨달음의 형태로 즉각적으로 나타난다. 그러나 대부분 상황은 아니지만 많은 경우 이러한 전환을 위해서는 우리가 세상을 보는 방식을 재습관화하는 일관적, 의도적인 주의의 전환이 필요하다.

나는 시각을 도덕적 삶의 중심으로 강조하는 머독의 주장이 성 윤리에 영향을 미친다고 주장했다. 행위 은유의 체계에서 시각 은유의 체계로의 전환은 젊은이들의 시각이 고도로 성적 대상화된 이미지로 끊임없이 뒤덮이는 21세기에 특히 적합하다. 소셜 미디어, 광고, TV, 영화는 모두 고도로 시각적인 미디어로서 많은 젊은이들의 관심을 집중시키고 있다. 21세기 미국 문화는 매우 성적 대상화가 심하여 아주 어린 아이들을 성적으로 대상화하는 것을 주저하지 않는다(Archard, 2003, p. 546; MacKenzie et al., 2017, p. 33; Winkler Reid, 2014). 아이들은 어릴 때부터 성적 매력이라는 렌즈를 통해 자신의 가치와 타인의 가치를 보도록 암묵적으로 배운다. 머독의 통찰을 바탕으로 한 성 윤리는 이러한 문화적 맥락에 내재한 이슈를 해결하는 데 더 많은 원천을 제공하고 있다.

그러나 성 윤리의 전반적인 체계에서의 이러한 변화는 여전히 성 윤리의 구체적인 **내용**을 결정하지 못한다는 점에 유의하는 것이 중요하다. 여기서 나는 견고한 성 윤리의 완성을 주장하려는 것이 아니라 모든 실질적인 성 윤리가 채택할 수 있고 채택해야 하는 별개의 체계를 제공하고자 한다.

16.5 성교육과 도덕 교육을 위한 함의

16.2절에서 논의한 것처럼, 현대 성교육은 몇 가지 잘 정의된 목표에 초점을 맞추는 경향이 있다. 보다 자유주의적 접근 방식의 경우, 이러한 목표는 건강 보호(사적, 공적 모두), 성에 관한 특정 기본적인 도덕적 가치의 주입(예: 강간하지 말라), 그리고 성적 자율성과 자기 결정의 증진(자신뿐만 아니라 타인에 관한)이다. 전통적인 접근 방식의 경우, 건강과 기본적인 도덕적 가치에 초점을 맞추지만, 이러한 접근 방식은 좋은 성생활(예: 일부일처 이성애 결혼 내에서의 성관계)에 대한 특정한 두꺼운 개념을 장려하는 경향이 있다. 그리고 내가 주장했듯이, 두 접근 방식은 모두 거의 전적으로 성행위에만 초점을 맞추는 경향이 있으며, 거의 항상 다른 사람과 관련된 성행위에 초점을 맞추고 있다.

이 장에서 나는 이러한 초점이 모두 본질적으로 문제가 있음을 주장하고자 하는 것은 아니다. 오히려 내가 우려하는 점은 성교육 계획안이 그 자리에서 멈추는 것이다. 나는 이러한 접근법들이 모두 도덕적으로 관련된 광범위한 성행위, 사고 및 관점을 놓치고 있다고 주장한다. 또한 나는 인격과 시각에 대한 더 넓은 초점을 고려하지 않으면, 그것들이 스스로 설정한 좁은 범위의 목표를 달성할 수 없다는 것을 알게 될 것이라고 주장한다. 결과적으로 성교육은 그 초점을 확대하고, 그 프로젝트에서 인격 형성의—머독에 따르면, 시각의 개선과 불가분의 관계에 있는 과정—중요성을 인식할 필요가 있다. 이러한 변화를 위해서 성교육은—그것이 학교, 종교 공동체, 또는 가족의 맥락 중 어디서 이루어지든 간에—다른 사람과의 성행위를 포함하지 않지만 그럼에도 사람들의 인격 형성에 큰 영향을 미칠 수 있는 많은 성적 경험을 다룰 필요가 있다.

먼저 자위행위를 살펴보자.[12] 성교육이 이 이슈를 다룬다면, 그것은 단지 학생들에게 자위행위에 참여하는 것이 건강에 해로운 결과가 없다는 것을 확신시키는 것일 수도 있다. 그러나 자위가 많은 사람들의 삶에서 빈번한 특징이라고 생각하는 것은 현실적이다. (레스터도 마찬가지이다. 그는 정기적으로 직장에서 비공식적인 "휴식"을 통해 화장실에 자위하러 간다고 말한다.) 자위 그 자체가 도덕적으로 문제가 없더라도(자유주의적 성 윤리 관점에서 볼 때; Helminiak, 2001b), 그리고 그것이 도덕적으로 허용되지 않더라도(적어도 일부 전통적인 성 윤리의 시각에서 볼 때) 성교육은 어떻게 일상적인, 거의 강박에 가까운 자위행위가 적어도 때때로 사람들의 삶에 강력한 힘이 될 수 있는지를 다루지 않는다. 비알리스톡은 온타리오 성교육 커리큘럼이 학생들에게 "자위는 흔하고 해롭지 않다"고 가르친다고 지적한다(Bialystok, 2018). 우리가 **신체적** 손상이나 간헐적인 자위만을 고려할 때, 이것이 전혀 반박할 수 없는 주장일 수 있지만, 우리가 습관적인 자위로 자위하는 사람의 인격이 형성된다는 것을 고려하게 된다면, 그 진실성은 의문시된다. 다시 말하면, 자위가 본질적으로 도덕적 잘못이 아닐지라도, 과도한 일상적인 자위는 그 행위를 하는 **사람의 인격을 형성하는 방식 때문에** 도덕적으로 문제가 될 수 있다(Denis, 2007; Reiss, 1995도 참조).

둘째, 환상을 살펴보자.[13] 〈아메리칸 뷰티〉에서 우리는 레스터의 환상이 그에게 미치는 영향을 본다. 성적 환상의 경험이 많은 사람들의 사고 속에 만연한 특징이라는 것은 매우 그럴듯해 보인다. 다른 사람에 대한 가학적인 학대나 자신에 대한 피학적인 욕망을 포함하는 환상은 문제가 있는 것처럼 보이거나 확실히 문제가 되지만, 더 순진한 성적 환상조차

---

12 소벨(2017)은 자위행위를 구성하는 요소에 대해 분석하고, 관행의 확산성에 대해 논평한다.

13 소벨(2007, pp. 248-251)은 덕 윤리 평가의 맥락에서 성적 대상화와 환상의 관계에 대해 통찰력 있는 논의를 제공하고 있다.

점점 더 쉽게 습관화되어 사람들을 현실에서 멀어지게 만들 수 있다. 얼마나 많은 성교육 프로그램이 환상을 다루고 있는가? 하물며 타인을 대상화하는 것 이상의 성적 환상을 정기적으로 탐닉하는 것에 대해 잠재적인 우려를 표명하는 차원을 넘어서는 성교육 프로그램은 얼마나 되는가? 스크루튼은 다음과 같이 주장하며, 이러한 간과가 문제라는 것을 강조하고 있다. "환상과 현실 사이에 … 그 대조 속에 진실이 존재한다. 그리고 환상이 어떤 의미에서는 현실을 파괴한다는 의미 속에서 말이다. 환상은 실제적이고 저항적이며 객관적인 세계를 유연한 대체물로 교체한다. 이것이 실제로 그 목적이다 … 환상은 의지가 접근할 수 없는 현실 통로를 차단한다"(Scruton, 2007, p. 86). 여기서 내 주장은 모든 환상이 잘못되었거나 도덕적으로 똑같이 반대할 수 있다는 것이 아니다. 일부 환상이나 환상에 대한 어느 정도의 방종은 다른 환상보다 더 문제가 될 수 있다. 오히려 나의 논점은 머독 식의 성 윤리가 학생을 포함한 사람들의 삶에서 환상이 가질 수 있는 힘을 완전히 무시하는 것이 왜 위험할 수 있는지를 확인하고 있다는 것이다. 성은 삶의 나머지 부분과 분리된 고립적 영역이 아니라 사람들의 본모습, 그리고 그들의 미래 모습과 밀접하게 연결되어 있는 인간다움의 일부이다.

앞 단락의 주장들은 도를 넘어선 것일 수 있다. 아마도 학생의 사적인 성생활이 진실로 완전히 사적인 것이라면, 그것에 간섭하는 것은 교사의 업무가 아닐 수도 있다. 그러나 나는 지금까지의 논의가 설득력이 없거나 적어도 실행 불가능하다고 생각하는 교육자들에게조차도 성교육에서 행위뿐만 아니라 인격에 초점을 맞추는 명령이 여전히 가장 중요하다고 주장한다. 예를 들어, 자유주의 성교육의 패러다임적 가치 중 하나인 자율성을 생각해 보라. 자율성을 위한 교육은 분명 중요하지만, 문제는 그런 자율성의 실천을 지원하고 가능하게 하는 여타의 인격 특성(덕)에 대한 교육 없이는 자율성을 위한 교육이 **불가능**하다는 것이다(Katsafanas, 2017).

레스터가 환상의 대상으로 삼은 10대 소녀 안젤라를 살펴보자. 영화 초반에 안젤라는 남자들이 자신을 좋아하는 이유를 정확히 12살 때부터 알고 있었고, 실제로 그녀는 그들이 자신을 대상화한다는 사실을 즐기고 있었다고 선언한다. 그녀는 모르는 사람들이 자신과 함께 자고 싶어 한다면 아마도 그녀가 정말로 그녀의 꿈인 모델이 될 기회를 잡을 것이라고 말한다. 왜냐하면 "평범해지는 것은 세상에서 가장 나쁜 것"이기 때문이다. 영화가 끝날 무렵, 관객들은 안젤라가 자기의 성적 경험을 끊임없이 큰 소리로 외쳤음에도 불구하고 실제로는 처녀라는 사실을 알게 된다. 안젤라는 자율적인가? 그녀가 스스로 선택한 것처럼 보인다는 점에서, 어떤 의미에서는 그렇다. 그녀는 아마도 많은 사람들로부터 셀 수 없을 만큼 많은 제안을 받았지만, 그들과 자지 않았다. 그러나 더 깊이 들여다보면, 그녀의 욕망과 지성은 여전히 그녀가 속한 사회의 지배적인 서사에 사로잡혀 있다. 그 서사는 그녀에게 평범한 것이 죽음보다 더 나쁜 운명이라고 말한다. 그녀는 이 렌즈를 통해 자신의 성을 보고, 모든 것을 고려했을 때 그녀에게 부과된 것처럼 보이는 목표를 추구하기 위해 자신을 기꺼이 비하하고 대상화한다. 안젤라가 진정으로 자율적 인간이 되려면 사회의 기대에 저항할 (최소한의) 용기; 평범한 것이 실제로 세상에서 가장 나쁜 것이 아니라고 인식하는 겸손; 그리고 앞으로 더 나은 길을 분별할 수 있는 실천적인 지혜를 가질 필요가 있을 것이다. 그리고 이러한 덕 함양의 큰 부분—또한 그 결과 중 하나—은 안젤라가 자신의 가치와 존엄성을 있는 그대로 볼 수 있고, 자신의 성을 실천할 수 있는 대안적인 가능성을 볼 수 있는 명확한 **시각**을 위한 능력이 더 많이 생긴다는 것이다.

머독은 시각과 자유의 가능성 간의 긴밀한 연결을 통해 이 점을 밝히고 있다:

명확한 시각이 도덕적 상상력과 도덕적 노력의 결과임을 의미하는 "보다"라는 도덕적 의미에서, 나는 내가 볼 수 있는 세계 안에서만 선택할 수 있다. … 주의 작업이 어떤 것인지, 그것이 얼마나 계속 진행되는지, 그리고 그것이 얼마나 눈에 띄지 않게 우리 주변에 가치 구조를 구축하는지를 고려한다면, 결정적인 선택의 순간에 대부분의 선택 업무가 이미 완료되었다는 사실에 놀라지 않을 것이다. 이것은 우리가 자유롭지 않다는 것을 의미하지는 않는다. 확실히 그렇지는 않다. 그러나 그것은 우리 자유의 실행이 항상 진행되는 작은 단편적인 일이지, 중요한 순간에 방해받지 않고 거창하게 도약하는 것은 아니라는 것을 의미한다.(1970, p. 36)

단순히 학생들에게 이러한 다양한 가능성에 대한 **정보**를 제공하거나 그들 자신의 가치와 존엄성에 대해 **말하는 것**만으로는 이 목표를 거의 달성할 수 없다. 그 대신, 학생들에게 자율성, 또는 절제,[14] 또는 순결,[15] 또는 성의 영역에서 특히 중요해 보이는 여타의 덕을 교육하는 것은 "그것을 그 자체로 도입하고 실행하는 별개의 항목으로 취급하기보다는 인격 구조의 일부로써 현실적으로 다룰 때 성공 가능성이 훨씬 더 높다."(Jacobs, 2007, p. 73). 실제로 이러한 종류의 접근 방식이 정확히 어떤 모습인지는 여기서 다루기에는 부적합한 이슈다. 나의 목표는 교육자들이 이 질문을 진지하게 고려할 수 있는 정당성과 동기를 제공하는 것이었다.

마무리하기 전에, 나는 본 장의 주요 논의가 함의하는 바를 한 가지 더 제시하고 싶다. 성교육 계획안이 부족한 방식과 이를 어떻게 변경해야

---

14 절제를 논의하려면 할와니(2018); 덴트(2007); 기치(2007)를 참조할 것.
15 순결을 논의하려면 실버맨(2021); 카(2007); 그라보프스키(2003)를 참조할 것.

하는지에 초점을 맞추고 있을지라도 명시적으로 인격 교육에 초점을 맞춘 계획안에 대한 함의를 고려하는 것 역시 중요하다. 야콥스는 도덕적 형성에 대한 덕 중심의 접근 방식이 "개인의 반응, 판단, 그리고 선택이 우리의 인격에 영향을 미치는 방식에 핵심적 중요성을 부여한다."고 강조한다(Jacobs, 2007, p. 66). 사람들이 끊임없이 반응하고, 판단하며, 선택하는 삶의 한 영역이 성의 영역이다. 그러므로 사람들이 자기의 성적 취향에 어떻게 관여하고 표현하는지는 그들의 인격에 잠재적 영향을 미친다. 야콥스가 주장한 것처럼, "성이 우리 삶에 미치는 복잡하고 광범위한 방식 때문에, 그것에 관한 도덕 교육은 욕망을 교육하며, 사랑, 쾌락, 가치에 관한 개념과 언명을 명확히 하는 더 큰 프로젝트의 일부이다."(2007, p. 74). 인격을 다루지 않으면 성교육이 불완전한 것처럼, 적어도 때때로 사람들의 인격을 형성하는 데 있어 성이 가지는 지대한 힘을 고려하지 않으면 인격 교육 역시 불완전하다. 내가 주장한 대로, 인격 교육은 사람들의 도덕적 시각을 형성하는 과정을 포함해야 한다.

16.6 결론

나는 도덕적 시각이 도덕 교육이기도 한 강력한 성교육의 체계를 제공할 수 있는 성 윤리의 핵심이라고 논의했다. 하지만 그렇다고 해서 도덕적 **행위**가 그 중요성을 상실한다는 의미는 아니다. 이 점을 설명하기 위해 나에게는 매우 불만족스러운 〈아메리칸 뷰티〉의 결말 부분을 생각해 보라.[16]

---

16 나는 힙스(T. Hibbs)(n.d.)의 "복음주의의 도구로서의 영화"라는 강연에서 〈아메리칸 뷰티〉의 결말에 관한 통찰력을 얻었다.

레스터는 마침내 안젤라를 보게 되는 진정한 비전의 순간을 경험하고, 그 경험을 통해 자신과 세상의 더 넓은 실재에 대한 통찰력을—아마도 순수함이 여전히 존재한다는 깨달음과 같은 것—얻은 후 그는 자기 가족사진을 바라보며 사색하기 시작한다. 우리는 총이 그의 머리 뒤쪽으로 천천히 접근하여 근거리에서 발사되는 것을 본다. 영화의 마지막 장면으로는 공중에서 촬영한 레스터의 동네가 등장하며, 현재 죽은 레스터는 자기 삶에 대해 감사를 표한다: "세상에 이렇게나 많은 아름다움이 있는데 계속 화내기는 어렵다." 영화 결말의 문제는 말하자면 레스터를 그 곤경에서 벗어나게 한다는 것이다. 레스터의 시각 전환은 진정한 도덕적 삶의 **가능성**을 향한 문턱을 단순히 넘어선 것이지만, 레스터의 죽음은 그가 이 시각의 의미를 행위로 옮길 기회를 얻지 못한다는 것을 의미한다. 그가 자신의 성생활과 다른 사람과의 관계를 변화시키는 방식으로 자신의 인격을 개선할 기회는 존재하지 않는다. 윤리적인 삶이—성적으로 윤리적인 삶을 포함하여—시각에서 시작되지만, 그것은 거기서 끝나지 않는다.

참고문헌

Archard, D.(1998). *Sexual consent*, Oxford: Westview Press.

_____ (2003). Sex education. In R. Curren(Ed.), *A companion to the philosophy of education* (pp. 540-547). Malden, MA: Wiley Blackwell.

Banicki, K.(2017). Iris Murdoch and the varieties of virtue ethics. In D. Cart, J. Arthur & K. Kristjánsson(Eds.). *Varieties of virtue ethics* (pp. 89-104). London: Palgrave MacMillan.

Bialystok, L.(2018). "My child, my choice?" Mandatory curriculum, sex, and the

Conscience of parents. *Educational Theory*, 68(1), 11-29.

Blum, L.(2010). Secularism, multiculturalism and same-sex marriage: A comment on Brenda Almond's "Education for tolerance." *Journal of Moral Education*, 39(2), 145-60.

Carr, D.(2007). On the prospects of chastity as a contemporary virtue. In R. Halwani(Ed.), *Sex and ethics: Essays on sexuality, virtue, and the good life* (pp. 89-100). New York, NY: Palgrave MacMillan.

Ciurria, M.(2011). Tolerance, acceptance and the virtue of orthonomy: A reply to Lawrence Blum and Brenda Almond. *Journal of Moral Education*, 40(2), 255-264.

Corngold, J.(2012). Autonomy-facilitation or autonomy-promotion? The case of sex education. *Theory and Research in Education*, 10(1), 57-70.

_____(2013a). Introduction: The ethics of sex education. *Educational Theory*, 63(5); 439-442.

_____(2013b). Moral pluralism and sex education. *Educational Theory*, 63(5); 461-482.

Denis, L.(2007). Sex and the virtuous Kantian agent. In R. Halwani(Ed.). *Sex and ethics: Essays on sexuality, virtue, and the good life*(pp. 37-48). New York, NY: Palgrave MacMillan.

Dent, N. J. H.(2007). Deliberation and sense-desire. The virtue of temperance. In R. Halwani (Ed.), *Sex and ethics: Essays on sexuality, virtue, and the good life* (pp. 109-121). New York, NY: Palgrave MacMillan.

Geach, P.(2007). Temperance. In R. Halwani (Ed.), *Sex and Ethics: Essays on sexuality, virtue, and the good life*(pp. 101-108). New York, NY: Palgrave MacMillan.

Gereluk, D.(2013). The imperative to address sexual equality rights in schools. *Educational Theory*, 63(5), 511-523.

Grabowski, J. S.(2003). *Sex and virtue: An introduction to sexual ethics*. Washington, DC: The Catholic University of America Press.

Halstead, J. M.(1997). Muslims and sex education. *Journal of Moral Education*,

26(3), 317-330.

Halstead, J. M. & Reiss, M. J.(2003). *Values in sex education: From principles to practice.* New York, NY: Routledge Falmer.

Halwani, R.(2003). *Virtuous liaisons: care, love, sex, and virtue ethics.* Chicago, IL: Open Court.

Halwani, R.(Ed.)(2007). *Sex and ethics: Essay on sexuality, virtue, and the good life.* New York, NY: Palgrave MacMillan.

_____(2018). Sexual ethics. In N. Snow(Ed.). *The Oxford handbook of virtue.* (pp. 680-99). Oxford: Oxford University Press.

Hand, M.(2007). Should we teach homosexuality as a controversial issue? *Theory and Research in Education,* 5(1), 69-86.

_____(2013). Framing classroom discussions of same-sex marriage. *Educational Theory,* 63(5), 497-510.

Helminiak, D. A.(2001a). Sexual ethics in college textbooks: A survey. *Journal of Sex Education and Therapy,* 26(2), 106-114.

_____(20016). Sexual ethics in college textbooks: A suggestion. *Journal of Sex Education and Therapy,* 26(4), 320-327.

Heyes, J. M.(2019). Towards a virtue ethical approach to relationships and sex education. *Journal of Moral Education,* 48(2), 165-178.

Hibbs, T.(n.d.). Film as evangelical instrument: American Beauty, The Ice Storm, and contemporary sexual mores. Available at: https://www.youtube.com/watch?v=kw5w2kBfdgl&t=23725.

Jacobs, J.(2007). Sexuality and the unity of the virtues. In R. Halwani(Ed.). *Sex and ethics: Essays on sexuality, virtue, and the good life*(pp. 65-76). New York, NY: Palgrave MacMillan.

Katsafanas, P.(2017). Autonomy, character, and self-understanding. In I. Fileva(Ed.). *Questions of character*(pp. 132-46). Oxford: Oxford University Press.

Kendall, N.(2013). *The sex education debates.* Chicago, IL: University of Chicago Press.

Lamb, S.(1997). Sex education as moral education: Teaching for pleasure, about fantasy, and against abuse. *Journal of Moral Education*, 26(3), 301-315.

_____(2010). Toward a sexual ethics curriculum: Bringing philosophy and society to bear on individual development. *Harvard Educational Review*, 80(1); 81-106.

_____(2013a). Just the facts? The separation of sex education from moral education. *Educational Theory*, 63(5), 443-460.

_____(2013b). *Sex ed for caring schools: Creating an ethics-based curriculum*. New York, NY: Teachers College Press.

Lee, J. Y.(2021). Autonomy in the philosophy of sex and love. *Ethical Theory and Moral Practice*, 24, 381-392.

Lenskyj, H.(1990). Beyond plumbing and prevention: Feminist approaches to sex education. *Gender and Education*, 2(2), 217-230.

MacKenzie, A., Hedge, N. & Enslin, P.(2017). Sex education: challenges and choices. *British Journal of Educational Studies*, 65(1), 27-44.

McAvoy, P.(2013). The aims of sex education: Demoting autonomy and promoting mutuality. *Educational Theory*, 63(5), 483-496.

Murdoch, L.(1970). *The sovereignty of good*. New York, NY: Routledge.

Nussbaum, M.(2007). Feminism, virtue, and objectification. In R. Halwani(Ed.). *Sex and ethics: Essays on sexuality, virtue, and the good life* (pp. 49-62). New York, NY: Palgrave MacMillan.

Petrovic, J. E.(2013). Reason, liberalism, and democratic education: A Deweyan approach to teaching about homosexuality. *Educational Theory*, 63(5), 525-541.

Reiss, M. J.(1995). Conflicting philosophies of school sex education. *Journal of Moral Education*, 24(4), 371-382.

_____(1997). Teaching about homosexuality and heterosexuality, *Journal of Moral Education*, 26(3), 343-352.

Scruton, R.(2007). Sexual morality. In R. Halwani(Ed.). *Sex and ethics: Essays on sexuality, virtue, and the good life*(pp. 77-88). New York, NY: Palgrave MacMillan.

Silverman, E. J.(Ed.)(2021). *Sexual ethics in a secular age: Is there still a virtue of chastity?* New York, NY: Routledge.

Slominski, K. L.(2021). *Teaching moral sex: A history of religion and sex education in the United States.* Oxford: Oxford University Press.

Soble, A.(2007). Concealment and exposure: A mostly temperate and courageous afterward. In R. Halwani(Ed.). *Sex and ethics: Essays on sexuality, virtue, and the good life*(pp. 229-52). New York, NY: Palgrave MacMillan.

_____(2017). An essay on masturbation. In R. Halwani, A. Soble, S. Hoffmann & J. M. Held(Eds.). *The philosophy of sex: Contemporary readings*, 7th ed.(pp. 103-18). New York, NY: Rowman & Littlefield.

Soble, A. & Halwani, R.(2017). Introduction: The analytical categories of the philosophy of sex. In R. Halwani, A. Soble, S. Hoffmann & J. M. Held(Eds.). *The philosophy of sex: Contemporary readings*, 7th ed.(pp. 1-30). New York, NY: Rowman & Littlefield.

Steutel, J.(2009). Towards a sexual ethics for adolescence. *Journal of Moral Education*, 38(2), 185-198.

Steutel, J. & de Ruyter, D.(2011). What should be the moral aims of compulsion sex education? *British Journal of Educational Studies*, 59(1), 75-86.

Weil, S.(1951). Reflections on the right use of school studies with a view to the love of God. In S. Weil(Ed.). *Waiting for God.* New York, NY: HarperCollins, pp. 57-66.

White, P.(1991). Parent's rights, homosexuality, and education. *British Journal of Educational Studies*, 39(4), 398-408.

Winkler Reid, S.(2014). "She's not a slag because she only had sex once": Sexual ethics in a London secondary school. *Journal of Moral Education*, 43(2); 183-197.

17장
권태의 도덕적 명암[1]

케빈 H. 게리(Kevin H. Gary)

> 권태를 견디지 못하는 세대는 소인배가 될 것이다. … 자연의 느린 과정과 동떨어져 꽃병에 꽂힌 꽃처럼 모든 생명력이 시들어 버리는 세대가 될 것이다.
>
> 러셀(B. Russell, 1930)

17.1 서론

권태는 뭔가 문제가 있고 변화가 필요하다는 것을 경고하고 있지만, 우리는 그것이 무엇인지 당혹감을 느낄 수 있다. 나는 처음에 대학 룸메이트 중 한 사람인 크레이그(Craig)가 권태를 느끼고 있다는 것을 알고 있었다. 나는 그가 친절하고 공손하지만, 둔하다는 것을 알았다. 그는 책과 아이디어를 이야기하고자 하는 끊임없는 욕구가 강했다. 이는 학구적 태도로 보였다. 왜 우리는 "일반적인" 대학 이야기만 할 수 없을까? 결과적으

---

1 본 장의 출처는 Gary, K.(2012). *Why boredom matters: Education, Leisure, and the quest for a meaningful life*. Cambridge: Cambridge University Press이다.

로 나는 그 친구가 룸메이트로서 요구되는 것 이상으로 많은 시간을 함께 보낼 사람이 아니라는 결정을 내렸다. 그러나 시간이 지나면서 나는 처음 내린 평가에 큰 결함이 있다는 것을 인식했다. 내가 알게 된 크레이그는 사려 깊고 관대할 뿐만 아니라 흥미로운 사람이었다. 매우 흥미로웠다. 책 속의 아이디어에 참여하고 책을 진지하게 받아들이는 그의 방식은 감동이 아니라 오히려 자신을 향상하고자 하는 진지한 노력으로 보였다. 나는 크레이그를 존경하게 되었다. 그는 나의 가장 친한 친구가 되었고, 앞으로도 그럴 것이다.

크레이그의 경우 권태는 오해를 불러일으키는 것으로 드러났다. 때로 권태는 우리가 귀 기울여야 할 것을 말해 줄 수도 있다. 우리는 종종 내재적 이유(공부 자체를 위해 공부하고 하는 것을 즐기는 것이기 때문에)보다는 외재적 이유(돈이나 지위)로 학업과 직업을 선택해야 한다고 느낀다. 그러나 이 길을 추구할 때 종종 평생의 권태가 기다리고 있으며, 일반적으로 그 권태는 이미 우리가 준비하는 대학 시절부터 시작된다. 우리는 고소득 직업이 주는 혜택과 지위를 누릴 수는 있지만, 매일 반복되는 업무는 권태롭고 지칠 대로 지친 일상이 될 수 있다. 이 경우 권태는 우리의 복지에 가치 있는 데이터를 제공하므로 귀를 기울여야 할 것이다. 물론 우리에게는 권태로운 일을 피할 자유가 없는 것은 아니지만, 생계를 유지할 수 있다면 그러한 만성적인 권태를 완화하는 것이 현명할 것이다.

권태는 양면적인 감정 상태다. 권태는 우리에게 진로를 바꾸도록 지시하는 동시에(이것이 유익할 수 있음), 또한 우리를 의심스러운 길로 몰아넣을 수도 있다. 이는 중독(Biolcati et al., 2018), 과식(Crockett et al., 2015), 도박(Mercer & Eastwood, 2010), 학생 비행(Lazarides & Buchholz, 2019), 저조한 학업 성적(Mthimunye et al., 2015), 학교 중퇴(Bridgeland, 2010) 등 여러 문제 행동과 자연스럽게 관련된다. 이를 고려할 때 우리는 권태를 완전히 피해야 하는 것처럼 보일 수 있다. 하지만 권태를 피하다 보면 바로 눈앞에 있는 유의미한 가능성을 간과하게 될 수도 있다.

최근 지인이 들새 관찰을 함께하자고 초대했다. 그러려면 산림보호구역에서 2~3시간을 보내고 주변을 하이킹하고 관찰하며 새를 식별해야 했다. 나는 그 활동이 액면 그대로 지루해 보였기 때문에 초대에 응하지 않았다. 하루 종일 새를 쳐다보고 싶은 사람이 누가 있겠는가. 새들의 행동에서 무엇이 그렇게 흥미로울 수 있을까? 학생들을 데리고 행사에 참석하고, 회의에 참석하고, 편지를 쓰고, 서류를 작성하는 일로 가득 찬 내 삶에 어떤 관련성을 가질 수 있을까? 내가 이것을 분명히 설명하면서 나는 이미 내 평가(Craig에 대한 나의 처음 생각과 마찬가지로)가 근거가 없을지도 모른다는 의구심이 들었다. 지루하기보다는 오히려 들새 관찰이 즐겁고 심지어 흥미로울 수도 있다. 나는 들새 관찰에서 내가 알지 못했던 가치와 영감을 발견할 수도 있고 고맙게 생각할 수도 있다. 어쩌면 조류 관찰이 나의 번영을 돕는 취미가 될 수도 있고, 가족이나 친구들과 공유하고 싶은 취미로 발전할 수도 있다. 아니면 더 많은 세상의 아름다움을 보는 데 도움이 될 수도 있고, 일상의 동기에 스며들 수 있는 야망과 자기중심성에서 벗어나 여유를 찾는 데 도움이 될 수도 있다.

권태는 도덕적으로 문제가 될 수 있으며, 잠재적으로 인간의 **번영**에 해를 끼칠 수 있기에 도덕적으로 중요한 것으로 밝혀졌다. 다른 기분 상태(분노, 슬픔)와 마찬가지로 권태도 반응을 불러일으키지만 적절하거나 올바른 반응이 항상 명확한 것은 아니다. 권태 밖의 것—아리스토텔레스가 말하는 **프로네시스** 또는 실천적 지혜—이 필요하다. 이는 우리가 의미, 목적, 참여의 풍부한 원천이 될 활동이나 관계를 발견할 수 있다는 희망을 잃지 않고 권태로운 상황을 견뎌야 할 것인지, 아니면 권태로운 일련의 상황이 변해야만 하는 것(예: 관계, 직업)이라는 증거인지를 이해하는 데 도움을 준다.

본 장은 권태의 도덕적 의미, 특히 학교 상황에서 권태가 갖는 도덕적 의미에 관심을 두고 있다. 학생들은 학교, 특히 고학년에서 권태를 느끼는 경우가 압도적으로 많다(DePaoli et al., 2018). 지난 반세기 동안 학교에 과학기술이 출현했다는 점을 고려하면 이는 아이러니하다. 교사는 그 어느 때보다 학생의 관심을 자극하고 유지하며 지도할 수 있는 무한한 디지털 자원을 보유하고 있다. 그러나 권태가 감소하기는커녕 증가하지는 않더라도 꾸준하게 유지되고 있으며 혐오적인 권태 회피 경향도 마찬가지였다. 권태는 학교 어디에나 존재하지만 명시적으로 언급되는 경우는 거의 없다. 그 대신, 학생(및 교사)은 권태에 직면하여 두 가지 중 하나를 하도록 조건화되어 있는 것 같다. 첫째, 재미있는 방해 요소를 사용하여 권태로운 상황에서 최대한 벗어나려고 노력하거나, 둘째, 권태에 체념한다. 순응이 성숙을 위해 필요하다면 체념은 삶의 불가피한 부분일 수 있다. 회피와 체념이라는 두 가지 반응은 모두 문제가 있으며 이러한 골치 아픈 기분 상태에 대한 유의미한 성찰과 참여를 회피하는 것이다. 권태를 회피하도록 훈련된 학생들은 가치와 의미를 제공할 수 있는 활동을 놓치게 된다. 또한 첫 번째 대응으로 무턱대고 권태를 회피하는 것은 빠른 대책이지만 문제가 있다. 이와 반대로, 권태에 대한 체념은 불가피하게 인간의 선택의지를 감소시킨다. 학생들은 권태 상황에 굴복하기보다는 적절할 때 권태에 도전하는 방법을 배워야 하고, 언뜻 보기에는 분명하지 않은 상황에서 의미 있는 가능성을 찾는 방법도 배워야 한다.[2]

본 장에서 나는 학생들이 권태가 생겼을 때 건설적으로 참여하도록 어떻게 지도할 수 있는지 고찰한다. 나는 학생들이 권태를 단순히 피하거나 무기력하게 다른 무엇이나 사람 탓으로 돌리기보다는 권태에 대한 자신들의 책임에 대해 배울 수 있다고 주장한다. 그들은 권태를 이겨낼 수 있는 내부 자원을 개발하여 능숙히 도전할 수 있고, 이를 통해 권태를 완화하는 가치 있는 활동과 실천에 대비해야 한다. 이런 방식으로 학생들은 권태의 회피와 권태의 인내에 대한 방해를 극복할 수 있는 창의적인 중용적 방법을 알아낼 수 있다.

나는 다음과 같이 논의를 진행하고자 한다. 첫째, 나는 상황적 권태와 실존적 권태의 차이를 설명하면서 권태의 문제를 정의한다. 우리는 상황적 권태를 해결하고 회피하는 데 점점 더 능숙해지고 끝없는 형태의 즐거움을 확보한다. 그러나 상황적 권태를 "효과적으로" 해결하는 동안 우리는 실존적 권태, 즉 존재의 의미에 대한 더 깊은 불쾌감을 악화시킬 수 있다. 우리는 퍼시가 설명하는 "권태 회피 전략"에 빠질 수 있다(Percy, 1985, p. 11). 이러한 구별을 바탕으로 나는 상황적 권태와 실존적 권태 모두에 대한 유망한 해독제로서 보그만의 '집중적 실천(focal practice)' 개념을 살펴보겠다. 수천 년 동안 자리를 잡고 발전한 집중적 실천이라는 개념은 인간이 권태 문제에 건설적으로 맞서기 위해 발견한 간단하면서도 설득력 있는 방법을 구현하고 있다. 그러나 현대 생활의 유혹은 권태의 문제에 대한 유망한 대응으로 집중적 실천을 계속해서 몰아내고 있다. 보그만의 집중적 실천 현상학에서 나는 또한 권태라는 위험한 기분 상태를 건설적으로 다루기 시작하는 교육학의 자원을 찾는다. 마지막으로, 예술사학자이자 교사인 지글러(Ziegler)를 통해서 예술을 바라보는 집중적 실

---

2 지난 몇 년 동안 나는 교사가 되기 위해 공부하는 학생들을 관찰하기 위해 수많은 12학년 교실을 방문했다. 나는 종종 교실 공간이 얼마나 권태롭고 따분한지에 놀랐다. 특히 학생들이 평소에 얼마나 순응적이고 유순한지 놀랐다. 학생들은 문제를 일으키거나 주의를 산만하게 하거나 즐겁게 할 방법(예: 휴대폰을 확인하거나 잘못된 행동을 하는 등)을 찾는 대신에 대부분 낮은 수준의 과제에 조용히 참여한다. 표면적으로는 학생들이 권태로운 상황에 대처하고 견디는 방법을 배울 때 이러한 학생의 순응이 유익한 것처럼 보일 수 있다. 하지만 나는 이러한 대처가 종종 체념, 즉 비판적 상상력을 둔화시킨다고 생각한다. 학생들은 더 많은 것을 기대해야 함에도 더 적은 것을 기대하도록 조건화되어 있다.

천에 진지하게 접근하는 교육학적 접근 방식의 사례를 제시하겠다. 권태의 문제는 근본적으로 주의를 기울이는 방법을 배우는 데 문제가 있다고 지글러는 밝히고 있다. 권태를 해결하려면 유의미한 참여의 형태를 회복하는 방법을 찾아내야 한다.

17.2 상황적 권태

러셀은 인간이 짓는 죄의 절반이 "권태에 대한 공포"에서 생긴다고 보았다(Russell, 1996, p. 36). 앞에서 언급한 바와 같이, 러셀의 관찰은 경험적으로도 유효하다. 수많은 파괴적 행동은 권태와 연결되어 있다. 그리고 그 권태를 피하는 것은 휴대전화를 확인할 때 반쯤 귀를 기울이고 사소한 일로 시간을 허비하는 것을 포함하여 더 미묘한 도덕적 위반을 촉발한다. 우리는 종종 도덕성을 거창한 용어로 생각한다. 다른 사람을 위해 자신을 희생하거나 괴롭힘에 맞서는 것을 윤리 수업에서 좋은 사례 연구로 제시한다. 이 두 가지는 전형적인 사례다. 하지만 권태에 적절히 반응하거나 부적절하게 반응하는 것은 일반적으로 천사의 행위나 비겁한 행위와는 관련이 없다. 우리는 종종 권태 때문에 발생하는 선정적이고 끔찍한 범죄 소식을 접한다. 권태 때문에 발생하는 대부분의 도덕적 잘못들은 감시받지 않는다. 사람들이 지루할 때 하는 대부분의 행동이 낮은 도덕적 이해관계, 즉 도덕적이지 않다는 것을 고려할 때, 다른 사람들이 권태를 피하는 방법에 대해 누가 판단해야 하는가? 그럼에도, 내가 생각하기에 우리들은 대부분 더 좋은 자아의 모습과는 거리가 멀어지는 권태를 회피하는 행동을 하며 시간을 보내고 있다는 것을 발견할 수 있다. 어쩌면 우리는 위대한 일을 하라는 부름을 받았다고 느끼지만, 실은 권태를 회피하느라고 바쁜지도 모른다. 권태는 분명 도덕적 성찰을 위한 생산적인 주제다. 우리는 권태를 견뎌내고, 피하고, 참여하기 위해서 매일 의사결정을 하고 정기적으로 권태에 대처하고 있다.

지난 20년 동안 권태의 현상에 대한 연구가 증가했다. 일차적인 연구로는 "상태 대(vs) 특성" 권태(Hunter & Eastwood, 2018), 권태의 원인(Mercer & Eastwood, 2010), 권태의 종류 또는 다양한 진단(Goetz et al., 2014) 등이 있다. 이 연구는 하이데거(M. Heidegger)가 진단한 상황적 권태와 실존적 권태로 구별한다. 상황 대(vs) 실존으로 여전히 구별하는 학자들도 많다(Svendsen, 2008; Toohey, 2011). 이는 본 장에서 다루는 기본 쌍 조건 집합이다.

권태 연구는 실존적 권태보다는 상황적 권태에 주로 초점을 맞추고 있다. 상황에 따라 권태를 느낀다는 것은 심리학자 댄커트(Danckert)와 이스트우드(Eastwood)가 "자기 결정 능력이 전혀 없이 고통스럽게 지금 여기에 갇혀 있으면서도 우리가 참여할 수 있는 무언가를 찾으려고 노력하는 것"이라고 지적한다(2020, p. 19). 상황적 권태로 고통을 받는 사람들에게는 세 가지 주요 조건이 특징으로 나타난다. 첫 번째는 자극이 부족하다는 것이다. 자극이 부족한 권태 상황(실제이든 인식이든)은 그 성격과 기간에 따라 다양한 정도로 짜증을 낸다. 마음은 참여를 추구하나 권태 환경에는 유의미하고 흥미로운 참여 가능성이 부족하다. 과소 자극은 실제로 그것을 겪는 사람들에게 고통스럽다. 이러한 통찰력은 2014년 버지니아 대학에서 실시된 충격 테스트에서 놀랍게 입증되었다(Wilson et al., 2014). 참가자들에게 15분 동안 앉아서 생각하게 하거나 그들에게 버튼을 누르고 스스로 고통스러운 전기 충격을 가할 수 있게 했다. 그 결과는 충격적이었다. 남성의 67%와 여성의 25%는 자극 없이 짧은 시간이라도 견디기보다는 충격을 받고 스스로 상처를 입는 쪽을 선택했다. 흥미롭게도 성별 불균형이 나타났다. 이 연구에 따르면 여성은 남성보다 상황적 권태에 더 잘 대처했다.

권태 상황은 참여할 만한 것이 거의 또는 전혀 없는 것처럼 보이다. 하이데거는 (스마트폰이 존재하기 전) 외딴 기차역에 앉아서 몇 시간 동안 기차를 기다려야 했던 사례를 제시한다. 역 자체에는 흥미를 유발하는 것이 아무것도 없고, 그는 시간을 보내기 위해 무엇인가를 원하고 있다. 하이데거는 그러한 상황적 권태는 "우리를 권태롭게 하는 무언가가 있으며, 그것이 없을지라도 그 무언가가 있다"고 지적한다(1995, p. 83). 권태로운 일이나 상황은 "자극하고 흥분시키지 않는다. 그것은 아무것도 주지 않으며, 우리에게 할 말도 없고, 어떤 식으로든 우리와 관련이 없다."(p. 84). 역에 갇힌 하이데거는 말 그대로 시간이 느리게 흐르는 것을 느낀다. 그러한 상황에서의 시간은 문자 그대로 "오랫동안"을 의미하는 독일어 단어 Langeweile과 관련이 있다. 하이데거의 권태에 대한 평가는 단순히 정신적 참여를 위한 제한된 선택의 인지적 목록이 아니라 오히려 느껴지는 빈곤감이다.

권태에 빠진 사람은 자신의 상황이 황량하다고 느낀다. 이 때문에 그는 자신을 채울 무언가를 찾게 된다. 사람들은 하이데거가 시간을 보내기 위해 여러 선택지를 고려하고 있다고 상상할 수 있다. 그러나 상황적 권태의 본질은 바로 우리가 이 둘 사이에서 결정을 내릴 수 없다는 것, 즉 일종의 akratic(의지의 박약) 상태에 빠져 거기서 벗어날 수 없다는 점인 것 같다. 하이데거는 이를 다음과 같이 설명하고 있다: "권태로운 것, 권태를 느끼는 것은 우리를 구렁텅이(limbo)에 빠뜨리고 공허하게 만드는 것이다."(p. 87). "구렁텅이"에 빠져 있다는 것은 억압적인 권태를 완화하기 위해 의지할 곳도 없이 천천히 지나가는 공허한 시간의 느낌이다. "우리를 공허하게 만드는 것"은 상황과 그것이 제시하는 것에 대한 우리의 무관심이다. 거기에는 하이데거의 관심을 자극하고 사로잡는 것이 아무것도 없다(p. 87).

상황적 권태의 두 번째 주요 조건은 주도성(agency)을 상실한다는 것이다. 권태를 겪는다는 것은 자신을 활성화하는 의미 있는 자극이 부족한 환경을 찾는 것이다. "심심해, 할 일이 없어"라는 아이들의 친숙한 불평이 이러한 정서를 포착한다. '할 일 없음'에 대한 판단은 겉보기에는 흥미가 없는 상황(객관적 조건)을 나타내기도 하지만, 상상력이 얼마나 감소하는지(주관적 조건)도 드러낸다. 권태에 압도되어 그러한 상황의 사람들은 말 그대로 할 만한 가치가 있는 일을 생각하거나 상상할 수 없다. 참여에 대한 선택지가 제한되어 있는 상황에서 권태는 객관적으로나 주관적으로나 주체성을 감소시킨다. 프랑크푸르트(H. Frankfurt)는 이렇게 설명하고 있다.

> 지루해지면 주의의 예리함과 꾸준한 주의집중, 지속성, 안정성이 급격하게 감소한다. 우리의 정신 에너지와 활동 수준이 감소한다. 일반적인 자극에 대한 우리의 반응은 느려지고 위축된다. 우리의 인식 범위 내에서는 차이가 눈에 띄지 않으며 구별되지 않는다. 따라서 우리 의식의 영역은 점점 동질화가 된다. 권태가 더 확장하고 더 지배적인 것이 되면, 우리의 의식 내에서 중요한 차별화가 점진적으로 감소한다.(2004, p. 54)

실행 능력이 있는 행위자는 의미 있는 참여 가능성을 상상하는 능력을 지니며 하나만이라도 실행하려는 의지가 있다. 권태를 느끼는 행위자는 상상력과 의지에 따라 행동하지 않는다. 권태는 상상력을 발휘할 수 없게 함으로써 상상력에 도전하고 의지를 약화시킨다. 마음에 자극적인 것이 전혀 떠오르지도 않고 마음에 떠오르는 가능성마저 없는 것 같다. 그들은 의지를 불태우지 않는다. 권태를 완화할 수 있는 것(산책, 책 읽기, 새로운 다큐멘터리)은 그 빛을 잃었고 그로 인해 동기도 사라졌다. 이것은 충격적 선택지가 많은 참가자들에게 그토록 매력적인 이유를 설명할 것이다.

고통스럽긴 하지만 그럼에도 그것은 선택 의지를 행사하는 것이다. 비록 암울하긴 하지만 그것은 선택이다.

자극 부족의 고통과 주도성의 제한을 고려할 때, 상황적 권태의 세 번째 조건인 불안이 예상된다. 엘피도로(Elpidorou, 2020)는 권태는 우리가 무언가, 무엇이든, 다른 것에 참여하도록 밀거나 추진한다고 말한다. 권태를 겪을 때 우리는 말 그대로 가만히 앉아 있을 수 없는 경우가 많다. 극심한 상황적 권태와 그것이 가져오는 동요와 불편함에 시달린 우리는 탈출하기 위해 어떤 것이든, 무엇이든 하라는 자극을 받는다. 우리는 권태를 느낄 때 사려 깊은 분별의 자세를 유지하기보다는 즉각적인 해결책을 찾도록 압박을 받는다. 우리의 주도성은 상상력이 줄어들 뿐 아니라 역설적으로 즉각적인 대책을 세우도록 강요받았다. 권태는 추구해야 할 유망한 가능성의 범위를 좁히고 우리가 행동하도록 강요한다. 이러한 곤경에 직면하면 쉬운 대안이나 주의를 분산시키는 빠른 방법이 가장 쉽게 떠오른다. 권태로운 상태(고통스럽고, 답답하며, 불안함)는 수많은 문제 행동(주의력 상실, 약물 남용, 위험 감수 등)으로 나타난다. 권태에 시달리고 즉각적인 해결 방법을 모색할 때 우리의 판단력은 종종 손상된다.

상황적 권태(자극의 부족, 주도성의 제한, 불안함)의 심리적 특성을 고려하면 이를 피할 수 있는 한 가지(모호한) 방법을 더 잘 알 수 있다. 우리는 선택의 폭을 넓게 유지하면서 자극을 꾸준히 제공하면 선택의 폭이 넓은 선택권을 유지할 수 있다. 그러나 권태는 까다로운 적이다. 권태는 일반적으로 자극의 부족이지만 너무 많은 자극으로 촉발될 수도 있다. 스티븐슨(R. L. Stevenson)은 이를 "포만감의 피로"(1880)라고 설명한다. 이런 종류의 권태의 경우, 상황적 권태의 처음 두 가지 조건(과소 자극 및 주도성의 제한)은 적용되지 않는다. 우리는 말 그대로 손끝에 무한한 가능성을 갖고 있지만 여전히 지루할 수 있다. 설상가상으로, 우리는 상황적 권태를 참으면서 자신을 즐겁게 하는 방법을 찾았지만, 나중에는 우리가 정말로 원하지 않는 일을 선택하는 데 시간을 허비했다는 사실을 깨닫게 될 수도 있다. 톨스토이의 『안나 카레니나(Anna Karenina)』에서 주인공 알렉세이 브론스키(Alexei Vronsky)는 곤경을 이렇게 말하고 있다.

> [알렉세이]가 그토록 오랫동안 원했던 것이 완전히 이루어졌음에도 불구하고 그는 완전히 행복하지 않았다. 그는 곧 자신의 갈망이 실현되면 그가 기대했던 행복의 산에서 한 알의 밀알에 불과하다는 것을 느꼈다. 그 깨달음은 그에게 다음과 같은 사실을 보여주었다. 인간은 자신의 소망을 만족시키는 것이 행복이라고 생각함으로써 범하는 영원한 오류를 범한다. 그가 처음으로 [안나의 삶]과 자신의 삶을 결합하고 사복을 입었을 때 그는 이전에는 알지 못했던 자유의 기쁨을 전반적으로 느꼈다. 당시 그는 자유로운 사랑을 만끽했지만, 그 사랑은 오래가지 못했다. 곧바로 그는 자신의 영혼 속에 욕망에 대한 욕구, 즉 권태가 솟아오르는 것을 느꼈다. 비자발적으로 그는 지나가는 모든 변덕을 낚아채고 그것을 욕망과 목적으로 착각하기 시작했다.(Tolstoy, 2012, p. 548)

알렉세이의 사례는 권태에 대한 자극 지향적 해결책의 한계를 보여주기 때문에 흥미로울 뿐만 아니라 전적으로 또는 주로 상황에 따른 것이 아닌 일종의 권태를 암시한다. 톨스토이가 지적했듯이, 그는 자신의 변덕을 만족시킬 수 있었지만, 그의 성취는 오래가지 않았다. 객관적인 조건(또는 상황적 권태의 덫)보다 알렉세이는 톨스토이가 "욕망에 대한 욕구"라고 서술한 주관적인 갈망과 싸우는 것이다. 더욱 놀라운 것은 알렉세이의 반응에 대한 톨스토이의 설명이다. 즉, "지나가는 모든 변덕에서" 비자발적으로 잡아채는 것이다. 이 사례는 일반적인 상황적 권태에 대한 진단을 혼란스럽게 만든다. 톨스토이의 알렉세이는 실존적 권태의 문턱에 서 있는 것이다.

17.3 실존적 권태

상황적 권태는 특징적으로 객관적 조건과 연결되어 있지만 실존적 권태는 진단하기가 더 어렵다. 우리의 상황은 자극적인 가능성으로 가득 차 있지만 실존적 권태로 고통을 받을 수도 있다. 상황적 권태의 경우, 하이데거는 우리가 "무언가에" 지루하다고 설명한다. "확실히 권태로운 일"이나 상황이 있다(1995, p. 119). 실존적 권태의 원인은 확실하지 않다. 실존적 권태는 우리를 지루하게 만드는 특별한 상황이나 사건이 아니라 오히려 삶 전체에 구름을 드리우는 기분이다. 감정(권태, 불안, 행복감)은 우리가 세상을 보고 경험하는 방식을 결정한다. 상황적 권태는 객관적 요인에 의해 조절되는 일시적인 상태 또는 감정인 반면, 실존적 권태는 원인이 불확실한 지속적인 감정이다. 분명히 말하면 감정은 단순히 주관적인 상태가 아니다. 감정은 세계와 주체에 대해 무언가를 드러내는 중간(in-between) 상태다(Svendsen, 2008).

실존적 권태의 수렁에 빠지는 것은 길을 잃거나 안개 속에 갇히는 것과 같다. 알렉세이가 매 순간 "변덕을 부리고 그것을 욕구와 목적으로 착각한다는" 사실은 변덕이 우리의 눈을 멀게 하고, 우리가 그것을 알아차리지 못하게 한다는 것을 뜻한다. 특히 실존적 권태는 우리가 고통스러울 때, 알 수 없는 불안이나 목적 없는 불안감을 느끼는 것이다. 실존적 권태를 겪는 우리는 단테처럼, "어두운 숲에서 길을 잃은" 존재다(1995).[3]

실존적 권태에 시달리면 사물과 자극의 세계는 매력을 잃는다. 실존적 권태를 경험하는 것은 극단적으로 모든 것으로부터 근본적으로 소외감을 느끼는 것이다. 하이데거는 권태란 "숨 막히는 안개처럼 모든 사물과 인간, 그리고 그들과 함께 자신을 놀라운 무관심으로 제거한다"(1995, p. 12)고 말한다. 실존적 권태가 심해지면 이 기분은 전체화된다. 그것은 우리가 보는 모든 것을 색칠하거나 오히려 모든 것을 변색시켜 모든 것을 무기력한 회색으로 만든다. 극심한 권태에 시달린 사람들은 더 이상 "모르겠어요"라고 말하지 않는다(Stutz, 2017, p. 135). 심히 권태를 느끼는 사람들은 "자신에 대해서, 그리고 자신이 살고 있는 세계에 물음을 제기하지 못하고 새로운 지식의 가능성을 배제하며 명확히 인식하지도 못한다."(Sturz, 2017, p. 136). 또한 권태 상태에 수반되는 미묘한 오만함이 눈에 띈다. 권태를 느끼는 자아는 세상과 세상의 가능성에 대해 무시하는 판단을 내렸다. 권태를 느끼는 자아는 새로운 것에 관심을 기울이는 자세보다는 대상에 대한 완전한 관심을 보류한다. 사실상 권태는 이 대상을 자신의 처방이나 관심의 한계로 일축한다. 그러나 이러한 무시는 이상하게도 일종의 종결이다. 왜냐하면 무언가가 지루하다고 주장하는 것은 대상에 대해 무언가를 알고 있다고 주장하는 것과 같기 때문이다. 사실, 상대적인 가치를 판단하기 위해 알아야 할 모든 것을 알고 있다고 주장하는 것이다. 권태는 안일함과 마찬가지로 추가 질문 가능성을 배제하는 총체적인 활동이다(Stutz, 2017, p. 136).

---

3 실존적 권태와 우울증을 구별하는 것이 중요하다. 그들은 많은 동일한 특성을 공유하지만, 분명히 다른 감정의 시선이다. 심리학자 댄커트와 이스트우드는 "우울증(depression)"을 "슬픔과 즐거움을 느낄 수 없는 것으로 정의한다"(2010). 우울증은 부정적인 자기 평가와 부정적인 사건에 집착하는 경향이 있다. 이와 달리, 권태는 "참여하기를 원하지만, 그 원함을 만족시킬 수 없는 난제, 시간이 지체되고 있다는 느낌, 그리고 집중력의 어려움으로 정의된다." 우울증과 권태(그것의 원인) 사이의 관계는 여전히 불확실하다(Sparth et al., 2015).

스터츠(C. P. Stutz)의 분석은 권태를 순수하게 분석적으로 처리하는 것은 부적절하며 일종의 도덕적 평가도 필요하다는 점을 시사한다. 권태는 단순히 수동적인 수용자로서 우리에게 다가오는 심리적 상태가 아니라 의지적이고 "전체적인 활동"이다. 이 현상을 명확히 밝히기 위해 하이데거는 친구들과 만찬에 참석한 이야기를 들려준다. 예고 없이 시간이 흘러가는 즐거운 저녁, 밤이 되자 그는 이 모든 일이 얼마나 지루했는지 나중에 깨닫게 되었다. 그는 저녁 식사 중에는 상황적 권태와 관련된 고통, 주도성의 제한, 불안함(restlessness)을 느끼지 못했기 때문에 당황스러웠다. 그는 저녁 식사 중 어느 시점에도 상황적 권태의 대표적 특징인 시간을 보내고 싶은 욕구를 느끼지 못했다. 오히려 그는 만족스러워했다. 나중에야 그는 자신이 얼마나 지루했는지, 그리고 토론이 얼마나 무의미하고 지루했는지를 깨닫게 되었다.

이전에는 인식하지 못했지만, 이제 그는 권태가 자기 행동을 안내하고 알려주는 인식할 수 없는 힘으로 존재했음을 알게 되었다. 그는 저녁 파티를 더 큰 권태 회피 전략의 일부로 본다. 그는 상황적 권태를 극복하는 데 성공한 자신이 자신도 모르게 실존적 권태를 심화시켰다는 사실을 발견했다. 알렉세이와 마찬가지로 하이데거에게도 분명해지는 것은 자기 삶이 권태롭고 무의미하다는 인식 또는 불안감이다. 하이데거의 설명에 남아 있는 물음은 인과관계이다. 그의 실존적 권태의 근원은 무엇인가? 실존적 권태는 왜 지속되며, 어떻게 완화할 수 있는가? 이미 언급한 바와 같이, 실존적 권태는 상황적 권태와 달리 명백한 객관적 지시 대상을 갖지 않는다. 더 문제가 되는 점은 실존적 권태는 의식적인 마음 상태가 아닐 수도 있다는 것이다.

하이데거(1995)는 키르케고르를 참조하여 실존적 권태의 회피가 만연하며 현대 조건에 의해 증폭되는 것으로 본다. 하이데거는 이렇게 말한다. "우리 각각 또는 모두는 슬로건의 하인이고 프로그램의 신봉자다. 하지만 우리는 현존재(독일어로 '존재'를 뜻함)의 내적 위대함을 관리하는 사람이 아니다…." 그리고 그 진정한 가능성의 세상에서 살고 있기 때문이다 (p. 163). 우리가 권태로부터 도망치기보다는 직면하고, 권태가 우리를 온 힘으로 공격하게 하며, 탈출하려는 충동에 저항함으로써 하이데거는 실존적 권태의 근본적인 조건을 극복하여 만성적 권태 회피의 함정에서 벗어날 수 있는 길을 발견한다. 하이데거가 "환상의 순간"이라고 묘사한, 공허해 보이는 두려운 순간을 직접 마주할 때, 우리는 "삶을 진정성 없는 전환의 연속으로 지나치는" 우리의 경향을 분명하게 볼 수 있다(p. 172). 그러면 우리는 우리 자신과 우리 문화가 진정성이 없는 것으로 가득 찬 것을 이해할 수 있다. 이것은 본질적으로 월리스가 이전에 제기한 질문에 대한 하이데거의 답이다. 실존적 권태를 불러일으키는 "다른 어떤 것"은 우리의 삶을 진정한 개성의 표현으로 보고 행동하지 못하는 우리의 무능력이다. 하이데거는 우리가 권태의 정점에 도달하면 진정한 존재에 대한 가능성에 대한 비전이 드러날 것이라고 믿는다. 그 탈출구는 통과하는 것이다. "권태에 부딪혔을 때, 도망치지 마라. 권태에 짓눌릴지라도 바닥에 부딪혀라."

권태에 대한 하이데거(1962[1927])의 성찰은 그의 후기 대작 『존재와 시간』의 기초를 제공한다. 여기서 그는 존재가 어떻게 "처음에 존재 자체에 대한 진정한 잠재력으로서 그 자체로부터 떨어져 세상에 떨어졌는지"(p. 220) 언급하고 있다. 이러한 타락 상태는 "일상성에의 매몰"이 특징이며, 가장 분명하게는 하이데거는 우리가 한가한 말, 호기심, 모호함에 대한 경향이 있다는 점에서 지적한다(p. 220). 잡담이란 정체되어 존재의 새로운 가능성을 열어주지 못하는 것을 가리킨다. 하이데거는 호기심이란 끊임없는 자극과 새로움에 대한 갈망(간지러움, 욕구)을 언급하고 있다.

모든 산업은 이러한 성향을 바탕으로 구축된다. 모호함은 처음 두 가지에 의해 받아들여진 결과이다. 이는 "진정한 이해와 피상적인 수다의 구별에 대한 민감성의 상실"을 의미한다(Wheeler, 2020). 표면에 머물기 쉬우므로 우리는 "그들"에 포함된다.

하이데거는 의미를 만드는 진정한 자아를 실존적 목적 없음의 잿더미에서 잠재적으로 일어날 수 있는 불사조로 상정한다. 이러한 해결책과 개인의 진정성을 동반하는 이상은 문화적 관심을 얻었다. 철학자 테일러가 지적했듯이, 그 해결책은 틀림없이 우리 시대의 가장 설득력 있는 이상이 되었다. 진정성의 교리에 따르면 인간의 번영은 "우리 각자가 인간이 되는 고유한 방식을 가지고 있다는 것을" 인식하는 것이다(Taylor, 1991, p. 28). "나만의 고유한 인간됨의 방식이 있다. 나는 다른 사람을 모방하지 않고 이런 방식으로 내 삶을 살도록 부름을 받는다"(p. 29)는 독특한 방법이 있다. 종종 무의식적으로 추구되는 실존적 권태에서 벗어나는 과정에서 우리는 진정성에 대한 요구를 잊어버린다. 그러므로 진정성에 이르는 길은 실존적 권태로부터 도망치는 것이 아니라 포용하는 것이다. 이 어려운 발걸음은 눈을 크게 뜨고 이루어져야 하며, 이를 통해 우리는 자유로워지기보다는 곤경에 빠지는 진실하지 않은 실천을 인식할 수 있게 된다.

우리가 완전한 무의미함에서 벗어나 진정한 행동의 원천을 발견할 수 있다고 가정하더라도, 진정성이라는 이상은 주체에게 무거운 부담을 남긴다. 우리가 살고 있는 문화와 얼마나 상호 연결되어 있는지를 고려할 때, 주변 사람들의 영향을 받지 않는 순수하고 진정한 자아에 도달하거나 이를 달성할 수 있는지는 의심스럽다. 더구나 겉으로는 무한한 가능성을 열어주는 것처럼 보이는 진정성이라는 이상은 여러 옵션도 배제한다. 우리는 독창적인 자아를 형성하는 임무를 맡은 어려운 개인적 탐구를 계속 진행해야 한다. 이러한 궤적을 고려할 때, 존재와 번영의 실질적인 방식을 제안하고 구현하는 과거의 전통과 모범은 모방적이며 진실성이 없는 것으로 배척당한다. authentikos(진짜를 의미하는 그리스어. 영어로는 authenticity)는 전통에 얽매이지 않고 앞으로 나아가고 새로 시작하는 것이다. 도덕적, 사회적 비판의 관점에서 볼 때, 진정성의 이상은 인간 책임의 범위를 좁히기도 하고 확장하기도 한다. 한편으로, 우리는 우리 자신이 처해 있는 진실하지 못한 타락한 상태에 대해 책임이 없다. 반면에 우리는 전적으로 우리 스스로 진정한 자아를 형성해야 하는 특별한 책임을 맡고 있다. 자원이 없으면 전통에서 추출할 수 있다. 사회는 부패하고 진실하지 않지만, 한 개인이 충분히 용기 있고 통찰력이 있다면 잠재적으로 순수하고 진실할 수 있다. 진정성을 추구하는 사람은 다른 사람을 따르거나 모방하는 압력에 저항하면서 자신에게 진실해지라는 부름에 응답하려고 노력한다. 진정성은 강력한 방식으로 개인의 주도성을 행사하라는 요구이다.

어떤 수준에서 이러한 논의는 사실로 보인다. 예를 들어, 직업이나 인생의 동반자 결정(그러한 선택이 가능하다고 가정)은 사회적 압력에 좌우되기보다는 개인의 가장 깊은 욕구에 충실한 식별 과정을 통해 이루어져야 한다. 그러나 실존적 권태의 모든 공격에 직접 맞서서 우리의 삶이 어떻게 진실하지 못함으로 가득 차 있는지 명확하게 보려는 시도는 위태로운 노력이다. 독방에 갇힌 공포는 이를 암시하며, 자신의 실존적 권태 상태를 꿰뚫는 명료하게 보는 주인공에 대한 많은 문학적 설명이 그러하다.

좀 더 활발한 주도성을 실천하고자 하는 진정성의 이상(ideal)에 대한 열망은 칭찬할 만하지만 몇 가지 질문이 제기된다. 첫째, 개인이 몰입하고 있는 사회적 맥락에서 벗어나기에는 개인에게 너무 큰 부담을 주는가? 둘째, 이와 관련된 요점으로, 우리가 깨달음을 위해 내면으로 향하도록 유도하는 진정성이 더 나은 자아가 되기 위한 자원을 제공할 수 있는 자아 너머의 원천을 가릴 위험이 있는가? 마지막으로, 이러한 이상이 악용될 위험이 있는가? 진정한 자기표현에 대한 실존적 필요성을 인식한 자본주의 마케팅 담당자들은 우리의 진정한 자아가 되기 위해 꼭 필요한 수단이나 액세서리처럼 보이는 참신함을 우리에게 쏟아붓는 데 능숙하다. 퍼시(Percy, 1985)는 우리가 새 셔츠를 입었을 때 판매원이 흔히 하는 대답에서 이러한 역동성에 대한 관찰은 흥미롭다. "바로 당신이다." 이 반응은 진정성 추구에 호소하며, 우리의 진정한 정체성, 즉 우리의 진정한 정체성이 구매를 통해 증폭되고 충족된다는 것을 암시한다. 그러나 시간이 지나면서 시즌마다 트렌드가 변하기 때문에 각 구매가 주는 진정성 부여의 가치는 쇠퇴한다. 또한 아이러니한 점은 수백만 명의 다른 사람들이 구매하고 있는 제품을 구매함으로써 진정한 자아를 형성할 수 있다는 인식이다.

물론 우리는 단순하게 생성되었거나 인위적으로 생긴 상황적 욕구와 실존적 욕구를 구별하여 어느 정도 진정성 있게 시장에 참여할 수 있다. 그럼에도 진정성의 이상은 우리의 자유로운 행위를 유지하는 것을 목표로 하지만 우리가 완전히 깨닫지 못하는 신기루나 키메라(chimera)가 될 위험이 있다. 더 평범한 버전(의미 있는 일과 생명을 주는 관계)조차도 사람들에게는 도달하기 힘든 목표이다. 우리 중 대부분은 우리의 진정한(또는 완전히 자율적인) 선택을 반영하지 않는 가족, 친구, 직장 상황에 몰입해 있다. 우리는 개인의 진정성을 추구하기 위해 사회적으로 형성된 약속에서 벗어날 수 없는 경우가 많으며, 그렇게 하는 것을 원하지 않는 경우도 많다. 이는 우리를 막다른 골목에 이르게 한다. 진정성은 실존적 권태를 치료하는 방법이며 우리 대부분이 도달할 수 없는 영역이다. 스벤센은 이에 따라 우리가 처한 상황을 다음과 같이 설명한다.

그러므로 우리는 우리 자신 내부에서나 우리 외부의 어떤 것, 예를 들어 패션에서 필요한 의미를 찾을 수 없는 불가능한 상황으로 보일 것이다. 그러한 의미가 없으면 우리는 우리 외부에서 생각할 수 있는 모든 종류의 의미 대체를 외부에서 찾지만, 그것이 지속되지 않는다는 것을 잘 안다. 이러한 지속 시간의 부족을 없애기 위해 우리는 가능한 한 오랫동안 일을 계속할 수 있도록 항상 새로운 것을 찾는다(Svendsen, 2008, p. 79).

스벤센은 실존적 권태란 단지 "회피할 수 없는 사실, 삶 자체의 중력으로 수용한다."고 말한다(2008, p. 154). 스벤센은 하이데거의 분석에 공감하면서도, 진정성이 많은 사람들에게 매력을 잃은 전통적인 의미 구조를 대신하는 형이상학적인 자리를 표시하는 사람의 역할을 할 수 있는지에 대해서는 의심한다. 스벤센은 다음과 같이 주장한다. 진정성이나 개인적인 의미는 "실현 불가능한 것으로 판명되었고, 우리는 이 의미를 얻기 위해 평생을 기다릴 수 있지만 오지 않는다."(2008, p. 154). 스벤센은 우리가 바랄 수 있는 것은 수많은 상황적, 실존적 권태로 점철된 작은 의미의 순간뿐이라고 말한다. 그렇다. 우리는 대담한 방법(예: 스카이다이빙, 약물)을 통해 이 난제에서 벗어나려고 노력할 수 있지만, 종종 무모하거나 새로운 극단을 택해야 효과를 볼 수 있으며, 일시적인 것으로 판명되어 시도할 때마다 더 큰 허탈감을 남긴다.

스벤센의 결론은 설득력이 있으며, 비록 냉혹하기는 하지만 현실적으로 평가한다. 실존적 권태를 불평하는 어린이나 청소년에게 스벤센의 대답은 본질적으로 "그게 인생이니까 익숙해지세요."라는 친숙한 부모의 말과 같다. 스벤센은 "권태의 문제에는 거창한 해결책이 없다"고 주장한다(2008, p. 154). 이것은 본질적으로 프랑스의 실존주의 철학자 카뮈(A. Camus, 1913-1960)가 『시시포스 신화(The Myth of Sisyphus)』(1955)에 등장하는 지점이다. 삶은 어처구니없고 종종 지루하므로 우리는 시시포스처럼 의미나 더 큰 의미를 찾으려는 시도를 포기한 채 그저 삶을 지속하며 견뎌야 한다. 시시포스의 곤경은 심연처럼 들리고(끊임없이 바위를 언덕 위로 계속해서 밀어 올리지만, 바위가 끊임없이 바닥으로 떨어지는 것을 지켜본다), 카뮈는 이러한 권태가 너무나 터무니없는 수많은 현대 작품에도 적용된다고 지적한다. 하지만 카뮈는 시시포스가 자신의 운명을 영웅적으로 받아들이고 소유하는 것을 상상한다. 시시포스는 존재의 부조리와 그것의 쓸데없는 권태를 아주 명확하게 보았지만, 그럼에도 그는 그것을 모두 받아들였다. 그는 궁극적인 의미를 기대하거나 찾지 않는다.

스벤센(그리고 카뮈)의 결론은 두 가지 주요 이유에서 문제가 있다. 첫째, 그것은 실존적 권태에 대한 안일함으로 이어진다. 잠시 왔다가 사라지는 기분처럼, 권태에 직면할 때 우리가 할 수 있거나 해야 할 일은 그것을 해결하려는 극단적이거나 필사적인 시도에 저항하면서 기다리는 것뿐이다. 둘째, 이 첫 번째 요점과 관련해 이 결론은 도덕적 중요성의 현상을 제거한다. 권태에서 더 이상 위태롭거나 얻을 수 있는 것은 많지 않다. 실존적 권태에 관해서는 풀어야 할 수수께끼가 존재하지 않는다. 그것은 단순히 그렇다! 그렇다면 서두에서 언급한 두 가지 전략(회피와 체념)이 우리가 선택할 수 있는 유일한 방법일 뿐이다. 권태를 심각하게 받아들이는 교육에는 상황에 따라 어떤 전략을 사용할지, 그리고 문제가 있는 권태의 회피 성향, 특히 중독의 회피 방법이 중요하다.

하지만 나는 권태에서 얻을 수 있는 것이 훨씬 더 많고 권태를 극복할 수 있는 더 최적의 방법이 있다고 생각한다. 권태는 우리의 인지적 평가(사고방식과 관점)로 형성되며, 우리는 오만하지 않더라도 상황, 활동, 그리고 다른 사람들을 지루하다고 무시하는 경우가 종종 있다. 권태는 우리에게 일어나는 감정 이상으로, 우리 앞에 있는 일에 부주의하게 반응하는 마음의 상태이다. 이런 점에서 권태는 도덕적으로 중립적이지 않으며 도덕적으로 의심스럽다. 특히 중독과 과소비라는 지배적인 방식으로 권태를 피하려고 한다는 점에서 더욱 그렇다. 낡은 가전제품, 오래된 잡동사니, 버려진 인테리어 물품으로 가득 찬 매립지는 권태가 만연한 우리의 상태를 보여주는 증거이다. 인류의 집단적 권태 상태는 우리 세계가 감당할 수 없는 수준의 불필요하고 무자비한 소비를 촉진한다.

나는 이제 진정성 대신에 보그만이 통찰력 있게 서술하고 있는 '집중적 실천'에 주목하고자 한다. 수천 년에 걸쳐 자리 잡고 발전한 집중적 실천은 인간이 권태의 문제에 건설적으로 맞서 싸우기 위해 발견한 간단하면서도 설득력 있는 방식이다. 그러한 실천은 진정성이 있거나 독창적이기보다는 잘 살고자 하고, 잘 사는 방법에 대한 실천적 지혜를 구현하고 있다. 그것은 중요성의 우선순위를 정하면서 (자신의) 삶의 중심을 잡고, 그 중심 주위에 다른 모든 것을 질서 있게 배열하는 힘을 가지고 있다 (Borgmann, 1987). 보그만이 말하는 집중적 실천의 현상학은 권태를 다루는 건설적인 방법을 밝히고, 우리가 왜 잘 살기 위해 그것에 현명하게 대처해야 하는지를 보여주고 있다.

17.4. 집중적 실천과 주의집중

역사적으로 권태는 도덕적 감정, 특히 그 전조인 아케디아(acedia)로 이해되었다. 아케디아는 본질적으로 현대인이 경험하는 권태(그 특유의 불안함과 목적 없음을 동반)와 동일한 조건을 갖추고 있지만 다르게 이해하고 해석한다. 아케디아는 돌봄의 부족[a-][kedos]으로 번역된다. 아케디아로 고통을 받는 것은 자신을 방치하는 것, 즉 자신의 내면생활에 주의를 기울이지 않는 것이다. 은밀하고 재빠르게 아케디아는 대낮에 자신도 모르게 공격하기 때문에 "정오의 악마"로 묘사되었다. 그것이 처음에는 해롭지 않은 것처럼 보이지만(우리가 하고 있는 일에 대한 약간의 무기력함), 그것이 우리도 모르게 우리의 마음속으로 피신하는 것은 너무나 쉬운 일이다. 에바그리우스 (Evagrius)는 오늘날 우리가 흔히 단순히 주의를 산만하게 하면 완화할 수 있는 일시적인 불쾌감으로 간주하는 것을 도덕적인 두려움을 가지고 보아야 하는 정신 상태(일련의 사고)로 간주했다. 분노나 두려움과 같은 감정보다 훨씬 미묘하지만, 아케디아는 탐욕, 질투, 나태를 포함한 수많은 다른 죄의 온상이기 때문에 훨씬 더 위험한 것으로 간주되었다. 에바그리우스의 이러한 논의는 아케디아가 어떻게 작동하는지 잘 보여주고 있다:

모든 생각 중에서 [아케디아]만은 증오와 욕망으로 뭉쳐 있다. 왜냐하면, 불안한 사람은 자기 앞에 있는 것을 모두 미워하고, 없는 것을 탐하기 때문이다. 그리고 수사(monk)가 욕망에 사로잡히면 사로잡힐수록 그는 더 많은 증오로 수도원(cell)에서 떠난다. 그는 욕망에 끌려가고 증오에 뒤에서 구타당하는 불합리한 짐승처럼 보인다. … 더 나아가 [아케디아]는 그에게 장소와 그의 삶 자체, 육체노동에 대한 혐오감을 심어준다. 형제들 사이의 사랑은 사라진다. 그리고 누구도 그를 위로하지 않는다. 그리고 그 당시 수사를 화나게 한 사람이 있다면, 악마 (demon)는 아케디아를 이용해 그 수사가 (장소에 대해) 더 혐오감을 가지게 한다.(Bunge, 2011, pp. 31, 38에서 인용)

이와 같은 사고의 궤적은 짜증, 분노, 불안한 욕망을 달래는 시도로 이어지는 권태에 대한 현대의 설명과 맞닿아 있다. 그러나 에바그리우스가 제안한 치료법은 간단하며 아마도 현대인의 귀에 거슬리는 것일 수도 있다. 그는 수사들에게 맡긴 업무, 특히 육체노동을 계속하고 굳게 지키라고 촉구한다. 에바그리우스의 주도하에 베네딕트(1882/516)는 자신의 규칙에서 지적 통찰력과는 무관하게 모든 수사에게 부엌에서 일을 하도록 요구했다(p. 57). 수사가 자신의 수많은 충동을 유지할 수 있다면, 아케디아 상태는 가라앉고 "평화와 형언할 수 없는 기쁨 상태"가 뒤따른다고 에바그리우스는 조언한다(Bunge, 2011, p. 31에서 인용).

다시 말하면, 이는 지나치게 단순해 보이지만(매뉴얼에 따른 작업 참여), 제공되는 것은 보그만이 집중적 실천(focus practice)이라고 설명하는 것에서 발견할 수 있는 실존적 가치를 상기시키고 있다. 집중에 대해 보그만은 광학이나 기하학의 수렴점을 설명하기 위해 현대의 과학 기술적 정의에 대해 언급하는 것이 아니라 더 오래된 의미에 대해 언급하고 있다. 라틴어에서 파생된 focus는 문자 그대로 "가정용 난로" 또는 "벽난로"를 의미한다. 환기 난방 시스템이 개발되기 전에 난로는 비유적이고 문자 그대로 집의 중심이었다. 따라서 보그만에게 집중적 실천은 난로 구조와 직접적인 관심을 좋아하고 그것을 구성하는 것들에 우리를 참여시킨다는 점에서 독특하다. 유의미하고 유익한 것은 집중적 실천이 요구하는 관심의 질(그것이 어디로 향하고 어떻게 향하는지)이다. 집중적 실천은 어느 한 곳에서 다른 곳으로 이동하려는 유혹을 극복하면서 한 곳에 깊이, 계속 주의를 기울이도록 우리를 훈련하고 지도한다. 그렇게 함으로써 집중적 실천은 "맥락적 관계를 모아서 주변 환경으로 발산하고 정보를 제공한다"(Borgmann, 1987, p. 197). 집중적 실천은 우리가 그것에 자신을 맡길 정도로 우리가 보고 해석하는 방식을 변화시킨다.[4]

보그만은 집중적 실천의 사례로 요리와 걷기를 예로 든다. 이는 우리의

---

[4] 권태 문제와 유의미한 여가의 함양에 대한 유의미한 반응으로서 집중적 실천이 가지는 의미와 관련해서는 게리(2011)를 참조할 것.

몸과 마음을 모두 하나로 모으고 우리를 다른 사람들과 연결 짓는 실천이다. 우리는 혼자 요리하거나 걸을 수 있지만, 다른 사람들을 위해 또는 다른 사람들과 함께 그렇게 하는 것은 수행의 본질적인 장점을 확장한다. 집중적 기회는 우리를 둘러싸고 있지만 우리가 집중적 실천에 충실하게 참여할 때만 완전히 드러난다. 예를 들어, 매일 불을 피우는 것이 집중적 실천이 될 수 있으며, 도끼, 나무, 용광로가 이 실천의 핵심이 된다. 이와 같이 요리는 자르는 칼, 나뭇잎, 고기 조각 등과 같은 집중적인 사물에 대한 집중적 실천이다. 달리기나 걷기의 집중적 실천을 통해 하늘, 공기, 그리고 숲과 같은 집중적 사물을 접한다. 집중적 실천을 통해 바이올린, 토기 주전자, 달리기 코스, 너덜너덜한 고서 등의 집중적 사물을 독특하게 보고 감상할 수 있다. 보그만이 달리기와 요리의 초점이 있는 실천에 대해 밝힌 것처럼, 그것이 가지는 집중적 실천의 중요성을 살펴보자.

　　달리기와 식사 문화는 그런 집중적 일이자 실천이다. 우리는 모두 어떤 식으로든 그것들로부터 감동받은 적이 있다. 우리가 격렬하거나 경쟁적인 달리기에 참여하지 않았다면 아마 산책을 했을 것이다. 우리는 흙을 만지는 즐거움, 비를 느끼는 즐거움, 바람을 맞고 비 냄새를 맡는 것을 통해 피가 흐르는 즐거움을 더욱 꾸준히 느껴본 적이 있을 것이다. 식사를 준비하면서 우리는 채소를 씻고 빵을 자르는 간단한 일을 즐겼을 것이다. 우리는 좋은 와인과 집에서 구운 빵을 먹을 때 대접받는 기분과 관대함을 느낀다. 우리가 실내에서 오래 앉아 바라본 후나 쉽게 구할 수 있는 간식과 음료를 많이 먹고 마신 후에 가졌던 경험들은 아주 생생할 것이다. 우리는 몇 가지 단순한 것들과의 만남을 통해 해방감과 활력을 느낀다. 통상적인(normal) 혼란과 산만함은 사라진다.(Borgmann, 1987, p. 200)

이와 같은 실천에 대한 보그만의 설명에서 가치 있는 점은 권태로운 마음과 불안한 방황에서 벗어나는 것을 장려하기 위해 이러한 집중적 실천을 구성했다는 것이다. 집중적 실천과 사물은 단순하고 진부해 보인다. 그래서 그것은 권태를 치료하기에는 너무 기본적이고 평범한 것이기 때문에 쉽게 간과될 수 있다. 그러나 우리가 집중적으로 실천할 때—즉, 달리거나 걷거나 요리할 때 집중적 힘에 민감한 경우에—우리는 이러한 것들을 처음 발견한 것처럼 새롭게 보고 느낀다.

집중적 실천은 전문적인 활동으로 따로 분리되는 것이라기보다는 일상생활의 일상적인 구조의 일부이다. (또는, 일부일 수 있다.) 이러한 일상적인 실천에는 종종 눈에 띄지 않고 실현되지 않는 여유로운 주의집중이 이루어질 가능성이 있다. 이를 보호할 수 있다면 참여의 문턱을 넘나드는 문제는 해결된다. 집중에 관해 보그만은 사물 자체에 관한 것만큼이나 사물을 보는 특별한 방식을 강조하고 있다.

보그만의 지적처럼, 문제는 현대 세계가 집중적 실천이 제공하는 강점을 망각하고 그러한 약속을 할 수 있는 우리의 능력을 놓고 전쟁을 벌이고 있다는 점이다. 보그만은 기술적 편리함의 대가로 인해 집중적 실천과 사물이 희생된다고 지적한다. 요리하는 대신 포장된 음식을 시켜먹거나 전자레인지로 조리를 한다. 산책하는 대신에, 우리는 긴장을 풀기 위해 화면을 응시한다. 우리는 보고 주목해야 할 의미 있는 것을 찾기보다는 일반적이고 대량 생산되는 것들에 둘러싸여 있다. 주전자, 컵, 책, 신발, 집은 단순히 원본을 복제한 복사본일 뿐이다. 이 현상의 문제점은 (자원 낭비와 더불어) 사물이 특이성을 잃는다는 것이다. 이런 점을 보면, 우리는 그것들에게 특별한 관심을 가질 이유가 없다. 개체가 배경으로 사라진다. 우리가 사용하는 도구(키보드, 플라스틱 컵, 일회용 펜, 면도기)는 오작동하는 경우를 제외하고는 거의 눈에 띄지 않으며, 이 경우 즉시 교체된다. 우리는 사물을 보고, 감상하며, 경험하기보다는 그것을 사용하고 끝내도록 길들여져 있다. 문제는 우리가 세상을 보고 참여하도록 조건을 갖추는 방법이다. 사회학자 바우만(Z. Bauman, 1925-2017)은 현대 소비주의가 어떻게 우리의 의식에 마법을 걸어 우리의 주의력을 사로잡거나 약화시키는지 밝히고 있다:

> 소비재는 과학기술을 익히거나 오랜 기초 작업을 할 필요가 없이 즉각적 만족을 제공하지만, 소비에 필요한 시간이 끝난 순간 그 만족도 끝나고, 그 시간 또한 최소한으로 단축된다. 소비자들이 오랫동안 어떤 대상에 주의를 기울일 수 없거나 욕구에 집중할 수가 없는 경우, 그들이 참을성도 없고 성급하며 안절부절못하는 경우, 그리고 그 무엇보다도 쉽게 흥분하고 빨리 흥미를 잃는 경향이 있는 경우에 그 시간이 가장 잘 단축된다.(Bauman, 2005. p. 37)

권태의 현상은 보편적이고 지속적이지만, 바우만은 현대 문화 세력이 어떻게 이러한 상태를 촉진하고 악화시키는지를 밝히고 있다. 집중적 실천과 그것이 우리에게 신중하게 참여하도록 지시하는 것은 이러한 역동성과 정반대이다. 권태로운 자아는 관심을 가질 만한 가치 있는 일을 찾는 데 어려움을 겪는다는 점을 기억하라. 집중적 실천은 이러한 불안을 해결한다. 그러나 권태를 느끼는 자아는 그러한 실천이 치료법이 되기에는 너무 평범하고 지루해 보인다. 대신에 권태로운 자아는 주의를 끌기 위해 가장 시끄럽고 가장 밝으며 가장 충격적인 자극에 반응하도록 조건화되어 있다. 하지만 이처럼 끊임없이 자극을 유지하려면 매 순간을 초월해야 한다. 우리는 놀랍게도 역설적으로 바로 이러한 자극에 권태를 느낀다. 또 다른 흥미롭고 자극적인 산만함을 약속하는 것은 단순히 같은 것에 더 가깝다는 것이 밝혀졌다. 따라서 도전은 우리를 권태로부터 완전히 구원해 줄 것을 약속하는 "특별한" 형태의 활동을 반드시 찾는 것이 아니다. 그러한 참여를 추구하면서 우리는 문제의 원인이 되는 동일한 자극을 찾는 사고방식에 따라 행동할 수 있다. 하지만 우리 앞에 놓인 문제는 더 까다롭고 더 단순하다. 우리의 임무는 일상의 집중적 실천들에 담긴 가능성을 이해하는 방법을 찾아내는 것이다. 우리는 집중적 실천의 가치와 중요성을 무시하도록 우리에게 영향을 미치는 힘에도 불구하고, 매우 세심히 성찰적 방식으로 집중적 실천을 수행해야 한다.

그래서 우리가 흔히 접하는 여가를 구체화하는 집중적 실천은 권태롭고 일상적이며 어렵게 보일 수 있지만, 그것을 넘어서는 비전과 공동의 책임이 필요하다. 권태를 느끼는 자아는 그러한 실천이 참으로 단조롭게 보인다. 보그만(1987)은 다음과 같이 자세히 설명하고 있다:

> 특히 분업화된 노동은 심신을 지치게 한다. 집에 돌아오면 우리는 종종 지치고 무력감을 느낀다. 기분 전환과 즐거운 소비는 이러한 종류의 장애와 관계가 있는 것처럼 보인다. 그것들은 매듭을 풀고 고통을 달래준다. 그리고 그것들은 우리 존재의 소박한 수준에서도 그렇다. 어쨌든 참여와 분발을 요구하는 것은 잔인하고 부당한 요구처럼 보인다. 우리는 안락의자에 앉아 맥주를 마시며 TV를 시청하고 있었다. 우리는 야망에 불타올랐을 때 초자아를 무시하기 쉽다는 것을 알았다.(p. 206)

이것은 하나의 옵션이다. 이는 익숙하고 잘 다져진 길이다. 그러나 그것은 옵션 이상으로, 지친 자아를 돌보기 위한 고정된 의식(ritual)이 되는 제2의 특성이 된다. 그러나 하루가 끝나면 이러한 익숙한 의식 대신에 보그만은 추운 날 야외 산책을 하는 두 가지 옵션을 상상해 보라고 권유한다. 이런 일이 일어나기 위해서는 우리에게 책임을 물을 사람, 대답을 거부하지 않을 사람이 필요할 것이다. 우리의 파트너가 우리에게 이 방향으로 움직이도록 설득한다면, 우리는 차가운 공기에 짜증을 낼 수도 있다. 보그만은 다음과 같이 구체적으로 설명하고 있다.

> 불편함은 생각했던 것보다 심했다. 그러나 점차 변화가 찾아왔다. 우리의 걸음걸이는 안정되었고, 피가 활발하게 흐르기 시작하여 긴장이 씻겨 나갔다. 우리는 비 냄새를 맡았고, 동료와 사려 깊게 이야기를 나누기 시작했으며 마침내 안정되고 편안한 잠을 잘 수 있을 정도로 정신이 번쩍 들어 귀가했다.(p. 26)

집중적 실천은 도달 범위 내에 있지만 초보자의 경우 극복해야만 하는 높은 문턱이 있다. 이는 집중적 실천에 잠재된 가능성을 볼 수 없는 권태로운 자아와 관련이 있다. 보그만은 "이러한 부담스러운 활동은 실제로 노력의 문턱을 넘는 작업일 뿐이고, 문턱을 넘자마자 부담이 사라진다"고 말한다(2003, p. 23). 권태를 느끼는 자아는 필연성에 의해 짓눌려 있으므로 가능성이 존재하지 않는다. 걷기, 설거지, 편지 쓰기와 같은 간단한 일들은 지루해 보이고 권태를 완화하는 데 거의 도움이 되지 않는 것처럼 보인다. 그러나 우리가 그 일을 수행하고 자리를 잡기 시작하면 새로운 가능성이 눈에 띄게 된다. 그러나 이것이 일어나려면 보그만(2003)은 도덕적 문턱이나 장벽을 넘어서야 한다고 설명한다.

> 집중적 사물과 실천에는 높은 문턱이 있다. 문턱은 물질적으로 높은 것이 아니라 도덕적으로 높다. 그것은 사람들이 테이블에 앉기 전에

분발해야 하거나 위험에 직면해야 하는 것과 같은 것이 아니다. 그것은 바로 거기, 손이 닿는 곳에 있다. 하지만 도덕적 문턱이 있다. 귀찮고 고통스럽다. 문턱이 높아서 통과하기가 어렵다. 하지만 일단 통과하면 보상도 높다.(p. 25)

이와 대조적으로 오락 문화에서는 그 문턱이 최소화된다. 쇼를 보거나 인터넷 서핑을 하는 즐거움을 쉽고 즉각적으로 즐길 수 있다. 그러나 집중적 실천을 통해 얻는 보상은 훨씬 적다. 보그만은 집중적 실천의 의미 있는 추구를 위한 주요 지침을 확인했다. 낮은 문턱은 낮은 보상으로 이어지고 높은 문턱은 높은 보상으로 이어진다. 이를 고려할 때, 우리는 여가에 필요한 실천과 규율을 개발하기 위해서는 친구, 동료, 교사, 공동체의 책임이 필요하다. 권태를 느끼는 자아는 불안감을 느끼거나 불교 전통에서 "원숭이 마음"이라고 묘사하는 안과 밖으로 이리저리 휙휙 넘어다니는 성향이 있다. 이런 성향을 고려할 때, 우리는 험담과 구경거리, 온갖 사소한 걱정에 쉽게 이끌린다. 학구적이기보다는 호기심이 더 많이 작용한다. 권태를 느끼는 자아는 하나의 관심에 집중하기보다는 다양한 관심에 사로잡혀 있다. 이것이 새로운 현상은 아니지만, 인터넷은 이러한 경향을 증폭시키고 악화시킨다. 내부의 원숭이 마음은 이제 외부의 원숭이 마음의 환영을 받는다.

이와 같은 경향에 맞서 로손은 요리의 집중적 실천이 가지는 유익한 효과에 대해 말하고 있다:

껍질을 벗기고 썰고 휘젓는 일상적인 분주함은 뇌의 분주함을 진정시켜줄 수 있다. 우리가 두려워할 수 있는 주방 활동은 대부분 어렵지 않다. 우리는 2kg의 감자를 껍질을 단조롭게 벗기면서 자유를 만끽하고 긴장을 풀 수 있기 때문이다. 최소한 약간의 긴장을 풀 수 있다. 물론 감자 껍질을 벗기는 것이 아주 무심한 일은 아니지만, 이전에 감자 껍질을 벗겨 본 적이 없더라도 극도로 경계할 필요는 없다. 조용히 빠져든다. 그리고 극도로 안절부절못하는 사람으로서 나는 요리를 구성하는 많은 필수적인 낮은 수준의 주방 의식 절차(ritual)를 감사하게 생각하고 그것으로 위로받는다. 수다쟁이 원숭이 같은 마음을 침묵시키려면 충분한 집중이 필요하다. 너무 익숙한 일을 하고 아무런 생각 없이 연습하기에 경계심이 많지는 않지만, 감각(촉각, 후각, 시각, 청각)이 지성을 대신할 수 있다.(Lawson, 2020, p. 12)

로손이 지적했듯이, 권태를 느끼는 자아는 반복적이고 단조로운 작업을 두려워한다. 권태를 느끼는 자아의 원숭이 같은 마음은 부단한 자극과 참신함을 원한다. 하지만 권태로운 자아는 바로 이러한 단순한 작업 속에서 "윙윙거리는 뇌에 필요한 진정제"를 찾을 수 있다.

17.5 집중적 교육

나는 권태의 문제에 관심이 있다. 특히 중학교와 고등학교의 학생들이 경험하는 권태에 관해 관심이 크다. 교사들은 다음과 같은 우려를 공유하고 있다. 권태감을 느끼는 학생들로 가득 찬 교실은 학급 운영상의 악몽이 될 수 있다. 우리는 회피 또는 체념의 방법의 하나인 권태에 반응하도록 조건화되어 있다. 두 가지 반응은 모두 학습된 행동이며, 우리가 살아가는 방식이 된다. 우리가 권태 상황에 직면하면, 우리의 첫 번째 본능은 그 상황에서 회피하는 것이다. 이것이 실패하면 우리는 종종 체념하고, 유의미한 참여 가능성을 포기하게 된다. 교사가 권태를 피하려 할 때, 그들과 그들의 학생들은 무의식적으로 권태를 피하기 위한 계획에 빠지게 된다. 교사는 권태를 회피하기 위해 학생을 참여시키고, 즐겁게 하며, 자극하고 재미있게 하는 전략에 관심이 있다. 교사는 "효과적"이라는 단순한 이유로 이러한 접근 방식을 취하지만 이는 학생의 권태를 일시적으로 완화할 뿐이다.

교사가 두 번째 전략인 체념을 사용할 때, 교사는 학생들에게 인생이 지루할 것이라는 점을 암묵적으로(때로는 명시적으로) 전달하며 그들은 이 잔인한 사실을 받아들여야 한다. 순전한 권위, 회유, 위협, 일상적인 관성을 통해 교사는 학생들이 순응하도록 만든다. 평범하고 무의미해 보이는 작업은 암울하지만, 낮은 수준의 참여를 제공하기 때문에 시간을 보내는 데 도움이 된다. 두 접근 방식 모두 권태 문제에 직접적 직면을 회피한다.

정보의 과부하와 끝없는 산만함과는 달리 집중적 실천은 질서 있는 실질적인 실천으로 이어진다. 그러나 그 집중적 실천은 기술적 매력과 즉각적 오락 문화가 부족하다. 내가 생각하기에, 집중적 실천은 교육적으로 유행하는 기발함과 "산만함으로부터 그 산만함을 회피하는" 부단한 유도에 대한 비판의 기초와 관점을 제공한다고 주장한다(Eliot, 1971). 집중적 실천은 여가를 즐길 수 있는 역량과 "권태의 회피 전략"의 희생양이 되는 경향성이라는 두 가지 대비되는 삶의 방식을 보여준다.

마지막으로 집중적 교육의 예로 지글러(1950-2010)가 가르친 수업을 살펴보겠다. 미술사학자 지글러는 2010년 췌장암으로 갑작스럽게 사망하기 전에 홀리 크로스(Holy Cross) 대학에서 가르쳤다. 지글러는 학생들이 얼마나 주의를 산만하게 하는 경향이 있는지를 알고 있었다. 또한 그녀는 학습에 대한 공리주의적 접근 방식이 학생들이 예술 창작물에 집중할 수 있는 수준을 어떻게 저하하는지 알고 있었다. 지글러는 주의집중 능력을 심화시키는 데 도움을 주기 위해 관찰 예술(Beholden Art) 실습을 중심으로 한 학기 동안의 수업을 개설했다. 그녀의 학급 학생들은 매사추세츠주 우스터(Worcester)에 있는 지역 박물관을 방문해야 했다. 그곳에서 그들은 "게인즈버러(T. Gainsborough: 영국, 18세기 초상화가이자 풍경화가), 모네(C. Monet: 프랑스 인상파 화가), 마더웰(R. Motherwell: 미국 추상표현주의 화가)"이라는 세 화가의 그림 중 하나를 선택할 수 있었다(Ziegler, 2001, p. 38). 13주 동안 학생들은 자신이 맡은 그림을 직접 방문하여 같은 시간에 같은 장소에 앉아 최소 1시간 동안 그림을 감상해야 했다. 그리고 매주 그들은 자신들이 감상한 것에 대해 5페이지 분량의 보고서를 제출해야 했다. "13주 동안 각기 본질적으로 동일하지만 재작업을 해서 세련되게 재작성한 13개의 과제"를 제출했다(p. 38). 이때 학생들은 외부 자료를 참조하지 않고 스스로 확인해야만 했다. 예상대로 학생들은 과제에 저항했고 작업의 반복적 특성에 짜증을 내는 학생이 많았다. 그들은 스포츠나 악기에 능숙해지려면 반복이 필요하다는 것을 이해했지만, 이 과제 반복의 중요성을 알아차리지 못했다. 그러나 몇 주가 지나면서 지글러는 학생들의 에세이에 변화가 있음을 발견했다. 그녀의 지적에 따르면, 에세이는 이렇게 발전했다:

그림에 대한 개인적, 자기애적인 반응으로부터 확고한 근거에 바탕을 둔 설명으로 (발전했다: 역자 첨언). 설명은 자의적인 해석, 실제로 사심으로 가득 찬 설명(학생들은 실제로 일주일에 한 번 박물관에 가도록 강요받는 것에 대한 적대감 표명)으로부터 그림 자체에 대한 진실을 드러내는 것으로 발전했다. 가장 중요한 것은 학생들이 "자신의" 예술 작품으로 맡은 것과의 개인적 관계를 발전시켰다는 것이다. 그들은 자신들이 기억하는 붓놀림, 색상 변화, 표면 질감의 미묘함을 통해 그 작품을 설명할 수 있었다. 반복적이고 습관적이며 직접적인 경험(슬라이드나 사진으로 작업하는 것이 아니라 실제 예술 작품을 대면하는 것)을 통해 학생들은 피상적인 구경꾼으로부터 단일 예술 작품에 대한 깊고 친밀한 지식을 진정으로 요구하는 숙련되고 훈련된 관찰자(beholder)로 변모했다. 그리고 그들은 그것을 알고 있었다.(2001, p. 37)

지글러는 이 과제를 통해 몇 가지 주목할 만한 대책을 세웠다. 그것은 바로 선택 범위의 제한, 물리적 존재의 보장, 의식(ritual) 준수의 권장, 고독의 유지인데 매우 특색이 있다. 첫째, 중요한 것은 지글러가 참석하는 대상의 범위를 제한했다는 사실이다. 학생들이 매주 여러 장르에 걸쳐 다른 그림에 대해 글을 쓰게 하는 것을 상상할 수 있다. 이러한 접근 방식에는 장점이 있지만 그녀가 취하는 전술과는 근본적으로 다르다. 권태로운 마음은 옵션을 열어두어 자율성을 극대화하려고 한다는 점을 기억하라. 아마도 상황적, 실존적 권태의 관점에서 그것에 대해 생각하지는 않지만, 지글러는 학생들의 선택을 제한함으로써 권태와 학생들을 직접 마주하게 만든다. 이 과제는 학생들을 하나로 묶는다.

학생들이 숙달해야 하는 수많은 표준과 교사가 콘텐츠를 소개해야 한다는 압박감을 고려할 때 지글러의 과제는 아무래도 대담하다. 그럼에도 그것은 개념과 실행에서도 간단하다. 볼만한 가치가 있는 것에 대해 함께 앉아서 글을 쓰고 꼭 보시기 바란다. 학생들이 지속적인 관심을 끌기 위해 자기 능력을 활용하도록 일깨우고 격려하는 것이 지글러의 가장 중요한 목표였다. 그녀의 수업은 또한 물리적 존재를 요구하는 면에서도 세심했다. 그림 앞에 물리적으로 앉거나 서 있는 것은 스마트폰이나 노트북으로 보는 것과는 전혀 다른 경험이다. 실제로 미술관에 가는 이 간단한 의식(ritual)은 주의를 효과적으로 구조화하고 안내했다. 미술관은 조용한 곳이다. 또한 물리적 존재는 다음을 가능하게 한다.

학생들은 관찰자로서 페인트의 질감과 결을 볼 수 있다. 게다가 반복에 대한 지글러의 요구도 매우 중요했다. 이 과제에 대한 그녀의 가장 중요한 목표는 학생들이 "실천적 관찰자"가 되는 것이었다. 이렇게 되기 위해서는 일상과 의식, 즉 실천이 이루어져야 했으며, 학생들은 "그 자체로 예술 작품 속으로 빠져들어야" 했다. 역사가 스미스(J. Z. Smith, 1992)는 이와 같은 단순한 의식에 무엇이 중요한지 알고 있었다. 스미스는 말한다. "의식은 무엇보다도 주의를 기울이는 방식이다. 이는 관심을 표시하는 과정이다. … 게다가 이러한 특징은 의식의 기본 구성 요소로서 장소의 역할을 설명하고 있다. 장소는 주의를 집중시킨다."(p. 103). 이것이 바로 지글러가 행한 일이다.

지글러 학급의 학생들은 아마도 스스로 수습생으로 생각하지 않았을 수도 있지만 사실 수습직은 지글러가 설정한 것이었다. 그녀는 학생들에게 초반에는 이상하고 특이해 보이는 실천을 하도록 지도하고 있었다. 처음에는 이러한 노력의 가치를 인식할 수 있는 학생이 거의 없었다. 본질적인 장점을 이해하기 시작하려면 충실한 수습생이 되고 교사의 실질적인 지혜를 신뢰해야 한다. 궁극적으로 이러한 구조와 의식은 학생들이 보는 방식과 내용을 변화시키는 데 도움이 되었다.

지글러 학급의 학생들이 이러한 단계를 거친 후에는, 그들이 고려하고 있던 대상(그림)은 더 이상 단순한 이미지가 아니었다. 오히려 철학자 마리옹(J.-L. Marion)이 아이콘으로 묘사한 것이었다(2002). 우리가 아이콘을 더 많이 관찰하거나 언급할수록 아이콘은 우리에게 더 많은 메시지를 전달한다. 아이콘을 관찰하는 것은 우리의 통제적 자아를 능가하는 포화(saturate) 현상을 인식하는 것이라고 마리옹은 말한다. 우리의 지평은 압도된다. 우리는 우리의 주관성이 "구성하는 객체가 되기보다는 주어진 것으로 구성하는 주체"가 된다(Westphal, 2003, p. 26). 그러한 현상으로 인해 우리는 통찰력, 목적, 깨달음, 변화를 계속 획득할 수 있다.

권태를 느끼는 자아는 옵션을 최대화하려고 노력하고 항상 새로운 자극을 끊임없이 찾아다닌다는 점을 기억하라. 학생들에게 예술을 관찰하는 집중적 실천을 지도하면서 지글러는 권태로운 자아를 직접 겨냥했다. 그녀는 상황적 권태를 완화하려는 학생들의 요구를 만족시키는 대신, 그들이 처음에는 황량해 보였던 상황을 포용하고 맞서 싸우면서 그동안 인정받지 못했던 가능성을 발견하도록 안내한 것이다. 그녀는 관찰하는 것 이상으로, 삶의 방식, 즉 상황적 권태를 통해 실존적 의미로 이동하는 방식을 전수했다. 나는 지글러가 학생들에게 제공한 사색적이고 힘든 과제를 할당할 용기가 있는지 잘 모르겠다. 해야 할 일이 너무 많고, 다루어야 할 일이 너무 많고, 표준도 너무 많다. 하지만 우리는 눈에 보이는 것 외에 너무나 많은 것을 잊게 될 것임을 잘 알고 있다. 그리고 관찰하는 실천을 하지 않는다면 우리는 분명 끝없는 권태의 희생양이 될 것이다.

참고문헌

Bauman, Z.(2005). *Liquid life*. Cambridge: Polity Press.

Benedict, S.(Abbot of Monte Cassino) & Fry, T.(1982/516). *The rule of St. Benedict in English*(Trans. T. Fry). Collegeville, MN: Liturgical Press.

Biolcati, R., Mancini, G. & Trombini, E.(2018). Proneness to boredom and risk behaviors during adolescents' free time. *Psychological Reports*, 121(2), 303–323.

Borgmann, A.(1987). *Technology and the character of contemporary life: A philosophical inquiry*. Chicago, IL: University of Chicago Press.

_____(2003). Albert Borgmann on taming technology: An interview. *The Christian Century*, 22-25.

Brodsky, J.(1995). In praise of boredom. In J. Brodsky(Ed.), *On grief and reason: Essays*(pp. 104-113). London: Penguin Books.

Bridgeland, J. M.(2010). *The new dropout challenge: Bridging gaps among students, parents, and teachers*. New Directions for Youth Development. doi:10.1002/yd.366.

Bunge, G.(2011). *Despondency: The spiritual teaching of Evagrius Ponticus on acedia*. New York, NY: St. Vladimir's Seminary Press.

Camus, A.(1955). *The myth of Sisyphus*. London: Hamish Hamilton.

Crockett, A. C., Myhre, S. K. & Rokke, P. D.(2015). Boredom proneness and emotion regulation predict emotional eating. *Journal of Health Psychology*, 20 (5), 670-680.

Danckert, J. & Eastwood, D.(2020). *Out of my skull: The psychology of boredom*. Harvard, MA: Harvard University Press.

Dante, A.(1995). *The divine comedy*(Trans. A. Mandelbaum). New York, NY: Everyman's Library.

DePaoli, J. L. Arwell, M. N., Bridgeland, J. M. & Shriver, T. P.(2018). *Respected: Perspectives of youth on high school and social and emotional learning*. Civic & Hart Research Associates.

Eliot, T. S.(1971). *The four quartets*. San Diego, CA: Harcourt Brace Jovanovich.

Elpidorou, A.(2020). *Propelled: How boredom, frustration, and anticipation lead us to the good life*. Oxford: Oxford University Press.

Frankfurt, H. G.(2004). *The reasons of love*. Princeton, NJ: Princeton University Press.

Gary. K.(2022). *Why boredom matters: Education, leisure, and the quest for a meaningful life*. Cambridge: Cambridge University Press.

Goetz, T., Frenzel, A. C., Hall, N. C., Nett, U., Pekrun, R. & Lipnevich, A.(2014). Types of boredom: An experience sampling approach. *Motivation and Emotion*, 38(3), 401-419.

Heidegger, M.(1962[1927]). *Being and time*(Trans. J. Macquarrie and E. Robinson). Oxford: Basil Blackwell.

_____(1995). *The fundamental concepts of metaphysics: World, finitude, solitude. Bloomington*, IN: Indiana University Press.

Hunter, A. & Eastwood, J. D.(2018). Does state boredom cause failures of attention? Examining the relations between trait boredom, state boredom, and sustained attention. *Experimental Brain Research*, 236(9), 2483-2492. doi: 10.1007/s00221-016-4749-7.

Lawson, N.(2020). *Cook, eat, repeat: Ingredients, recipes, and stories*. New York, NY: Vintage Books.

Lazarides, R. & Buchholz, J.(2019). Student-perceived teaching quality: How is It related to different achievement emotions in mathematics classrooms? *Learning and Instruction*, 61, 45-59.

Marion, J.-L.(2002). *Being given: Toward a phenomenology of givenness*. Stanford, CA: Stanford University Press.

Mercer, K. B. & Eastwood, J. D.(2010). Is boredom associated with problem gambling behavior? It depends on what you mean by "boredom." *International Gambling Studies*, 10, 91-104.

Mthimunye, K. D. T., Daniels, F. M. & Pedro, A.(2015). Predictors of academic performance and throughput among second-year nursing students at a university in the Western Cape. Master's dissertation. Cape Town, South Africa: University of the Western Cape.

Percy, W.(1985). *Conversations with Walker Percy*(Ed. L. Lawson & V. Kramer). Jackson, MS: University Press of Mississippi. Russell, B.(1996). *The conquest of happiness*. New York, NY: W. W. Norton & Company Inc. doi: 10.4324/9780203821053.

Smith, J. Z.(1992). *To take place: Toward theory in ritual*. Chicago, IL: University of Chicago Press.

Spaeth, M., Weichold, K. & Silbereisen, R. K.(2015). The development of leisure boredom in early adolescence: Predictors and longitudinal associations with delinquency and depression. *Developmental Psychology*, 51(10),1380-1394. doi: 10.1037/20039480.

Stutz, C. P.(2017). Wisława Szymborska, Adolf Hitler, and boredom in the classroom; or, How yawning leads to genocide. *Christian Scholar's Review*, 46(2), 127-144.

Stevenson, R. L.(1880). Henry David Thoreau: His character and opinions. Cornhill Magazine.

Svendsen, L.(2008). *A philosophy of boredom*. London: Reaktion Books.

Taylor, C.(1991). *Ethics of authenticity*. Harvard, MA: Harvard University Press. doi: 10.2307/j.ctvv4188.7.

Tolstoy, L.(2012). *Anna Karenina*(Trans. L. & A. Maude). New York, NY: Random House.

Toohey, P.(2011). *Boredom: A lively history*. New Haven, CT: Yale University Press.

Wheeler, M.(2020). Martin Heidegger. In E. N. Zalta(Ed.). *The Stanford encyclopedia of philosophy*. Available at: https://plato.stanford.edu/archives/fall2020/entries/heidegger.

Westphal, M.(2003). Transfiguration as saturated phenomenon. *Journal of Philosophy and Scripture*, 1(1), 26-35.

Wilson, T., Reinhard, D., Westgate, E., Gilbert, D., Ellerbeck, N., Hahan, C., ... Shaked, A.(2014). Just thinking: The challenges of the disengaged mind. *Science*, 345(6192), 75-77.

Ziegler, J.(2001). Practice makes reception: The role of contemplative ritual in approaching art. In T. M. Landy(Ed.). *As left in the world: Catholic perspectives on faith, vocation, and the intellectual life*(pp. 31-42). London: Sheed and Ward.

역자 후기

1

21세기 한국 사회는 급격한 과학기술의 발전, 기후 위기, 그리고 글로벌화의 영향으로 새로운 모습으로 발전할 것이 분명하다. 특히 인공지능과 디지털 기술의 발전은 정보에 대한 접근성을 높이고 일상적 삶의 질을 혁신적으로 향상시킬 것이며, 글로벌화는 문화적 다양성과 상호 연결성을 증대시키고 서로 다른 문화와 가치에 대한 이해와 존중의 태도 형성에 기여할 것이다. 하지만 21세기 사회는 이러한 긍정적 변화뿐만 아니라 사회적 불평등, 권리 침해, 사이버 폭력, 허위 정보 유포, 소비주의의 만연, 개인주의의 증대 등 다양한 윤리적 문제를 야기할 수도 있다. 이에 우리는 자기 자신, 타인, 사회, 더 나아가 지구공동체의 다양한 윤리적 문제를 비판적으로 분석하고 평가할 수 있는 능력을 기를 필요가 있다. 열린 소통과 협력을 통해 자신의 도덕적 기준을 세우고 시민으로서 준수해야 할 도덕적 가치를 정립할 필요가 있으며, 다양한 윤리적 문제와 도덕 교육 이론에 대해 깊이 사유하고 스스로 그 답을 찾는 탐구 역량을 키울 필요가 있다.

2

이 책은 더글러스 W. 야첵(Douglas W. Yacek), 마크 E. 조나스(Mark E. Jonas), 케빈 H. 게리(Kevin H. Gary)가 공동 편집한 『Moral Education in the 21st Century』를 번역한 것이다. 지금까지 도덕심리학이나 저명한 동서양 철학자들의 윤리사상을 다룬 도덕 교육 이론서는 많이 발간되었지만, 다양한 윤리학 이론에 기초해 도덕 교육 이론을 본격적으로 논의하고 이러한 논의를 바탕으로 현실의 윤리적 문제에 대한 해법을 교육학적 측면에서 구체적으로 제시한 책은 극히 드물다. 이 책은 고대 철학자들의 윤리학 이론이 도덕교육에 끼친 영향뿐만 아니라 근현대 철학자들의 도덕교육 이론을 다루고 있으며, 시의적절한 도덕적 딜레마 사례를 통해 윤리교육의 중요성을 주장한다는 점에서 학술 가치가 있다.

이 책의 주요한 특징은 다음과 같다. 첫째, 이 책은 플라톤의 교육철학, 아리스토텔레스의 덕 윤리, 신회의주의, 니체의 사상, 신칸트주의에 기초한 윤리교육 이론에 대해 고찰한다. 일찍이 플라톤은 『국가』에서 교육이 단순한 지식 전달을 넘어서 사람을 더 나은 존재로 변화시키는 과정임을 역설한 바 있다. 스스로 진리와 도덕적 판단을 찾아가도록 돕는 소크라테스의 대화법은 도덕적 자아를 성찰하고, 스스로 올바른 결정을 내릴 수 있도록 유도한다. 이러한 플라톤과 소크라테스의 교육철학은 오늘날에도 중요한 도덕 교육의 방법론으로 적용될 수 있다. 아리스토텔레스의 덕 윤리 또한 도덕적 행동의 실천을 강조한다는 점에서 유덕한 인간 양성에 공헌한다. 특히 아리스토텔레스가 제시한 덕에 기초한 우정은 감정적인 유대에 그치지 않고, 도덕적 성장을 촉진하는 데 공헌할 수 있다. 그리고 신회의론적 접근은 이론적 도그마를 버리고 가능성 있는 결론을 통해 도덕적 판단을 내리도록 도와준다는 점에서 현대 도덕 교육에 시사

점을 제공하며, 도덕적 사고와 행동을 개선하는 데 공헌할 수 있다. 니체는 인간 존재의 고차원적 발전을 위한 개인적 자아실현을 강조하고 문화적, 개인적 탁월성을 추구하는 과정에서 도덕적 성장이 이루어진다고 주장한다. 그리고 도덕적 가치를 내면화하고 이를 통해 자신의 삶을 개선하고자 하는 '열망' 개념은 외부의 도덕적 기준에 따르는 것을 넘어서 스스로 도덕적 판단을 내리는 능력을 기르는 데 중요한 역할을 할 수 있다. 또한 칸트의 도덕 이론을 바탕으로 도덕적 의무와 이성적 판단에 근거한 도덕적 의사 결정을 강조하는 신칸트주의자인 허먼, 문젤, 존스턴의 도덕교육 이론은 21세기 교육에서 중요한 가치를 지닌다고 할 수 있다. 허먼은 도덕적 규칙을 형성하고 이를 실천에 적용하는 과정을 강조하고, 문젤은 칸트의 교육학을 자유와 도덕적 자율성을 기르는 과정으로 설명하며, 존스턴은 도덕적 자율성과 사회적 상호작용을 통해 도덕적 책임을 이해하고 실천할 수 있도록 해야 한다고 주장한다.

둘째, 이 책은 다양하고 새로운 도덕 교육적 접근 방식을 다룬다. 21세기는 과학기술의 급격한 발전과 글로벌화로 인한 다양한 가치관의 충돌로 몸살을 앓고 있다. 그래서 질서 정연한 자유주의 사회든 비이상적 사회든 개인적인 도덕적 책임뿐만 다양한 가치와 문화에 대한 이해와 존중의 태도를 요청한다. 이 책은 자유주의적 중립성 및 다양한 관점의 수용과 인정 이론·돌봄 윤리·비이상적 덕 윤리·실용주의에 기초한 도덕 교육적 접근법을 소개하고 있다. 자유주의 사회의 도덕 교육은 공정성, 협력, 타인의 권리 존중을 목표로 자율성을 존중하고 강제적인 방식을 최소화할 필요가 있다. 특히 역량 이론에 기초한 도덕 교육은 학생 주도성, 합리성을 강조한다. 여기서 말한 역량은 개인이 사회에서 가치 있는 삶을 추구할 수 있는 기회를 제공하고, 주도성은 자신의 목표와 가치를 성찰하고 형성할 수 있게 하며, 합리성은 성찰적이고 규범적인 선택을 내리는 데 도움을 준다. 21세기 도덕 교육은 이러한 역량을 바탕으로 다양한 사회적, 정치적 이슈에 대해 합리적으로 토론하고, 성찰적인 결정을 내릴 수 있는 능력을 신장하는 데 초점을 둘 필요가 있다. 그리고 존중, 배려, 자부심을 바탕으로 하는 호네트의 인정 이론은 학생의 자아 존중, 공동체와의 관계 이해, 더 넓은 사회적 책임 자각에 중요한 역할을 하고, 돌봄 윤리는 감정이나 관계, 개인의 요구와 감수성, 그리고 상호작용을 중요시한다는 점에서 교육적 의미가 있다. 하지만 실제 교육 현장에서 인정과 돌봄 윤리를 실천하는 데에는 난점 또한 존재한다. 다음으로 비이상적 덕 윤리에 따르면, 덕이란 용기, 절제, 정직과 같은 개별적 특성으로 구분되는 것이 아니라 때로는 서로 충돌할 수도 있고 하나로 결합할 수도 있기 때문에 이 덕들을 균형 있게 실천하는 것이 중요하다. 마지막으로 실용주의 도덕 교육은 도덕 교육이 사회적 정의 실현에 공헌한다고 주장한다. 실용주의적 도덕 교육은 특정 도덕 규칙이나 원칙을 일률적으로 가르치기보다는 도덕적 불확실성을 다루고, 새로운 상황에 즉흥적으로 반응하는 능력을 기르는 데 역점을 둔다. 이러한 접근 방식은 가상공간에서 발생하는 다양한 윤리적 딜레마에 대한 비판적 사고 능력의 신장에 도움을 준다. 예를 들어, 실용주의적 접근 방식은 가상공간에서 허위 정보를 식별하고 그것을 바로잡기 위한 도덕적 판단을 내리는 데 공헌한다.

셋째, 이 책은 현대 세계에서 젊은이들이 겪는 도덕적 딜레마를 해결하기 위한 구체적인 방법을 제시한다. 디지털 정보사회, 소비주의 사회, 권태를 느끼는 사회에서 직면하는 도덕적 문제에 대한 해결책을 다룬다. 로버트슨(Robertson)과 존슨(Johnson)은 테스만의 '부담스러운 덕' 이론을 수용하여 디지털 사회의 구조적 문제를 해결하기 위하여 인식을 위한 덕, 자기효능감을 위한 덕, 그리고 자기통일성을 위한 덕의 함양이 필요함을 주장한다. 그들이 말하는 인식을 위한 덕은 가상공간에서의 정보와 고통을 인식하고 이를 받아들이는 감수성이고, 자기효능감을 위한 덕은 공동체와의 연대를 통해 구조적 억압을 극복하려는 의지이며, 자기통일성을 위한 덕은 가상공간의 억압적 구조에서 자기 정체성을 유지하고 여러 정체성을 유연하게 전환하는 능력이다. 그리고 소비주의 사회는 개인을 브랜드화하고 자기만족과 쾌락을 우선시하는 경향을 강화하며 공감을 약화시킬 우려가 있다. 이에 교사는 학생이 소비주의의 영향을 비판적으로 분석하고 그것의 도덕적 함의를 인식하도록 도와야 한다. 학생들은 소비주의가 개인의 자아 정체성에 미치는 영향을 인식하고, 이를 바탕으로 더 나은 사회적 가치를 추구할 필요가 있다. 또한 자유주의 사회에서 발생하는 심오한 불일치를 해결하기 위해서는 '자유주의적 중립성'과 비판적 사고력 함양이 중요하다. 이를 위해 교사는 학생이 도덕적 신념을 형성할 수 있도록 특정 신념을 주입하지 않고 교육과정에서 다양한 관점을 균형 있게 다루며 사회적 책임감을 길러줄 필요가 있다. 예를 들어, 성교육이나 성적 자율성에 대한 교육은 학생이 단순히 규칙을 배우는 것에 그치지 않고, 자신의 선택이 다른 사람들에게 미치는 영향과 그에 따른 도덕적 책임을 이해할 수 있게 하는 데 초점을 둘 필요가 있다. 또한 21세기 도덕교육은 도덕적 문제에 대해 깊이 성찰할 수 있도록 비판적 사고력을 키워주어야 한다. 예컨대, '합리적 축약 탐구'는 다양한 관점에서 문제를 바라보고 스스로 도덕적 결정을 내리도록 유도한다는 점에서 비판적 사고력 신장에 강점이 있다. 하지만 합리적 축약 탐구는 공유하는 도덕적 기준을 공유하지 못한다면, 합의를 도출하지 못한 채 논의만 격화시키고 다양한 관점을 제시하는 것으로 끝날 수 있다. 마지막으로 21세기 사회는 권태와 불안을 증대시키는 측면이 있다. 보그만은 이런 문제를 해결하기 위해 집중적 실천이 중요하다고 강조한다. 그는 집중적 실천을 통해서 학생들이 자기 내면과 활동에 주의를 기울이게 되면 권태가 해결된다고 주장한다. 지글러 역시 학생들이 한 작품에 대한 반복적이고 집중적인 감상 경험을 통해 권태에서 벗어났다는 연구 결과를 소개하고 있다.

<h1 style="text-align:center">3</h1>

역자는 원문의 의미와 뉘앙스를 정확히 전달하는 데 중점을 두고 번역하였지만, 가독성을 높이기 위해 필요하다고 판단한 경우에는 문장의 흐름을 최대한 고려하면서 윤문한 부분도 있다. 그리고 독자의 이해를 돕기 위해 필요한 경우 [역자 주]를 적극 활용하였다. 또한 원저에 제시된 색인은 부실한 감이 있다고 판단하여 역자가 다시 작성하였으며, 인명 색인은 언급되는 학자들이 너무 많아 생략하였다.

  또한 마땅한 번역어를 찾지 못한 용어, 예를 들어 마샬(Marshall)이 희랍어 προτρέπειν에서 파생했다고 주장한 'protreptic(전환 또는 개조)'의 경우는 영어 발음 그대로 프로트렙틱으로 썼다. 그리고 일상생활에서 흔히 사용하는 하프타임, 인터넷, 다운로드, 앱 등도 영어 발음 그대로 썼다. 또한 본문에 등장하는 학자 이름이나 단체는 가능한 한 우리말로 옮겼으며, 저자들이 강조의 의미로 이탤릭체로 쓴 부분은 고딕체로 처리하였다. 또한 영문에 많이 나오는 약물 중 [:]과 [;] 역시 가능한 경우 [.]로 처리하였으며, 보통 문장 중간에 삽입하여 부연하는 방식으로 쓰이는 [—] 부호는 '곧'이나 '즉', '예를 들어' 등으로 옮겼다.

4

이 책은 방대한 도덕 교육 영역과 수많은 학자들의 이론을 다루고 있기 때문에 번역하는 데 많은 어려움이 있었다. 이 책을 번역하는 과정에서 도움을 주신 분들께 머리 숙여 감사의 인사를 올리고자 한다. 그 급박하고 참담한 2024년 연말연시 난삽한 원고를 꼼꼼히 읽으면서 번역상의 오류를 찾아내어 친절하게도 교정하고 수정해주신 노희천, 마대성, 박성진, 이정화, 박종모 교수님께 진심으로 감사의 말씀을 드린다. 방학 중임에도 싫은 소리하지 않고 교정을 도와준 광주교육대학교 이하은, 장재혁, 최재원 학생에게도 고마움을 전한다. 그리고 끝까지 저를 믿어주시고 배려해주신 권오상 사장님께도 감사의 말씀을 드리며, 사랑하는 아내 문선생과 하나뿐인 아들 민성이에게도 미안함과 고마움을 전하고 싶다.

2025년 2월
풍향골에서 노희정

찾아보기